ORGANIZATIONAL BEHAVIOR

제8판

조직행동연구

| 백기복 최우재 양재완 공저 |

창 민 사

제8판에 대하여

「조직행동연구」 제8판을 출간하게 되었습니다. 제7판을 발간한 지 4년 만입니다. 지난 4년은 코로나-19 팬데믹, 우크라이나-러시아 전쟁, 이스라엘-하마스 전쟁 등 세계적으로 중요한 사건들이 연이어 발생한 격동의 시기였습니다. 현재 코로나-19 팬데믹의 여파는 점차 해소되고 있는 것으로 보이지만, 두 개의 큰 전쟁은 여전히 지속되고 있습니다. 이뿐만 아니라, 국내 경제 · 경영 환경도 빠르게 변화하며 지속적으로 도전 과제를 제시하고 있습니다. 이러한 시대적 변화와 학문적 발전을 반영하여 제8판은 조직행동론의 최신 동향과 사례를 담고자 하였습니다.

이번 개정판에서 가장 주목할 만한 변화는 공동 저자의 참여입니다. 제8판을 발간하면서 학문적 발전과 실무 적용성을 더욱 강화하기 위해 여러 사람들이 개정 과정에 참여하는 방법을 고민하였으며, 이에 따라 두 명의 공동 저자가 새롭게 합류하였습니다. 이들은 과거 「조직행동연구」를 가지고 학습하고 연구했던 연구자들이며, 현재는 학부와 대학원에서 조직행동론을 강의하는 교수로 활동하고 있습니다. 공동 저자의 참여를 통해 이론적 깊이를 강화하는 동시에 교육 현장에서의 활용도를 높이고자 하였습니다.

내용적인 측면에서 보면, 각 장의 도입부에 포함된 '주목받는 경영자' 섹션은 최근 기업 환경의 변화와 이에 따른 경영자들의 성과를 반영하여 대대적으로 수정하였습니다. 지난 4년 동안 글로벌 비즈니스 환경은 디지털 전환, ESG 경영, 인공지능의 발전 등으로 급격한 변화를 겪었습니다. 이러한 변화를 주도

하거나 적응하며 조직의 성장을 이끈 경영자들을 선별하여 추가하였으며, 그들의 경영철학과 전략을 분석하여 독자들이 실질적인 인사이트를 얻을 수 있도록 구성하였습니다.

또한 본문에서 다루는 주요 개념과 이론들도 최신 연구 결과와 실무 적용 사례를 반영하여 보완하였습니다. 예를 들어, MBTI에 대한 사회적 관심이 증가함에 따라 해당 내용을 보다 심층적으로 다루었으며, 최근 연구에서 주목받고 있는 핵심자기평가(Core Self-Evaluation, CSE) 개념을 새롭게 추가하였습니다. 이와 함께, 전통적인 목표관리방식인 MBO(Management By Objectives)뿐만 아니라 최근 국내외 기업들이 적극적으로 도입하고 있는 OKR(Objective and Key Results) 개념을 포함하여 실무 적용 가능성을 높였습니다.

이 책이 출간되기까지 수많은 노력과 협업이 필요했습니다. 제8판 개정을 위해 함께 고민하고 연구해 준 공동 저자들에게 감사의 마음을 전하며, 책의 출간 과정에서 헌신적으로 지원해 준 창민사 윤동구 사장님과 편집팀에도 깊이 감사드립니다. 저자의 수가 늘어나면서 의견을 조율하고 일정을 관리하는 일이 더욱 복잡해졌음에도 불구하고, 원활한 소통과 체계적인 협력을 통해 이 책을 완성할 수 있었습니다.

『조직행동연구』 제8판은 빠르게 변화하는 조직 환경 속에서 경영학을 공부하는 학생들과 실무에 적용하려는 전문가들에게 실질적인 지식과 통찰을 제공하는 교재가 될 것입니다. 본 교재를 통해 독자들이 조직행동론에 대해 보다 깊이 이해하고, 연구와 실무에 활용할 수 있기를 기대합니다.

2025년 2월 4일

저자 일동

머리말

어떤 현상에 대하여 연구를 한다는 것은 그에 대한 시야를 넓혀가는 작업이다. 그러므로 조직행동연구는 현상을 발견, 예측하는 원인을 설명함으로써 조직과 조직인의 행동에 대한 시야를 넓히려는 노력이다.

비유컨대, 시야는 터널(Tunnel)시야와 정상(Top)시야로 대비된다. 터널 안에서 내다보이는 세상은 터널입구 모양에 불과하다. 그만큼 시야가 제한되는 것이다. 그러나 산 정상에 올라 바라보면 무한히 넓고 광활한 하늘과 넓혀진 세상을 조망할 수 있다.

우리는 모두 직접 또는 간접적으로 조직에 대한 경험을 한다. 그리고 자신의 자그마한 경험을 가지고 조직의 모습을 그려보게 된다. 이렇게 그려진 조직의 모습은 자신의 행동과 판단의 기준으로 작용한다. 시간이 흐르면서 이 기준은 조직운영에 대한 하나의 해답으로 개인의 마음속에 침전된다. 본서를 통하여 이렇게 형성된 조직에 대한 터널시야가 정상시야로 바뀌는 계기가 되기를 바란다.

본서는 총 15장(章)으로 이루어져 있다. 제2장부터는 분석의 수준(Level of analysis)에 따라 개인차원의 연구, 집단차원의 연구, 그리고 조직차원의 연구로 나누어 설명하였다.

특히 동기부여와 리더십에 대해서는 주제의 중요성에 비추어 각각 2개의 章을 설정하였으며 비교적 최근에 발표된 이론들까지 자세히 설명하려고 노력하였다. 분량으로 보면 제2장 개인차의 경우도 2개의 장으로 분할하는 것이 바람직할 것이나 전체 장의 숫자를 줄이기 위해서 그대로 두었다.

제2장부터는 각 장의 시작 부분에(때로는 중간 부분에) 〈토의사례〉를 제시하여 주제에 대한 관심을 높이고 중요성을 보다 깊이 인식할 수 있도록 하였다.

또한 각 장에는 〈토의과제〉를 여러 편 제시하였다. 이들 중 어떤 과제들은 대학원생들에게 보다 적합하고, 또 어떤 과제들은 실무자에게 해당하는 과제들이다.그러나 대부분의 〈토의과제〉들은 학부생들 수준에서 충분히 조사 · 응답할 수 있는 내용들이다. 어떤 정해진 답을 찾도록 하기보다는 스스로 많은 것을 생각하고 다른 사람들과 그 주제를 가지고 토의하는 과정 속에서 시야를 넓힐 수 있는 기회를 갖도록 함이 바람직할 것이다. 학급을 몇 개의 소집단으로 나누어 조사하고 토론하여 발표하도록 하는 것도 좋은 방법이 될 것이다.

章末에는 〈연구사례〉와 〈연구과제〉를 제시하였다. 〈연구사례〉로서는 앞서의 〈토의사례〉와 마찬가지로 시사성 있는 기사나 사례들을 선택하였다. 〈연구사례〉들은 〈토의사례〉보다 분량이 더 길고 복잡하며 비교적 포괄적인 성격을 띤다. 학기 중간의 수시과제나 기말과제용으로 쓰는 것이 바람직하나 사전에 읽어오도록 한다면 학급에서의 토의를 위해서도 활용 가능할 것이다.

본서에서는 〈과제〉와 〈토의〉에 초점을 둠과 동시에 각 분야별로 보다 많은 견해들을 소개하려고 노력하였다. 보다 많은 시각에 접하고 사례나 과제를 통하여 그 실용적 의미를 생각하며 자신의 생각을 다른 사람들과 토의하고 교류함으로써 정상시야의 개발이 가능해지리라 믿는다.

언제나처럼 본서를 준비함에 있어서도 많은 아쉬움과 빚을 남겼다. 한국에서 발표된 논문들을 보다 많이 그리고 체계적으로 포함시키지 못한 것에 대한 아쉬움이 크다. 또한 애초에 계획했던 「成果」에 대한 章을 구체화시키지 못한 것도 아픔으로 남는다.

누구에게보다도 돌아가신 부모님께 나는 가장 큰 빚을 졌다. 두 분께 진정 죄스럽고 감사하는 마음으로 이 책을 바친다.

여러모로 격려해 주시고 지원해 주신 학계의 여러 선배님들과 국민대학교 경상대 교수님들께 깊이 감사한다. 또한 처음부터 지원을 아끼지 않은 대학원 박사과정의 신제구 선생, 홍영선 석사, 대학원 석사과정의 최용범 군, 김현택 군, 이정헌 군 등에게 깊은 감사의 마음을 전한다. 그들의 희생적인 도움이 없었다면 이 책은 완성될 수 없었을 것이다.

1994. 9.
북한산 기슭에서
저자

차 례

제I부 개 요

조직행동의 기초 제1장

제Ⅱ부 개인차원 연구

제2장 능력, 태도, 가치관

제3장 성격, 감정, 지각

제4장 욕구중심 동기부여이론들

최근 동기부여이론들 제5장

제8장 커뮤니케이션

제9장 권력과 정치

제10장 리더십 I

제11장 리더십 Ⅱ

제12장 의사결정

제13장 갈등과 협상

제Ⅳ부 조직차원 연구

제14장 조직문화

조직 변화와 개발 제15장

제 I 부

개 요

제1장 조직행동의 기초

제 1 장

조직행동의 기초

본 장의 요점

* 본 장에서는 조직행동론의 전반적 체계를 조망한다.
* 조직행동의 개인차원, 집단차원, 조직차원의 주제들을 살펴봄으로써 조직행동의 역동성을 감지한다.
* 조직행동론의 특징을 알아봄으로써 학문적 정체성을 이해한다.
* 한국 기업들이 직면한 조직행동의 과제들을 학습함으로써 본 과목이 갖은 실무적 의미를 이해한다.

경영의 핵심은 사람이다

사람들은 조직생활을 통해서 필요한 것을 얻는다

조직행동론의 세 차원

조직행동론의 특징들

한국 기업들은 조직행동을 어떻게 관리해야 하는가

경영학 주요 전공과 조직행동론

본서의 체계

제1장 주목받는 경영자

삼구아이앤씨 구자관 책임대표사원

* 삼구아이앤씨 구자관 책임대표사원의 집무실 앞 벽에는 창립기념일이 '손이 시렵지 않았고 발이 시렵지 않았던 어느 봄의 날이었다'라고 적혀 있다. 그는 1960년대 후반 배고프지 않기 위해서 시작한 화장실 청소업을 언제 시작했는지 알 수 없어 이렇게 적어놨다고 한다(참조: ufo@donga.com). 삼구아이앤씨는 화장실 청소에서 시작해서 가게 내부 청소까지, 그리고 토탈 아웃소싱사업으로 사업영역을 확장하여 연매출 2조 4천억 원(2024년 말 기준)으로 성장했다.

* 삼구(三具)라는 사명도 '사람, 신용, 신뢰'라는 세 가지만 갖추면 망하지 않는다는 생각으로 지어진 이름이다.

* 회사는 1986년 아시안게임과 1988년 서울올림픽 이후 신규건물들이 생겨나면서 고객이 크게 증가하였다. 하지만 IMF 외환위기 상황에서 고객사들의 위기는 아웃소싱하는 청소업에 직접적인 영향을 미쳤다. 매출은 반토막이 되었고, 직원수도 1,800명에서 800명으로 줄었다. 이때 사무실 직원들은 넥타이를 풀고 청소 도구를 챙겨서 인력이 부족한 현장으로 달려 나갔다. 훗날 그는 그런 직원들을 보며 회사는 대표 한 사람의 것이 아니라 직원들이 만들어 가는 것이라고 느꼈다고 말했다. 이후 실적이 회복된 2003년 부인과 동생, 친구 등 지인 명의로 되어 있던 주식을 회수하여 직원들에게 회사 주식의 47%를 나눠주었다. 그는 기업에게 중요한 이해관계자의 순위는 고객사, 직원, 중역, 그리고 사장의 순이라고 말한다.

* 직원이 곧 가족이다.
  - ▶ 회사의 직원 4만 8천명 모두가 정직원이고 명함을 가지고 있다.
  - ▶ 그는 출퇴근할 때 마주치는 보안요원들에게도 90도 인사를 한다.
  - ▶ 현장에서 청소용역 업무를 하는 여성 직원들은 '아주머니'가 아니라 '여사님'으로 불린다.
  - ▶ 그는 자신을 현장에 계신 분들 덕분에 월급을 받는 사람이라고 말한다.
  - ▶ 그의 명함에는 회장이 아니라 '책임대표사원'이라고 새겨져 있다.

* 도전과 열정
  ▶ 65세 할리데이비슨 오토바이
  ▶ 74세 뉴질랜드 밀퍼드 트레일(약 88km) 완주
  ▶ 80세 5천 미터 상공에서 스카이다이빙

✣ 〈문제 1〉 **기업은 사장이 돈을 벌어서 직원들에게 월급을 주는 것인지, 아니면 직원들이 일을 해서 사장의 월급을 주는 것인지, 본인의 생각을 이야기해 보자.**

경영의 핵심은 사람이다

2020년 초부터 전 세계를 혼란에 빠뜨린 "코비드-19"(COVID-19)는 조직경영에도 커다란 영향을 미쳤다. 사회적 거리두기와 이동제한으로 시장이 달라졌고 경영의 불확실성이 높아졌다. "언택드"(untact) 시대를 맞아 재택근무가 늘어나고 대면 미팅이 크게 위축되었다. 가상성(virtuality)이 높아지면서 조직경영이 새로운 국면을 맞고 있다. 이것은 조직구성원들에게 커다란 도전으로 작용하고 있다.

또한 정보통신기술(IT)에 기반을 둔 4차 산업혁명도 조직경영에 큰 영향을 미치고 있다. 빅데이터, 디지털전환(DT: Digital Transformation), 인공지능(AI: Artificial Intelligence), 플랫폼, 클라우드 컴퓨팅 등과 같은 디지털기술의 등장으로 새로운 사업이 생겨나고, 공장의 생산방식이 바뀌고 조직이 개편되고 소통과 경영방식이 달라지고 있다. 이러한 변화도 조직구성원들에게 큰 도전이다.

조직경영이란 "사람을 통해서 목표를 달성하는 것"이다. 그러므로 사람을 이해하지 않고서는 경영을 제대로 할 수 없다. 특히 '코비드-19'나 IT혁명처럼 커다란 도전에 직면한 경우, 사람에 대한 이해, 사람과 사람의 관계에 대한 통찰은 더욱 중요해진다.

자본주의 경제에서 기업경영에 필요한 요소들을 자본, 정보, 사람이라고 한다. 자본이 있어야 회사를 설립하여 운영할 수 있고, 어떤 물건이나 서비스가 잘 팔릴지, 또는 필요한 물건이나 서비스를 어떻게 만들지에 대한 정보가 있어야 회사가 존속할 수 있다. 하지만 이 모든 활동은 사람에 의해서 이뤄진다. 자본을 마련하는 것도 사람이고 정보를 얻고 분석하여 의사결정을 내리는 것도 사람이다. 그러므로 경영에 있어 사람이 가장 기본이 된다고 할 수 있다.

우리가 세계적인 철강회사 POSCO를 자랑스럽게 여기는 것은, 자본도 없고 기술, 정보도 없는 상황에서 박태준 창업주를 중심으로 직원들이 똘똘 뭉쳐 세계 최고의 철강회사로 성장시켰기 때문이다. 삼성전자, SK, LG, 현대자동차, 네이버, 삼구아이앤씨 등도 자본이 넘치고 기술력이 충분해서 성공한 것이 아니다. 집념을 가진 사람들이 있었기 때문이다. 이 사례들은 경영에 있어 사람이 얼마나 중요한지를 말해준다.

애플과 마이크로소프트의 성공도 스티브 잡스와 빌 게이츠, 그리고 그들과 함께한 많은 조직원들의 노력 때문이다. 자본을 가진 사람들도 많고 탁월한 기술이나 아이디어를 가진 사람들도 많았다. 하지만 자본과 사업 아이디어를 창의적으로 엮어낸 것은 스티브 잡스와 빌 게이츠였다. 사람이 세계 굴지의 기업을 키워낸다. 자본을 구해오고 기술정보를 배워오는 것도 결국은 사람이기 때문이다.

그러므로 자본, 정보, 사람이 다같이 경영에 필요한 요소들이지만, 그중에 가장 기본적인 요소는 사람이라고 할 수 있다. 경영은 사람이 하는 것이다.

매듭 1-1 **SK그룹은 구성원 행복을 추구한다.**

최근 "돈 많이 벌면 된다"는 생각을 버리고 사람을 중시하여 구성원 행복을 궁극적인 경영목표로 여기는 기업들이 늘어나고 있다. SK그룹이 좋은 예이다.

〈매듭문제 1-1〉 기업이 구성원 행복을 추구하게 된 이유는 무엇일까?

기업은 사람 때문에 흥하기도 하고 망하기도 한다. 그래서 기업들은 기업을 흥하게 하는 데 기여할 수 있는 사람을 선택하고 기업에 해가 되는 사람을 배제하려고 노력한다. 능력 있고 열정이 넘치는 인재들을 확보하기 위해서 심혈을 기울이는 것은 이 때문이다. 교육과 훈련을 통하여 직원들에게 조직목표달성에 필요한 기술이나 역량을 개발해 주고 올바른 가치관을 가진 직원을 확보하려고 노력하는 것도 사람이 기업의 흥망을 결정한다는 것을 믿기 때문이다. 그러므로 기업경영을 성공시키기 위해서는 사람을 잘 뽑고 잘 관리하고 효과적으로 지원하는 것이 매우 중요하다.

사람을 잘 뽑고 잘 관리하고 적절히 지원하기 위해서는 사람과 사람들의 본질을 잘 이해해야 한다. 경영자와 구성원들이 사람에 대한 깊은 이해를 바탕으로 행동할 때, 경영성과가 향상되고 구성원들도 행복해진다. 조직행동론(Organizational Behavior)은 경영에 큰 영향을 미치는 사람 또는 사람들의 문제를 다루는 학문체계이다.

사람들은 조직생활을 통해서 필요한 것을 얻는다

기업에 근무하는 조직원들도 사람과 사람들의 속성을 충실히 이해할 필요

매듭 1-2 **이직의 이유**

"SNS '블라인드'와 지인 추천기반 인재채용서비스 '원티드'가 전국 직장인 5,861명을 대상으로 지난 9일부터 11일까지(2018년) 실시한 '직장인 이직설문조사' 결과, 66%가 최근 1년 내 이직을 시도한 적이 있는 것으로 집계됐다."[1] 이직 이유로는 연봉이 26.8%로 1위였고, 워라벨 21.9%, 조직문화 18.3% 순이었다.

〈매듭문제 1-2〉 이직 이유들을 '조직생활에서 얻는 것' ①~④와 연결시켜 보자.

가 있다. 조직원들은 조직생활을 통해서, ① 경제적 안정을 얻고, ② 동료, 부하, 상사와 원활한 인간관계를 형성함으로써 사회적 욕구를 충족시킬 수 있다. 아울러, ③ 직무를 수행하는 과정에서 개인의 성장과 성취감을 얻을 수도 있으며, ④ 조직생활로부터 개인적 만족과 행복감을 느낄 수도 있다. 이러한 개인적 성과는 사람과 사람들의 속성을 깊이 이해함으로써 더 효과적으로 얻을 수 있다. 그러므로 조직행동론은 조직원 개인을 위해서도 매우 필요한 학문이다.

조직행동론의 세 차원

조직행동론이란 조직원들과 관련하여 **개인차원**, **집단차원**, 그리고 **조직차원**에서 발생하는 다양한 현상들을 다루는 학문체계이다. 프로야구나 축구팀을 예로 들면, 크게 기대했던 선수가 기대만큼의 성과를 내지 못하는 경우도 있고(개인차원의 문제), 스타군단의 팀이 조직력이 무너져 약체팀에 패하는 경우도 종종 접하게 된다(집단차원의 문제). 그런가 하면, 구단의 불필요한 간섭으로 팀이 제대로 기능을 못하는 일도 발생한다(조직차원의 문제). 이것은 곧 조직에서 사람 또는 사람들의 문제가 개인, 집단, 그리고 조직에 따라 다양하게 나타날 수 있음을 말해준다.

조직구성원들의 행동도 개인차원, 집단차원, 그리고 조직차원에서 다양하게 나타난다. 예를 들어, K사 영업1팀의 A라는 영업직원이 다른 영업직원들에 비해 특별히 성과가 낮다면 개인차원의 문제로 볼 수 있지만, 영업1팀의 성과가 평균적으로 다른 영업팀들에 비해 낮게 나타나고 있다면, 집단차원의 문제가 된다. 나아가 K사 전체의 영업실적이 다른 경쟁사들 대비 낮게 나타나고 있으면, 조직차원의 문제라고 봐야 할 것이다. 물론 각 차원의 낮은 성과의 원인은 여러 가지가 있을 수 있다. A의 낮은 성과가 영업을 싫어하는 개인의 성향이나 능력부족 때문일 수 있는 반면, 영업1팀의 성과 부진은 팀 내 갈등이나 팀원들 간의 비효율적인 커뮤니케이션 때문일 수 있다. 또한 K사의 낮은 영업

매듭 1-3 **조직행동 3차원의 주제들**

(1) 개인차원: 능력, 태도, 가치관, 성격, 지각, 감정, 동기
(2) 집단차원: 집단의 성격, 커뮤니케이션, 갈등과 협상, 집단의사결정, (   ), 권력과 정치
(3) 조직차원: 조직문화, 조직변화와 개발, 조직구조, 경영전략

〈매듭문제 1-3〉 (   )에 들어갈 단어는?

실적의 원인은 영업보다는 관리를 중시하는 조직문화나 회사의 잘못된 인센티브제도에 기인할 수도 있다.

개인차원, 집단차원, 조직차원에 관련된 주제들은 매우 다양하다. 예컨대, 개인차원은 능력, 태도, 가치관, 성격, 지각, 감정, 동기 등과 같은 개인 간 차이(개인차)와 관련된 주제들을 포함한다. 즉 개인차원의 주제들은 조직원에게 영향을 미치는 개인적 요인들이다. 집단차원의 주제들은 집단과 팀의 성격, 커뮤니케이션, 갈등과 협상, 집단의사결정, 리더십, 권력과 정치 등과 같이 여러 사람이 집단을 이루어 일할 때 발생하는 요인들이다. 이들은 각 집단 내 구성원들의 행동에 영향을 미치게 된다. 한편, 조직차원의 요인들로는 조직문화, 조직변화와 개발, 조직구조, 그리고 경영전략 등을 들 수 있다. 이들은 조직 전체에 해당하는 요인들이다. 예를 들어, 조직문화를 말할 때 '품질의 삼성', '혁신의 애플' 등과 같이 표현하는 것은 삼성이나 애플에 다니는 개인이나 팀에 관한 이야기를 하는 것이 아니라 삼성과 애플의 조직 특성을 표현하고 있는 것이다. 이와 같은 조직차원의 요인들도 조직구성원들의 행동에 영향을 미치게 된다.

이처럼 조직행동론에서는 조직의 개인, 집단, 조직차원의 요인들이 구성원들의 행동에 어떤 영향을 미치는지를 다룬다. 즉 조직행동론은 조직경영에 있어 가장 기본이 되는 사람 또는 사람들의 행동을 체계적으로 설명할 수 있다는 데서 큰 의의를 찾을 수 있다.

조직행동론의 특징들

다른 학문들과의 교류가 활발하다

조직행동론은 초기에 심리학, 사회학, 정치학, 인류학 등으로부터 많은 영향을 받았으며, 최근에는 조직행동론의 연구 결과가 다른 학문들에 영향을 미치고 있어 학문영역들 간에 활발한 교류가 이뤄지고 있다.

조직행동론의 개인차원 연구 주제들은 기초심리학, 인지심리학, 응용심리학, 산업심리학, 조직심리학, 사회심리학 등 심리학 계열의 학문들과 활발한 교류가 이루어져 왔다. 심리학은 인간 개인의 심리과정과 행동을 과학적으로 연구하는 학문 분야로서 개인의 속성뿐 아니라 개인과 환경 간의 상호작용을 설명하는 학문체계이다. 조직행동론에서는 조직성과(생산성, 효율성, 효과성, 구성원 행복 등)에 영향을 미치는 개인차원의 다양한 속성들(예, 능력, 태도, 가치관, 성격, 지각, 감정, 동기)을 다루며, 이러한 속성들이 직무, 조직구조, 기술, 전략, 그리고 다른 조직원 등과 같은 조직환경요인들과 상호작용하여 개인행동에 어떤 영향을 미치는지를 연구한다.

조직행동론의 집단차원 주제들은 주로 사회학, 사회심리학, 정치학 등과 의 교류가 활발하다. 이들은 집단(또는 팀)의 속성과 행동, 그리고 집단/팀이 개인에 미치는 영향을 연구 대상으로 한다. 사회학은 사람들이 모여 살면서 발생하는 사회의 현상을 다루며, 사회심리학은 사람들 간의 관계를 연구하는 사회학에 심리학의 관점을 접속한 학문으로 사람들 간에 주고받는 심리적 영향을 주로 다룬다. 정치학은 국가를 이끄는 권력구조를 연구하는 학문 분야이다. 이들 학문 분야들은 조직행동론에서 다루는 집단/팀의 특성, 커뮤니케이션, 집단의사결정, 리더십, 갈등관리, 협상, 권력과 정치 등의 주제들과 관련된다. 예를 들어, 카리스마리더십이론은 사회학에서 개발된 카리스마(charisma) 개념에 기초하고 있고 변혁적 리더십이론은 정치학자가 창안한 이론이지만, 조직행동론에 도입되어 많은 연구가 이뤄졌다. 또한 조직원들 간의 팀 빌딩, 의사소통, 조직활성화, 조직원 변화와 개발 등을 연구하는 조직개발(organizational

매듭 1-4 **조직행동론, 다른 학문들과 활발히 교류**

심리학, 사회학, 사회심리학, 정치학, 인류학, …….

〈매듭문제 1-4〉 조직행동론은 기타 어떤 학문들과 교류하는가?

development) 분야는 사회심리학과 관련이 깊다.

아울러, 조직행동론의 조직차원의 주제들은 주로 사회학이나 인류학과 영향을 주고받는다. 본서에서 학습하게 될 조직문화(organizational culture)는 인류학의 영향을 크게 받았다. 인류학은 사람들이 사회나 국가를 이루어 살아가는 방식을 연구하는 학문이다. 조직도 사회이므로 나름대로 문화가 생겨난다. 국가별 문화가치의 차이가 특정 국가 조직구성원들의 행동에 영향을 미치기도 한다. 또한 조직구조나 조직변화 등은 사회학과 깊이 관련된다. 이들 조직차원의 연구 주제들은 거시적 변수들로서 조직원들이 조직생활을 하는 데 있어 환경요인으로 작용한다. 예컨대, 경직된 조직문화를 가진 회사에서 근무하는 조직구성원은, 유연한 조직문화의 조직구성원들에 비해, 자신의 생각과 의견을 자유롭게 표현하지 못하는 경향이 있다. 조직문화라는 환경이 구성원 개인에게 영향을 미치고 있는 것이다.

오늘날은 정보통신기술의 발달로 자료의 접근성이 용이해지면서, 학자들이 자신의 학문적 경계를 넘어 다른 학문 분야에서 축적된 연구 결과를 서로 활발하게 빌려 쓰고 있다. 따라서 위에 열거한 학문 분야 이외에도 조직행동론이 교류하는 학문 분야는 다양하다. 예를 들어, 감정이나 인지성향을 설명할 때, 뇌(신경) 과학 분야의 연구 결과를 빌려 쓰기도 하고 생물학의 유전자 분석을 활용하여 리더십 현상을 분석하기도 한다. 아울러, 물리학의 복잡계 이론은 조직변화를 설명하는 데 활용되기도 하였다. 이처럼 활발해진 학제 간(interdisciplinary) 교류는 조직행동론의 발달에 큰 영향을 미치고 있다.

상황에 따라 효과가 달라진다

뉴턴(Newton)이 제시한 만류인력의 법칙에는 예외가 없다. 사과가 땅으로 떨어지듯이, 무게가 있는 모든 것은 예외 없이 중력에 이끌린다. 하지만 인간을 다루는 이론이나 법칙들은 상황과 대상에 따라 효과가 달라진다. 가령 "능력 있는 사람이 성과를 더 낸다"라는 법칙이 있다고 하자. 그러나 능력이 있다고 하더라도 열심히 하지 않으면 능력이 다소 모자라지만 열심히 하는 사람에 비해서 더 큰 성과를 낼 수 없다. 그러므로 "능력 있는 사람이 성과를 더 낸다"는 법칙은 절대 진리라고 할 수 없다. "능력이 있는 사람이 열심히 할 때 성과가 높다"는 표현이 보다 진리에 가깝다고 할 수 있으며, 이때 '열심'이라는 조건을 조절변수(moderator)라고 한다.

이론들 중에는 각 상황에 따라 특정 변수의 효과가 어떻게 달라지는지를 구체적으로 제시하는 이론들이 있는데 이런 이론을 상황이론(situational theory)이라고 한다. 상황에 따른 효과 차이를 구체적으로 제시하고 있지 않은 이론이라고 할지라도, 대부분의 경우 상황에 따라 효과가 차이가 나리라는 것을 가정하고 있다고 봐야 한다. 절대 진리인 것처럼 제시된 이론이나 법칙이라고 할지라도 "상황이 같다면"(*ceteris paribus*; 세테리스 파리부스)이라는 가정이 깔려 있다. 따라서 위에서 예로 든, "능력 있는 사람이 성과를 더 낸다"는 법칙을 접했을 때 틀렸다고 하기보다는 상황조건에 따라 능력과 성과의 관계가 달라지는 것으로 이해해야 하며 "상황이 같다면"이라는 전제가 깔려 있는 것으로 해석하는 것이 바람직하다.

시스템 관점을 가져야 한다

시스템(system)이란 사람의 몸처럼 여러 기능들이 서로 연결되어 전체를 이룬 것을 뜻한다. 사람의 몸이 심장, 위장, 간장, 신장, 대/소장, 폐 등의 부분(part)들이 신경과 혈관으로 연결되어 하나의 전체(whole)를 이루듯이, 조직도 사람, 직무, 구조, 전략, 제도, 자금, 영업 등의 부분들이 정보와 커뮤니케이션

매듭 1-5 **시스템**

조직은 시스템이다. 삼성전자도 시스템을 갖고 있고, 아마존도 시스템으로 움직인다. 그런데 같은 시스템이지만 효율성에 있어 차이가 발생한다.

〈매듭문제 1-5〉 시스템 차이가 발생하는 이유는 무엇인가?

을 통하여 서로 연결되어 하나의 개체를 이룬다. 그러므로 조직도 인체와 마찬가지로 시스템에 속한다.

시스템 관점은 조직행동을 학습할 때도 중요시된다. 사람의 문제를 다른 요인들과의 관계를 고려하지 않고 독립된 문제로 국한시켜 이해해서는 안 된다. 과업, 구조, 전략, 최고경영자, 직속 상사, 동료, 하급자, 조직의 역사 등 조직의 다른 요인들과의 관계 속에서 시스템적으로 사람 문제를 이해하는 것이 바람직하다. 예를 들어, 현대자동차의 울산공장 생산라인에서 운전석을 조립하는 근로자 한 사람의 나태한 행동은 자신의 성과에 뿐 아니라, 생산라인 전체와 감독하는 사람, 그리고 생산라인의 전후에 있는 다른 근로자들의 성과에도 큰 영향을 미칠 수 있다.

또한 시스템과 그 시스템을 둘러싼 환경과의 관계를 고려하는 것도 중요하다. 예를 들어, 조직원들의 역량에 관련된 문제를 조직 내 훈련의 문제로만 볼 수는 없다. 노동시장이나 산업의 특성을 고려해야 하고 기업의 재무구조와 급여수준 등도 함께 고려하는 것이 바람직하다. 이처럼, 외부환경과의 관계를 고려하여 시스템을 이해하는 것을 '열린 시스템'(open system)의 관점이라고 하고, 시스템 내부 요인들만을 고려하는 관점을 '닫힌 시스템'(closed system) 관점이라고 한다. 열린 시스템 관점으로 조직행동을 이해하려는 노력이 보다 바람직하다.

한국 기업들은 조직행동을 어떻게 관리해야 하는가

국가마다 기업을 둘러싼 경영환경이 다르다. 미국에서 사업을 하는 기업들이 직면한 조직원관리의 이슈들과 한국에서 경영을 하는 기업들이 고민하고 있는 조직행동의 문제들은 다를 수밖에 없다. 한국에서 운영되는 기업들은 조직원들의 행동과 관련하여 어떤 도전을 받고 있으며 향후 어떻게 관리해야 할 것인지를 정리하였다.

첫째, 한국 기업들은 창의성과 혁신성을 갖춘 인재를 확보하는 문제에 직면해 있다. 지난 수십 년 동안 한국 기업들은 가격경쟁력으로 세계시장을 공략해 왔다. 많은 한국 기업들이 상대적으로 낮은 인건비에 기초하여 값싼 제품을 만들어 수출하면서 성장해 왔다. 가격경쟁력은 근면하고 성실한 인력에 기초한다. 하지만 이제는 세계의 경쟁사들과 가격보다는 품질과 브랜드로 경쟁해야 하는 시점에 와 있다. 품질이나 브랜드 경쟁력은 근면/성실보다는 조직원들의 창의성(creativity)과 혁신성(innovativeness)을 필요로 한다. 많은 한국 기업들이 고민하고 있는 신성장동력을 찾는 문제도 창의적이고 혁신적인 인재들에 그 성패가 달려 있다.

한국 기업들은 창의성과 혁신성을 갖춘 인재들을 찾고 육성하기 위해서 많은 노력을 기울여 왔다. 몇몇 기업들은 이러한 노력에 성공하고 있는 것으로 보인다. 예를 들어, 삼성이나 LG의 휴대폰은 세계적인 품질 및 브랜드 경쟁력을 갖추고 있으며, 냉장고, 세탁기, 에어컨 등의 가전제품들에 있어서도 저가제품이라는 이미지를 탈피하여 고품질의 브랜드 이미지를 구축하는 데 성공했다. 이러한 성공의 이면에는 창의성과 혁신성을 갖춘 인재들이 있었다. 하지만 아직 품질이나 브랜드 경쟁력을 갖추지 못한 한국 기업들도 많다. 많은 한국 기업들이 가격은 중국이나 인도에 밀리고 품질이나 브랜드 경쟁력은 독일 등 유럽기업들을 못 따라가는 어중간한 상황이라고 우려하고 있다. 앞으로 창의적/혁신적 인재는 더 많이 필요로 할 것이다.

특히 '코비드-19'와 '디지털혁명'의 시대를 맞아 창의성과 혁신성이 더욱 중요해졌다. 많은 기업이 환경변화에 대응하기 위해서 인력 효율화와 더불어 창의적 인재를 찾고 있으며, '애자일 조직'(agile) 같은 신속대응조직을 도입하여 혁신성을 높이려고 노력하고 있다. 이러한 추세는 앞으로도 계속될 것으로 예상된다.

둘째, 지나치게 수직적인 조직문화의 폐해를 극복해야 한다. 많은 한국 기업들이 '독선적 상사'와 '순종적 부하'로 대표되는 수직적 기업문화를 가지고 있다. 수직적 기업문화는 위에서 지시하고 아래에서 따르는 관행을 가지며, 모든 정보와 권한이 조직 상부에 집중된다. 이러한 조직문화는 조직원들을 수동적으로 만들 뿐 아니라 아랫사람들이 윗사람에게 하고 싶은 말이 있어도 제대로 하지 못하는 소통부재 현상을 유발할 수 있다. 또한 수직적 조직문화는 열심히만 하면 되는 단순 작업을 하는 데는 효과적이지만, 새로운 것을 창조해 내든가 감동적인 서비스를 만들어 내야 할 때, 또는 조직이 질적인 변화를 해야 하는 상황에서는 바람직하지 않다. 조직구성원들이 창조나 변화의 과정에 주도적으로 동참하지 않고 모두가 윗사람의 지시만 기다리게 되기 때문이다. 한국 기업 현장에서 많이 회자되는, "시키면 시키는 대로 해", "시키는 거나 잘해", "모난 돌이 정 맞는다" 등의 표현들은 수직적 조직문화의 단면을 보여준다.[2)]

다른 한편으로 한국 기업들은 수직적 조직문화의 폐해를 극복하기 위해서 많은 노력을 기울이고 있다. 조직원들이 능동적으로 판단하고 행동할 수 있도록 권한을 조직의 하부로 이양하고 원활한 소통을 위해서 조직을 단순화하였으며 의식구조를 바꾸기 위해서 교육 · 훈련을 강화해 왔다. 몇몇 기업에서는 호칭에서부터 위-아래 인식을 바꾸기 위해 노력하고 있다. CJ그룹에서는 직급 차이를 나타내는 과장, 차장, 부장, 사장 등의 표현을 쓰지 않고 '홍길동 님'처럼 이름에 '님' 자를 붙여 부르고 있으며, SK그룹에서는 관리자들을 서열 없이 '매니저'라고 통일하여 부른다. 하지만 아직도 수직적 기업문화는 많이 남아있다. 한국 기업들은 앞으로 보다 주도적이고 자율적이며, 스스로 생각할 줄 아는 인재를 많이 필요로 하고 있다.

특히 오늘날의 밀레니엄 Y세대나 그 후의 Z세대, 소위 MZ세대라고 일컬어지는 20~30대들은 디지털시대에서 성장했기 때문에, 수직적 조직문화나 권위주의적인 상사에 대해서 남다른 거부감을 보인다. 이들은 온라인에서 누구와도 친구가 되고 이벤트에 동등하게 참여하는 경험이 있어서 일방적 지시나 권위에 순응하는 것을 좋아하지 않는다.[3] 이렇듯 한국 기업들은 개인을 존중하는 수평적 조직문화를 만들어 가야 하는 과제를 안고 있다.

셋째, 한국 기업들은 윤리경영을 강화해야 하는 과제를 안고 있다. 전 세계적으로 경영자와 기업의 비윤리적, 불법적 행동이 지탄의 대상이 되고 있다. 예를 들어, 2008년 전 세계적인 금융위기를 부른 미국 월스트리트의 투자회사 리먼브라더스(Lehman Brothers)의 CEO 리처드 풀드(Richard Fuld)는 회사가 망하기 직전 주주들 모르게 5,100억 원을 이런저런 명목으로 챙겼다.[4] 2001년 분식회계가 들통나서 파산한 엔론(Enron)의 CEO 케네스 레이(Kenneth Lay)도 파산 직전 스톡옵션을 행사해 6,600만 달러를 가져갔다. 또한 기업들은 환경오염, 빈부격차 심화, 지나친 소비 조장, 정경유착, 가난한 나라 노동자들의 임금착취 등 오늘날 우리 사회가 직면한 많은 문제의 원인으로 비난받는다. 이러한 비난은 한국의 경영자와 기업들에게도 똑같이 적용된다. 한국 기업의 경영자들 중에 배임이나 횡령, 또는 비윤리적 행동으로 유죄판결을 받았거나 사회적 지탄의 대상이 되는 경우가 많다. 지난 2015년에 일어난 대우해양조선의 분식회계 사건은 약 5조 원 규모의 손실을 숨기고 재무제표를 조작한 대규모 회계부정 사건이다. 회사는 허위로 수익을 부풀리고 비용을 축소하여 투자자, 금융기관, 주주들을 속였다. 이로 인해 경영진은 법적 처벌을 받았고, 기업 신뢰도와 재정 건전성에 큰 타격을 입었다. 이 사건은 대우조선해양의 경영 위기를 심화시켰으며, 정부의 구조조정 개입을 초래했다.[5]

정부는 법 제정을 통하여, 또는 동반성장위원회와 같은 단체를 만들어 대기업들의 전횡을 방지하기 위해서 노력해 왔다. 기업들은 윤리헌장을 발표하고 준법감시인(compliance officer)을 두는 등 윤리경영 강화를 위해서 노력하고 있으며, 나아가 기업의 사회적 책임(CSR: Corporate Social Responsibility)을 수행하는 데도 관심을 기울이기 시작했다. 또한 ESG경영은 환경(environment), 사회

(social), 지배구조(governance)를 고려해 지속 가능한 기업 성장을 추구하는 경영전략이다. 이는 기업이 재무적 성과뿐 아니라 사회적 책임을 중요시하며, 장기적인 가치를 창출하는 데 중점을 둔다. 앞으로 기업경영자들은 '돈만 벌면 된다'는 '상업주의'(commercialism)와 이기적 자세에서 벗어나 사회의 한 구성원으로서 사회문제 해결과 국민의 행복에 기여해야 한다는 보다 발전된 경영의식을 갖춰야 한다.[6)]

넷째, 과학적 또는 스마트(smart)한 일 처리 관행을 정착시켜야 한다. 과학적 일 처리란 대충하든가, 매뉴얼이나 가이드 없이 알아서 하든가, 불필요하게 비효율적인 일 처리 관행을 묵인해 오던 것을 과학적으로 효율화하는 것이다. '주 52시간 근무제' 등으로 많이 나아졌지만 아직도 한국 기업에 있어 업무 과학화의 영역은 많이 남아 있다. 특히, 회의가 너무 많고 긴 것, 불필요하게 과다한 보고서 요구, 야근이나 휴일 근무를 은근히 조장하는 관행, 근무시간에 집중력이 떨어지는 것, 담당자가 바뀔 때 인수인계가 제대로 안 되는 것, 업무 분장이 명확하지 않은 습관, 정해진 휴가도 못 가는 관행 등은 스마트한 일 처리를 통해서 해결해야 하는 한국 기업의 과제들이다.

이제는 일을 오래 하는 사람이 아니라 스마트하게 하는 사람이 칭찬받는 시대이다. 주먹구구로 일하면서 시간과 노력만 많이 투입하는 것은 결코 바람직하지 않다. 일하는 방식도 경쟁력이다. 이렇듯, 한국 기업들은 과학적으로 스마트하게 일할 줄 아는 인재를 중시한다.

끝으로, 한국 기업들은 인력의 다양성관리에 노력을 기울이고 있다. 한국

매듭 1-6 **한국 기업의 조직행동관리의 과제들**

창의성과 혁신성을 갖춘 인재의 확보, 수직적 조직문화의 폐해 극복, 윤리경영의 강화, 과학적이고 스마트한 일 처리 관행 정착, …….

〈매듭문제 1-6〉 이 이외에 어떤 과제들이 있는가?

기업의 경우 여성, 장애인, 다문화인, 외국인, 경력직, 계약직, 고령자 등 인력의 구성이 과거 어느 때보다 다양해졌다. 따라서 다양성을 관리할 수 있는 포용적이고 열린 자세를 갖춘 인재를 필요로 한다. 조직을 관리하는 관리자나 경영자들의 행동, 태도, 가치관이 바뀌어야 한다. 리더십을 발휘할 때도 억압적, 비민주적 방식은 다양성관리에서 통하지 않는다. 다양성의 내용을 잘 파악하여 그것이 조직에 부담이 아니라 이익이 될 수 있도록 만드는 노력이 필요하다.

과거에는 한 직장에 들어가면 비교적 오래 근무했다. 하지만 요즘은 인력의 이동이 과거보다 잦다. 경력직이 많아진 것이다. 아울러, 여성의 경제활동이 증가하면서 직장에서 여성인력의 비율이 높아졌고 여성상사도 그만큼 많아졌으며 상사가 부하보다 나이가 어린 경우도 쉽게 찾아볼 수 있다. 장애인고용은 법으로 비율을 정해놓고 있으며, 외국인의 국내 기업 취업도 늘고 있다. 일을 할 때 계약직이나 임시직 근로자와 정규직 직원이 같이 근무하는 경우도 많아졌다. 2020년 8월 통계청 경제활동인구조사에 따르면 전체 경제활동인구의 36.3%가 비정규직인데 남자가 29.4%, 여자가 45.0%로 여성 비정규직 비율이 월등히 높게 나타났다. 이처럼 다양한 유형의 인력들이 함께 어울려 일하다 보니 갈등이 많아지고 의사소통이 과거보다 어려워졌다. 다양성을 경쟁력의 원천으로 활용해야 하는 과제를 안고 있다.

경영학의 주요 전공과 조직행동론

대표이사 CEO에서 말단사원에 이르기까지 조직이 추구하는 경영전략에 적합한 인재를 확보하여 효과적으로 필요한 과업을 수행할 수 있도록 조직구조와 인사시스템을 갖추어 나가야 한다. 경영학에서는 이들 조직경영에 필요한 요인들 각각을 별도의 전공이나 과목으로 개설하여 가르치고 있다. 이를 구체적으로 제시하면 〈표 1-1〉과 같다.

〈표 1-1〉에 나타난 전공이나 과목들은 대학에 따라 다양하게 응용되고

표 1-1
경영학의 주요 전공과 과목 개요

핵심 요인	경영학의 전공들	대표 과목들
인력관리	인사 · 조직 전공	조직행동론
		조직개발론
인사시스템		인사관리론
		노사관계론
조직구조		거시조직론
		조직변화론
경영전략	전략경영 전공	경영전략론
		M & A
과 업	재무 전공	재무관리론 등
	회계 전공	관리회계론 · 재무회계론 등
	마케팅 전공	마케팅관리론 등
	생산 전공	생산관리론 등
	MIS 전공	MIS 기초 등
	국제경영 전공	국제경영전략론 등

있다. 전략경영 전공이 인사조직 전공과 통합되어 있는 경우도 있고 국제경영이 전략경영 전공의 일부로 운영되기도 한다. 각 전공별 과목의 숫자도 차이가 많다. 예컨대 조직행동론의 한 분야로 여겨져 온 커뮤니케이션이나 조직문화 등을 별도의 과목으로 개설하고 있는 대학들도 있다. 또한 한 과목에서 다루는 내용이 다른 과목의 내용과 중복되는 경우도 있다.

〈표 1-1〉의 핵심 요인들 중 과업이라고 제시된 부문의 전공 하나하나가 매우 큰 분야이다. 돈을 끌어다가 물건을 만들고 영업을 열심히 해서 소비자들에게 팔아 돈을 받고 벌어온 돈을 잘 정리하여 세금을 내고 조직원의 월급을 주고 이익을 남기는 전반적인 과정이 간단해 보일 수도 있지만, 조직의 규모가 커지고 사업의 성격이 복잡해진 오늘날에는 과업 하나하나에 소요되는 지식체계와 요구되는 행위가 극히 복잡하고 다양해졌다. 따라서 각 과업별로 수많은

세부 전문가들이 생겨났으며 대학에서도 각 과업을 보다 효과적으로 수행할 수 있는 전문가를 육성하기 위한 노력을 기울여 왔다.

하지만 어떤 과업을 수행하든지 또는 어떤 전문성을 갖고 있든지간에 "사람의 문제"는 여전히 존재한다. 증권전문가도 동료들과의 갈등 때문에 고민할 때가 있으며 삼성전자연구소의 박사연구원도 최신의 지식으로 무장한 나이 어린 후배연구원들의 도전 때문에 잠 못 이룰 수 있다. 대통령이 내린 결정이 사회 여러 계층의 반발을 촉발하기도 하고 CEO의 선택이 회사를 쇠퇴하게 만드는 경우도 많다. 요컨대 조직이란 크든 작든, 또 목적이 무엇이든간에, 사람에 의해서, 또 사람을 통해서 운영된다. 그러므로 조직경영에 있어 사람의 문제는 가장 기본적이면서 핵심적인 문제이다. 조직행동론은 바로 이러한 조직에서의 인간의 문제를 중점적으로 다루는 학문영역이다.

본서의 체계

본서는 제4부, 15장으로 이루어져 있다. 제I부는 개요로서 제1장 조직행동의 기초를 다룬다. 조직행동론은 조직원들의 행동을 이해함에 있어, 개인차원, 집단 및 팀 차원, 그리고 조직차원의 세 차원을 가지고 설명하는 전통을 가지고 있다. 따라서, 제II부는 개인차원의 이슈들을 다루고, 제III부에서는 두 사람 이상이 관련되었을 때 나타나는 현상들인 집단 및 팀 차원의 이슈들을 다룬다. 그리고 제IV부는 조직 전체 차원의 이슈들로 구성되어 있다.

요컨대, 제II부 개인차원에서는 개인이 각각 서로 어떻게 다르며 그 차이로 말미암아 어떤 행동 차이가 나타나는가를 2장과 3장에서 다루게 되는데 주로 개인의 능력, 태도, 가치관, 성격, 감정 그리고 지각에 관련된 이론들과 연구된 결과를 기술한다. 이어서 4장과 5장에서는 개인을 어떻게 동기부여(motivation) 시킬 것인가의 주제를 학습하게 된다. 제6장은 학습과 스트레스에 대해서 살펴본다.

제Ⅲ부 집단 및 팀 차원에서 다뤄지는 주제들은 집단과 팀의 특성(7장), 커뮤니케이션(8장), 권력과 정치(9장), 리더십 I, II(10장, 11장), 의사결정(12장), 그리고 갈등과 협상(13장) 등이다. 조직원 개인은 혼자 있을 때의 행동과 집단이나 팀에 소속되어 있을 때의 행동이 다르게 나타난다. 이것은 곧 집단이나 팀은 나름대로 독특한 특성을 갖는다는 것을 의미한다. 최고의 선수들로 구성된 축구팀이 형편없는 팀에게 패하게 되는 것은 선수 개인의 문제가 아니라 팀의 문제이다. 그러므로 우리는 개인의 특성을 넘어 집단이나 팀에 나타나는 독특한 특성들을 체계적으로 이해할 필요가 있는 것이다.

한편, 제Ⅳ부 조직차원의 연구는 가장 거시적인 주제들을 다룬다. 즉, 조직 전체의 속성과 관련되는 조직문화(14장)와 조직변화 및 조직개발(15장)을 학습하게 된다. 삼성에 다니는 조직원들과 현대자동차에 다니는 조직원들의 행동성향이 평균적으로 다르게 나타나는 것은 조직문화 차이에 따른 결과이다. 조직문화의 개념과 유형을 체계적으로 학습함으로써 다양한 조직문화에 따른 개인 조직원들의 행동성향을 이해할 수 있게 된다. 아울러, 조직은 환경의 변화에 적응하기 위해서 조직의 관행과 조직원들의 행동을 변화시킬 필요가 있다. 조직과 조직원들의 변화를 종합적으로 다루는 것이 조직변화 및 조직개발의 장이다.

이상에서 설명한 본서의 체계를 그림으로 나타내면 〔그림 1-1〕과 같다.

그림 1-1 본서의 체계

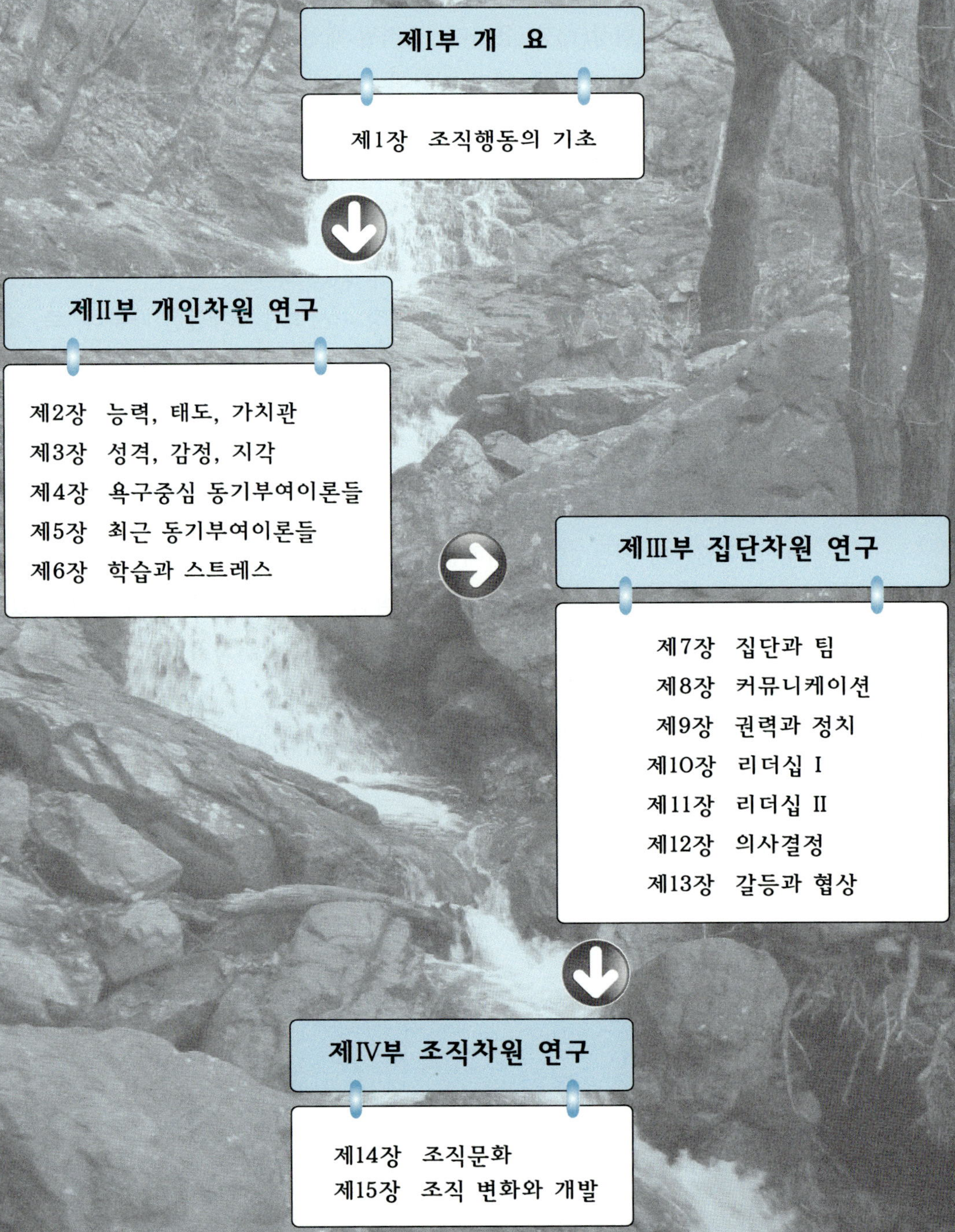
제I부 개 요
제1장 조직행동의 기초
제II부 개인차원 연구
제2장 능력, 태도, 가치관
제3장 성격, 감정, 지각
제4장 욕구중심 동기부여이론들
제5장 최근 동기부여이론들
제6장 학습과 스트레스
제III부 집단차원 연구
제7장 집단과 팀
제8장 커뮤니케이션
제9장 권력과 정치
제10장 리더십 I
제11장 리더십 II
제12장 의사결정
제13장 갈등과 협상
제IV부 조직차원 연구
제14장 조직문화
제15장 조직 변화와 개발

사 례 1-1 POSCO 박태준 명예회장: 무(無)에서 유(有)를 창조한 경영자

POSCO의 창업자 박태준 명예회장은 자금, 기술, 인력이 없는 상황에서 POSCO를 설립하여 세계적인 기업으로 성장시켰다. 그야말로 무(無)에서 유(有)를 창조한 것이다. 공장 입구에 붙어 있는 "자원은 유한(有限), 창의는 무한(無限)"이라는 문구가 POSCO의 역사를 잘 말해준다. 그는 무엇보다도 사람을 중시하였다. 몇 가지 증거를 살펴보자.

첫째, 그는 제철공장을 지을 자금이 전혀 없는 상황에서 은행에서 빚을 내어 사원들 아파트부터 지었다. 공장 지을 자금을 구해오지 못하면 사원주택만 지어 놓고 망하게 되는 위험한 선택이었다. 하지만 그는 박정희 당시 대통령을 설득하여 한·일 청구권자금을 제철공장 건설에 투입하게 된다.

둘째, 조직원 교육과 훈련에 획기적으로 투자하였다. POSCO만큼 직원들 해외연수를 많이 보낸 기업도 드물 것이다. 제철소를 지을 기술이 모자랐기 때문에 일본을 비롯한 세계 곳곳의 제철소를 찾아다니며 보고 들은 것들을 모아 짜 맞춰야 했다. 삼성의 이병철 창업자는 POSCO 연수체계를 벤치마킹한 적도 있다.

셋째, 직원들에게 확실한 사명감을 심어줬다. POSCO 직원들은 아직도 다른 회사 직원들에 비해 국가에 대한 사명감이 남다르다. 철은 산업의 쌀이라고 한다. 오늘날 세계를 제패하는 한국의 자동차, 조선, 가전, 기계 등등 주요 산업의 핵심은 품질 좋고 값싼 철강이다. POSCO가 값싸고 좋은 제품을 이들에게 공급해 주지 않았다면, 오늘날의 현대자동차, 삼성중공업, LG전자 등은 탄생할 수 없었을 것이다. 이런 사명감과 자부심을 POSCO인들은 무의식중에 가지고 있다.

넷째, 스스로 깨끗하여 확실한 윤리의식을 정착시켰다. 박태준 명예회장은 1968년부터 1992년까지 25년여를 POSCO의 최고경영자로 재임했다. 하지만 그는 POSCO의 주식을 단 한 주도 가지고 있지 않다. 또 재산도 별로 없었으며, 그나마 가지고 있던 집도 처분하여 모두 사회에 환원하였다. 그가 가장 싫어하는 말은 부실, 부패, 부정이라는 단어들이다. POSCO를 건설할 때 부실공사가 발견되자 다이너마이트로 폭파시킨 적도 있다.

다섯째, 기본적으로 인간에 대한 깊은 애정을 갖고 있다. 그는 생활이 어려운 직원들의 이야기를 듣고는 자주 울음을 터뜨렸던 것으로 알려져 있다. 한번 POSCO와 인연을 맺은 사람들은 끝까지 보살펴 주려고 노력한다. 한 달에도 수십 권씩 책을 읽는 독서광이며 다른 사람들과의 토론을 좋아하고, 전문가들의 의견을 존중한다.

POSCO는 오늘도 이러한 인간중시의 전통을 이어가고 있다.

[사례 문제 1-1] 박 명예회장이 무에서 유를 창조하는 데 기여한 것은 무엇인가?

사 례 1-2 스티브 잡스(Steve Jobs)는 누구인가?

[올해 '아이패드'를 선보이며 태블릿PC 혁명의 신호탄을 쏘아 올린 애플의 CEO 스티브 잡스(Jobs 55)가 23일 영국 파이낸셜타임스(FT)가 뽑은 '올해의 인물'로 선정됐다. FT는 지난 1월 잡스가 무대 위에서 아이패드를 공개했던 순간이 현대 기업 역사에 "가장 주목할 만한 복귀"라는 평가도 곁들였다. 지난해 간이식 수술 후 "잡스가 예년처럼 활동하긴 어려울 것"이란 소문이 돌던 업계에 완벽한 복귀를 알린 순간이었다.

신문은 잡스가 오늘의 위치에 오를 수 있었던 요인으로 완벽주의와 실용주의를 꼽았다. 잡스는 업무에 있어 부하 직원들을 가차 없이 몰아붙이는 것으로 유명하다. 경쟁업체가 "더 이상 좋은 기술이 나올 수는 없다"고 두 손 들 때까지 제품 개발에 열을 올린다.

직원들의 평가에 따르면 잡스는 "소비자이면서 동시에 마케팅 담당자처럼" 일한다. 집착에 가까울 정도로 결점이 없는 완벽한 제품을 내놓기 위해 노력한다. 1월 아이패드를 공식 소개하는 무대도 수차례 리허설까지 거치며 모든 문구는 물론 조명, 소품, 복장까지 직접 챙겼다.

실리콘밸리의 한 투자자는 "잡스는 최후의 진정한 사업가"라고 했다. 요즘 같은 불황에 고가의 제품을 판매하고 새로운 일자리를 창출한다는 점에서,

지출을 줄이는 데 급급한 다른 CEO들과 레벨이 다르다고 설명했다.

샌프란시스코 출신인 잡스는 리드(Reed) 대학 1학년 중퇴 후, 1976년 스티브 워즈니악과 애플컴퓨터를 설립했다. 애플1과 매킨토시 등을 개발하며 마이크로소프트의 빌 게이츠와 함께 PC 시대를 이끌었다. 2004년 췌장암 진단을 받았으나 수술 후 회복했다.] (chosun.com. 2010.12.24.)

위의 기사에서 보듯이 스티브 잡스는 완벽주의자였다. 그러한 완벽주의는 공격적이고 직원들을 몰아붙이는 행동으로 나타났다. 그 근저에는 정보산업의 최전방에 서서 경쟁자들을 이끌어가야 한다는 강박관념이 지배하고 있다. 2007년 맥월드 컨퍼런스에서 그가 행한 연설에는 그의 이러한 철학이 잘 나타나 있다.

"(아이스하키의 전설적 인물인) 웨인 그레츠키(Wayne Gretzky)가 했던 말을 나는 좋아합니다. '나는 (아이스하키 경기를 할 때면) 지나가는 퍽(puck)을 쫓아가지 않습니다. 퍽이 올 자리를 찾아 그 위치로 달려갑니다.' 애플(Apple)도 아주 초기부터 항상 그런 자세로 일해 왔습니다. 그리고 앞으로도 항상 그럴 것입니다."

한국 속담을 인용하면 그는 '고생 끝에 낙을 잡은 인물'이다. 하지만 그 낙은 그냥 찾아온 것이 아니었다. 미혼모에게서 태어나 입양되었고 대학 입학 후 한 학기를 마치고 나서 그만둘 수밖에 없었다. 대학을 그만둔 후에 그는 친구 집 거실에 기숙하면서 끼니를 위해 빈 콜라병을 수집하여 팔면서 지냈다. 그런 어려운 상황에서도 그는 다니던 대학에서 개설하는 과목을 청강하는 배움의 열정을 보인다. 이때 들은 과목이 '서체'(calligraphy)였는데 여기서 얻은 지식이 나중에 맥킨토시의 글자체를 개발하는 데 기반이 된다.

애플을 세워 대박을 터뜨리고 나서도 순탄한 길을 걷지는 못했다. 자기가 만든 회사에서 쫓겨나고, 넥스트(Next)와 픽사(Pixar)와 토이스토리(Toy Stories)를 만들면서 전전하다가 다시 애플로 돌아왔다. 암에 걸리기도 했었고, 인도를 여행하다가 승려가 되어 돌아오기도 했으며, 거실에 BMW 오토바이를 전시해 놓고 살며, 번호판이 없는 벤츠를 탔다. 그는 또한 비틀즈(Beatles)의 열렬한 팬이기도 했다. 이유는 팀플레이를 중시했기 때문이다(참고: 스티브잡스 자서전. 2011).

"나의 비즈니스 모델은 비틀즈입니다. 그들 네 명은 틀리지 않기 위해서 서로를 체크하면서 연주합니다. 서로 균형을 맞추는 것이죠. 그 결과 전체가 부분들의 합보다 큰 결과를 낳습니다. 비즈니스에서도 큰 성과는 개인 혼자서 이룩할 수 있는 것이 아닙니다. 구성원들의 팀워크에 의해서만 성취될 수 있습니다."

[사례 문제 1-2] 스티브 잡스의 특징들을 정리해 보자.

제 Ⅱ 부

개인차원 연구

제2장

능력, 태도, 가치관

본 장의 요점

* 능력의 개념과 종류를 배우며 창의성, 인지 스타일 등 유사 개념도 학습한다.
* 태도에 속하는 직무만족, 조직몰입, 조직시민행동을 구체적으로 학습하며 행동과 태도의 불일치에 기인하는 인지부조화에 대해서 알아본다.
* 가치관의 개념과 수단 가치, 최종 가치를 이해하고 보편적 가치와 일 가치의 관계를 학습한다.
* 능력, 태도, 가치관이 조직행동에 미치는 다양한 결과를 구체적으로 파악한다.

능 력
태 도
가치관

알리바바 그룹의 창업자 마윈(Jack Ma)

* 마윈 회장은 1964년 중국 저장성에서 태어났다. 외국인 관광객을 상대로 무료 가이드를 하며 영어를 익혔다. 대학교에서 영어를 전공하고 졸업 후 영어 교사로 일했다. 그는 인터넷의 확장성을 깨닫고 1999년 '알리바바(Alibaba)'를 창업했다. 초기에는 중국 중소기업들이 해외 시장과 연결되도록 B2B 전자상거래 플랫폼으로 시작했다. 이후 타오바오(Taobao), 알리페이(Alipay), 티몰(Tmall) 등을 출시하며 사업을 다각화했다.

* 실 적
  ▶ 2014년 뉴욕증권거래소 상장, 당시 250억 달러 규모의 세계 최대 IPO
  ▶ 중국 내 온라인 거래의 80%를 차지, 글로벌 시장에서는 아마존과 경쟁
  ▶ 알리페이는 중국 최대 모바일 결제 플랫폼, 현재 앤트 그룹으로 분리
  ▶ 알리바바 클라우드는 세계 3위 규모
  ▶ 2023년 1월 기준, 시가총액 2,934억 달러(세계 28위)

* 마윈의 어록
  ▶ 인공지능은 어떤 경우도 사람을 대체할 수 없다. 기계와 경쟁해야 할 필요 없다. 세상은 지혜와 감성으로 경쟁해야 한다.
  ▶ 성공하고 싶으면 EQ(Emotion Quotient)를 높이고, 지고 싶다면 IQ를 높여라.
  ▶ 고객이 1순위, 직원이 2순위, 주주는 3순위다.
  ▶ 당신이 문제를 찾으면 그것이 바로 기회다.
  ▶ 나는 일을 잘하는 사람을 찾지 않는다. 팀과 잘 어울릴 수 있는 사람을 찾는다.
  ▶ 당신이 좋아하는 일을 하라. 그러면 힘든 것도 즐거워진다.
  ▶ 변화하지 않으면 도태된다.

❖ 〈문제 2〉 **마윈 회장이 감성을 중요시하고, 팀과 어울리는 사람을 찾는 이유가 무엇이라고 생각하는가?**

사람의 모든 행동에는 원인이 있다. 그 원인은 개인의 내적 요인일 수도 있고 상황적 요인일 수도 있다. **개인차**(individual difference)란 조직행동의 원인이 될 수 있는 개인의 내적 요인들을 일컫는 말이다. 여기에는 능력, 태도, 가치관, 성격, 감정, 지각 등이 포함된다. 개인 행동의 원인을 알면 사람을 이해하게 되고 바람직한 행동을 촉발하든가 바람직하지 않은 행동을 제어하는 데 도움이 된다.

본 장과 다음 장에서는 조직구성원 개인 행동의 원인이 될 수 있는 여섯 가지 요인들에 대해서 살펴보게 된다. 제2장에서는 능력, 태도, 가치관을 알아보고 제3장에서는 성격, 감정, 그리고 지각에 대해서 학습한다.

능 력

능력(ability)이란 무엇인가

상황이 같다고 가정할 때, 일의 성과는 능력과 태도에 의해서 결정된다. 아무리 능력이 있더라도 열정적 태도가 없으면 성과를 기대하기 힘들다. 또한 일에 대한 태도가 아무리 좋다 하더라도 능력을 갖고 있지 못하면 일을 잘 해낼 수 없다. 흔히 성과를 능력과 태도의 함수라 하여 다음과 같이 표시한다.:

$$\text{성과} = f(\text{능력} \times \text{태도})$$

능력이란 어떤 일(정신적, 육체적)을 할 수 있는 **최대한의 한계**(최대치)를 나타내는 것이며 이는 태어날 때부터 가지고 있을 수도 있고 학습에 의해 개발될 수도 있다.[1)]

100m 달리기를 예로 들자. A라는 사람은 온 힘을 다해서 100m를 뛰면 13초에 뛸 수 있다. 하지만 그가 싫어하는 코치가 뛰라고 했더니 대충 뛰어 15초가 걸렸다. 이때 A의 능력은 13초에 뛰는 것일까, 15초에 뛴 것일까? 능력이란 최대치이므로 A의 능력은 13초에 뛰는 것이 된다. 하지만 얼마나 열심히 뛸

까를 결정하는 것은 태도다. A는 '싫어하는 코치가 시킬 때는' 15초가 걸린다. 이것은 태도 때문에 나타난 결과이다. 출중한 능력을 갖추고 있는 조직구성원 중에도 자기 능력의 최대치를 발휘하지 않는 경우가 많다. 태도의 문제이다.

능력과 비슷한 개념으로 기술(skill)이 있다. 기술(skill)이란 특정의 일과 관련된 능력을 의미한다. 예를 들면, 피아노를 칠 수 있는 능력, 컴퓨터를 다룰 수 있는 능력, 선반을 만들 수 있는 능력 등은 기술(skill)에 해당한다. 하지만 능력과 기술은 많은 경우 구별 없이 상호 교환적으로 사용된다.

또한 적성(aptitude)도 능력과 유사한 말이다. 적성이란 구체적 과업을 학습하는 데 필요한 타고난 역량을 뜻한다. 어떤 사람은 영어는 빨리 배우는데 수학 과목에 대해서는 학습속도가 매우 느리고 계산도 자주 틀리는 것을 볼 수 있다. 손으로 장난감을 조립하고 뭔가를 만드는 데는 능숙하지만 세계사의 흐름을 파악하는 데는 더디고 힘들어하는 사람도 쉽게 찾아볼 수 있다. 이것은 적성의 차이이다.

한편 최근 조직경영에서 많이 사용하는 능력 관련 용어로 컴피턴시(competency; 역량)라는 개념이 있다. 컴피턴시란 탁월한 업무수행에 필요한 개인의 특성들을 종합적으로 일컫는 말이다. 능력뿐 아니라 개인의 가치관, 성격 등 탁월한 업무수행과 관련된 모든 요소들을 포함한다. 이러한 역량은 지속적으로 높은 성과를 창출해 내는 고성과자들로부터 일관되게 관찰되는 행동의 패턴과 내적 특성에서 찾아진다. 직무수행에서 높은 성과를 내는 사람들을 관찰해 보니 전통적인 직무수행 요건과는 다른 독특한 특성들이 있었다. 이에 직무성과를 창출해 내는 동인을 보다 확장된 시각에서 찾아보게 되었고, 여러 고성과자들에게서 일관되게 나타나는 행동패턴과 내적 특성을 역량이라 정의하게 되었다.

역량개념이 전 세계의 많은 기업에서 중요한 인적자원관리의 기준으로 받아들여지게 된 이유는 다음과 같이 정리될 수 있다. 첫째, 신경제 시대에서는 각 개인이 조직 성과에 기여할 수 있는 내적 요소가 중요해졌다. 둘째, 직무의 과업과 의무 수행만으로는 높은 성과가 나오지 않기 때문에, 직무 자체보다 성과 기여요인을 찾는 것이 더 효과적이다. 셋째, 조직과 전략에 의해 창출되는 성과가 개인의 역할과 연계되어야 하며, 성과 동인으로 직무 이상의 요인들이 중요해졌다. 마지막으로 직무수행환경의 끊임없는 변화에 따라 새로운 직무환경에 재빠르게 적응하고 성과를 내기 위해서는 개인의 본질적인 능력이 보다 중요해졌기 때문이다.

역량의 구성과 관리자 역량

조직마다 어느 정도 차이가 있을 수 있지만, 통상적으로 역량은 다음 〈표 2-1〉과 같이 세 가지 차원으로 구성된다. 가장 기본적인 것은 직무역량이다. 직무를 수행하여 높은 성과를 만들어 내는 데에 있어 핵심이 되는 역량이라 할 수 있다. 그 다음은 계층역량이다. 계층 역량은 조직에서의 위계에 따라 주어진 역할을 하는 데 있어 필수적인 요소로 관리적 측면과 전략적 측면이 특히 강조된다. 마지막으로 전사공통역량이다. 이는 특정 조직에 속해 있는 모든 사람들이 자신의 직무와 계층에 관계 없이 갖추고 있어야 하는 역량으로, 특정

표 2-1
전사역량체계의 구성

역 량	초 점	적 용
전사공통 핵심역량	• 전체 조직 • 여러 개의 직군 • 여러 개의 계층	• 조직수준의 계획 • 평가와 보상 • 핵심인재 확보와 육성
계층 역량	• 조직계층 • 특히 임원계층	• 선발 • 승진 • 리더십 훈련과 개발
직무/역할 역량	• 직무 • 직위 (역할) • 직군	• 선발 • 이동 • 훈련과 개발 • 평가와 보상

자료: 권석균, 이병철, 양재완. 2021. 「지속가능 성장을 위한 인적자원관리」에서 재인용.

조직의 특성을 반영하고, 조직의 정체성을 만들어 내는 동시에 경쟁우위의 기반이 된다.

특히, 계층별 역량은 조직의 성과를 창출해 내는 데에 있어 매우 중요한 요인으로 간주될 수 있다. 일선관리자, 중간관리자, 고위관리자, 경영진, 최고경영자 등이 효과적인 리더십을 발휘해야만 각 단위부서와 조직 전체의 경쟁력을 유지할 수 있기 때문이다. 조직경영과 관련하여 관리자/경영자들에게 요구되는 능력(또는 기술)을 흔히 전문적 능력, 인간관계 능력, 개념화 능력 등으로 나눈다. 여기서는 각각의 개념과 조직계층에 따른 각 기술(능력)의 소요정도에 대해서 살펴보려 한다. 이에 대한 내용을 〈표 2-2〉에 요약하였다.

이 세 가지 능력은 조직 내에서 개인이 갖고 있는 위치와 관련된다. 즉 어떠한 계층에 있느냐에 따라 더 많이 요구되는 능력의 유형이 다르다. 이를 〔그림 2-1〕에 나타내었다.

하급관리자에게는 **전문적 기술**이 매우 중요하다. 왜냐하면 해당 관리자는 작업장에서 조직원들에게 장비를 다루는 법이나 제품을 효과적으로 만드는 방법 등을 알려주고 관리해야 하기 때문이다. 하급관리자에게 필수적인 전문적 기술은 최고경영자에게는 상대적으로 덜 중요하다. 경영자에게 보다 필요한 능력은 기계가 고장났을 때 이를 어떻게 고쳐야 하는지에 관한 전문적 능력이

표 2–2
관리자/경영자의 세 가지 능력[2)]

구분	내용
개념화 능력 (conceptual ability)	조직에서 일어나는 여러 가지 구체적이고 복잡한 정보, 사건, 현상들을 추상화하여 일정한 개념의 틀에 따라 이해할 수 있는 능력을 뜻한다. 이러한 능력이 뛰어난 사람은 조직의 상황을 보다 더 빨리 이해하여 조직목표 달성에 무엇이 필요한지를 꿰뚫어 본다.
인간관계 능력 (human skills)	효과적으로 리더십을 발휘하고 조직원들의 동기를 유발시키며 상·하급자 및 동료들과 원활한 의사소통을 수행하는 등에 소요되는 능력을 말한다.
전문적 능력 (operational skills)	전문적 기술이란 특정의 임무수행을 위하여 그 임무에 필요한 지식이나 방법, 테크닉, 장비 등을 사용할 수 있는 능력을 말하며, 이는 경험이나 교육·훈련 등에 의해서 얻어진다.

그림 2-1
조직계층에
따른 필요 능력

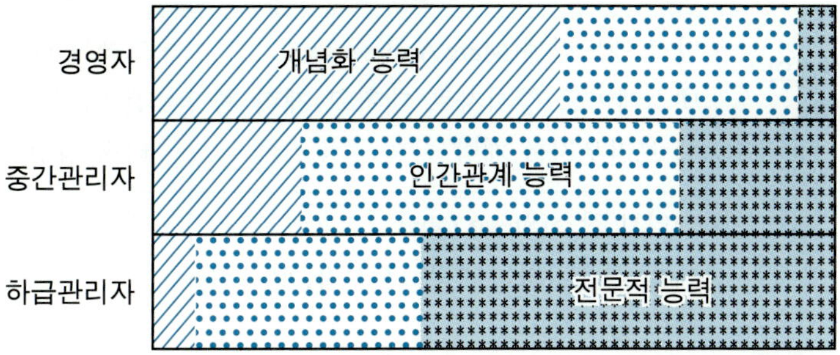

아니다. 조직 전체의 목표에 따라 전략적 의사결정을 할 때에 소요되는 **개념화 능력**이다. 또한 인간관계 능력은 최고경영자나 하급관리자들에게도 필요하지만 부하직원들을 동기유발시키며 여러 부서를 조정해야 하는 중간관리층에서 가장 많이 요구되는 능력이다.

창의성

창의성이란 무엇인가

창의성이란 정보나 지식을 독특한 방법으로 조합하여 참신하고 유용한 아이디어를 산출해 내는 능력을 뜻한다. 창의적 성과는 천재들에 의해서만 얻어지는 것은 아니다. 꾸준히 노력하여 획기적 성과를 창출한 노력형 창조자들도 많다. 예를 들어, 피카소(Picasso)는 일찍부터 비범한 재능을 보여줬으며, 그러한 남다른 창의성에 입각하여 획기적인 작품들을 남겼다. 반면에 세잔느(Cezanne)는 인내를 가지고 꾸준히 새로운 것을 탐색하며 노력한 결과 나이가 들면서 창의성이 두드러지게 나타난 경우이다. 〈표 2-3〉에는 피카소형 기업가와 세잔느형 기업가들의 예를 제시하였다.

창의성은 전문성, 상상력, 그리고 내적 동기 등 세 가지 요소로 구성된다.[3] 창의성이 있는 사람들은 일반적으로 내적 동기가 강하여 선택한 일이나 문제 자체를 즐기려는 성향을 갖는다. 강한 내적 동기는 관심 분야에 있어 남다른

표 2-3
창의성: 천재형 피카소와 노력형 세잔느

피카소 형(Picasso)	세잔느 형(Cezanne)
• 마크 앤드리센(Marc Andreessen) 넷스케이프 창시자로 대학교 재학 중 웹 브라우저를 개발	• 크레그 배럿(Craig Barrett) 전 인텔 최고경영자, 엔지니어로서 합리적 경영
• 스티브 잡스(Steve Jobs) 애플 컴퓨터와 아이폰 창시자, PC 업계의 창시자	• 멕 휘트만(Meg Whitman) 이베이(ebay)와 HP 최고경영자 역임, 과거의 경험을 중시하여 이를 미래 성장의 동력으로 사용하는 스타일

전문성을 쌓게 하며, 이것이 상상력과 상호작용하면서 참신한 아이디어를 산출해 내게 되는 것이다.

창의성에 대한 지금까지의 연구 결과를 보면, 창의성은 지능(intelligence), 확산적 사고(divergent thinking), 연상과 유추 능력, 그리고 비유나 상상을 활용할 줄 아는 능력 등과 관계가 깊은 것으로 나타났다.[4)]

흔히, 지능과 창의성을 동일시하는 경우가 있으나 지능이 높다고 해서 반드시 창의성이 높은 것은 아니다. 예컨대, 지능은 주어진 문제에 대하여 주어진 해답을 찾는 데 유효하나 창의성은 문제를 새롭게 인식하고 참신하고 다양한 해답을 고안해 내는 데 활용된다.

또한 창의적인 사람들은 강한 자신감, 유연성, 도전 성향, 위험감수성향, 뛰어난 직관력, 지칠 줄 모르는 정력 등의 개인적 특성을 보이는 것이 일반적이다. 예를 들어, 피카소는 한 해 평균 200점이 넘는 작품을 그려냈으며 아인슈타인도 일생을 통하여 248권의 저서를 남길 정도로 열정적이었다.

창의성에 영향을 미치는 조직요인들

조직 내 구성원들의 창의성 발휘는 조직상황과의 관계 속에서 이해되어야 한다. 아무리 창의성이 뛰어난 구성원이라고 하더라도 조직구조가 경직되어 있든가 맡고 있는 일이 지나치게 정형화되어 있으면 창의성 발휘가 어려워진다.

그림 2-2

창의성에 영향을 미치는 조직요인들

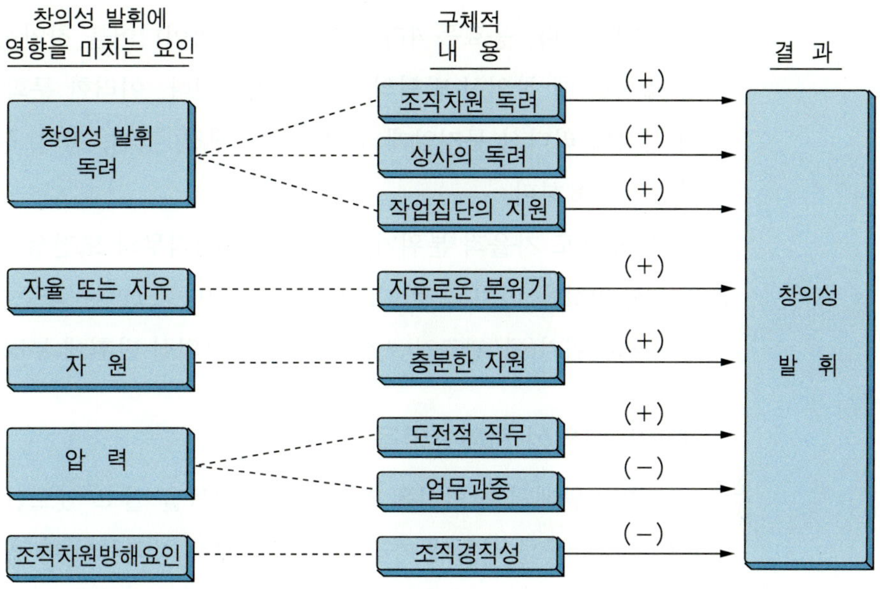

자료: Amabile et al., *op. cit.*, 1996. p.1159.

아메바일(Amabile) 등[5])은 조직구성원들의 창의성 발휘에 긍정적 또는 부정적으로 영향을 미치는 요인들을 〔그림 2-2〕와 같이 제시하였다.

조직의 정책결정자들은 다음의 네 가지 조치를 취함으로써 구성원들의 창의성 발휘를 독려할 수 있다. 첫째, 새로운 아이디어를 내고 위험을 감수할 수 있는 제도적 장치를 마련할 것; 둘째, 새로운 아이디어에 대한 공정하고 지원적인 평가가 이루어지도록 할 것; 셋째, 창의성 발휘에 대하여 "보너스" 형태의 보상을 제공하고 인정해 줄 것; 그리고 넷째, 조직 내 아이디어 공유가 가능하도록 참여적이고 협력적인 조직운영방식을 택할 것 등이다. 또한 조직원들이 창의성을 발휘하도록 함에 있어 상사의 역할도 매우 중요하다. 예를 들어, 팀장이 지시 일변도의 자세를 취한다든가 지나치게 통제 위주의 성향을 띠면 팀원들의 창의성은 위축되고 만다. 상사는 창의성을 발휘하려는 직원들에 대해 지원적이고 열린 관계를 유지할 필요가 있다.

한편, 창의성은 작업집단, 즉 동료들 간의 적극적인 교류과정을 통하여 발현되기도 한다. 동료들끼리 서로 새로운 아이디어를 창안하여 실천하는 문화가 조성될 때 창의성 발휘의 기회는 많아진다. 이러한 문화를 창출하는 데 있어 상사의 리더십 못지않게 구성원들의 배경, 경험, 지식, 능력 차원에서의 다양성도 중요하다.

이 밖에도 자율적 분위기, 충분한 자원, 직무의 도전성 등은 창의성 발휘에 긍정적 영향을 미치는 것으로 나타나고 있다. 그러나 과중한 업무라든지 경직된 조직분위기(예, 관료적 조직문화) 등은 창의성 발휘에 부정적 영향을 미친다.

개인의 창의성 저해요인들

개인차원에서 창의성을 저해하는 요인들을 알고 있으면 창의성 발휘에 도움이 된다. 물론 상황에 따라 개인의 잠재적 창의성이 다 발휘될 수 없도록 하는 저해요인들의 종류가 다르겠지만, 일반적으로 나타나는 개인차원의 방해요인들은 〈표 2-4〉과 같이 요약될 수 있다.

처음에는 창의성이 높은 사람도 경직된 조직이나 관료적 조직문화를 가진 조직에 들어가 오래 근무하다 보면 창의성을 잃게 되는 경우도 많다. 입사 초기에는 창의적 아이디어를 많이 내보지만, 곧 아이디어를 내도 받아들여지지

표 2-4
창의성 저해요인들

(1) "정답"을 찾으려는 경우
(2) 항상 논리적이려고 노력하는 자세
(3) 규범이나 규율에 맞는 해결책을 찾으려 함
(4) 지나치게 실용성을 추구함
(5) 애매하고 모호한 상황을 회피하려는 자세
(6) 실패할 것을 두려워 함
(7) 일에 재미를 붙이지 못함
(8) 자신의 전문성 밖의 문제에 대해서는 무관심함
(9) 바보처럼 보이는 것을 싫어함
(10) 자신이 창의성이 없다고 믿음

않고, 실행된 적도 없으며, 오히려 '쓸데없는 일을 만드는 사람'이라는 비판에 직면하고 나면, 아이디어가 있어도 말을 하지 않게 되고 결국 그러한 문화에 길들어 창의성 자체가 쇠퇴하는 결과를 가져오게 된다. 개인의 창의력 발휘와 성장에 있어, 창의성 지원의 조직문화가 얼마나 중요한지를 말해준다.

인지 스타일

인지 스타일(cognitive styles)이란 인간이 정보를 어떻게 판단하고 지각하는가와 관련된 정신적 과정을 의미한다. 이 인지 스타일의 분류는 이미 1920년대에 스위스의 심리분석학자 칼 융(Carl Jung)에 의해 이루어졌으며 그 후 마이어스와 브릭스(Myers & Briggs)에 의해서 발전되어 오늘날에는 MBTI(Myers-Briggs Type Indicator)라는 설문양식에 의해 널리 알려져 있다.[6)]

MBTI는 네 가지 차원으로 이루어져 있다. 이들은 ① 개인의 에너지가 어느 쪽으로 많이 사용되는가(에너지 방향), ② 외부의 정보를 인식하고 수집하는 방법이 어떤가(정보인식), ③ 어떤 방식으로 의사결정을 하는가(결정방법), 그리고 ④ 어떤 양식으로 살아가는가(생활양식) 등이다.

이들 네 차원은 각각 상반된 두 요인을 갖는다. 즉, ① 에너지 방향에는 외향형(Extraversion)과 내향형(Introversion)이 있다. 외향적인 사람은 주로 다른 사람들을 만나고 교류하는 데 에너지를 쓴다. 내향적인 사람은 주로 자기 자신을 위해서 에너지를 사용한다. ② 정보인식의 방법에는 감각형(Sensing)과 직관형(iNtuition)이 있다. 감각적인 사람은 현실적인 반면, 직관적인 사람은 이상적인 사람이다. ③ 결정방법은 사고형(Thinking)과 감정형(Feeling)으로 대비된다. 사고를 중시하는 사람은 논리적이고 분석적, 객관적인 반면, 감정을 중시하는 사람은 결정할 때 상대방의 마음을 중시하며 잘잘못을 따질 때도 정상을 참작해야 한다고 믿는다. 그리고 ④ 생활양식에는 판단형(Judging)과 인식형(Perceiving)이 있다. 판단형은 계획적으로 인생을 살아가는 사람이고 인식형은 즉흥적으로 살아간다. 이상에서 설명한 4차원 8요인 각각의 특징을

그림 2-3 MBTI 8요인들의 특징

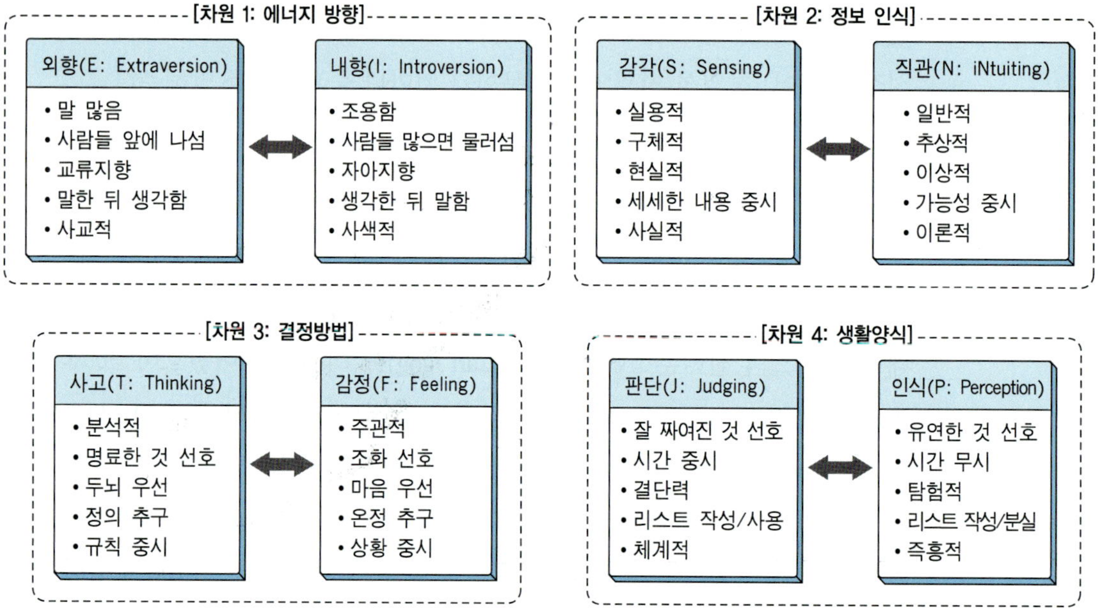

자료: Nelson, D. L., & Quick, I. C. 2005. *Understanding Organization Behavior*, Thomson: South-Western, p.60 에서 수정 인용.

대비시켜 설명하면 〔그림 2-3〕과 같다.

이처럼 MBTI의 4차원 8요인을 가지고 개인의 인지스타일을 진단할 수 있는데 총 16가지 유형이 있다. 16유형을 별칭과 함께 제시하면 〔그림 2-4〕와 같다. 자신이 어떤 유형인지를 추측해 보자.

MBTI 유형 중 어느 것이 "가장 좋은" 유형인지에 대한 논란과 토론은 존재하지만, 심리학적 관점에서는 특정 유형이 우월하거나 더 나은 것으로 간주되지 않는다. MBTI는 단지 개인의 성격적 경향을 나타내는 도구로, 각 유형은 고유한 장점과 단점을 가지고 있으며, 특정 상황이나 맥락에서 더 잘 맞는 성향이 있을 수 있다.

그럼에도 불구하고 일부 사람들은 사회적, 문화적 기대나 직업적 성공을 바

그림 2-4
MBTI 16유형

ISTJ 소금형	ISFJ 권력형	INFJ 예언자형	INTJ 과학자형
한번 시작한 일은 **끝까지 해내는 성격**	성실하고 온화하며 **협조를 잘하는 사람**	사람에 관한 뛰어난 **통찰력을 가진 사람**	전체를 조합해 **비전을 제시**하는 사람
ISTP 백과사전형	**ISFP 성인군자형**	**INFP 잔다르크형**	**INTP 아이디어형**
논리적이고 뛰어난 **상황 적응력**	**따뜻한 감성**을 가진 겸손한 사람	**이상적인 세상을** 만들어가는 사람들	**비판적인 관점을** 가진 뛰어난 전략가
ESTP 활동가형	**ESFP 사교형**	**ENFP 스파크형**	**ENTP 발명가형**
친구, 음식, 운동 등 **다양함을 선호**	분위기를 고조시키는 **우호적인 성격**	**열정적**으로 새 관계를 만드는 사람	**풍부한 상상력**으로 새로운 것에 도전
ESTJ 사업가형	**ESFJ 친선도모형**	**ENFJ 언변능숙형**	**ENTJ 지도자형**
사무적, 실용적, **현실적인 스타일**	친절, 현실감을 바탕으로 **타인에게 봉사**	타인의 성장을 도모하고 **협동하는 사람**	비전을 갖고 타인을 **활력적으로 인도**

자료: 돈 많이 버는 성격 따로 있다…특성에 따른 소득 차이는? (2019)에서 재인용

탕으로 특정 유형이 더 나은 것으로 여기는 경우가 있다. 예를 들어, 리더십이나 논리적 사고를 강조하는 직업에서는 ENTJ나 INTJ와 같은 유형이 더 선호된다는 의견이 있을 수 있다. 반대로, 감성적 공감 능력이 중요한 직종에서는 INFJ나 ENFP 유형이 더 적합하다고 보기도 한다.

그러나 이러한 논의는 주로 MBTI 유형의 특성을 절대적인 잣대로 보기보다

표 2-5
우리나라 사람들의 MBTI 성격 유형검사 유형별 비율(단위: %)

성격유형	비 율	성격유형	비 율
ISTJ(세상의 소금형)	20	INTP(아이디어 뱅크형)	4
ISFJ(임금 뒤편의 권력형)	11	ENTJ(지도자형)	4
ISTP(백과사전형)	11	INFJ(예언자형)	4
ESTJ(사업가형)	11	ESFP(사교적인 유형)	3
INTJ(과학자형)	7	ENFJ(언변능숙형)	2
ESTP(수완 좋은 활동가형)	6	INFP(잔다르크형)	2
ESFJ(친선도모형)	6	ENTP(발명가형)	2
ISFP(성인군자형)	6	ENFP(스파크형)	1

자료: 송미리 외 (2021), 한국인 대표 표본의 MBTI 유형 분포 연구: 2012-2020년 자료를 바탕으로

는, 개인의 성격과 상황적 필요에 따라 다양하게 평가될 수 있다는 점에 집중해야 한다. 이는 결국 MBTI의 목적은 자기 이해를 돕고 다양한 성향을 존중하는 데 있기 때문이다.

〈표 2-5〉는 대한민국 사람들의 MBTI 성격 유형별 분포를 나타낸다. ISTJ(세상의 소금형)이 20%로 가장 높은 비율을 차지하며, ISFJ, ISTP, ESTJ가 각각 11%로 뒤를 잇는다. INTJ(과학자형)는 7%, ESTP, ESFJ, ISFP는 각각 6%를 기록하고 있다. ENFP(스파크형)는 1%로 가장 낮은 비율을 보인다. 나머지 유형들은 각각 2~4%의 분포로 나타난다.

태 도

태도(attitude)란 무엇인가

특정 대상에 대해서 좋아하고 싫어하는 것(호-불호; 互-不互)을 태도라고 한다. 맡은 일이 좋으면 열정을 가지고 한다. 다니는 회사가 정말 마음에 들면 앞장서 회사를 위해 희생하려는 자세를 가지게 된다. 이들은 태도 좋은 사람들의 예이다.

우리가 흔히 대할 수 있는 각종 매체에 대한 태도도 개인에 따라 다를 수 있다. 또한 특정 정당이나 정책에 대한 태도, 동료에 대한 태도, 직무에 대한 태도, 특정 제품에 대한 태도 등을 가질 수 있으나 조직행동론에서 초점을 맞추고 있는 것은 직무나 조직과 관련된 태도이다. 직무나 조직과 관련된 태도로는 직무만족, 직무몰입, 조직몰입, 충성심, 일체감, 조직시민행동(OCB: Organizational Citizenship Behavior) 등이 있다.

개인의 행동을 결정하는 데 있어 태도는 가치관보다 더 많은 영향력을 행사한다. 가치관이 상황을 불문하고 개인 행위에 광범위한 영향을 미치는 믿음이라면 태도는 특정 대상이나 상황에 있어서 개인의 행위에 직접적인 영향을 미치는 변수이다.[7)]

즉, 태도가 구체적인 개념이라면 가치관은 태도에 비해 보다 광범위하고 포괄적인 개념이다. 가치관과 태도가 대개는 조화를 이루지만 항상 그런 것은 아니다. 남을 도와주어야 한다는 가치관을 가진 관리자일지라도 비도덕적인 동료를 돕는 것에 대해서는 부정적인 태도를 가질 수 있다.

가치관은 도덕적인 내용을 포함하기도 한다. 따라서 "인사관리에 있어 남녀에 따라 승진에 차별을 두는 것은 그릇된 일이다"라는 말은 가치관의 도덕적 측면을 반영하고 있는 것이지만, "조직원의 능력향상을 위해 교육을 실시하는 것을 좋게 생각하고 있다"고 말하는 것은 태도를 반영하고 있는 것이다.

욕구(needs)란 안전, 편안함, 배부름 등과 같이 본원적인 것으로 이를 충족키 위해서는 현실적 수단이 필요하다. 예를 들어, 우리가 배고픔을 느낄 때 먹을 것에 대한 욕구(needs)를 가질 수도 있고 보다 구체적으로 카레라이스에 대한 요구(wants)를 가질 수도 있다. 욕구로 인해 어떠한 행동이 유발될 수 있다는 점에서 욕구는 태도와 비슷한 개념이라고 볼 수 있으나 태도가 안정적이고 지속적이라는 점과 비교하여 볼 때 욕구는 일시적이며 변화한다는 점에서 다르다고 말할 수 있다.

태도의 구성요소

태도는 인지적(cognitive), 감정적(affective), 행동적(conative) 요소로 구성된다. 인지적 요소는 대상에 대해 개인이 가지고 있는 평가나 신념을 말한다. "나의 상사는 권위적이다"라는 표현은 태도의 인지적 요소를 나타내는 말이다. 감정적 요소는 대상에 대한 느낌을 말한다. "나는 나의 상사가 권위적이라서 좋아하지 않는다"는 표현은 태도에 있어 감정적 느낌의 한 예이다. 행동적 요소는 대상에 대한 행동성향을 나타내는 말로서, "나는 권위적인 상사의 지시를 따르지 않겠다"라는 말은 상사에 대한 나의 행동의지를 나타낸다(〔그림 2-5〕 참조).

〔그림 2-5〕는 상사에 대한 인지적, 감정적, 행동적 태도요인들이 서로 밀접한 관련 속에 복합적으로 작용하면서 행동에 영향을 미친다는 것을 보여준

그림 2-5
상사에 대한 태도의 예

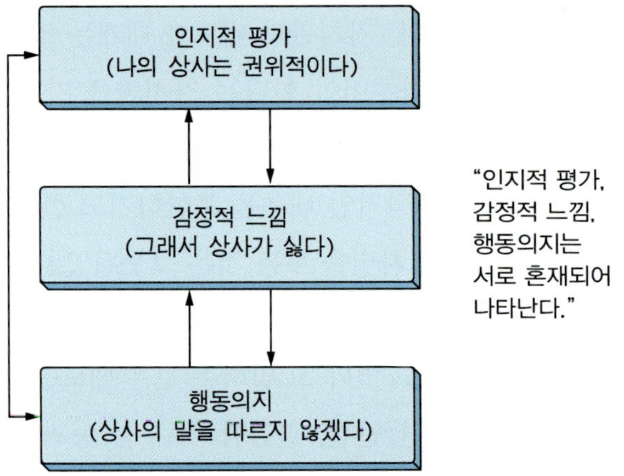

다. 즉 인지적 평가, 감정적 느낌, 행동의지 등의 태도요인들이 꼭 순서대로 나타나는 것은 아니다. 예를 들어, 어떤 이유 때문에 상사가 싫어지면, 상사에 대해서 나쁘게 평가하든가 그의 지시를 따르지 않으려는 행동의지가 나타날 수도 있는 것이다. 또한 과거에 상사의 말을 따르지 않았던 경험이 있으면, 상사에 대한 평가나 느낌도 영향을 받을 수 있다. 태도에 대한 초기의 연구자들은 태도의 세 요인들이 인지, 느낌, 행동의지의 순서를 밟아 행동에 영향을 미친다고 주장하였으나,[8] 그 후의 연구 결과는 행동의지가 실제 행동의 필수적 선행조건이 아니라는 사실을 밝혔다.[9] 따라서 태도의 세 요인은 상황에 따라 복합적으로 작용하면서 행동에 영향을 미친다고 할 수 있다.

인지부조화

인지부조화(cognitive dissonance)이론은 페스팅거(Leon Festinger)가 주창한 이론이다.[10] 두 개의 태도 간에 또는 태도와 행동 간에 불일치가 발생하면 개인은 인지부조화를 경험하게 된다. 인지부조화는 개인의 심리적 균형을 깨뜨리기 때문에 이를 감소시키려는 쪽으로 노력하게 된다. 또한 태도와 행동 간의 부조화가 발생한 경우 행동은 이미 이루어져서 돌이킬 수 없으므로 행동보다는 태도를 바꾸기 쉽다.

예를 들어 휴일에도 회사에 당직자가 있어야 한다(태도)는 사실은 인정하나 당신에게 당직을 하라고 하면 부정적 태도를 취할 수 있다. 또한 절약하는 생활을 하자(태도)고 구호를 외치면서도 회사 기물(용지나 펜 등)을 아끼지 않고 마구 사용하는 경우(행동)도 있다. "담배는 건강에 해롭다(태도)"는 것을 알면서도 흡연을 계속하는 행동 간에도 인지부조화가 존재한다. 대부분의 흡연가들은 담배를 끊음으로써 행동을 바꾸기보다는 누구누구는 하루에 담배를 세 갑씩 피우고도 90세까지 살았다라든가 담배 피우는 즐거움도 없다면 인생의 의미가 없다는 등과 같이 흡연에 대한 태도를 바꿔 인지부조화를 해소하려 한다. 이것은 태도와 행동 간의 부조화가 발생한 경우 태도를 바꾸어 합리화하려는 경우에 해당한다.

인간이 인지부조화를 감소시키고자 하는 욕망의 크기는 다음 세 가지 요인에 의해 결정된다. 즉, ① 부조화가 생기게 된 상황의 중요성, ② 개인이 믿는 상황 변화에 대한 영향력의 정도, ③ 부조화에 수반된 비용 등이다. 중요한 신념(태도)이나 행동일수록, 부조화 해소가 가능하다고 느낄 때, 그리고 부조화의 비용이 클수록, 인지부조화 해결을 위해서 더 적극적으로 노력하게 된다. 이러한 인지부조화는 조직변화와 변화 저항 등 여러 조직현상을 설명하는 데 쓰인다. 조직구성원들의 행동을 바꾸려 할 때 그들의 신념, 태도와 새로운 행동이 조화를 이룰 수 있도록 참여의 기회를 많이 주는 것이 인지부조화 해소를 돕고 변화저항을 줄이는 방법이다.

직무만족

왜 중요한가

직장인들은 깨어 있는 시간의 대부분을 직장에서, 또는 직장을 위해서 보낸다. 그러므로 직장에서 자신이 맡은 직무에 만족하지 못하면, 인생이 불행해지게 된다. 행복한 삶을 영위하는 것은 인간이 갖는 기본적인 권리이므로 조직은

매듭 2-1 경찰, 소방공무원, 일자리 만족도 최고[11]

취업포털 인크루트는 2020년 9월 직장인, 자영업자 총 2,798명을 대상으로 '2020 일자리 만족도'를 조사한 결과를 발표했다. 최고는 경찰/소방공무원이었으며, 최저는 자영업자였다.

〈매듭문제 2-1〉 당신이 선호하는 직장은?

자영업자, 샐러리맨 만족도 '최저' … 나랏일이 대세?

조사대상: 직장인 자영업자 총 2,798명 설문기간: '20년 8월 12~20일(9일간)

일자리 만족도 상위 TOP5

1위. 경찰, 소방공무원	79.1점
2위. 공공기관 전문직	74.3점
3위. 교육 공무원	71.7점
4위. 금융권 종사자	71.5점
5위. 전문직	68.8점

일자리 불만족 상위 TOP5

1위. 자영업(개인사업)	55.7점
2위. 서비스직	58.5점
3위. 생산직	59.1점
4위. 예체능 종사자	59.2점
5위. 사무직	61.6점

Q. 현재 일자리가 불만족스러운 이유는?

- 하는 일에 비해 낮은 연봉(28.9%)
- 업무발전이 없어서, 미래비전이 안 보여서(25.5%)

구성원들의 직무만족에 관심을 기울여야 한다. 또한 직무에 대한 불만족은 각종 병의 원인이 되는 스트레스를 유발하게 되므로 적절히 관리할 필요가 있다. 직무만족은 개인의 가정생활에도 영향을 미치므로 더욱 중요시된다. 예컨대, 직장상사와의 불화로 불만을 느끼게 되면, 퇴근 후 가정생활에도 영향을 미친다.

아울러, 직무만족은 조직의 성과와도 깊이 관련된다. 직무만족은 이직률과 결근율을 낮추고 근로의욕을 고취하여 조직성과에 영향을 미치게 된다. 그 외에도 직무만족은 조직시민행동(OCB: Organizational Citizenship Behavior), 일탈행동, 고객만족, 노조활동 등에도 영향을 미친다. 또한 직무에 만족한(또는 불만족한) 구성원은 외부인들에게 자신의 조직에 대해서 좋게(또는 나쁘게) 말함으로써 조직평판(reputation)을 형성하는 데도 영향을 미칠 수 있다.

직무만족이란 무엇인가

직무만족이란 개인이 직무나 직무경험에 대한 평가의 결과로 얻게 되는 즐

매듭 2-2 현 직장 입사불만, 60% 육박[12]

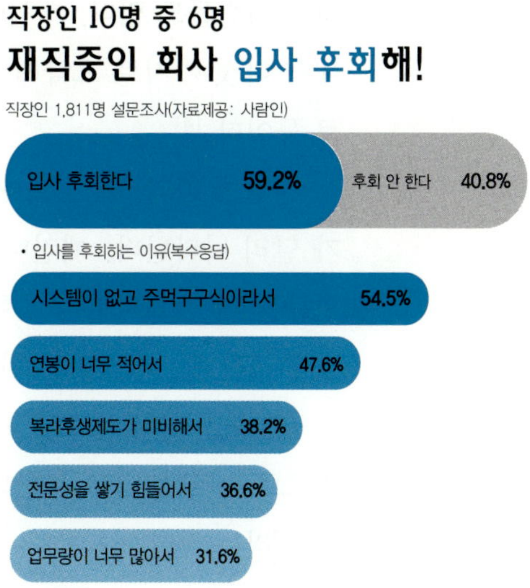

"구인 구직 매칭 플랫폼 사람인이 직장인 1,811명을 대상으로 '재직 중인 회사 입사 만족도'에 대해 조사한 결과, 10명 중 6명이 '입사를 후회한다'(59.2%)고 답했다. 또, 재직 중인 회사에 대한 만족도는 평균 50점으로 집계돼 낙제 수준인 것으로 나타났다.

입사를 후회한 이유는 1위는 '시스템이 없고 주먹구구식이라서'(54.5%, 복수 응답)가 차지했다. 중소기업 재직자뿐 아니라 대기업 재직자 역시 이를 입사 후회 이유 첫 번째로 꼽아, 재직 기업 유형에 상관없이 '회사의 시스템'에 대해 전반적으로 불만을 느끼고 있는 것으로 풀이된다. 다음으로 '연봉이 너무 적어서'(47.6%)가 바로 뒤를 이었고, '복리후생제도가 미비해서'(38.2%), '전문성을 쌓기 힘들어서'(36.6%), '업무량이 너무 많아서'(31.6%), '워라밸 보장이 안 돼서'(25.7%), '고용이 불안정해서'(21.5%), '상사, 동료와의 마찰이 심해서'(21.4%) 등을 꼽았다.

이직 시 가장 중요하게 고려할 조건으로는 '높은 연봉'(22.1%)과 '워라밸 보장'(18.9%),'체계적인 업무시스템'(17.2%)이 상위권을 차지했다." (한영준 기자, 2020년 11월 2일)

〈매듭문제 2-2〉 당신은 '워라벨'과 '연봉' 중에서 무엇을 더 중요시하는가?

겁고 긍정적인 감정상태를 의미한다.[13] 우리는 인생에 만족/불만족하든가 다니는 조직에 만족/불만족을 느낄 수 있다. 직무만족은 개인이 수행하는 직무(job)에 대해서 느끼는 만족도에 초점을 둔다.

조직에서 인간의 문제에 보다 진지하게 관심을 보이기 시작했던 1960년대부터 직무만족 연구가 많이 이루어졌다. 그 결과, 직무만족은 단일차원이 아닌 다차원의 개념이며 조직의 다양한 성과요인들과 관련된다는 사실이 밝혀졌다.

예컨대, 일은 싫지만 동료나 상사에 대해서는 만족하는 경우가 있을 수 있다. 또한 자신이 받는 급여에 대해서는 불만족하지만 하는 일이 좋아서 열심히 일하는 사람들도 많다. 개인이 조직에서 느낄 수 있는 이러한 만족도의 차원들을 대략 다섯 가지로 요약해 볼 수 있다. 즉, 일 자체, 급여, 승진 기회, 상사, 동료 등이다.[14)]

사람에 따라, 또 문화에 따라, 이들 중 어느 차원의 만족을 더 중요시하는가가 달리 나타난다. 예컨대, 오늘날의 전문직 종사자들은 승진이나 직위보다는 연봉을 더 중요시하는 경향이 있다. 아울러 직무만족은 이들 이외에 '일 방식', '근무시간' 등 여러 다른 차원에서 분석해 볼 수도 있다.

[매듭 2-2]에 따르면, 자신이 재직 중인 회사에 대한 불만이 60%에 육박하는 것으로 나타났다. 그 불만의 이유 중 가장 큰 것이 "시스템이 없고 주먹구구식이라서"라는 것이 이채롭다. 일하는 방식의 혁신이 시급함을 말해준다.

조직원들의 만족/불만족은 어떤 결과를 낳는가

조직에서 직무만족은 다양한 결과를 낳는다. 구성원들의 만족도가 높아지면 이직이나 결근이 줄고, 조직시민행동을 더 많이 보이게 된다. 만족도와 성과나 생산성의 관계는 오랫동안 학자들 간에 논란이 되어왔다. 과거에는 만족한 사람들이 일을 더 열심히 하는 것이 아니라 오히려 성과가 높은 사람들이 그에 대하여 적절한 보상을 받게 될 때, 만족도가 높아진다고 믿었다. 즉 인과관계에 있어, 만족이 성과를 높이는 것이 아니라 높은 성과가 만족을 이끌어내게 된다는 결론이다.[15)] 하지만 보다 최근의 연구 결과에 따르면[16)] 만족도가 높은 조직구성원들의 성과가 낮은 구성원들에 비해 더 높게 나타났다. 직무만족이 성과에 영향을 미칠 수 있음을 암시하는 연구 결과이다.

조직원들의 불만족이 높아지면 조직에 여러 가지 부정적 결과를 가져오게 된다. 이직, 결근이 늘 뿐 아니라 서비스나 일의 질이 떨어지며 파업이나 투서, 일탈행동 등이 늘어나게 된다.

물론 불만족이 모두 행동으로 표출되는 것은 아니다. 많은 경우 사람들은

그림 2-6

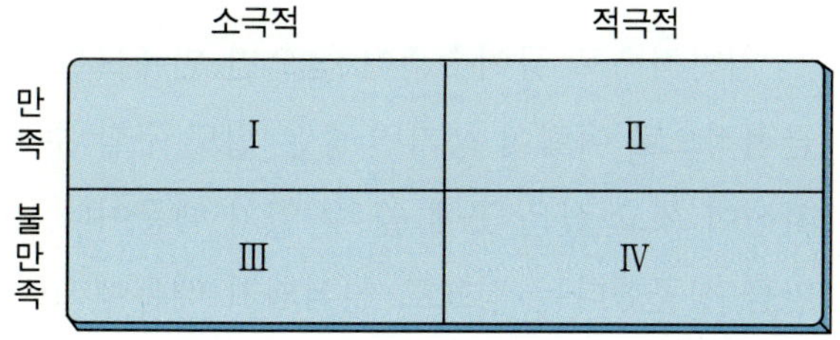

불만족하면서도 어느 범위 안에서는 이를 행동으로 나타내지 않는다. 이러한 현상은 〔그림 2-6〕과 같이 설명할 수 있을 것이다. 이 그림은 만족하는 사람과 불만족하는 사람을 적극적인 경우와 소극적인 경우로 나누어 I, II, III, IV의 네 유형으로 구분하고 있다. 이 중에서 적극적으로 불만족하는 사람들(IV)은 노조를 결성하는 등 자신의 불만을 해소하기 위해서 적극적인 행동을 보이는 사람들이다.

조직경영자들은 우선 적극적으로 불만을 표출하는 사람들에게 관리의 초점을 맞추는 것이 일반적이다. 그러나 적극적 만족을 이끌어내려는 노력도 게을리하지 말아야 할 것이다.

매듭 2-3 **돈을 어떻게 쓰느냐에 따라 만족도가 달라진다**

"세계 최고 갑부 중 한 명인 워런 버핏은 몇 년 전 자신의 전 재산 중 99%를 사회에 환원하겠노라 공식 선언을 한 바 있는데'이 결정을 했을 때 나는 내 생애 가장 큰 행복을 느꼈다'고 했다." 행동실험 결과에서도 주어진 돈을 자신을 위해 쓸 때보다 다른 사람들을 위해 쓸 때 더 큰 행복을 느낀다는 사실이 밝혀졌다.

〈매듭문제 2-3〉 당신도 이런 만족을 느낀 적이 있는가?

돈을 많이 주면 조직원들의 만족도가 높아지는가

일반적으로 급여수준이 높으면 만족도도 그만큼 높아진다고 알려져 있다. 금전적으로 여력이 생기면 좋은 집도 구할 수 있고, 멋진 차도 굴릴 수 있으며, 자신이 쓰고 싶은 곳에 쓸 수 있기 때문이다. 또한 높은 연봉은 사회적으로 그만큼 성공했다는 징표로 인식되기 때문에 고 연봉자의 만족도가 저 연봉자에 비해 높으리라는 가정을 할 수 있다. 학계에서도 1980년대까지는, "급여수준은 생계유지, 생활안정, 그리고 명예와 관련되기 때문에 가장 강력한 동기부여 수단"[17]이며, 행복과 만족의 원천이라고 믿었다.

그러나 급여와 만족도의 관계에 대한 많은 연구 결과들을 종합 검토한 한 연구논문에 따르면,[18] 급여수준과 만족도(급여에 대한 만족, 직무만족, 또는 일반적 만족도)의 관계는 매우 약한 것으로 나타났다. 즉 급여를 많이 준다고 해서 급여에 대한 만족도나 직무만족, 또는 일반적 만족도가 별로 높아지지 않는다는 뜻이다. 물론 이 결과는 미국과 같이 선진국의 얘기이기는 하지만 우리나라에도 적용될 수 있는 연구 결과라고 판단된다. 연봉 1억을 받는 대기업 부장의 만족도가 연 3,000만원을 받는 신입사원의 만족도보다 반드시 더 높다고는 볼 수 없다. 미국의 경우, 지난 50여 년 동안 급여수준은 세 배가 뛰었지만, 일반인들의 만족도는 별로 높아지지 않았다. 급여수준이 만족도에 큰 영향을 미치지 못하는 이유는, 사람들이 높은 연봉을 받게 된 초기에는 일시적으로 만족할 수 있지만, 시간이 지나면서 높은 수준의 급여에 익숙해져 더 많은 연봉을 기대하기 때문이다.[19] 이것은 만족도를 결정하는 데 있어 급여수준이 아니라 다른 요인들이 작용하는 증거로 해석될 수 있다.

영국에서 수행된 또 다른 연구에서는,[20] 급여를 주는 방식이 급여 만족도, 일반적 만족, 또 고용안정(job security) 만족도와 큰 관계를 갖는 것으로 나타났다. 즉 성과와 연동된 방식으로 급여를 제공할 경우, 만족도가 높아진다는 연구 결과이다. 일을 잘하건 못하건 무조건 많이 주는 것보다는 성과가 높은 조직원에게 더 많은 급여를 제공하는 것이 급여에 대한 만족도를 높여줄 뿐 아니라 일반적 만족도와 고용안정 만족도도 높여준다는 뜻이다. 그러므로 기업은 성과에 관계없이 고정적으로 지급되는 기본급을 높이기보다는 성과에 따라 달라지는 이익배분제도(profit sharing), 보너스, 또는 인센티브 등의 방식으로 급여를 제공하는 것이 더 바람직하다고 하겠다. 특히 성과연동급여가 고용안정 만족도에도 긍정적인 영향을 미친다는 위의 연구 결과는, 그러한 급여구조하에서 구성원들이 해고의 가능성이 더 낮다고 느끼게 된다는 점을 시사한다.

조직몰입

직무만족과 유사한 개념으로 **조직몰입**(organizational commitment)이 있다. 조직몰입이란 개인이 특정 조직에 대하여 애착을 가짐으로써 그 조직에 남아 있고 싶어 하고 조직을 위해서 더 노력하려 하며 조직의 가치와 목표를 기꺼이 수용하게 되는 심리적 상태를 뜻한다.

마이어와 알렌(Meyer & Allen)[21]은 조직몰입을 세 가지 차원으로 나누어 설명하고 있는데, 정서적 몰입, 지속적 몰입, 그리고 규범적 몰입이 그것이다(〔그림 2-7〕 참조). **정서적**(affective) **몰입**이란 구성원이 조직에 대하여 정서적으로 애착을 느끼고 동일시하는 몰입유형을 말한다. 자신이 속한 조직의 구성원으로서 자부심을 갖는 것이나 자사의 제품만을 무조건 구매하는 등의 행위는 정서적 몰입의 결과라고 볼 수 있다.

그림 2-7
조직몰입 3요인

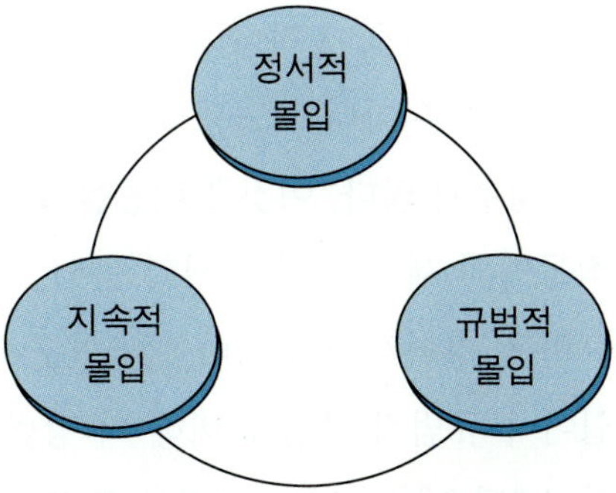

지속적(continuance) **몰입**은 소속된 조직과 결별하는 데 따르는 경제적 비용이 많이 들기 때문에 구성원의 자격을 유지하려는 심리적 상태를 의미한다. 회사를 그만뒀을 때 스톡옵션이 무효화되기 때문에 못 떠나는 것이 예가 될 수 있다. 또한 삼성, LG, SK 등에서는 임원이나 사장을 했던 사람들은 회사를 그만두고 난 후에도 수년간 현직에 있을 때와 비슷한 처우를 받는다. 다른 회사에 직장을 얻을 경우 그러한 혜택을 포기해야 하므로 퇴직자로 머물러 있는 경우도 있다.

한편, **규범적**(normative) **몰입**이란 도덕적, 심리적 부담이나 의무감 때문에 조직에 몰입하는 경우이다. 프로젝트를 수행하던 조직원이 중간에 이직했을 때 회사에 손실을 가져올 것을 우려해 계속 남아있는 경우가 예가 될 수 있다.

몰입은 많은 긍정적인 결과를 낳는다. 조직에 대한 애착으로 이직률이 줄어들며 다른 사람들에 대해서도 좋은 태도를 견지하게 된다. 조직에 몰입하는 사람은 자신의 생활과 경력 관리에 있어서도 성공적인 것으로 나타나고 있다. 또한 조직몰입은 자기희생을 촉발하는 것으로 밝혀졌으며 직무성과나 혁신적 행동과도 관련되는 것으로 나타났다.[22] 그러나 몰입의 대상이 꼭 기업이나 조직으로 국한되는 것은 아니다. 예를 들어, 의사나 연구원 같은 전문가들은 자신이 속한 조직에 대해서보다는 자신의 직업에 대하여 더 큰 몰입을 보이게 되는데 이것을 직업몰입이라고 한다. 의사들 중에는 어느 병원에서 근무하는가에 보다는 자신의 전문직업 세계에서 얼마나 인정받고 성공하느냐를 더 중시하는 경우가 많다.

또한 몰입의 대상이 하나의 조직일 필요도 없다. 가령 노조원들 중에는 기업 조직에 대해서 뿐 아니라 노동조합 조직에 대해서도 동시에 강한 심리적 몰입을 보여주는 경우가 많다. 이것을 **이중몰입**(dual commitment)이라고 한다.

조직몰입의 세 요인인 정서적 몰입, 지속적 몰입, 규범적 몰입 중에서 대표적인 요인은 정서적 몰입이다. 한 연구에 따르면, 정서적 몰입의 효과가 지속적 몰입이나 규범적 몰입에 비해 더 강력하다는 결과를 얻었다.[23] 이것은 지속적 몰입이 "필요"(needs)에 기반을 두고 있고 규범적 몰입이 "책임감"(obligation)

에 기초하고 있는 반면, 정서적 몰입은 개인의 욕망(desire, want)과 정서적 애착에 기인하고 있기 때문이다.

과거 한국 조직의 구성원들은 자신이 속한 조직에 대한 몰입이 매우 강한 것으로 알려져 왔다. 이것은 미국인들이 평생 약 25번의 이직을 하는 반면, 한국인들의 경우 그보다 훨씬 이직률이 적다는 것에서도 알 수 있다. 하지만 1997년의 외환위기와 2008년 금융위기를 겪으면서 많은 한국 조직원들이 조직에 대해서 느끼는 정서적 몰입의 정도가 많이 약해졌다. 평생직장 개념이 무너져 더 이상 회사가 자신의 미래를 책임져 주지 않는다는 생각을 갖게 되었다. 외환위기 이전 한국 기업들의 이직률이 10% 미만이었던 것이 그 후에는 30% 이상으로 높아졌다[24)]는 데서도 그 추세를 읽을 수 있다. 이에 따라, 평생직장보다는 평생직업을 추구하는 경향이 두드러지고 있다.

그럼에도 불구하고, 많은 경영자들은 조직원들이 조직에 대해서 몰입해 주기를 기대한다. 특히 능력 있는 조직원들이 조직을 떠나지 않고 몰입하여 큰 성과를 내주기를 기대하는 것이다. 정서적으로 몰입시키기 힘들다면, 더 많은 경제적 보상을 제공하든가, 인간적 책임감에 호소하는 방식으로라도 인재를 묶어두고 싶어 한다. 조직의 성과창출에 도움이 되기 때문이다.

조직구성원들의 몰입을 증진시키기 위해서는 어떻게 해야 하는가? 우선 조직의 가치를 공유할 수 있는 사람들을 선발하는 것이 중요하다. 또한 조직의 이해와 개인의 이해를 일치시킬 필요가 있다. 우리사주나 스톡옵션을 발행하여 조직원들과 성과를 나누는 등의 관행은 조직몰입 증진차원에서 매우 중요한 의미를 갖는다. 물론 구성원들을 기업경영에 자주 참여시켜 주인의식을 갖도록 하는 것도 중요한 방편이 될 수 있을 것이다.

조직시민행동

조직원들은 각자 주어진 임무나 담당업무를 갖는다. 주어진 임무나 업무와 직간접적으로 관련된 행동을 "역할 내(in-role)" 행동이라고 하고, 조직에 도움은 되지만 임무와 관련 없는 행동을 "역할 외(extra-role)" 행동 또는 조직시민행동이라고 한다.

조직시민행동(organizational citizenship behavior)이란 조직원이 조직의 원활한 운영을 위해서 공식적으로 주어진 임무 이외의 일을 자발적으로 수행하는 것을 의미한다. 예를 들어, 결근한 동료의 일을 도와주는 행위, 필수는 아니지만 회사에 도움이 되는 일에 자발적으로 동참하는 것, 아무도 보고 있지 않을 때 규칙을 지키는 것, 일을 잘 몰라 힘들어하는 사람을 자발적으로 돕는 행위, 너무 바빠 점심을 못 먹고 있는 동료에게 김밥을 사다 주는 행위 등 다양한 형태를 띤다.

이러한 조직시민행동은 그 자체로써 조직 분위기를 좋게 할 뿐 아니라, 성과에도 큰 영향을 미치는 것으로 나타났다.[25] 보험회사 직원들을 대상으로 수행한 연구에서는 다른 사람들에게 덕을 베풀고 공정하게 대해줄수록 보험매출이 증가하는 것으로 나타났다. 조직시민행동과 성과가 밀접한 관계가 있다는 결과는 레스토랑 조직원이나 제조업 근로자들을 대상으로 한 연구에서도 밝혀졌다.

조직시민행동(OCB)은 이타적 행동, 공손한 태도(courtesy), 성실성, 공민의식(civic virtue), 그리고 스포츠맨십(sportsmanship) 등 다섯 가지 요인들을 포함한다.[26] 이타적 행동이란 직무수행 과정에서 어려움에 처한 동료를 자발적으로 돕는 행위이며, 공손한 태도는 직무수행과 관련하여 다른 조직원들과의 불필요한 갈등을 예방하기 위한 자발적 노력을 의미한다. 성실성은 조직의 규정, 규칙, 규범을 일관성 있게 지키려는 자세를 뜻하며, 공민의식이란 자신이 속한 조직에 대해서 깊은 관심을 갖고 적극 참여하는 행동이고, 스포츠맨십은 조직생활에서 다소의 불편이나 기대에 못 미치는 일이 있더라도 불평하지 않고 인내하는 성향을 의미한다.

이들 다섯 가지 요인들 중에서 이타적 행동과 공손한 태도는 조직 내 다른 구성원들을 지향하므로 '조직시민행동-개인'(OCB-I)이라고 부르고, 성실성, 공민의식, 그리고 스포츠맨십은 행동의 대상이 조직을 향한 것이므로 '조직시민행동-조직'(OCB-O)이라고 부른다.[27]

조직시민행동을 유발하는 선행요인에는 직무만족, 조직몰입, 리더의 후원, 그리고 개인의 성격적 요인 등이 있다. 자신이 수행하는 일에 만족한 사람, 조직에 대한 애착이 강한 사람들은 조직이나 조직원들을 위한 일이라면 시키지 않은 일도 자발적으로 찾아서 수행한다. 강압적이지 않고 후원적인 리더, 또 개인적으로 긍정적 정서나 사회성이 높은 구성원들도 조직시민행동을 많이 보이는 것으로 밝혀졌다.

가치관

가치관이란 무엇인가

가치관이란 '옳고 그름(right or Wrong)의 판단기준'이며, "무엇을 얼마나 중요시하는가"를 뜻한다. 가치관 연구의 선구자 로키치(Milton Rokeach)는 "가치관이란 어떤 구체적인 행동양식이나 존재양식이 그 반대의 행동양식이나 존재양식보다 개인적으로 혹은 사회적으로 더 바람직하다는 신념"[28]이라고 했다. 로키치는 또한 "개인의 가치체계(value system)란 개인의 가치관이 상대적 중요성에 따라 우선순위화되어 있는 것으로 우리는 모두 일련의 가치관을 가지고 있으며 그것들은 하나의 가치체계를 형성"[29]한다고 하였다. 따라서 가치관에

표 2-6
로키치의 가치관 분류

수단적 가치 (instrumental value)	수단적 가치란 최종 가치를 얻는 데 수단이 되는 행동을 말한다. 예를 들면 "잘 사는 것", "행복한 삶"이라는 최종 가치를 얻기 위한 수단적 가치로 "야망"을 말하는 사람도 있을 것이고, "정직"을 말하는 사람도 있을 것이다.
최종 가치 (terminal value)	최종 가치란 개인에 의해 선호되는 최종 상태를 말한다. 지혜나 구원과 같이 인간이 살아가는 동안 획득하고자 하는 존재 양식이나 목표를 뜻한다.

자료: Rokeach, M. 1982. *Halgren Tests*, Clifford: Pullman.

표 2-7
로키치(Rokeach) 가치 조사표

• 최종 가치와 수단적 가치의 목록을 아래에 제시하였다. 당신이 가장 중요하다고 생각하는 순서대로(1=가장 중요함, 18=중요도가 가장 낮음) 각각에 대해 순위를 매겨보자.

순위	수단적 가치	순위	최종 가치
	야심에 참(열심히 일하고 야망으로 가득함)		안락한 삶(번창하는 삶)
	너그러움(편견이 없음)		재미있는 삶(자극적/활동적 삶)
	유능함(가능성, 효용성)		성취감(지속적 기여)
	즐거움(기쁨, 근심 · 걱정 없는 마음)		평화로운 세상(전쟁과 갈등이 없는 삶)
	깨끗함(말쑥함, 단정함)		아름다운 세상(자연과 예술의 미)
	용기 있는(신념에 충실한)		동등한 세상(동등한 기회)
	아량(다른 사람을 용서하고자 하는 마음)		가족의 안전(사랑하는 사람을 돌보는 것)
	도움(타인의 복지를 위해 일함)		자유(독립, 자유로운 선택)
	정직(진실함)		행복(만족함)
	상상력(창조성)		내적인 조화(마음의 갈등으로부터 해방)
	독립성(자급자족할 수 있음)		성숙한 사랑(육체적/정신적 완성)
	지성적(이지적임, 총명함)		국가의 안전(침략으로부터의 보호)
	논리적(이성적, 변덕스럽지 않음)		기쁨(즐겁고 여유 있는 삶)
	사랑(애정/다정다감한 마음)		구원(구제되고 영원한 삶)
	복종적(존경심/순종적)		자기 존중(스스로에 대한 존경심)
	예의 바름(정중함/매너가 좋음)		사회적 인격(존경, 감탄의 대상)
	책임감 있는(의지할 만함)		진정한 우정(가까운 교제)
	자기 통제적(제한적/자기 규율적)		지혜(삶에 대한 성숙한 이해)

자료: Rokeach, M. 1982. *Halgren Tests*, Clifford: Pullman.

는 개인의 이상적인 생각, 즉 무엇이 옳고 바람직한 것인가, 무엇이 중요한가에 대한 생각이 나타나 있다.

로키치는 가치관을 수단적 가치와 최종 가치로 나누었다. 이들을 요약하면 〈표 2-6〉과 같다. 로키치의 연구 결과에 따르면 가장 높게 평가되는 수단적 가치는 "사랑"으로, 가장 높게 평가되는 최종 가치는 "행복"으로 나타났다.[30] 로키치에 의해 분류된 가치의 종류를 〈표 2-7〉에 제시하였다. 이 표에 제시된 여

표 2-8
CEO와 시민운동가의 가치체계 비교

순 위	CEO		시민운동가	
	최종 가치	수단 가치	최종 가치	수단 가치
1위	자기존중	정직	평등	정직
2위	가족의 안전	책임감	세계의 평화	도움
3위	자유	유능함	가족의 안전	용기
4위	성취감	야망	자기존중	책임감
5위	행복	독립성	자유	유능함

러 가치에 대해 순위를 매겨봄으로써 각자의 가치체계를 파악할 수 있다.

한편, 〈표 2-8〉은 기업 CEO와 시민운동가의 가치체계를 조사하여 상위 다섯 가지를 비교한 것이다.[31] 성과를 중시하는 CEO는 자기 존중을, 사회문제 해결을 중시하는 시민운동가는 평등을 최종 가치 1위로 지목하고 있다.

개인은 조직에 들어올 때, 무엇이 옳고 무엇이 그른 것인가, 무엇이 중요한가에 대한 선입관을 가지고 들어온다. 이 같은 선입관에는 가치관이 실려 있으며 이는 어떤 행동이나 결과가 다른 행동이나 결과보다 더 나은가의 여부를 판단하는 데 있어 기준으로 사용된다.

가치관은 비교적 안정적이고 지속적인 속성을 가지고 있다. 우리가 현재 보유하고 있는 가치관은 작년에 가지고 있었던 가치관과 비슷할 것이며 큰 계기가 없는 한 미래에도 비슷한 가치관을 갖게 될 것이다. 보통은 어린 시절에 부모나 선생님으로부터 가치관을 습득한다. 가치관은 '예, 아니오'의 2분법적 논리로 학습된다. 도둑질은 '안됨'이라고 가르치지 '조금 안됨'이나 '아마 안될 거야' 등과 같이 애매하게 가르치지는 않는다. 이처럼 우리는 절대적 기준이나 흑백의 기준에 의해 가치관을 습득했기 때문에 우리가 가지고 있는 가치관은 안정성과 지속성을 띠게 되는 것이다.[32]

물론 가치관이 일생 동안 한 번도 바뀌지 않는 것은 아니다. 가치관은 일정

한 과정을 통해서 변화될 수도 있다.[33]

또한 가치관은 우리의 태도나 행동에 영향을 미친다. 따라서 가치관은 태도나 지각, 성격, 동기유발 등을 이해하는 데 기초가 되므로 조직행동 연구에서 매우 중요한 위치를 차지한다.

로키치는 가치관이 인간의 삶에 대해서 갖는 기능을 세 가지로 제시하고 있다.

첫째, 가치관은 개인의 행동을 가이드한다. 중요한 것이나 옳다고 여기는 기준에 따라 행동하려는 성향을 갖는다.

둘째, 의사결정과 갈등해결의 기준으로 작용한다. 특정 사안에 대한 가치판단 결과에 따라 선택하고 주장한다.

셋째, 가치관은 개인의 동기를 유발한다. 가치관은 개인의 자기 존중감을 높이는 방향으로 작용한다.

보편적 가치와 일 가치(work value)

학자들은 '보편적 가치'와 '일 가치'를 구분하고 있다. 개인이 일상생활을 할 때 작용하는 가치를 보편적 가치라고 하고, 직장에서 일을 할 때 작용하는 가치를 일 가치라고 한다.[34] 위에서 설명한 로키치의 가치구분은 일반적 사회생활에 적용되는 보편적 가치에 해당한다. 사회심리학자 슈와르츠(Schwartz)도 로키치의 가치체계를 발전시킨 보편적 가치이론에서 '개방적 가치', '보수적 가치' 등 10가지의 가치유형을 제시하였다.[35]

일 가치란, "일을 통해서 실현하고자 하는 목표상태 또는 일의 수행에 있어서 더 바람직하다고 믿는 행동양식"이라고 정의된다.[36] 직장인들은 인간으로서의 보편적 가치를 갖지만, 직장에서 직무수행이나 직장생활과 관련하여 구체적인 일 관련 가치도 갖는다. 또한 일 가치를, 보편적 가치가 일과 직장생활에 특별히 적용된 결과라고 볼 수도 있다.[37]

일 가치는 성취, 편안함, 지위, 이타성, 안전, 자율성 등 6가지 요인으로 구분된다.[38] 이들의 정의를 〈표 2-9〉에 제시하였다. 조직구성원들을 이들 여섯

표 2-9
일 가치의 6요인

요 인	정 의
성 취	성공과 성취를 장려하는 것
편안함	스트레스를 주지 않고 편안함을 제공하는 것
지 위	위신과 권위를 제공하는 것
이타성	다른 사람들에 대한 봉사와 화합을 증진시키는 것
안 전	예측 가능하고 안정적인 것
자율성	주도성을 자극하는 것

가지 요인들 중에서 어느 것을 더 중요시하는가에 따라 구별할 수 있으며, 그에 따라 행동이 달라진다고 예측할 수 있다. 예를 들어, 성취와 지위를 중시하는 가치관을 갖는 조직원은 조직에서 높은 성과창출과 승진을 위해서 희생적으로 노력할 것이다.

가치관은 세대, 조직, 지역에 따라서도 다르게 나타난다

위에서는 개인의 가치관이 어떻게 구분되는가를 살펴봤다. 하지만 가치관은 집단 전체에 공통적으로 나타나기도 한다. 즉 세대에 따라, 조직에 따라, 국가 등 지역에 따라서 그 집단에 소속된 사람들에 공통적으로 나타나기도 한다.

매듭 2-4 **세대 간 갈등의 원인**

사람들은 주로 20대 때 겪은 경험이 세대별 주된 기억을 형성하게 된다고 한다. 20대에 전쟁을 겪은 세대, 산업화와 민주화를 겪은 세대, IMF 외환위기를 겪은 세대, 월드컵 4강을 겪은 세대 등은 각 세대의 주된 기억으로 영향을 미친다.

〈매듭문제 2-4〉 당신은 6월을 생각할 때 가장 기억에 남는 것은 무엇인가? 세대마다 6월의 경험이 다르다.

우리가 흔히 얘기하는 세대 차라는 것은 세대 간 '옳고 그름의 판단기준 차이', '무엇을 얼마나 중요시하는가의 차이', 즉 가치관 차이를 뜻한다. 젊은 세대는 새로운 시도를 옳다고 여기고 나이 든 세대는 기존 방식 고수를 정답이라고 여긴다. 일상 속에서 세대 차로 인한 갈등의 사례들을 쉽게 접하게 된다.

조직에 따라서도 가치관은 달라진다. SK그룹에 근무하는 사람들은 토론과 합의를 중시하고 삼성에 다니는 사람들은 치밀한 관리를 중시하는 것은 일하는 방식에 대한 '공유된 가치관(shared value)' 차이 때문이다. 이것을 조직문화라고 하며, 본서의 14장에서 구체적으로 다루게 된다.

국가나 지역에 따른 가치관 차이도 존재한다. 한국 사람들은 행동을 할 때, "빨리빨리" 하는 것을 중요시하는 반면, 급할 것 없이 천천히 행동하는 것을 더 바람직하다고 여기는 국가나 지역도 있다. 독일 사람들이 규정을 중시하고 프랑스인들이 윗사람의 권위를 중시하는 것도 국가 간 문화가치에 기인한다. 이 내용도 14장에서 자세히 다루게 된다.

사 례 2-1 **정주영, 그 지칠 줄 모르는 열정**

"강원도에서 가난한 농부가의 아들로 태어났다. 일하는 만큼 벌지 못하는 농사로 가난함은 변함이 없었다. 어린 정주영은 가난함 속에 먹고살기 위해 몇 차례 가출을 하였다. 1931년 청진의 개항 공사와 제철공장 건설공사장에 노동자가 필요하다는 동아일보 기사를 보고 소를 판 돈으로 고향을 떠나 원산 고원의 철도공사판에서 흙을 날랐는데 이것이 첫 번째 가출이었다. 이것으로 시작해서 그는 무려 4번이나 가출을 하였다. 두 번째 가출하여서는 금화에 가서 일하였다. 1932년 세 번째 가출 때는 부친의 소판 돈 70원을 들고 도망하여 경성실천부기학원에서 공부를 하다가 선친에게 덜미를 잡혀 고향으로 돌아갔다. 네 번째 가출한 때는 1933년으로 19살의 나이로 인천에서 부두하역과 막노동을 하다가 서울로 상경하였다. 1934년 복음상회라는 쌀가게에 배달원으로 취직하여 일하였다. 이 일자리는 꽤 흡족하여 집 나온 지 3년이 지나 월급이 쌀 20가마가 되었다. 장부를 쓸 줄 아는 정주영은 신임을 받았다. 쌀가게 주인의 아들은 여자에 빠져 가산을 탕진하여 쌀가게 주인은 가게를 아들이 아닌 정주영에게 물려주었다. 1938년 주인으로부터 가게를 물려받아 복음상회라는 쌀가게의 주인이 되었다. 그러나 개업 후 2년 만인 1937년 중일전쟁으로 쌀이 배급제가 되면서 가게를 정리하게 되었다. 이후 고향으로 가서 땅 2천 평을 아버지께 사드리고 결혼을 하였다.

일제 말기인 1941년에는 빚을 내어 아도서비스라는 자동차 수리공장의 사업을 맡기도 하였으나 1달도 채 지나기 전에 불에 타버렸다. 다시 빚을 내어 신설동 빈터에다 다시 자동차 수리공장을 시작했다. 그러나 그 공장도 1942년 5월, 기업정리령에 의해 공장을 빼앗기다시피 하고 새로운 일거리를 찾아 떠나게 된다. 홀동광산의 광석을 평양 선교리까지 운반하는 일을 3년간 하다가 1945년 5월 다행히 그 일을 다른 사람에게 넘겼는데, 3개월 후 일본의 패망으로 홀동광산은 문을 닫고 그곳에 있던 사람들은 소련군 포로로 잡혀갔다. 이후 서울의 돈암동의 스무 평 남짓한 집에서, 동생들과 아이들 모두 스물과 함께, 벌어 놓은 돈으로 살다가 해방 후인 1946년 4월에는 미 군정청의 산하기관인 신한공사에서 적산을 불하할 때 초동의 땅 200여 평을 불하받아 현대의 모체라 할 수 있는 현대자동차공업사를 설립하였다. 또한 1947년 5월에는 현대토건사를 설립하였다. 1950년에는 두 회사를 합병하여 현대건설주식회사를 설립하였다. 이때 자본금은 삼천만 원이었다.

한국전쟁으로 모든 것을 버리고 동생 정인영과 부산으로 피난한 정주영은 동생 정세영이 미군사령부의 통역장교로 일하던 덕에 서울에서 하던 토목사업을 계속할 수 있었으며 서울 수복 후 미8군 발주 공사를 거의 독점하였다. 1960년 현대건설은 국내 도급순위 1위가 되었다. 이어 1967년 현대자동차 창업, 1972년 현대조선 건립, 1977년 아산복지재단설립, 1983년 현대전자 창업, 1998년 6월 16일 통일 소 500마리 북한 제공, 1999년 2월 현대아산 설립 등 끊임없이 사업에 대한 열정을 불태우다가 2001년 86세로 사망하였다."[39]

[사례 문제 2-1] 정주영 회장에 대해서는 재미있는 일화들이 많다. 위에 제시된 내용에 그의 어떤 개인 특성이 나타나고 있는지 분석해 보자.

사 례 2-2 빌 게이츠와 워런 버핏: 기부하는 사람들의 가치관

마이크로 소프트의 창업자 빌 게이츠(Bill Gates)와 세계적 투자가 워렌 버핏(Warren Buffet)은 각각 수백억 달러가 넘는 엄청난 재산을 갖고 있는 미국 1, 2위의 부자들이다. 그런데 이들이 요즘 바쁘다. 다른 억만장자들에게 자신들처럼 재산을 사회에 환원하는 서약을 하도록 권유하기 위해서다. 그들은 이미 자신들이 갖고 있는 재산의 대부분을 사회에 환원하겠다고 공약하였고 이미 실천 중이다. 그들이 전화를 하는 사람들은 포브스지가 선정하는 부자목록에서 상위 400명의 억만장자 부자들이다. 이 두 부자는 다른 부자 친구들에게 적어도 자기 재산의 50%를 사회 환원하겠다고 서약하도록 설득하고 있다. CNN을 갖고 있는 미디어 황제 테드 터너가 이미 동참했으며, 오프라 윈프리, 뉴욕시장 블룸버그, 95세의 록펠러, 증권투자가 조지 소로스 등이 참여하고 있다.

빌 게이츠와 워렌 버핏은 부자 친구들을 비공개 저녁 식사에 초대하여 기부의 필요성과 철학에 대해서 적극 설명하면서 동참을 호소하고 있다. 록펠러 옹도 '놀랐지만, 즐거웠다'면서 취지에 공감했다. 버핏에 따르면, 대부분의 억만장자들이 자신의 엄청난 부를 어떻게 해야 할지를 모르고 있었다고 한다. 이런 사람들에게 사회에 환원하고 기부한다는 것이 얼마나 뜻깊고 멋진 일인지를 설명하여 커다란 반향을 불러일으키고 있는 것이다.

이들의 노력이 성공하여 미국의 최고 부자 400명이 자신들의 재산 50%를 기부한다면 그 액수가 약 $4조에 이르게 될 것으로 밝혀졌다. 이것은 역사상 최고의 기부금이 될 것이 확실하다.

빌 게이츠의 아내 말린다 게이츠는 givingpledge.org를 운영하면서 이 역사적 기부운동이 어떻게 되어가고 있는지를 소개하고 있다. 비공개 저녁 초대 모임을 통해서 많은 억만장자들이 50% 또는 그 이상의 재산기부를 약속하고 있다. 위의 웹사이트에 따르면, 2011년 1월 초 현재 57명의 부자들이 재산기부를 약속하였다.

워렌 버핏은 이미 99%의 재산을 사회에 환원하겠다고 약속한 바 있다. 빌 게이츠와 그의 아내 말린다 게이츠가 자신들의 재산 대부분을 환원하면서 했던 말이 그들의 취지를 잘 대변해 준다.

"세상의 부모치고 자기 자식들에게 더 좋은 세상을 남겨주고 싶지 않은 부모가 어디 있겠습니까? 부모들은 자식들이 가진 꿈을 이룰 수 있도록 돕기 위해서 최선의 노력을 다 합니다. 하지만 아무리 노력해도 자식들이 꿈을 이룰 수 있도록 도울 도리가 없는 부모들이 이 세상에는 너무나 많습니다. 미국의 어린 아이들은 성공적 인생을 살아가는 데 필요한 교육을 제대로 받지 못하고 있으며, 저개발 국가의 아이들은 선진국에서는 오래전에 소멸하여 더 이상 발생하지 않는 병에 걸려 죽어가고 있습니다. ……(중략)… 세계의 모든 어린이들이 질병으로부터 건강을 보호받고 제대로 된 교육을 받을 수 있도록 우리가 가진 대부분의 재산을 재단에 기부합니다…."

(자료원: http://www.nydailynews.com/money/2010/06/16/2010-06-)

[사례 문제 2-2] CEO 빌 게이츠와 워런 버핏의 최종 가치와 수단적 가치를 정리해 보자.

나의 조직행동 진단 2

"나의 창의적 행동 수준"[40]

▣ 아래의 항목들은 당신을 묘사하고 있는 것이다. 주어진 〈응답양식〉을 가지고 성실히 응답하시오.

〈응답양식〉

1	2	3	4	5
전혀 그렇지 않다	그렇지 않다	보통이다	그렇다	매우 그렇다

◈ 나는 다른 사람들과 함께 일할 때 ……

항 목	1	2	3	4	5
1. 목표달성을 위해서 새로운 방식을 제안하곤 한다.					
2. 성과를 높이기 위해서 새롭고 실제적인 방법을 개발한다.					
3. 새로운 기술이나 일 추진방법, 테크닉 또는 기발한 아이디어를 찾는다.					
4. 일의 질(quality)을 높이기 위한 새로운 방법을 제안한다.					
5. 창의적 아이디어의 훌륭한 원천이다.					
6. 위험을 감수하는 것을 두려워하지 않는다.					
7. 새로운 아이디어를 같이 일하는 사람들에게 홍보하고 지원한다.					
8. 기회가 오면 일을 할 때 창의성을 발휘한다.					
9. 새로운 아이디어의 실천에 필요한 적절한 계획과 스케줄을 개발한다.					
10. 자주 새롭고 혁신적인 아이디어를 생각해 낸다.					
11. 문제에 대한 창의적 해법을 찾아낸다.					
12. 문제에 대한 참신한 접근법을 고안해 내곤 한다.					
13. 일을 수행하는 새로운 방식을 제안한다.					

[해 석]

▣ 13개 항목의 총합을 구한다. 총점은 65점이다. 당신의 응답총합(T)에 대해서 아래와 같이 진단한다.

〔1〕 T가 52점 이상($T \geq 52$): “매우 창의적”

〔2〕 T가 42점에서 51점($42 \leq T \leq 51$): “비교적 창의적”

〔3〕 T가 32점에서 41점($32 \leq T \leq 41$): “다소 비창의적”

〔4〕 T가 32점 미만($T < 32$): “매우 비창의적”

제3장

성격, 감정, 지각

본 장의 요점

- ✱ 성격, 감정, 지각의 개념을 이해한다.
- ✱ Big Five, Type A/B 등 주요 성격의 특징과 조직행동에 미치는 영향을 알아본다.
- ✱ 정서, 감정, 기분의 차이를 배우고 EQ와 핵심 정서에 대해서 학습한다.
- ✱ 선택적 지각, 귀인이론, 지각의 오류 등이 조직행동에서 갖는 의미를 이해한다.

성 격
감 정
지 각

제3장 주목받는 경영자

NVIDIA 창업자 젠슨 황(Jensen Huang) 회장

* 2024년 6월 기준으로 NVIDIA는 세계 시가총액 1위에 오른 반도체기업이다. 이러한 상승세는 AI반도체가 기술 산업 전반에 미치는 영향력이 빠르게 증가하고 있기 때문이다. 컴퓨터 성능 확장을 위해서 마이크로소프트, 메타, 구글 등 빅테크 기업들이 NVIDIA의 H100 가속기를 대거 매입하고 있다.

* NVIDIA 창업자 젠슨 황은 솔직함, 혁신에 대한 열정, 도전정신, 세심함을 갖춘 인물로 평가된다. 그는 아래와 같은 말로 직원들과 사회에 자신의 생각을 전하고 있다.

▶ "굴욕적이고 부끄러운 일이 많았지만 실수를 직시하고 겸손하게 도움을 요청한 것이 회사를 구했다."
▶ "남들이 할 수 있는 일을 하는 곳은 회사라고 할 수 없다."
▶ "먹잇감을 잡기 위해 뛰든, 먹잇감이 되지 않기 위해서 뛰든 여러분은 달려야 한다."
▶ "지적인 솔직함이 없다면 실패를 인내하는 문화를 만들 수 없다."
▶ "KPI는 결과일 뿐 미래를 말해주지 않는다."
▶ "시장에 없으면 만들어라."

* NVIDIA는 AI시대를 이끄는 게임 체인저로 부상하고 있다. 젠슨 황은 사업의 방향을 AI, 옴니버스(시뮬레이션), 로봇으로 설정하고 기술 혁신을 통한 성장을 도모하고 있다.

✥ 〈문제 3〉 **NVIDIA와 같은 기술력을 중심으로 경쟁력을 확보하기 위해서 직원들에게는 어떤 능력과 태도가 필요한지 토의해 보자.**

성 격

성격의 유형

성격(personality)이란 개인의 독특한 사고, 감정 및 행동패턴을 말한다. 성격을 알면 개인의 행동을 예측할 수 있다. 그만큼 성격은 매우 안정적이기 때문에 특정 상황에서 정해진 방향으로 행동이 나타난다. 요컨대 성격이란 사람을 분류하기 위해서 사용하는 심리적 특성들의 집합이라고 할 수 있다.

성격은 선천적으로 타고나는 것일까, 아니면 후천적으로 습득되는 것일까? 일반적으로는 타고나는 면과 습득되는 측면이 동시에 작용하여 개인의 성격을 형성하는 것으로 받아들여지고 있다. 여기에서는 조직경영과 관련하여 중요시되는 몇몇 대표적인 성격유형들에 대하여 살펴보기로 한다.

구체적으로, 학자들 간에 많이 활용되고 있는 '5대 성격'(Big Five)과 A/B형 성격, 통제위치, 자긍심과 자기효능감, 자기관찰, 그리고 모험감수 성향 등에 대해서 자세히 알아보자.

5대 성격(Big Five 또는 OCEAN)

지금까지 학자들이 밝혀낸 성격유형들은 매우 다양하다. 서로 간에 개념 차이가 모호한 것들도 많고 개념의 영역이 너무 협소하여 별로 실천적 의미가 없는 유형들도 있다. 그러나 최근 학자들 간에 조직경영과 관련성이 큰 다섯 가지 성격유형에 대하여 의견의 일치를 보이고 있다. 즉, 성실성, 친화성, 정서적 안정성, 외향성, 그리고 개방성 등이 그들이다. 〈표 3-1〉에 5대 성격유형을 표로 정리하였다.

성실성(conscientiousness)이란 수행 가능한 소수의 목표에 관심과 노력을 집중하여 체계적이고 정해진 규칙을 지키면서 책임감 있게 실천해 내는 성향을 말한다. 성실성이 떨어지는 사람은 감당하기 어려울 만큼 많은 목표들을 동시에 선택하며 부주의하고 체계적으로 실천할 줄 모르며 책임감도 별로 없다. 지

표 3-1
5대 성격

성격유형	성격의 특징
성실성	조심스러움, 믿음직함, 강한 자기 절제
친화성	정중함, 품위 있음, 동정심이 많음, 잘 보살핌
정서적 안정성	여유로움, 안정적임, 차분함
외향적 성격	활동적임, 말하길 좋아함, 사교적임, 확신을 줌
경험에 대한 개방성	민감함, 유연함, 창의적임, 호기심이 많음

금까지의 연구들을 종합해 보면, 성실성은 5대 성격유형 중에서 직무성과에 가장 큰 영향을 미치는 것으로 나타났다.[1] 성실성은 또한 5대 성격 중 유일하게 조직시민행동과도 밀접한 관계가 있으며, 성실한 사람이 더 큰 행복(well-being)을 느낀다는 연구 결과도 얻어졌다. 하지만 실직과 같은 불행한 일을 당했을 때 성실한 사람은 그렇지 못한 사람들에 비해 생활 만족도가 120%가량 급격히 떨어지는 것으로 나타났다.[2] 성실성의 어두운 면이라고 볼 수 있다.

친화성(agreeableness)이란 다른 사람들과 더불어 잘 지낼 줄 아는 성향을 의미한다. 자신을 지나치게 내세우기보다는 전체적인 화합을 중시하고 협력적이며 주변 사람들을 신뢰하는 성격이다. 이 성향이 높은 사람들은 상급자, 하급자, 그리고 동료들과 무리 없는 조직생활을 영위해 나간다. 고객과 같은 이해관계 집단과도 원만한 관계를 형성하게 된다.

친화적인 사람들은 다른 사람들과의 갈등을 최소화하려고 노력하며, 집단 내 협력적 관계를 유지하려 하고, 갈등해결에 있어 힘에 의존하기보다는 협상을 선호하는 것으로 나타났다. 팀 수준에서 친화적 팀원들이 많을수록 건설적 토론이 활발하게 일어난다는 연구 결과도 있다.[3]

정서적 안정성(emotional stability 또는 neuroticism)이 낮은 사람들은 기쁨과 슬픔, 흥분과 침울의 양극단 감정을 보이며 불안한 감정을 자주 표출한다. 반면에 정서적 안정성이 높은 사람들은 차분하고 열정적이며 스트레스나 긴장상태에 대한 극복 능력이 탁월하다.

정서적으로 불안정한 사람들은 다른 사람들의 비판에 민감하며, 사회적 지원을 충분히 받지 못하고 있다고 느끼고, 스스로에 대해서도 냉소적인 태도를 보이며, 완벽주의적 성향을 가진 경우가 많다. 또한 정서적 안정성은, 약 50~60%는 유전적 요인에 기인하는 것으로 나타났다.[4] 외과 의사, 조종사, 경찰, 안전관리자, 서비스업 종사자 등은 높은 정서적 안정성을 필요로 하는 직업들이다.

외향적 성격(extroversion)의 사람은 말이 많고 자기표현을 잘하며 사람 사귀기에 능숙하다. 이들은 항상 자신에 대한 확신으로 가득 차 있으며 여러 사람들과 다양한 관계를 발전시킨다. 내향적인 사람들은 이와 반대되는 성향을 띤다. 혼자 있기를 좋아하고 사람들과 관계를 맺는 것에 대해서도 별 관심을 두지 않는다.

회의에 참가한 두 사람이 있다. 한 사람은 내향적이고 다른 한 사람은 외향적이다. 어째서 내향적인 사람은 회의가 끝날 때까지 거의 한마디도 하지 않는 반면, 외향적인 사람은 시종일관 말문을 닫지 않는 것일까? 이러한 의문이 아이젠크(Eysenck)의 인성이론(theory of personality)의 시발점이 되었다. 아이젠크의 인성이론에 있어 중심 개념은 각성(arousal)이다. 각성이란 개인의 활동성, 기민함, 그리고 정신력의 수준이며 외부 자극에 대한 반응민감성을 말한다. 내적, 외적 자극의 조합에 의해 각성의 수준이 결정된다. 보다 큰 자극은 보다 큰 각성을 불러일으킨다. 여러 연구에서 다음의 세 가지 사항이 밝혀졌다.

첫 번째는 내향적인 사람과 외향적인 사람은 각성의 수준이 다르다는 것이다. 평균적으로 내향적인 사람이 외향적인 사람보다 각성의 수준이 높은 것으로 나타났다. 두 번째는 각성수준에는 최적의 수준이 존재한다는 것이고, 세 번째는 개인이 가지고 있는 각성의 수준과 최적의 각성수준 간에 차이가 있을 경우 사람은 이러한 차이를 줄이려고 노력한다는 것이다.

이와 같은 아이젠크의 이론을 실증연구한 결과, 조직관리에 있어 여러 가지 시사점들이 나타났다.[5] 예를 들어 성과에 대한 피드백을 주는 경우 조직원의 각성수준을 고려해야 한다. 피드백은 중요한 외적 자극의 하나이므로 각성

수준을 증가시킬 수 있다. 외향적인 사람은 낮은 내적 자극을 보상받기 위하여 적극적으로 외적 자극을 찾기 때문에 피드백에 대해 내향적인 사람보다 호의적으로 응답할 확률이 높다. 마찬가지로 외향적인 사람은 문제해결에 직접 참가하는 것에 대해서도 내향적인 사람에 비해 편하게 느낀다. 또한 외향적 성격의 소유자가 리더십을 더 잘 발휘한다는 연구 결과도 있다.

특히 '코비드-19'처럼 거리 두기와 접촉 제한이 필요한 상황에서는 내향적 성격의 사람들이 더 유리하다는 견해도 있다.[6)]

끝으로, **경험에 대한 개방성**(openness to experience)이란 개인이 갖는 관심의 범위와 관련된다. 개방적인 사람은 새로운 것이나 혁신적인 경험을 즐기며 상상력이 풍부하고 외적 자극에 민감하며 지적인 면모를 보인다. 또한 이들은 변화에 대한 수용도가 높으며 호기심이 많고 끊임없이 새로운 정보를 추구하려는 성향을 띤다.

지금까지의 연구 결과에 따르면, 개방성과 성과의 관계는 조직이나 직무특성에 따라 다른 것으로 나타났다. 특히 개방적 성격의 조직원들은 변화를 잘 수용하며, 훈련의 효과가 높은 것으로 밝혀졌다. 또한 다양한 특성의 구성원들로 이뤄진 다양성 팀의 경우, 개방적 성격의 소유자들이 많을수록 팀 성과가 높아진다는 연구 결과도 있다.[7)]

A/B형 성격

A형 성격은 꼼꼼하고 신중하며, 규칙을 잘 따르고 계획적인 경향이 강한 사람들을 가리킨다. 반면 B형 성격은 즉흥적이고 창의적이며, 규칙보다는 자유로운 사고를 중시하고 감정 표현이 활발한 성향이 특징적이다. 두 성격 유형은 각각 장단점을 지니고 있으며, 특정 상황에서의 행동 패턴을 이해하는 데 도움이 된다. 의학자들에 따르면 심장질환은 개인의 성격에 따라 발생률이 다르다. 개인의 성격 중 A형 성격이 심장질환의 발생과 가장 직접적인 관계를 가진 것으로 나타나고 있다. 로즈만과 프리드만(Roseman & Friedman)은 A형이 B형에 비해 관상심장질환(Coronary Heart Disease: CHD)에 걸릴 확률이 월등히 높

표 3–2
A/B형의 성격 특성

A형	B형
• 경쟁적이고 조급하다. • 신경질적이고 방해를 받을 때에는 더 강력하게 반응하는 경향이 있다. • 업무처리 속도가 빠르다. • 과도한 경쟁, 공격성, 시간 압박, 열정적 발언, 얼굴 근육 긴장 등의 특징을 나타낸다.	• 자연스럽고 시간 또는 사람에 대한 통제의 필요를 느끼지 못하고 정상적인 추진력을 갖는다. • 과업을 성취하기 위해 꾸준히 일한다. • 작업속도가 일정하며 시간에 얽매이지 않는다. • 작업시간을 연장시키지 않으며 과업성취를 위해 서두르지 않는다.

다는 사실을 밝혀냈다.[8] A형과 B형 간의 행동 차이점들을 〈표 3-2〉에 요약하였다.

A/B형 성격은 과업성과나 인간관계 측면에서도 시사하는 바가 크다. 개념적으로 볼 때, A형이 B형보다 과업수행의 성과가 높을 것으로 예상되지만, 실제는 그렇게 간단하지가 않다. A형이 B형보다 더 열심히 일하는 것은 사실이다. 다양한 난이도의 과업들 중에서 선택을 하라고 했을 때 A형이 B형보다 더 어렵고 복잡하며, 도전적인 과업을 선택하는 것도 또 하나의 특성이다. 그러나 A형이 B형보다 항상 좋은 성과를 내는 것은 아니다. 가령 인내심이나 면밀한 분석과 판단을 요구하는 과업이 주어졌을 때 서두르는 A형보다 과묵한 B형의 성과가 더 높다는 것이 연구 결과 밝혀졌다.

최고경영자들 중 A형보다 B형의 숫자가 훨씬 더 많다는 점도 이 사실을 뒷받침해 준다.[9] A형인 최고경영자는 조직환경의 위협을 더 크게 느끼며 보다 공격적 전략을 구사하는 것으로 나타났다.

A형은 또한 대인관계에 있어 갈등을 야기하는 수가 많고 동료들과도 종종 마찰을 일으킨다. 그러나 이러한 부정적인 요소들만 잘 극복한다면, 일 처리 속도가 빨라 큰 성과를 낼 수 있다.

A형의 특성과 그에 따른 직무행동을 요약 · 정리하면 〔그림 3-1〕과 같다. 즉 A형은 점점 짧은 시간 내에 더 많은 일을 하려는 성향을 보이고 권한위임을

그림 3-1
타입 A유형의 특성과 행동

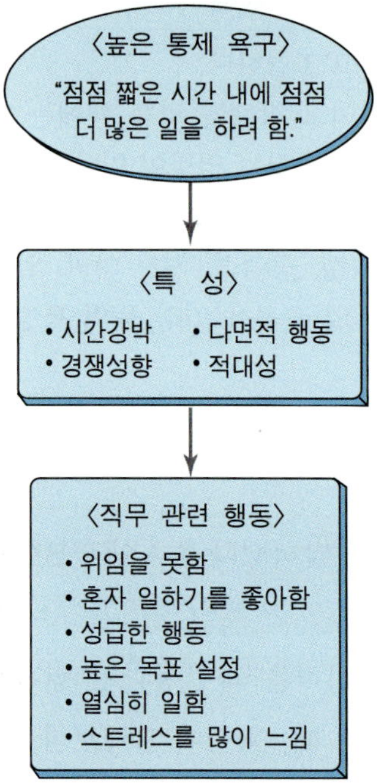

못하며 시간 강박, 적대성 등의 행동을 보이는데 그에 따라 과다한 스트레스를 받는다. 요컨대, A형 성격의 특징은 ① 걷잡을 수 없는 적대감과 분노, ② 시간 압박과 조급성, 그리고 ③ 스트레스와 성취 충동을 유발하는 경쟁심리 등 세 가지로 요약된다.[10]

통제위치(locus of control)

통제위치란 자신에게 일어나는 일을 자신이 통제할 수 있다고 믿는가, 환경에 의하여 통제된다고 믿는가를 뜻한다(〔그림 3-2〕 참조). 어떤 일의 원인을 자신에게 돌리려는 성향의 사람들을 **내부통제자**(또는 내재론자, internal)라고 한다. 통제의 위치가 내부인 사람은 자신이 운명의 주인이라고 생각한다. 반면에 자신에게 닥친 일의 원인을 환경에 돌리는 사람의 통제위치는 외부이다. **외부통제자**(또는 외재론자, external)들은 자신들이 운명의 인질이라

그림 3-2
통제위치

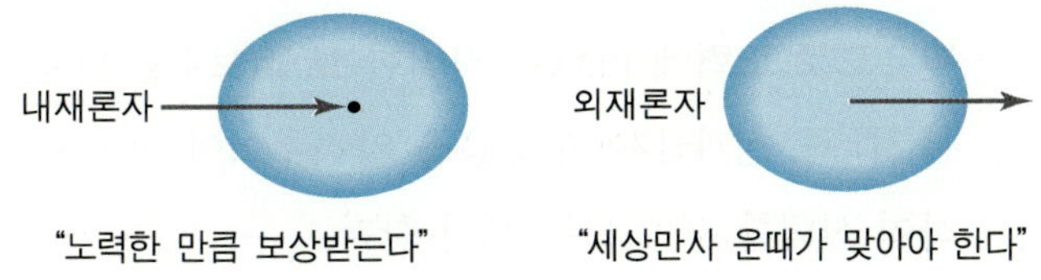

고 생각하고 자신들에게 닥치는 일들은 행운이나 운명 때문이라고 믿는다.

내재론자와 외재론자 간에는 조직행동에 있어 중요한 차이가 있음이 연구 결과 밝혀졌다. 밝혀진 차이점들을 아래에 제시한다.

① 내재론자는 외재론자보다 내적 동기수준이 높다.
② 내재론자는 외재론자보다 성과를 결정하는 것은 자신의 노력이라고 믿는다.
③ 성과에 따라 보상이 결정될 때(즉 성과급) 내재론자는 외재론자보다 업무와 관련된 문제해결이나 학습에 있어 높은 성과를 나타낸다.
④ 외재론자보다 내재론자의 경우에 직무만족과 성과 간의 관계가 더 분명하게 나타난다.[11)]
⑤ 내재론자는 외재론자보다 더 높은 수준의 급여를 받으며 급여의 증가속도도 더 빠르다.
⑥ 내재론자는 외재론자에 비해 걱정을 더 많이 하는 경향이 있다.
⑦ 내재론자들은 참여적 관리스타일을 선호한다.

이상의 연구 결과를 토대로 조직 현장에서의 적용방안을 제시하면 다음과 같다.

첫째는 내재론자들은 자신의 행동으로 작업환경을 통제할 수 있다고 생각하므로 이들에게는 단순한 직무보다는 창조적인 직무를 맡기는 것이 적당할 것이다. 또한 이들에게는 지시적 리더십보다는 참여적 리더십이 적합하다. 외재론자들은 이와 반대로 높은 복종이 요구되는 직무가 적절하며 참여적 리더십보다는 지시적 리더십이 알맞다.

둘째로, 보상체계에 있어 내재론자들은 자신의 노력이 성과를 결정한다고 믿으므로 노력에 따르는 적절한 보상(보수를 더 준다거나, 판매에 대한 이익을 주는 것: 즉, 성과급제)이 있음을 알려주어야 하고 이러한 제도를 지속적으로 유지하여 신뢰할 수 있도록 해야 한다.

자아개념: 자긍심과 자기효능감

사람들은 자신에 대해서 모종의 이미지를 형성하게 되는데 이것을 자아개념(self-concept)이라고 한다. 자아개념에는 자긍심(self-esteem)과 자기효능감(self-efficacy)이 포함된다([그림 3-3] 참조).

자긍심이란 개인이 인식하는 자신의 능력과 **자아상**(self-image)에 대한 개념으로[12] 항시성(높든가 낮은 상태가 지속됨)을 갖는다. 자기효능감은 자긍심과는 달리, 개인이 특정 상황에서 특정의 일을 얼마나 잘할 수 있는지에 관한 믿음이다.[13] 자긍심이 모든 일에 대해서 일반적으로 갖는 자신감인 반면, 자기효능감은 특정한 일에 대한 자신감이다. 즉 자기효능감은 대상에 따라 변동한다. 연구에 따르면, 자긍심이 높은 사람이 자긍심이 낮은 사람보다, 또한 자기효능

매듭 3-1 **사람마다 자기 자신을 평가한다!**

우리는 항상 우리 스스로에 대해서 평가한다. '나'라는 사람의 능력과 사람 됨됨이를 평가한 결과에 따라 판단하고 행동한다. A는 매사에 자기 자신에 대해서 긍정적이고 자신감이 넘치는 사람이다. B는 무엇을 하든지 자신의 능력을 의심하고 '나는 못 해'라는 생각부터 한다. 이처럼 개인이 자신의 능력과 사람됨에 대해서 내리는 평가를 '핵심자기평가 성향'(core self-evaluations)이라고 한다. A는 핵심자기평가 성향이 높은 사람이고 B는 낮은 사람이다. 핵심자기평가는 한 번 내려지면 오래가는 성격적 특성이다. 핵심자기평가가 높은 사람이 만족도와 성과가 더 높다. 핵심자기평가는 우리가 앞에서 배운 통제위치, 신경증(neuroticism; big 5성격의 '정서적 안정성'이 낮은 경우), 일반화된 자기효능감, 그리고 자긍심 등 네 성격을 합하여 측정한다.[14]

〈매듭문제 3-1〉 당신의 핵심자기평가는 높은가 낮은가? 스스로 추측해 보자.

그림 3-3
자아개념

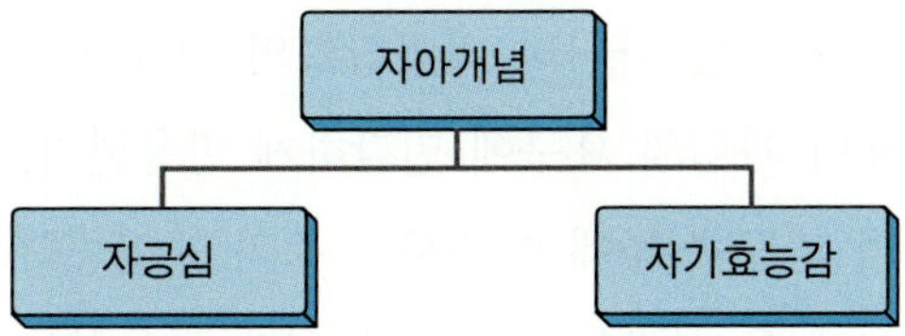

감이 높은 사람이 낮은 사람보다 더 높은 성과를 내는 것으로 나타났다.[15]

연구 결과에 따르면, 업무를 성공적으로 수행했을 때 자기효능감이 높아지며 이것이 다음에 업무를 수행할 때 긍정적인 영향을 미치는 것으로 나타났다.[16]

또한 자신이 수행하고 있는 업무에 대하여 자기효능감이 높을수록 직무스트레스를 덜 받는 것으로 밝혀졌다. 아울러 자기효능감이 높은 사람은 일의 결과에 대해서 자기 탓을 할 가능성이 크다.

자기관찰(또는 자기 감시)

자기관찰(self-monitoring)은 개인이 환경의 신호(cue)를 읽고 그것을 해석하여 자신의 행위를 환경요구에 맞춰 조절해 나가는 성향을 말한다. 자기관찰의 정도가 높은 사람은 어떤 행동이 적절한 행동인지에 대한 환경적/사회적 신호를 읽을 줄 알고 신호를 적절히 해석하여 자신의 행위를 그에 맞추어 나가는 성향을 보인다. 반면 자기관찰 성향이 낮은 사람은 신호를 읽는 능력이 부족하거나, 읽더라도 환경요구에 맞춰 자신의 행위를 변화시킬 줄 모르는 사람이다. 자기관찰이 높은 사람은 다른 사람들의 기대에 민감하고 사회적 네트워크의 중심을 차지하기 때문에 성과가 높고 승진이 빠른 것으로 나타났다. 또한 자기관찰이 높은 사람들은 다른 사람들이 자신의 능력과 성과를 알아주도록 만들 줄 안다.

자기관찰이 높다는 것은 다른 사람을 많이 의식한다는 뜻이다. 다른 사람의 말에 민감하고 그들이 바라는 것을 맞춰주려 노력한다. 그러므로 이들이 리더를 맡으면 구성원들의 요구나 기대에 민감하여 관리를 잘할 가능성이 높다. 이들은 사람뿐 아니라 과업상황의 필요나 요구에도 민감하여, 회사가 부여하는 목표나 과업의 요구에 민감하게 반응한다. 아울러, 집단의 규범이나 상사로부터의 피드백 등에 대해서도 주의를 집중하고 받아들이려 한다. 이처럼 자기관찰이 높은 사람들은 상황에 쉽게 적응하는 모습을 보이기 때문에 줏대가 없다는 평가를 받을 때도 있다.

반면에, 자기관찰이 낮은 사람은 다른 사람들이 뭐라고 하든, 상황이 어떻게 변하든 자신의 소신대로 밀고 나가는 스타일이다. 이들은 항상 내면의 원칙과 가이드라인을 중시하기 때문에 상황에 관계없이 일관된 행동을 보인다. 이들은 자기관찰이 높은 사람들에 비해 상대적으로 뚜렷한 성격적 특색을 보인다.

조직원들은 직무를 수행하는 동안 매우 다양한 환경에 직면하게 된다. 새로운 환경이나 예측하지 못한 상황에 부딪히는 경우 어떻게 행동하느냐는 성과에 큰 영향을 미칠 수 있다. 높은 자기관찰력을 가진 사람들은 자신의 행위를 조절하는 능력을 가지므로, 적어도 애매하고 어려운 상황들에 직면할 경우 이들이 보다 더 효과적으로 대응할 가능성이 높다. 높은 자기관찰력을 가진 사람들이 아부를 잘한다는 연구 결과도 있다.

핵심자기평가

핵심자기평가(CSE: core self-evaluation)는 개인의 자아 개념을 설명하는 중요한 심리학적 개념으로, 자신에 대한 전반적인 평가를 포함합니다. CSE는 네 가지 주요 구성 요소로 이루어져 있으며, 이는 각각 개인이 자신의 능력과 가치를 어떻게 인식하는지를 보여줍니다.

① **자기효능감**(self-efficacy): 앞에서 설명한 바과 같이 이는 자신이 특정 상황에서 과업을 성공적으로 수행할 수 있다는 신념을 말한다. 높은 자기효능감을 가진 사람은 더 높은 성취 목표를 설정하고, 어려움이 있을 때도 포기하지 않고 지속적인 노력을 기울인다. 이는 도전적인 과업을 성공적으로 해내는 데

중요한 역할을 한다.

② **자긍심**(self-esteem): 앞에서 설명한 바와 같이 자아상에 대한 개념으로 자존감은 자신을 존중하고 가치 있는 존재로 여기는 정도를 의미한다. 높은 자존감을 가진 사람들은 자신에 대해 긍정적인 인식을 가지며, 실패나 실수를 경험하더라도 자신의 가치를 의심하지 않는 경향이 있다. 이는 개인의 전반적인 행복과 만족에 중요한 역할을 한다.

③ **정서적 안정성**(emotional stability): 정서적 안정성은 스트레스나 부정적인 감정을 잘 관리하는 능력이다. 정서적 안정성이 높은 사람들은 어려운 상황에서도 감정적으로 차분함을 유지하며, 스트레스에 대해 덜 민감하게 반응한다. 반대로 정서적 안정성이 낮으면 감정적 기복이 심하고, 불안이나 우울증을 경험할 가능성이 크다.

④ **통제위치**(locus of control): 통제위치는 개인이 자신의 삶에서 일어나는 일들을 얼마나 통제할 수 있다고 믿는지를 나타낸다. 내적 통제위치를 가진 사람들은 자신의 노력과 결정을 통해 결과를 변화시킬 수 있다고 믿는 반면, 외적 통제위치를 가진 사람들은 운이나 외부 요인이 자신의 삶을 지배한다고 생각하는 경향이 있다. 내적 통제위치는 목표를 향한 행동을 강화하며, 문제 해결과 도전에 대한 긍정적인 태도를 형성한다.

이 네 가지 구성 요소는 상호 연관되어 개인의 자아 개념을 형성하며, CSE가 높은 사람들은 대체로 더 긍정적인 삶의 태도를 갖는다. 직장에서 높은 CSE는 높은 직무 만족도와 직무 성과로 이어질 수 있으며, 이는 조직에 대한 헌신, 그리고 동기부여 수준을 높이는 데 기여할 수 있다. 또한, 높은 CSE는 삶의 만족도, 스트레스 관리 능력, 심리적 안정성 등에도 긍정적인 영향을 미친다.

반대로 CSE가 낮은 사람들은 자신에 대한 불만족이 크며, 실패와 좌절에 대해 더 쉽게 좌절감을 느낄 수 있다. 따라서 개인의 CSE를 높이기 위한 심리적 개입이나 훈련은 자신감 향상, 긍정적 자기 인식 증진, 그리고 더 나은 대인관계를 형성하는 데 중요한 역할을 할 수 있다.

위험감수 성향(risk-taking propensity)

의사결정 시에 위험을 감수하는 성향은 개인에 따라 다르게 나타난다. 같은 문제에 대한 대안을 선택할 때, 보상은 적지만 아주 안전한 대안을 선택하는 사람이 있고, 위험하지만 보상이 많은 대안을 선호하는 사람이 있다. 한 연구에 따르면,[17] 위험감수 성향이 높은 사람은 낮은 사람에 비해 의사결정 시 정보를 적게 활용하고 의사결정의 속도가 빠른 것으로 나타났다.

개인의 위험감수 성향 차이는 조직경영에 매우 중요한 의미를 제공한다. 조직원들의 위험감수 성향을 파악하여 각 개인에게 적합한 직무를 부여하는 것이 바람직하다. 예컨대 새로운 시장을 개척하거나 해외시장에 침투하려는 기업은 비교적 위험감수 성향이 높은 사람을 일선에 배치해야 할 것이다. 위험감수 성향이 높은 사람에게 조직의 재무나 회계업무를 맡기는 것은 바람직하지 않다. 노사협상의 대표나 조직의 감사업무 등은 많은 양의 정보탐색이 필요하므로 위험감수 성향이 낮은 사람에게 직무를 맡기는 것이 효과적이다. 또한 사업의 위험을 따지는 최고재무담당(CFO)이나 리스크관리자 등도 위험감수 성향이 낮은 것이 바람직하다.

기타 조직행동에 영향을 미치는 성격들

나르시시즘(narcissism)

나르시시즘은 그리스 신화에서 물에 비친 자신의 모습을 사랑하게 된 나르시서스(narcissus)의 스토리에 기초하여 만들어진 성격유형으로 자기애(自己愛), 자아도취 또는 자기도취 성향이라고 불린다. 나르시시스트들은 자기중심적이며, 자신을 실제보다 더 훌륭하다고 여기고, 다른 사람들로부터 끊임없이 자신의 존재를 인정받으려는 속성을 갖는다. 나르시시즘 성격은 부정적 측면과 긍정적 측면을 갖는다.

부정적 또는 병리적 측면들은 다음과 같이 요약된다.: "나르시시스트들은 자기도취(self-absorption), 오만, 거만, 과대망상, 과대포장 등의 태도를 보이며,

매듭 3-2 "3대 어두운 성격"(Dark 3)[18)]

사회적으로 문제가 되는 성격 세 가지를 모아 "3대 어두운 성격"이라고 한다. 즉, 나르시시즘의 나쁜 측면, 마키아벨리즘의 부정적 측면, 그리고 사이코패스(psychopath; 반사회적 성격)를 합하여 3대 어두운 성격이라고 한다. 나르시시즘의 나쁜 측면은, "자기중심적 성향, 강한 명성욕구, 공감능력 부재, 비민주적 상하관계 등을 기반으로 자신과 다른 것을 인정하지 않으며 일이 잘못되었을 때 책임을 전가하는 속성을 갖는다. 마키아벨리의 부정적 측면은, 목적을 위해서 수단을 가리지 않고, 표리부동한 이중적 성격이며, 타인을 희생하여 자기 이익을 극대화하고 도덕성에 대해서 냉소적 태도를 보이는 특징을 보인다. 한편, 사이코패스는 대담한 반사회적 행동을 보이며, 공감과 반성 능력이 없고, 자제할 줄 모르는 성격으로 범죄, 폭력, 테러 등을 유발할 수 있다.

〈매듭문제 3-2〉 "Dark 3"를 다 가진 사람은 어떤 행동을 보일까?

스스로 다른 사람들보다 우수하고 특별하다고 생각하므로 다른 사람들의 주목(attention)과 각별한 칭송(excessive admiration)이나 인정받기를 좋아한다. 또한 이들은 타인의 감정을 헤아릴 줄 모르고 공감에 약하며 다른 사람들을 이용해 먹고 자신에게 위협이 되는 사람들을 깎아내리기도 한다.[19)] 자신을 비판하든가 비판할 거라고 추정되는 사람들을 혐오하며, 자신을 인정해 주고 칭송하는 사람들에게는 아첨하는 태도를 보인다. 자신의 성취를 끊임없이 자랑하고, 자기는 모든 면에 다 전문가라고 생각하며, 후회하든가 감사할 줄 모른다.[20)] 나르시시스트들은 역지사지(易地思之)할 줄 모르며, 자신을 객관적으로 성찰하는데 약하다."

하지만 최근에는 나르시시스트들의 긍정적 측면에 대한 연구가 활발하다.: "생산적 나르시시스트들은 독립심이 강하고 위험을 감수하며, 스스로 나아갈 방향과 비전을 구축하고 사람들을 멋진 웅변으로 끌어들여 카리스마를 형성한다. 끊임없이 인정받으려고 노력하는 가운데 열정 있는 사람이라는 평가를 받으며, 위협에 민감하고 유머 감각이 뛰어나며, 닥치는 대로 학습한다."[21)]

사람마다 어느 정도의 나르시시즘 성향은 다 갖고 있다. 나르시시즘을 병리적 현상으로만 이해할 것이 아니라, 정상적인 성격유형으로 인정하고 조직행동에 미치는 영향을 파악하는 노력이 필요하다. 나르시시즘은 앞서 학습한 '5대 성격유형' 중, 친화성과 부(−)의 상관관계를 보이며, 외향성 및 개방성과는 정(+)의 상관관계를 보이는 것으로 나타났다.

마키아벨리즘(Machiavellism)

마키아벨리의 군주론에 근거하여 구성된 성격유형으로, 자신의 목적을 위해서 다른 사람들을 이용하고 조작하고 통제하는 성향을 일컫는다. 일반적으로 부정적 의미를 갖는 성격유형이지만, 하이맥(high Mach: 마키아벨리즘 성향이 높은 사람)들은, 로우맥(low Mach)들에 비해 성과가 높으며, 감정에 치우치지 않고 상황에 맞는 행동전략을 선택할 줄 안다. 집단을 위해서 자발적으로 지원해야 하는 상황에서도 조용히 하기보다는 다른 사람들이 보는 앞에서 지원하는 성향을 보인다. 또한 마키아벨이안들은 때때로 동료들에 의해서 매력적이고 멋진 사람으로 평가되기도 하며, 다른 사람들에게 설득당하기보다는 온갖 방법으로 다른 사람들을 설득하는 데 능하고, 자신이 원하는 보상이 걸려

매듭 3-3 **성격과 직업/직무의 조화**

성격에 맞는 직업이나 직무를 선택해야 성과가 높고 행복해진다. 내성적인 판매직원, 성질 급한(A형 성격) 파일럿트, 정서적으로 불안한 원자력발전소 운전원, 성실하지 못한 회계사, 친화적이지 않은 회장 비서, 외재론자인 교육자, 개방적이지 않은 컨설턴트 등은 성격과 직업/직무가 조화롭지 못한 예이다. 사람은 다른 한편으로 주어진 상황에 적응하는 속성을 가지고 있기 때문에 성격에 맞지 않는 직업이나 직무를 맡더라도 주어진 일을 해낼 수는 있다. 그러나 행복감을 못 느끼며 스트레스를 많이 받고 큰 성과를 기대할 수 없다.

〈매듭문제 3-3〉 당신의 성격에 맞는 직업/직무는 무엇인가?

있을 때는 비윤리적, 불법적 행동도 서슴지 않는다. 하이맥들은 노사협상, 현장 영업, 신시장 개척 등의 직무에서 큰 성과를 낸다.

요컨대 마키아벨리즘 성격은, 세 가지 핵심요인으로 평가된다.: ① 대인관계에 있어 속임수와 조작을 사용하는 성향, ② 인간 본성을 나약하고 믿을 수 없다고 보는 냉소적 관점, ③ 전통적 도덕과 윤리를 무시하는 성향.[22] 5대 성격유형 중에서는 친화성 및 성실성과 부(−)의 관계를 갖는 것으로 나타났다.

감 정

정서, 감정, 기분은 유사한 개념이다. 하지만 구체적인 개념영역은 다르다. 정서(affect)란 인간의 보편적 느낌을 말하며 감정(emotion)과 기분(mood)을 포함한다. 감정은 특정 사람이나 사물을 향한 격한 느낌인 반면, 기분은 강하지는 않지만 비교적 오래 지속되는 이유 없는 일반적 느낌을 의미한다. 〔그림 3-4〕에 이들의 특징을 정리하였다.

그림 3-4
정서, 감정, 기분의 관계

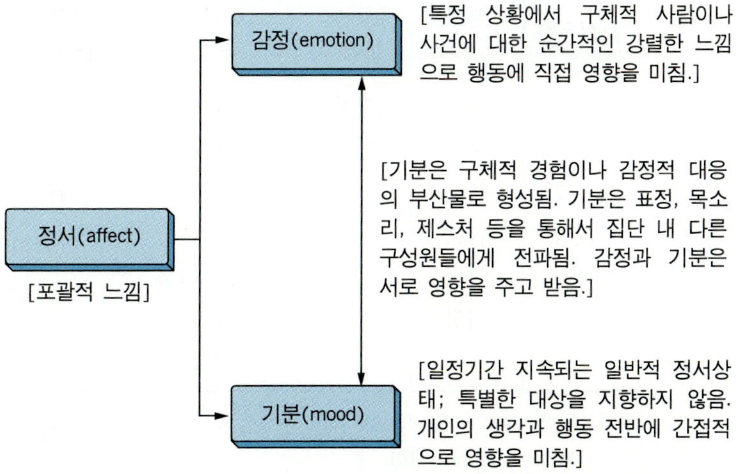

이들 간의 개념 차는 우리가 쓰는 일상의 표현 속에 잘 나타난다. 예를 들어, “A는 정서적으로 좀 불안하다”는 표현은 ‘정서’가 가진 포괄성을 잘 나타낸다. 아울러, “그는 작은 일에도 감정 폭발이 잦다”는 표현에서는 ‘감정’이란 구체적 대상을 향한 것(‘작은 일’)이며, 강렬한 느낌에 기초한 순간적 행동(‘폭발이 잦다’)이라는 내용을 담고 있다. 또한 “하루 종일 왠지 기분이 꿀꿀해서 일이 손에 잡히지 않았다”에는 특정 대상이 없고 이유 없는(‘왠지’) 일반적인 정서상태(‘꿀꿀’)가 계속되면서(‘하루 종일’) 전반적으로 일에 영향을 미쳤음(‘일이 손에 잡히지 않았다’)을 나타낸다.

감정의 유형

학자들이 조직원들의 감정이나 감성에 관심을 보이기 시작한 것은 비교적 최근의 일이다.[23] 감정이란 어떤 사람이나 사물 또는 사건에 대해서 경험하게 되는 격한 느낌으로, 반응행동을 촉발한다.

이러한 감정은 대략 여섯 가지 유형으로 대별될 수 있다. 그들을 〈표 3-3〉에 요약하였다.

표 3-3
감정의 유형

감정유형	분노 (anger)	두려움 (fear)	즐거움 (joy)	사랑 (love)	슬픔(sadness)	놀라움 (surprise)
유사한 감정 항목들	혐오 시기 울분 귀찮음 역정 격앙	경악 불안	기쁨 만족 환희 낙관 자랑스러움 안도 희열	애정 동경 심취	실망 실의 수치스러움 애통 연민	(없음)

자료: McShane, S. L., & Von Glinow M. A. 2003. *Organizational Behavior*, (2nd ed.), Boston, M.A.: McGraw-Hill.

EQ(감정지능)와 핵심정서

학계뿐만 아니라 실무에서도 EQ에 대한 관심이 매우 높다. **EQ**(또는 E.I.: Emotional Intelligence)란 "개인이 자기 자신이나 다른 사람들의 감정을 지각하는 역량"으로 정의된다. 골만(Goleman)에 따르면, 감정지능은 자기 인식, 감정조절, 자기 동기부여, 감정이입, 그리고 사회적 기술 등의 차원으로 이루어지는 것으로 나타났다. 이들 각 차원을 요약하면 〈표 3-4〉와 같다.

직무수행과 관련된 감정연구는 비교적 최근에 많이 이루어지고 있다. 그간의 연구들을 주제별로 종합해 보면, ① 감정의 표출과 관리에 관련된 연구들, ② 감정지능(EQ: Emotional Quotients=지성을 측정하는 IQ에 대비하여 감성수준을 측정하는 지표)이 개인이나 조직성과에 미치는 영향에 관련된 연구들, ③ 개인의 감정적 혹은 정서적 특성이 개인성과에 미치는 영향을 다룬 연구들, 그리고 ④ 조직원들의 순간적 감정표출의 원인과 결과에 관한 연구들 등으로 나눌 수 있다.[24]

표 3-4
EQ의 5차원

차 원	개 요
자기 인식 (self-awareness)	• 특정 대상에 대한 자신의 감정을 정확히 인식하는 것. 예) "그녀에 대한 나의 호감이 사랑일까?"
감정조절	• 감정을 상황에 맞게 잘 다루는 능력 예) "승진한 사람 표정 관리하기"
자기 동기부여	• 어려운 중에서도 낙관적 태도를 유지할 수 있는 역량. 예) "쥐구멍에도 볕들 날 있다."
감정이입	• 다른 사람의 감정을 이해할 줄 아는 능력 예) "입장 바꿔 생각해 봐."
사회적 기술	• 타인의 감정에 적절히 반응하여 인간관계를 원활히 할 수 있는 능력 예) "슬픔은 나누면 반이 되고 기쁨은 나누면 두 배가 된다."

자료: Goleman, D. 1995. *Emotional Intelligence-why it can matter more than IQ*. New York; Bantam Books.

최근의 연구들에 따르면,[25] 개인이 갖고 있는 EQ의 수준에 따라서 고용불안에 대한 대응방법이 다른 것으로 나타났다. 즉, EQ가 낮은 사람들은 높은 사람들에 비해 고용불안에 접했을 때, 보다 부정적 감정반응을 표출하며 대응전략도 비효율적인 방법을 사용한다는 연구 결과이다.

한편, 러셀(Russell)은 지나치게 광범위하게 구분되어 온 정서의 유형들을 '핵심정서'라는 개념으로 정리하였다.[26] 그는 핵심정서를 '유쾌함과 불쾌함, 그리고 활동성과 비활동성(activation or deactivation)으로 대변되는 기초적인 느낌'이라고 정의한다. 이 두 축을 가지고 좌표로 표시하고 각 분면에 해당하는 구체적인 정서요인들을 정리하면 〔그림 3-5〕와 같다.

핵심정서는 감정과 기분에 포함되는 모든 정서적 느낌들을 다 포함한다. X축의 '불쾌—유쾌'는 인간 정서의 가장 기본이 되는 (−)정서와 (+)정서를 표현한 것이다. 마이너스 정서의 '불쾌'는 슬프고 힘들고 짜증나고 우울하고 스트레스 받게 하는 모든 정서를 대표하며, 플러스 정서의 '유쾌'는 기쁘고 즐겁고 편

그림 3-5
핵심정서좌표

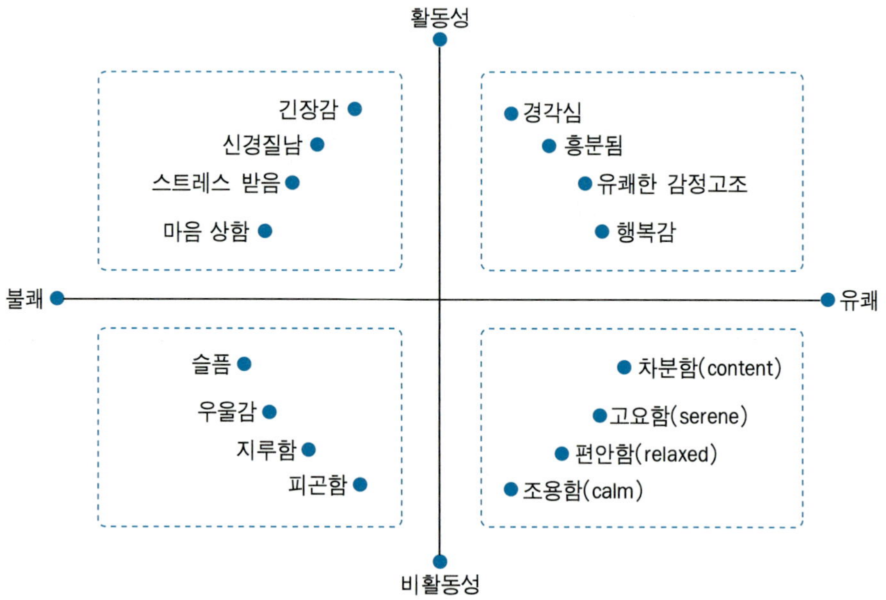

안하고 흥분되고 행복감을 주는 모든 긍정적 정서를 대변한다. 이러한 (−) 또는 (+)정서의 구체적 항목들 각각은 우리의 신체에 주는 압박의 정도에 있어 차이가 난다. 예를 들어, 단순히 몸이 피곤하거나 강의를 들을 때 느끼는 지루함이 신체에 주는 압박과 숲속에서 뱀을 만났을 때나 신경질이 났을 때 느끼는 신체적 압박은 그 강도나 긴박감에 있어 큰 차이를 보인다. 이러한 압박의 차이를 〔그림 3-5〕의 Y축에 '활동성' − '비활동성'이라고 표현하고 있다. 가령 '불쾌'와 '활동성'의 분면을 보면, 불쾌함의 압박이 '마음 상함' → '스트레스' → '신경질' → '긴장감' 등으로 갈수록 강해진다, 즉 활동성이 커진다고 해석하면 된다.

연구 결과에 따르면, 이러한 불쾌—유쾌의 정서는 얼마나 활동성이 강한가에 따라 목표를 세울 때 목표의 방향, 수준, 지속성 등에 영향을 미치며, 정서는 다양한 이성적 판단에도 영향을 미치는 것으로 나타났다.[27)]

지 각

지각(perception)이란 무엇인가

지각(perception)이란 개인이 환경을 이해하고 해석하는 과정을 말한다. 즉, 우리의 신체가 외부로부터 5관(시각, 청각, 후각, 촉각, 미각)을 통하여 정보를 받아들이는 기능을 지각이라고 한다.

같은 환경의 자극이라 할지라도 사람에 따라 서로 다른 의미를 부여한다. 취업을 원하는 사람이라면 인터넷에서 구인 사이트가 제일 먼저 눈에 띌 것이다. 그러나 이미 취직을 한 사람이라면 경제나 사회문제에 더 관심이 쏠릴 것이다. 인터넷뉴스라는 똑같은 환경 자극에 대하여 서로 다른 반응을 보이는 것은 지각차 때문이다.

같은 현상, 같은 사물에 대해서도 사람들이 지각하는 바에 따라 달리 해석될 수 있다는 것은 조직경영에 있어 큰 의미를 갖는다. 조직 내 상급자와 하급자 간에, 파는 사람과 구매하는 고객들 간에, 그리고 생산팀과 판매팀 간에 지각 차에 따른 해석 차이가 존재할 수 있다는 것을 의미한다. 따라서 경영자나 관리자들은 이러한 차이를 어떻게 찾아내어 관리해 나갈 것인지에 주의를 기울여야 한다.

지각과정 모델

〔그림 3-6〕에서 보듯이 지각과정 모델은 선택적 지각, 부호화/단순화, 저장/유지, 인출/반응의 네 단계로 구성된다. 사람은 환경의 자극에 대해 이 네 단계에 따라 지각하게 되는데 각 단계에 맞는 인지활동(정보에 대한 해석, 얻어진 정보의 범주화, 기억)이 일어나고 마지막으로 판단/결정을 하게 된다. 각 단계를 하나씩 알아보도록 하자.

선택적 지각

가만히 앉아 있는 사람도 수많은 정보(환경의 자극)를 접하게 된다. A군이 지금 시험을 치르고 있다고 하자. 교실 밖에는 천둥 번개를 동반한 많은 비가 내리고 있고, 감독관은 책상 사이를 왔다 갔다하고 있다. 바로 뒤에 앉은 B군은 답을 가르쳐 달라고 A의 등을 찌르고 있다. 앞에 앉은 C군은 답을 적은 종이를 보내오고, 대각선에 앉은 D군은 계속 머리를 만진다.

이 모든 것들이 A군에게는 환경의 자극이다. 그러나 그는 모든 자극을 똑같이 지각할 수는 없다. A군은 자신에게 주어지고 있는 많은 자극들 중에서 자

그림 3-6
사회적 지각의 4단계 정보처리 모델

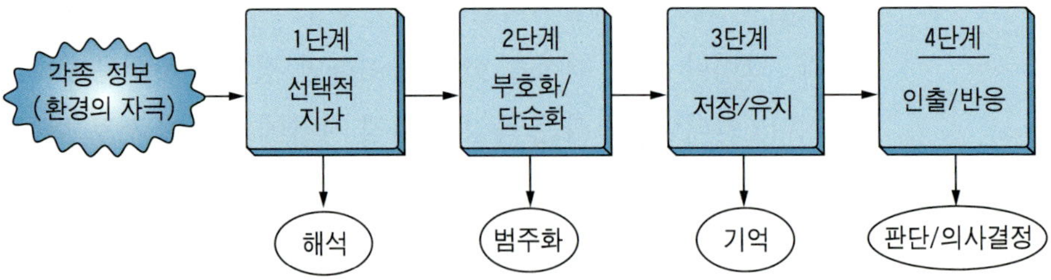

신에게 필요한 자극에만 관심을 기울이게 되고(즉, 선택적으로 주의를 기울이고) 이해하려 한다. 이러한 현상을 **선택적 지각**(selective perception)이라고 한다.

주의(attention)란 어떠한 사건, 사물 또는 사람에 대해 의식적으로 관심을 갖는 과정이다. 주의는 환경이나 자신의 기억으로부터 오는 정보에 의해 발생한다. 학자들은 개인은 자신에게 주어지는 여러 자극들 중에서 현저한 자극(salient stimuli)에 대해 주의를 더 많이 기울이게 된다는 사실을 알아냈다.

현저한 자극이란 무엇인가? 예를 들어 몸무게가 100kg인 남자가 여성 에어로빅 강좌에서 에어로빅을 하고 있다면 그 사람은 현저히 눈에 뜨일 것이다. 그러나 이 남자가 씨름선수들과 함께 식사를 하고 있다면 별로 눈에 띄지 않을 것이다. 특정 자극의 현저한 정도는 이와 같이 여러 가지 상황적 요인들에 의해 결정된다. 일반적으로 자극의 현저성을 높여주는 상황요인들은 새롭거나 기발한 것, 밝은 것, 일상적이지 않은 것, 상식에 반하는 행동, 극도로 좋거나 나쁜 일, 시야를 지배하는 사물 등으로 요약된다.

부호화와 단순화

지각된 정보는 원래 그대로의 모양으로 저장되는 것이 아니다. 사람은 들어온 정보(raw information)를 이해하고 해석하기 위해서 자신이 머릿속에 갖고 있는 인지 틀(카테고리: category)에 각각의 정보를 할당하여 나눈다. 카테고리에 할당하는 과정에서 정보는 단순화(simplification)되고 부호화(encoding)된다.

사람에 대한 정보인 경우 사람 카테고리에 할당되고 동물에 대한 정보는 동물 카테고리에 할당된다. "카테고리는 일반적으로 개나 동물, 장미꽃 등과 같이 이름이 붙어 있다."[28] 들어온 정보를 유형에 따라 나누어 적합한 카테고리에 저장한다. 사건, 사람, 사물에 대한 새로운 정보는 개인이 기존에 가지고 있던 각각에 대한 '선입 지식'인 스키마(schema)와 비교하여 알맞은 카테고리에 배정한다.

저장과 유지

정보처리의 세 번째 단계는 저장과 유지(storage and retention)이다. 이 단계에서는 기억이 커다란 역할을 한다. **기억**에는 장기기억과 단기기억이 있다. 우리가 지각을 할 때 쓰여지는 기억은 **장기기억**이다.

장기기억만이 지각에 사용되는 까닭은 단기기억에 저장된 정보는 시간이 흐름에 따라 없어지는 반면 장기기억에 저장된 정보는 어느 정도 영구성을 가지고 있어 정보처리의 네 번째 단계인 인출 시 탐색자료로 쓰일 수 있기 때문이다.

장기기억은 마치 복잡한 아파트의 구조와도 같다. 사람들이 각자의 아파트에서 생활을 하지만 때때로 협조도 하고 인사도 하면서 지내는 것과 마찬가지로 기억도 종류에 따라서 다른 방에 저장되어 있지만 서로 도움을 주고받는다.

장기기억은 〔그림 3-7〕처럼 사건에 대한 기억, 의미 있는 지식에 대한 기억, 사람에 대한 기억 등 세 가지로 구성되어 있다.[29]

① **사건 기억**: 사람들이 일상생활에서 경험하는 구체적 사건들에 대한 기억이다. 예를 들면 지난 여름에 바다에 갔었던 기억은 떠나는 시점에서부터 다시 집으로 돌아오는 시점에 이르기까지 모두 시간의 흐름에 따라 하나의 사건으로 기억된다.

② **의미 기억**: 의미 기억은 개념에 대한 정신적 사전(dictionary)의 역할을 한다. 학습이나 경험을 통하여 사건이나 대상에 대해 형성한 의미를 저장/유지

그림 3-7
장기기억의 영역

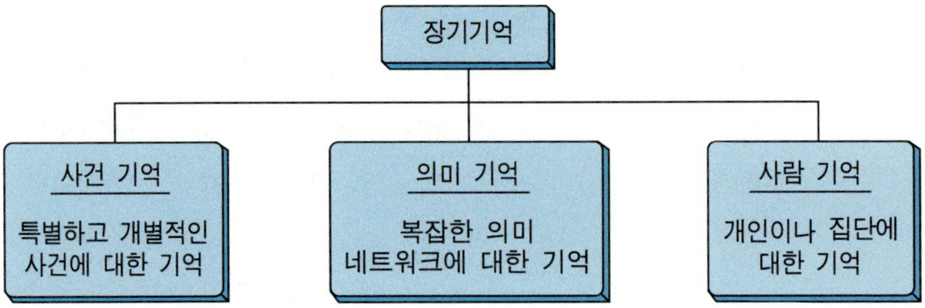

매듭 3-4 정보처리모델

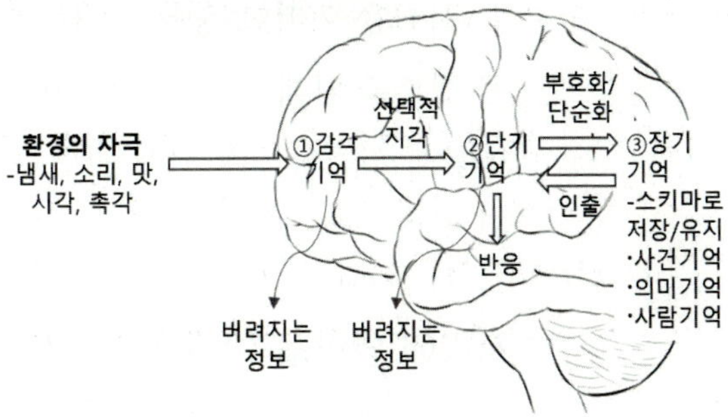

정보처리모델

인간 두뇌의 정보처리는 그림과 같은 과정을 거친다. 환경의 자극은 처음에 ① 감각기억(sensory memory)에 아주 짧은 기간(몇 초, 또는 300만분의 1초) 기억된다. 초기 정보 대부분은 버려지고 선택적으로 지각된(selective perception) 정보들만 ② 단기기억으로 들어간다. 단기기억은 용량이 작아 한 번에 7개 단어 정도를 기억할 수 있다. 1956년 조지 밀러의 연구에서 밝혀진 바에 따르면, 인간의 단기기억 용량은 단어 7개 +/−2라고 한다.[30] 최소 5개, 최고 9개, 평균 7개를 기억할 수 있는 용량이다. 단기기억은 컴퓨터의 RAM과 같은 기능을 하므로 작업기억(working memory)이라고도 한다. 단기기억에 남아있는 정보 중에서 여러 번 반복 연습되든가(rehearsal) 특별한 의미가 있는 정보는 부호화/단순화되어 장기기억으로 이전된다. 장기기억은 정보가 새로 들어오면 기존의 스키마와 비교하여, 이미 있는 정보이면 자동처리하고, 생소한 정보이면 통제 프로세스(controlled process)로 가서 이모저모 분석하게 된다. 그러므로 새로운 정보를 쉽게 학습하려면, 기존 스키마에 있는 정보와 연결해 주면 된다.

〈매듭문제 3-4〉 조지 밀러의 'magic number 7 plus or minus two'를 적용해 보자. 생소한 영어단어를 15개 정도 적어놓고 한 번에 얼마나 기억할 수 있는지 실험해 보자.

한 것을 말한다. 예를 들어 당신이 오늘 처음 모범택시를 탔다면 그 행위는 기억 속에 사건적 기억의 한 부분으로 기록될 것이다. 그러나 당신이 모범택시에 대해 형성하게 되는 전반적인 인상, 즉 모범택시의 편안함, 모범택시의 모양, 모범택시 운전기사의 친절함 등은 의미 지식의 일부분이 된다.

③ **사람 기억**: 개인(예, 당신의 동료)이나 어떤 집단(예, 당신이 속한 조직의 경영층)에 대한 정보를 담고 있는 영역을 말한다.

이렇게 기억 속에 저장된 정보는 내 · 외적 요구에 따라 인출되어 판단이나 결정을 하는 데 자료로 사용된다.

인출과 반응

사람은 어떠한 상황에 처했을 때 먼저 자신의 장기기억 속에서 상황과 관련된 정보를 탐색한다. 탐색 끝에 적당한 정보가 찾아지면 이를 끄집어내어 문제해결에 사용하는데 이때 관련된 정보를 끄집어내는 것을 **인출**이라 한다. 인출된 정보는 판단하고 결정하는 반응에 사용된다.

지각에 영향을 미치는 요인들

사람에 따라 똑같은 상황을 서로 다르게 지각하는 원인을 크게 ① 지각을 하는 사람(the perceiver)으로 인한 것, ② 지각의 대상(the target being perceived)으로 인한 것, ③ 지각이 이루어지고 있는 상황(the context)으로 인한 것 등 세 가지로 구분할 수 있다. 아래에 설명하듯이 지각하는 사람의 특징이 가장 중요하다.

귀인이론(attribution theory)

자신의 행동이나 타인의 행동에 대하여 원인과 결과를 밝히는 것을 **귀인**(歸因: "원인을 돌린다"는 뜻)이라 한다. 우리는 어떠한 결과에 대해 그 원인을 추론하여 적절한 행동을 취하는 경향이 있다. 의사가 의료지식을 바탕으로 병의 원인을 찾아 적절한 처방을 내리는 것과 비슷한 것이다.

귀인의 전체 프로세스를 보면 〔그림 3-8〕과 같다. 의료지식과 정보, 생명

그림 3-8
귀인이론의 일반 모델

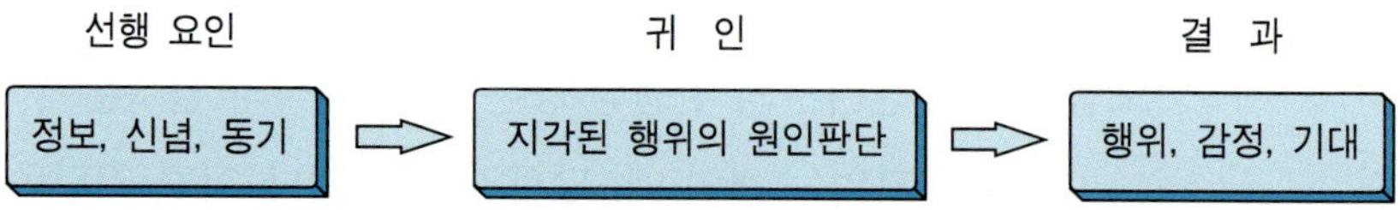

자료: Kelley, H. H., & Michela, J. H. 1980. Attribution Theory and Research, In Mark R. Rosenzweig & Lyman W. Porter(eds.), *Annual Review of Psychology*, 31, p.459.

에 대한 신념과 동기를 가진 의사가 찾아온 환자의 증세를 분석하여 병의 원인을 파악하고(귀인) 처방전을 써주고 주의할 사항을 알려주는 것(행위)과 같다. 여기에서는 '귀인'에 초점을 맞춘다. 귀인이론이란 우리가 지각된 행위와 일의 결과에 대해 원인을 찾아갈 때 일정한 법칙을 따른다는 것이다.

아래에서는 가장 널리 알려져 있는 켈리(Kelley)가 제안한 귀인이론과 관찰자와 행위자에 따른 귀인모델을 설명하기로 한다.

켈리의 귀인이론(covariation model)

켈리의 귀인이론은 하이더(Heider)의 이론에 바탕을 둔다. **귀인이론**의 창시자인 하이더는 인간의 행위에 대한 귀인을 크게 내부요인에 대한 귀인(내부귀인)과 외부요인에 대한 귀인(외부귀인)으로 나누었다.

내부요인이란 사람의 능력이나 기술 등 개인 내적 요인을 말하며 외부요인이란 업무의 특성이나 상급자의 특성 등 개인 외적, 환경적 요인을 말한다.

즉, 어느 한 사람의 행동이나 행동의 결과에 대해서 보는 사람에 따라 그 사람의 내적 요인들(통제능력, 의지, 경험 등)을 원인으로 여기는 경우도 있고, 그 사람이 그러한 행동을 한 상황이나 운(luck) 등을 원인으로 생각하는 경우도 있다는 것이다.

켈리는 내부귀인과 외부귀인 개념을 좀 더 발전시켰다. 켈리는 사람들이 행위에 대한 원인을 규명하려 하는 경우에 합의성(consensus), 특이성(distinctiveness), 일관성(consistency) 등 세 가지 원칙을 가지고 귀인한다고 보았다. 이 각각의 개념을 예를 들어 설명해 보자. A군은 중간고사 영어시험 점수가 낮게 나왔다. 그는 자신의 영어점수가 왜 낮은지 그 원인을 알아내려 할 것이다. 여기에 켈리의 이론을 적용해 보면 다음과 같다.

① **합의성**: (다른 사람들은?) A군 자신만 영어시험을 못 봤는가 아니면 다른 학생들의 영어시험 결과도 나쁜가? 만약 다른 학생들의 영어시험 결과도 나쁘게 나왔다면 그는 자신의 시험 결과가 나쁜 원인을 시험이 어려웠다는 것에 귀인(외부귀인)하려 할 것이다. 즉, 합의성의 법칙은 하나의 특정 사건에 대하

여 다른 사람들(동료들)이 얻은 결과와 비교하여 귀인하려는 성향을 말한다.

② **특이성**: (다른 과목은?) 영어, 수학, 생물 등 여러 과목 중에서 영어만 결과가 나쁘게 나왔는가 아니면 수학과 생물 모두 나쁘게 나왔는가? 만약 세 과목 모두 시험 결과가 나빴다면 A군이 시험준비를 하지 않은 것으로 원인(내부귀인)을 돌리려 하겠지만 다른 과목은 모두 결과가 좋게 나왔는데 영어만 나쁘게 나왔다면 영어시험을 보는 시간에 유난히 복도가 시끄러웠다든가 영어만 어려웠다든가 하는 사실에 원인(외부귀인)을 돌리려 할 것이다. 즉, 한 사건의 결과를 비슷한 다른 사건의 결과와 비교하여 귀인하는 성향을 특이성의 법칙이라고 한다.

③ **일관성**: (과거에는?) A군의 영어시험점수가 이번에만 낮게 나왔는가? 만약 과거의 영어시험에서는 좋은 점수를 받았었는데 이번 시험 결과만 나쁘게 나왔다면 A군은 시험이 어려웠다든가 시험 날 주변이 산만했다든가 하는 외적 귀인을 생각할 것이다. 즉, 한 사건(여기서는 현재의 영어시험 결과)에 대한 과거의 역사(과거의 영어시험 결과)와의 비교를 통하여 귀인하려는 경향을 일관성의 법칙이라 한다.

〔그림 3-9〕는 개인의 성과와 일관성, 특이성, 합의성의 높고 낮음 간의 관계를 나타낸 것이다. 이 그림에서 보는 바와 같이, 합의성은 사람과, 특이성은 업무와, 일관성은 시간과 관련된 개념이다.

중요한 것은 사람들은 이 세 가지 법칙들(합의성, 특이성, 일관성)을 종합적으로 사용하여 귀인한다는 점이다. 따라서 이들 세 법칙의 어떤 조합이 어떤 귀인을 낳는지를 살펴보는 것이 중요하다. 켈리의 주장에 따르면 높은 특이성과 낮은 일관성, 높은 합의성인 경우 외부적 귀인을 낳게 되며 낮은 특이성과 높은 일관성, 낮은 합의성은 내부적 귀인을 낳는다고 하였다.

예를 들면, 김 대리를 포함하여 같은 업무에 관련된 모든 조직원들이 주어진 업무를 잘 수행하지 못하고 있고(높은 합의성), 김 대리의 경우 여러 가지 업무 중에서 유독 그 업무를 할 때에만 성과가 낮고(높은 특이성), 또한 같은 업무에 대한 과거의 성과는 높았으나 지난 분기에만 김 대리의 성과가 낮게 나왔다

그림 3-9

합의성, 특이성, 일관성이 높고 낮음에 관한 도표

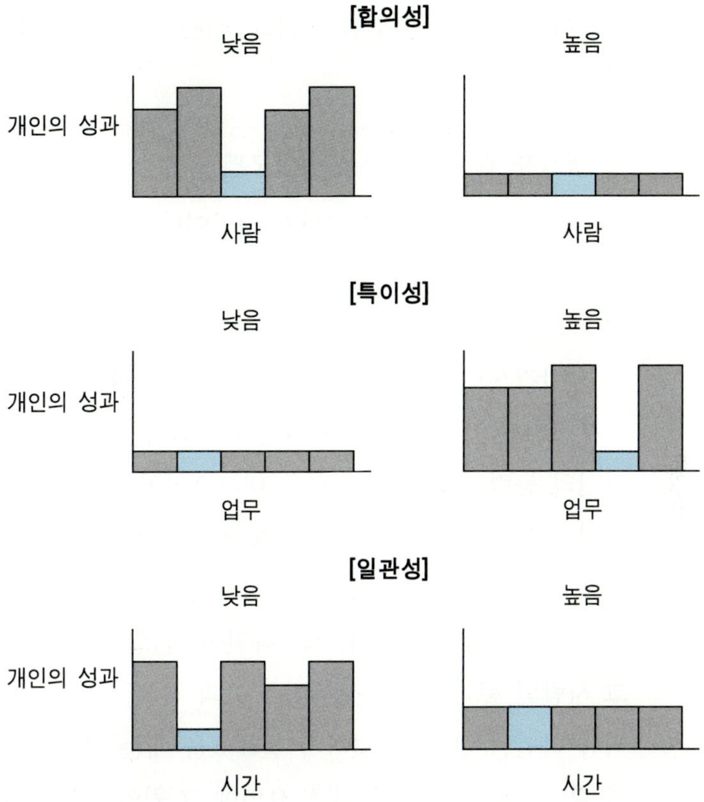

자료: Brown, K. A. 1984. Explaining group poor performance: An attributional analysis. *Academy of Management Review*, p. 56에서 수정 인용.

그림 3-10

켈리의 귀인법칙 종합

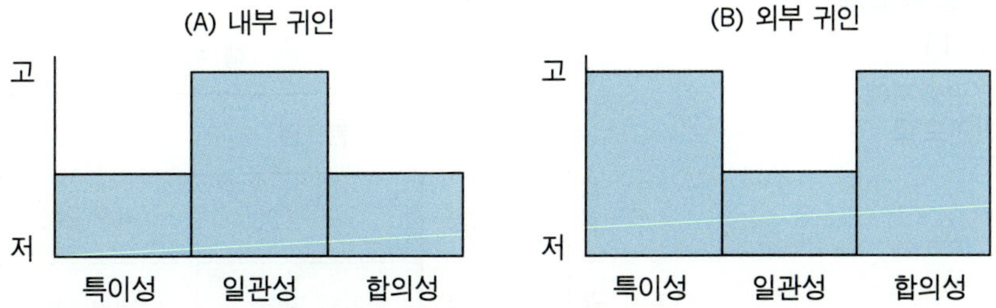

면(낮은 일관성), 상급자는 김 대리의 지난 분기의 낮은 성과에 대한 원인을 외부적인 것으로 돌리려 할 것이다. 이를 그림으로 나타내면 〔그림 3-10〕의 (B)와 같다.

행위자/관찰자에 따른 귀인모델

귀인의 유형은 행위 결과가 성공이냐 실패냐에 따라서 달라지기도 하지만, 행위의 주체가 자신이냐 타인이냐에 따라서도 차이가 난다. 이 관계를 요약하면 〔그림 3-11〕과 같다.

일반적으로 사람은 자신이 한 일(행위자가 본인인 경우)인가 타인이 한 일(행위자가 타인)인가에 따라서 귀인을 달리하는데, 자신이 한 일이 성공했을 때는 자신의 능력이나 노력과 같은 내부요인에 귀인하려는 경향이 강하고, 자신의 일이 실패로 끝났을 경우에는 상황이나 운, 다른 사람 때문 등과 같이 외부요인에 귀인하려는 경향이 있다. 이러한 귀인패턴은 타인이 한 일의 결과에 대해서는 정반대로 작용한다. 즉, 타인이 한 일의 결과가 성공적이었을 때 우리는 그 사람의 능력보다는 상황이나 운과 같은 외적인 요인에 귀인하는 경향이 강하나 타인이 한 일의 결과가 실패했을 때는 그 사람의 능력이나 노력 부족 등과 같이 행위자(타인)의 내적 요인에 그 원인을 돌리려는 경향이 강하다.

예를 들어 김 군이 회계사 시험에 응시하여 낙방했다고 하자. 이 결과에 대하여 김 군 자신은 상황적 요인(시험이 특별히 어려웠다든가 선발인원을 줄였다는

그림 3-11
행위자/관찰자에 따른 귀인모델

행위의 결과	행위자: 본 인	행위자: 타 인
성 공	내부 귀인	외부 귀인
실 패	외부 귀인	내부 귀인

등) 때문으로 생각하려는 경향을 보이나 다른 사람(즉, 관찰자)이 김 군의 낙방에 대하여 귀인할 때에는 "김 군의 능력에 문제가 있는 것 같다." 또는 "공부방법이 옳지 못한 것이 아닌가" 하는 등과 같이 김 군 본인 때문인 것으로 귀인하려는 경향이 강하게 나타난다.

지각의 오류

사람에 대한 지각과 판단을 함에 있어 우리는 가끔 지름길을 택하는 경우가 있다. 지름길이란, 지각과 판단의 효율성을 높이기 위해서 자기 나름대로 개발한, 대상을 판단하는 빠르고 쉬운 편법을 뜻한다. 지각을 할 때 그 사람의 특성이나 상황 등 여러 가지 정보를 입수하지 않고 지름길을 택하여 한두 가지의 현저한 정보를 활용하여 지각을 하게 되면 지각의 속도가 훨씬 빨라지게 된다. 그러나 지름길을 택하여 지각하면 여러 가지 오류가 발생한다. 이러한 지각의 오류는 왜곡된 평가, 비합리적 의사결정, 파괴적인 선입관, 변화 거부 등과 같은 부정적 결과를 가져올 수 있으므로 각별한 주의가 요구된다.

일반적으로 나타나는 지각적 오류에는 후광 효과(halo effects), 관대화 경향(leniency effects), 중심화 성향(central tendency), 대조 효과(contrast effects), 최근 효과(recency effects), 초기 효과(primacy effects), 투영 효과(projection) 등이 있다. 이들에 대한 정의를 〈표 3-5〉에 요약 · 정리하였다.

이외에도 지각오류를 조장하는 요인으로서 스테레오타입과 피그말리온 효과가 있는데 아래에서 살펴보기로 한다.

스테레오타입

스테레오타입(stereotype)이란 어떤 사람을 판단함에 있어 그 사람이 속한 집단에 대한 선입관을 바탕으로 판단하는 경우를 말한다. 김 팀장을 평가한다고 하자. 성격이나 능력, 가치관 등을 통해서 그를 판단하지 않고 출신학교, 나이, 출신 지역, 성별 등에 따라 그를 판단한다면 이는 스테레오타입에 의해 판단한 것이라 말할 수 있다.

표 3-5
지각의 오류

후광 효과	• 개인이 갖은 지능, 사교성, 용모 등과 같은 특성들 중 하나에 기초하여 그 개인에 대한 일반적 인상을 형성하는 것. • **예**: 입사면접 시 다리지 않은 양복을 입고 면도도 하지 않고 나타난 피면접자에 대하여 면접관이 그의 영어능력이나 영업능력이 형편없을 것이라고 판단하는 경우. 그의 옷차림이나 외모의 특성을 영어능력이나 영업능력에 일반화시켜 판단한 것으로 후광 효과가 작용한 것이다.
관대화 경향	• 다른 사람을 매우 좋게 평가하고자 하는 성향 • **예**: 교수가 학생에게 학점을 줄 때 수업시간 참여도, 시험 결과 등은 별로 고려하지 않고 모두에게 좋은 점수를 주는 경우
중심화 성향	• 판단을 함에 있어 아주 나쁘다거나 아주 좋다거나 하는 양극의 판단을 피하고 중간 정도인 것으로 판단을 하려는 경향 • **예**: 설문에 응답을 할 때 양극단의 응답을 피하고 주로 가운데 항목(그저 그렇다, 보통이다)에 응답하는 경우
최근 효과	• 판단을 함에 있어 최근 제공된 정보에 더 큰 비중을 두는 것. • **예**: A는 지난 2년 동안 늘 좋은 성적을 유지했었는데 바로 이번 학기에만 성적이 좋지 않았다. 이로 인해 A는 성적이 좋지 않은 학생으로 평가될 수 있다.
초기 효과	• 판단을 함에 있어 처음 주어진 정보에 보다 큰 비중을 두는 경향. • **예**: 면접관이 10명의 피면접자들을 순서대로 평가하면서 비교적 초기에 면접한 사람들에게 후한 점수를 주게 되는 경향
대조 효과	• 판단을 함에 있어 대조되는 정보로 인하여 판단이 왜곡되는 것. • **예**: 아주 키가 큰 사람 옆에 서 있는 보통 키의 사람은 실제보다 더 작아 보인다.
투영 효과	• 판단을 함에 있어 자신 입장을 일반화하여 남을 평가하려는 경향. • **예**: 공격적인 성향이 높은 평가자가 공격적인 성향이 낮은 평가자보다 피평가자의 성격을 더 공격적인 것으로 평가한다.[31]

스테레오타입은 평가자가 피평가자가 속한 그룹의 속성을 통하여 그의 특성을 추론하려고 하기 때문에 발생한다.[32] 사원 선발이나 평가 시에 관리자는 스테레오타입에 의존하여 하지 않도록 주의해야 한다. 여러 가지 유형의 스테레오타입 중에서 성역할과 나이 스테레오타입이 조직경영과 관련하여 중요하다.

성역할 스테레오타입

성역할 스테레오타입(sex-role stereotypes)이란 남성과 여성은 서로 다른 특성과 능력을 가지고 있으므로 일을 수행함에 있어서 역할이 달라야 한다는 선입관 또는 신념을 의미한다. 예컨대, "여자는 가사와 육아를 책임지고 남자는 직장에 나가 돈을 벌어야 한다"는 생각을 갖고 있으면 성역할 스테레오타입을 갖고 있는 것이다. 옛날에는 한국인들 중에 이런 스테레오타입을 가지고 있는 사람들이 많았으나 요즘은 많이 바뀌고 있다. 하지만 아직도 한국의 30대 그룹 여성 임원 승진비율이 3.30%(2018년)밖에 안되고,[33] 여성에게 불리한 경영 관행들이 많이 남아 있다. 이에 대하여 연구된 결과는 다음과 같다.

우선, 여성은 남성에 비해 경쟁심과 독립심, 객관성, 그리고 논리성이 모자라며 남성은 여성보다 감성, 온정, 표현력이 떨어진다라는 스테레오타입이 일반화되어 있는 것으로 나타났다.[34] 또한 남 · 여 모두가 남성적인 특성이 여성적인 특성보다 바람직하다고 여기고 있는 것으로 나타났으며, 여성적인 특성에 대해서는 부정적으로 인식하고 있는 것으로 밝혀졌다.[35]

그러나 1980년대 이후 미국에서 수행된 연구들에서는 기존의 성역할 스테레오타입에서 나타난 사실과는 다른 결과들이 얻어졌다.[36] 즉 성과의 평가나 어떤 현상을 이해하는 데 있어 성역할 스테레오타입은 아무런 영향을 미치지 못하는 것으로 밝혀졌다.

한국의 경우도 여성의 사회적 진출이 점점 활발해지고 있다. 전통적으로 남성들의 직업이라고 인식되었던 분야에 여성들의 진출이 많아지고 있으며 경영이나 관리를 맡는 여성들도 늘어나고 있다. 객관적 증거 없이 성역할 스테레오타입에 근거하여 잘못 판단하는 우를 범하지 말아야 할 것이다.

나이 스테레오타입

나이가 많은 조직원이 젊은 조직원에 비해 직무만족과 직무몰입, 동기유발, 조직애착, 생산성 등이 낮다는 스테레오타입(age stereotypes; 또는 ageism)이 존재한다.[37] 그러나 이것은 그렇게 획일적으로 결론지을 수 없는 문제이다. 오히려 어떤 연구에서는 나이가 많아짐에 따라 직무만족, 일에 대한 동기, 조직몰입이 더 높아진다는 결과가 얻어졌다.

또한 직무성과와 나이에 관한 연구들을 모아 메타분석을 실시한 결과, 나이와 직무성과 간에는 정(+)의 상관관계가 있는 것으로 나타났다.[38] 따라서 나이가 많을수록 동기와 성과가 떨어진다는 판단은 옳지 않다. 직무의 특성에 따라서는 나이가 들수록 성과가 더 높아지는 경우도 많다. 노인들에게도 맞는 일이 있는 것이다.

피그말리온 효과

그리스 신화에는 피그말리온이라는 조각가에 대한 얘기가 나온다. 피그말리온은 자신이 조각한 아름다운 여인상을 사랑하게 되었는데 이러한 사실을 안 여신 아프로디테가 그 여인상을 인간으로 만들어 주었다. 피그말리온의 사

매듭 3-5　성차별, 인종차별, 나이차별

우리 조직사회에 아직도 많은 차별이 존재한다. 최근에 특히 관심을 끄는 것은 성차별, 인종차별, 나이차별 등이다. 능력이 같은데 여성 또는 남성이라고 불이익을 주든가 부모가 한국인이 아니라는 이유로 본래의 선택기준을 포기하는 것은 차별에 해당한다. 이것은 나이차별에도 똑같이 적용된다. 2020년 한국의 65세 이상 노인 비율이 15.7%인데 2060년이 되면 43.9%가 된다고 한다. 미국에는 정년이 없다. 정년을 두는 것이 나이차별에 해당한다고 보기 때문이다.

〈매듭문제 3-5〉 우리 사회에 존재하는 다른 차별요인들은 어떤 것들인지 알아보자.

랑이 실제로 이루어진 것이다. 이 신화에 근거하여 피그말리온 효과(또는 자성적 예언: self-fulfilling prophecy)라는 말이 생겨났다.

피그말리온 효과(Pygmalion effect)란 특정인에 대한 기대가 그의 행동 결과로 나타나게 되는 현상을 일컫는 말이다. 사람은 윗사람이나 동료가 믿고 기대하는 바에 따라 행동하게 되고 그러한 행동의 결과로 타인이 믿고 기대했던 바가 현실로 나타나게 된다는 것이다.

연구 결과에 따르면, 실제로 지능이 비슷한 A와 B, 두 학급을 두고 학기 초에 교장이 A반 담임교사에게는 "당신이 맡을 학급의 학생들은 매우 지능이 높아 성적이 좋을 것이다."라고 말해주고, B반 담임교사에게는 "당신이 맡을 학급의 학생들은 지능이 평균 이하다."라고 말해 줬다. 실제로는 지능의 차이가 없었던 A, B 학급 학생들의 지능을 일 년 후 비교해 본 결과 실제로 차이가 나타났다.[39] 학생들이 우수하다는 예언을 들은 교사는 우수한 학생들에게 걸맞는 행동을 보여주었으며 그로 말미암아 실제적으로 학생들의 지능이 높아지게 된 것이다.

피그말리온 효과 또는 자성적 예언을 조직의 성과와 관련시켜 개발한 모델을 소개하면 [그림 3-12]와 같다. 그림에서 알 수 있듯이, 상사가 자신의 하급

그림 3-12
피그말리온 효과모델[40]

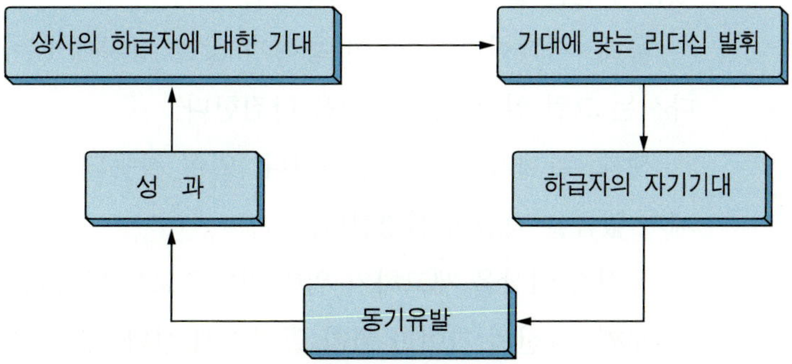

자료: Eden, D. 1984. Self-fufilling prophecy as a management tool: Harnessing Pygmalion, *Academy of Management Review*, pp.64-73.

자에 대해 높은 기대를 가지고 보다 좋은 리더십을 발휘하면 하급자도 자신에 대해 더 큰 기대를 가지게 되며 이는 보다 높은 수준의 동기유발로 이어지게 된다. 동기수준이 높아짐에 따라서 상사가 하급자에 대해 가진 기대가 높은 성과로 현실화된다는 것이다. 즉, 상급자가 가지고 있던 기대가 하급자의 행위를 통해 나타남으로써 상급자는 자성적 예언의 효과를 경험하게 되는 것이다.

인상관리

인상관리(impression management)란 다른 사람들이 자신에 대해서 형성하게 되는 지각을 관리하고 통제한다는 것이다. 미팅에 나갈 때 멋진 옷을 입는 것이나 면접장에서 자신에 대한 인상을 흐리게 하는 행동을 삼가는 등은 인상관리의 대표적 예에 해당한다. 이러한 특수한 경우가 아니더라도 조직생활을 하는 사람들은 상사나 주변 사람들이 자신에 대해서 좋은 인상을 형성하도록 의식적으로 노력을 기울일 필요가 있다. 따라서 인상관리는 조직생활에서 성공하는 데 있어 중요한 수단이 될 수 있다.

인상관리에는 두 가지 전략이 사용된다. 하나는 부정적 인상회피전략이고 다른 하나는 긍정적 인상제고전략이다. 부정적 인상을 회피하기 위한 구체적 방안으로서 다음 세 가지 행동이 많이 활용된다.[41)]

첫째, 적절한 구실을 댄다. 행동이 좋지 않은 결과를 낳았을 때 납득할 수 있는 구실을 들어 면책을 시도한다.

둘째, 사과한다. 구실이 통하지 않는 상황에서는 자신의 행동을 사과하고 다시는 그런 일이 없을 것임을 다짐한다.

셋째, 관계가 없음을 강조한다. 일이 잘못되었을 때, 자신은 그 일과 큰 관계가 없음을 적절히 설명한다.

긍정적 인상을 제고하기 위한 방안으로는 다음의 네 가지를 들 수 있다.

첫째, 자신의 기여한 바가 알려지게 한다. 좋은 결과를 가져온 일에 대해서 자신도 기여하였음을 직간접적으로 다른 사람들이 알도록 한다.

둘째, 부풀려 이야기한다. 자신이 이룩한 성과가 생각했던 것보다 훨씬 큰 업적이었음을 강조한다.

셋째, 큰 장애가 있었음을 인식시킨다. 성과를 내는 과정에서 큰 장애물과 어려움을 만났음에도 불구하고 그것을 지혜롭게 극복하고 좋은 결과를 냈다는 인식이 들도록 한다.

넷째, 중요한 사람들과 연결되어 있음을 알린다. 그럼으로써 자신은 그만큼 중요한 사람이라는 인상을 다른 사람들에게 줄 수 있다.

이러한 행위들은 사람들이 자신을 보호하고 가치를 높이기 위해서 일반적으로 많이 사용하는 전략이기는 하지만 경우에 따라서는(특히 한국적 문화에서는), 정치적이라고 하여, 오히려 인상을 더 악화시키는 결과를 가져올 수도 있다. 따라서 지나치게 의도적으로 인상을 조작하려고 하기보다는 자아개념과 자아 이미지를 확고히 하여 필요한 행동이 자연스럽게 우러나도록 하는 것이 중요하다.

사 례 3-1 **인재제일, 삼성 창업자 이병철**

현대의 창업자 정주영 씨가 행동을 중시하는 스타일이었다면, 삼성의 창업자 이병철 씨는 관리를 중시하는 스타일이었다. 그래서 '행동의 현대', '관리의 삼성'이라고 한다. 이 회장은 매우 꼼꼼하고 정확하게 관리하는 스타일이었다. 사과밭에 사과가 열리면 하나하나에 번호를 붙여 관리할 정도로 치밀한 성격의 소유자였다. 이병철 삼성 창업자의 개인 특성을 좀 더 구체적으로 알아보도록 하자.

"이병철(李秉喆, 1910.2.12~1987.11.19). 호 호암(湖巖). 경상남도 의령(宜寧) 출생. 중동중학을 졸업한 후 일본 와세다대학교 전문부 정경과에 입학하였다가 1934년 중퇴하였다. 1936년 마산에서 협동정미소를 세워 사업에 투신한 후, 1938년 3월 자본금 3만원으로 삼성그룹의 모체인 삼성상회를 설립하였다. 1951년 부산에서 삼성물산을 세워 무역업을 하면서 1953~1954년 제일제당과 제일모직을 설립, 제조업에서 크게 성공을 거두었다. 이후 사업 영역을 크게 확대해 갔으며, 1961년 한국경제인협회 초대 회장에 선출되었다.

1964년 동양 라디오 및 텔레비전 방송과 1965년 《중앙일보》를 창설하여 언론사 경영에 참여하였다. 1969년 삼성전자를 설립하여 삼성그룹 육성의 도약대를 만들었다. 1974년 삼성석유화학 · 삼성중공업을 설립하여 중화학공업에 진출하였고, 이후 용인자연농원 · 삼성정밀 등을 설립하였다. 1982년 삼성반도체통신을 설립하였다. 이 밖에도 문화재단 · 장학회 등을 설립하였고, 백화점 · 호텔 등의 경영에도 참가해, 사업의 다각화를 통하여 국가 경제발전에도 크게 공헌하였다."([출처] 이병철 [李秉喆] | 네이버 백과사전)

이병철 회장은 네 가지 철학으로 삼성의 기반을 다졌다. 즉, 인재제일, 1등주의, 부패척결, 사업보국 등이 그것이다. 최고의 인재를 뽑아 최고의 성과를 내도록 한다는 것이 그의 철학이었다. 아울러, 직원들에게는 최고의 처우를 해주어 부패할 필요가 없게 하였다. 납품업자에게 식사대접을 받는 등 자그마하나마 부정부패에 연루된 직원에 대해서는 지금도 냉혹하리만큼 가차 없이 처벌한다. 실제 사업을 추진하는 데 있어서 이 회장의 추진력은 정주영 회장 못지 않았다. 반도체공장을 건설할 때의 일화가 이를 뒷받침해준다.

"……1983년 어느 날. 이병철 회장의 방을 나오는 삼성석유화학 성평건 소장의 얼굴은 창백했다. 회장의 무모한 지시 때문이었다. 갑자기 호출을 하더니 "자네가 기흥 반도체 건설 본부장을 맡아주게, 6개월 시간을 줄 테니 반도체공장을 완공하라"고 말하는 것 아닌가. 선진국에서도 1년 6개월은 족히 걸린다. 더구나 반도체공장은 처음 지어보는 것이다.

이 회장이 무모한 지시를 내린 데는 이유가 있었다. 1983년은 64K D램이 없어서 못 팔 때였다. 이왕 반도체 시장에 진출하기로 한 것인데 호황이 끝나기 전에 진입해야 한다고 판단한 것이다. 모두 불가능하다고 말했지만 이병철에게는 비장의 무기가 있었다. 삼성에는 '동기화(同期化) 전략'이란 것이 있다. 일반 건설공사는 릴레이처럼 한 공정이 끝나면 다음 공정으로 넘어간다. 그러나 삼성은 모든 공정을 동시에 진행한다. 기공식 직후 전쟁이 시작됐다. 1라인과 골조공사가 시작됐다. 전기와 물 공급을 위한 공사도 동시에 들어갔다. 또 다른 승부수는 사람이었다. 미래의 엔지니어로 뽑은 신입사원들 수십 명을 설비 담당으로 차출했다. 그리고 이들을 설비 발주업체로 파견했다.

많은 사람들은 "신입사원들이 뭘 할 수 있겠냐"며 웅성거렸다. 하지만 수개월 후 이병철의 전략은 빛을 발했다. 설비업체 현장에서 제작과정을 처음부터 끝까지 지켜본 이들은 불과 수개월 만에 훌륭한 설비 엔지니어가 됐다. 장비 설치부터 테스트, 응급처치까지 이들에게는 별도의 교육이 필요 없었다. 최소한 수개월은 단축한 프로그램이었다.

삼성인들이 만들어 낸 기적은 여기서 그치지 않았다. 자갈길 통과가 불가능한 특수장비를 들여오기 위해 불과 반나절 만에 4km에 이르는 포장도로를 만들었다. 안정된 전기를 공급받기 위해서 기흥공장만을 위한 철탑도 세웠다. 물 문제는 수원공장의 물을 파이프로 끌어오는 것으로 해결했다. 이 모든 일들을 동시에 진행했다. 감히 쳐다볼 수 없을 것 같았던 일본의 거함들을 하나하나 침몰시킨 삼성반도체호의 신화는 이렇게 시작됐다."(한경. 수십 년간 삼성전자의 별칭은 '빠른 추격자(fast follower)'였다. 2011. 1. 2.)

[사례 문제 3-1] **이병철 회장의 성격적 특성을 세 가지로 요약해 보자.**

사 례 3-2 **이지경 상무의 성격**

미국 다국적기업 한국 지사 H기업은 IMF를 겪은 '97년 이후 급격한 매출 감소와 수입 원재료 값의 상승으로 이윤이 줄어 대폭적인 인원감축을 해야 했다.

한국 내 판매를 목적으로 설립한 H기업은 생산라인이 기계화되어 있어 100명 내외의 생산팀 근로자 대부분이 고령이고 사무직 또한 장기 근무자들이다. 한 가정의 가장인 장기 근로자들 대부분이 노조원이기 때문에 회사의 인원 감축에 대해 거세게 반발하여 장기 파업에 돌입했다.

H기업 내에 영어가 통하는 사람이 몇 안 되는 상황에서 미국인 지사장(支社長)은 언어소통이 가능한 이지경 상무(43세)를 통해 회사 내의 많은 정보를 얻는 편이다. 이렇게 형성된 신뢰로 지사장은 이번 파업에 대해 회사 측의 정책을 대변코자 이지경 상무를 CFO겸 노조책임관리직으로 임명하였다.

이러한 중책을 맡게 된 이지경 상무에게 직원들은 그가 회사설립부터 지금까지 12년 동안 근무했기 때문에 직원들 편에 서서 지사장과 자신들의 가교 역할을 해주기를 기대했다. 그 역시 직원들의 바람을 수용하여 지사장에게 임금을 동결하고 상여금 200%를 반납하는 대신 근로자들의 해고를 감면해 주는 조건을 제시하여 승낙을 받아냈다.

이렇게 노사합의가 성사되어 직원들 전원이 200% 상여금을 반납하고 대량 해고를 면하게 되었던 반면, 싱가포르 동아시아 지역 본사에서는 전년도 대비 실적에서 우수한 성과를 냈다며 이지경 상무에게 인센티브로 미국 본사의 스톡옵션을 주었다. 이사급 이상의 직위를 가진 임원들은 외국 본사의 성과급제도를 적용시킨다.

그러나 최근에 이지경 상무를 시기하는 사람들이, 자세한 내용도 모른 체, 이지경 상무가 직원들의 상여금을 가로채 자신의 사리사욕을 챙기기 급급했다는 괴소문을 퍼뜨렸고, 이러한 얘기가 입소문으로 전 사원들에게 퍼지게 되었다. 급기야 노조에서는 이지경 상무를 몰아내자는 대자보까지 나오기 시작하였다.

대자보의 내용인 즉 "미국인 CEO와 결탁해 우리의 피와 땀으로 얻어 낸

상여금을 해고라는 명분하에 가로채서 자신과 CEO의 몫으로 가져갔으며……, 이지경 상무는 껍데기만 한국인이지 안의 내용은 미국 놈이다. 이지경 상무는 한국인을 배신하고 간신배처럼 미국 사장과 놀아났고 이는 매국노 이완용과 다름없다…….”

이 내용을 본 이지경 상무는 너무 허탈해 했다. 근로자 편에서 솔직하게 직원들의 입장을 대변하고 같은 편이라고 생각했는데 하루아침에 자신을 적으로 만든 이들을 당장에 찾아가 나무라고 싶었지만 그에 앞서 대자보에 대한 반박문을 작성하여 사실 규명에 나섰다. 하지만 직원들은 그 말들을 믿으려 하지 않았으며 노조 측은 이지경 상무에 대한 인격적인 비판을 하였고 이지경 상무는 급기야 우울증 증상까지 보여 정신과 치료를 받아야만 했다.

지금까지 보아온 이지경 상무는 어떠한 사람인가?

이지경 상무는 처음 입사 당시부터 구매와 재무 담당을 해왔다. 성격상 매사 꼼꼼하고 일 처리에 있어 철저하며 자신만의 일 방식과 체계를 수립하였으며 입사 때부터 지금 상무라는 위치에 이르기까지 항상 밤 10시까지 일을 하고 집에 들어갈 정도로 일에 대해 열정을 가지고 있었다. 이렇게 일에 열정을 갖다 보니 성과도 남들보다 높았고 거기에 따른 승진도 동료들보다 빨랐다. 이지경 씨가 상무라는 직책을 맡게 되던 해 나이가 38세.

이지경 씨가 이렇게 젊은 나이에 상무라는 직위에 오르게 된 결정적인 사건이 있었다. 당시 재무 담당으로 근무하는 이지경 씨의 바로 윗 상사는 H기업의 재무를 총괄적으로 담당하는 상무였다. H기업은 통상적으로 현금보다는 주로 어음 결재에 의존하고 있었다. 그러던 어느 날 130억이라는 어음 만기가 바로 다음 날로 임박한 것을 발견했다. 하지만 방만한 상사는 노력을 해보지도 않고 회사가 회생 불능이라고 단념하고 다른 직장을 알아보려는 눈치였다. 누구보다도 회사의 재무상태를 잘 아는 이지경 씨는 회생 가능한 방법으로 지금의 한국 지사가 고질적인 적자가 아닌 일시적인 자금 압박이라고 설명하고 재무분석 자료를 싱가포르 지역 본사에 보내어 자금 지원요청을 하였다.

그리고 새벽까지 연락이 오기를 기다리며 팩스만 보고 있었다. 어음 만기

11시까지 불과 몇 시간 남지 않은 상태였다. 새벽 4시 본사에서 은행 업무 시작 즉시 지원금을 보낸다는 승인이 팩스로 왔다. 이지경 씨로 인해 회생한 한국 지사는 그 후에 계속적인 흑자로 인해 본사에서 빌린 지원금과 이자까지 다 갚았다. 싱가포르 본사의 CEO 측이 이지경 씨의 이러한 뛰어난 업무 능력을 인정하여 기존의 상사를 퇴직시키고 젊은 나이에 이지경 씨를 상무로 진급시켰다.

상무로 승진한 이지경 씨는 자신만의 서류 양식과 시스템을 구축하고 미국식 경영을 도입하였다. 하지만 그 과정에서 여타 부서와 마찰이 빚어지기 시작하였다. 부서와 부서 간의 업무연계가 잘 이루어지지 않은 것이다. 이유는, 임원진 급의 평균 나이에 비해 이지경 상무는 너무 어렸고 고령의 임원진들은 단지 일에 욕심을 갖는 것이 아니라 적당히 지내고 퇴직금이나 받자는 '보신주의' 성향을 띠고 있었기 때문이다.

오랜 기간 재무를 맡아온 이지경 상무는 성격상 꼼꼼하고 철저하게 하는 편이라 다른 부서와 마찰이 많았다. 한 임원은 이지경 상무에게 "물이 너무 맑으면 고기가 살 수 없다"라는 말을 하기도 했다. 현재 고령 임원들은 대거 명퇴를 당했고 헤드헌팅으로 젊고 능력 있는 인력이 재배치되어 원활한 업무를 수행하고 있다.

이지경 상무의 하급자 관리는?

상무가 되어서도 밤 10시까지 근무하는 이지경 상무는 회사의 발전을 위해 열심히 하지만, 부하 직원이 보기에는 불편한 상대로만 보여지고 있었다. 항상 상사보다 퇴근을 먼저 해야 한다는 죄책감 때문인지 모르겠지만, 나중에는 일만 하는 기계라는 소리까지 듣게 되었다.

이지경 상무는 과거 대학시절에 술을 좋아했지만 몸 상태가 좋지 않아 지금은 소주잔에 맥주를 한잔 정도밖에 마시지 못하는 사람이다. 그래서 직원들 회식이나 술자리를 겸한 사적 모임에는 빠지는 편이다. 설사 참석을 한다 해도 직원들끼리 술을 마시며 긴장과 업무 스트레스를 푸는 자리임에도 불구하고, 부하들은 정작 이지경 상무에게는 쉽게 마음을 열고 대화를 하려하지 않는다 한마디로 부하들에게 마음을 열고 대화할 기회가 없는 인간미 없는 사람으로 느껴질 뿐이었다.

또한 이지경 상무는 자신만의 업무 스타일 때문에 대부분의 직원들이 그의 업무 스타일에 맞추어 나가는 것을 힘들어한다. 그는 또한 자신이 가진 정보를 공유하지 않으며 수직적인 명령 하달식 방법으로 업무를 지시한다. 그로 인해 직원들은 이 상무가 무슨 일을 하고 있는지 전혀 알지 못하는 실정이다.

부하들을 배려해야겠다는 생각은 마음으로 가지고 있지만, 행동이나 말을 하기 시작하면 너무 직설적이고 권위적으로 얘기하는 편이다. 예를 들어 부하 중에 입사 동기가 있는데 업무 중에 컴퓨터 오락을 하다 걸렸다. 이지경 상무는 다른 직원이 보는 앞에서 무릎을 꿇게 했고 언성을 높여 야단을 쳤다.

이지경 상무 자신도 순간 이렇게 벌을 줘서는 안 된다는 생각이 들지만 자기도 모르게 그렇게 행동하게 되었다고 한다. 평상시 근무에서도 이 상무의 방은 항상 문이 닫혀 있는 상태로 방안에서 자기 일에만 열중하는 편이다.

이 상무는 오히려 집에서는 다정한 가장으로 통한다. 회사의 고민을 아내에게 얘기하고 자녀들과 여행도 다녀오고, 혹시 자식이 잘못된 행동을 해도 나무라지 않고 묵묵히 보고만 있는 가장이다. 하지만 회사로 돌아오면 자신의 직원들이 하는 일이 마음에 들지 않다고 생각할 때는 즉시 과격한 행동과 험한 말이 나온다.

[사례 문제 3-2] 이지경 상무의 성격과 감정상태를 본 장에서 배운 내용을 참고하여 분석해 보자.

나의 조직행동 진단 3-1

나의 EQ 알아보기

■ 다음 각 항에 대하여 당신이 얼마나 잘할 수 있는 능력을 가지고 있는지를 평가해 보자. 응답하기 전에 실제 상황을 생각하고 정확히 답해 보자.

〈응답양식〉

1	2	3	4	5
별로 잘 못한다		보통이다		매우 잘한다

항 목	1	2	3	4	5
1. 신체적 이상을 감정으로 표현하는 것					
2. 압박을 받는 상황에서도 태연하게 행동하는 것					
3. 나의 행동이 다른 사람들에게 미치는 영향을 아는 것					
4. 다른 사람과의 갈등에 대한 성공적 해결책을 제시하는 것					
5. 화날 때 금방 가라앉히기					
6. 화가 나려 할 때, 그것을 아는 것					
7. 다른 사람들이 심한 스트레스하에 있을 때 알아채는 것					
8. 다른 사람들과 의견의 일치를 이루는 것					
9. 내가 지금 어떤 감각을 사용하고 있는지를 아는 것					
10. 재미없는 일을 할 때 동기를 유발시키는 것					
11. 다른 사람들이 감정을 통제하도록 돕는 것					
12. 다른 사람들을 기분 좋게 만드는 것					
13. 내가 기분이 바뀌는 순간을 알아채는 것					
14. 내가 다른 사람들의 분노의 표적이 될 때 침착함 유지하기					
15. 다른 사람에게 동정심을 표현하기					
16. 필요할 때 다른 사람에게 충고와 감정적 지원 제공하기					
17. 내가 자기방어적일 때, 그것을 아는 것					
18. 말한 것을 실행하는 것					
19. 다른 사람들과 친밀한 대화를 나누는 것					
20. 다른 사람에 대한 느낌을 그 사람에게 정확히 전달하는 것					

[해 석]

▣ 20개 항목의 응답점수들을 다 합한다. 합한 점수(내 점수) 결과 판단법.

〔내 점수 ≧ 80〕 → 〔고 EQ〕〔감성지능이 높은 사람〕

〔50 ≦ 내 점수 < 80〕 → 〔중 EQ〕〔감성적 리더십 발휘의 기초는 되어 있는 사람〕

〔내 점수 < 50〕 → 〔하 EQ〕〔감성지능 개발이 필요한 사람〕

나의 조직행동 진단 3-2

A/B형 성격 진단

▣ 다음은 성격유형 A/B를 알아보기 위한 설문이다. 각 항목에 대해 당신의 행동을 잘 묘사하고 있는 정도를 표시하시오.

1. 약속에 늦을 수 있다	1 2 3 4 5 6 7 8	결코 늦어서는 안 된다
2. 경쟁적이지 않다	1 2 3 4 5 6 7 8	매우 경쟁적이다
3. 서두르지 않는다	1 2 3 4 5 6 7 8	항상 바쁘다
4. 한번에 한 가지씩 일을 한다	1 2 3 4 5 6 7 8	한꺼번에 많은 일들을 한다
5. 모든 일을 천천히 한다	1 2 3 4 5 6 7 8	빠르다(식사, 걸음걸이 등)
6. 감정을 느긋하게 표현한다	1 2 3 4 5 6 7 8	감정을 격정적으로 표출한다
7. 많은 것에 관심을 가진다	1 2 3 4 5 6 7 8	일 이외에는 관심사가 없다

[해 석]

▣ 7가지 질문에 표시한 수의 합에 3을 곱한다. 아래 분류에 따라 자신의 유형을 평가한다.

점 수	성격 유형
120점 이상	A+
106~119	A
100~105	A−
90~99	B+
90점 이하	B

자료: Bortner, R. W. 1969. Short rating scale as a potential measure of pattern a behavior, *Journal of Chronic Diseases*, pp.87-91.

제 4 장

욕구중심 동기부여이론들

본 장의 요점

* 욕구중심의 동기부여이론에 속하는 욕구 5단계이론, ERG이론, 성취동기이론, 2요인이론, 직무특성이론 등을 학습한다.
* 다양한 욕구유형들을 학습한다.
* 개인 욕구들이 어떻게 나타나며 조직행동에 어떤 영향을 미치는지를 배운다.
* 욕구중심이론들이 경영에 주는 의미를 이해한다.

동기부여란 무엇인가

욕구중심 동기부여이론들

제4장 주목받는 경영자

픽사(Pixar) 공동 창업자 애드윈 캣멀(Edwin Catmull)

* 애드윈 캣멀은 픽사의 공동 창립자이자 디즈니 애니메이션 스튜디오의 사장을 역임했던 사람으로 창의성, 개방성, 팀워크를 강조하는 경영 스타일로 잘 알려져 있다.

* 실패를 용인하는 문화
  ▶ "안전한 환경에서만이 혁신이 가능하다. 실패를 두려워하지 않도록 만들어야 한다." 토이스토리2 제작과정에서 여러 차례의 수정으로 프로젝트가 지연되고 손실이 증가하고 있었으나, 실패를 용인하는 문화를 통해 프로젝트 멤버들이 새로운 것에 도전하고 시도할 수 있는 기회를 마련해 주어서 결국 대성공을 거두었다.

* 개방적 피드백
  ▶ 픽사의 브레인트러스트(Braintrust)회의는 경영진과 감독들이 한자리에 모여 프로젝트에 대해 자유롭게 토의하고 피드백을 주고받는 제도이다. 모두가 비판을 두려워하지 않고 아이디어를 이야기할 수 있다.

* 사람과 팀워크에 대한 의견
  ▶ 캣멀은 좋은 아이디어가 있어도 나쁜 팀에서는 실패하지만, 훌륭한 팀은 나쁜 아이디어도 성공으로 이끈다고 말한다. 그는 아이디어의 우수성보다 그것을 실행에 옮기는 팀워크와 실행력을 강조한다.
  ▶ 디즈니와의 합병 당시 캣멀은 픽사 직원들이 픽사의 도전적인 문화를 잃지 않도록 노력하고 직원들의 신분을 보호했고, 디즈니 내에서도 독립적이고 창의적인 문화를 유지하는 데에 기여하였다.

✣ 〈문제 4〉 **직원들은 어떤 경우에 개인보다 팀워크를 중시하는 욕구를 가지게 되는지 생각해 보자.**

동기부여란 무엇인가

동기부여의 영어에 해당하는 모티베이션(motivation)의 어원은 라틴어의 "movere"이며 이것은 "to move"라는 뜻이다. 한국어로는 동기부여, 동기유발, 동기화 또는 모티베이션 등의 어휘로 표현된다.

동기부여이론들은 내용이론과 과정이론으로 대별된다. 내용이론은 주로 개인이 내면에 갖고 있는 욕구를 동기의 원천으로 보는 이론들이고, 과정이론은 개인과 환경의 교류과정에 초점을 두어 개인의 동기를 설명하는 이론들이다. 제4장에서는 내용이론들을 다루고, 5장에서는 과정이론들을 다룬다.

욕구중심의 동기부여이론들

매슬로의 욕구단계이론

욕구 5단계

욕구단계이론은 1943년, 임상심리학자 매슬로(Abraham Maslow)가 발표한 이론이다. 이 이론은 욕구를 〔그림 4-1〕과 같이 다섯 가지로 나누고 생리적 욕구 → 안전욕구 → 소속욕구 → 자존욕구 → 자아실현욕구 등의 순서대로 나타난다고 주장하였다.

욕구는 어떻게 작용하는가

매슬로의 욕구 5단계이론은 다음의 원칙들에 의하여 작동된다.

① 다섯 가지 욕구가 저차원에서 고차원으로 순서대로 나타나기 때문에 한 단계를 건너뛰어 그 위의 욕구가 나타나는 경우(예, 안전욕구에서 소속욕구를 뛰어넘어 자존욕구가 발현되는 식)는 없다. 또한 어느 한순간 개인의 의식을 지배하는 욕구는 하나다.

그림 4-1
매슬로의
욕구 5단계

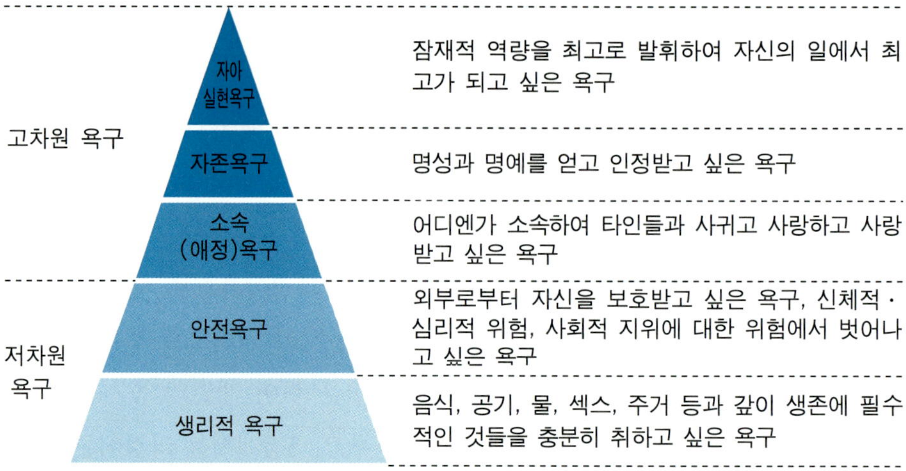

② 욕구의 출현과 소멸은「결핍 – 지배 – 충족 – 새로운 욕구 출현」의 과정을 거쳐 자아실현욕구가 출현될 때까지 계속된다. 이것을「결핍–지배의 원리」와「충족–출현의 원리」라고 한다. 즉 순서에 의해 어떤 특정 욕구가 결핍되어 있으면 그 욕구가 개인의 의식을 지배하고 아래 단계 욕구가 충족되어야 다음 단계 욕구가 출현한다는 원리이다.

③ 자아실현욕구를 제외하고 개인의 행동에 동기를 부여하는 것은 결핍이다. 자아실현욕구는 다른 욕구와는 달리 충족되면 될수록 욕구의 크기가 더 커진다.

④ 생리적 욕구와 안전욕구는 먹고사는 문제에 관련된 저차원 욕구이고, 소속욕구, 자존욕구, 자아실현욕구는 개인의 성장, 발전에 관련된 고차원 욕구에 해당한다.

조직경영에 주는 의미

매슬로의 욕구단계이론은 조직경영에 대하여 분명한 메시지를 보내고 있다.

첫째, 개인의 행동을 규정함에 있어 결핍욕구뿐 아니라 성장욕구의 중요성을 강조함으로써 조직경영에 새로운 의미를 더하였다.

디지털시대의 조직원들은 자신의 존재를 발전시키는 성장의 문제에 큰 관심을 보인다. 따라서 조직경영에 있어 자존욕구나 자아실현욕구와 같은 성장욕구를 충족시킬 수 있는 방향으로 동기를 부여해야 할 것이다. 예를 들어, 조직원들이 직무수행을 통하여 다양성, 자율성, 책임감 등을 더 많이 경험할 수 있도록 해야 한다. 참여경영이나 피드백 제도를 좀 더 적극적으로 활용하는 것도 바람직하다. 또한, 조직원들이 자율성과 책임의식을 갖도록 하기 위해서 직무를 재구성(job redesign)할 필요도 있다.

둘째, 상황변화에 따라 새로이 출현하는 욕구에 유의해야 한다. 예컨대 경영상태가 악화되어 감원을 해야 하는 경우, 남아있는 조직원들에게 가장 지배적으로 나타날 수 있는 욕구는 안전욕구일 것이다. 이때 경영자는 하루속히 조직원들에게 안전에 대한 불확실성을 제거해 주어 상위욕구가 그들의 심리를 지배할 수 있도록 해야 한다. 고차원 욕구는 개인 내적 요인에 의해 충족되지만 저차원 욕구는 임금이나 고용안정 등 외적 요인에 의해서 충족되므로 불확실성 제거는 더욱 중요하다.

한편, 욕구단계이론은 미국의 개인주의 문화를 전제로 구축되고 검증된 이론이다. 한국과 같은 집단주의 문화권에서도 똑같은 논리가 성립될지는 불분명하다. 한 연구에 따르면, 불확실성 회피성향이 강한 일본이나 그리스 같은 문화에서는 안전욕구가 더 중요시되며, 집단주의 성향이 강한 한국, 일본, 중국 등에서는 성장욕구보다 소속욕구가 더 우선시되는 것으로 밝혀지기도 하였다.[1)]

연구 결과에 따르면, 인간의 욕구가 다섯 가지이며 계층을 이루고 있다는 증거가 없고 결핍정도가 클수록 욕구강도가 강해진다는 결핍-지배 가설은 저차원 욕구에 대해서만 성립하는 것으로 나타났다.

알더퍼의 ERG이론

ERG의 개념

매슬로의 욕구단계이론이 가진 한계점을 극복하기 위해서 알더퍼(Clayton Alderfer)는 1969년에 ERG이론을 발표하였다.[2)]

ERG에서 E는 Existence의 머리글자이며 **"존재욕구"**를 뜻한다. 생리적 욕구나 안전욕구와 같이 존재와 관련된 욕구이다. 또한 여기에는 급여, 부가급, 육체적 작업에 대한 욕구, 그리고 물질적 욕구가 포함된다.

R은 Relatedness의 앞 글자로서 **"관계욕구"**이다. 이것은 개인이 주변 사람들(상사, 동료, 하급자, 친구, 가족 등)과 좋은 인간관계를 형성하고 싶어하는 욕구이다. 생각이나 감정을 주변 사람들과 공유하게 될 때 관계욕구가 충족된다. 욕구단계이론에서 소속욕구와 자존욕구 등 대인관계를 통해서만 충족될 수 있는 욕구들이 이에 해당한다.

G는 Growth의 첫 글자이며 **"성장욕구"**이다. 매슬로의 자존욕구와 자아실현욕구를 포함하는 것으로서 개인의 잠재력 개발과 관련되는 욕구이다. 인간으로서 성장하고 자신의 능력을 잠재적 한계까지 발휘해 보고 싶은 욕구를 뜻한다. 능력개발뿐 아니라, 자율, 성취욕구 등도 성장욕구에 포함된다.

ERG이론은 매슬로의 욕구단계이론과 공통점도 있으나 적어도 다음의 세 가지 측면에서 차이를 보인다.

① 욕구의 분류체계가 다섯 가지가 아니라 세 가지로 되어있어 개념 자체가 매슬로의 이론보다 더 포괄적이다.

② ERG이론에서는 개인이 세 가지 욕구를 동시에 다 경험할 수 있다고 주장한다. 욕구들 간의 계층구조가 매슬로 이론에서보다 약하다.

③ 매슬로 이론에서와는 달리 ERG이론에서는 상위욕구가 계속되는 시도에도 충족되지 않고 좌절되면 다시 하위욕구가 나타난다고 보고 있다. 즉, 매슬로 이론에서는 욕구 출현의 진행방향이 상향(上向) 일변도였지만, ERG이론에서는 상향 또는 하향으로 진행된다.

ERG 욕구는 어떻게 나타나는가

ERG이론이 작동하는 기본원칙은 충족-진행의 원리와 좌절-퇴행의 원리이다. 이를 〔그림 4-2〕를 통해서 구체적으로 살펴보자.

그림에 나타났듯이 ERG이론은 일곱 가지 원리에 의해서 작동된다. 각각의 원리에 편의상 번호를 붙였다. 〔원리 1〕은 존재욕구가 충족되지 않았을 때 존재욕구의 강도가 커지는 경우이다. 예를 들어, 돈이 떨어졌을 때 돈을 더 필요로 하는 것과 같다. 존재욕구가 동기를 유발하게 되는 또 다른 경우인 〔원리 2〕는 한 개인이 계속되는 시도에도 불구하고 상위욕구인 관계욕구를 충족시키지 못하고 좌절하게 되면 하위욕구인 존재욕구가 더 강하게 나타난다는 원리이다. 예를 들어, 직장에서 일의 특성상 원만한 대인관계의 기회가 차단됐을 때 조직원들이 더 높은 보수나 혜택을 요구하게 되는 경우가 이에 해당될 수 있다.

〔원리 3〕은 매슬로의 이론에서와 비슷한 것으로 존재욕구가 만족됐을 때 관계욕구가 지배하게 되는 것이다. 직장에서 급여나 혜택을 많이 받는 사람들이 서로 어울리기를 좋아하는 현상은 이 원리를 가지고 설명할 수 있다. 관계욕구가 발동되는 또 다른 예는 개인의 성장욕구가 충족되지 않는 경우이다(〔원

그림 4-2
ERG이론의
작동원리

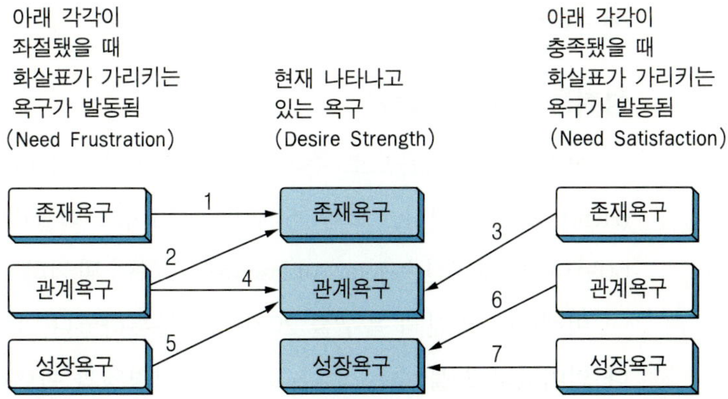

자료: Kreitner, R. & Kinicki, A. 1989. *Organizational Behavior*. Homewood, IL: Irwin

리 5]).

마지막으로 관계욕구([원리 6])나 성장욕구([원리 7])가 충족됨으로써 성장을 위한 욕구가 증가하게 되는 경우가 있다.

조직경영에 주는 의미

ERG이론이 조직경영에 주는 가장 큰 시사점은 좌절-퇴행의 가설에 있다. 매슬로의 이론에서도 성장욕구나 고차원 욕구의 중요성이 강조되기는 했지만, ERG이론에서와 같이 그러한 욕구의 좌절이 가져오는 경영적 의미를 구체적으로 부각시키지는 못하였다.

좌절-퇴행 가설에 따르면, 관계욕구나 성장욕구가 좌절되었을 때 그 하위 단계의 욕구가 더 강해진다. 예를 들어, 관계욕구가 좌절되면 존재욕구인 금전적 보상을 더 많이 요구할 수 있다. 따라서 경영자가 조직원의 고차원 욕구를 충족시켜야 하는 것은 동기부여를 위해서만이 아니라 직 · 간접 비용을 절감한다는 차원에서도 중요하다. 조직원들이 성장을 원하는데 조직이 그것을 적절히 충족시키지 못하면, 하위욕구가 더 크게 나타나 다른 측면에서 그만한 비용을 치르게 된다. 물론 어느 정도 오래, 그리고 깊이 좌절해야 퇴행하게 되는가는 개인의 인내심이나 성격, 또는 대안의 존재 여부에 따라 달라진다.

맥클리랜드의 성취동기이론

성취동기란 무엇인가

성취동기에 처음으로 주의를 기울인 학자는 1930~1940년대 헨리 머레이(Henry Murray)였다. 그 후 50년대 데이비드 맥클리랜드(David McClelland)와 60년대 존 애트킨슨(John Atkinson)에 의하여 발전하게 되었다.[3)]

머레이는 인간의 욕구를 20가지로 분류하였다. 물론 이들 20가지 욕구들이 다 의미있다고 볼 수는 없다. 특히, 조직경영과 관련하여 중요시될 수 있는 욕구들은 성취욕구(Need for Achievement: N Ach), 친화욕구(Need for Affiliation:

그림 4-3
성취동기 이론의 4대 욕구

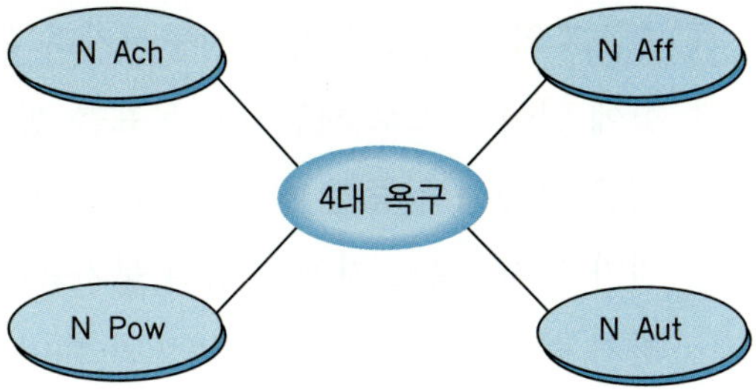

N Aff), 권력욕구(Need for Power: N Pow), 자율욕구(Need for Autonomy: N Aut) 등 네 가지라고 볼 수 있다(여기서는 욕구와 동기를 혼용한다).

성취동기이론의 핵심 명제: "욕구는 학습된다"

성취동기이론에서 가장 핵심적인 사항은 문화공동체에 의해 "욕구가 학습된다"는 전제이다. 각 욕구에 대한 개인의 욕구수준은 성장 초기(어릴 때)의 사회화 과정에서 가정교육이나 남과 어울리는 공동생활을 통하여 학습된다. 학습과정은 강화이론으로 설명하고 있다. 강화이론은 보상받는 행위는 학습, 반복되고 그렇지 않은 행위는 소멸된다는 이론이다. 학습된 욕구는 평상시에는 잠재해 있다가 주변 상황이 적합하면 표면에 드러나 개인의 의식과 행동을 지배하면서 동기를 유발하게 된다.

성취욕구

성취욕구란 어려운 일을 달성하려는 욕구, 장애를 극복하고 높은 목표를 달성하려는 욕구, 어떤 물건이나 인간 · 사상 등을 철저히 이해하고 조작할 때 독립적으로 보다 빨리 하고 싶은 욕구, 다른 사람들과의 경쟁에서 이기고 싶은 욕구, 그리고 능력을 유감없이 발휘하여 자신의 가치를 높이려는 욕구 등을 포함한다.

여러 욕구들 중에서도 특히 성취욕구에 대해서 가장 많은 연구가 이루어졌

다. 성취욕구가 높은 사람의 경우 다음과 같은 특징을 갖는다.:

① 스스로의 노력으로 일을 성공시키려 한다. 문제를 해결하거나 일을 추진함에 있어 스스로 책임지고 목표를 성취하려는 자세를 갖는다.

② 성공 가능성이 중간 정도일 때(즉 성공확률=0.5일 때) 가장 동기유발 효과가 크다. 목표 자체가 성취 불가능하면(즉, 성공 가능성이 낮으면) 포기하기 쉽고 너무 가능성이 높으면 흥미를 잃게 된다.

③ 목표를 달성함에 있어 과정 또는 결과에 대한 피드백을 원한다. 성취동기가 높은 사람들은 자신의 성취 과정과 결과에 대하여 확인하려 하며 이것이 피드백 요구로 이어진다.

친화욕구와 자율욕구

친화욕구란 다른 사람이 자신을 한 인간으로서 받아들여 주기를 바라는 욕구이다. 따라서 친화욕구가 강한 사람은 ① 다른 사람의 감정을 상하지 않게 하려고 매우 주의하며, ② 친화하고 싶은 사람들이 만들어 놓은 규범이나 기대에 부응하려는 성향이 있고, ③ 다른 사람들로부터 인정받기 위해서 많은 노력을 기울인다.

친화욕구가 강한 사람은 상호 협조적이고 우호적인 조건하에서 열심히 일하는 성향이 있으며, 평가차원이 아니라 지원차원에서 피드백을 제공해 줄 때 성과가 높아진다고 한다. 따라서 친화욕구가 강한 사람에게 동기를 부여하려면 상호 협조적이고 성과에 대해서 인정(approval)해 주는 분위기를 조성해야 할 것이다.[4)]

자율욕구는 어떤 제약으로부터 자유롭고 독립적이고 싶은 욕구이다. 자율욕구가 강한 사람은 독립적으로, 자신의 통제하에 일하고 싶어 하며 지나친 규칙이나 규정을 싫어한다. 자율욕구가 강한 사람은 의사결정에 참여하는 것을 중시하며 다른 사람들의 압력을 견디는 힘이 강하고 조직목표보다는 자신의 목표와 처지를 더 중시하는 경향이 있다.[5)]

권력욕구

자율욕구가 다른 사람들로부터 자유롭고 싶은 욕구라고 한다면 권력욕구는 다른 사람들을 지배하고 리드하고 통제하고 싶은 욕구이다.

권력욕구(또는 권력동기)는 여러 가지 측면에서 개인의 행동에 영향을 미치며 개인에 따라 다양한 방법으로 표현되는데 그중 하나가 경영 또는 관리행위라는 것이다. 이러한 관점에서 맥클리랜드는 권력욕구의 발달과정을 네 가지 단계로 나누어 설명하고 있다([그림 4-4] 참조).

권력동기의 제1단계에서는 다른 사람들과의 관계를 활용하여 힘을 축적하는 단계이다. 이 단계에서는 힘 있는 사람과 밀접한 관계를 설정함으로써 권력욕구를 충족시키려 한다. 제2단계에서는 힘의 원천이 자기 자신이 된다. 자신이 한 일로부터 자기 존재에 대한 자부심이 생기며 이것이 권력동기의 원천이 된다. 이 단계는 특히 다른 사람들에게 영향력을 행사하지 않더라도 욕구 충족이 가능한 단계이다. 제3단계에서 개인은 권력욕구를 충족시키기 위하여 경쟁에서 이김으로써 다른 사람들을 지배하려 하고 영향력을 행사하려 한다. 이 단계는 다른 사람을 돕는 행위도 포함한다. 제4단계는 기업의 성공과 같은 좀 더 커다란 목적을 위해서 다른 사람들에게 영향력을 행사함으로써 더 큰 권력감(feeling of power)을 맛보고 싶어 하는 경우인데, 가장 고차원적인 단계이다.[6]

또한 맥클리랜드는 권력을 개인중심적 권력(personalized power; 또는 개인화된 권력)과 집단중심적 권력(socialized power; 또는 사회화된 권력)으로 나누어 설명하고 있는데, **개인중심적 권력**이 강한 사람은 봉건시대 군주와 유사하며 하급자들이 조직에보다는 자신에게 복종할 것을 강요한다. 그러나 **집단중심적**

그림 4-4
권력동기의 4단계

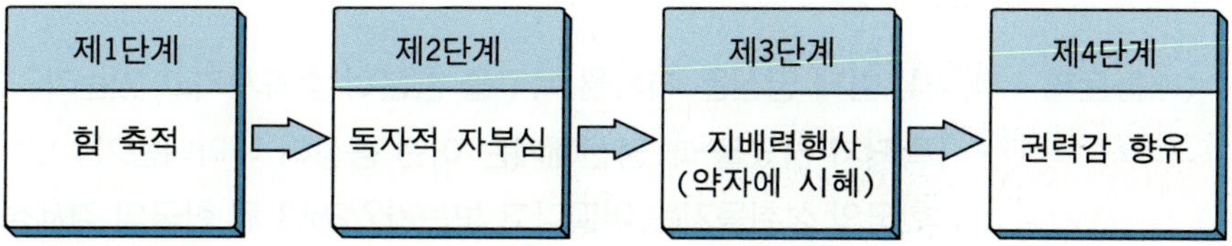

권력욕구의 경우는 집단이나 조직의 목표를 달성하는 문제에 보다 큰 관심을 두며 구성원들을 참여시켜 목표를 세우게 하고 그것을 성취할 수 있는 수단을 마련해 준다든가 그들에게 성취할 수 있는 능력에 대한 확신을 심어주는 등의 활동을 통해서 권력욕구를 충족시킨다. 따라서 집단중심적 권력욕구는 이타적

매듭 4-1 **'나의 욕구', '우리의 욕구'**

(1) 매슬로는 욕구 5단계설을 주장하면서 저차원 욕구가 고차원 욕구보다 더 강력하다고 주장하였다. 또한, 저차원 욕구가 제대로 충족되지 않으면 정신장애나 우울증과 같은 정신건강에도 문제가 생긴다고도 하였다.[7]

(2) 하버드 경영대학의 맥클리랜드 교수는 매슬로의 욕구단계설과는 달리'욕구는 성장과정에서 학습된다'라고 주장하였다. 그에 따르면, "성취동기가 높은 사회는 열정적인 기업가들을 많이 산출하고, 그들이 결과적으로 그 사회의 높은 경제성장을 만들어낸다"라고 하면서 한 사회의 성취동기가 경제발전의 원동력임을 밝혔다.[8] 이 가설을 입증하기 위해서, 그는 1차 1920~1929년, 2차 1946~1955년에 걸쳐 각각 23개국과 40개 국가로부터 초등학교 2학년~4학년(만 8~10세) 어린이들이 배우는 교과서를 수집하여 각 교과서로부터 무작위로 21개씩의 스토리를 뽑아(총 1,300개 이상의 스토리) 출처를 모르게 한 후 전문가들에게 그 내용을 분석하도록 하여 국가별 성취동기 수준을 측정하였다. 스토리에 '적극적인 주인공이 성공을 이뤄낸다'는 내용이 많으면 성취동기가 높은 국가이고, '실패와 빈곤 스토리'가 많은 국가는 성취동기가 낮은 것으로 보았다. 이렇게 하여 만들어낸 성취동기 데이터를 가지고 25년 뒤 각 국가의 GNP 성장률과 상관관계를 살펴봤는데, 성공 스토리를 많이 가르친 높은 성취동기 국가들은 높은 경제성장률을 자랑한 반면, 빈곤 스토리를 많이 가르친 낮은 성취동기 국가들은 경제성장률이 낮든가 미미했다. 한 국가의 성취동기가 한 세대 뒤 그 국가의 경제성장을 결정한다는 결론을 내렸다.

〈매듭문제 4-1〉 (1) 현재 당신은 저차원 욕구를 충분히 충족시키고 있는가? 저차원 욕구가 충족되지 않았을 때 당신에게는 어떤 증상이 나타나는가? (2) 2010년~2020년 한국의 성취동기는 어떻다고 보는가? 25년 뒤 한국의 경제성장은 어떨까?

이고 자제된 욕구 표현방식이라고 할 수 있다.

조직경영에 주는 의미

첫째, 성취동기가 학습된다는 명제는 조직경영에 있어서 조직원들의 동기 수준을 교육 · 훈련을 통하여 개발할 수 있는 길을 열어 놓았다. 이에 따라 「목표설정 및 피드백 프로그램」과 「자기효능감 증진 프로그램」 등이 개발되었다. 그러나 높은 성취동기나 권력동기를 충족시켜 줄 수 없는 조직상황에서 동기 수준만을 높여 놓는 것도 문제가 될 수 있으므로 교육 · 훈련에 있어 현실을 고려해야 한다.

둘째, 채용, 배치, 이동 등과 같은 인사관리 과정을 운용함에 있어 개인의 욕구를 고려하여 적재적소 배치가 가능하도록 해야 한다. 회사에서 채용을 할 때는 성취동기가 높은 사람을 뽑는 것이 적절할 것이다. 또한 조직에서 영업이나 사내 벤처의 자리에 성취동기가 강한 사람이 적합할 것이다. 자기 사업을 하는 경우에도 성취동기가 큰 영향을 미친다.

셋째, 직무의 내용과 목표를 보다 도전적으로 만들어야 한다. 그러나 직무 수행자의 욕구특성을 먼저 살펴보고 그의 욕구특성에 맞는 직무를 제공함으로써 적합화(match)시키는 것이 바람직하다.

넷째, 협상을 함에 있어서도 상대방의 심리를 지배하고 있는 동기의 유형과 수준을 이해하면 큰 도움이 된다.

허쯔버그의 2-요인이론

동기의 양면성

허쯔버그(Frederick Herzberg)의 **2-요인**(two-factor)이론(또는 동기-위생이론; 위생이론)은 1950년대 말 직무만족, 직무태도, 그리고 직무성과 등에 대한 연구 결과들을 토대로 제시되었다.

허쯔버그는 만족과 불만족을 동일한 개념의 양극으로 보지 않고 두 개의 독

그림 4-5
허쯔버그의
직무만족 개념

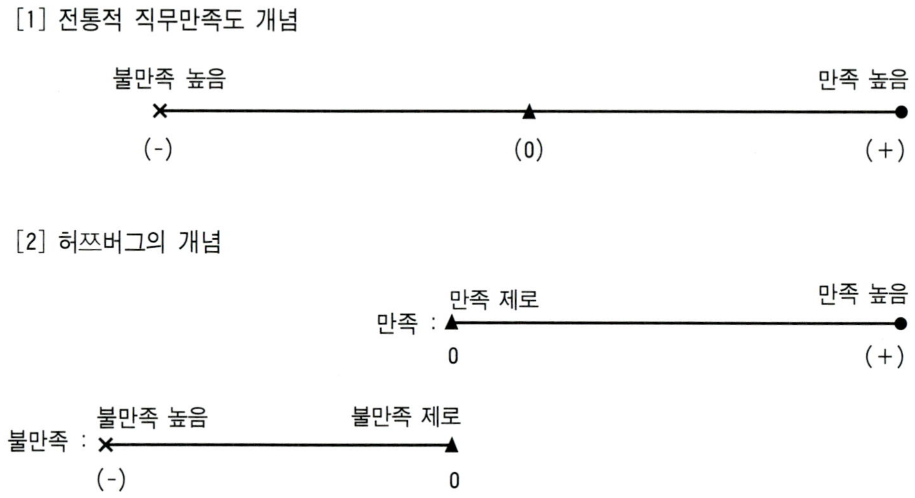

립된 개념으로 보고 있다. 따라서 만족도의 반대는 불만족이 아니라 만족도가 영(zero)인 상태이며 마찬가지로 불만족의 반대도 만족이 아니라 불만족이 영인 상태라는 것이다(〔그림 4-5〕 참조).

그 후의 연구에서 허쯔버그는 직무만족에 영향을 미치는 요인들을 정리하여 **동기요인**(motivators)이라 이름하고 직무 불만족에 영향을 미치는 요인들을 집합적으로 **위생요인**(hygiene factors)이라고 명명함으로써 '2-요인(two-fator)이론'이 탄생하게 된 것이다. 〈표 4-1〉에 동기요인과 위생요인들을 정리하였다.

2요인은 어떻게 구성되는가

〈표 4-1〉에서 볼 수 있듯이, 동기요인들은 주로 직무 자체 또는 개인의 정신적 · 심리적 성장에 관련되는 요인들이며, 위생요인들은 직무 외적인 요인들이다. 즉, 허쯔버그는 직무 자체로부터 얻는 성취감, 안정감 등과 같은 **내재적 만족**이야말로 진정한 만족이고 급여, 작업조건과 같은 직무 외적 요인들은 아무리 높거나 훌륭하더라도 진정한 만족을 줄 수 없다고 보았다.

허쯔버그는 1966년 그의 저서[9]에서 인간의 욕구와 동기에 대하여 성서적

표 4-1
동기요인과 위생요인들

위생요인들	동기요인들
① 급여	① 성취감
② 감시와 감독	② 칭찬이나 인정을 받을 수 있는 기회
③ 회사의 정책과 행정	③ 직무 자체가 주는 흥미
④ 감독자(상사)와의 인간관계	④ 성장 가능성
⑤ 하급자와의 인간관계	⑤ 책임감
⑥ 동료와의 인간관계	⑥ 직무의 도전성
⑦ 작업조건	⑦ 발전성(승진)
⑧ 개인생활 요소들	
⑨ 직위	
⑩ 직장의 안정성	

해석까지 가하고 있다. 즉, 인간은 생존과 관련된 동물적 욕구와 자신의 과업에 관련된 인간적 욕구를 갖는데 전자는 「아담」의 몰락에 기인하는 것으로 볼 수 있고 후자는 「아브라함」과 같이 신의 이미지를 대변하는 것으로 볼 수 있다는 것이다.

대부분의 경우에, 위생요인(동물적 욕구인자)과 동기요인(인간적 욕구인자)이 동시에 개인의 마음을 사로잡을 수 있다. 그러나 허쯔버그는 개인에 따라서는 위생요인이나 동기요인 중 어느 한 요인들이 마음을 지배하는 경우도 있다고 주장한다. 따라서 동기요인들에 지배된 심리구조를 가진 사람들의 경우, 그 동기요인이 결핍됐을 때 불행을 느끼게 되며, 위생요인에 지배된 사람들의 경우에는 위생요인 추구를 지상의 목표로 삼고 투쟁하게 되는데 허쯔버그는 이러한 사람들을 일종의 정신병환자라고 정의하였다.

조직경영에 주는 의미

허쯔버그의 이론이 조직경영에 주는 의미는 위생요인 추구자의 문제, 동기요인 구축문제, 그리고 조직구조 측면의 의미 등 세 가지로 요약될 수 있다.

① 허쯔버그는 급여, 승진 등과 같은 위생요인들을 병적으로 추구하는 조직

원들(hygiene seekers)은 조직경영에 있어서는 암적인 존재라고 했다. 이들은 높은 급여, 좋은 작업조건, 직장의 안정성 등을 확보함으로써 짧은 기간 동안 동기가 유발된 듯이 보이나 머지않아 성과나 실적에 관계없이 계속 더 많은 보상을 요구하게 된다는 것이다. 특히, 조직이 위기에 처해도 이들은 계속 더 많은 보상을 요구하므로, 위기타파를 위한 파트너의 역할을 기대할 수 없다고 보았다.

따라서 허쯔버그는 위생요인 추구현상을 극복하기 위해서 직무확대나 직무충실화 등을 통하여 직무 속에 동기요인을 구축할 것과 조직원들이 위생요인들보다는 동기요인을 추구할 수 있도록 교육과정을 재구성할 것을 제안하고 있다.

② 동기요인들을 직무 속에 구축하는 것은 허쯔버그 이론의 핵심적 요소이다. 즉, 조직원들이 성취감, 인정감, 자극, 책임감, 발전성 등을 체험할 수 있도록 직무를 재구성해야 한다고 주장한다.

③ 허쯔버그는 자기 스스로를 "직무충실화의 창시자(father of enrichment)"라고 부를 만큼 직무충실화에 대한 상표권에 집념을 보였다. 심지어는 직무충실화를 실천하기 위한 여러 가지 프로그램을 만들면서 「**정통**(원조) **직무충실화 기법**」(Orthodox Job Enrichment; OJE)이라는 이름을 붙이기까지 하였다.[10] 그러나 동기인자들만을 직무과정 속에 구성해 넣는다는 허쯔버그의 주장과는 달리 실제에 있어서는 급여, 대인관계 요소들과 같은 위생요인들까지도 동시에 변화시킴으로써 OJE기법의 차별성을 의심케 하고 있다. 〈표 4-2〉에 OJE(이들은

매듭 4-2 **21세기의 2-요인이론**

〈표 4-2〉의 OJE 내용을 보면 1960년대에 만들어진 것임에도 매우 현대적 느낌을 준다. 하지만 아직도 8가지를 다 실행하는 한국 기업은 거의 없다.

〈매듭문제 4-2〉 그 이유는 무엇일까?

표 4-2
OJE의 주요 내용

(1) 조직원들에게 직무성과에 대해서 직접적으로 피드백해 주되 상사가 아닌 다른 사람이 해주어 평가받았다는 기분이 들지 않도록 해야 한다.
(2) 조직 외에 뿐만 아니라 조직 내에도 고객이 존재한다는 사실을 염두에 두고 직무에 임하도록 한다.
(3) 조직원들이 직무를 통하여 뭔가 새롭고 의미 있는 것들을 학습함으로써 정신적으로 성장을 했다는 느낌을 갖도록 한다.
(4) 자신의 일에 대한 작업일정을 스스로 짤 수 있도록 하며 마감 날짜를 신축적으로 운영한다.
(5) 자신의 방식대로 작업을 수행할 수 있도록 하고 시간활용을 작업자에게 맡긴다.
(6) 조직원들이 직접 책임지고 관리할 수 있는 소액 예산을 각 개인에게 할당한다.
(7) 원활한 직무수행을 위해서 조직계층에 관계없이 커뮤니케이션이 이루어질 수 있도록 한다.
(8) 직무수행 결과에 대해서는 담당자가 개인적 책임을 진다.

OJE에서만 사용되는 것은 아니다)의 주요 내용들을 여덟 가지로 요약하였다.

④ 조직구조 측면에서, 허쯔버그는 노사나 인사담당부서를 위생요인 담당부서와 동기요인 담당부서로 양분할 것을 제안하고 있다. 대부분의 조직에서 현재의 상태가 위생요인 관리 위주로 구성되어 있으므로 여기에 동기요인 담당부서를 신설함으로써 소기의 목적을 달성할 수 있다고 보았다.

직무특성이론

직무특성이 동기의 원인이다

직무특성이론의 체계는 〔그림 4-6〕과 같이 요약될 수 있다. 이 이론은 다섯 가지 직무특성과 세 가지 심리상태 변수들, 그리고 네 가지 성과변수들로 구성되어 있다. 또한 개인의 **성장욕구수준**(growth need strength)이 직무특성과 심리상태, 심리상태와 성과 간을 조절해주는 변수(moderator)로 작용하고 있다.

그림 4-6
직무특성이론 모델

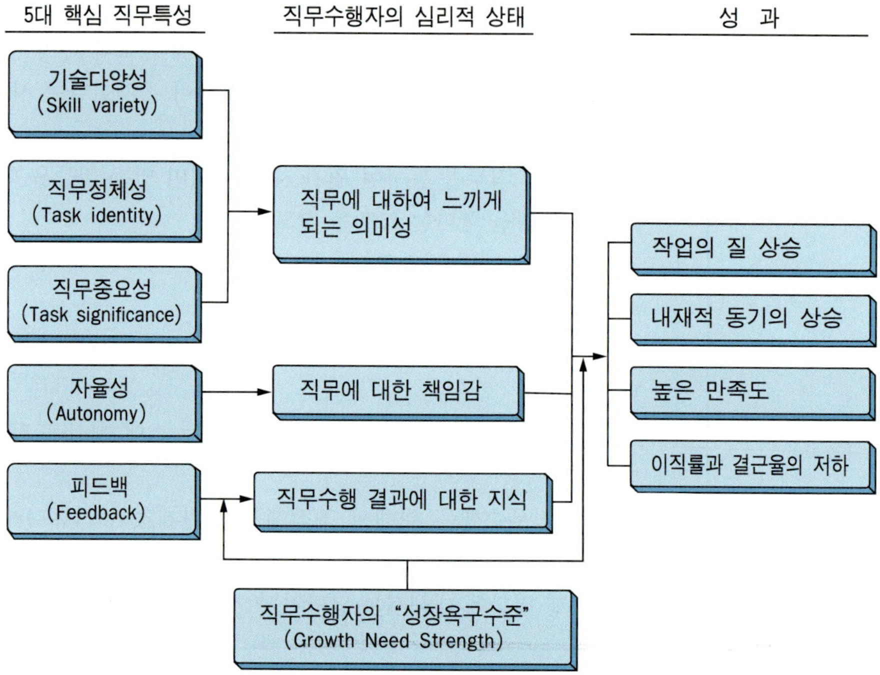

자료: Hackman, R. J., & Oldham, G. R. 1976. Motivation through the design of work: Test of a theory, *Organizational Behavior and Human Performance*, vol.16. p.256.

즉 직무수행자의 성장욕구 수준이 높은 경우, 그가 수행하는 직무를 재구성하여 다양한 기술을 필요로 하도록 하고 직무의 정체성과 중요성을 높여주며 보다 큰 자율성을 부여하고 직무수행과정에서 중간 결과를 실시간 알 수 있도록 하면, 직무수행자는 자신의 직무에 대하여 커다란 의미와 책임감을 체험케 되고 직무 자체에 대한 동기(즉 내재적 동기)가 유발되어 작업의 질과 만족도가 상승하며 이직과 결근이 줄어들게 된다는 것이다. 또한 작업자의 성장욕구 수준이 낮은 경우에는, 5대 핵심 직무특성의 수준을 작업자의 낮은 성장욕구에 맞춰 낮춰주면 된다. 즉 성장욕구 수준이 높은 경우만이 바람직하다는 의미가 아니다. 욕구 수준이 낮은 경우와 높은 경우 각각에 대하여 그들의 기호와 가치에 알맞은 특성의 직무를 제공해주면 된다. 뭔가 도전하고 싶고, 직무를 통하여 성취하고 싶은 고성장욕구자들에게는 직무특성도 그에 맞게 보다 중요하고 자율적이며 다양한 기술을 요하도록 맞춰줘야 할 것이고, 안정적이길 바라고 확실한 것을 추구하는 성향을 가진 저성장욕구자들에게는 정형화되고 단순한 직무를 제공함으로써 성과를 높일 수 있다는 것이다.

5대 직무특성과 MPS

5가지 핵심 직무특성들 각각에 대한 정의부터 살펴보도록 하자.

① **기술다양성**: 직무를 수행하는 데 있어 요구되는 기술(skill)의 종류가 얼마나 여러 가지인가를 뜻한다. 기술다양성이 높은 직무는 한 개인이 수행하는 직무의 폭이 넓어지게 된다. 자동차 수리공이 자동차 수리만 하는 경우와 그에 더하여 영업, 회계정리, 보험처리까지를 수행하는 경우와는 직무가 요구하는 기술다양성 측면에서 많은 차이가 있다. 성장욕구가 높은 사람이라면 후자의 경우(여러 가지를 다하게 했을 때)에서 더 큰 의미를 발견하게 된다는 것이 직무특성이론이 주장하는 바이다.

② **직무정체성**: 직무의 내용이 하나의 제품(또는 서비스)을 처음부터 끝까지 완성시킬 수 있도록 구성되어 있는가 아니면 제품의 어느 부분만을 만들도록 되어 있는가를 의미한다. 자동차 생산공정에서 바퀴를 부착하는 직무만을 수행하는 조직원의 경우 생산공정 전체를 관장하는 공장장보다 직무의 정체성이 낮다고 볼 수 있다.

③ **직무중요성**: 개인이 수행하는 직무가 조직 내 또는 조직 밖의 다른 사람들의 삶과 일에 얼마나 큰 영향을 미치는가를 뜻한다. 성장욕구가 큰 직원에게는 보다 중요한 직무를 맡기는 것이 효과적이다.

④ **자율성**: 개인이 자신의 직무에 대하여 개인적으로 느끼는 책임감의 정도를 뜻한다. 이 특성은 구체적으로 작업자가 자신의 작업일정과 작업방식을 수립함에 있어 갖은 재량권의 정도에 의해서 결정된다. 자율성은 직무충실화와 깊은 관련이 있다.

⑤ **피드백**: 직무 자체가 주는 직무수행 성과에 대한 정보의 유무를 뜻한다.

예를 들어 직무를 수행해 나아가는 과정에서 직무수행자가 자신이 얼마나 잘 하고 있는지를 실시간 알 수 있도록 직무를 설계하면 피드백 효과를 기대할 수 있다. 100m 경주를 할 때 혼자 뛰는 것보다 여럿이 뛰는 것이 기록이 더 좋은 이유는 여럿이 뛸 때 자동적으로 피드백이 주어지기 때문이다. 피드백은 상급자, 동료, 하급자, 직무 자체 등에 의해서 주어질 수 있는데 직무특성이론에서는 직무 자체가 스스로 피드백 정보를 산출할 수 있도록 구성해야 한다는 점을 강조한다.[11)]

핵크만과 올담(Hackman & Oldham)은 직무특성이론을 발표하면서 다섯 가지 직무특성을 제시하는 데에 그치지 않고 이들이 서로 어떠한 작용을 하면서 동기부여 효과를 산출하는지를 잠재적 동기지수(Motivating Potential Score: MPS)를 가지고 설명하였다.

$$\text{MPS} = \left[\frac{\text{기술다양성} + \text{직무정체성} + \text{직무중요성}}{3}\right] \times [\text{자율성}] \times [\text{피드백}]$$

이 공식에서 중요한 것은 자율성과 피드백 두 요소를 강조하고 있다는 점이

매듭 4-3 **X이론, Y이론**

X이론은 성악설(性惡說)이고, Y이론은 성선설(性善說)을 뜻한다.

X이론의 경영자는 〔① 사람은 본래 일하기 싫어하고 될 수 있으면 일을 피하려 하며, ② 그렇기 때문에 통제, 감시, 위협을 가해야 목표달성이 가능해지고, ③ 책임지려 하지 않고 지시를 기다리며, ④ 일에 대한 의욕이 없다〕고 믿는다. 반면에 Y이론의 경영자는, 〔① 사람은 본래 일을 좋아하며, ② 스스로 일을 찾아서 수행하고, ③ 책임을 지려 하므로, ④ 자율성을 주고 권한을 위임해 주면 회사를 위해서 헌신적으로 일한다〕는 믿음을 갖는다.

〈매듭문제 4-3〉 당신은 어느 이론을 지지하는가?

다. 이 두 요소를 곱의 관계로 삽입시킨 것은 그들 중 어느 하나가 영(zero)에 가까워지면 다른 요소들이 아무리 높은 점수를 갖는다고 하더라도 전체 MPS가 낮아진다는 것을 뜻한다.

요컨대 MPS가 높은 직무는 성장욕구가 강한 직원에게 맡기고 MPS가 낮은 직무는 성장욕구가 약한 직원에게 맡기는 것이 바람직하다는 결론이다.

연구 결과, 직무특성이론에 입각한 직무재설계는 생산성 등 양적 성과에 미치는 영향은 미미하나 질적 성과에 대해서는 큰 영향을 미치는 것으로 나타났다.

사 례 4-1 **"연결욕구"**

"과거 몇십 년 전, 청소년들 사이에는 펜팔이 유행이었다. 호기심 많은 친구 몇은 타국에 사는 여자아이에게 사전을 뒤져가며 편지를 써 보냈고, 몇 달 뒤 답장이 왔을 때 우르르 몰려가 환호하며 편지를 돌려보았다.

아날로그는 빠르게 디지털로 변했다. 편지를 주고받던 우리는 삐삐 메시지를 확인하기 위해 공중전화에 하염없이 줄을 서서 기다렸고, 시티폰, 개인휴대통신(PCS), 휴대폰을 거쳐 스마트폰 시대까지 숨차게 달려왔다. 그리고 SNS와 메신저를 통해 24시간 타인과 연결됐고 소통한다.

심리학자 매슬로가 제시한 '5대 욕구이론'은 인간의 욕구를 5단계로 분류해 낮은 단계의 욕구가 충족돼야 다음 단계의 욕구가 발생한다고 주장한다. 그런데 요즘에는 1단계 생리적 욕구보다 더 밑에 '와이파이'와 '휴대폰 배터리' 욕구가 있다고 한다. 모든 욕구에 앞서 와이파이에 연결돼 있지 않거나 휴대폰 배터리가 충분하지 않을 때 느끼는 불안감이 더 크다는 것을 과장해서 표현한 것이다.

연결의 본능은 기업의 흥망성쇠를 결정하기도 했다. 2009년 IBM 미국 뉴욕 본사에서 정보기술(IT)산업 컨설팅 리더로 일하던 때의 일이다. 애플과 구글은 각각 iOS와 안드로이드용 운영체제(OS)를 선보이며 모바일 시장을 급격하게 변화시키고 있었고, 당시 휴대폰 시장의 독보적 1위 기업 노키아는 이미 심비안과 미고라는 자체 OS를 가지고 있었다.

나는 노키아의 대응 전략을 논의하기 위해 핀란드 헬싱키로 출장 가서 워크숍을 준비하고 있었다. 그런데 하루 전날 워크숍이 돌연 취소됐고, 갑자기 노키아의 수장이 바뀌며, 마이크로소프트(MS) 출신 새 최고경영자(CEO)가 취임했다. 곧 노키아는 스마트폰 OS로 MS 윈도를 도입하겠다는 전략을 발표했다. 그리고 몇 년 후 세계 1위였던 노키아는 서서히 시장에서 사라졌다. 놀랍게도 그 빈자리를 삼성이 차지했다.

OS 최강자인 마이크로소프트와 모바일 최강자였던 노키아가 만났는데, 어떻게 그런 결과가 나올 수 있었을까? 얼마 후 나는 삼성전자 최고위 임원과의 식사 중에 그 답을 찾을 수 있었다. "삼성은 연결을 택했어요. 우리는 안드로이드, 윈도, 삼성 고유 플랫폼까지 모두 지원합니다." 애플 역시 폐쇄적인 플랫폼 환경을 극복하기 위해 '앱스토어'를 오픈해 개발자들이 자유롭게 앱을 등록할 수 있도록 '연결'을 선택했다. 노키아는 많은 개발자와 사용자가 연결돼 있는 iOS와 안드로이드가 구축한 '연결의 생태계'를 대적하기에 이미 늦었던 것이다.

2020년 코로나-19로 인해 물리적인 연결이 끊겼다. 하지만 사람들은 유튜브 라이브로 함께 랜선 여행을 하고, 줌을 통해 온라인 밴드 합주로 음악을 즐기며, 그 어느 때보다 더욱 적극적으로 연결되길 갈망한다. 연결이라는 본능을 활용하는 혁신가와 기업들은, 어쩌면 지금이 최고의 기회일 수 있다."[12]

[사례 문제 4-1] "연결욕구"는 매슬로의 욕구 5단계에 따르면 어느 욕구에 가장 가까운가?

사 례 4-2 '여성 상위시대' 맞네~ 직업적 성취욕구 男보다 크고 이성관계 리드

"여성들이 직업적 성취욕구나 남녀관계 형성에서 남성들보다 훨씬 주도적인 것으로 나타났다.

19일(현지 시간) 월스트리트저널(WSJ)에 따르면 미국의 여론조사 기관인 퓨리서치센터가 최근 18세에서 34세의 남녀 각각 1,181명과 1,308명을 대상으로 조사한 결과, 여성응답자의 66%가 직업적 성공을 삶의 가장 중요한 요소로 꼽았다. 남성은 59%였다.

1997년에는 남성의 58%가 직업적 성공을 삶의 가장 중요한 가치로 꼽아 여성(56%)보다 높았으나 이번 조사에서 남녀가 바뀌었다. 특히 남성은 불과 1%포인트 증가했으나 여성은 10% 포인트가 늘었다.

퓨리서치센터는 여성의 학력 신장을 가장 큰 원인으로 꼽았다. 90년대 초 여성의 대학진학률이 남성을 앞지른 이후 그 차이는 확대되고 있다. 2010년 10월 기준 18~24세 여성의 44%가 대학(대학원)에 재학 중이나 남성은 38%에 그쳤다.

그러나 성공에 대한 지나친 열망은 대가를 치러야 한다는 지적도 있다. 펜실베니아대 와튼스쿨 이코노미스트 베트시 스티븐슨은 "이 같은 성취욕구에는 곧 자유시간의 박탈, 총체적 행복의 감소라는 비용이 든다"고 지적했다.

한편 일반적으로 알려진 것과 달리 젊은 시절 남녀관계를 이끄는 것은 남성이 아니라 여성이라는 연구 결과가 나왔다.

옥스퍼드대 인류학과 연구원 로빈 던바는 20~60대 유럽인 320만 명의 전화와 문자메시지를 7개월간 분석해 얻은 이 같은 결과를 네이처지 자매지인 사이언티픽 리포트에 19일 게재했다고 외신들이 전했다.

논문에 따르면 여성은 평균 34세까지 전화 접촉(통화 및 문자메시지)을 가장 많이 한 사람이 남자친구 또는 배우자 등 남성인 것으로 조사됐다. 그러나 45세가 되면 딸이나 손녀 등으로 바뀐다. 이 결과는 젊은 시절 남녀 간 로맨틱한 관계를 형성하거나 유지하는 데 여성이 주도적이라는 것을 반영하는 것이라고 논문은 설명했다. 또 여성들은 대체로 남성들보다 강한 관계망을 형성한다고 덧붙였다.

(http://news.kukinews.com/article/view.asp?page=1&gCode=kmi&arcid=0006012119&cp=nv 2012.04.20. 정진영 기자 jyjung@kmib.co.kr)

[사례 문제 4-2] 한국의 경우, 남성과 여성 중 보편적으로 누가 더 성취욕구가 높다고 예측하는가? 그 증거들을 나열해 보자.

나의 조직행동 진단 4

나의 자아실현욕구

■ 아래의 응답양식을 활용하여 주어진 질문에 응답하시오.

〈응답양식〉

1	2	3	4
동의하지 않는다	조금은 동의하지 않는다	조금 동의한다	동의한다

항 목	1	2	3	4
1. 나는 하늘을 우러러 조금도 부끄럽지 않다.				
2. 나는 다른 사람들이 나에 대해서 기대하는 것을 위해서보다는 나의 이상을 실현하기 위해서 산다.				
3. 나는 사람이란 근본적으로 선하기 때문에 신뢰할 수 있다고 믿는다.				
4. 나는 내가 사랑하는 사람들에게도 자유롭게 화를 낼 수 있다.				
5. 나는 내가 하는 일에 대해서 다른 사람의 승인을 필요로 하지 않는다.				
6. 나는 내 자신의 약점을 있는 그대로 받아들인다.				
7. 나는 나와 생각이 다른 사람들도 좋아할 수 있다.				
8. 나는 실패를 두려워하지 않는다.				
9. 나는 복잡한 문제들을 단순화시켜 분석하곤 한다.				
10. 외적으로 유명해지는 것보다는 자기 자신에게 진실한 것이 더 좋다.				
11. 나는 내가 특별히 헌신코자 하는 인생의 사명을 갖고 있다.				
12. 나는 비록 그것이 바람직하지 않은 상황을 만들게 되더라도 내 생각을 표현할 수 있다.				
13. 나는 누군가를 돕는 것에 대해서 책임의식을 느낀다.				
14. 나는 시대에 뒤떨어질 수 있다는 두려움 따위에 개의치 않는다.				
15. 나는 사랑을 주기 때문에 사랑을 받는다.				

자료: Burger, J. M. 2004. *Personality*. Thomson-Wadsworth.

[해 석]

* 당신이 남성이면, 응답총점이 45점 이상이면 자아실현욕구가 '높은' 것이고 그 미만이면 '낮은' 것이다. 여성이라면, '높은' 점수가 46점 이상, '낮은' 점수는 46점 미만이다.

** 당신의 자아실현욕구는 어떤 수준인가?

제 5 장

최근 동기부여이론들

본 장의 요점

* 본 장에서는 욕구중심이론들 이후에 제시된 보다 최근의 과정중심 동기부여 이론들을 배운다.
* 동기가 유발되는 개인적 프로세스를 다루고 있는 기대이론, 공정성이론, 목표설정이론, 자기결정이론 등을 학습함으로써 개인 동기에 대한 이해를 넓힌다.
* 다양한 동기부여 메커니즘 이해를 통하여 조직경영에 주는 실천적 함의를 터득한다.
* 다른 사람들을 일정한 방향으로 동기부여시키기 위해서 어떻게 개입해야 하는지를 학습함으로써 리더십 발휘의 지혜를 터득한다.

브리지워터 어소시에이츠(Bridgewater Associates) 레이 달리오(Ray Dalio), '급진적 투명성', '급진적 진실'

* 레이 달리오는 1975년 브리지워터 에소시에이츠를 설립하여 세계 최대 규모의 헤지펀드 회사로 성장시켰다.

* 그는 모든 직원들에게 그의 저서 'Principle(원칙)'을 배포하고 필독을 권고한다. 그 책은 탁월성과 진실성을 강조한다. 그는 매우 높은 수준의 투명성과 공정성이 보장되어야 회사가 지속적으로 발전 가능하다고 주장한다.

* 그의 투자전략은 베타투자와 알파투자로 분리된다. 베타투자는 보수적 전략으로 시장과 연계된 것을 의미한다. 반면에 알파투자는 시장의 위험과 무관하게 고수익을 추구하는 투자전략이다. 이러한 양면적 투자전략을 구사한 최초의 인물이 레이 달리오이다.

* 브리지워터 어소시에이츠의 특징:
  - ▶ 회사 내 모든 회의와 의사소통은 기록되며, 구성원들이 이를 열람하도록 공개
  - ▶ 직원들은 서로 솔직한 피드백을 주고받음
  - ▶ 모든 업무에 적용할 수 있는 원칙을 문서화해 모두가 적용
  - ▶ 모든 실패는 배움의 기회라고 보는 조직문화

✣ 〈문제 5〉 **회사는 어디까지 투명하고 공정해야 하는가?**

본 장에서는 동기부여의 과정이론에 속하는 기대이론, 공정성이론, 목표설정이론, 인지적 평가이론/자기결정이론 등을 다룬다. 과정이론은 개인이 내면에 갖는 욕구에 의해서 동기부여 된다는 내용이론과는 달리, 개인을 둘러싼 상황에 대한 판단과 예측의 결과로 동기의 방향과 수준이 결정된다는 이론들이다. 그러므로 과정이론들은 상황요인들에 대하여 개인이 판단하고 예측하는 인지적 과정을 구체적으로 제시한다. 이들은 욕구이론들 이후에 발표된 보다 최근의 이론들이다.

기대이론

기대이론(expectancy theory)이란 무엇인가

기대이론은 기댓값, 유의성, 그리고 수단성의 세 가지 핵심 개념으로 이루어지며 이들이 체계적으로 융합하여 나타나는 동기유발 과정을 밝히는 이론이다. 예일대학의 브룸(Victor Vroom) 교수가 제시하였다.

예를 들어, 대학 4학년 1학기 김대기 군이 중간고사를 앞두고 야구 구경을 가는 것과 시험공부를 하는 것 중에서 어느 쪽으로 동기부여가 되는지를 기대이론으로 예측해 볼 수 있다.

우선, 노력했을 때 야구 구경을 갈 수 있는 기댓값과 공부를 할 수 있는 기댓값을 정한다. 기댓값(E: Expectancy)이란 노력했을 때 어떤 행동을 해낼 수 있는 확률이다. 기댓값은 행위자의 주관적 판단에 따라 결정되므로 같은 행위에 대해서도 개인마다 다르며 0에서 1까지의 값을 갖는다($0 \leq E \leq 1$).

김대기 군이 판단하는 야구 구경의 기댓값은 0.9이고 시험공부 기댓값은 0.4라고 하자. 김 군은 야구 표 살만한 돈도 있고 집도 야구장에서 멀지 않으며, 표가 매진될 리도 없기 때문에 야구 구경의 기대치(E_1)로 1에 가까운 0.9를 주었다. 하지만 김 군은 시험공부를 하려고 책상에만 앉으면 졸리고 머

그림 5-1
김대기 군의
기댓값(E)

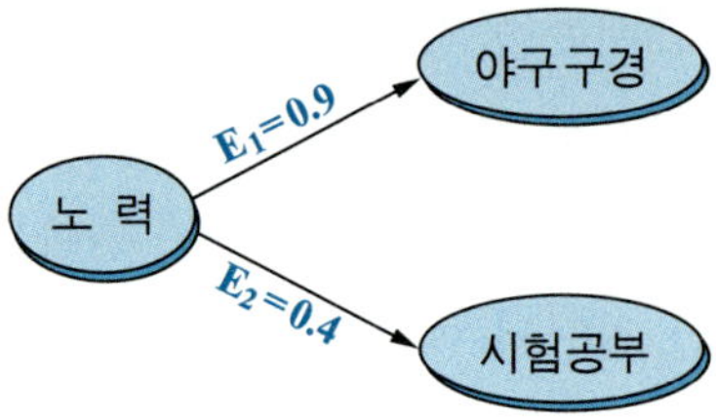

리가 아파 글자가 눈에 들어오지 않는다. 회계학은 좀 하겠는데 조직행동론처럼 말로 하는 것은 정말 적성에 맞지 않는다. 또 아침잠이 많아 도서관 자리 잡기도 힘들 것 같다. 이런저런 이유로 김 군은 시험공부에 별로 자신이 없어 공부 기대치(E_2) 0.4를 주었다. 〔그림 5-1〕에 여기까지를 요약하였다.

다음에는 야구 구경을 갔을 때와 시험공부를 했을 때 각각 어떤 결과가 따르는지를 정리한다. 예컨대, 김대기 군이 야구 구경을 갔을 때 따르는 결과는 즐거움, 스트레스이고 시험공부에 따르는 결과는 성적향상, 성취감이라고 하자. 여기서 고려해야 하는 것은 김 군이 즐거움, 스트레스, 성적향상, 성취감 등을 얼마나 중요시 여기는가 하는 것이다. 김 군이 느끼는 각 결과의 중요성을 '유의성'(Valence)이라고 하고 −n에서 +n까지의 수치를 갖는데($-n \leq V \leq +n$), 보통 −5에서 +5 또는 −10에서 +10의 수치를 선택하여 사용한다.

〔그림 5-2〕에서 보듯이, −10에서 +10으로 계산했을 때 김 군은 즐거움에 +8, 스트레스는 −5, 성적향상에 +7, 성취감에 +3을 부여했다. 각 결과에 점수 준 것을 보면 그 사람의 가치체계를 알 수 있다. 김대기 군은 즐기는 것을 좋아하고, 좋은 성적 받아 좋은 직장에 취직하고는 싶지만 성취감은 별로 중시하지 않는 실리파다. 그래서 즐기면서도 성적 스트레스를 좀 받는다.

세 번째 해야 할 일은 야구 구경 갔을 때 진짜 즐거움과 스트레스가 찾아올까, 또 시험공부를 했을 때 성적향상과 성취감이 따라올까를 결정하는 것이다. 이처럼 행동(야구 구경, 시험공부)과 결과 간의 관계의 밀접도를 수단성(I: Instrumentality)이라고 한다. 수단성은 상관관계이므로 −1에서 +1까지의 수치

그림 5-2
김대기 군의 유의성(V)

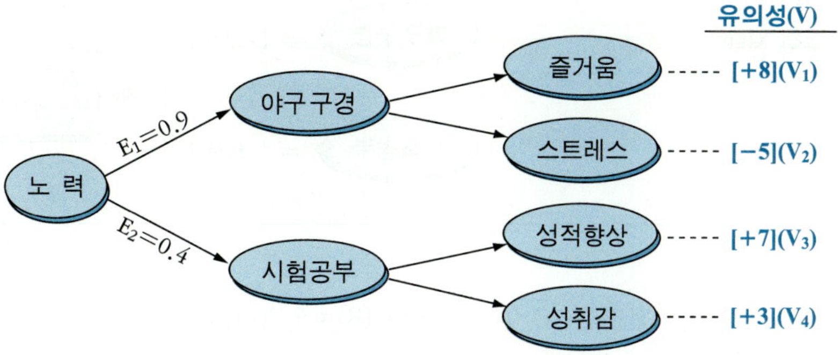

를 갖는다($-1 \leq I \leq +1$). 김 군은 지금까지 모든 야구 경기는 즐거웠다라고 느끼고 있으므로 $I_1=0.8$, 시험공부 걱정으로 스트레스 받을 것이라고 예측되지만 과거의 예로 보아 일단 야구장에 들어서면 경기에만 집중하게 된다는 것을 알기 때문에 $I_2=0.2$를 부여했다. 한편 시험공부와 성적향상의 관계는 경험상 노력한 만큼 성적이 나온다고 믿기 때문에 $I_3=0.8$, 성취감은 어느 정도 얻을 수 있다고 보아 $I_4=0.5$를 주었다. 〔그림 5-3〕에 E, V와 함께 제시하였다.

김대기 군이 E, V, I를 가지고 '야구 구경'과 '시험공부' 중에서 선택하는 방법을 알아보자. 최종 선택은 야구인가 공부인가이다.

야구 구경값은 E_1, I_1, V_1을 곱한 값과 E_1, I_2, V_2를 곱한 값을 합하면 된다.

그림 5-3
김대기 군의 수단성(I)

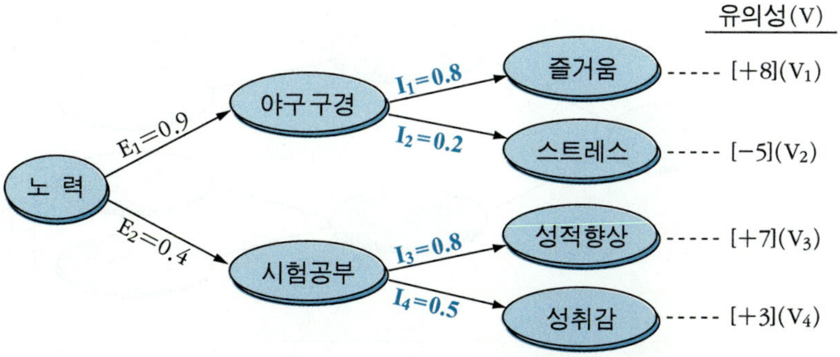

그림 5-4

김대기 군의 선택

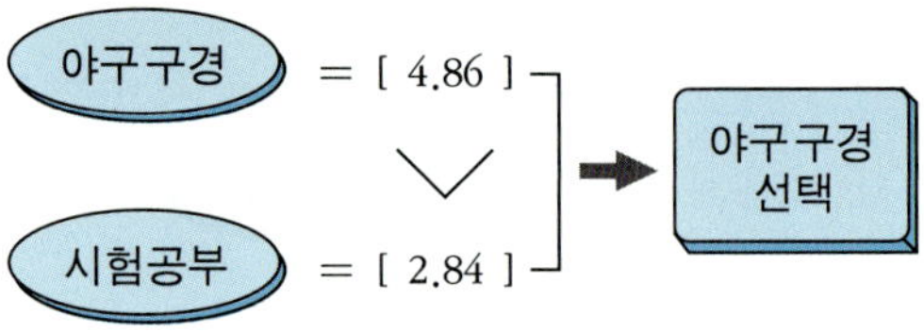

즉, 전자는 (0.9)×(0.8)×(8)=5.76이고, 후자는 (0.9)×(0.2)×(−5)=(−0.9)이다. 그러므로 (5.76)+(−0.9)=[4.86]이 야구 구경값이 된다.

시험공부값은 E_2, I_3, V_3값을 곱한 값에 E_2, I_4, V_4를 곱한 값을 더하여 얻는다. 즉, 전자는 (0.4)×(0.8)×(7)=2.24이고, 후자는 (0.4)×(0.5)×(3)=0.6이다. 시험공부값은 (2.24)+(0.6)=[2.84]가 된다.

따라서 김대기 군은 야구 구경값 [4.86]과 시험공부값 [2.84]를 비교하여 큰 쪽인 "야구 구경"을 선택하게 된다는 것이 기대이론의 주장이다([그림 5-4]). 결국, 야구광 김대기 군은 시험을 앞두고서도 야구 구경을 간다.

매듭 5-1 **기대이론의 적용**

당신이 현재 또는 미래에 선택해야 하는 두 개의 대안을 놓고 기대이론을 적용하여 결정해보자. 선택의 대상은 직업, 회사, 이성, 학교, 결혼상대 등 뭐든 좋다.

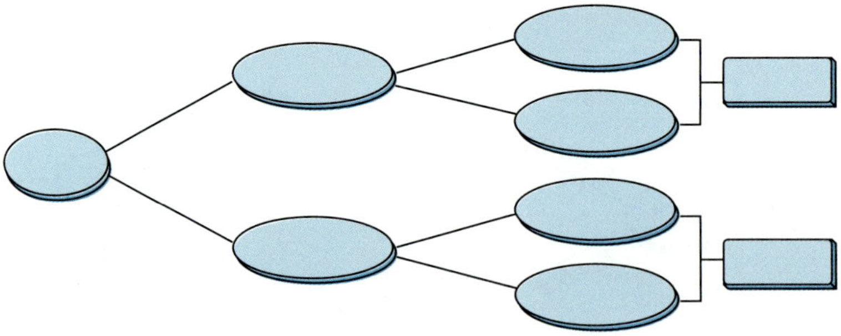

기대이론을 통한 동기부여 방법

경영자나 관리자들이 기대이론을 이용하여 조직원들의 동기를 유발시키려 할 경우 공략 포인트는 세 가지로 요약될 수 있다. 즉, 기대감과 수단성을 높여주고 유의성을 정확히 파악하여 활용하는 것이다.

① **기대감 제고:** 노력했을 때 얼마나 어려운 일을 할 수 있는가 하는 것은 일차적으로 능력의 문제이다. 따라서 교육·훈련이나 재배치 등을 통하여 개인의 능력과 기술을 개발해주고 적절한 직무를 부여함으로써 직무에 대한 기댓값을 높여줄 수 있을 것이다. 이 외에도 개인의 특정 직무(또는 대안)에 대한 기댓값을 높여줄 수 있는 요소들은 많다. 이들을 요약하면 〈표 5-1〉과 같다. 관리자, 경영자들은 이들을 확보하는 데 주력해야 할 것이다.

② **수단성 제고:** 이것은 근본적으로 경영 또는 관리층과 조직원 간의 신뢰의 문제라고 볼 수 있다. 개인의 높은 성과가 급여 상승이나 승진과 같은 결과로 이어진다는 약속이 한 번, 두 번, 또는 자주 지켜지지 않을 때, 열심히 노력하여 얻은 높은 직무수행 성과의 결과에 대한 수단성이 떨어지게 되며, 이에 따라 경영자와 조직원 간에 불신이 싹트고 조직원들의 직무수행 노력이 점차 떨어지게 된다. 따라서 경영자나 관리자는 일정 수준의 성과(또는 어떤 행동)에 대해서 조직원들에게 외적 보상을 약속하였다면 반드시 그 약속을 지키는 것이 기대이론 측면에서 동기를 높이는 방법이다.

③ **결과에 대한 유의성 제고:** 경영자, 관리자가 기대이론 측면에서 동기를

표 5-1

기대감에 긍정적 영향을 미치는 요인들

(1) 개인의 능력 향상
(2) 자기 존중(self-esteem)
(3) 과거의 성공적인 직무수행 경험
(4) 상·하급자들로부터의 도움
(5) 직무완결에 필요한 충분한 정보
(6) 직무수행에 필요한 예산 지원, 재료와 장비의 확충

자료: Pinder, C. C. 1984. *Work Motivation*. Glenview, ILL.: Scott, Foresman에서 수정 인용.

유발시키기 위해서 할 수 있는 또 다른 일은 조직원 가치(또는 욕구)체계를 파악하여 조직이 현재 제시하고 있는 인센티브의 유효성을 평가하고 무엇을 더 제시해야 하는가를 판단하는 것이다. 바람직한 행동에 대해서 긍정적 인센티브를 더 많이 제시할수록 그 행동을 선택할 동기는 높아진다.

공정성이론

공정성 판단과정

공정성이론(equity theory)은 개인과 개인 또는 개인과 조직 간의 교환관계(exchange relationship)에 초점을 둔다. 즉, 교환과정에 있어서의 지각된 불균형이 주는 동기효과를 설명하는 이론이다. 이 이론의 골자를 〔그림 5-5〕와 같이 표현할 수 있다. 그림에서 볼 수 있듯이 공정성이론은 '나(개인, 조직원)'와 '상대방(조직)'과의 주고받는 교환과정을 분석의 대상으로 삼는다. '나'가 '상대방'에게 시간, 노력 등의 투입물을 투자하면 '상대방'은 그에 상응한 보상을 하게 되는데 이것을 '나' 입장에서 산출이라고 부른다. 결국 조직원들은 나와 조직 간의 투입–산출 프로세스가 나와 비슷한 사람(예, 같은 회사의 동기들, 타 회사

그림 5–5
개인–조직 간 교환관계 과정

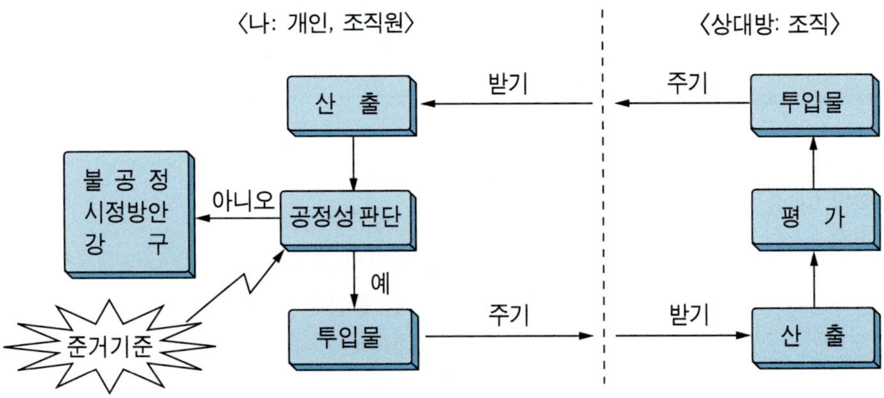

매듭 5-2 **공정성과 평등성**

우리는 흔히 '법 앞에 평등하다'라는 말을 많이 한다. 이것은 곧 법을 어겼으면 지위가 높건 낮건, 능력이 있건 없건 똑같이 처벌받아야 한다는 것을 의미한다. 그 사람의 기여나 능력에 상관없이 똑같이 취급하는 것을 평등한 대우라고 하는데, 이것이 '평등성'(equality)의 개념이다.

'공정성'(equity)이란 기여한 만큼, 능력에 따라 차별대우하는 것을 의미한다. 회사에 돈을 많이 벌어준 사람은 그만큼 연봉을 더 많이 받고 손해를 끼친 사람은 그에 상응하는 인사상의 불이익을 받는 것이 공정한 처우이다.

직급에 따라, 또 입사한 연한에 따라 똑같은 급여를 주는 것은 평등이고 성과에 따라 연봉 차이를 두는 것은 공정이다. 평등성을 중시하는 시스템하에서는 못하는 사람이 행복하지만 공정성 위주의 시스템에서는 잘하는 사람이 행복하다. 조직은 잘하는 사람과 못하는 사람 중 누구를 만족시킬 것인가를 선택해야 한다.

〈매듭문제 5-2〉 공정시스템과 평등시스템하에서 각각 불만족하는 사람은 누구인가? 그 불만을 어떻게 해결할 수 있는가?

친구들)이나 산업평균과 비교하여(이 비교대상을 준거인물 또는 준거기준이라 함) 교환관계가 공정성을 유지하고 있는지를 판단하게 된다. 판단 결과 공정하다고 지각되면 현재의 공정한 관계를 지속하기 위한 투자를 계속할 것이다. 공정치 않다고 판단되면 불공정을 시정하기 위한 방향으로 동기부여가 된다.

공정성이론, 어떻게 작동하는가

공정성이론의 작동방법을 이해하기 위해서는 몇 가지 기본적 사항들에 대한 설명이 선행되어야 한다. 즉, 개인의 투입, 산출의 구체적 내용과 준거인물 또는 준거기준에 대한 설명이 그것이다. 우선 개인과 조직 간의 고용관계에 있어서의 교환과정에서 사용될 수 있는 투입과 산출의 내용들을 요약하면 〈표 5-2〉와 같다.

표에서 볼 수 있듯이, 개인은 조직과 고용관계를 맺음으로써 자신이 가지고

표 5-2
공정성이론에서의 투입과 산출

투 입	산 출
시간	급여/상여금
지성	각종 부가혜택(fringe benefit)
교육/훈련	도전적 직무
경험	직업안정
기술(숙련)	내재적 보상
창의성	경력상승
얽매임	단조로움
사회적 지위	지위 상징물
조직에 대한 충성심	운명에 대한 불확실성
나이	안락한 근무환경
성격적 특성	개인 성장/자기개발의 기회
소유도구	상급자의 지원
노력	인정
출석	중요한 의사결정에 참여
건강	허즈버그의 위생인자들

자료: Adams, J. S. 1973. Toward understanding of inequity, *Journal of Abnormal & Social Psychology*, pp. 422-36과 Miner, J. B. 1980. *Theories of Organizational Behavior*, Hinsdale, III.: Dryden Press, p. 103에서 종합 재구성.

있는 지적, 성격적, 심리적, 신체적 모든 투입을 자신이 조직으로부터 받은 것(즉, 산출)에 대하여 제공하게 된다. 물론, 이들 중 무엇을 얼마만큼 조직에 투자하는가는 자신과 준거인들이 조직으로부터 받는 것에 따라 결정된다. 또한 개인이 조직으로부터 받을 수 있는 산출물들은 반드시 긍정적인 것들만은 아니다. 거기에는 운명에 대한 불확실성, 단조로움, 또는 허즈버그의 위생인자들과 같은 부정적인 요소들도 포함된다.

앞에서도 잠깐 언급하였듯이, 공정성이론의 핵심은 '나'가 투자한 투입과 받은 산출의 비율을 '나'가 선택한 비교대상(준거인물, 준거기준)의 투입과 산출의 비율에 대비하여 공정성을 판단하고 행동의 방향을 결정한다는 것이다. 즉, 개인은 자기의 [산출(outcome)/투입(input)] 비율을 자신이 비교하려고 선택한 준거인물의 비율과 비교하여 부등호(<, >)가 성립하면(즉, 형평에 어긋난다고 느끼면) 그 부등호를 등호(=)로 바꾸려는 동기를 갖게 된다는 것이다. 이 관계를 그림으로 요약하면 〔그림 5-6〕과 같다.

중요한 것은, 개인이 공정성의 정도를 판단하는 데 사용하는 투입과 산출물들은 인식 가능하고 자신에게 의미있는 것들이어야 한다는 점이다. 혹자는 크고 멋진 독립된 사무실을 사용하는 것을 중요한 산출물로 보겠지만, 다른 사람은 그것을 산출물로 인정치 않을 수도 있다. 또한 러시아어를 특별히 잘하는 사람이 그 특기를 하나의 투입으로 생각하여 산출을 요구할 수도 있다. 하지만 기업이 러시아어를 필요로 하지 않아 러시아어 능력을 투입으로 인정하지 않으면 불공정이 야기된다.

어떠한 투입이나 산출이 개인에 의해 인지되고 공정성 비율 산출에 사용되는가는 사람에 따라 다르다. 예를 들어 한 기업에서 20년 이상을 근무해 온 사람이라면 근속연수나 연공서열이라는 투입(〈표 5-2〉 참조)이 기업이 주는 산출로 보상되어야 한다고 생각하겠지만 입사한 지 5년 미만인 사원의 경우에는 연공보다는 능력이나 노력의 정도를 투입물로 판단하여 보상을 기대할 것이다.

또 한 가지 공정성이론에서 중요한 것은 개인이 선택하는 비교의 대상, 즉

그림 5-6
공정성이론의 핵심

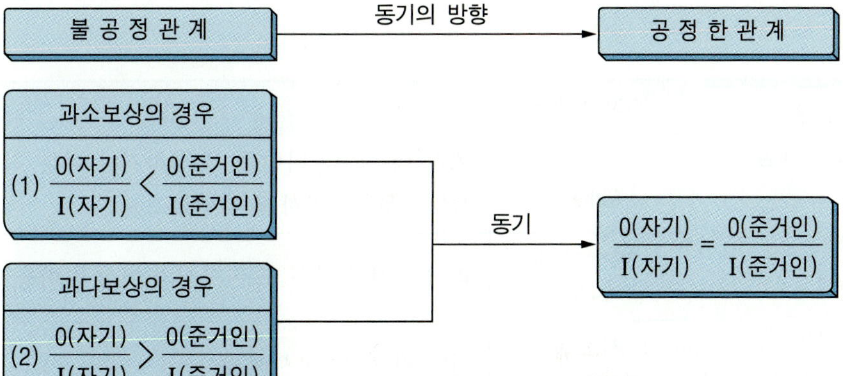

* I: Input(투입), O: Outcome(산출)

준거인물(reference person or group) 또는 준거기준에 관련된다. 준거인 또는 기준은 동료일 수도 있고, 친족, 이웃, 동료집단, 숙련집단, 산업의 추세, 직업표준, 해외사례 등일 수도 있다. 또한 준거인물이나 기준은 과거에 다른 직장에 있었을 때나 다른 사회적 역할을 수행할 때의 자기 자신일 수도 있다. 준거인물 또는 기준을 〈표 5-3〉과 같이 요약하였다. 한 개인이 구체적으로 어떤 비교대상을 선택하는가는 특정 대상이 가진 매력이나 유의성과 정보의 유용성에 따라 결정된다.

개인이 불공정하다고 느끼면 내적 긴장이 유발되고 이 긴장이 동기유발의 원동력이 되어 불공정을 줄이기 위해서 노력하게 된다. 조직원들은 불공정 지각으로부터 오는 긴장을 줄이기 위해서 주로 여섯 가지 방법을 사용하는 것으로 알려져 있다.

① **투입의 변경:** 불공정을 지각하는 사람은 불공정 비율을 공정한 상태로 바꾸기 위해서 자신의 투입을 상향 또는 하향 조정할 수 있다. 예를 들어 자신이 맡은 일의 양(量) 또는 질(質)을 조절하여 준거인(또는 집단)과의 비율이 같아지도록 한다는 것이다. 다음의 예들을 살펴보자.

〔예 1〕은 준거인에 비하여 내가 과소보상을 받은 경우이다. 같은 4시간을 일했는데 나는 ₩40,000을, 준거인은 ₩80,000을 받고 있다. 이와는 반대로 〔예 2〕는 과다보상의 경우이다. 각각의 경우에, 공정성 회복을 위해서 내가

표 5-3
비교의 대상

비교의 대상	내 용
타인 (other)	조직 내·외의 타인들, 유사하거나 다른 직장에 다니는(또는 유사한 직무를 수행하는) 타인들
자기 자신 (self)	과거의 자기 자신 또는 자신의 이상적 비율
시스템 (system)	산업 평균, 타사 사례 등

자료: Vecchio, R. 1984. Models of psychological inequity. *Organizational Behavior and Human Performance*.의 내용을 표로 정리함.

취할 수 있는 행동은 여러 가지가 있을 수 있지만 그중 '투입을 변경'하는 입장에서 살펴보면 〔예 1〕의 경우는 나의 일하는 시간을 4시간에서 2시간으로 줄이고 〔예 2〕의 경우는 4시간에서 8시간으로 늘림으로써 준거인의 비율과 각각 등호를 이루려고 할 것이다. 그러나 〔예 1〕의 경우에 4시간 일하도록 되어있는 것을 2시간만 일하고 퇴근해 버리는 것은 현실적으로 불가능한 일이다. 따라서 4시간 일을 2시간으로 줄일 수 없는 경우에는 4시간 일하는 척하면서 2시간의 일량(量)만 한다든가 노동이나 서비스의 질을 대폭 떨어뜨린다든가 함으로써 공정성을 유지하려 한다. 그러나 나이 등과 같이 변경할 수 없는 투입물들도 있을 수 있다. 이 경우는 불공정 시정을 위한 다른 방법을 사용하게 된다. 물론 〔예 1〕과 〔예 2〕의 불공정을 시정하기 위한 다른 방법들도 있다.

② **산출의 변경:** 이 방법은 투입보다는 산출물에 문제해결의 초점을 둔다. 즉, 산출의 양(量)을 변경함으로써 공정성을 이루려는 것이다.

특히 〔예 1〕에서와 같은 과소보상의 경우 산출 변경이 중요시된다.

예 1 **과소보상의 경우**

	〈나의 경우〉		〈준거인의 경우〉
〔보상〕	₩40,000	<	₩80,000
〔일한 시간〕	4시간		4시간

예 2 **과다보상의 경우**

	〈나의 경우〉		〈준거인의 경우〉
〔보상〕	₩80,000	>	₩40,000
〔일한 시간〕	4시간		4시간

보상을 주관하는 측(경영자나 관리자)과의 협상 또는 힘겨루기를 통하여 적정 산출을 보장받으려는 노력을 기울이게 된다. 노동조합 활동이나 다른 압력수단을 동원하여 산출을 증대시키려는 예는 주변에서 많이 발견된다. 〔예 2〕와 같은 과다보상의 경우 산출을 변경시키려는 노력의 예는 현실적으로 드물다. 그러나 보상을 주관하는 측에 과다 산출물을 돌려주는 경우는 없을지 모르지만 과다보상을 지각하는 사람이 자선단체나 불우이웃 돕기 등에 기부금을 출연하는 식의 방법을 통하여 과다보상을 간접적으로 환원하는 예는 종종 볼 수 있다.

③ **투입과 산출의 인지적 왜곡:** 투입이나 산출을 실제로 바꾸지 않고도 나와 준거인물의 산출/투입 비율을 동일하게 만들 수 있는 방법이 있다. 즉, 인지적으로(머릿속에서) 투입, 산출의 비율계산을 자신이 생각하는 결과에 맞도록 왜곡하는 것이다. 이 과정에서 나와 준거인물의 투입, 산출에 대한 사실을 왜곡하거나 비중을 달리하여 공정성 비율 간에 등호를 만들어 내게 된다. 이 방법은 주로 개인이 과다보상을 인식할 때 많이 쓰는 방법이다.

위의 〔예 2〕에서 '나'는 과다보상을 인지하게 되는 경우이다. 그러나 사람들은 일반적으로 자신의 과다보상을 인정하기보다는 투입의 질이나 산출의 효용을 재평가(왜곡)하여 등식을 성립시키려는 경향이 있다. 즉, "나와 준거인물이 똑같이 4시간을 소비하였지만 일의 질이나 담당 업무의 중요성(비중)이 엄연히 차이가 난다"는 식으로 자신의 과다보상을 합리화할 수 있다.

④ **장(場) 이탈:** 이것은 불공정한 비교 결과를 낳는 상황(場)을 이탈함으로써 문제를 해결하려는 전략이다. 장 이탈의 구체적 방법으로는 타 부서로의 이동, 결근 또는 이직 등을 들 수 있다.

이러한 장 이탈전략은 비교적 극단적인 불공정 시정 방편이므로 인식되는 불공정의 정도가 크든가 다른 방법으로 해결할 수 없는 경우에, 또는 개인이 심리적, 정신적으로 불공정 시정 비용을 감당할 수 없는 경우에 주로 사용된다.

⑤ **준거인물에 영향을 미침:** 준거인물을 문제의 상황으로부터 제거하든가 집단압력을 가하여 투입을 바꾸게 할 수 있다. 조직에서 새로 사람을 뽑을 때

실력보다는 함께 지내기 편한 정도를 보고서 뽑는 것은 전자의 예라고 할 수 있을 것이다. 조직에서 동료들과 보조를 맞추지 않고 혼자 독주하려는 사람에게 여러 가지 압력을 가하여 최고 능력을 발휘하지 못하도록 하향 조정하게 하는 경우는 후자의 예라고 볼 수 있다.

⑥ **준거인물 변경:** 비교의 대상을 바꿈으로써 불공정을 시정하는 전략이다. 한 전문직 종사자가 조직 내 다른 전문가를 준거인물로 선택하여 비교하다가 스스로 과다보상감을 느끼게 되어 준거인물을 지역 내 또는 국내 최고의 전문가로 상향 조정하게 되는 경우를 예로 들 수 있다.

조직경영에 주는 의미

공정성이론이 조직경영에 주는 첫 번째 의미는 급여나 보상과 관련된다. 급여나 보상은 중요한 산출에 해당하며 조직경영자들이 조직원들과 가장 흔히 대립하게 되는 사안이다. 공정성이론과 관련하여 조직경영자들은 과다보상, 공정성 유지, 과소보상 등 세 가지 전략들 중 하나를 선택할 수 있을 것이다.

첫째, 과다보상의 경우는 조직원들이 초과보상에 대하여 감사함이나 죄의식(guilt)을 느끼고 자신의 투입을 그만큼 늘리려고 노력할 때 유효하지만 교환과정에 있어서 인지적 왜곡 등에 의한 '횡령'(초과 보상분에 대하여 추가 노력으로 보답하지 않음)의 가능성이 있다. 따라서 과다보상은 그 규모가 기대보다 월등히 커야 인정하게 되는 것이 상례이다. 이 방법은 초과 비용을 유발할 수 있고 조직원들이 기여도 하기 전에 보상부터 지급하게 되는 어색한 면이 있다. 그러나 이론에 따르면 과소보상, 형평 유지, 과다보상 중 성과증진과 관련되는 경우는 과다보상의 경우뿐이다.

둘째, 공정성을 유지하는 전략은 결근, 이직 또는 부정적 행위 등을 줄일 수 있지만 공정성 유지를 통하여 성과를 높일 수는 없다. 이것이 공정성이론이 가진 한계이다. 공정성을 유지하는 전략은 불만을 줄일 수는 있지만 그 자체로 성과를 높일 수는 없다.

셋째, 조직이 과소보상을 통하여 이룩할 수 있는 긍정적 결과는 비용절감밖에 없다. 하지만, 조직원들이 과소보상의 느낌을 갖게 되면 투입을 줄이든가 산출증진을 위해서 투쟁하게 되며 결과적으로 성과하락, 이직, 결근 등을 낳게 된다. 능력 있는 인재를 유인하기도 힘들다. 따라서 공정성을 유지하는 것은 성과가 현상태보다 더 저하되는 것을 막고 이직, 결근 등을 방지하기 위해서 필요한 최소 조건이라 할 수 있다.

목표설정이론

목표란 무엇인가

목표설정이론(goal setting theory)은 1968년 로크(Edwin A. Locke)에 의해서 제시된 이론이다.[1]

목표설정이론은 개인의 성과가 목표에 의해서 결정된다는 이론이다. 〔그림 5-7〕에 목표설정이론의 개념 모델을 제시하였다. 〈표 5-4〉에는 모델의 전 과정을 〈안전보험 주식회사〉의 김선주 팀장의 예를 가지고 설명하였다.

그러나 〔그림 5-7〕에 나타난 모델은 목표설정에 이르는 개인의 심리적 과정을 이해하는 데는 유효하지만 구체적으로 목표의 어떤 특성이 어떤 상황에서 성과와 어떻게 연결되는가를 설명하는 데는 충분치 않다.

따라서 목표설정이론에 대하여 보다 구체적으로 살펴보도록 하자.

그림 5-7
목표설정이론의 개념적 모델

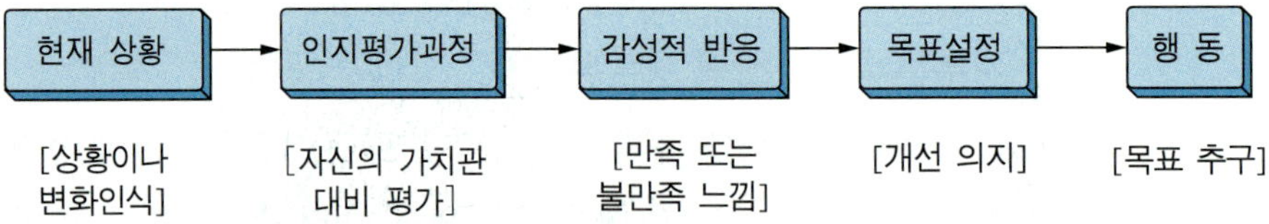

자료: Locke, E. A., Cartledge, N., & Knerr, C. S. 1970. Studies of the relationship between satisfaction, goal setting and performance. *Organizational Behavior and Human Performance*, No.1-5, pp.136-15.

표 5-4
목표설정의 예

- (현재의 상황) 100여 개의 직영대리점을 운영하고 있는 「안전보험 주식회사」의 대리점장인 김선주 팀장은 과거 5년 동안 10등 내외의 계약순위를 기록해 왔으나 지난 분기에 20등 이하로 떨어졌다.
- (자신의 가치기준과 현상태를 인지적으로 평가) 20등 이하라는 순위는 김 팀장이 평소에 생각해 오던 상위 10%라는 가치기준에 비해 너무 낮은 등수이다.
- (감정적 반응) 이렇듯 자신의 현실이 가치기준에 못미친다는 평가 결과에 대하여 김 부장은 불만족을 느끼게 된다.
- (목표설정 및 행동) 따라서 김선주 팀장은 다음 분기에는 성과를 높여야겠다는 의지를 갖게 되고 결국 그 의지가 높은 목표설정과 행동으로 이어진다.

도전적이고 구체적 목표가 성과를 높인다

초기의 목표설정이론의 초점은 목표의 특성이 어떠할 때 성과가 높아지는가를 이해하는 데 두어졌다. 그러다가 거듭되는 실증연구를 통하여 학자들이 목표의 효능에 대한 확신을 갖게 되면서 한쪽에서는 다양한 상황조건하에서 목표에 따른 성과가 어떻게 달라지는가를 연구하기 시작하였으며[2] 또 다른 쪽에서는 목표와 인간과의 상호작용(즉, 목표가 주는 심리학적 의미)을 이해하려는 방향으로[3] 연구가 진행되어 왔다. 목표설정이론에 대한 중요한 사항들을 체계적으로 설명하기 위해서 〔그림 5-8〕을 활용하려 한다.

〔그림 5-8〕은 목표의 특성이나 종류가 성과에 영향을 미치는데 그 영향의 크기가 여러 가지 상황요인들의 존재 여부에 따라 달라진다는 뜻이다. 이

그림 5-8
목표설정이론의 체계

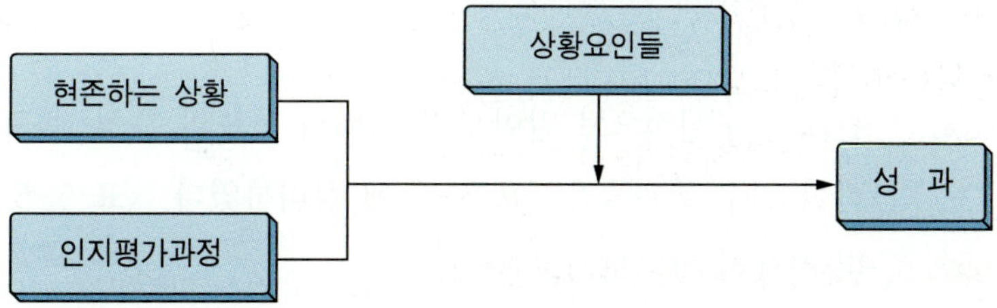

표 5-5

목표 관련 변수들

구 분	변 수	연구 결과 요약
① 목표의 특성	난이도	성취 가능한 범위 내에서 어렵고 도전적인 목표일수록 성과가 높다.
	구체성	"최선을 다하라" 식의 애매한 목표보다는 수량과 기간 측면에서 구체적인 목표일 때 성과가 더 높다.
② 목표의 종류	지시된 목표	지시된 목표의 경우 수행자의 수용(acceptance)이 중요하다. 지시된 목표가 수용되지 않으면 성과가 높아질 수 없다.
	참여적 목표	상·하급자가 토론을 통하여 공동으로 설정하는 목표로서, 참여에 대한 많은 논란이 있었으나 특별한 효과는 없는 것으로 나타났다.
	자기설정 목표	외부의 자극(예; 경쟁자)에 의해서 스스로 설정하는 목표로서 개인이 여러 가지 목표수준들 중에서 하나를 선택하게 되는(즉, 목표선택) 경우이다.
③ 상황 요인들	피드백	목표가 성과를 높이려면 피드백이 필수적으로 동반되어야 한다(즉, 목표+피드백)는 결론을 얻은 연구가 많다.
	보상조건	목표달성에 따른 조건적 보상(즉, contingent reward)이 주어졌을 때가 그렇지 않은 경우보다 성과가 높다.
	직무 복잡성	직무의 복잡성이 증가함에 따라 목표의 성과에 대한 효과가 떨어진다.
	능력	목표가 어려워지면 어려워질수록 능력과 성과의 상관관계는 커진다. 목표와 능력간의 상호작용이 성과를 결정한다.
	경쟁상황	경쟁은 지시된 목표의 수용도를 높여주고 스스로 목표를 세우도록 하여 성과를 높인다.

관계를 구체적으로 알아보기 위해서 목표의 특성, 목표의 종류, 상황요인들에 관한 연구 결과들을 〈표 5-5〉에 정리하였다. 〈표 5-5〉에 요약된 내용들을 좀 더 자세히 살펴보기로 하자.

① **목표의 특성:** 흔히 목표의 특성이 성과에 미치는 영향을 검증하는 연구에서는 도전적/구체적 목표를 "최선을 다하라"(do-your-best) 식의 애매한 목표나 목표를 전혀 주지 않는 조건과 대비시킨다. 결과적으로 90% 이상의 연구에서, 도전적/구체적 목표를 주었을 때가 애매한 목표를 주었을 때나 목표를 안 주었을 때보다 성과가 높게 나타났다.

목표가 구체적이라는 것은 기간과 목표량에 있어 명확해야 한다는 의미이다. 즉, "토요일 오전 10시까지(시간) 500페이지(목표량)의 문서 작성을 끝낸다"는 식이다. 구체적인 목표는 인간에게 노력의 방향을 제시해주며 심리적 불확실성을 제거해주고, 목표의 난이도(도전성)는 노력의 강도를 결정한다.

② **목표의 종류:** 목표는 설정 주체에 따라 세 가지로 나눌 수 있다. 즉, 지시된 목표, 참여적 목표, 그리고 자기설정목표가 그들이다.

지시된 목표란 상급자가 목표의 양이나 기간을 결정하여 하급자에게 명령하는 경우이다. 지시된 목표는 통제, 관리, 권위, 하향적(top-down) 커뮤니케이션, 계약상의 강제 등의 개념들과 관련된다. 지금까지의 연구 결과에 따르면, 지시된 목표는 하급자에 의해서 수용되어야 효과가 있는 것으로 밝혀졌다.[4]

목표수용(goal acceptance)은 목표몰입(또는 집착)이라고 불리기도 한다. 목표수용이 목표에 대한 일시적 동의에 초점을 맞추고 있는 반면, 몰입은 일정 기간 동안 처음 수용한 목표를 바꾸지 않고 그 목표를 달성하려는 지속적인 결의나 심리적 애착을 내포한다. 목표몰입에 영향을 미치는 요인들로는 권한, 동료집단, 보상과의 연계, 공개적 선언, 개인적 취향 등이 있다.[5]

연구 결과에 따르면, 지시된 목표, 참여적 목표, 그리고 자기설정목표 중에서 목표에 대한 몰입이나 성과 측면에서 지시된 목표가 가장 우수한 것으로 나타났다. 그러나 (어렵고 구체적인 특성을 갖는) 지시된 목표가 기대되는 성과를 가져올 수 있으려면 다음의 상황요건들을 충족시켜야 한다.

③ **상황요인들:** 목표설정을 통하여 성과를 높이려 할 때 고려해야 하는 상황요인들이 있다. 여기에는 피드백, 보상조건, 직무복잡성, 능력, 그리고 경쟁 등이 포함된다.

피드백이 주어지는가 안 주어지는가에 따라서 다음번 실행에 있어서의 목표의 효과가 크게 달라진다. 앞서의 실행성과가 어떠했는지를 알아야 다음번 실행에서 어느 정도의 목표가 달성 가능한지를 짐작하여 자신감을 형성할 수 있기 때문이다.

보상조건도 목표가 성과를 높이는 데 크게 도움을 줄 수 있다. 목표설정이론에서는 보상을 목표달성과 연계시켜야 한다고 주장한다. 외재적 보상의 경우, 목표달성 여부에 따라 보너스를 차등 지급한다든가 승진이나 인사고과에 반영하는 것이 바람직하다. 목표의 달성은 또한 내재적 보상을 가져올 수도 있다. 즉, 목표를 달성함으로써 성취감, 자존심, 자신감 등을 맛보게 된다. 내재적 보상의 경우 목표가 어려울수록 보상의 크기도 커진다.

직무복잡성은 세 가지 차원으로 설명된다. 즉, 요소의 복잡성(component complexity), 조정의 복잡성(coordinative complexity), 그리고 동태적 복잡성(dynamic complexity)이 그들이다.[6] 요소의 복잡성은 직무에 포함된 요소들의 수로 표시되고 조정의 복잡성은 그 요소들 간의 관계의 특성과 관계의 수로 측정될 수 있으며 동태적 복잡성은 요소나 그들 간의 관계의 수나 유형이 시간의 흐름에 따라 어떻게 변하는가를 나타낸다.

연구 결과, 단순한 직무를 사용한 경우가 복잡한 직무를 사용한 경우보다 목표설정의 효과가 훨씬 더 큰 것으로 나타났다.[7]

또 다른 상황요인은 능력이다. 목표가 어려워질수록 성과가 높아지지만 목표가 점점 어려워져서 능력이 한계에 도달하게 되면 성과의 증가율도 떨어지게 된다. 따라서 능력한계에 도달해 갈수록 목표의 난이도와 성과는 완만한 상승곡선을 그리게 된다.

마지막으로 경쟁이 갖는 상황요인으로서의 역할을 간과할 수 없다. 경쟁상황에서는 지시된 목표의 수용도가 높아지며 경쟁상황 자체가 개인으로 하여금 스스로 목표를 설정케 함으로써 성과를 높여 준다.[8]

MBO란 무엇인가

MBO(Management By Objective)란 "목표에 의한 관리"라고 번역되며 미국의 경영학자 피터 드러커(Peter Drucker)가 1954년에 듀퐁 등의 회사에서 실시하고 있던 목표 관련 관행들을 정리하여 자신의 서적에 소개하면서 널리 알려지게 된 전사적 목표관리체계이다.

MBO의 경우도 목표설정이론의 적용에서와 같이 대략 ① 목표의 설정, ② 실행, 그리고 ③ 성과에 대한 피드백의 단계를 밟는다. 그러나 그 내용 면에 있어서는 MBO가 훨씬 거시적이다. 〔그림 5-9〕에 MBO과정을 요약하였다.

MBO의 특징을 몇 가지로 요약할 수 있다. 첫째, 전사적 목표관리체계이다. 최고경영자에서 부문장, 본부장, 팀장, 팀원에 이르기까지 전 구성원이 일관성 있는 목표를 갖는다. 최고경영자가 회사의 목표를 세우면, 각 부문들이 회사의 목표달성에 필요한 부문 목표를 설정하고 부문에 속한 본부들은 부문 목표를, 본부에 속한 팀들은 팀 목표를 설정하는 식으로 사장에서 팀원들에 이르기까지 일관된 목표체계를 완성하게 된다. 이처럼 위에서 아래로 일관성 있게 전개되는 전파방식을 낙수(落水)방식(trickle-down; cascading)이라고 한다.

둘째, 상 · 하 간에 참여적 목표설정에 기초한다. 부문의 목표를 세울 때 각

그림 5-9

MBO의 과정

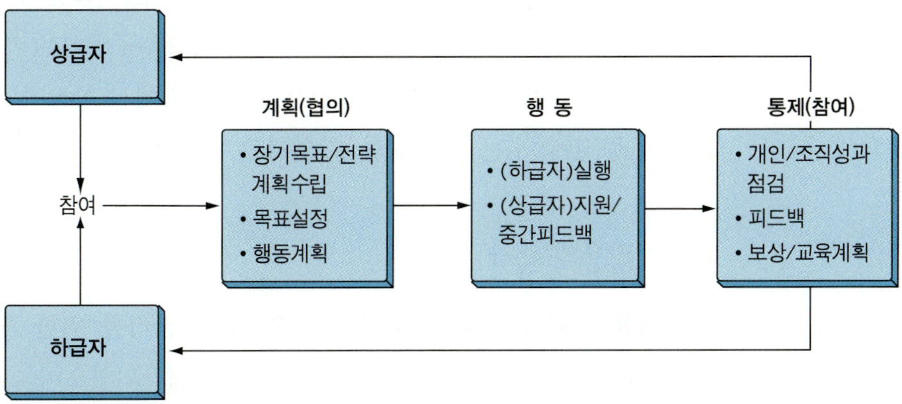

부문장들은 사장과 사전에 협의하여 설정하며, 본부의 목표는 부문장과 본부장들 간에, 팀 목표는 본부장과 팀장들 간에, 그리고 팀원들의 목표는 팀장과 팀원들 간에 참여적 방식으로 설정하게 된다. 협의과정에서 회사의 비전/미션, 중장기전략, 사업계획 등과 각 단위조직별 역량과 상황을 고려하여 회사, 부문, 본부, 팀의 목표를 정하게 된다.

셋째, 효과성(effectiveness)과 효율성(efficiency)을 동시에 추구한다. 피터 드러커에 따르면, 효과성이란 "옳은 일을 하는 것"(doing the right thing)이고, 효율성이란 "옳은 방식으로 일하는 것"(doing things right)이다. 즉 옳은 목표를 정하는 것은 효과성의 개념에 속하지만, 주어진 목표를 비용과 시간을 덜 들여 달성하는 것은 효율성에 해당한다. MBO는 올바른 목표를 설정하고 설정한 목표를 올바른 방법으로 달성하는 관리체계이다.

넷째, 체계적 평가가 가능하다. MBO는 목표를 설정하는 데만 초점을 맞추기보다는 설정된 목표가 어떻게 수행되고 있는지를 점검하는 것까지를 포함하므로 체계적 평가가 가능하다. 특히 참여적으로 목표를 설정하기 때문에 자신의 목표가 어떻게 설정되었는지를 충실히 이해하게 되며, 목표실행 중간과 종료 시에 피드백을 제공함으로써 평가와 더불어 학습효과도 높일 수 있다.

MBO는 거시적 차원에서 포괄적인 변화를 추구하나 목표설정이론의 접근방식은 국지적이고 소규모적인 변화에 초점을 맞춘다. MBO가 종종 실패하게 되는 이유 중에 하나는 바로 조직 전체에 분산되는 목표들의 초점 결여 때문이다. 반면에 목표설정이론에 근거한 국지적 목표추구방식은 가시적 결과산출이 가능하고 상급자와 하급자 간의 일상적 교류 속에서 항상 실시 가능하므로 조직효과 증진에 더 큰 기여를 할 수 있다고 본다.[9]

OKR 활용의 증가

OKR(목표 및 핵심 결과)은 조직의 성과 관리를 위한 체계적인 도구로, 1970년대 인텔의 앤디 그로브에 의해 처음 개발되었으며 이후 구글 등 여러 글로벌 기업들이 이를 채택해 널리 사용하였다. OKR은 명확한 목표 설정과 그 목표를 달성하기 위한 구체적인 핵심 결과를 정의하는 방식으로, 조직의 성과를 효율적으로 관리하고 향상시키는 데 초점을 맞추고 있다. OKR은 두 가지 주요 구성 요소로 나뉘는데, 첫 번째는 목표(objectives)이다. 목표는 조직이 이루고자 하는 방향과 비전을 나타내며, 구체적이고 도전적인 문장으로 표현된다. 이 목표는 회사나 팀이 나아가야 할 방향을 명확히 설정하는 데 도움이 된다. 예를 들어 "사용자 경험을 혁신적으로 개선한다"와 같은 목표는 회사가 추구해야 할 방향을 분명히 제시한다.

두 번째 요소는 핵심 결과(key results)로, 목표달성 여부를 구체적으로 평가할 수 있는 정량적인 지표들로 구성된다. 이 핵심 결과는 반드시 측정 가능해야 하며, 목표달성 여부를 명확하게 판단할 수 있게 한다. 예를 들어 "고객 만족도를 90% 이상으로 향상시킨다" 또는 "월간 활성 사용자 수를 20% 증가시킨다"는 구체적이고 측정 가능한 핵심 결과에 해당한다. OKR의 중요한 특징은 목표가 도전적이면서도 명확해야 한다는 점과, 그 목표와 결과를 조직 내 모든 구성원이 투명하게 공유하는 것이다. 이는 각 팀과 개인이 상위 목표에 맞춰 일관된 방향으로 일할 수 있도록 돕고, 조직 내 소통을 원활하게 한다. 또한, 정기적인 검토와 피드백 과정을 통해 목표 달성 정도를 확인하고 필요에 따라 전략을 조정할 수도 있다. OKR은 주로 분기 단위로 설정되고, 분기마다 리뷰를 통해 목표를 달성하기 위한 진행 상황을 점검한다.

OKR의 장점으로는 명확한 방향 설정과 동기부여가 있다. 조직 내 모든 구성원이 목표를 명확히 인지함으로써 동일한 방향을 향해 협력할 수 있으며, 도전적인 목표는 구성원들의 성취 동기를 자극해 더 나은 성과를 이끌어낼 수 있다. 또한, 핵심 결과가 정량화되어 성과를 명확히 측정하고 평가할 수 있어, 평가와 보상이 공정하게 이루어질 수 있다. 그러나 OKR을 효과적으로 도입하기 위해서는 몇 가지 고려사항이 있다. 먼저, 목표는 너무 쉽지도, 너무 도전적이지도 않게 설정해야 하며, 목표와 핵심 결과 간의 균형을 잘 맞춰야 한다. 지나치게 도전적인 목표는 성취 가능성을 낮추고, 반대로 너무 쉬운 목표는 동기부여를 약화시킬 수 있다. 따라서 목표는 조직의 능력 범위 내에서 도전적이어야

표 5-6
MBO와 OKR의 차이점과 공통점

항 목	MBO (Management by Objectives)	OKR (Objectives and Key Results)	공통점
목표설정 방식	상향식(bottom-up)으로 상사와 직원 간 협의를 통해 설정	상향식과 하향식 혼합, 목표는 도전적이고 영감을 줄 수 있도록 설정	목표 설정이 중심
주요 초점	성과와 목표 달성에 중점	목표 달성뿐만 아니라 학습과 성장에도 중점	명확한 목표 달성에 중점
목표 투명성	상사와 직원 간의 목표가 주로 개인적으로 설정됨	조직 내 모든 구성원에게 목표가 투명하게 공유됨	조직 내 협력과 성과향상 지향
성과 보상	목표 달성 여부에 따라 보상이나 승진에 직접적인 연관	보상과는 직접적인 연관이 없으며, 성취 자체에 중점	목표 달성과 성과에 대한 피드백
유연성	상대적으로 유연성이 낮고, 중간에 목표 수정이 어려움	도전적 목표를 설정하고 유연하게 조정할 수 있음	목표관리 효과성
목표의 성격	현실적이고 달성 가능한 목표를 설정	도전적이고 야심 찬 목표를 설정하며 70% 달성률을 성공으로 봄	성취를 통한 동기부여

한다. 또한, 목표설정 후에는 정기적인 커뮤니케이션과 피드백을 통해 목표와 성과를 지속적으로 점검하고, 필요시 수정해야 한다.

OKR은 오늘날 많은 기업들이 채택하고 있는 목표관리 도구로, 조직의 성과를 체계적으로 관리하고 높이는 데 큰 도움을 준다. 이를 통해 조직 내 모든 구성원이 동일한 목표를 향해 협력하며, 성과 향상과 조직 성장에 기여할 수 있다. MBO(Management by Objectives)와 OKR(Objectives and Key Results)은 모두 목표설정과 성과관리를 위한 도구로 사용되지만, 접근방식과 실행 방법에서 차이점이 존재한다. 〈표 5-6〉은 두 시스템의 공통점과 차이점을 정리한 것이다. 특히 두 기법은 피드백 제공의 빈도에서 차이가 난다. MBO에 비해

OKR은 보다 자주 피드백을 제공하여 업무행동 및 수행방향을 수정할 수 있는 기회를 제공하는 데에 역점을 둔다. 이러한 공통점과 차이점이 존재하기는 하지만, 본질적으로 이 두 가지 기법을 명확하게 구분하기는 쉽지 않고, 그래야 할 이유도 분명치 않다. 결국은 OKR이든 MBO이든 얼마나 효과적으로 운영하느냐가 관건이라 할 수 있다.

목표지향성(goal orientation)

도전적 과제가 주어졌을 때, 사람들은 크게 두 가지 성향을 보인다. 하나는 과제도전을 통해서 새로운 기술을 학습하고 역량을 향상시키는 기회로 삼으려는 숙련지향성향(mastery goal orientation)이고, 다른 하나는 우월한 성과를 창출하여 호의적 평가를 받으려는 성과지향성향(performance goal orientation)이다. 대학에서 조직행동론을 수강하는 학생들의 경우, 많이 배우려는 성향을 가진 학생들은 숙련지향성향이 높은 학생들이고, 최종적으로 A+ 학점 받는 것을 목표로 하는 학생들은 성과지향성향이 강한 학생이다.

아울러, 숙련지향성에도 두 가지 유형이 존재한다. 숙련-향상성향(mastery-approach orientation)은 도전적 과제를 통해서 자신의 역량을 향상시키려는 태도를 보이는 반면, 숙련-회피성향(mastery-avoidance orientation)의 개인은 배워야 할 것을 못 배울까 봐 우려하는 사람들이다. 성과지향성향의 경우도 마찬가지다. 성과-향상성향(performance-approach orientation)을 가진 사람은 도전과제를 통해서 자신의 역량이 다른 사람들보다 더 뛰어나다는 것을 보여주고 싶어 하는 반면, 성과-회피성향(performance-avoidance orientation)의 개인은 다른 사람들보다 못하다는 인식을 피하든가 최종적으로 탈락하지 않으려는 수비적 성향을 보인다.

지금까지의 연구 결과에 따르면, 숙련-향상성향을 보이는 개인들이 성과-향상성향의 개인들보다 최종 성과가 더 높고 상사와의 관계도 더 좋으며 보다 혁신적이라는 결과가 얻어졌다.[10] 예를 들어, 많이 배우려는 성향을 가진 학생이 무조건 좋은 학점을 받으려는 사람들보다 결과가 더 좋고 창의적이라는 것이다. 또한 목표지향성과 목표설정이론을 종합하여 검증한 연구에서는, 숙련(학습)-향상성향을 가진 경우에도 구체적 숙련목표를 세우고 접근하는 것이 자기효능감(self-efficacy)을 높여주기 때문에 성과를 더 높인다는 연구 결과가 있다.[11]

인지적 평가이론과 자기결정이론

인지적 평가이론은 벰(Bem)의 자기귀인(self-attribution)이론에 근거하여[12] 데시(Deci)가 발표한 이론으로 어떤 직무에 대하여 내재적 동기가 유발되어 있는 경우 외적 보상이 주어지면 내재적 동기가 감소된다는 이론이다.

3장의 귀인이론에서 배웠듯이, 인간은 자신의 행동에 대한 원인을 규명하려는 심리적 속성을 갖는다. 이러한 관점에서 보면 외적 보상 없이 내재적 동기가 유발되어 있는 상태에서는 원인으로 돌릴 만한 다른 요인(예, 외적 보상)이 없기 때문에 열심히 일하는 행위의 원인을 일 자체의 특성(즉, 일이 재미있어서) 때문이라고 귀인하게 된다. 그런데 이처럼 내적 귀인의 상태에 **외재적 보상**을 제공하게 되면 열심히 일하는 것에 대한 귀인의 대상이 일 자체에서 보상(예, 돈)으로 바뀌게 된다. 이 경우 똑같이 열심히 일은 하겠지만, 그 이유가 흥미 있는 일 때문이 아니라 보상 때문이라고 스스로 평가하게 된다. 그런데 이때 재미있는 것은 만약 내적 동기가 유발된 상태에 외재적 보상을 주었다가 이 외재적 보상을 제거하면 어떻게 되겠는가 하는 것이다. 여기에 인지적 평가이론의 핵심이 있다.

이 이론에 의하면 외재적 보상을 제거했을 때 본래의 내적 동기(즉, 일 자체의 흥미 등)가 되살아나지 않는다. 이를 그림으로 표현하면 〔그림 5-10〕과 같다. 따라서 자원봉사자에게 큰 외적 보상을 제공하는 것은 봉사의 동기를 퇴색시킨다.

인지적 평가이론의 영역은 보상문제에만 국한되는 것은 아니다. 예를 들어 피드백이 주어졌을 때에도 사람들은 그것이 주는 의미를 판단하여 귀인

그림 5-10
내적 동기와 외재적 보상: 데시(Deci)의 동기이론

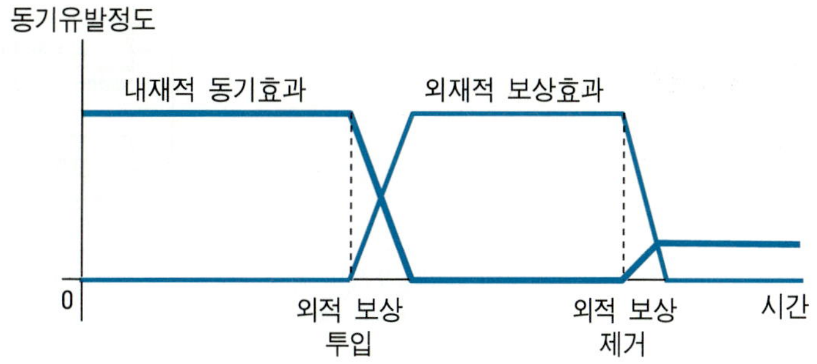

의 자료로 삼는다. 사람들은 피드백을 통하여 외부로부터 얻는 정보를 통제적 정보(controlling information)와 능력정보(competence information)로 구분한다.

즉, 나를 통제할 목적으로 주어진 피드백이라고 판단되는 경우(즉, 통제적 정보)와 나의 능력을 평가하는 내용이라고 판단되는 경우(즉, 능력정보)가 있을 수 있다. 앞서와 마찬가지로 능력정보는 내재적 동기와 관련되고 통제적 정보는 외적 통제와 관련되며 통제적 정보가 능력정보에 의한 내재적 동기유발 효과를 약화시킬 수 있다.

최근 들어, 인지적 평가이론은 자기결정이론(self-determination theory)으로 발전하였다.[13] 자기결정이론은 인간행동의 통제원천이 내면인가, 아니면 외부인가에 초점을 맞춘다. 이 이론은 인간의 동기는 개인이 완전히 내적 통제(예, 흥미, 호기심)에 의해서 행동할 때 가장 높으며, 내적인 이유가 전혀 없는 상태에서 순전히 외적인 통제(예, 강제)에 의해서 행동하게 되었을 때 제일 낮다는 명제에서 출발한다. 나아가 저자들은 완전한 내적 통제와 완전한 외적 통제 사이에 다양한 통제유형이 존재한다고 주장한다. 행동통제의 유형을 연속선상에 표현하면 〔그림 5-11〕과 같다.

그림에서 보듯이, 특정 일에 대해서 아무런 흥미도 없는데 보상이나 상사의 지시, 또는 법규 때문에 해야 하니까 하는 것을 외부통제에 의한 행동이라고 한다. 즉, 외재적 동기에 의한, 비자율적 행동인 것이다. 하지만, 외적 통제가 존재하더라도, 체면이나 자존심 때문에 하는 것이라면 '표면적 내면통

그림 5-11
행동통제의 유형

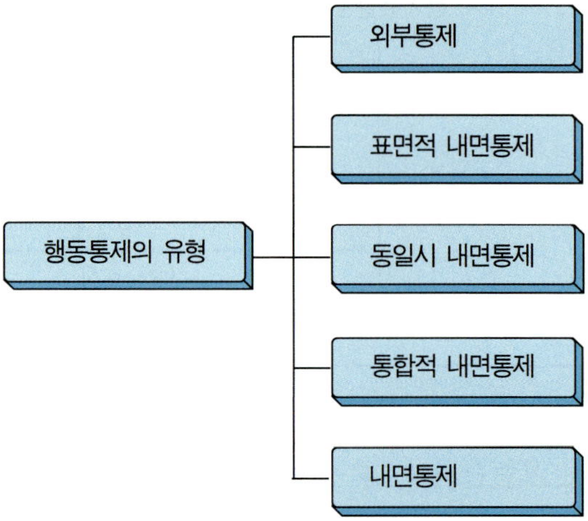

제'(introjected regulation)에 의한 행동이라고 한다. 또한 자신이 궁극적으로 추구하려는 목적을 달성하는 데 있어 주어진 일이 도움이 된다고 생각하여 수행한다면 '동일시 내면통제'(identification regulation)에 의한 행동이라고 할 수 있다. 동일시 내면통제는 개인이 의식적으로 요구되는 행동의 필요성을 인정하고 받아들인 상태이다. 통합적 내면통제는 주어진 일의 필요성을 인정할 뿐 아니라 그 일의 가치를 자신의 다른 내면가치와 일체화시킨 상태로서 내면통제에 가장 가까운 통제유형이다. 한편, 내면통제는 행동이 외적인 자극이 전혀 없이 완전히 자신의 자율적 결정에 의해서 이뤄지는 경우이다.[14] 이들 다섯 가지 행동통제 유형은 내면통제로 갈수록 개인의 자율적 선택 정도가 커진다.

특히, 많은 연구에서 개인의 자율통제감(즉, 내면통제)이 높을수록 성과, 학습, 자신감, 웰빙, 건강에 있어 더 좋은 결과를 산출하는 것으로 나타나고 있다.

자기결정이론은 이러한 개인의 행동을 통제하는 요인을 세 가지로 제시하고 있다. 즉, 역량감(competence), 자율성(autonomy), 그리고 연대감(relatedness) 등이다. 역량감은 어떤 일을 해낼 수 있는 역량이 있다는 느낌을 뜻하며, 자율성은 일에 대한 자기 자신의 선택영역을 의미한다. 그리고 연대감은 특정 일을

그림 5-12
자기결정이론 모델

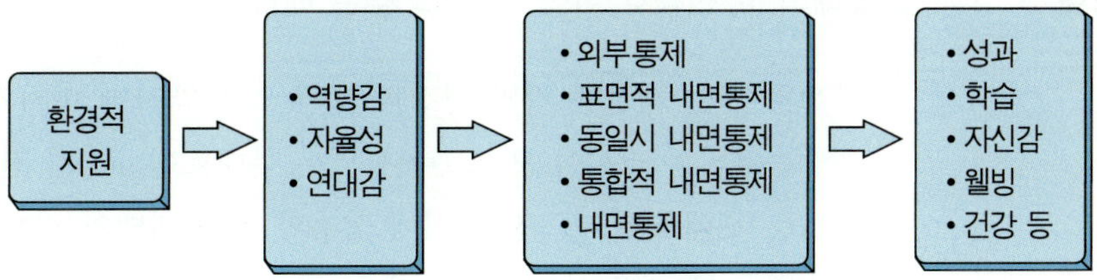

통해서 다른 사람들로부터 인정받을 수 있다는 인식을 뜻한다. 이들 세 요인이 잘 보장된 일은 그 일을 수행하는 사람으로 하여금 내면의 자율통제감을 느끼게 함으로 동기유발이 잘 된다고 주장한다.

아울러, 역량감, 자율성, 연대감을 높이기 위해서는 환경적 지원이 필요한데, 제도적 지원을 통해서 역량감을 높여주고 자율성을 높일 수 있는 정책적 지원이 필요하며, 연대감 제고를 위한 참여확대정책이 필요하다고 제안하고 있다.

이상의 논의를 모델로 정리하면, 〔그림 5-12〕와 같다.

〔그림 5-12〕는 조직이 제도, 정책, 참여 지원을 통해서 구성원의 역량감, 자율성, 연대감을 높이면 외부통제로 수행하던 일도 내부통제인식으로 바뀌게 되고 결과적으로 성과, 학습, 자신감, 웰빙, 건강 등이 증진된다는 뜻이다. 의무로 시작한 일도 하다 보면 내가 좋아하는 일로 변화될 수 있다는 것을 말해준다.

매듭 5-3

자기결정이론은 “시켜서 또는 상황 때문에 마지못해 시작한 일도 하다 보면 좋아지는 현상”을 설명하는 데 유효하다. 〔그림 5-12〕에서와 같이 외부통제가 통제감이 높아지면서 내면통제 쪽으로 전이되어 갈 수 있기 때문이다.

〈매듭문제 5-3〉 시켜서 했는데 좋아진 당신의 사례를 말해보시오.

사 례 5-1 **롯데의 고 신격호 회장: '정렬의 젊은 베르테르'**

"해외 호텔 객실에 가면 성경과 호텔 소개 책자가 비치돼 있다. 그런데 이달 중순부터는 러시아 모스크바에 있는 롯데호텔 400개 전 객실은 물론 국내에 있는 롯데호텔 7곳 전 객실에 성경과 함께 괴테의 소설책『젊은 베르테르의 슬픔』영문판을 볼 수 있게 된다. 롯데호텔은 이 책 1만 부를 찍어 한국과 러시아 호텔 객실과 전 직원들에게 3일 배포를 시작했다.『젊은 베르테의 슬픔』에 등장하는 여주인공 이름은 샤롯데다. '롯데' 그룹의 이름은 문학광이었던 신격호 회장이 책을 읽고 감명받아 샤롯데를 따 지은 것이다. 객실에 비치할『젊은 베르테르의 슬픔』서문에는 한 장 분량으로 롯데그룹의 유래를 담아 책을 읽는 해외 고객들도 이를 알 수 있게 했다."

베르테르의 정열을 본받아라 = 롯데를 창업한 신격호 회장은 1940년대 초 20대 초반의 나이에 무일푼으로 일본에 건너가 와세다고등공업학교(현 와세다대 이학부)에서 고학했다. 재학 시절 일본 지인으로부터 5만 엔을 투자받아 비누공장을 지었지만 두 번이나 폭격을 맞는 불운이 겹쳤다. 신용이 최고라 생각했던 그는 거액의 빚을 두고 일본을 뜰 수 없다는 생각에 더욱 사업에 매진했다.

타고난 사업가적 재능을 발휘해 비누 · 포마드 · 크림 등 유지사업을 벌인 그는 비누 만들던 밥솥과 국수 뽑는 기계를 이용해 껌을 만들기 시작했다. 이어 1946년 자본금 100만 엔, 조직원 10명으로 '롯데'라는 이름의 회사를 세웠다. 대학 당시 문학에 심취했던 그가『젊은 베르테르의 슬픔』의 주인공 베르테르의 샤롯데에 대한 사랑에 감명받은 때문이다. 신 회장은 평소 "베르테르는 그의 여인 샤롯데에 대한 사랑과 정열 때문에 즐거웠고, 때로는 슬펐으며, 그 정열 속에 자신의 생명을 불사를 수 있었다"고 말해 왔다. "정열이 있으면 어떤 어려운 일이라도 즐겁게 이겨낼 수 있지만 정열이 없으면 흥미도 없어지고, 일의 능률도 없어진다"며 "경영자의 정열과 직원 모두의 정열이 하나의 총체로 나타날 때 그 회사는 큰 발전이 기약된다"고 강조해 왔다.

신 회장은 67년 자본금 3,000만원으로 롯데제과를 설립해 한국에서도 사업을 시작했다. 롯데그룹은 제과 · 백화점 · 음료 · 마트로 발을 넓혀 '유통 왕국'으로 성장했다. 지난해 사상 최대인 61조 원의 잠정 매출을 올렸다. 2009년 매출 47조 3,000억 원과 비교하면 무려 30% 가까이 성장해 재계 5위 자리를 굳혔다."(중앙일보, 2011. 1. 5)

신격호 회장은 2020년 1월, 98세의 나이로 작고했다.

[사례 문제 5-1] 고 신격호 회장이 '젊은 베르테르'에 감명받아 동기부여 되었던 것처럼, 당신이 마음속에 두고 있는 "젊은 베르테르"(모델)는 누구인가?

사 례 5-2 LG이노텍 허영호 사장의 10배 목표

"처음 LG이노텍에 부임해 왔을 때 허 사장이 확인한 것은, TV 채널 선택에 관련된 부품인 튜너(Tuner) 생산에 있어, 고객이 요구하는 납기 준수율이 낮고, 불량률이 높아 고객의 신뢰를 잃고 있었으며, 이로 말미암아 재고가 쌓이고 부실채권이 발생하여 수익성이 악화된 상황이었다. 그런데도 임직원들은 모두 패배감에 젖어 있어 누구 하나 적극 나서서 이 문제를 해결하려고 하지 않는 상황이었다.

허 사장은 문제의 핵심이 높은 불량률에 있다고 판단하였다. 불량률이 낮아지면 납기 지연이 해소되고 고객의 신뢰도 회복할 수 있으며, 그럼으로써 수익성도 개선될 수 있다고 믿었다. 분석 결과, 중간 공정인 칩 마운트(Chip Mount)의 불량률이 32,000ppm으로 터무니없이 높아 문제의 원인이 되고 있음을 발견하였다. 허 사장은 1/10이 안 되는 불량률 3,000ppm을 새로운 목표로 제시하였다. 현재의 10배였다. 당연히 임직원들의 반발이 심했다. 허 사장은 설득에 들어갔다. 그는 방법을 찾기 위해 조직원들과 함께 고민에 고민을 거듭하였다. 그리고 그 해 연말, 기적이 일어났다. 불량률 1/10의 목표가 달성되었던 것이다."

독종 리더들은 항상 터무니없는 목표를 제시하는 데서 시작한다. 박태준이 그랬고 정주영 또한 마찬가지였다. 박태준은 1973년 하반기 포항제철 제1고로를 건설하면서 공기가 3개월이나 지연되는 것을 발견하였다. 그는 군대에서처럼 비상을 걸었다. 24시간 콘크리트 공사를 지시했다. 공사장 일꾼들은 시멘트 범벅이 되어 일했다. 박 회장도 물론 그들과 함께했다. 그 결과, 5개월 걸릴 것이라던 콘크리트 작업을 2개월 만에 거뜬히 해내고야 만다.

정주영 회장도 비슷한 행동을 보였다. 중동 건설공사가 한창이었던 시절, 거대한 철 구조물을 만들어야 하는데 그곳에서는 만들 수 있는 여건이 안 되었다. 정 회장은 울산에서 철 구조물을 만들어 운반하기로 결심했다. 모두가 안 된다고 난리를 쳤다. 만드는 것은 문제가 아니지만 도저히 공기에 맞춰 운반할 수 없다는 이유에서였다. 정 회장은 끄떡도 하지 않고 밀어붙였다. 철 구조물은 울산에서 완성되었다. 운반이 문제였다. 남은 시간은 얼마 되지 않았다. 정 회장은 거대한 오일탱커에 철 구조물을 실으라고 했다. 하지만 전속력으로 달린다 해도 기한 내 중동까지 도착하는 것은 불가능했다. 정 회장은 기발한 아이디어를 냈다. 탱커에 거대한 돛을 단 것이다. 돛이 바람을 받아 끌어주고 엔진이 전속력으로 밀어 준 결과, 철 구조물은 기한 내에 공사장에 도착할 수 있었다.

허영호 사장의 불량률 10배 줄이기도 이러한 맥락의 행동이었다. 합리적이거나 상식적 수준에서는 도저히 이해할 수 없는 목표치다. 소위 '도전적 목표'라는 말을 가지고 이 현상을 표현하는 것은 합당치 않다. 합리적 기준으로 봤을 때 말도 안 되는 목표치다. 그럼에도 불구하고 한국 사람들은 그 목표를 달성해낸다. 이것은 독종DNA를 갖고 있기 때문에 가능한 일이다.

다른 나라의 기업들도 어려운 목표, 도전적 목표를 동기부여의 수단으로 삼는다. 그래서 소위 '스트레치 골'(stretch goal)이라는 제도를 운영하는 기업들이 많다. 전년 대비 10% 성장을 목표로 하던 것을 30%~50%로 높여 잡도록 한다. 사실 LG의 다른 계열사를 비롯한 코리안 리(Korean RE) 등의 기업들도 "5% 성장은 불가능하지만 30% 성장은 가능하다"는 슬로건을 내걸고 뛰고 있다. 하지만 10배의 목표는 이 관행으로도 설명할 수 없는 터무니없는 수준이다.

중요한 것은 LG이노텍뿐 아니라 다른 많은 한국 기업들에서 이런 터무니

없는 목표들이 달성되어 왔다는 점이다. 한국인들이 가진 '한'(恨)으로 이 행동을 설명하는 학자들도 있고, '신명(神命)'이나 '신바람'의 개념으로 설명하기도 한다. 하지만, 분명한 것은 한국인들의 DNA 속에는 '해야 하는 것은 해야 한다'는 일종의 책무감 같은 것이 존재한다는 사실이다. 이것이 대한민국의 터닝 포인트를 만들어낸 원인이다.

(월간중앙, 2010년 11월호)

[사례 문제 5-2] 이처럼 과다한 목표를 추구할 때 나타날 수 있는 부작용들은 무엇이며, 그들을 극복할 수 있는 방법은 무엇인가?

나의 조직행동 진단 5

나의 목표지향성(goal-orientation)

▣ 아래의 각 문항에 주어진 응답양식을 사용하여 답하시오.

〈응답양식〉

1	2	3	4	5	6	7
전혀 그렇지 않다			보통이다			매우 그렇다

항 목	응 답						
	1	2	3	4	5	6	7
1. 나는 다른 사람들보다 공부(또는 일)를 더 잘하는 것을 중시한다.							
2. 나는 공부나 일을 하는 과정에서 가능한 모든 것을 다 배우지 못할까 걱정한다.							
3. 나는 공부나 일을 할 때 최대한 많이 배우려고 한다.							
4. 나는 공부나 일을 할 때 잘못한다는 소리 안 듣는 것으로 만족한다.							
5. 나는 공부나 일에서 다른 사람들에 비해 잘하는 것을 중요시한다.							
6. 때때로 나는 공부나 일에서 알아야 하는 것을 다 알지 못할까 봐 두려움을 느낀다.							
7. 나는 공부나 일에서 모든 내용을 완전히 이해하는 것을 중요하게 생각한다.							
8. 공부나 일을 할 때, 나의 목표는 잘못하지 않는 것이다.							
9. 공부나 일을 할 때, 나의 목표는 다른 사람들보다 더 좋은 평가를 받는 것이다.							
11. 나는 공부나 일에서 주어지는 내용들을 완전히 숙달하려고 노력한다.							

항 목	응답						
	1	2	3	4	5	6	7
11. 나는 공부나 일에서 주어지는 내용들을 완전히 숙달하려고 노력한다.							
12. 나는 공부나 일에서 잘못할까봐 두려워하는 마음 때문에 동기부여 될 때가 있다.							

[해 석]

〈1〉 우선 다음의 공식을 이용하여 당신의 목표지향성향을 계산하시오.

- 숙련–향상성향: 항목 3 + 7 + 11 = (　　　　　　)
- 숙련–회피성향: 항목 2 + 6 + 10 = (　　　　　　)
- 성과–향상성향: 항목 1 + 5 + 9 = (　　　　　　)
- 성과–회피성향: 항목 4 + 8 + 12 = (　　　　　　)

〈2〉 각 영역별 '고', '저'를 아래 표를 가지고 평가하시오.

영 역	고, 저 평가기준	나의 성향에 체크
숙련–향상	고: 17점 이상, 저: 17점 미만	고(　), 저(　)
숙련–회피	고: 12점 이상, 저: 12점 미만	고(　), 저(　)
성과–향상	고: 15점 이상, 저: 15점 미만	고(　), 저(　)
성과–회피	고: 13점 이상, 저: 13점 미만	고(　), 저(　)

〈참고〉

* 숙련–향상성향: 최종 평가(예, A+학점)를 잘 받는 것보다 많이 배우겠다(즉, 기술을 숙련하겠다)는 것을 목표로 세우고 도전하는 성향. 과정목표추구자이다.
* 숙련–회피성향: 배워야 할 것을 못 배울까 봐 걱정하여(즉, 미숙련을 우려하여) 목표를 "배워야 하는 것을 다 따라가는 것"으로 세우는 성향. 과정목표

를 추구하나 도전보다는 탈락방지가 목표인 소극적 성향.

* 성과–향상성향: 어려운 최종 목표(예, A+학점)에 도전하려는 성향. 무엇을 배웠는가보다는 무슨 학점을 받았는가를 중시함.
* 성과–회피성향: 최고 결과를 추구하는 것이 아니라 최종적으로 탈락하지 않는 것을 목표로 하는 성향

자료: Burger, J. M. 2004. *Personality*. Thomson-Wadsworth.

제6장

학습과 스트레스

본 장의 요점

* 새로운 행동을 습득하는 학습을 설명하는 다양한 이론들을 학습한다.
* 보상받는 행동은 반복되고 벌을 받는 행동은 소멸된다는 강화의 법칙을 통하여 다른 사람의 행동을 바꿀 수 있는 효과적인 개입방법을 배운다.
* 보상과 벌을 어떻게 주는 것이 바람직한지를 이해한다.
* 스트레스의 개념, 원인, 특징, 해결방법을 학습함으로써 스트레스 관리의 효과적 방법을 터득케 한다.
* 전신스트레스증후군의 개념을 이해한다.

현대자동차 정의선 회장

* 정의선 회장은 현대그룹 창업자 정주영 회장의 손자로서 3세대 경영자이다. 1999년 현대차그룹에 입사하여 2020년 현대차그룹의 회장으로 취임하였다.

* 그는 현대차그룹을 세계 5위 자동차 제조사로 만들었으며, 아이오닉 브랜드를 출시하여 전기차와 자율주행차 등 미래 모빌리티 시장에서 입지를 구축해 가고 있다. 또한 수소연료전지 기술을 최초로 개발하여 대량생산에 성공하는 등의 업적을 보여주었다.

* 경영스타일을 보여주는 어록:
  - ▶ "우리는 단순히 자동차를 만드는 회사가 아니라, 사람들에게 더 나은 삶의 경험을 제공하는 모빌리티 솔루션 기업으로 변화하고 있다."
  - ▶ "환경을 생각하지 않는 기술은 오래가지 못한다. 지속가능성이 기술 혁신의 중심에 있어야 한다."
  - ▶ "사람은 기업의 가장 큰 자산이다. 사람을 위한 기술, 사람을 위한 조직이 현대차의 핵심 가치이다."
  - ▶ "직원들이 스스로 성장할 수 있는 환경을 만드는 것이 리더의 가장 중요한 역할이다."
  - ▶ "변화를 두려워하지 말고, 오히려 기회로 만들어야 한다. 위기는 새로운 성장을 위한 도약의 발판이 된다."
  - ▶ "기술은 사람을 통해 발전한다. 사람의 가능성을 믿고 그들이 도전할 기회를 제공해야 한다."

✤ 〈문제 6〉 **어떤 상황에서 사람은 기업의 자산이 되는지 생각해 보자.**

학습과 행동수정

학습이란 경험에 의한 "행동이나 동기의 변화"로 정의된다. 학습에는 세 가지 핵심 특성이 있다. 첫째는 학습은 변화를 수반한다는 것이고, 둘째는 그 변화가 비교적 장기적으로 유지된다는 점이다. 그리고 셋째로 학습은 직간접적인 경험을 통해서 발생한다는 사실이다.

학습이론은 두 상반된 학파 간의 치열한 논쟁 속에서 발전하여 왔다. 하나는 **행동주의학파**(Behaviorists)이고 다른 하나는 **인지론학파**(Cognitive theorists)이다. 행동주의론자들은 행동에 따르는 외적 결과를 통제함으로써 학습이 가능해진다고 믿는다. 돌고래가 바람직한 행동을 보일 때만 먹이를 줌으로써 먹이라는 즐거운 결과들을 획득하기 위해서 조련사가 원하는 행동을 계속 보이게 된다. 즉, 먹이라는 외적 결과를 조작하여 돌고래의 특정 행동을 학습시킨 것이다. 행동론자들은 똑같은 논리가 사람들에게도 적용될 수 있다고 믿었다. 학습은 개인을 둘러싼 환경의 특성에 의해 결정된다는 것이다.

행동주의와는 달리 인지론은 인간 내면의 '인지능력'을 가지고 학습현상을 설명한다. 사람은 누구나 주어지는 정보를 저장했다가 그것을 꺼내어 분석하고 결합하여 새로운 현상을 이해하고 판단할 수 있는 인지능력을 타고난다. 개인이 갖고 있는 인지능력이나 인지구조의 특성에 따라 행동과 동기가 달라진다. 따라서 인지구조가 바뀌어야 진정한 학습이 일어난다는 것이다.

학습에는 어떤 이론들이 있나

효과의 법칙과 조작적 조건화

쏜다이크(Thorndike)가 제안한 **효과의 법칙**이란 호의적인 결과가 따르는 행동은 반복되고 호의적이지 않은 결과가 나타나는 행동은 반복되지 않는다는 법칙이다.[1] 그는 결과에 의한 행동통제를 강조했다는 측면에서 강화론자라고

표 6-1
스키너의 행동분류

반사적 행동	자극에 대해 반사적으로 취하는 행동. 〔타고난 반사적 행동의 예: 양파 껍질을 벗기면 눈물을 흘린다. 뜨거운 물체에 손이 닿으면 얼른 손을 뗀다.〕
조작적 행동	원하는 결과를 위해 의식적으로 하는 행동. 원하는 결과를 산출하기 위하여 환경과 교류하면서 학습하는 행동

불린다. 강화(reinforcement)에 대한 자세한 내용은 아래에서 다루도록 한다.

스키너(Skinner)는 쏜다이크를 따라 행동은 결과의 함수라고 주장했으며 행동에는 **반사적 행동**과 조작적 행동이 있다고 주장하였다. 이 두 가지 행동의 속성을 요약하면 〈표 6-1〉과 같다.[2] 스키너의 **조작적 행동**은 본 절의 뒤에서 다루는 행동수정(OB Mod: OB Modification)과 관련된다.

사회적 학습이론

사회적 학습(social learning)이란 개인이 환경과 인지적 상호작용을 하면서 행위를 습득하는 것을 말한다.[3] 사회적 인지이론이라고 불리기도 하며 반두라(Albert Bandura)에 의해 주창되었다.

사회적 학습이론의 기본모델을 요약하면 〔그림 6-1〕과 같다. 외부로부터 전달된 정보가 개인의 인지구조 속에서 처리되어 새로운 행위가 학습되는 과정을 그리고 있는데, 학습은 대리학습, 자기통제, 자기효능감 등에 의해서 이루어진다.

우선 대리학습에 대해서 알아보자. 사람은 다른 사람을 관찰하는 과정에서 그들의 행위와 그 결과에 대한 이미지를 인지구조 속에 형성하게 된다. 이처럼 다른 사람의 행동과 그 결과를 관찰함으로써 학습하게 되는 것을 **대리학습**(vicarious learning)이라고 한다. 골프를 배울 때 프로골퍼를 따라 하는 것이나 훌륭한 리더들의 사례를 읽어 리더십을 배양하려는 노력 등은 대리학습의 예에 해당한다.

또한 자기통제(self-control) 학습도 중요하다. 사람은 자신의 행위가 인지적

그림 6-1
사회적 학습이론 모델

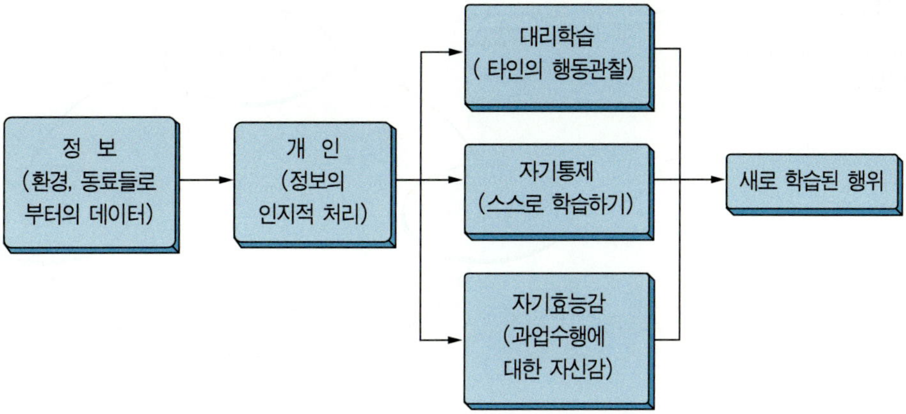

자료: D. Hellriegel, J. W. Slocurn, Jr. & R. W. Woodman, 1998, *Organizational Behavior*, Cincinnati, OH: South-Western College Publishing, p.108.

판단과 부합되고 환경의 자극과 행동의 결과를 통제할 수 있는 한 자신의 행동을 스스로 통제하려는 성향이 있다. 성장하면서 자기통제학습이 안 된 사람들이 '디지털 해적행위'(digital piracy; 불법복제 등)를 더 많이 한다는 연구 결과도 있다.[4] 앞에서 배운 자기결정이론과도 관련된다.

세 번째 요소는 **자기효능감**(self-efficacy)이다. 자기효능감이란 특정 과업의 수행 가능성에 대한 개인의 믿음 또는 자신감을 의미한다. 학습에 있어서도 잘할 수 있다는 자신감이 있어야 학습효과가 높아진다. 자기효능감에 가장 큰 영향을 미치는 요소는 과거의 성취경험이다. 따라서 자기효능감을 높이기 위해서는 작은 성공을 되도록 많이 경험할 필요가 있다. 또한 다른 사람들의 기대감도 자기효능을 높여준다. 윗사람들의 부하에 대한 높은 기대는 부하들의 자기효능감을 증가시킬 수 있다.

경험학습

경험학습(experiential learning)은 머리로 배우는 것이 아니라 몸으로 배우는 것이다. 훌륭한 의사란 얼마나 책을 많이 읽었는가에 의해서 결정되는 것이 아

그림 6-2
듀이의 경험학습 모델

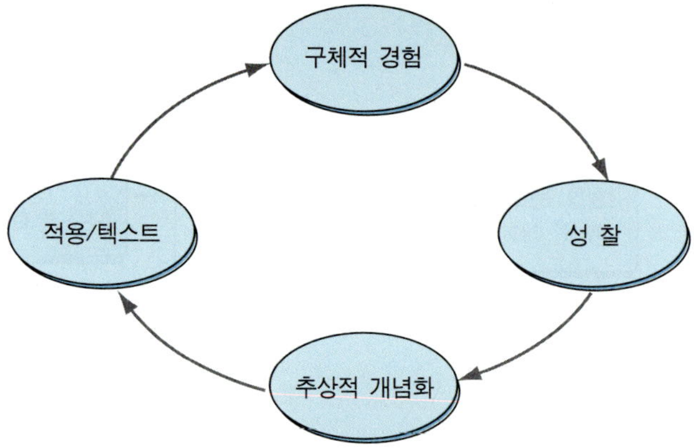

니라 얼마나 다양한 환자들을 직접 치료한 경험이 있는가에 의해서 결정된다. 한의사의 경우는 특히 더 그렇다. 조직도 구성원들이 다양한 경험을 통하여 성장할 수 있는 방안들을 다각도로 마련해 놓고 있다. 재무나 마케팅, 또는 인사관리 등 어느 한쪽의 경험만을 갖고 있는 사람은 경영자로서 경험의 한계가 있기 때문이다.

교육학자 듀이(Dewey)는 〔그림 6-2〕와 같이 경험학습 4단계 모델을 제시하였다.[5] 모델에 따르면, 개인의 구체적 경험은 성찰(reflection)과정을 거쳐, 원리나 법칙을 발견하는 추상적 개념화 단계에 이른 후, 학습한 추상적 개념이나 원칙을 현실에 다시 실험적으로 적용해보고 조정하는 최종 단계를 밟는다. 이 과정을 반복하면서 추상적 지식이나 원칙이 테스트되고 확인, 조정된다. 따라

매듭 6-1 **교실에서 배운 것은 1주일, 경험으로 배운 것은 1년**

"교실에서 배운 내용은 1주일을 넘기기 힘들지만, 경험학습으로 터득한 내용은 1년 가까이 지속된다"는 연구 결과도 있다.

〈매듭문제 6-1〉 경험학습의 결과가 더 오래 지속되는 이유는 무엇인가?

서 경험학습에서는 경험을 많이 하는 것보다는 경험한 것에 대해서 성찰하고 추상적 원리를 구성하여 현실에 적용해 보면서 확고한 지식으로 만드는 과정을 중요시한다. 무엇보다도 성찰이 없으면 경험학습 사이클은 지속될 수 없다.

많은 연구 결과, 경험학습은 매우 효과적인 학습방법이며, 학습자의 행동에 장기적이고 긍정적인 영향을 미치는 것으로 나타나고 있다.

지식경영을 통한 학습관리

지식경영은 지식의 유형을 분류하는 데서 시작한다. 구체적으로, 지식의 유형에는 '암묵지'(暗默知: tacit or implicit knowledge)와 '형식지'(形式知: explicit knowledge)가 있다. 암묵지란 말로는 하나하나 설명할 수 없는, 개인이 체화하여 갖고 있는 내면의 비밀스런 지식을 의미하며, 형식지란 전달과 설명이 가능한, 적절히 표현되고 정리된 지식을 의미한다.

가령, 고려청자를 만드는 비법이나 50년 한의사의 맥 짚는 법, 간장의 맛을 결정한다는 시어머니의 손맛, 연봉이 수억에 달한다는 보험설계사의 영업비밀, 기계 돌아가는 소리만 들어도 어디가 잘못되었는지를 알 수 있다는 공장 근로자의 감각 등은 간단히 말로 설명할 수 없는 암묵지에 해당한다.

반면에 형식지란 회계사가 회계규칙에 입각하여 재무상태표를 작성하는 데 소요되는 지식이나 정해진 매뉴얼에 따라 기계를 작동하는 데 관련된 지식 등과 같이 분석되어 설명되고 통용될 수 있는 가시적 지식을 뜻한다.

조직에서는 조직원들이 오랜 업무처리 과정에서 터득한 나름대로의 독특한 암묵지를 형식지로 만들어 많은 조직원들에게 전파함으로써 다른 조직이 모방할 수 없는 경쟁력을 확보하기 위해서 노력한다. 또한 누구나 알고 있는 형식지를 더욱 탐구하여 월등한 성과를 낼 수 있는 암묵지화하기 위한 노력도 경주해 왔다. IT기술을 활용하여 좀 더 체계적으로, 또 신속하게 지식을 관리하려는 것이 지식경영의 기본 내용이다.

행동수정

앞서 연구한 스키너의 조작적 조건화의 원리를 응용하여 개인의 구체적인 행동을 강화 또는 소멸시킬 수 있도록 구성한 일련의 학습화(학습시키는) 기법들을 행동수정이라고 한다. 행동에 따른 결과를 조작하여 행동변화를 이루어 내는 것이다. 행동주의학파가 가장 중시하는 학습방법이다. 이것은 ABC법칙으로 설명된다.

ABC 법칙

조작적 조건화 과정의 환경의 자극을 A(Antecedents)로 표시하고,[6] 자극에 대한 반응(행동)을 B(Behavior)라고 하며, 행동에 따르는 결과를

그림 6-3
ABC의 법칙

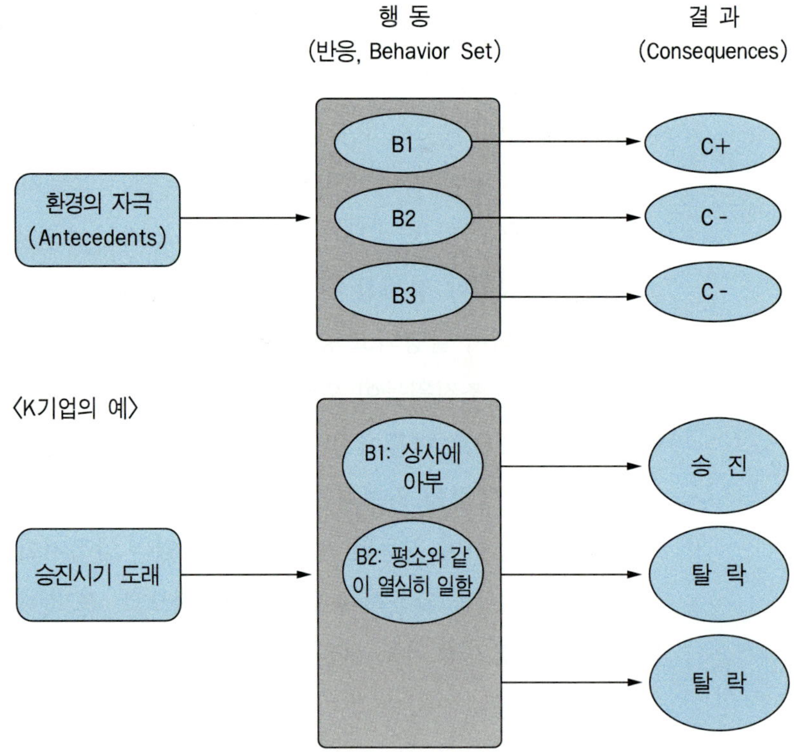

C(Consequences)로 표시한다. 특정한 자극 A가 주어졌을 때 개인이 보여줄 수 있는 자극에 대한 여러 가지 반응행동들 중에서 긍정적 결과 C+를 가져오는 행동(예를 들어, B1)은 강화되고 부정적 결과 C−가 따르는 행동(B2, B3)은 소멸된다는 것이다. 이 논리를 〔그림 6-3〕에 정리하였다.

〔그림 6-3〕 하단의 K기업 예에서 승진시기가 되면 조직원들은 어떤 행동을 보일까? 항상 열심히 일하는 행위보다는 아부 행위가 긍정적 결과를 가져오는 상황에서 조직원들의 행위는 상사에 대한 아부쪽으로 강화될 수밖에 없다.

강화의 법칙

행동수정은 이러한 A→B→C 과정 중에서 특히 B→C의 관계에 초점을 둔다. 행동과 결과의 관계는 다음의 네 가지 강화의 법칙에 의해서 설명될 수 있다. 이들 간의 차이점들을 〔그림 6-4〕에 제시하였다.

긍정적 강화란 특정 행동에 대하여 즐겁고 긍정적인 결과를 제공함으로써 그 행동을 반복하도록 유도하는 것을 말한다. 상급자가 하급자의 높은 성과에 대해서 칭찬을 해줌으로써 하급자가 더 높은 성과를 추구하도록 동기부여시키는 것은 긍정적 강화의 예이다.

부정적 강화는 이미 존재하는 불유쾌하고 부정적인 결과를 제거해줌으로써 바라는 행동이 반복되도록 하는 것이다. 잔소리가 심한 상사가 하급자의 끊

그림 6−4
강화법칙들 간의 차이

	결과의 제공 ⇩	결과의 제거 ⇧
긍정적 결 과 ⇨	긍정적 강화 (바람직한 행동에 따라 긍정적 결과 평가)	소 거 (긍정적 결과의 제거)
부정적 결 과 ⇨	벌 (바람직하지 않은 행동에 대하여 부정적 결과 첨가)	부정적 강화 (부정적 결과의 제거)

임없는 개선 실적을 보고 잔소리를 안 하게 되었다면 이는 부정적 강화의 예가 될 수 있다. 부정적 강화를 **벌**(punishment)과 혼동하는 사람들이 많다. 그러나 부정적 강화는 특정 행동을 강화하기 위한 전략인 반면 벌은 행동의중지에 목적을 두는 전략이다.

벌이란 특정 행동을 중지시키기 위해서 특정 행동에 대하여 불유쾌한 결과를 제공하는 것을 뜻한다. 지각한 학생의 지각 행위를 근절시키기 위하여 화장실 청소를 시키는 것이 한 가지 예가 될 수 있다. 조직에서 우리는 벌을 통한 통제의 예들을 많이 접한다. 그러나 벌은 바람직하지 않은 구체적 행동에 대하여, 그러한 행동이 있고 난 직후에, 행동의 부정적 결과에 상응하는 강도로, 상대방의 자존심을 손상시키지 않는 방법으로(예, 개인적으로) 납득할 수 있도록 실시해야 효과적이다.[7] 상사가 자신의 권위를 세우기 위해서 막연히 벌하는 행위는 바람직하지 않다.

소거는 긍정적 강화요인을 제거함으로써 특정 행동의 중단을 유도하려는 전략이다. 지각하는 직원에게 OT(overtime: 연장근무) 수당을 받을 수 있는 기회를 제거하는 것이 한 예가 될 수 있다.

강화스케줄

강화스케줄이란 행동에 따르는 강화요인 제공의 시점과 빈도를 조절함으로써 바라는 행동을 지속시키려는 것이다. 긍정적 강화요인을 얼마나 자주, 또는 어느 시점에 제공하는 것이 개인의 바람직한 행동의 지속적 발현을 이끌어내는 데 가장 적절할까? 스키너와 그의 동료 학자들이 수년간에 걸쳐 비둘기를 대상으로 한 실험을 통하여 밝혀낸 바를 요약 · 정리하면 다음과 같다(〈표 6-2〉 참조).[8]

연속적 강화법

바람직한 행동이 나타날 때마다 강화요인을 제공하는 기법으로 새롭게 형성된 바람직한 행동을 강화할 때, 또는 불규칙하거나 발생하는 빈도가 낮은 행동의 경우에 사용하는 것이 효과적이다. 연속적 강화법은 강화요인이 매번 제

표 6-2
강화스케줄

스케줄		내 용
연속적 강화법		바람직한 행동이 나올 때마다 강화요인(보상)을 제공한다.
단속적 강화법	고정간격법	일정한 시간적 간격을 두고 강화요인을 제공한다.
	변동간격법	불규칙한 시간 간격에 따라 강화요인을 제공한다.
	고정비율법	일정한 수의 바람직한 행동이 나타났을 때 강화요인을 제공한다.
	변동비율법	불규칙한 횟수의 바람직한 행동 후 강화요인을 제공한다. (예: 지난번에는 100개 생산 후 보상이 제공되었으나, 이번에는 50개, 다음에는 80개 등으로 바뀜).

공되는 한 꾸준한 성과향상을 기대할 수 있으나[9] 강화요인이 제거되고 나면 나타났던 반응이 급속히 소거되는 경향이 있다. 이 방법은 지나치게 자주 강화요인을 제공함으로써 조기에 포만상태에 이르게 되어 동기부여 효과를 기대할 수 없게 되는 경우가 많다.

단속적(斷續的) 강화법

단속적 강화법은 바람직한 행동이 나타날 때마다 강화하는 것이 아니라 그러한 행동이 누적되는 것을 보고 어떤 기준을 가지고 강화요인을 제공하는 기법들을 통칭하는 말이다. 여기에는 고정간격법, 변동간격법 등 시간의 흐름을 기준으로 하는 방법들과 고정비율법, 변동비율법 등과 같이 행동의 발현 빈도에 초점을 맞춘 기법들이 있다.

고정간격법은 일정한 시간 간격을 두고 강화요인을 제공하는 방법이다. 시간급제나 일정한 기간에 지급하는 보너스나 연봉 등은 이 고정간격법에 해당한다. 한국 기업들은 주로 월급 등의 형태로 고정간격법을 사용하여 왔다. 연구결과에 따르면, 고정간격법하에서 사람들의 행동은 평상시에는 나태하다가 보상(강화) 시기가 임박해지면 바람직한 행동을 많이 보인다고 한다.[10] 성과향상 측면에서 고정간격법은 다른 방법들에 비해 가장 열등한 것으로 알려져 있다.

변동간격법하에서는 강화요인이 불규칙한 시간 간격에 따라 제공된다. 조직원들은 언제 자신의 행동이 평가되고 보상될지를 예측할 수 없다. 따라서 변동법(변동간격법 또는 변동비율법)하에서 조직원들은 언제 보상이 주어질지 모르므로 항상 바람직한 행동을 보이고 최선을 다하는 자세를 견지하게 된다. 이 방법은 매우 강력하고 지속적인 성과향상의 결과를 가져온다. 뿐만 아니라, 소거에 대한 저항력도 강하다.

고정비율법은 일정 횟수의 바람직한 행동이 있고 난 후 보상을 해주는 행동 중심적 강화방법이다. 1대 1의 고정비율을 사용하면 매 행위마다 보상해주는 앞서의 연속적 강화법과 동일해진다. 생산량에 기초하여 급여를 지급하는 성과급제도(piece-rate system)가 하나의 예가 될 수 있다. 강력하고 지속적인 행동 반응을 가져오는 것으로 알려져 있다.

매듭 6-2 Tit-for-Tat

"눈에는 눈, 이(耳)에는 이(耳)"라는 말은 게임이론에서 나온 Tit-for-Tat 전략의 한 종류라고 볼 수 있으며, 행동수정이론으로 설명할 수 있다. 이 전략은 간단하지만 강력하며, 보복과 협력의 균형을 통해 상호작용에서 최적의 결과를 추구하는 방법으로 자주 사용된다. "네가 나에게 한 대로 갚아준다"는 의미로, 초기에는 협력하며, 상대방이 협력하면 계속 협력하고, 상대방이 배신하면 다음번에 그 배신에 맞춰 보복하는 식이다. Tit-for-Tat의 기본 원칙은 다음과 같다.:

1. 처음에는 협력한다.
2. 상대가 협력하면 계속 협력한다.
3. 상대가 배신하면 즉시 보복한다.
4. 상대가 다시 협력하면 나도 협력으로 돌아간다.

〈매듭문제 6-2〉 조직경영에서 이러한 "Tit-for-Tat"을 사용했을 때 예상할 수 있는 부작용들은 무엇인가?

변동비율법은 불예측적인 횟수의 바람직한 행동을 보였을 때 강화가 이루어지는 방법이다. 개념상, 가장 좋은 예는 슬롯머신을 이용한 도박행위를 생각할 수 있다. 몇 번 손잡이를 잡아당겨야 큰 보상이 이루어질지 아무도 예측할 수 없기 때문에 슬롯머신 도박에 계속 매달리게 되는 것이다. 이 방법은 강력하고 지속적인 행동을 낳으며 소거에 대한 저항력도 강한 것으로 알려져 있다.

이상에서 살펴본 바와 같이, 강화스케줄들 중에서 변동비율법과 변동간격법이 가장 강력한 행동수정 효과를 가져오는 것으로 알려져 있으며 고정간격법이 그러한 효과에 있어 가장 약한 것으로 나타났다. 그럼에도 불구하고 실제에 있어서는 고정간격법이 가장 많이 쓰이는 이유는, 그것이 주로 경제생활 측면의 안정성 때문인 것 같다. 가정경제를 꾸려나감에 있어 고정적으로 비용이 지출되어야 하는 상황에서(예, 전기세, 수도세 등) 조직원들에게 변동비율이나 변동간격으로 급여를 지급하게 되면 많은 문제점이 야기될 수 있다. 급여 중 일부분에 대해서 변동법의 사용을 고려할 수는 있을 것이다.

스트레스의 개념과 관리

영어 '스트레스'(stress)는 라틴어 'stringer'에서 나온 말로 19세기 물리학에서 쓰이던 말이다. '팽팽히 조인다'라는 뜻이다.[11)]

스트레스란 어떤 상황이나 사건이 주는 과다한 심리적, 신체적 요구(압력)에 대한 적응양식이다. 상황적 요구가 과다한지는 개인의 특성에 따라 다를 수 있다. 즉, 같은 크기의 압력이라 하더라도 A라는 사람은 스트레스를 느끼지만 B라는 사람은 거의 스트레스를 받지 않을 수 있다.[12)]

스트레스는 그 근원에 따라 크게 직무스트레스와 생활스트레스로 나뉜다. 가정에서의 자녀문제, 경제적인 문제, 친족들과의 원만치 못한 관계 등으로부터 야기되는 스트레스를 **생활스트레스**라고 하고 직장에서 상사로부터, 동료로부터, 하급자로부터 직무수행과 관련하여 받게 되는 스트레스를 **직무스트레스**라

매듭 6-3 직무 스트레스와 자살 사고(思考)[13]

"성균관 의대 강북삼성병원 정신건강의학과 전상원 교수 연구팀은 2012년~2017년에 강북삼성병원에서 건강검진을 받은 성인 9만 5,356명을 대상으로 '자살 사고'(思考; 최근 1년 내 자살하고 싶은 생각이 든 적이 있는지) 발생 위험을 높이는 직무스트레스 요인을 성별, 나이별로 분석했다. 조사기간 동안, 자살 사고가 발생한 근로자는 총 3,460명이었다.

분석 결과 18~35세 남성 군에서는 〔▶높은 직무 요구도 ▶보상 부적절〕이 자살 사고 발생과 연관이 있었으며, 36~44세의 남성 군에서는 〔▶높은 직무 요구도 ▶보상 부적절 ▶직무 불안정〕이 자살 사고 발생과 연관이 있었다. 45세 이상 남성 군에서는 〔▶직무 불안정, ▶비합리적인 조직체계〕가 자살 사고 발생과 연관이 있었다. 또한, 남성의 전 연령층에서 〔직장문화와 관련된 스트레스〕가 자살 사고 발생과 연관이 있었다.

반면 여성 근로자의 경우, 18~35세의 군에서만 〔▶비합리적인 조직체계 ▶직장문화와 관련된 스트레스〕가 자살 사고 발생과 연관이 있었다. ▶36~44세, ▶45세 이상 군에서는 자살 사고와 관련된 직무스트레스는 없는 것으로 조사됐다."

〈매듭문제 6-3〉 36세 이상 여성 군에서 자살 사고와 관련된 직무스트레스가 없는 것은 어떤 이유 때문일지 추론하여 보자.

고 부른다. 여기에서는 직무스트레스를 중심으로 살펴보게 된다.

직무스트레스란 "직무와 관련하여 구성원이 인지하는 압박감, 불안감, 그리고 걱정"이라고 정의할 수 있다.[14] 또한 직무스트레스는 조직원 개인과 다양한 환경요인 간의 상호작용을 통하여 나타난다.

직무스트레스를 설명하는 모델에는 여러 가지가 있다.[15] 어떤 모델로 설명하든 간에 한 가지 분명한 것은 직무스트레스란 직무나 상황의 요구(demand)에 대해서 개인이 자신을 지킬 수 없다고 느껴질 때, 또는 상황특성이 개인특성과 불일치할 때 발생한다는 점이다. 예를 들어, 직무, 역할, 조직의 특성 등과 같은 환경적 특성이 조직원 개인의 욕구, 능력, 성격 등과 맞지 않을 때, 개인은 스트레스를 받는다(개인-환경 부적합). 다른 이론에서는, 조직이 구성원에게

표 6-3
스트레스 분류

원 인	유 형	
스트레스의 방향	유스트레스 (eustress) (+)	디스트레스 (distress) (−)
스트레스 과소	과다 스트레스 (hyperstress)	과소 스트레스 (hypostress)

부과하는 직무나 역할요구(job demand)를 충족시키는 데 필요한 직무통제 권한이나 자원을 개인이 보유하고 있지 않을 때(job control), 직무스트레스가 발생한다고 해석한다(직무요구–통제 불균형). 아울러, 조직으로부터 주어지는 보상이 자신의 노력과 기여에 못 미친다고 느낄 때도 직무스트레스를 느낀다(보상–노력 불일치).

스트레스는 항상 부정적 측면만 존재하는 것은 아니다. 어느 정도의 일정한 스트레스는 오히려 성과를 촉진하고 업무의 성취감을 높일 수 있는 동기를 유발하기도 한다. 그러나 스트레스를 극복하지 못할 경우에는 심한 우울증과 열등감을 느낄 수 있다. 이처럼 스트레스는 긍정적인 측면과 부정적인 측면 모두

그림 6-5
스트레스와 성과의 관계

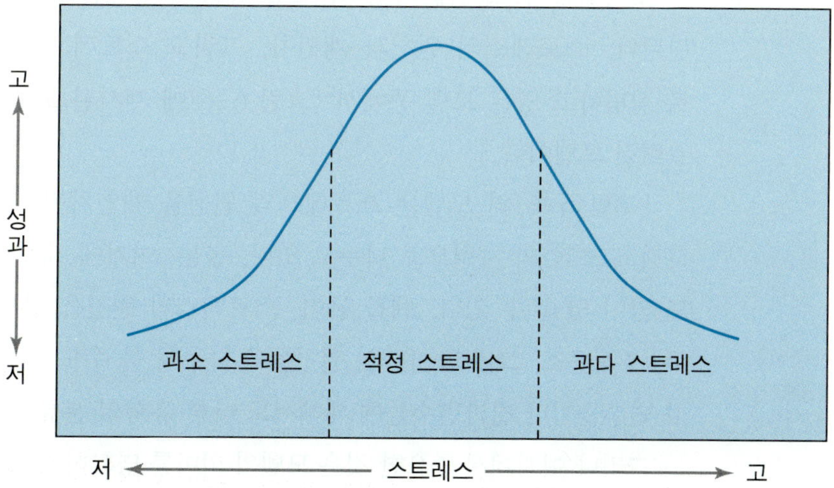

를 가지고 있다.

기쁠 때 느끼는 긍정적 스트레스를 **유스트레스**(eustress)라고 부르며, 스트레스가 오래 지속되어 불면 등의 신체적 증상으로 나타나는 경우를 **디스트레스**(distress)라고 부른다. 또한 부과된 양에 따라 **과다 스트레스**(hyperstress)와 **과소 스트레스**(hypostress)로 양분할 수도 있다. 스트레스 분류는 〈표 6-3〉과 같다.

여키스와 닷슨(Yerkes and Dodson)은 적정한 수준까지 스트레스를 증가시킴으로써 성과를 개선할 수 있다는 것을 발견하였다. 그러나 적정수준을 넘으면 성과는 다시 감소하였다. 〔그림 6-5〕에 이 현상을 그림으로 제시하였다.

〔그림 6-5〕에 나타났듯이, 개인의 성과는 적정 스트레스일 때 극대화되지만, 과다 스트레스나 과소 스트레스일 때는 그보다 떨어지게 된다.

하지만 중요한 것은 적정 스트레스 수준이 사람마다 다르다는 것이다. 어떤 사람은 매우 예민하여 상사의 자그마한 지적에도 과다 스트레스를 받는가 하면, 웬만큼 큰 사건이 아니고서는 눈 하나 깜짝하지 않는 강심장을 가진 사람도 있다.

직무스트레스 모델

조직원들이 느끼게 되는 직무스트레스는 다양한 요소들과 복합적으로 관련된다. 스트레스의 원천과 개인차, 그리고 스트레스의 결과들을 종합적으로 설명하고 있는 모델 중에서 〔그림 6-6〕에 제시된 모델이 일반적으로 널리 알려진 모델이다.

〔그림 6-6〕의 모델은 스트레스의 원천을 개인차원, 집단차원, 조직차원, 그리고 조직 외 차원으로 나누고 있다. 물론, 여기에 제시된 것 이외의 요소들도 많이 있을 수 있다. 예를 들어, 스트레스의 원천을 상사, 하급자, 동료, 직무, 조직구조, 그리고 기타의 원천들로 나누어 볼 수도 있을 것이다. 또한 개인차 변수들이나 결과변수들에 대해서도 다른 유형의 분류가 가능하다.

그러나 여기에서 중요한 것은 모델의 의미를 명확히 이해해야 한다는 것이다. 본 모델은, 첫째, 똑같은 스트레스 원천에 노출되더라도 개인에 따라(즉, 성별, 나

그림 6-6
직무스트레스 모델

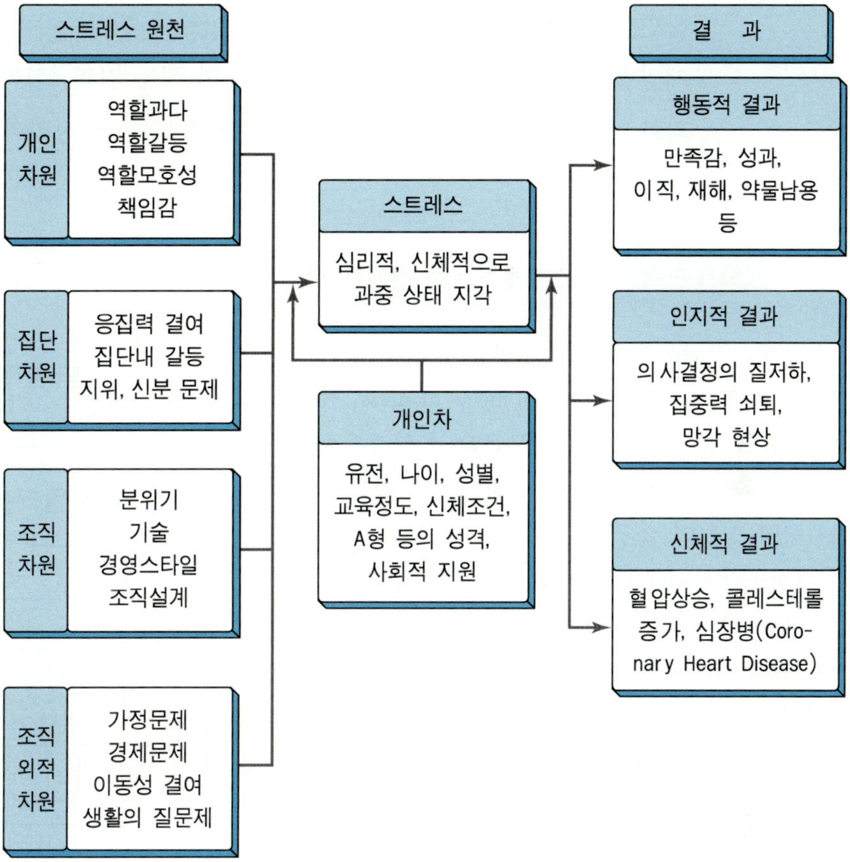

이 등) 스트레스를 느끼는 정도가 다르다는 의미이며, 둘째, 같은 수준의 스트레스를 느끼더라도 개인에 따라 나타나는 결과가 다르다는 뜻이다.

예를 들어, 어느 정도의 역할갈등이 존재한다고 할 때 B형보다 A형의 성격을 가진 조직원이 보다 큰 스트레스를 받게 될 것이며 그로 말미암아 심장병에 걸릴 확률도 더 크다고 할 수 있다(제3장 성격 부문 참조). 또한 같은 수준의 스트레스에 대해서도 나이가 들거나 여성일수록 행동, 인지, 또는 신체상에 부정적 결과를 가져올 가능성이 더 크다.[16)]

스트레스에 대한 반응은 사람마다 다른데, 어떤 사람은 무난히 극복하는가 하면, 어떤 사람은 극단적인 자살까지 이르게 된다. 이처럼 스트레스에 따른 개인별 다양한 반응들을 크게 분류해 보면 행동 결과, 심리적 결과, 의학적 결과로 나타낼 수 있다. 이에 대한 내용은 〈표 6-4〉에 정리하였다.

매듭 6-4 **스트레스는 왜 생기는가?**

라자루스(Richard Lazarus)의 스트레스 교류모델[17]: 스트레스 교류모델(transactional model of stress; 즉 본서의 직무요구-통제 불균형 모델)은 1966년 라자루스가 제안한 이론으로 개인은 특정 상황에서 상황의 요구를 평가하여 상황이 요구하는 것(demand; stressor)이 자신의 대처능력(resource; coping ability)을 초과하면 스트레스를 느끼게 된다는 것이다. 직장에서 자신에게 주어지는 일의 양(상황의 요구)이 자신이 쓸 수 있는 시간과 능력이라는 자원(대처능력)을 초과한다고 평가되면 스트레스를 느끼게 된다. 다른 예를 들면, 전혀 새로운 일이라서 처리할 능력이 부족하다고 느낄 때, 상사의 기대를 충족시킬 자신이 없을 때, 하고 싶지 않은 일을 해야 하는데 피할 방법이 없을 때 등 상황의 요구와 개인의 자원 간의 불균형으로 야기될 수 있는 스트레스 상황은 매우 다양하다. 라자루스의 스트레스와 대처과정을 그림으로 표현하였다.

〈매듭문제 6-4〉 당신이 경험한 스트레스 상황을 모델에 비춰 설명해 보자.

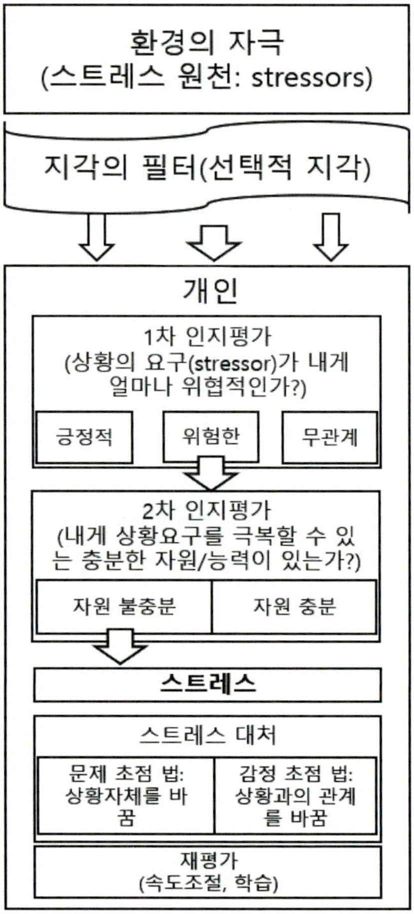

표 6-4
스트레스에 대한 반응 결과

스트레스에 대한 반응 유형	세 부 결 과
행동적 반응	흡연, 알콜남용, 약물남용, 돌발적 사고, 폭력, 식욕부진 등
심리적 반응	가정불화, 수면방해, 성적 역기능, 우울증 등
의학적 반응	심장질환, 척추장애, 소화장애, 두통, 암, 당뇨병, 폐질환, 피부질환 등

스트레스 대처

전신대처 증후(General Adaptation Syndrome: GAS)

어느 한 가지 원인에 의해서 스트레스가 발생하더라도 신체는 어느 일부분만이 그 스트레스에 대처하기 위해서 긴장하는 것이 아니라 전신이 자기방어를 위한 태세에 들어가게 된다. 우리 신체의 방어기능은 스트레스 원천을 극복하든가 그에 적응하기 위해서 전반적 가동상태에 들어가게 되는데 여러 방어작용이 거의 동시에 작동하기 때문에 증후(syndrome)라는 명칭이 붙는다.[18] 전신대처 증후는 세 단계로 나뉜다. 경보단계, 저항단계, 그리고 탈진단계가 그

그림 6-7
세일(Seyle)의 전신대처 단계

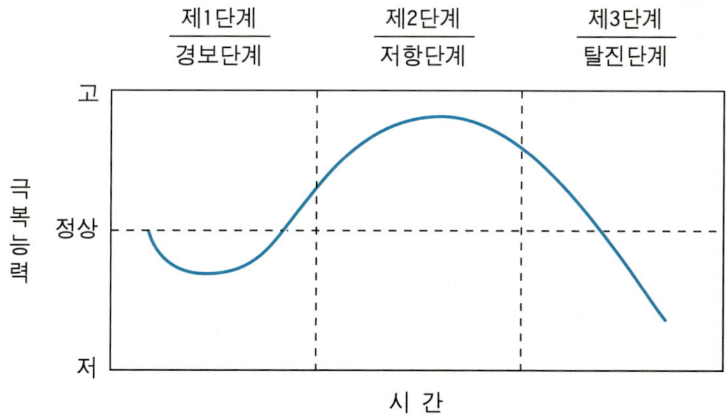

자료: Gibson, J. L., Ivancevich, J. M., & Donnelly, J. H., 1994. *Organizations: Behavior, Structure, Processes.* Burr Ridge, IL: Irwin.

들이다([그림 6-7] 참조).

처음 스트레스의 원인이 신체에 전달되면 뇌에서 신체의 모든 부분에 경보를 울리게 된다. 결과적으로 우리의 신체는 혈압상승, 근육수축 등의 반응을 보이게 된다.

저항단계는 신체가 스트레스의 원천과 싸우는 단계인데 피로와 긴장감을 느끼게 된다. 스트레스에 장기간 노출되면 적응이 더 이상 유지될 수 없는 상태에 이를 수 있다.

마지막 단계는 우리 신체가 저항과정에서 모든 에너지를 써버려 기진맥진하게 되는 탈진단계이다.

스트레스 대처방법

이론적으로 스트레스 대처방법(stress coping strategy)은 두 가지로 제시되어 왔다.[19] 하나는 '문제중심대처법'(problem-focused)이고 다른 하나는 '정서중심대처법'(emotion-focused)이다. 문제중심대처법은 스트레스 원천을 제거하든가 돌파하는 것을 목표로 하는 대처법으로 문제에 대한 심도 있는 분석, 문제해결 역량 향상, 자기통제, 책임인정 등의 행동을 포함한다. 즉 이성적, 논리적, 분석적으로 문제해결을 위해 노력하는 방법이다. 대부분 문제나 상황이 통제 가능하다고 느낄 때 문제중심대처법을 사용한다. 반면에 정서중심대처법은 스트레스를 유발하는 상황을 회피하든가 다른 사람들로부터 사회적 지원을 받음으로써 스트레스가 유발하는 정서적 손실을 통제하는 것이다. 스트레스를 주는 상황을 통제할 자신이 없을 때, 노력해 봐도 스트레스 원천의 힘이 너무 세서 소용이 없을 것이라고 느낄 때, 사람들은 스트레스 상황 회피하기, 거리두기, 또는 이직 등의 방법을 택하든가 동료나 상사의 지원을 요청하게 된다.

실무적으로 스트레스에 대처하는 방법은 개인차원 대처법과 조직차원 대처법 등 두 가지로 나누어 살펴볼 수 있다. 아래에 이들을 소개한다.

개인차원의 대처방법

과다한 스트레스를 받을 때 대처하는 방법은 개인마다 다르다. 전통적으로 많이 쓰는 개인적 방법은 흡연이나 음주를 들 수 있다. 하지만 이런 방법은 장기적으로 건강을 해치기 때문에 삼가는 것이 좋다. 개인에 따라서는, 스트레스를 받을 때 게임 등 특정 행동에 탐닉(indulgence)하기도 한다. 스트레스 대처에 효과가 있고, 건강을 해치지 않는 방법을 선택하는 것이 바람직하다.

흔히 권장하는 스트레스 대처방법으로는 근육이완법, 바이오 피드백, 명상법, 정기적 운동, 인지 재구성 등이 있다. 바이오 피드백은 기구를 사용하여 스트레스에 기인한 증상들을 개인이 스스로 진단하고 근육이완 등의 기법을 사용하여 스트레스를 극복하는 방법이다. **명상법**은 "스트레스 요인에 주의를 집중하는 집중명상과 마음에서 일어나고 사라지는 모든 변화를 관찰하는 마음챙김명상(mindfulness)"으로 나뉜다.[20)]

인지 재구성 방법은 비현실적이고 비합리적인 개인의 생각이나 믿음을 바로잡아 줌으로써 스트레스를 줄이는 기법이다.

근육이완법은 의자에 앉아서 쉽게 할 수 있는 방법으로 발끝에서 머리쪽으로 올라오면서 10초 간격으로 근육의 긴장과 이완을 되풀이해 주는 기법이다. 근육이완법은 두통예방에 효과적인데, 자기 신체 근육을 다리, 팔, 가슴 등 몇 개의 그룹으로 나눈 다음 한 그룹을 한꺼번에 마사지한다거나 습포찜질을 한다고 상상한다. 그러면 근육이 무거워지고 느슨해진다. 또 편안한 자세를 취할 수 있는 입장이라면 편안한 자세로 눕거나 기대서 심호흡을 3번 한 후 발끝에서 머리끝까지 근육을 완벽하게 풀어준다.

정부의 '질병관리청 국가건강정보포털'에는 이들 이외에도 스트레스를 관리하는 방법으로 시간 관리, 복식호흡, 규칙적인 생활습관 등을 제시하고 있다. 예를 들어, 시간 관리방법은 중요한 것부터 우선순위 정하기, 목표설정, 활동계획, 소요시간 결정, 지연방지(방해요소 제거), 체계적 시간 운용 등으로 구성된다.

조직차원의 대처방법

조직에서의 스트레스 관리는 직무성과나 생산성을 극대화하기 위한 사전관리적 성격이 강하다. 조직차원의 대처전략은 개인차원의 대처전략과 연장선상에 있는 것으로 상호 연계하여 관리하는 것이 좋다. 특히 한국이 선진국에 진입하면서 웰빙과 행복에 대한 국민적 관심이 커져 조직차원의 스트레스 관리가 매우 중요해졌다. 미국 기업들이 조직구성원 스트레스로 치르는 비용이 연간 약 $3,000억에 이르는 것으로 나타났다.[21)] 이에 따라 많은 기업이 조직구성원들의 스트레스 관리를 지원해주는 시스템을 실행하고 있다. 한국의 경우, "구로디지털단지를 비롯해 전국 산업단지에 '스트레스 해소'를 위한 전문 공간이 마련되어"[22)] 있으며, 많은 기업들이 스트레스 관리를 위한 강좌를 여는 등 다각적인 노력을 기울이고 있다. 구글에서는 '명상 101'(Meditation 101)[23)]을 여는 등 명상을 통해서 구성원들이 자신의 마음을 챙기고 스트레스를 극복하도록 다양한 방법으로 돕고 있다. 에어비앤비(Airbnb)는 요가 클레스를 열어주고 있으며, 애플은 매일 30분씩 명상의 시간을 허용한다. 나이키는 따로 쉼터 공간(relaxation room)을 만들어 구성원들의 스트레스 관리를 돕는다.[24)] 아마존과 P&G는 직장에 출근할 때 애완동물을 데리고 출근할 수 있게 해주고 있다.

이러한 조직차원의 스트레스 관리는 구성원 개인을 위해서 뿐 아니라 성공적 조직경영을 위해서도 매우 중요하기 때문에 앞으로도 계속 강화될 것으로 예상한다.

사 례 6-1

휠라코리아의 윤윤수 회장: 미래를 미리 판 경영자

윤 회장은 고2 때 부친을 폐암으로 잃었다. 어머니는 윤 회장이 태어난 지 100일도 안 되어 일찍 돌아가셨다. 윤 회장은 꼭 의대에 진학해서 부모의 목숨을 앗아간 병마를 물리치겠다고 결심한다. 하지만 이 결심이 그의 20대에 족쇄를 채웠다. 의과대학 입시에 떨어지고 또 떨어지고 세 번이나 떨어졌다. 결국 모 대학 정치외교학과를 나오게 된다. 그리고 군대 4년 갔다 왔더니 30대가 되어버렸다.

그는 처음 해운공사에 입사했다가 J. C. PENNY라는 미국 기업 한국 지사로 옮겼다. 그동안에 꽤 실적을 인정받아, 다시 주식회사 화승실업에 무역담당 상무로 이직하면서 승승장구한다. 여기에서 그는 당시 유행하던 E.T. 영화의 주인공 캐릭터를 모방한 E.T. 인형을 만들어 수출하여 처음에는 큰 성과를 냈다. 하지만 곧 문제가 발생했다. 미국 세관에서 E.T. 인형에 대한 지적재산권을 걸어 수출품을 모두 몰수한 것이다. 결국 그는 막대한 손실을 기록하고 화승에서 쫓겨났다. 그에게는 이것이 매우 소중한 경험이 되었다. 브랜드가 무엇이며, 장사를 어떻게 해야 하는지를 절실히 깨닫게 된 것이다.

그러던 중 1991년 휠라코리아를 설립하면서 재기에 나선다. 휠라코리아는 직원들이 한마음으로 노력하여 본사의 우려와는 달리 커다란 성공을 거뒀다. 본사의 경영자들로부터 확실한 신뢰를 얻게 되었다. 그러다가 2003년 휠라 USA와 함께 휠라 본사를 인수하는 데 참여한다. 그리고 2005년에는 휠라코리아의 지분 100%를 인수하면서 휠라코리아에 대한 독자적인 경영권을 확보했다. 이어서 2007년 휠라코리아는 전 세계 70개국 휠라의 글로벌 브랜드 사업권을 확보하는 데 성공하였다.

글로벌 브랜드 사업권을 인수하는 데 들어가는 투자금은 4억 5천만 달러에 이르렀다. 조직원들을 비롯하여 여기저기서 투자를 받고 차용을 해도 3억 달러가 모자랐다. 윤 회장은 이 상황에서 한 가지 꾀(?)를 냈다. 세계에는 수많은 휠라 영업점들이 있다. 이들은 대략 5년 단위의 계약을 한다. 즉, 휠라 상품을 받아다가 팔고 약 7~8% 정도의 로열티를 내는 것이다. 그런데 이들은 항상 불안한 마음으로 점포를 운영한다. 왜냐하면, 실적이 나쁠 경우, 휠라

측에서 더 이상 계약을 연장하지 않을 수도 있고, 반대로 실적이 좋으면 로열티를 올려버리기 때문이다. 그렇게 되면, 영업주들은 휠라 제품을 팔 수 없게 되든가 수익이 줄어들게 된다. 윤 회장은 영업점주들의 이러한 불안한 심리를 잘 알고 있었다. 그리고 그는 이러한 불안 심리를 거금을 동원하는 원천으로 활용했다. 즉, 영업주들이 더 이상 불안해 할 필요 없이 장기계약을 해주는 한편, 앞으로 발생할 로열티의 반을 영업주들로부터 미리 계산해서 현재가로 내도록 한 것이다. 바꿔 말하면, 아직 발생하지도 않은 미래 10년 동안의 수수료의 반을 미리 받은 것이다. 미래를 판 것이다. 이렇게 해서 그는 모자란 인수자금 3억 달러를 동원하였다.

2010년 9월. 드디어 기업을 상장했다. 윤 회장을 믿고 휠라에 인생을 건 많은 직원들이 큰 혜택을 보았다. 윤 회장은 항상 직원들을 존중하여 정직, 솔선수범하고 열린 대화를 앞세운다. 대학교육보다는 경험을 더 중시한다. 무거운 20대를 극복하고 E.T. 인형사건에서 브랜드의 개념을 확실히 학습한 윤 회장은 항상 "도전이 행복이다"라는 긍정적 마인드를 가지고 회사 성장의 또 다른 기회를 엿보고 있다. 그는 회사와 조직원들과의 친밀하고 건강한 관계를 가장 중요시여긴다.

[사례 문제 6-1] 윤 회장이 조직원들과 좋은 관계를 유지할 수 있었던 이유를 세 가지 적어보자.

사 례 6-2 **나쁜 보스**

세계적인 경기 불황으로 회사의 실적이 급감하자 K보험회사는 전체 인원의 3분의 1 가량을 구조조정하기로 결정하였다. 구조조정 대상자 명단에 포함된 나강철 씨는 보스의 사직 권고에도 불구하고 회사에서 버티기로 결심했다. 1, 2차 구조조정 대상자들이 1억 원에 가까운 위로금을 받고 조용히 물러나는 것을 보면서도 그는 이를 악물고 버텼다.

어느 날, 나강철 씨는 나쁜 보스로부터 "언제까지 버틸 참이야? 이래가지고 가족들이 무사할 것 같아?"라는 무시무시한 협박과 함께 "2천만 원 더 얹어줄 테니 순순히 물러나!"라는 회유까지 받게 되었다. 강철 같은 성품을 가진 나강철 씨는 단호히 "그럴 수 없다"고 대항했다. 그렇게 6개월이 흐른 후, 그는 지방사업소로 발령을 받게 되었다. 지방사업소는 직원이 3명뿐인 작고 초라한 곳이었지만, 별도리가 없었던 그는 아이들과 부인, 노모까지 모시고 생전 처음 가보는 지방으로 내려갔다. 그곳에서 나강철 씨는 죽을힘을 다해 영업루트를 뚫기 시작했다. 그리고 1년 만에 전국 지점 1,000개 업소 중에서 30위 안에 드는 실적을 기록했다. 실력으로 보여주면 그만이라는 나강철 씨의 오기가 이루어낸 쾌거였다.

문제는 1년이 지난 어느 날부터 시작되었다. 그 지방에 뿌리를 박고 일하던 3명의 직원들이 월급이 적다는 이유로 하나둘 경쟁사로 이직을 해버린 것이다. 그 지방사업소의 실적이 곤두박질치는 데는 그리 오랜 시간이 걸리지 않았다. 그해 말 업적평가에서 최하등급을 기록했고 또다시 구조조정 대상자 명단에 이름을 올리게 되었다. 나쁜 보스는 기다렸다는 듯이 한 달간의 말미를 줄 테니 거취를 결정하라고 통보해 왔다. 얼마 전, 그는 지방간과 위궤양, 그리고 심각한 우울증 진단까지 받은 상태였다. 우울증의 원인은 당연히 나쁜 보스와의 신경전 때문이었지만, 산재 처리를 하려면 이 모든 병이 업무상 재해라는 인과관계를 입증해야 했다.

나강철 씨는 나쁜 보스와 면담하기 위해 서울 본사를 찾아갔다. "팀장님, 한 번만 선처해 주시면 안 되겠습니까? 작년 실적을 보시면 아시겠지만, 제가 영업 능력이 없는 것도 아니고 열심히 안 하는 것도 아니지 않습니까? 그 지방 사정에 익숙하지 않아서 좋은 사람들을 제대로 채용하지 못한 것이 원인인데, 한 해만 기다려 주시면 안 되겠습니까?" 팀장은 비웃으며 말했다. "꼴 좋군. 작년에 그렇게 잘난 척을 하더니 이게 무슨 꼴인가? 이쯤에서 그냥 순순히 물러나는 게 좋지 않겠어?" 나강철 씨는 팀장이 도저히 대화가 통하지 않는 사람임을 다시 한번 절감하고 내려갈 수밖에 없었다.

집으로 향하는 길, 운전대를 잡고 있던 나강철 씨의 손등으로 뜨거운 눈물이 뚝뚝 흐르기 시작했다. 옳지 않은 일에 당당하게 대응했다고 자부했던 지난 몇 년간의 생활이 눈앞을 스쳤다. 차라리 그때 그만두었더라면 퇴직 위로금이라도 챙겼을 텐데 하는 후회가 밀려왔다. 여든을 넘긴 노모는 이제 막 치매를 앓기 시작했고, 초등학교에 갓 입학한 아들은 이제 겨우 그 지역의 친구들을 사귀어 자리를 잡아가고 있었다. 철없는 아내는 남들 다 가는 해외여행이라도 한번 가자고 조르는 참이었다. 그러나 나강철 씨는 가족보다 먼저 자신이 살기 위해 투쟁해야 했다. 그러려면 자신을 한없이 무기력하게 만들고 자살 충동까지 불러일으키는 우울증부터 극복해야 했다. 이대로 앉아서 당하기는커녕, 자신의 우울증이 나쁜 보스의 퇴사 압력 때문이라는 것을 입증하기 위해 나강철 씨는 소송을 결심했다.

누가 봐도 명백한 업무상 재해라면 산재 처리에 큰 문제는 없다. 그러나 백혈병이나 위암 또는 우울증과 같은 병은 업무로 인해 발생한 질병인지 아닌지를 입증하기가 쉽지 않다. 이런 경우 회사 측은 산재 처리를 꺼리는 경우가 비일비재하다. 우선은 보험료가 할증되기 때문이다. 산재 보험료는 100퍼센트 사업주 부담이기 때문에 재해 위험이 높으면 보험료가 올라갈 수밖에 없다. 산재가 잦으면 정부로부터 관리대상 업체로 지정되고, 무재해 기록 달성에도 차질이 생긴다. 그렇게 되면 회사의 대외 이미지도 추락하지만, 1차적으로 보스의 업적평가에 치명적 하자로 기록된다.

나강철 씨는 소송으로 맞섰지만 결국 피도 눈물도 없는 조직에 승소하지는 못했다. 그만큼 냉정한 것이 사회고, 조직이다. 그리고 조직의 이익을 대변하는 그 선두에 나쁜 보스가 있다.

(최경춘. 2010. 나쁜 보스. 위즈덤하우스. 23~25에서 인용)

[사례 문제 6-2] '나쁜 보스'를 극복할 수 있는 방법은 무엇인가?

나의 조직행동 진단 6

나의 스트레스 진단

〈응답양식〉

전혀 아니다 = 0점, 가끔 그렇다 = 1점, 자주 그렇다 = 2점,
매우 자주 그렇다 = 3점, 거의 항상 그렇다 = 4점

질 문 나는……	응답양식 0	1	2	3	4
1. 공부나 업무에 대해 거의 열정을 느낄 수가 없다.					
2. 잠을 충분히 자는 데도 피곤하다.					
3. 해야 할 공부나 업무를 모두 수행했는데 화가 난다.					
4. 조금만 불편해도 기분이 가라앉고 짜증나서 참을 수 없다.					
5. 공부나 업무에 시간과 에너지를 계속 쏟고 싶지 않다.					
6. 공부나 업무가 하찮고 쓸모없는 것 같아 우울하다.					
7. 의사결정 능력이 평상시보다 저하된 것 같다.					
8. 필요한 만큼 유능하지 못한 것 같다.					
9. 내가 하는 공부나 업무의 질이 원하는 수준에 이르지 못한다.					
10. 신체적, 정신적으로 모두 지쳐 있다.					
11. 질병에 걸리기 쉬운 상태다.					
12. 이성에 대한 관심이 적어졌다.					
13. 식사량이 달라졌고 커피, 찬 음료, 술을 더 마시든가, 담배를 더 피운다.					
14. 친구나 다른 사람들의 문제나 요구에 무감각해져 있다.					
15. 급우, 직장 상사, 동료, 친구, 가족과 말할 때 뒤틀려 있다.					
16. 잘 잊어버린다.					
17. 집중하는 데 어려움이 있다.					
18. 쉽게 지루해진다.					
19. 불만족하고 어딘가 잘못된 것처럼 느낀다.					
20. 왜 공부나 일하느냐고 물으면 '해야 하니까'라는 답이 나온다.					

[해 석]

▣ 위의 1~20번까지 응답한 결과를 모두 합산하시오.

총점 = ____________

당신의 총점	해 석
0~25점	적응을 잘하고 있습니다. 특별한 조치가 필요 없습니다.
26~40점	스트레스가 있습니다. 스트레스를 더 받기 전에 예방적 행위가 필요합니다.
41~55점	에너지 소진의 위험이 있습니다. 에너지 소진을 막기 위한 노력이 필요합니다.
56~80점	에너지 소진상태입니다. 포괄적인 스트레스 관리계획이 필요합니다.

자료: "서울백병원 스트레스 클리닉."에서 수정.

제 Ⅲ 부

집단차원 연구

제 7 장

집단과 팀

본 장의 요점

* 집단과 팀의 개념 차이를 이해한다.
* 집단의 유형과 발달단계를 학습함으로써 집단에 대한 개념의 틀을 완성한다.
* 규모, 규범, 응집력 등 집단의 성격에 대한 이해를 통하여 집단현상의 지식골격을 완성한다.
* 팀의 유형과 장단점들을 학습함으로써 팀에 대한 맹신을 극복한다.
* 팀에 필요한 역할들과 팀워크 학습을 통하여 팀 운영 역량을 배양한다.

㈜우아한형제들 김봉진 대표

* 김봉진 대표는 2010년 배달앱 배달의민족을 개발한 ㈜우아한형제들의 창업자이다. 2020년부터 비전CEO라는 직함으로 이사회 의장직을 수행했다. 이후 독일 배달서비스기업 딜리버리히어로가 우아한형제들을 인수하면서, 그는 싱가포르에 설립된 우아DH아시아의 최대주주로 활동했다. 이후 2022년, 이사회 의장에서 물러나며 경영일선에서 퇴진하였고, 현재는 사회공헌 활동에 집중하고 있다.

* 김봉진 대표는 개인보다는 집단의 힘에 가치를 둔다. 기업은 한 사람의 스타가 아닌 공동의 목표에 집중하는 집단일 때 더 큰 힘을 발휘한다고 믿었다.

▶ '팀워크를 다지는 것은 비정형적인 관계 속에서 이루어진다.'
▶ '위대한 일은 한 사람이 아닌 팀의 힘으로 이루어진다.'
▶ '직책이나 직급은 역할을 나타낼 뿐, 의견은 누구나 평등하게 낼 수 있어야 한다.'
▶ '모든 아이디어는 예상치 못한 곳에서 나온다. 동료와의 사소한 잡담도 큰 영감을 줄 수 있다.'

* 우아한형제들의 팀워크 및 직원중심 제도

▶ 인간중심 경영방침: 구성원이 행복해야 고객도 행복하다.
▶ 피플팀 운영: 인사팀 외에 피플팀을 두어 구성원의 복지와 만족도를 높이고 팀워크를 촉진
▶ 우아한 버킷리스트: 구성원의 개인적인 목표와 소망을 공유하고 함께 이뤄나가면서 팀워크를 강화
▶ 랜덤 점심 제도: 한 달에 한 번, 전 부서의 구성원 4~6명이 랜덤으로 조를 이뤄 점심식사를 함께 하며 부서 간 소통과 친목을 도모
▶ 주 4.5일 근무제: 월요일 오전까지 휴무하는 4.5일제로 휴식과 업무 집중도를 높이는 문화

✣ 〈문제 7〉 **김 의장은 ㈜우아한형제들을 어떤 회사로 만들려고 했던 것일까?**

집단이란 무엇인가

집단과 팀은 무엇이 다른가

일 군(群)의 사람들이 공간적으로 가깝게 모여있을 때 우리는 그것을 '무리'라고 부른다. 이들 간에는 어떤 특정한 질서나 구조도 없고 공통의 목표도 없다. 무리는 그 자체로서는 조직경영에 주는 의미가 별로 없다. 무리가 집단이 되었을 때 의미를 갖는다. 무리와는 달리 집단에는 공동의 목표, 구조, 구성원 간의 교류가 존재한다.

최근 팀의 개념이 부각되면서 집단과 팀 간의 개념 차이에 많은 관심이 모아지고 있다. 〈표 7-1〉에 집단과 팀의 차이를 요약 · 정리하였다.

팀은 공동목표에 몰입하며 공동책임의식이나 책무감을 갖는다는 측면에서 집단과 다르다. 일이 잘못되었을 때, 구성원 중 누구 때문에 실패했는지 비난하기보다는 구성원 각자가 '내가 더 기여하지 못했다'라고 책무감을 갖는다면 팀의 면모를 갖춘 것이다. 군(軍)의 특공대는 작전 중에 팀원 5명 중 2명이 유고되었다고 해서 임무를 포기하지는 않는다. 나머지 3명이 서로 부족한 부분을 메워가면서 팀의 임무를 완수한다. 이런 정신이 지배할 때 진정한 팀이라고 할 수 있다.

무리, 집단, 그리고 팀의 발전단계를 〔그림 7-1〕과 같이 요약해 볼 수 있다. 즉 팀이란 집단에 비해 공동의 노력, 책무감(accountability), 공동목표몰

표 7-1
집단과 팀의 차이

비교점	집 단	팀
성 과	각 개인의 기여 중시	〈개인의 기여+공동의 노력〉 중시
결과에 대한 책임	개인 책임	팀원 공동의 책임, 책무감
목 표	공동목표 존재	구성원들이 팀 공동목표에 몰입
소요 기술	개인별 기술 소유	상호 보완적 기술로 시너지 창출

그림 7–1
팀 발전단계

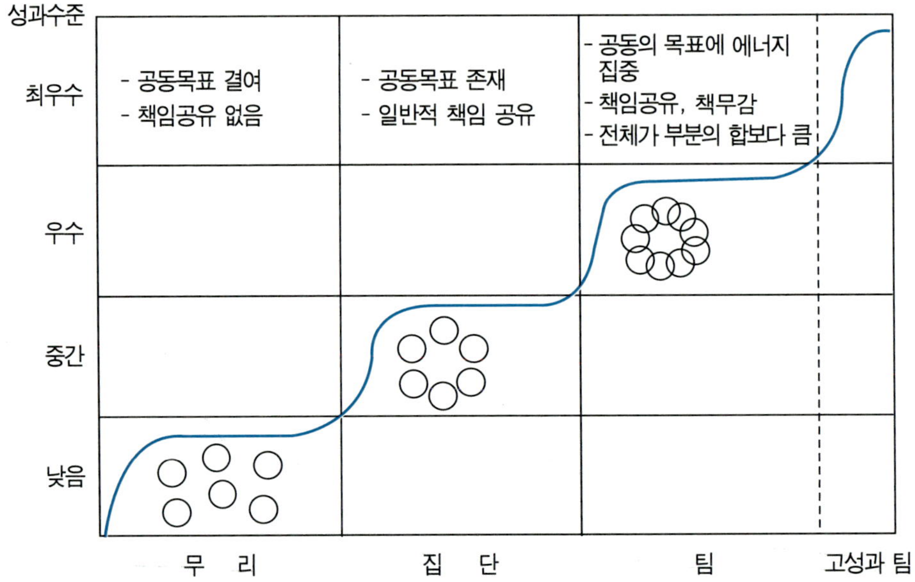

자료: S. Buchholz, T. Roth, & K. Hess, 1987, *Creating the High performance Team*, New York: John Wiley, p. 16.

입, 시너지 창출 등을 중시한다.

여기에서는 전통적인 집단의 개념을 먼저 알아보고, 팀에 대해서 학습하기로 한다.

집단의 유형

가장 일반적으로 사용되는 집단분류기준은 공식집단과 비공식집단의 구분이다. 공식집단은 조직에서 조직의 목표를 수행하기 위하여 미리 설정해 놓은 집단을 말하고, 비공식집단은 조직에서 미리 설정해 놓지는 않았지만 구성원들 각자의 만족을 위해서 자치적으로 형성된 집단을 의미한다.

공식집단

공식집단에는 조직 내에서 지위나 계층에 따라 형성되는 명령집단과 특정한 과업을 수행하기 위해서 만들어진 과업집단이 있다.

명령집단이란 흔히 조직도에 나타나는 하급자와 감독자집단이 예가 될 수 있다. 명령집단은 조직의 공식목표를 달성하기 위해서 구성된 집단이므로 다른 명령집단과의 상호작용이 필요하다.

과업집단이란 특정 과업이나 프로젝트를 수행하기 위해서 새로 구성되는 집단으로 흔히 프로젝트팀 또는 과업팀이라고 한다. 과업집단의 구성원들은 일반적으로 원래 자신들이 소속해 있던 집단에서 벗어나 조직의 공통목표를 달성하기 위하여 새로운 집단에 일시적으로 소속하게 된다. 비록 각자 다른 집단에서 모여든 구성원들이지만 구성원들 간의 상호교류는 다른 형태의 집단보다 활발히 이루어진다.

비공식집단

비공식집단은 조직 내에서 공식목표나 과업에 관계없이 자연적으로 형성된 집단으로 조직 전체의 목표달성보다는 집단구성원들의 만족을 위하여 구성된다(여기서 '비공식'이란 공식적으로 인정받지 못하는 집단이라는 말이 아니라 조직의 명령체계에 있지 않은 자발적 집단이라는 뜻). 이러한 집단의 형태로는 이익집단과 우호집단이 있다.

이익집단이란 조직구성원들이 자신들의 개인적인 목표나 이익을 얻기 위해서 형성하는 집단으로 조직의 목표보다는 자신들이 속한 이익집단의 목표를 우선하여 행동하게 된다. 이익집단은 전체 조직성과에 부정적인 영향을 미칠 수 있지만 이익집단의 목표를 전체 조직의 목표와 조화를 시킬 수 있다면 조직성과를 높일 수도 있다.

한편, **우호집단**이란 조직의 구성원들 사이에서 공통된 특성, 예를 들어, 연령, 취미, 정치적 성향들이 비슷한 사람들끼리 모여 구성하는 동호회와 같은 집단으로 조직 내의 목표보다는 개인적인 관심사에 따라 행동하게 되는 집단이다.

사람들은 왜 집단에 소속되고 싶어 하는가

집단에 참여하는 이유에는 여러 가지가 있을 수 있다. 출생에서부터 정해진 성(姓)씨를 가지게 되고 특정 지역출신이라는 본의 아닌 집단의 타이틀을 달고 성장하게 되는 것을 비롯하여 자의적, 타의적으로 다양한 이유 때문에 우리는 집단에 소속하게 된다.

자발적인 참여를 전제로 하여 개인이 집단에 참여하게 되는 이유를 분류해 보면 개인의 욕구충족, 집단의 매력, 집단의 목표, 자격획득, 그리고 경제적인 이유 등으로 정리될 수 있다. [그림 7-2]에 이 내용을 요약하였다.

그림 7-2
집단참가의 주요 이유들

[집단참가이유 1] 개인의 욕구충족: 안정욕구, 소속욕구, 자존욕구를 충족시킬 수 있다고 믿기 때문에 특정 집단에 소속되고 싶어 한다. 예) 노동조합가입으로 안정욕구충족

[집단참가이유 2] 집단이 갖는 매력: 특정 집단의 구성원들이 좋아서, 그 집단이 하는 활동이 좋아서, 지리적으로 가까워서 참가하고 싶어 한다. 예) 동아리, BTS 아미 가입

[집단참가이유 3] 집단의 목적: 집단이 갖는 목적이 숭고하고 마음에 들어서 소속되고 싶어 한다. 예) 시민단체, 자선단체 참여

[집단참가이유 4] 자격획득: 자격을 획득함으로써 자부심을 느끼고 지위나 권력을 가질 수 있다고 믿기 때문에 집단에 소속되고 싶어 한다. 예) 의과대학 진학

[집단참가이유 5] 경제적 이유: 특정 집단에 속함으로써 필요한 경제적 보상을 받을 수 있다고 믿기 때문에 소속되고 싶어 한다. 예) 취업 노력

* 군복무처럼 의무적으로 가입해야 하는 경우는 제외함.

집단발달단계

집단발달이란 집단이 어떻게 생성되고 발전해 가는가를 설명하는 것으로 터크만(Tuckman)의 모델이 대표적이다.

집단이 계속적으로 존속하기 위해서는 과업수행과 구성원들 상호 간의 관계를 적절히 관리하여야 한다. 이러한 관점에서 터크만의 **집단발달 모델**은 대인관계와 과업기능을 기준으로 집단발달 5단계를 제시하고 있다([그림 7-3]).

형성기에서는 집단의 구조(리더 선정, 역할분담), 목표, 책임 등을 정하고 구성원들이 각자의 역할을 학습한다. 격동기에서는 갈등이 생기기 시작하는데 구성원들이 처음에 생각하고 있던 것과 실제가 차이가 남을 알게 되고 리더의 능력에 대하여 회의를 느끼기 시작하기 때문이다. 소수의 구성원들은 리더의 결정에 저항하기도 한다. 격동기에는 규범과 원칙을 세워 갈등을 빨리 극복하는 것이 중요하다. 규범기에 구성원들은 규범을 정립하여 격동을 극복할 수 있는 질서를 찾게 되고 응집력과 동료의식이 싹트게 된다. 구성원들은 서로의 느낌을 공유하며, 각자의 행동에 피드백을 주고받는다. 성과달성기는 집단의 본래 목적을 달성하기 위해서 매진하는 단계이다. 구성원 간의 관계도 점점 복잡해지고 과업수행에서 다양한 문제도 생겨난다. 문제를 극복하면서 성장 · 발전하든가 도전에 굴복하여 위축될 수도 있다. 해체기는 성과평가와 이별의 과정

그림 7-3
터크만의 집단발달 5단계

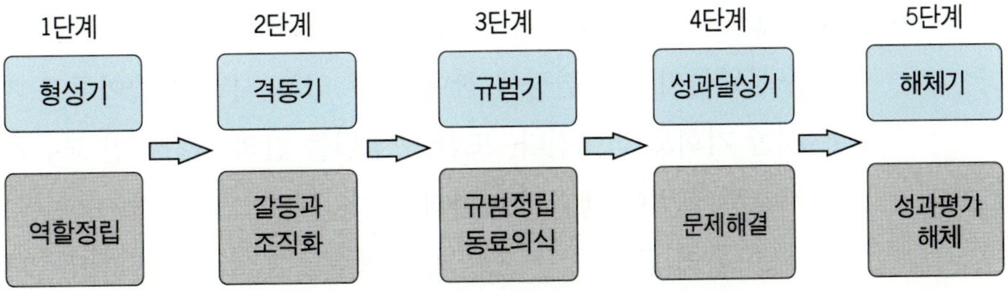

자료: Tuckman, B. W. 1965. Developmental sequence in small group. *Psychological Bulletin*, 63, pp.384-399.

으로 이해될 수 있다. 성과평가단계에서는 팀이 프로젝트 결과를 분석하고 피드백을 나누며, 해체 및 이별단계에서는 팀이 공식적으로 해체되고 각자 새로운 과제로 이동하는 과정을 겪는다. 이를 통해 팀은 성장을 마무리하고 개인과 팀의 미래를 준비한다.

집단의 성격

집단의 성격을 알면 집단을 좀 더 체계적으로 이해할 수 있게 된다. 집단의 성격에는 규모, 구성원 다양성, 역할, 규범, 리더십, 신뢰, 응집력 등이 포함된다.

규 모

집단의 규모가 커지면 어떤 변화가 일어나는가

규모는 집단성격 중 가장 근본적인 변수이다. 집단의 규모에 따라 여러 가지 다른 결과가 나타난다. 우선, 집단의 규모가 커지면 상사의 직접적인 통제, 감독, 소통의 기회가 줄어들므로 그에 따른 이완현상을 생각해 볼 수 있다. 일반적으로 규모의 증가로 나타나는 결과들을 요약하면 〈표 7-2〉와 같다.

집단의 규모가 증가하면 집단의 활동이 다양해지므로 구성원들이 각각의 활동에 사용할 수 있는 시간이 줄어들게 된다. 또한 집단의 규모가 증가하면 구성원들이 의사결정에 참여할 수 있는 시간이 줄어들고 자신들의 의견을 제시할 기회도 적어진다. 또한 구성원들 간의 인간적인 교류가 줄어들게 되어 의사소통에 벽이 생기기도 한다.[1)]

아울러 규모가 큰 집단의 구성원들은 소규모집단의 구성원들에 비하여 덜 협조적인 것으로 나타났으며 집단구성원으로서의 의무와 책임을 회피, 전가하려는 성향도 나타난다.

집단의 규모와 집단성과에 관한 연구들에서는 서로 상반되는 결과가 나오

표 7-2
집단규모의 증가에 따른 결과

변 수	규모 증가에 따른 결과
만족도	• 만족도가 떨어짐
결근율	• 결근율이 증가함
이직률	• 이직률이 증가함
구성원의 참여도	• 참여기회의 감소, 의사소통 · 정보교환의 문제 생김
리더십	• 리더의 역할증대, 개인적 배려의 한계
여 론	• 여론 수렴의 어려움
집단성과	• 다양한 인적 자원 확보 때문에 성과가 높아진다는 연구 결과와 구성원 간의 견제나 집단과정의 손실 때문에 성과가 낮아진다는 상반된 결과 존재

자료: Steers, R. M. 1984. *Introduction to organizational behavior*, Glenview, Illinois: Scott, Foresman and Company.

고 있다. 긍정적인 결과 중 하나는 큰 집단에서는 구성원들의 능력, 지식, 의견 등의 가용자원이 증가하는데 그 자원을 이용하여 집단성과를 올릴 수 있다는 것이며, 부정적인 연구 결과로는 조정과 조율의 문제와 견제 등 사회적 압력에 따른 구성원들의 추진력 억제가 집단의 성과에 악영향을 미친다는 것이다. 이와 같이 집단이 운영되는 과정에서 빚어지는 비효율손실을 과정손실(process loss)이라고 한다.

과업특성에 따라 집단규모가 성과에 미치는 효과가 달라진다

규모에 따른 결과는 집단이 수행하는 과업의 특성에 따라 달라진다. 일반적으로 집단과업의 종류를 다음의 세 가지로 나눈다.[2)]

부가적 과업과 집단의 규모

부가적(additive) 과업이란 집단구성원들 각자의 개별적 과업수행의 결과물들을 합한 것이 곧 집단의 성과가 되는 경우이다. 과업을 수행하는 사람들의 숫자가 늘어날수록 집단의 산출물도 그만큼 늘어나게 되며, 집단성과도 더불어 높아지게 된다. 예를 들면, 줄다리기 시합에서 보다 많은 사람들이 과업에 참여할수록 줄을 당기는 것은 그만큼 쉬워진다.

우수자 결정과업과 집단의 규모

우수자(disjunctive) 결정과업이란 최고의 성과를 올린 개인(또는 소수)의 성과가 곧 집단의 성과가 되는 경우를 말한다. 이 경우는 집단의 성과는 집단을 대표하는 최우수 구성원에 의해서 결정된다. 그러므로 집단규모의 성과에 대한 영향은 과업수행에 대한 충분한 능력을 지닌 개인들이 차지하는 비율이 얼마나 되는가에 의해서 결정된다고 볼 수 있다. 천재 한 명이 집단 전체를 먹여 살리는 경우이다.

열위자 결정과업과 집단의 규모

열위자(conjunctive) 결정과업은 최저 성과를 기록한 개인의 성과가 집단의 성과를 결정짓는 경우를 의미한다. 예를 들어 군대에서 분대 단위로 10km 행군을 하는데 분대의 성과는 그 분대에서 가장 늦게 완주한 사람의 기록으로 결정하는 것과 같다. 〔그림 7-4〕에 과업특성에 따라 집단규모의 성과에 미치는 영향을 정리하였다.

그림 7-4
규모와 과업 특성

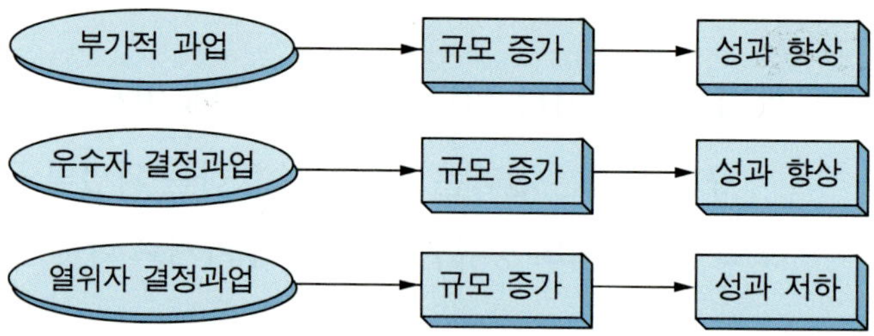

집단구성원의 다양성과 성과는 어떤 관계가 있는가

과거에는 한국 기업의 구성원들이 연령, 성별, 출신학교, 문화가치 등에 있어 매우 균질하였다. 대부분 국내대학 졸업자, 남성, 한국인 부모에게서 태어난 사람들이었으며, 거의 예외 없이 나이 많은 사람이 조금이라도 더 높은 직급을 차지하는 구조였다. 하지만 최근에는 같은 집단 내에 상사보다 나이가 더 많은 부하들도 쉽게 찾아볼 수 있고, 여성의 비율이 눈에 띄게 높아졌으며, 국내 대학 졸업자와 외국 대학 출신들이 섞여 일하는 경우가 많아졌고, 다문화가정 출신이나 외국인들도 늘어나고 있다. 또한 직장과 직업, 또는 대인관계에 대한 구성원들의 가치관도 매우 다양해졌다. 그만큼 집단구성원들의 다양성이 증가하고 있다고 볼 수 있다. 이러한 다양성의 증가는 구성원들의 행동에 여러 가지 변화를 요구한다.

집단구성원들의 다양성 증가는 긍정적인 측면과 부정적인 측면을 동시에 갖는다.[3] 긍정적인 측면은, 집단구성원 다양성 증가로 인지적 자원(특정 문제 해결에 필요한 정보, 관점, 의견)이 증가하고, 사회적 자본(인적 네트워크)도 풍부해져 집단성과가 향상된다. 다양한 배경이나 특성을 갖는 구성원들이 함께 모여 있을 경우, 정보원이 중복되지 않고, 사안에 대해서 다양한 의견을 모을 수 있으며, 폭 넓은 사회적 네트워크를 활용할 수 있어 보다 창의적인 업무수행이 가능해진다.

반면에, 집단구성원들의 다양성 증가는, 조직을 일사불란하게 움직이기 힘들어지기 때문에 효율성과 생산성 저하를 가져올 수 있으며, 출신에 따른 파벌이 형성되어 갈등이 발생할 가능성이 높고, 상반된 의견을 조정하든가 응집력을 형성하는 데 시간이 많이 걸려 집단성과에 부정적인 영향을 미칠 수도 있다. 야구와 농구팀들을 대상으로 한 연구에 따르면, 선수들 간에 상호 의존성이 상대적으로 적게 요구되는 야구에서는 선수들의 나이 다양성이 팀 성과와 무관하지만, 선수들 간에 높은 의존성을 필요로 하는 농구에서는 나이 다양성이 성과에 부정적인 영향을 미치는 것으로 나타났다.[4]

집단 내 다양성 증가는 구성원들의 행동에도 큰 영향을 미친다. 특히 커뮤니케이션을 할 때, 세심한 주의를 필요로 한다. 나이나 성적인 표현, 또는 인종적 표현에 있어서 각별한 주의를 요한다. 또한 다양성 증가는 리더들에게도 새로운 도전이다. 다양한 가치관을 갖는 구성원들을 동기부여시켜 한 방향으로 이끌어가야 하므로 과거와 같은 상의하달식의 일방적 리더십과는 다른 보다 섬세한 리더십을 필요로 하게 된다.

기대되는 역할(role)과 지각된 역할

역할이론(role theory)에 따르면[5] 집단 내의 모든 구성원들은 지위와 위치에 따라 고유한 역할을 부여받는다. 개인의 역할은 맡은 일의 특징(직무), 집단 내 다른 사람들과의 관계(사회적 관계), 조직에서의 직위(구조) 등에 따라 결정된다. 예컨대, 김기대 씨는 영업팀(영업=직무)의 막내(사회적 관계)인데 직급이 대리(조직구조 특징)다. 그에 맞는 여러 역할을 수행하게 된다.

역할에는 '기대되는 역할'과 '지각된 역할'이 있는데 이 두 가지 역할이 서로 조화를 이룰 때 성과가 높아진다. **'기대되는 역할'**이란 직무와 관련하여 구성원들 서로 간에 수행해주기를 기대하는 역할이며 **'지각된 역할'**이란 실제로 특정인의 행동에 대하여 인식된 역할수행 결과이다. 기대역할과 실제 간에 차이가 있으면 집단성과에 부정적인 영향을 미치게 된다. 팀장에게 기대되는 역할과 사장에게 기대되는 역할이 다르며, 팀 내 각 구성원들도 서로에 대해서 기대역할을 갖게 된다. 어떤 직급이든 간에 기대역할과 지각된 역할 간의 차이를 줄이는 것이 중요하다.

역할세트

사람들은 살아가면서 다양한 집단의 구성원이 되고 각 집단에서 다른 역할을 부여받게 된다. 직장에서나 지역사회 또는 가정에서 그들은 각기 다른 역할을 수행하게 된다. 예를 들어 가정에서는 가장의 역할을 하고 직장에서는 한 부서의 관리자로 일하는 사람이 있다면 그는 가장과 관리자라는 복수의 역할을 수행하고 있는 셈이다. 이처럼 특정인이 갖는 역할들 전체를 '역할세트'(role set)라고 한다.

역할갈등과 역할일치

개인이 조직에서 역할수행과 관련하여 모순되는 요구를 받을 때 역할갈등이 발생한다. 예를 들어, A씨와 B씨는 오랜 친구로서(사회적 역할) 같은 팀장(구조적 역할)을 맡고 있었는데, A씨는 상무로 승진하고 B씨는 팀장으로 남아 상급자 A씨의 인사평가를 받아야 한다. B씨는 주요 고객을 놓쳐 인사평가에서 C를 받게 되었다. C를 받으면 B 팀장은 임원 승진이 어려워진다. 이때, A 상무는 친구로서 잘 해줘야 한다는 사회적 역할과 리더로서 공정하게 평가해야 한다는 구조적 역할 사이에서 갈등하게 될 수 있다. 사회적 역할이란 비공식적 관계에 기반을 둔 역할이며, 구조적 역할은 조직구조상의 임무와 관련된 공식적 역할을 뜻한다.

역할갈등은 역할 내 갈등, 역할 간 갈등, 그리고 개인-역할 간 갈등 등으로 구분한다. 역할 내 갈등이란 같은 역할을 수행하는데 모순된 지시를 받을 때 발생한다. 예를 들어, 제약회사 R&D센터의 연구원 K는 센터장으로부터는 개발단계별로 완벽하게 절차를 밟을 것을 요구받지만, 사장으로부터는 개발시간을 더 단축하라는 요구를 받을 수 있다. 절차를 중시하다 보면 시간이 길어지고 시간을 줄이려다 보면 지켜야 하는 단계를 무리하게 단축하다가 신약개발에 실패할 가능성이 커진다. 이때 연구원 K는 신약개발이라는 역할 내 갈등을 느끼게 된다.

아울러 역할 간 갈등은 개인의 역할 세트 내 역할 간에 모순이 생겨 발생하는 갈등이다. 예컨대, 연구원 K의 경우, 신약개발이라는 역할과 한 가정의 가장이라는 역할 간에 갈등이 생길 수 있다. 신약개발을 기한 내에 끝내려면 1년 동안 실험실에서 살다시피 해야 하는데, 가장으로서 자녀들을 돌봐야 하는 역할은 그것을 허락하지 않는다. 이것은 연구원이라는 역할과 가장의 역할 간에 갈등이 발생한 것이다. 이것을 흔히 '직장-가정 갈등'(work-family conflict)이라고 한다.

한편, 개인–역할 간 갈등은 주어진 역할이 개인의 내적 가치, 윤리기준, 욕구나 열망과 모순일 때 발생한다. 예를 들면, 윤리적으로 엄격한 가치관을 가진 연구원 K가 개발시간을 줄이기 위해서 건강에 해를 끼칠 수도 있는 시약을 써서 실험해야 할 때 개인–역할 간 갈등이 생길 수 있다.

역할갈등은 스트레스를 초래한다. 그러므로 역할 스트레스를 줄이기 위해서 역할 일치(role congruence)를 이루는 것이 중요하다. 개인 내적으로, 또 역할 내와 역할 간을 조화롭게 일치시키는 것이 성과를 높이는 데 매우 중요하다.

역할모호성과 역할명료성

사람들은 자신이 무엇을 해야 하는지를 모를 때 역할모호성을 경험하게 된다. 역할모호성은 특정 상황에서 적절한 행동이 무엇인지 잘 모를 때 또는 자신의 행동이 가져올 결과를 예측할 수 없을 때 발생한다. 지시와 지침, 권한과 역할의 경계를 명확히 하는 것이 역할명료성(role clarity)을 높여준다. 역할모호성을 장기간 경험하게 되면 불만족이 높아지고 자신감을 잃게 되며 궁극적으로 성과 저하를 가져오게 된다.[6]

규범이란 무엇인가

규범(norm)이란 집단구성원들이 지켜야 하는 판단과 행동의 기준을 뜻한다.[7] 이 정의 속에는 두 가지 의미가 담겨있다. 즉 규범은 사회적 현상, 즉 집단의 구성원들이 교류하면서 만들어 내는 기준이며, 모두가 '지켜야 하는' 강제성을 띠고 있다는 점이다. 강제성을 띠기 때문에 규범을 어겼을 때는 벌칙, 또는 사회적 비용이 따르게 된다. 규범의 이러한 특징은 집단구성원들의 행동을 일정한 방향, 즉 규범이 강제하는 방향으로 형성해가는(shaping) 결과를 가져온다.

규범이 갖는 특징은 이 이외에도 여러 가지를 들 수 있다. 이들을 요약하면 아래와 같다.:[8]

- 규범은 집단이 처한 환경에서 문제들을 해결하는데 준거의 틀(즉 기준점)

로 작용한다.

- 효율적인 문제해결을 위해서 구성원들이 따라야 하는 태도와 행동을 미리 정해놓은 것이다.
- 규범을 위반했을 경우 어디까지 관용을 베풀 것인지도 정해놓는다.
- 규범에 맞는 행동을 하면 보상이 주어지고 어기면 처벌이 따른다.
- 규범은 집단구성원들이 보이는 평균적 행동이다.
- 강한 규범은 바꾸기 힘들다.
- 신입구성원은 다른 구성원의 행동, 집단에 대한 요약된 정보, 조직이 보내는 신호(signal)의 신호 등을 통해서 집단규범에 대한 정보를 얻는다.
- 변화하는 것 자체가 규범이 되는 예도 있는데, 이것을 전통적인 정태적 규범(static norm)에 대비하여 "역동적 규범"(dynamic norm)이라고 한다.

한국 기업에서 통용되어 온 규범들을 예로 들면, "상사의 말에 정면으로 반박하면 안 된다", "상사보다 먼저 퇴근해서는 안 된다"(이것은 요즘 거의 바뀌었다), "모난 돌이 정 맞는다"(튀면 안 된다) 등을 들 수 있을 것이다.

규범은 불문율 형태로 존재하기도 하고 문서화된 형태로 존재하기도 한다. 또한 규범은 집단이 중요시하는 방향으로 발달하게 된다. 만약 집단에서 생산이 가장 중요한 이슈라면 집단의 규범은 생산에 관한 내용을 많이 포함하게 된다.

매듭 7-1 **규범의 대상**

▣ 규범의 대상에는 다음과 같은 것들이 있다.

(1) 과업성과 규범

(2) 외모규범

(3) 사회적 행동규범

(4) 자원배분 규범

〈매듭문제 7-1〉 월트디즈니 회사의 구성원들에게 요구되는 외모규범의 예를 찾아보시오.

규범은 구성원 전체에 적용되는 것이 원칙이나 '차별적 특권'(idiocyncracy credit)을 갖는 구성원들도 있다. 즉, 어떤 구성원들은 규범을 어겨도 아무런 벌을 받지 않고 지나갈 수 있다는 것을 보여줌으로써 자신의 차별적 지위를 과시하려는 경향이 있다.

규범은 집단 운영과정을 단순화시키는 기능을 한다. 또한 규범은 구성원들의 가시적 태도나 행동에만 적용될 수 있는 것이다. 구성원들의 사고나 감정까지를 규범화할 수는 없다. 규범은 대부분의 구성원들이 중요하다고 여기는 행위를 중심으로 서서히 생겨나는 것이 상례이나, 경우에 따라서는 순간적으로 생겨나는 규범들도 있다.[9] 집단구성원들은 규범을 준수함으로써 집단의 생존에 도움을 줄 수 있고 기대되는 행위를 명백히 해주며, 당황스러운 상황에 처하지 않게 한다. 그리고 집단의 핵심가치가 무엇인지를 알 수 있게 한다.[10]

규범은 어떻게 만들어지는가

집단에서 규범은 공식적 · 비공식적인 교류 속에서 만들어진다. 보다 구체적으로 규범의 탄생은 다음의 네 가지 현상과 관계가 깊다.

① **상사나 동료들의 명시적 선언**: 상사가 명시적으로 해야 할 것과 하지 말아야 할 것을 지시하는 경우 하나의 규범으로 성립된다.

② **집단활동과정에서의 결정적 사건**: 과거에 있었던 좋은 또는 좋지 않은 사건 때문에 구성원들이 할 수 있는 것과 해서는 안 되는 것을 구별하게 된다.

③ **초기의 행위**: 집단활동의 초기 행위가 하나의 규범으로 굳혀져 버리는 경우가 있다.

④ **과거 상황으로부터 전이된 행동**: 여러 학급을 가르치는 선생님이 이전 학급에서의 경험을 토대로 다른 학급 학생들의 행동규범을 설정하는 경우가 여기에 속한다.

보상잠재력과 결정지수

집단의 규범이 개인의 특정 행동을 허용하는 정도를 설명하고 있는 모델이

잭슨(Jackson)의 **보상잠재력 모델**(Return Potential Model)이다. 이 모델은 집단구성원의 행위가 용납(승인) 또는 거부되는 정도를 그래프로 나타낸다.

〔그림 7-5〕에 나타나 있듯이, 그래프의 횡축은 행위의 빈도를 나타내고 종축은 승인의 정도를 나타낸다.

〔그림 7-5〕는 집단회의를 하는 경우에 있어 구성원들의 발언횟수에 관련된 규범을 그래프로 구성한 것이다. 그림에 따르면, 발언을 너무 많이 하든가, 너무 적게 하는 것 둘 다 거부되고 있는 것을 발견할 수 있다. 그러나 말을 너무 많이 하는 경우가 거부의 강도가 더 높게 나타나고 있다(발언횟수가 9, 10회 때 제재강도가 각각 −2, −3인데 0과 1회 때는 −1, −2에 그침). 그림에서 (b)의 범위가 허용(승인)되는 범위(즉, 3회~8회 발언)이며 6회 정도 발언하는 것이 최고 보상점(a)임을 알 수 있다.

또한 특정 행동이 허용 또는 거부되는 정도를 강도(intensity)라고 한다. 규범의 강도는 그 규범의 상대적 중요성을 말해준다. 고강도 규범은 강한 승인 또

그림 7-5
보상잠재력 모형

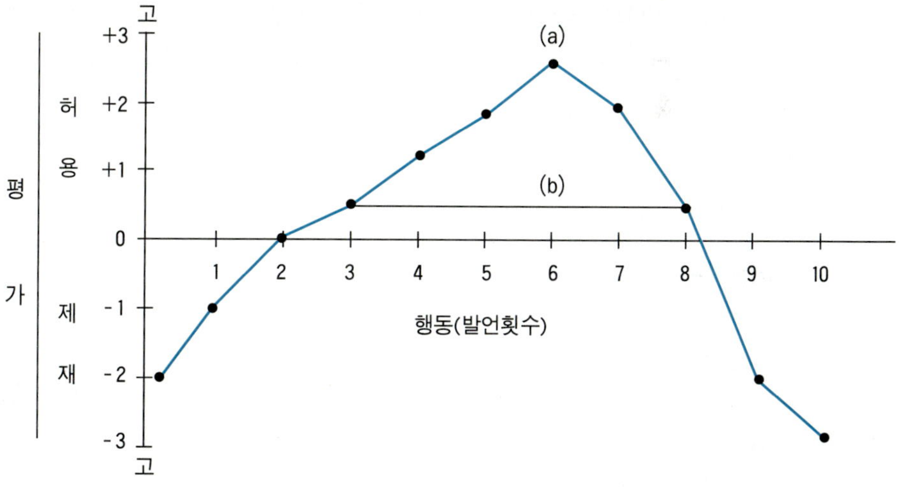

자료: Jackson, J. 1965. *Current Studies in Social Psychology*, In D. Steiner & M. Fishbein(eds.), New York: Holt, Rinehart, & Winston, p.303.

는 제재가 따르고 저강도 규범은 승인 또는 제재의 정도가 약하다. 예컨대 최근에는 단 한 번의 성희롱 발언에 대해서도 강력한 제재가 따른다. 그런 발언은 고강도 규범에 해당한다.

행동축의 허용수치를 합한 값은 얼마나 많은 구성원들이 특정 규범에 동의하는가를 나타내는 값인데, 이것을 **결정**(結晶)**지수**(crystallization)라고 하며 규범의 통제잠재력을 뜻한다. 어떤 규범의 결정지수가 높다는 것은 그만큼 많은 구성원들이 그 규범에 동의하고 있다는 뜻이다. '성희롱 발언은 안 된다'는 규범은 높은 결정지수를 갖는 규범이지만, '팀장이 퇴근하기 전에 팀원이 먼저 퇴근해서는 안 된다'는 규범은 결정지수가 낮고 어겼을 때 제재도 약하므로 강도도 낮은 규범이라고 볼 수 있다.

집단규범 준수에 따르는 결과

규범준수는 의사결정을 빠르게 해주고 구성원들의 행동을 통일시키는 역할을 하지만 나름대로의 역기능도 간과할 수 없다. 즉, 엄격한 규범은 집단의 다양성과 사고의 유연성을 제한하게 되어 창의적 집단운영을 저해할 수도 있다. 특히 변화의 국면을 맞이한 집단의 경우 역기능적 규범 때문에 변화 속도가 더디어지든가 큰 비용을 치르게 되어 집단효과성이 떨어지는 경우들을 우리는 자주 목격하게 된다.

매듭 7-2 **'애니콜 화형식'**

"이건희 삼성그룹 회장은 1995년 완벽한 애니콜 휴대폰을 만들겠다는 일념으로 당시 리콜했던 500억 원어치의 제품을 소각했다. 이 사건은 '애니콜 화형식'이라고 불리며 업계에서 지금도 회자한다. 삼성전자는 화형식 후 몰라보게 달라졌다. 불구덩이 속에서 살아난 휴대전화의 성장사라는 이름에 걸맞게 세계 시장에서 두각을 나타냈다."[11] (앞의 '규범은 어떻게 만들어지는가' 참조)

〈매듭문제 7-2〉 규범 측면에서 '애니콜 화형식'을 어떻게 평가할 수 있을까?

규범은 그 강도가 강할수록, 결정화(crystallized) 정도가 높을수록 받아들여지기 쉽다. 또한 구성원의 성격과 역할에 따라서도 규범 수용도가 달라진다.

규범이탈자에 대한 조치에 있어서도 다양한 전략이 존재한다. 직접 수정, 축출, 이탈과 수용 등의 전략이 쓰인다. 규범이탈자들이 소집단을 이루어 이익집단화함으로써 자신들의 이탈행위를 합리화할 수도 있다. 하지만 이탈적 행동이 창의성을 높이고 집단의 관료적 규범을 극복하는 계기가 되기도 한다.

응집력

응집력(cohesiveness)이란 집단구성원들의 개인차나 개인적 동기를 초월하는 '우리주의'(We-ness) 정신이며 집단소속감에 기반한 내집단 선호정서이다.[12] 응집력이 높은 집단은 낮은 집단과 비교하여 볼 때 구성원들 간의 상호 교류빈도가 높고 집단의 성과도 영향을 받는 것으로 나타나고 있다.

다음의 〈표 7-3〉에는 응집력을 증가시키는 요소들과 응집력을 감소시키는 요소들을 정리한 것이다.

응집력은 '사회-감정적 응집력'과 '도구적인 응집력'으로 나누어 볼 수 있는데 사회-감정적 응집력이란 구성원들이 집단에 소속됨으로써 자신들이 감정적인 만족을 얻게 되고 그로부터 생기게 되는 구성원 간의 '우리' 의식이다. 도구적 응집력은 구성원들의 이성적 판단에 기초하여 응집력이 형성되는 것을

표 7-3
응집력의 증감요소

응집력을 증가시키는 요소	응집력을 감소시키는 요소
집단목표에 대한 수용	목표에 대한 배척
상호교류의 빈도 증가	집단크기 거대
개인적인 매력	불만족스러운 경험
집단 간(다른 집단과의) 경쟁	집단 내 경쟁
호의적인 평가	독재적인 지배

자료: Szilagyi, Jr., A. D., & Wallace, Jr., M. J. 1990. *Organizational Behavior and Performance*, 5th ed., Glenview, III.: Foresman/Little, Brown, pp.282-283.

매듭 7-3 **학연 응집력**

"정권마다 권력자와의 관계에 따라 특정 학맥이 떠올랐다. 박정희 정권 때는 'KS마크(경기고 · 서울대)'와 경북고가 힘을 썼다. 전두환 정권 땐 '육법당(陸法黨 · 목사와 서울대 법대)'이 주름잡았다. 김영삼 정부는 경남고, 김대중 정부는 호남의 광주일고 · 목포상고 · 문태고 등이 약진했다. 이명박 정부에선 고려대가 승승장구하면서 '고소영(고려대 · 소망교회 · 영남)'이란 말이 유행했다. 박근혜 정부에선 총리 · 비서실장 · 법무부 장관 등에 성균관대 출신이 잇따라 등용됐다. 그래서 태평성대라 불렀다. 문재인 정부에선 경희대 인맥과 함께 '유시민(유명 대학 · 시민단체 · 민주당)'이란 신조어가 등장했다."[13)]

〈매듭문제 7-3〉 기업이나 공조직에도 학맥이 존재한다. 학맥 응집력이 주는 폐해는 무엇인가?

말한다.

집단의 응집력에 관한 연구에 의하면, 높은 응집력을 지닌 집단의 구성원들은 낮은 응집력을 지닌 집단의 구성원들에 비하여 구성원들 간에 보다 높은 만족도를 보이며, 빈번하고 긍정적인 의사소통을 하는 것으로 나타났다. 또한 높은 응집력을 지닌 집단이 낮은 응집력을 지닌 집단에 비하여 보다 높은 효율성을 보인다.

그러나 응집력이 높아지면 구성원들의 사고 다양성을 저하시킬 수 있다. 따라서 사고를 많이 필요로 하지 않는 단순, 반복적 과업인 경우는 높은 응집력이 성과를 높이지만 복잡, 역동적 과업에 대해서는 높은 응집력이 오히려 성과를 떨어뜨린다. 집단에 다양성이 요구되는 이유이다.

팀

한국 기업이나 조직에 팀제도가 도입된 것은 1990년대 후반부터이다. 그전에는 '부'(部)가 있고 그 밑에 '과'(課)가 여럿 있는 형태로 운영됐었다. 영어권에서는 우리보다 앞서 'department'라는 호칭을 없애고 'team'으로 바꿔 부르기 시작했다. 팀제는 부-과제도보다 여러 가지 이점이 더 많은 것으로 인식되고 있다. 특히 본 장의 앞부분에 집단과 팀의 개념 차이에서 밝힌 바와 같이, 부나 과와 같은 집단보다는 팀이 '공동목표에 대한 몰입'과 '성과에 대한 책무감'을 핵심으로 하는 팀의 개념에 더 부합한다.

팀제를 도입하였을 때 얻어질 수 있는 혜택을 〈표 7-4〉에 요약하였다. 국내외에서 팀제를 도입하여 성공한 예는 대단히 많다. 보잉사는 '보잉 777'기를 개발하면서 최고경영자에서 말단근로자에 이르기까지 전 조직에 팀제를 도입한 결과 747을 만들 때에 비해 절반가량의 인력밖에 소요되지 않았다. 팀제는 이제 전 세계적으로 일반화된 제도가 되었다.

팀제 도입의 가장 큰 특징은 과거의 계층구조를 유연화시켰다는 점이다. 전통적 조직의 과(課)나 부(部)가 팀으로 통합되었다. 팀장이 있고 나머지는 직급

표 7-4
팀의 성과

혜 택	구체적 자료	사 례
성과 증진	• 생산성 증가 • 품질향상 • 서비스 개선	• Ampex사: 고객에 대한 정시 배달률이 98% 증가 • K-Shoes사: 100만 켤레당 불량률이 5,000에서 250으로 감소
조직원 혜택	• QWL 증진 • 스트레스 감소	• 밀워키 보험사: 조직원 지원제도 활용률이 산업평균보다 40% 감소됨
비용 절감	• 이직률, 결근율 감소 • 산업재해 감소	• Kodak: 이직률이 산업 평균의 절반 수준으로 감소 • TI: 50% 이상 비용 절감 • 웨스팅하우스: 비용 60% 절감
조직차원의 혜택	• 조직의 혁신성 및 유연성 제고	• IDS Fund사: 시장 대응력 향상 • HP: 혁신적 주문처리 시스템 도입

자료: Moorhead, G. & Griffin, R. W. 1998. *Organizational Behavior*, New York: Houghton Mifflin Company, p.329에서 수정 인용.

(과장, 차장, 부장) 불문하고 똑같은 팀원이 된다. 나이나 근속연수 또는 직급이 높다고 팀장을 하는 것이 아니라 능력 위주로 팀장을 맡긴다. 연공서열보다 능력을 중시하므로 창의성 발현, 소통, 빠른 일 처리 등이 가능해진다.

팀의 유형

일반적 팀

지금까지 알려진 팀의 유형이 너무나 많아 일일이 다 열거하기가 힘들 정도이다. 여기에서는 모어만(Mohrman)[14)]이 제시한 4대 기준에 의한 **팀 분류** 방식을 알아보도록 한다.

〈표 7-5〉에 소개된 것처럼, 과업팀이란 생산이나 서비스 제공 등 일상적인 업무를 수행할 목적으로 구성된 팀을 의미하며, 개선팀이란 업무처리과정의 비효율과 비용 등을 개선할 목적으로 구성된 팀을 뜻한다. 또한 어떤 팀은 일시적으로 발생한 문제를 해결하기 위해서 구성되었다가 그 문제가 해결되고 나면 소멸되는 경우도 있다. 집단의 리더가 일일이 간섭하고 통제하는 스타일은 자율성을 중시하는 자율관리팀을 책임지기에는 부적절한 스타일이다. 한

표 7-5
팀 분류표

단순한 유형의 팀	기 준	복잡한 유형의 팀
과업팀 (제품/서비스 생산관리)	목적 또는 사명	개선팀 (과정개선을 통한 효과증진)
임시팀 (일정 기간만 존재)	시 간	영구팀 (조직이 존재하는 한 존재)
작업집단 (집단구성원들을 위해서 리더가 결정을 내림)	자율성의 정도	자율관리팀 (팀원들이 주요 결정을 스스로 내릴 수 있음)
단순기능팀 (구성원들이 유사한 전문영역을 가짐)	권한구조	다기능팀 (다양한 전문성을 가진 팀원들로 구성된 팀)

편, 오늘날에는 유사하고 공통된 기능과 역량을 갖는 구성원들로 이루어진 단순기능팀보다는 상호 보완적인 서로 다른 기능을 갖는 구성원들이 모여 시너지 효과를 낼 수 있는 다기능팀을 많이 활용하고 있다.

이 외에도 다양한 이름을 갖는 팀들이 존재한다. 그러나 이름이 어떻든 간에 〈표 7-5〉에 나타난, 목적/사명, 시간, 자율성, 그리고 권한구조 등 네 기준을 가지고 평가해 볼 수 있다.

가상팀

2020년 불어닥친 '코비드-19'의 영향과 정보통신기술의 발달로 가상팀(virtual team)이 세계적으로 많이 활용되고 있는 추세이다. 줌(zoom)이나 웨벡스(webex) 등을 통하여 회의하고 업무를 처리하는 경우가 많다.

가상팀이란 팀구성원들이 시간, 공간 또는 조직의 경계를 초월하여, 전자통신을 통하여 커뮤니케이션 하면서 과업을 수행하는, 가상공간의 팀을 의미한다.[15] 가상팀은 '코비드-19' 이전에도 사용되어 왔다. 예를 들어, 미국의 한 소프트웨어 개발업체는 개발팀의 일부는 미국에, 또 일부는 인도에, 그리고 나머지는 영국에 배치하여 24시간 개발업무를 수행토록 한다. 미국에서 퇴근할 때쯤이면 인도가 출근시간이 되고 인도에서 일하다 퇴근할 시간이 되어 개발하던 것을 웹상에 올려놓고 퇴근하면 영국 팀원들이 출근하는 시간이 되어 끊이지 않고 24시간 개발체제를 운영할 수 있다고 한다. 물론 각 나라에 흩어져 있는 팀원들이 다 같은 회사소속도 아니다. 일부는 외주업체 직원들이다. 이처럼 가상팀은 지역과 시간과 조직경계를 초월하여 운영될 수 있다.

하지만 '코비드-19'가 도래하여 사회적 거리두기로 재택근무가 보편화되면서 가상팀 활용, 또는 조직의 가상성(virtuality)이 획기적으로 증가하였다.

가상팀의 출현은 '텔레코즘의 법칙'(Law of Telecosm)과 관련된다. 텔레코즘의 법칙이란 컴퓨터 네트워크가 발달할수록 지리적 거리는 줄어든다는 의미이다.[16] '멀리 있는 이웃'이 가능해진 것이 사실이다.

가상팀은 재택근무를 비롯하여 지리적으로 떨어져 있는 점포나 지점들을 관리한다든가 어떤 사안에 대해서 협력업체들과 공동으로 노력해야 하는 경우, 또 교육, 훈련에 있어서 많이 활용되고 있다.

가상팀을 운영할 때 가장 중요한 도전은 바로 팀원들 간의 신뢰(trust)이다. 신뢰를 확보하고 유지하기 위한 상호 간의 조정노력이 어떤 팀에서보다도 중요하다. 상대방의 능력과 기술에 대한 신뢰, 일에 대한 접근방식과 일정 준수에 대한 신뢰, 목표성취에 대한 신뢰 등이 가상팀의 성패를 좌우한다.

가상팀은 지리적으로 떨어져 근무하는 팀인데, 이와 유사한 개념으로 '코비드-19'와 관련하여 떠오른 개념이 조직의 가상성(virtuality)이다. 가상성이란 지리적으로 떨어져 근무하는 '정도'(degree)를 나타내는 것이다. 예컨대, A사에서는 주 2회만 출근하고, B사는 주 2회 재택근무를 한다면 A사가 B사에 비해 가상성이 높다고 할 수 있다. 가상성이 높아지면, 구성원들 간에 심리적 거리(psychological distance)가 높아지며, 심리적 거리의 증가는 성과와 만족도/몰입도 등에 큰 영향을 미친다. 구성원들 간의 신뢰의 중요성은 위에 언급한 가상팀의 경우와 같다. 연구 결과, 직접 대면 상황과 같이 가상성이 낮을 때는 특성(trait) 좋은 사람이 리더로 등장하지만, 가상성이 높아지면 성과(achievement) 높은 사람이 리더로 떠오르는 것으로 나타났다.[17]

팀워크

팀워크(teamwork)란, 팀 구성원들의 서로 다른 생각과 역량과 정서를 역동적으로 조합하여 개인들의 합을 뛰어넘는 팀 성과를 창출하는 과정이라고 정의된다.[18] 팀워크가 강한 팀은 개인의 성과보다는 팀 성과향상을 위해서 구성원들이 헌신하며, 구성원들 간에 교류가 활발하고 팀 정신(spirit)을 공유한다. 예를 들어, 병원에서 환자를 수술하는 경우, 진단과 각종 검사를 담당하는 의료진, 마취전문가, 집도의, 간호사, 재활의 등 각기 다른 전문기술을 갖고 있는 구성원들이 역동적으로 교류하면서 환자 '치료'라는 하나의 목표를 달성하기 위해서 노력한다. 이 과정에서 서로 간에 목표와 정보의 공유, 피드백, 신뢰 등에 기초한 팀워크가 없으면 목표를 달성하기 힘들다.

연구 결과에 따르면, 강한 팀워크를 가진 팀은 다음의 일곱 가지 차원이 높게 나타난다.[19]

팀 지향성(team orientation): 강한 팀워크의 구성원들은 팀 지향성이 높다. 팀 지향성이란 구성원들이 동료 구성원들과 팀의 과업에 대해서 갖는 호의적인 태도를 뜻한다. 팀 지향성이 높으면 구성원들이 팀의 규범을 잘 수용하고, 응집력이 높으며, 팀에 대한 소속감도 강하다.

팀 리더십: 팀워크가 잘 짜인 팀의 구성원들은 모두가 리더의 역할을 수행한다. 팀 리더십이란 구성원들이 다른 구성원들을 위해서 방향을 제시하고, 지원하며, 문제해결을 가이드 하는 것이다.

커뮤니케이션: 팀워크가 높은 팀은 구성원들 간에 정보공유소통이 활발히 일어난다. 또한 활발한 소통은 팀워크를 강화하게 된다.

모니터링(monitoring): 강한 팀워크하에서는 구성원들이 다른 구성원들의 행동과 성과수행과정을 관찰하고 팀 성과향상을 위해서 도움을 제공할 준비를 한다.

피드백: 팀워크가 높은 팀의 구성원들은 다른 구성원들에게 피드백을 제공하고, 자신에 대한 피드백을 추구하며(feedback-seeking), 제공되는 피드백을 수용한다. 구성원들이 좋은 내용뿐 아니라 부정적 피드백도 어렵지 않게 제공하고 수용하는 것이 강한 팀워크의 증거이다.

백업 행동(backup behavior): 다른 구성원들의 성과수행을 지원하는 것을 백업행동이라고 한다. 팀워크가 높은 팀은 구성원들이 적극적으로 백업행동을 보인다. 팀 전체의 성과향상을 위해서 다른 구성원들의 과업수행을 어떻게 지원할 것인지를 고민한다.

조정행위: 팀 구성원들이 팀의 과업프로세스를 잘 이해하고 전체적인 효율성을 극대화하기 위해서 자신의 행동과 성과수행을 적절히 조정할 줄 알면 팀워크가 잘 짜인 것이다.

지금까지의 연구 결과에 따르면, 팀워크가 잘 짜이면 팀 성과가 높아지고 구성원들의 직무만족도와 조직몰입도가 높아지며 조직시민행동(OCB)도 높은 것으로 나타났다.[20]

팀 설계는 어떻게 하나

효과적인 팀 설계 및 운영을 위해서는 몇 가지 사항들을 고려해야 한다. 첫째는 팀의 규모를 얼마로 할 것인가의 문제이다. 물론, 팀의 규모는 과업의 특성에 따라 달라진다. 그러나 일반적으로는 2~16명 정도가 효과적 운영을 위한 한계인 것으로 알려져 있다. 얼굴을 마주보며 교류할 수 있는 최대규모는 12명 정도이다. 미국 기업들의 이사회(Board of Directors)도 숫자가 많아지면 5~7명 정도씩 특정 주제를 중심으로 소집단으로 나누어 운영하는 것이 관례이다.[21]

둘째는 **팀원 구성**을 어떻게 할 것인가의 문제이다. 흔히 팀원들 간에 성격이 맞아야 한다거나 생각이 같아야 한다는 등의 이야기를 하는 사람들이 많다. 그러나 이러한 막연한 기준을 가지고 팀 구성에 임할 수는 없다. 사실 지금까지의 연구 결과는 그러한 상식적 판단과 일치하지 않고 있다. 팀원들의 생각이 다양할수록, 또 배경이 획일적이지 않을수록 팀 성과가 높아진다는 연구 결과가 더 많다.

셋째, 팀에 주어지는 권한을 확대할 필요가 있다. 팀을 설계할 때 가장 결정하기 힘든 것이 팀장과 팀원들에게 어느 정도의 권한을 줄 것인가를 결정하는 것이다. 권한의 핵심은 인사권과 예산권이다. 팀원을 뽑고 배치하고 퇴출시킬 수 있는 권한과 예산을 짜고 그것을 책임하에 집행할 수 있는 권한을 팀에 내려줬다면 팀의 자율성이 극대화된 것으로 볼 수 있다. 그러나 한국 기업들 중에서 팀에 그 정도의 권한을 위임해 주고 있는 기업은 많지 않다.

넷째, 팀 운영의 성패는 신뢰(trust)의 구축에 달려 있다. 팀원들의 능력이

표 7-6
팀장 리더가 지켜야 할 원칙

(원칙 1) 팀원 개인이 아니라 이슈나 문제, 또는 행동에 초점을 둬야 한다.
(원칙 2) 팀원들의 자신감과 자긍심을 높게 유지해야 한다.
(원칙 3) 건설적 관계를 형성한다.
(원칙 4) 개선을 위한 주도권을 행사한다.
(원칙 5) 모범을 보여야 한다.

아무리 뛰어나다고 하더라도 서로 간에 신뢰가 형성되어 있지 않으면 자신의 능력을 다 발휘하려 하지 않을 것이다. 신뢰가 허물어지면 갈등이 발생하고 팀이 방향을 잃게 된다. **신뢰**란 다섯 차원으로 이루어져 있으며 각 차원 간에는 서로 중요도에 있어 차이를 보인다.: 즉, **성실성**, **역량**, **일관성**, **충성심**, 그리고 **개방성** 등의 순서를 갖는다.[22]

그림 7-6
팀 운영에 필요한 핵심 역할들

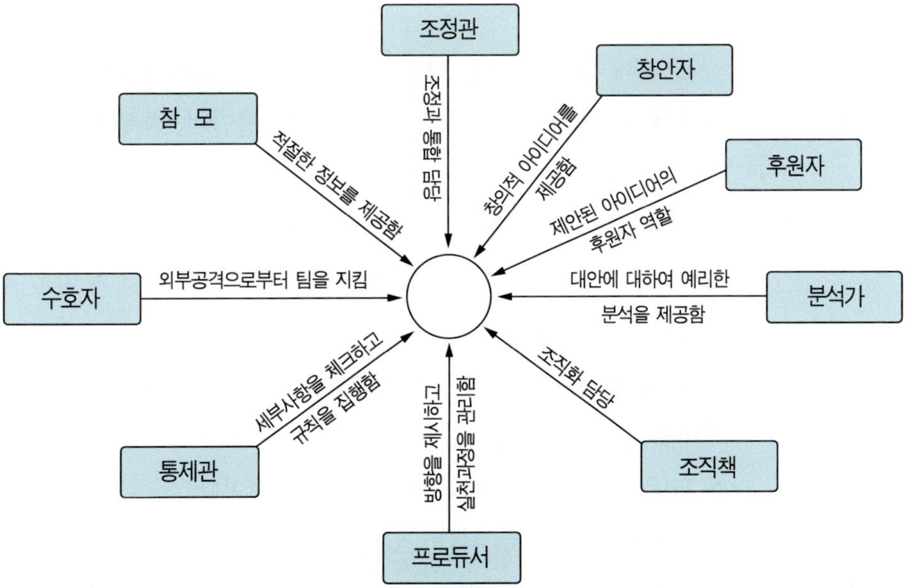

자료: Margerison, C. & McCann, D. 1990. *Team management: Practical new approaches*, London: Mercury Books.

끝으로, **팀리더**의 역할을 명확히 해야 한다. 전통적 집단 조직에서는 부서장의 권한이 컸기 때문에 구성원들보다 한 계층 위에 존재하면서 그들이 해결할 수 없다고 믿어지는 중요한 사안들에 대하여 해답을 제시해주는 역할을 담당했었다. 개념상 팀조직에서는 팀장과 팀원들 간의 경계가 뚜렷하지 않다. 단지 역할이 다를 뿐이다. 따라서 과거처럼 상사로 군림하려는 팀장은 팀을 효과적으로 이끌기가 힘들어진다.

젱거(Zenger) 등은 리더로서의 팀장이 지켜야 할 원칙을 〈표 7-6〉과 같이 다섯 가지로 제시하고 있다.[23]

팀 운영에 필요한 9가지 역할들

팀을 운영하는 데는 다양한 역할들이 필요하다. 팀 구성에 있어 가장 중요한 것은 바로 이러한 다양한 역할들을 제대로 수행할 수 있는 사람들로 팀을 구성해야 한다는 것이다. 팀 운영에 필요한 역할들을 구체적으로 살펴보면 〔그림 7-6〕과 같다.

그림에 나타났듯이, 팀을 성공적으로 운영하기 위해서는 적어도 아홉 가지 역할들이 제대로 수행되어야 한다. 즉, 창안자, 후원자, 분석가, 조직책, 프로듀서, 통제관, 수호자, 참모, 그리고 조정관 등이 그들이다. 물론, 한 팀원이 이들 중 여러 가지의 역할을 동시에 수행할 수도 있다. 중요한 것은, 이들 역할들을 나누어 수행하는 데 필요한 성격과 경험, 그리고 능력을 갖춘 사람들을 중심으로 팀을 구성해야 한다는 것이다.

팀 운영에 있어 여러 역할들이 제대로 수행되어야 한다는 것은 매우 중요한 의미를 갖는다. 가령, 팀원 열 명이 모두가 분석가들이라고 가정해 보자. 비판은 많은데 일은 제대로 되는 것이 없을 것이다.

그렇다고 프로듀서들만 있어서도 곤란하다. 행동은 안 하면서 관리만 하려들 것이기 때문이다. 따라서 요구되는 역할을 제대로 수행할 수 있는 사람들을 중심으로 팀을 구성하는 것이 가장 바람직하다.

사 례 7-1 **구인회: 인화(人和)의 전설**

각 기업마다 직원들을 교육, 훈련시키는 연수원을 갖고 있는데 대부분 인재개발원이나 연수원이라는 이름이 붙는다. 하지만 LG연수원은 '인화원'(人和院)이라는 이름으로 불린다. 그 이유는 바로 LG의 창업자 구인회 씨의 경영철학에 있다.

구인회 씨는 호가 연암(蓮庵)이며, 경남 진주 출신이다. "1926년 서울의 중앙고등보통학교를 2년 수료하고 귀향해 지수협동조합의 이사로 취임하였는데 이것이 사업가로서의 첫 출발이다. 이후 사업은 순조롭게 진행되어 일제강점기 말기인 1943년 만석군이란 소리를 들을 정도로 대토지 소유자가 되었고 1947년 크림 생산을 시작하였으며 1953년 성공하여 락희산업주식회사를 설립했다. 1959년에는 금성사를 창립해 라디오 생산을 시작하였고 이어 전화기, 선풍기 등을 생산하기 시작했다. 연이어 치약, 칫솔, 비누 등을 생산하였다. 또한 부산 국제신보 사장이 되었으며 전국경제인연합회 부회장도 지냈다."(네이버 백과사전)

흥미로운 것은, "삼성의 이병철 회장, LG의 구인회 회장, GS 허만정 회장, 효성의 조홍주 회장 등 국내 대기업의 창업주 생가가 의령과 진주, 함안에 직경 20km 내에 모두 모여 있다"는 점이다. 한 고장에서 이렇게 많은 대기업 창업자들을 낸 것도 기록적인 일이다.

구인회 창업자는 조직원 간의 신뢰와 믿음이 최고 경쟁력이라는 '인화경영'을 LG그룹 성장의 모태로 삼았다. 구인회 회장이 '세팅'한 인화경영은 2대 구자경 명예회장과 3대 구본무 LG그룹 회장으로 이어져 오면서 지난 60년간 LG 경영의 원천이 됐다.

"최근 LG가 이 같은 오랜 전통의 '인화'를 벗고 '독한 DNA'를 표방하며 그룹 역사 '새로 쓰기'에 나서고 있어 주목된다. 특히 구본무 회장은 지난주 1박 2일간 그룹·계열사 최고경영진과 새해 첫 미래전략회의를 갖고 치열함으로 무장한 사업전략을 논의했고, LG전자 구원투수로 나선 구본준 부회장은 독함에 바탕을 둔 새해 위기극복 경영을 가동했다."(헤럴드 경제, 2011년 1월 11일자)

특히, LG의 구씨 집안은, 몇 년 전 분리한 GS그룹의 허씨 집안과의 동업을 큰 잡음 없이 오랜 기간 동안 이끌어와 많은 사람들의 칭송을 받았다.

[사례 문제 7-1] 집단이나 팀을 운영하는 데 있어 '인화'(人和)의 역할은 무엇인가?

사 례 7-2

거스 히딩크의 팀워크

2002년 월드컵에서 한국을 세계 4강에 올려놓았던 네덜란드의 거스 히딩크 감독은 '개인보다는 팀워크를 더 우선시하며, 다른 감독들처럼 정형화된 포메이션을 고집하지 않고 기존의 틀을 벗어나 선수들의 강인한 체력과 스피드에 기초한 공격축구'를 구사한다. 아마도 웬만큼 히딩크 감독의 축구를 지켜본 사람이라면 승리가 꼭 필요한 경기에서 수비수를 빼고 공격수를 더 투입하는 그의 공격적 전략을 기억할 것이다.

거스 히딩크가 갖고 있는 팀 운영의 가장 중요한 철학은 팀워크를 최우선시한다는 점이다. 스타플레이어 한두 명에 팀의 성패를 의존하는 것이 아니라, 모든 선수들이 각자의 위치에서 최고의 실력을 발휘할 수 있도록 선발과 훈련과 관리에 있어 모든 과학적인 방법을 다 동원한다.

특히 그는 학연이나 지연 등에 연연하지 않는 공정한 선수선발로 유명하다. 지연, 학연과 관계없는 외국인 감독들이 갖는 장점이기는 하지만, 외국인 감독이라고 하더라도 힘 있는 축구 관계자들의 부탁(?)이나 조언을 완전히 무시하지 못했던 경우도 많았다.

또한 그는 선수들에게 명확한 팀 목표를 설정해주고 그를 달성하기 위한 전략과 전술을 제시하였다. 팀의 목표달성에 기여하지 못하는 선수는 가차 없이 교체하였다. 감독들은 실력 있는 선수라 할지라도 팀 목표에 기여하지 않고 개인플레이를 내세우면 소위 길들이기를 한다고 한다.

"2002년 한국 축구를 4강으로 이끌었던 거스 히딩크 감독도 선수 길들이기로 팀을 장악했다. 히딩크 감독은 홍명보와 안정환과 줄다리기를 했다. 2002년

한-일 월드컵을 앞두고 히딩크 감독은 주장 홍명보의 주장 완장을 떼었다 붙였다 했다. 대표팀에서는 절대적인 존재였지만 히딩크의 눈에는 부족했기 때문이다……. 주장 홍명보가 전력에서 제외되자 위기의식을 느낀 선수들은 정신적으로 재무장했다. 곧 빛을 발하기 시작했다."(스포츠조선, 2011. 1. 4)

기업들도 한동안 "히딩크의 경영학"을 배우겠다고 나선 적이 있었다. 한국경제신문(2002. 6)은 다섯 차례에 걸쳐 히딩크에 관련된 다양한 주제들을 기사화한 바 있다:

1) 신념의 카리스마
2) 철저한 자기평가(자원의 발견과 능력개발 유도)
3) 재즈처럼 유연하게(고집을 버리고 변화 즐기기)
4) 팀워크, 팀워크, 팀워크
5) 멀리 보고 굳게 믿기(기본에 충실)

한편, 한겨례21(2002. 6)도 그의 성과의 원인을 다음과 같이 분석하고 있다.

1) 명성에만 기대려는 스타급 선수들을 선발권을 활용하여 휘어잡았으며,
2) 여러 포지션을 소화할 수 있는 토털사커를 키운 것과,
3) 기초체력을 강조하고 잔재주에 연연하지 않았으며,
4) 선천적으로 승부근성이 없거나 체력이 약한 사람을 빼고 재능이 있다는 느낌만 와도 선수를 발굴해 키웠다.

히딩크 감독은 한국 선수들을 어떻게 보았을까?

"지금에야 하는 말이지만 한국팀의 첫인상은 가히 충격적이었다. 전력을 말하는 것이 아니라 열정을 말하는 것이다. 그들은 내가 지시하는 것을 충실히 이행하려고 노력했으며, 한결같이 착하고 순수했다. 유럽의 톱클래스 선수들은 스스로의 생각이 강하고 개성이 탁월하다. 하지만 그들 사이에는 프로라는 의식이 있을 뿐 하나의 팀으로서, 아니 한 국가를 대표하는 스포츠 선수로서의 사명감은 많이 떨어지는 것이 사실이다. 월드컵이란 무대를 자신의 몸값을

높이기 위한 수단으로 여기는 선수들도 많이 봐왔다. 한국 선수들은 월드컵 그 자체를 영광으로 생각했으며, 그 무대에서 뛰기 위해서는 무슨 일이라도 할 수 있다는 자세를 보였다. 이러한 한국 선수들의 마음가짐에 적잖은 충격을 받았다. 실력은 중요하지 않다. 실력이 모자라면 보충하면 되는 것이다. 가장 중요한 것은 스스로 하고자 하는 의지다. 그런 점에서 한국 선수들은 세계 어느 나라 선수들보다 우월하다."

(http://wjc1004.tistory.com/497)

[사례 문제 7-2] 히딩크식 팀워크를 기업경영에도 적용할 수 있을까?

나의 조직행동 진단 7

팀 역할 선호도

▣ 이 조사는 당신이 팀에서 어떠한 역할이 어울리는지를 알아보는 것이다.

* 아래의 문제를 읽고 해당되는 난에 표시를 하시오.	전혀 일치하지 않음	거의 일치하지 않음	보 통	일치함	아주 많이 일치함
1. 나는 대개 팀이 성취하고자 하는 일에 책임을 진다.	1	2	3	4	5
2. 나는 우리 팀이 지금까지 성취한 것에 대해서 팀의 멤버들에게 요약해서 말하곤 한다.	1	2	3	4	5
3. 나는 대개 팀 멤버들을 돕는 사람으로서 그들의 의견을 들어준다.	1	2	3	4	5
4. 나는 모든 팀 멤버들이 현안에 대해 관심을 갖도록 만들려고 노력한다.	1	2	3	4	5
5. 나는 대개 팀의 멤버로서 토론회를 어떻게 조직하는지를 결정한다.	1	2	3	4	5
6. 나는 회의에서 다른 팀 멤버의 아이디어를 칭찬하곤 한다.	1	2	3	4	5
7. 나는 회의 시 결정사항을 잘 숙지한다. 그래서 사람들은 나에게 의존하려 한다.	1	2	3	4	5
8. 나는 토론에서 중재자의 역할을 한다.	1	2	3	4	5
9. 나는 우리 그룹이 팀 목표에 대해 낙관적으로 생각하도록 만들려고 노력한다.	1	2	3	4	5

＊ 아래의 문제를 읽고 해당되는 난에 표시를 하시오.	전혀 일치하지 않음	거의 일치하지 않음	보 통	일치함	아주 많이 일치함
10. 나는 모든 팀 멤버들에게 발언기회를 제공한다.	1	2	3	4	5
11. 대부분의 회의에서 팀 멤버들의 아이디어에 혹평을 덜 하는 편이다.	1	2	3	4	5
12. 나는 회의에서 의견 차이를 해결하기 위해 팀 멤버를 적극적으로 돕는다.	1	2	3	4	5
13. 나는 팀 멤버들이 각 이슈에 대해 그들의 아이디어를 잘 표현하도록 적극적으로 용기를 북돋운다.	1	2	3	4	5
14. 사람들은 회의의 목적을 명확하게 아는 나에게 의존하는 경향이 있다.	1	2	3	4	5
15. 나는 회의의 기록을 하거나 노트를 갖고 다니는 사람이 되고 싶다.	1	2	3	4	5

[해 석]

- 격려자: #6+#9+#11 = ________________
- 선동자: #4+#10+#13 = ________________
- 중재자: #3+#8+#12 = ________________
- 주도자: #1+#5+#14 = ________________
- 수렴자: #2+#7+#15 = ________________

〈합이 제일 높은 것이 당신의 선호역할이다.〉

* 각 항목별 점수가 10점 이상일 경우 아래 역할에 대한 성향이 강하다고 할 수 있다.

- 격려자: 팀 구성원을 칭찬하고 아이디어를 지지하며 온화한 성격으로 그룹의 결속력을 증가시킨다.
- 선동자: 회의나 팀 활동에 구성원들을 적극적으로 참여시키는 역할을 한다.
- 중재자: 그룹 내의 의견을 조정하고 긴장감을 줄여주는 역할을 한다.
- 주도자: 조직의 목표를 정확히 하고 목표달성을 위한 방법을 강구하는 역할을 한다.
- 수렴자: 미팅 시에 나왔던 의견들을 잘 정리하여 요약하고 문서화하는 역할을 한다.

* 당신의 팀은 어떤 사람들로 구성되어 있는가?

제8장

커뮤니케이션

본 장의 요점

* 조직운영의 핵심인 커뮤니케이션의 프로세스, 유형, 장애요인, 개선방안 등을 학습함으로써 조직경영의 기본 스킬을 터득한다.
* 정보전달자와 수신자 사이에 존재하는 프로세스를 체계적으로 학습하여 스스로 커뮤니케이션 문제점을 진단할 수 있게 한다.
* 매체의 정보충실도를 이해토록 하여 효과적 매체선택을 돕는다.
* 조직 내 상·하·좌·우와 대각선 방향 커뮤니케이션의 특징을 이해한다.
* 대인 간 커뮤니케이션의 기초인 적극적 경청법을 학습하여 소통능력을 향상시킨다.

커뮤니케이션의 정의

커뮤니케이션은 어떤 기능을 하는가

커뮤니케이션의 유형

커뮤니케이션 방해요소

커뮤니케이션 개선방안

스마트오피스, SK그룹 최태원 회장

* 2019년 SK그룹은 개인 지정좌석이 없는 '공유 오피스'를 시작하였다. 서울 종로구에 있는 스마트오피스는 '일하는 방식을 혁신하라'는 최태원 회장의 방침에 따라 사무실이 리모델링 되었다.

* SK그룹은 5개 층을 스마트오피스로 만들어서 소통과 협력을 강화하고 창의적인 업무환경을 조성하고 있다.

* 이곳에서는 기존 「팀–실–부문」 단위별 지정좌석제 대신 원하는 자리에 앉아 일하는 「공유좌석제」를 도입하였다. 공동업무 공간인 프로젝트 룸을 34개로 두 배가량 늘렸다. 각 층에 휴식공간을 조성했다. 직원들의 하루는 On Space(앱)을 이용한 좌석 및 회의실 공간예약으로 시작된다. 자리에 앉기 전에 개인 사물함에 들러 필요한 물건을 꺼낸다. 개인별 유선전화를 놓을 고정좌석이 없으므로 휴대전화로 소통한다.

* 회사의 공간 구분
  - ▶ 포커스존은 칸막이, 보조 모니터 등이 설치된 업무 집중 공간이다. 벌집형 칸막이로 주변과 차단된 공간이 있고, 낮은 칸막이로 된 곳도 있다.
  - ▶ 라운지는 카페와 유사한 형태의 공간이다. 스낵바와 같은 곳도 있고, 휴식용 쇼파도 배치되어 있다. 직원들끼리 업무 중에 자유롭게 대화를 할 수 있고 칸막이가 없으며, 협업을 위한 공간이다.
  - ▶ 퍼블릭존은 구내식당과 카페, VR CUBE, 안마의자실, LP 음악 감상실, 도서관, 헬스장 등의 휴식 및 복지 시설을 갖춘 공간이다.

✣ 〈문제 8〉 **업무공간의 구조는 직원들의 커뮤니케이션에 어떤 영향을 미칠 수 있는지 생각해 보자.**

커뮤니케이션의 정의

커뮤니케이션이란, 원래 라틴어의 'communis'에서 유래한 것으로 'common(공동의)'이란 뜻을 가지고 있다. 커뮤니케이션이란 "전달자와 수신자 사이의 정보의 전달, 개인 간 또는 집단 간의 의미의 전달"[1]이라고 정의되기도 하고, "일반적인 상징을 통한 정보나 의사의 전달"이라고 정의하기도 한다. 여기에서의 상징이란 언어적인 것과 비언어적인 것을 모두 포함한다. 요컨대 커뮤니케이션이란 의사나 정보를 가진 자가 그것을 타인에게 전달하고 해석되어지는 과정을 말한다.

커뮤니케이션은 어떤 기능을 하는가

조직 내 커뮤니케이션은 다음의 네 가지 기능을 갖는다.[2]

조직구성원 통제: 조직 커뮤니케이션은 기본적으로 구성원들에게 임무를 부여하고 그 과정과 결과를 통제하는 기능을 갖는다. 통제란 각 구성원에게 해야 할 일을 전달하고 과정이 잘 되고 있는지를 확인하며, 결과가 바람직한지를 평가하는 일련의 행위를 말한다. 공식적 또는 비공식적 차원에서 조직구성원으로서 해야 할 행동과 하지 말아야 할 행동들을 전달하고 준수 여부를 피드백하는 것을 포함한다. 통제기능의 궁극적 목표는 구성원들이 조직의 지침과 규범을 준수하도록 만드는 것(compliance gaining)이다.

리딩(leading): 구성원들을 조직의 목표달성에 몰입시키고 동기부여시키는 기능이다. 구성원들에게 비전을 제시하든가, 변화와 혁신의 필요성을 역설하는 등의 리더십행동이 여기에 포함된다. 의식적 또는 무의식적으로 구성원들이 리더를 모델로 생각하고 따라 하면서 영향을 받는 것도 이 범주에 속한다. 배려, 위로, 의견수렴, 구성원 개발 등 리더의 다양한 행동들을 포함한다.

대인관계 형성: 대인관계를 형성하는 데 있어 커뮤니케이션은 결정적인 역할을 한다. 생각을 나누고, 마음과 감정을 나누면서 형성되는 대인관계는 서로 간에 대화와 공감과 공유가 없이는 불가능하다. 대화는 경험의 공유, 정서적 공감, 정보의 공유 등을 가능하게 함으로써 대인관계 형성에 커다란 영향을 미친다.

의사결정: 커뮤니케이션은 구성원들이 상황에 대한 '의미구축'(sense-making)과 의사결정을 하는 데 커다란 역할을 한다. 구성원들은 접하는 다양한 정보들에 의미를 부여하고 체계화하여 문제의 성격을 정의한다. 문제의 성격이 정해지면, 문제해결을 위해서 누가, 무엇을, 어떻게 헤야 할 것인지에 대해서 의사결정을 하게 된다. 이 과정에서 정보의 수집/공유, 회의와 토론, 갈등의 해결, 협상과 조정 등 다양한 커뮤니케이션 행위가 나타나게 된다.

매듭 8-1 **프레젠테이션 비법**

어느 포털에서 직장인 1,256명을 대상으로 한 설문조사 결과, '업무상 능력을 인정받기 위해 직장인에게 가장 필요하다고 생각하는 것'을 묻는 질문에 '프레젠테이션 능력'이라는 응답이 33.7%(423명)로 가장 많았다. 최근에는 아예 신입사원 입사전형에 우리말은 물론, 영어 프레젠테이션 능력을 평가하는 회사도 속속 등장하고 있을 정도이다. 직장인들이 느끼는 문제는 실제 프레젠테이션을 해야 할 기회는 잦아졌지만, 신입사원 교육기간 이후 제대로 배울 기회가 많지 않다는 것. 전문가들이 권하는 프레젠테이션 요령을 알아봤다.

〈1〉 프레젠테이션 환경 미리 조사해야
〈2〉 주어진 시간보다 빨리 끝내라
〈3〉 외워서 하는 프레젠테이션은 위험!
〈4〉 발표 순서는 결론→본론→결론으로
〈5〉 숫자는 그래프로
〈6〉 Q&A를 활용하라

(자료: 조선일보, 2005.10.25.에서 요약)

〈매듭문제 8-1〉 프레젠테이션 개인 교습을 받는 관리자, 임원들도 많다. 프레젠테이션을 수행할 때 지켜야 할 또 다른 사항들을 적어보자.

커뮤니케이션 과정

가장 일반적으로 통용되고 있는 커뮤니케이션의 과정모델은 다음의 〔그림 8-1〕과 같다.[3] 이 모델은 개인, 집단, 조직 간 또는 이들 내에서 일어나는 여러 상황을 고려한 것으로 전달자의 의도, 부호화, 매체, 메시지 수신, 해석, 피드백, 잡음 등의 기본요소들로 이루어져 있다. 각각의 요소에 대해서 자세히 살펴보도록 하자.

전달자의 의도

커뮤니케이션에서의 전달자(communicator)란 아이디어를 제공한다든지, 정보를 전하는 등의 의사전달을 시도하는 사람을 말한다. 전달자의 전달의도가 커뮤니케이션의 시발점이 된다. 그 이후에는 전달자가 자신의 의도를 각색하고 부호화하여 수신자에게 정확히, 적시에 메시지가 전해지도록 하는 노력이 뒤따른다.

부호화

부호화(encoding) **과정**에서는 전달자의 의도를 반영해 줄 수 있는 적절한 매개수단이 필요한데 대개가 언어를 사용하고 있으나 비언어적인 상징도 많이 사용되고 있다(예, 표정, 신호, 제스쳐, 그림, 숫자, 이모티콘 등). 상징물이나 신

그림 8-1
커뮤니케이션 모델

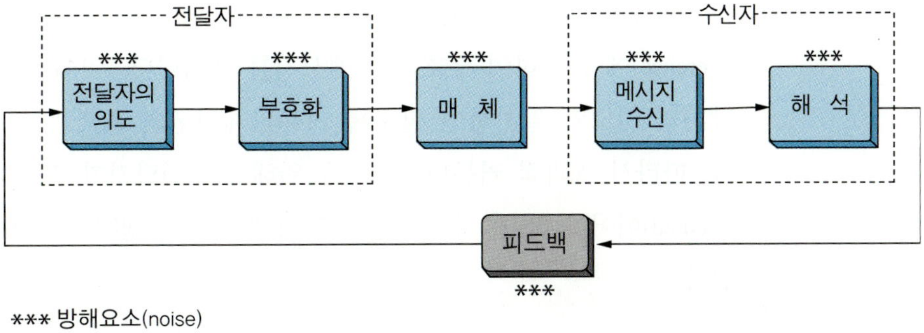

호 등에는 전달자의 의도가 하나의 부호로 실리게 되는데 눈으로 보이지 않는 체계이므로 전달자와 수신자 간의 보다 깊은 심리적인 교감을 필요로 한다.

집단 내의 응집력을 높이거나 문제해결을 하고자 할 때, 가시적인 상징물을 사용하는 것이 보다 효과적이라는 연구 결과가 있다.[4)]

메시지 및 매체

메시지(message)란 전달자가 수신자에게 전하려는 내용이며, 부호화의 결과이다. 또한, 매체(channel)란 부호화된 의사가 어떤 경로를 거쳐 수신자에게 전달되느냐 하는 것이다. 여기에는 직접대면(face to face), E-메일과 문자, 전화, 핸드폰, 스마트폰, 집단토의, 팩시밀리, 메모, 정책 규정집, 비디오, 각종 보고자료 그리고 줌(zoom) 같은 화상회의 등이 포함된다. 매체의 중요성은 전달 내용과의 적합성에서 찾아볼 수 있다. 즉, 전달 내용에 맞는 매체를 선정해야 정확하고 효과적인 커뮤니케이션이 이루어질 수 있다.[5)]

중요한 정보인 경우에는 직접 대면을 통하여 전달하는 것이 보다 효과적이다. 커뮤니케이션 경로와 전달 내용이 조화를 이룰 때 정확하고 효과적인 커뮤니케이션이 이루어질 수 있다.

메시지 수신 및 해석

수신된 메시지는 수신자(receiver)에 의해서 해석되고(decoding) 그 의미가 제대로 받아들여져야 한다. 해석이란 어느 정도는 기술적인 문제로, 수신자의 해석능력과 관련된다. 수신자는 자신의 과거 경험이나, **준거의 틀**(frame of reference)에 근거하여 부호화된 메시지를 해석한다. 이때 해석된 메시지가 전달자의 의도와 일치하면 할수록 커뮤니케이션의 효과는 커진다고 볼 수 있다. 따라서 효과적 커뮤니케이션을 위해서는 전달자가 수신자 지향적(receiver oriented)이어야 하고[6)] 수신자는 전달자의 의도를 정확히 파악하려고 노력해야 한다.

피드백

일방적인 커뮤니케이션에서는 전달하려는 내용과 수신자가 받아들이는 내용 사이에 불일치의 가능성이 높다.[7] 그리고 수신자의 반응이 없다면 내용전달이 올바로 이루어졌는지에 대하여 확인할 수 없게 된다. 그러므로 커뮤니케이션에서는 반드시 피드백이 있어야 하며, 때문에 쌍방향 커뮤니케이션의 필요성이 대두되는 것이다.

방해요소

〔그림 8-1〕에서 보듯이, 커뮤니케이션의 각 단계마다 방해요소(noise)가 존재한다. **잡음**이란 '원활한 커뮤니케이션을 방해하는 요소'로서 이를 제거하지 않으면 원활한 커뮤니케이션이 이루어지지 못하게 된다. 가장 흔한 예로 전화통화 시 혼선에 의한 잡음이 있을 수 있다. 이와 같은 **물리적인 잡음**뿐 아니라 잡념과 같은 **심리적 잡음**도 포함된다.

일반적으로, 물리적 방해물, 어의상의 문제점, 문화적 차이, 피드백 부재, 그리고 발신자와 수신자 간의 지위 차이 등이 효과적인 커뮤니케이션을 방해하는 잡음으로 작용할 수 있다.

정보충실도란 무엇인가

어떤 커뮤니케이션 매체를 선택하는 것이 바람직한가는 매체의 정보충실도(information richness)와 상황(또는 문제)의 복잡성에 따라 결정된다.[8]

정보충실도란 특정 매체가 내포하고 있는 정보의 양과 다양성을 뜻한다. 정보충실도는 피드백에 걸리는 시간, 매체의 가시성과 가청성, 개인적인가 공개적인가의 여부, 그리고 언어의 종류(신체적, 자연적, 숫적 언어 중) 등 네 가지 요소에 따라 결정된다. 가령, 직접 대면인 경우, 피드백이 즉각적이고, 전달자를 직접 보면서 화자의 말을 듣게 되며 개인적이고 신체적 또는 자연적 언어를 사용하며 다양한 단서(cue)를 제공하게 되므로 정보충실도가 가장 높다. 일반적으로 비주얼(visual)소통이 음성소통보다 충실도가 높다.

그림 8-2
매체의 정보 충실도

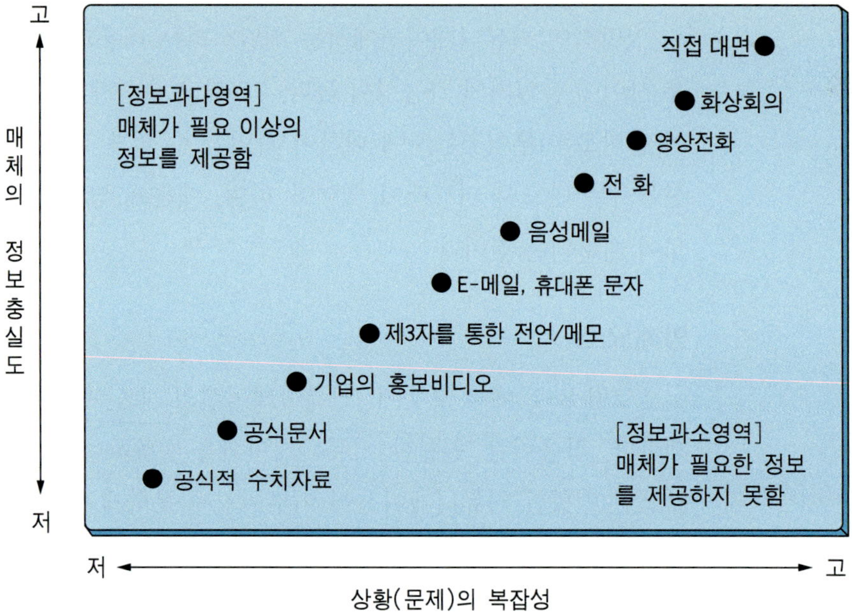

자료: Hellriegel 등, 1998, 앞의 책, p.400에서 수정.

또한 바람직한 매체의 선택은 상황(문제)의 복잡성에 따라서도 달라진다. 일상적이고 예측 가능하며 분명한 목표나 절차를 포함하는 내용인 경우에는 의사전달 상황의 복잡성이 낮다고 볼 수 있으나 조직변화에서와 같이 예측할 수 없는 상황의 경우에는 복잡성이 높다고 볼 수 있다. 중요한 문제는 직접 만나서 얘기하는 것이 바람직하다.

정보충실도와 상황복잡성을 두 축으로 하는 좌표를 가지고 상황에 따른 바람직한 매체의 속성을 살펴 볼 수 있다. 그 내용을 〔그림 8-2〕에 정리하였다.

'코비드-19'로 직접 대면이 어려워져 다른 매체를 통한 정보충실도 확보가 중요시된다.

모바일 시대의 조직 내 커뮤니케이션

전 세계적으로 모바일 소통이 대세다. 2023년 한국에서 가장 많이 사용된

앱은 카카오톡으로, 월평균 약 4,800만 명이 사용했다. 그 뒤를 유튜브와 네이버가 각각 4,600만 명 4,300만 명의 사용자 수를 차지했다. 카카오톡은 메시지 앱으로 사용 빈도가 매우 높고, 유튜브는 가장 많은 사용 시간을 기록한 앱으로 분석된다. 그리고 네이버는 검색 및 다양한 서비스 제공으로 여전히 상위권을 유지하고 있다.[9] SNS(Social Network Service)는 한국인들의 생활의 일부가 된 지 오래다. 이러한 모바일 시대의 도래는 조직 내 커뮤니케이션 풍토에도 막대한 영향을 미치고 있다. 의사결정을 승인할 때, 전자결제나 모바일 결제가 보편화되었고 조직구성원들간의 정보공유뿐 아니라 관계형성에도 모바일 통신이 사용되고 있다.

모바일통신의 도입으로 긍정적인 측면과 부정적인 측면이 동시에 나타나고 있다. 긍정적인 측면은, 정보공유가 원활해져 의사결정에 소요되는 시간이 많이 줄어들었다는 점을 들 수 있다. 또한 구성원들과 지리적으로 떨어져 있으면서도 관계를 유지하기 쉬워졌으며, 상하 간의 소통빈도가 많아져 위계적 질서가 어느 정도 완화되는 현상이 나타나고 있다. 빅데이터나 AI를 활용하여 고객정보를 보다 과학적으로 분석하여 전략수립에 활용할 수 있게 된 것도 모바일 시대의 긍정적 변화라고 할 수 있다.

하지만 부정적인 측면도 많다. 무엇보다도 보안성이 문제가 되고 있다. 흔히 매체선택 시, 사용의 광대역성(broadwidth)이나 상호작용성(interactivity)과 더불어 감시성(surveillance)을 중시한다.[10] 광대역성이란 얼마나 다양한 유형의 정보를 폭넓게 전달할 수 있는가를 뜻하며, 상호작용성이란 즉각적인 소통과 피드백이 가능한 정도를 의미하며, 감시성은 정보의 비밀유지에 관련된다. 이들 중에서도 모바일 시대는 보안상태를 모니터링할 수 있는 감시성이 특히 중요시된다. '코비드-19'를 맞아 기업들이 줌(zoom)과 웨벡스(webex)를 많이 사용하면서 보안에 관한 이슈에 기업이 더 많은 주의를 기울이고 있기 때문이다.

또한 국지적 정보가 국가적 또는 세계적으로 순식간에 확산될 수 있으므로 조직원들의 행동에 큰 변화를 가져오고 있다. 상사의 비합리적인 명령, 무리한 요구, 잘못된 의사결정에 대한 평가가 쉽게 확산되므로 인상관리(impression

매듭 8-2 **얼굴 표정을 15% 넓혀라!**

사람들의 얼굴 표정을 연구하는 학자들에 따르면, 누구든 얼굴 표정을 옆으로 15% 넓히면 호감형 얼굴이 된다고 한다. 사람은 화가 나든가 기분이 안 좋으면 표정이 가운데로 몰린다. 넓은 표정을 가지고 화내기는 힘든 구조이다. 직접 대면소통을 할 때는 넓은 표정으로 대하는 것이 좋다. 아래의 그림 중에서 왼쪽과 오른쪽 표정들 중 어느 쪽이 더 호감을 주는가?

〈매듭문제 8-2〉 각자 얼굴 표정을 15% 넓힌 후 옆 사람과 마주보고 소감을 말해보자.

management)에 특별히 신경을 써야 하는 시대가 되었다.

모바일과 더불어 이메일도 조직생활의 일부가 되어 있다. 그러나 이메일 사용에 따른 문제점도 많이 지적되고 있다. 예를 들어, 한 연구에 따르면 이메일 메시지를 잘못 해석하는 비율이 약 50%나 된다고 한다. 또한 스팸메일 등으로 시간을 낭비하게 되는 경우도 많다. 오죽하면, 읽지 않거나 답하지 않고 무조건 무시 또는 삭제해 버리는 '이메일파산'(e-mail bankruptcy)이라는 말까지 만들어졌을까? '이메일 파산'은 1999년 MIT대학의 쉐리 터클(Sherry Tuckle) 교수가 처음 사용하였다. 최근에는 공간 부족으로 일정 시점 이전에 기록된 이메일을 모두 삭제하는 개념으로 사용되기도 한다. 아울러 이메일에 있어서도 프라이버시 보호 등 보안성 문제가 야기되고 있다.

커뮤니케이션의 유형

대인 간 커뮤니케이션

대인 커뮤니케이션 네트워크

조직 내 구성원 간의 커뮤니케이션 경로의 구조를 뜻하는 말로 사슬형, 원형, Y형, 수레바퀴형, 완전연결형 등이 있다.[11] 네트워크 유형에 따라 의사소통의 속도나 정확도, 구성원들의 만족도, 권한의 집중도 등이 차이가 난다. 이들 네트워크 유형들을 그림으로 나타내면 〔그림 8-3〕과 같다.

그림 8-3
네트워크 유형

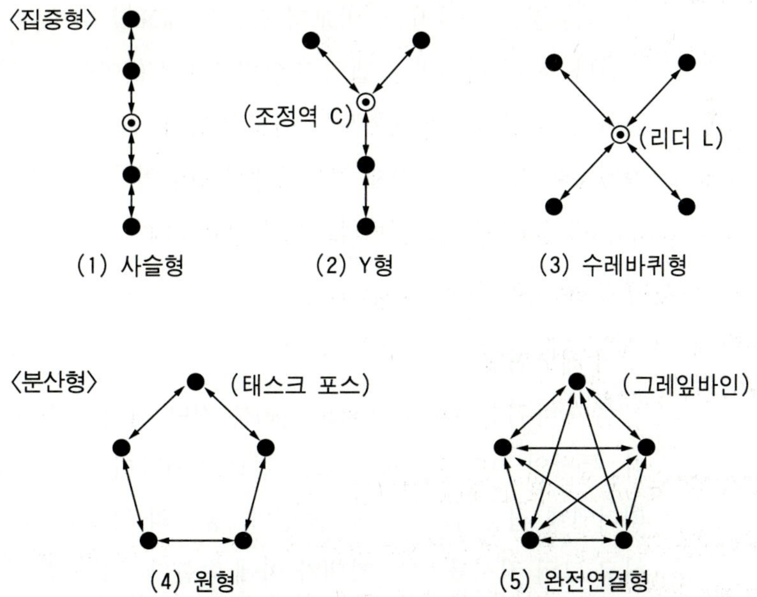

사슬형

사슬형(Chain Type)은 공식적인 계통과 수직적인 경로를 통해서 의사(정보) 전달이 이루어지는 형태이다. 이것은 명령과 권한의 체계가 명확한 공식적인 조직에서 많이 사용되는 커뮤니케이션 네트워크이다.

조직의 라인(line)이 가장 대표적인 예라고 할 수 있다. 일원화되어 있는 계통을 통해서 최고경영자의 의사가 말단 일선 작업자에게까지 전달되며 그 반대의 경우도 똑같은 명령사슬을 통하게 된다. 사장이 직접 과장에게 지시하는 것이 아니라 담당 임원 → 팀장 → 파트장 → 담당자 등과 같이 연쇄적으로 지시가 전달된다. 관료적 조직이나 공식화가 진행된 조직에서 이러한 네트워크 형태를 쉽게 발견할 수 있으며 사슬이 길수록 정보왜곡의 가능성은 커진다. 오늘날에는 이러한 유형의 네트워크가 가진 비효율을 타파하기 위하여 계층 숫자를 줄인 플랫조직(flat structure)이 많이 사용된다.

Y형

Y형(Y type)은 다음에 설명될 수레바퀴형과는 달리 집단 내에 특정의 리더가 있는 것은 아니지만, 비교적 집단을 대표할 수 있는 인물이 있는 경우에 나타난다. 특히 라인과 스탭의 혼합집단에서 찾아볼 수 있으며 단순한 문제를 해결하는 데 있어서의 정확도는 비교적 높다. 〔그림 8-3〕에서 볼 수 있듯이 조정역인 C를 통해야만 전체 커뮤니케이션이 이루어지게 된다. 즉 서로 다른 집단(라인과 스탭)에 속한 사람들 간의 커뮤니케이션에 있어 조정역을 필요로 할 때 사용될 수 있다.

수레바퀴형

수레바퀴형(Wheel or Star type)은 집단 내에 특정한 리더가 있을 때 발생한다. 특정의 리더에 의해서 모든 정보의 전달이 이루어지기 때문에 정보가 특정 리더에게 집중되는 현상을 보인다. 공장의 작업원들이 한 감독자에게 보고를 하고 그의 지시를 받는 형태가 이에 속한다. 이 방법은 힘이 한곳(리더 L)에 집중되어 구성원들 간의 정보공유가 안 된다는 단점을 갖고 있다.

원 형

원형(Circle type)은 위원회 조직이나 태스크 포스 조직에서와 같이 권력의 집중도 없고, 지위의 상 · 하도 없이 특정 문제해결을 위해서 구성된 조직에서 발생한다. 물론 이 형태에서는 문제해결 과정이 상당히 민주적이라고 할 수는 있지만 집단사고(groupthink)의 문제점이나, 최선보다 차선의 결정을 내릴 위험은 남아있다.

완전연결형

완전연결형(All Channel type)은 아래에 나오는 그레잎바인과 같은 비공식 커뮤니케이션 방법으로서, 구성원 전체가 서로의 의견이나 정보를 자유의지에 따라 교환하는 형태이다.

이 형태는 오늘날 조직에서 이상적으로 추구하는 소통형태이다. 일정한 규칙없이 자유롭게 의견교환이 이루어지다 보면 창의적이고 참신한 아이디어 산출이 가능해진다. 광고문안을 만든다든가, 새로운 대안을 찾아내려 할 때 브레인스토밍 과정에서 많이 사용될 수 있다.

지금까지 살펴본 각각의 네트워크 유형이 가진 특성을 〈표 8-1〉로 요약할

표 8-1
커뮤니케이션 형태의 성격

	사슬형	Y형	수레바퀴형	원형	완전연결형
권한의 집중	고	중	중	저	매우 저
소통 속도	중	중	단순직무:빠름 복잡직무:느림	단합:빠름 개별:느림	빠름
소통 정확도	서면:고 언어:저	단순:고 복잡:저	단순직무:고 복잡직무:저	단합:고 개별:저	저
구성원 만족도	저	중	저	고	고
의사결정 속도	빠름	중간	중간	느림	빠름
의사결정 수용도	저	중간	중간	고	고
조직구조 형태	수직적	수직적	수평적	수평적	수평적

수 있다.[12] 〈표 8-1〉에 나타나듯이, 하나의 커뮤니케이션 방법이 항상 옳을 수는 없다. 신속성, 정확성, 구성원의 사기, 의사결정의 신속성 등을 고려하여, 상황에 따라 이에 적절한 커뮤니케이션 방법을 사용하는 것이 좋다.

조직차원의 커뮤니케이션

조직에서의 커뮤니케이션은 공식적 커뮤니케이션(formal communication)과 비공식적 커뮤니케이션(informal communication)으로 나눌 수 있다. 즉, 업무와 관련된 커뮤니케이션(공식적 커뮤니케이션)과 업무 이외의 사적인 만남이라든지, 사교모임에서의 커뮤니케이션(비공식 커뮤니케이션)으로 구분한다. 특히 비공식 커뮤니케이션이 조직 내에서 중요한 비중을 차지하게 되는 것은 그것이 업무와 관련된 정보를 자연스럽게 전파하는 기능을 갖고 있기 때문이다. 아래에서는 조직에서 문제가 되는 일방적(one-way) 커뮤니케이션과 양방향(two-way) 커뮤니케이션에 대해서도 알아본다.

공식적 커뮤니케이션

위에서 말한 것과 같이 업무와 관련된 공식적 커뮤니케이션은 〔그림 8-4〕

그림 8-4
커뮤니케이션 경로

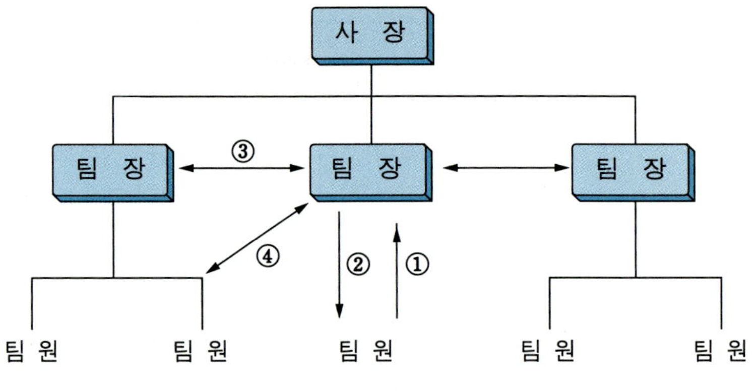

자료: Hodgetts, R. M. 1984. *Modern Human Relations at Work*, Dryden Press.

그림 8–5
수직적 커뮤니케이션의 내용

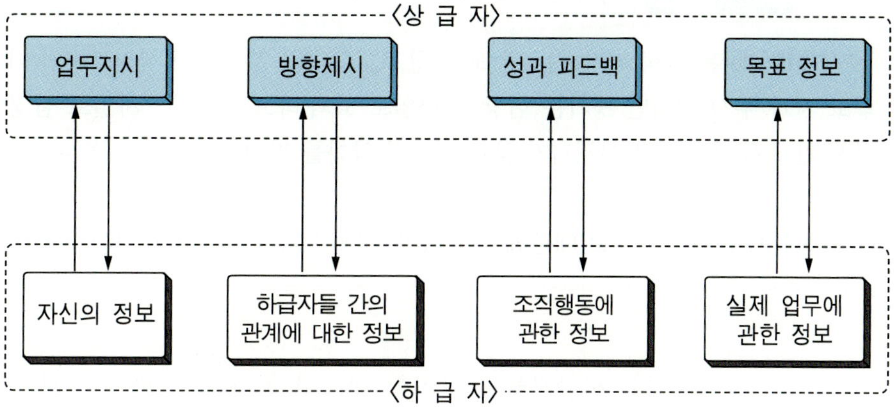

자료: Hodgetts, R. M. 1984. *Modern Human Relations at Work*, Dryden Press.

에서 보는 바와 같이 수직적, 수평적, 대각적 커뮤니케이션으로 나눌 수 있다. 그리고 수직적 커뮤니케이션은 그 방향에 따라 다음 〔그림 8-5〕와 같이 상향식과 하향식으로 구분된다.[13] 상급자의 하향적 커뮤니케이션의 내용이 될 수 있는 것은 업무지시, 방향제시, 성과피드백, 목표정보 등이며 이에 대한 하급자들의 반응은 하급자 자신에 관한 정보제공, 하급자들 간에 관련된 정보, 조직행동 정보, 그리고 실제 업무에 관련된 정보 등을 포함한다.

상향식 커뮤니케이션

공식적 경로를 통한 수직적 커뮤니케이션의 하나인 상향식 커뮤니케이션은 바텀업(bottom-up)이라고도 하며 제안제도나, 상향 보고가 예가 될 수 있다. 전통적인 커뮤니케이션의 개념인 하향식 커뮤니케이션과는 달리 하급자로부터 의사나 제반 정보가 상급자에게로 흘러가는 것을 말한다.[14] 상향식 커뮤니케이션의 목적은 '하급자의 자발적인 의사전달과 일선경험을 통한 실무적인 아이디어의 창출'이라고 볼 수 있다. 그러나 조직의 규모가 비대해지면서 상향식 커뮤니케이션이 제대로 활용되지 못하는 경우가 많다.

또한 상급자들이 때때로 하급자들의 의견이나 아이디어를 무시하는 경우

매듭 8-3 "사일로 현상(silo effect)"

"사일로(silo)는 곡식 저장하는 탑 모양 창고. 조직 각 부서들이 사일로처럼 다른 부서와 담을 쌓고 자기 부서 이익만 챙기는 현상을 '사일로 효과'라고 한다."[15] 사일로 함정에 빠진 조직은 부서 간 소통이 제대로 이뤄지지 않아 경쟁력 약화를 가져온다.

〈매듭문제 8-3〉 사일로 때문에 경쟁력이 떨어진 기업의 예를 조사해 보자.

도 있다. 하급자들도 보고할 내용이 좋지 않을 때에는 보고를 꺼리는 성향이 있기 때문에 상향식 커뮤니케이션이 효과를 보지 못하게 되는 수도 있다.[16] 그 중요성에 비해 상향식 커뮤니케이션이 충분히 활용되지 못하고 있는 것이 현실이다.

하향식 커뮤니케이션

이는 지시적 커뮤니케이션이라고도 하는데 전통적인 커뮤니케이션의 개념으로 업무와 관련된 상급자의 의견이나, 전달사항이 공식적인 경로를 거쳐 하급자에게 전달되는 것을 의미한다. 이에는 업무지시, 메모, 정책지시, 회사간행물, 안내서 등이 포함된다. 이 커뮤니케이션은 명령의 일원화와 책임소재의 명료성을 확보할 목적으로 가장 널리 사용되고 있는 방법이다. 그러나 이 소통이 제대로 이루어지지 않았을 때는 상하 간에 갈등이 유발되는 경우가 있다.[17]

즉 직무에 대한 현실적 상황을 반영하지 않은 지시 등으로 하급자들에게 불필요한 스트레스를 야기하는 경우가 있다. 일반 라인(Line)부문에서는 탑다운(top-down)방식의 효용성이 대단히 높게 나타난다. 탑다운방식의 핵심은 지시나 명령의 수용에 있다. 하급자의 수용을 확보하기 위한 방법으로는 앞의 제6장에서 학습했던 목표에 의한 관리(MBO: Management by Objective)방법이 있다. 즉 의사결정 시에 하급자를 참여시켜 함께 목표를 세우고 이를 받아들이도록 하는 방법이다.

수평적 커뮤니케이션

조직 내에서 같은 지위에 있는 구성원끼리의 커뮤니케이션을 수평적 커뮤니케이션이라고 한다. 그리고 동등한 부서 간의 커뮤니케이션도 이에 속한다. 대학교에서 각 학과의 학과장들이 차기 연도의 개설강좌를 결정하기 위하여 회의를 갖는 것도 이 예에 포함된다.

비록 수직적 커뮤니케이션이 조직 내에서 주요 커뮤니케이션으로 작용하지만 보다 효과적인 조직이 되기 위해서는 이 수평적 커뮤니케이션이 원활히 이루어져야 한다. 이는 조직 내 정보의 공유와 협업에 직접 관련되기 때문이다.

대각선 커뮤니케이션

이 방법은 조직 내 커뮤니케이션 방법으로 사용되는 빈도는 많지 않지만 다른 방법이 효과적이지 못할 때 사용될 수 있으며, 조직구조상 집단을 달리하고 계층을 달리하는 사람들 간의 커뮤니케이션을 말한다. 라인과 스탭 간의 커뮤니케이션이 대표적인 예이다. 연말 결산 시 자재팀이 결산을 할 때, 자재팀 팀원들이 마케팅팀의 팀원들과 정보를 교환하는 경우가 있고, 라인(line)의 의사결정 시에 참모(staff)의 협조를 구하는 것이 예가 될 수 있다.

비공식 커뮤니케이션

조직에서의 모든 커뮤니케이션이 공식적 경로만을 통해 이루어지는 것은 아니다. 비공식적인 경로를 통한 커뮤니케이션도 상당 부분을 차지한다. 비공식 커뮤니케이션을 통해서 조직 분위기, 특수 정보, 구성원들의 감정, 여론 등이 통용되는 경우가 많기 때문에 주의를 기울일 필요가 있다. 비공식 커뮤니케이션을 흔히 그레잎바인이라고 한다.

그레잎바인(Grapevine)은 조직 커뮤니케이션의 일종으로 소문, 의심, 여론 등의 형태로 조직 내외로 퍼져나가는 비공식 정보유통채널을 뜻한다. 인사이동이 임박해서 발생하는 여러 가지 소문들, 회장의 행동에 관한 비밀스러운 이야기들, 동료나 상사에 대한 입바른 평가나 불평 등은 모두 그레잎바인의 예에

표 8-2
그레잎바인의 특성

(1) 전달 속도가 빠르다.
(2) 정보전달에 있어서 선택적이고 임의적이다.
(3) 공식 커뮤니케이션과 비공식 커뮤니케이션(그레잎바인)은 상호 보완적이다.
(4) 조직구성원들을 포함한 모든 사람들이 불안하거나, 변화에 직면했을 때 사용한다.
(5) 약 75%의 정확성을 보인다.
(6) 조직원들의 약 50%는 그레잎바인을 통해서 직무에 관한 정보를 얻는다.

속한다. 그레잎바인은 정확성이 떨어지기는 하지만, 조직변화의 필요성에 대하여 경고를 해주고, 조직문화 창조에 매개역할을 하며, 집단 응집력을 높이는 역할을 할 뿐만 아니라 구성원들 간에 아이디어 전달의 경로가 되기도 한다. 미국의 남북전쟁 당시 전선체계가 엉망이어서 정보의 전달과 수신상태에 문제가 발생한 데에서 유래한 그레잎바인은 원래 조직 내에서 정보나 의사가 원래 뜻과는 다르게 전달되는 것을 뜻하지만 오늘날에는 모든 비공식적 커뮤니케이션을 지칭하는 의미로 사용된다. 특히 조직의 하부구조에서는 이 그레잎바인을 통해서 정보를 얻는 경우가 많다. 〈표 8-2〉와 같이, 그레잎바인의 특징을 여섯 가지로 들 수 있다.[18]

흔히 그레잎바인의 정보유통 경로를 네 가지로 구분한다. 정보의 유통경로를 이해함으로써 그레잎바인을 효과적으로 관리하는 데 도움을 얻을 수 있다. 특히 발생빈도가 가장 높은 네 번째의 군집형을 잘 이해할 필요가 있다.[19]

① **단순형**: 정보전달의 정확성은 떨어지지만 처음부터 마지막까지 의사소통의 연결이 순서대로 이루어진다.
② **한담형**: 한 사람이 정보를 습득하여 다른 모든 사람에게 전하는 형태이다. 직무와는 관계가 적지만 관심이 있는 정보에 대해서 발생한다.
③ **확률형**: 정보의 내용에 호감은 가지만 중요하지 않은 경우에 발생한다.
④ **군집형**: 한 사람이 정보를 몇 사람에게 전달하면 전달받은 사람이 다른 몇 사람에게 전달하는 형태이다. 조직에서 가장 빈번히 발생한다고 할

그림 8-6
그레잎바인의 유형

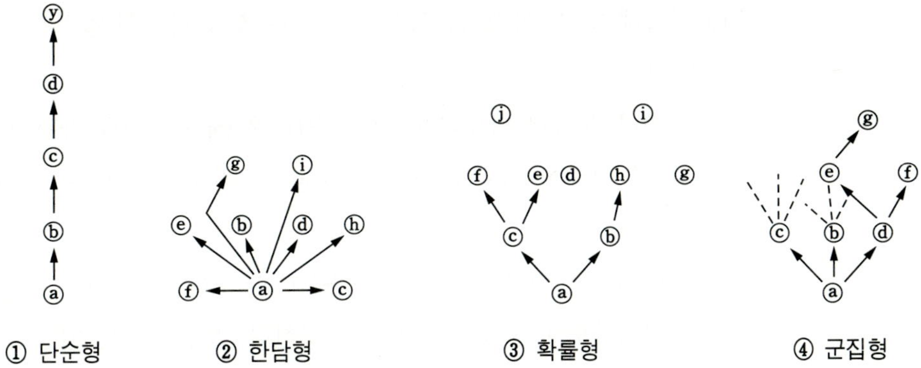

자료: Davis K., & Newstrom, J. W. 1985. *Human Behavior at Work: Organizational Behavior*, New York: McGraw-Hill, p.317.

수 있다.

결론적으로, 비공식 커뮤니케이션은 조직 내에서 필수 불가결한 요소이다. 경영자나 관리자가 조직원의 동태를 파악하는 데 도움을 얻을 수 있고, 조직원에게 정신적, 육체적 긴장감을 풀어줄 수 있는 계기를 마련할 수도 있으며, 나아가 조직 활성화를 가져오는 데도 활용할 수 있는 중요한 경영요소라고 할 수 있다.

그러나 그레잎바인은 여러 가지 문제를 야기한다. 우선 정보왜곡의 가능성이 크고, 어디에서 시작됐는지를 알 수 없기 때문에 통제가 쉽지 않으며, 나쁜 정보가 흘러 다닐 경우 조직의 신뢰가 손상될 수 있다. 따라서 경영자는 그레잎바인의 특징을 이해하고, 자연스러운 소통채널이 자리잡게 하고, 불확실성을 제거하며, 열린 소통정책을 실시하는 등의 노력을 기울이는 것이 바람직하다.[20)]

양방향 커뮤니케이션

"사장은 지시하고 하급자들은 보고한다."

이것은 조직에서 가장 많이 발생하는 탑다운(top-down)의 일방적(oneway)

커뮤니케이션 현상을 상징하는 말이다. 한국 조직의 경우, 윗사람은 지시하는 데 익숙해 있고, 아랫사람들은 보고하는 것을 자신의 일이라고 알고 있는 경우가 많다.

그러나 효과적 커뮤니케이션은 탑다운(top-down)과 바텀업(bottom-up)이 모두 다 잘 이루어지는 양방향(two-way) 커뮤니케이션이다. 물론 수평적으로도 의사소통이 잘 이루어져야 한다.

한국인은 체면(face-saving)을 중시한다. 그러다 보니 조직에서 윗사람의 말이 틀렸더라도 면전에서 반박하지 못한다. 토론보다는 일방적 지시가 더 흔하며, 문제점을 지적하는 사람보다는 말을 잘 듣는 조직원이 더 좋은 평가를 받는 경우가 많다. 이것은 한국 조직에서 효과적 커뮤니케이션을 저해하는 중요한 요인이다.

또한 아랫사람들은 윗사람에게 잘 보여야 승진하기 때문에 나쁜 정보는 윗사람에게 숨기려 하고 좋은 정보는 매우 좋은 것으로 포장하려 한다.

사실 조직에서 가장 훌륭한 하급자는 윗사람에게 할 말 다 하면서도 밉게 보이지 않는 사람이다. 이것은 많은 노력과 훈련을 필요로 한다. '윗사람에게 영향력 행사하기(upward influence)'라는 주제를 가지고 구성원들을 훈련시켰던 한국 기업도 있다.

커뮤니케이션 방해요소

전달자의 의도가 정확하게 수신자에게 전달되지 못하게 하는 여러 가지 방해요인들이 있다. 여기에서는 이들 방해요인들 중 몇 가지를 택하여 살펴보도록 한다.

왜 곡

전달자나 수신자의 능력, 의도하는 바, 가치관, 그리고 생각하는 관점의 차이 때문에 전달자의 원래의 뜻이 제대로 전해지지 않고 **왜곡**되는 경우가 있다. 예를 들어 외국인과 커뮤니케이션을 함에 있어 언어 구사력이 다르기 때문에 표현과 해석에 있어 전달자의 의도가 왜곡되는 경우가 많다. 커뮤니케이션 왜곡이 일어나는 이유로는 다음의 네 가지를 들 수 있다. 첫째, 전달자와 수신자가 서로 상이한 의식구조를 가지고 있는 경우, 둘째, 전달매체가 열악한 경우, 셋째, 정보 해석상에서 오류가 발생할 경우, 넷째, 전달내용이 너무 축약된 경우 등이다.

특히 조직 내 커뮤니케이션에서 불이익을 피하기 위하여, 또는 정치적인 이유 때문에 의도적으로 정보를 왜곡하는 경우가 있다. 앞서도 살펴보았지만 정보가 계층 간 커뮤니케이션 경로를 따라 이동하다 보면 중간층이 자신의 의견을 덧붙이기도 하고 삭제하기도 하며 편리하게 해석하는 경우도 있기 때문에 왜곡 가능성은 더욱 커지게 된다.

누 락

수신자가 정확한 판단에 필요로 하는 모든 정보를 전달자가 제대로 전달하지 못할 때(또는 않을 때)를 의미한다. 능력이나 지식이 짧아서 정보를 누락시키는 경우도 있다. 또한 매체의 불완전성 때문에 전달과정에서 누락(omission)되는 경우도 있다. 의도적 누락은 법적인 문제가 되기도 한다.

정보 과중

전달해야 하는 정보나 지식이 너무 많아서 합리적 의사결정이 손상을 입든가 소통효과가 기대한 대로 나타나지 않는 경우를 커뮤니케이션 과중이라고 표현한다. 조직경영을 담당하는 최고경영자의 경우 사소한 정보들을 모두 다루려고 하다가 정작 중요한 문제에 대해서는 별로 시간을 할애하지 못하여 손해를 보는 경우가 있다.

매듭 8-4 **소통의 유형**

▣ 인간의 소통은 감정소통, 이성소통, 영감소통 등 세 가지 유형으로 나뉜다.

(1) 감정소통: 화내는 것을 자제하고, 풍부한 감성으로 배려의 마음을 전하는 소통

(2) 이성소통: 사실의 전달, 탐구, 진실의 발견 등을 목적으로 하는 인지내용 전달 소통

(3) 영감소통: 비전, 희망, 의미, 가치 등을 감명 깊게 전달하는 소통

〈매듭문제 8-4〉 당신은 감정소통, 이성소통, 영감소통 중 어느 것을 잘하고 어느 것을 잘못 하는가?

타이밍

커뮤니케이션의 생명은 타이밍이다. 정보가 아무리 중요하다고 하더라도 수신자가 필요로 하는 때에 전달되어야 의미가 있다. 특히 오늘날과 같이 제품 수명이 짧아지고 경쟁이 점점 치열해지는 상황하에서는 누가 먼저 좀 더 정확한 정보를 얻는가가 사업의 성패를 좌우할 만큼 중요한 과제가 된다.

수용성

이상의 방해요인을 모두 극복했다 하더라도 궁극적으로 수신자가 정보를 수용하지 않으면 커뮤니케이션의 유효성을 기대할 수가 없다. 특히 정보원 또는 발신자를 수신자가 신뢰하고 있지 않은 경우에는 수용 가능성은 크게 저하될 수밖에 없다.

이외에 커뮤니케이션을 방해하는 장애요인들로는 준거틀(frame of reference)의 차이, 선택적 청취, 가치판단, 정보의 신뢰도, 어의상의 문제, 여과(filtering), 집단의 특수한 언어, 지위상의 차이 등 다양하다.

커뮤니케이션 개선방안

조직에 있어서 효과적인 커뮤니케이션을 할 수 있다는 것은 하나의 무형자원이다. 조직은 커뮤니케이션의 정확성, 적시성, 수용도를 향상시킬 수 있도록 다방면의 노력을 기울여야 한다. 여기에서는 조직 커뮤니케이션의 유효성을 증진시킬 수 있는 방법들을 살펴보도록 한다.

대인 간 커뮤니케이션의 개선방안

개인 입장에서 효과적인 커뮤니케이션을 위한 가장 기본적인 자세는 **적극적 경청**(active listening)이다. 자신의 입장을 말하기 전에 상대방의 말을 우선 주의 깊게 들을 줄 알아야 한다는 것이다. 적극적 경청은 단순히 상대의 말을 듣는 것(hearing)과 다르다. 메시지를 적극적으로 해독하고 해석하고 확인하며 듣는 것을 적극적 경청이라고 한다.

경청스타일은 사람에 따라 다르다. 대략 다음과 같이 다섯 가지 스타일로 구분된다.[21)]

① **감상**(感想)**형**(appreciative style): 미술작품 감상하듯 듣는 사람. 들으면서 즐거움, 재미, 영감 등을 추구한다. 유머나 재미가 없으면 관심을 다른 데로 돌린다.

② **공감형**(empathetic style): 상대방의 말에 감정이입하며 듣는 스타일. 판단하려 하기보다는 상대방의 메시지에 담긴 감정과 정서에 공감하려고 애쓰며 듣는 사람이다.

③ **종합형**(comprehensive style): 전달되는 정보를 종합적 틀을 가지고 판단하면서 듣는 사람. 주어지는 아이디어가 전체적 맥락에서 어떤 의미를 갖는가를 생각하면서 듣는다.

④ **식별형**(discerning style): 요점중심으로 듣는 사람. 상대방의 말을 들으면서 핵심이 무엇인지를 파악하여 거기에 집중하는 스타일이다.

⑤ **평가형**(evaluative style): 말끝마다 '맞다', '틀리다' 하며 토를 다는 사람.

말하는 것에 대해서 자신의 입장을 분명히 하고 때로는 도전적 자세를 갖는다. 질문이 많고 중간에 말을 자르며 분석적 자세를 견지한다.

표 8-3 효과적 경청 10조

효과적 경청의 핵심	잘 듣는 사람의 행동(예)	들을 줄 모르는 사람의 행동(예)
(1) 생각 속도를 따라간다.	화자에 집중하여 하는 말을 요약하고 의중을 파악하며 듣는다.	들으면서 딴생각하는 성향
(2) 아이디어 위주로 듣는다.	전체 또는 핵심 아이디어 위주로 듣는다.	사실 위주로 듣는다.
(3) 관심 영역을 찾는다.	유용한 정보를 찾으려 노력한다.	화자(話者)나 주제가 재미없으면 포기한다.
(4) 전달방식이 아니라 내용을 판단한다.	전체 내용을 듣고 나서 판단한다.	전달방식이 단조롭든가 흥미 없으면 돌아선다.
(5) 감정을 자제한다.	완전히 이해할 때까지 평가하지 않는다.	화자의 말을 감정적으로 받아들이고 논쟁하려 한다.
(6) 애써 듣는다.	화자에 몰입한다.	잘 듣기 위해 에너지를 소비하지 않으려 한다.
(7) 주의산만을 극복한다.	주의를 산만하게 하는 요인을 극복하고 화자에 집중한다.	쉽게 주의가 산만해진다.
(8) 주어지는 대로 듣는다.	좋건 나쁘건 일단 다 듣는다.	마음에 안 드는 정보는 무시하려 한다.
(9) 자신에 도전하다.	복잡한 내용도 끈기 있게 이해하려 한다.	어려운 내용이 나오면 들으려 하지 않는다.
(10) 유인물 등의 보조자료를 잘 살핀다.	노트도 하고 보조자료도 적극 활용하여 이해를 돕는다.	보조 자료를 무시하고 관심을 갖지 않는다.

우선 자신의 경청스타일을 잘 이해하는 것이 중요하다. 그리고 상황에 따라 유연하게 스타일을 바꿀 줄 아는 지혜도 경청의 효과를 높여준다. 잘 들을 줄 아는 사람과 들을 줄 모르는 사람의 차이를 〈표 8-3〉에 요약하였다.

하향식 커뮤니케이션 개선방안

하향식 커뮤니케이션의 유효성은 직무의 명확성과 관련된다. 즉 하급자들이 직무수행의 방식을 정확히 이해하도록 지원해야 한다. 직무의 내용을 정확히 파악하고 있으면 상급자의 지시나 명령이 쉽고, 정확하게 전달될 수 있고 하급자의 수용도가 높아진다. 구체적으로 다음과 같은 방법을 활용하는 것이 바람직하다.

① 하급자에게 직무에 대해서 충분히 알려주어 직무가 요구하는 바를 명확히 해주어야 한다.

② 직무의 배경을 설명해 줌으로써 왜 그런 일을 해야 하는지를 이해시킨다.

③ 업적과 관련된 피드백을 계속 제공해 줌으로써 목표 추구의 효과를 높여야 한다.

④ 커뮤니케이션 경로를 다양화한다.

⑤ 중요한 내용은 반복 전달한다.

⑥ 공식적인 경로를 이용하고, 수신자에게 직접 전달되도록 한다.

이런 방법들을 사용하여 하향식 커뮤니케이션 효과를 높일 수 있을 것이다. 그러나 전달 일변도의 커뮤니케이션 방식을 탈피하는 것이 보다 중요하다.

상향식 커뮤니케이션 개선방안

상향식 커뮤니케이션에서의 문제는 '정보의 과적현상'이다. 즉 하급자로부터의 전달내용이 너무 난잡하고 체계화되어 있지 않아, 단편적인 자료에 지나지 않는 경우가 많다는 것이다. 그래서 오히려 의사결정의 시간을 지연시키는 결과를 낳는 경우가 있다. 이 점을 보완하기 위해서 다음과 같은 방법들이 사용된다.

감별법(screening)

일반적인 자료로부터 특별히 필요한 정보를 도출해 내고, 정보 내용의 중요성과 타당성을 구분하여 전달하는 것이다. 여기에는 아래의 세 가지가 있다.

예외에 의한 관리

일상적인 행동이나 의사결정은 일정한 규범을 정하여 이에 준하도록 유도하고, 예외적이거나 특별히 중요한 사항은 간추려서 전달한다. 즉 일상적으로 수행하는 의사결정사항에 대해서는 규범(규칙)에 따라 진행하도록 시스템화하고 예외적인 정보가 발생하는 경우에만 상급자에게 전달하는 것이다.

공급충족의 법칙

하급자에게서 상급자에게로 공급되는 정보의 양과 질을 조정한다는 것이다. 즉 전달되는 정보의 내용을 잘 간추려서(요약, 정리) 핵심만을 전한다든지, 전달에 소요되는 시간을 최소화한다든지 하여 공급되는 정보의 효율성을 높이는 것이다.

대기행렬 법칙

정보의 양이 많을 때 순서를 정하여 보고의 차례를 만드는 것으로, 정보의 '중요도'에 따라 순서적으로 전한다는 뜻에서 「대기행렬」이라고 이름 지어졌다. 이때 중요한 것은 그때그때마다의 중요도가 변하게 되므로 상황에 맞게 순서를 재배열하여야 한다.

조직 내 분위기를 조정하는 방법

우선 하급자가 상급자에게 보고하는 자체에 대한 두려움을 없애는 노력이 필요하다. 그러기 위해서는 조직의 분위기를 보다 원만하고 부드럽게 유지해야 한다. 비공식적인 커뮤니케이션의 활성화가 공식적인 커뮤니케이션의 경직성을 보완해 줄 수 있으므로 이 방면에 대한 노력이 필요하다.

정보의 조직화

상급자에게 보고되는 정보의 내용은 조직화되어야 한다. 즉 내용이 산만하다거나 중구난방식이라면 정보의 질이 아무리 높다 하더라도 받아들이는 입장에서는 평가절하되기 마련이다. 그리고 이런 보고에 있어서는 사회적인 신분이나, 지위 차이에서 오는 거리감을 배제할 수 있도록 노력해야 한다.

결론적으로 위의 방법들은 상황에 따라 적용의 범위를 달리해야 한다. 일선 담당자의 의견과 그에게서 나오는 현장감 넘치는 정보가 제대로 상급자에게 전달되어 의사결정에 중요 정보로 사용되는 것이 상향식 커뮤니케이션의 핵심이라고 본다면 위의 내용을 고려하여 보다 나은 커뮤니케이션 기법을 개발해야 할 것이다.

수평적 커뮤니케이션 개선방안

조직의 목표를 달성하기 위해서는 수직적 커뮤니케이션의 유효성을 높이는 것도 중요하지만 동일 계층에 있는 동료들 간의 수평적 커뮤니케이션의 유효성 제고가 병행되어야 한다. 수평적 커뮤니케이션의 개선방법들은 다음의 네 가지로 요약 · 정리될 수 있다.

① 작업집단 내에 상급자에 대한 신뢰가 있어야 한다.
② 단위조직 간 형평의 원리가 적용되어야 한다.
③ 단위조직 간 정보의 원활한 교환이 이루어져야 한다. '사일로 현상'을 경계해야 한다.
④ 조직구조의 변화가 신축성을 지녀야 한다. 즉 환경에 맞는 조직구조를 이룰 때 수평적 커뮤니케이션이 효과적일 수 있다.

이상에서 우리는 조직 내 커뮤니케이션의 과정, 유형, 문제점, 개선방안 등을 살펴봤다. 커뮤니케이션은 조직경영에 있어 필수불가결한 요소다. 대인 간, 또 단위조직 간 커뮤니케이션 현상을 체계적으로 이해함으로써 조직경영의 효과를 향상시킬 수 있다. 특히 디지털시대를 맞아 소통의 방법, 빈도, 유형이 과거에 비해 크게 달라졌다. 소통의 방법이 다양해진 만큼 소통의 기술도 발전해야 할 것이다.

사례 8-1 두산 창업자 박승직 선생: 역사의 소통

"1864년 경기도 광주에서 태어난 박승직 선생은 보부상으로 활동하다 1896년 서울 배오개 시장(지금의 종로 4가)에서 '박승직 상점'을 열었다. 이 박승직 상점이 바로 두산의 모태이자 한국 근대기업의 출발이다." 대한민국에서 제일 오래된 기업은 이렇게 시작되었다. 두산은 창업자의 아들인 박두병 회장을 초대 회장으로 꼽는다.

"두산그룹은 이후 동양맥주, 두산산업, 동산토건(현 두산건설), 한양식품 등을 설립하며 소비재, 건설 기업으로 자리를 확고히 했다. 한동안 '오비맥주'는 두산그룹의 상징이기도 했다. 창업 100주년 즈음이 되는 1990년대 중반, 두산그룹의 소리 없는 변신이 시작됐다. 소비재 산업만으로는 글로벌 경쟁력을 확보하기 어렵다고 판단한 경영진은 그룹의 체질을 소비재에서 중공업으로 바꾸기로 했다. 두산그룹의 행동은 신속했다. 소비재 위주의 사업포트폴리오를 재구성하기로 한 두산그룹은 우선 현금 확보에 주력했다. 그룹이 보유하고 있던 한국 네슬레, 한국3M, 한국코닥 지분을 처분하고 오비맥주 영등포 공장을 매각해 현금흐름 개선에 주력했다. 1997년에는 음료사업 부문을 매각했다. 이처럼 다른 기업보다 한발 앞선 구조조정으로 두산그룹은 외환위기를 슬기롭게 벗어날 수 있었다."

"두산은 2010년으로 창립 114주년을 맞았다. 두산은 이제 겨우 114살이라며 스스로를 '청년 두산'이라고 말한다. 가장 오래된 기업이긴 하지만 동시에 가장 빠르게 변화하며 성장하기 때문이다. 끊임없는 변화와 원칙 있는 환경적응력이 바로 국내 최장수 기업 두산의 성장동력이자 핵심 DNA이다. 두산은 변화와 혁신을 통해 10년 후에는 글로벌 200대 기업으로 도약한다는 계획을 세워두고 있다."

"여느 재벌가와 마찬가지로 두산가의 3, 4세 며느리들도 바깥 활동이 잦지 않다. 내조와 자녀 교육이 최우선 순위다. 이는 박두병 두산 초대 회장의 며느리 고르기에서도 잘 드러난다. 장남인 용곤 명예회장의 배필감을 찾던 박 초대 회장의 안테나에 맏딸 용언 씨의 친구인 이응숙(작고) 씨가 잡혔다. 다소곳하고 참해 마음이 끌렸다. 박 초대 회장은 지프를 타고 한동안 이씨를 추적하며 인물과 행동거지를 자세히 살펴보고 낙점했다고 한다. 가족 간 인화에 며느리가 중요하다는 박 초대 회장의 평소 지론 때문이었다. 그러나 박 초대 회장의 모친인 정정숙 여사와 그의 아내 명계춘(작고) 여사는 내조뿐 아니라 남편들 못지않은 사업수완을 발휘, 여장부로 통했다. 국내 화장품의 효시인 '박가분(朴家粉)'은 사실상 정 여사의 작품이다."

"박 창업주의 자식 교육은 유별났다고 한다. 두산가에서 인화를 강조할 때 자주 인용하는 것 중에 하나가 박 창업주가 장남에게 들려준 '지붕에 소 올리기'다. 가장의 터무니없는 지시도 가족이 믿고 따라야 집안이 화목해진다는 내용이다. 또 부지런한 사람이 성공한다는 '근자성공'은 4대째 내려오는 두산가의 좌우명이다."

[사례 문제 8-1] '청년 두산', '지붕에 소 올리기', '근자성공' 등의 축약된 메시지들이 커뮤니케이션에서 갖는 의미는 무엇인가?

사 례 8-2 오퍼스 챔버 오케스트라

오퍼스 챔버 오케스트라(The Orpheus Chamber Orchestra)는 미국의 최상급 클래식 음악 앙상블 중 하나이다. 뉴욕의 카네기홀에 위치한 이 심포니 오케스트라는 쥴리아드나 맨하탄 음악학교와 같은 유명한 학교에서 가르치는 최고의 음악가들로 구성되어 있다. 오퍼스 오케스트라의 독특한 점, 그리고 그가 이룬 지금까지의 성공을 더욱 빛나게 하는 것은 이 오케스트라에는 지휘자가 없다는 것이다. 1972년 이 오케스트라가 설립된 이후, 구성원들은 모두 예술적 역량을 공유해 왔다. 여기에서는 지휘자가 아니라 오케스트라 단원들 전원이 함께 어느 곡을 연주할지와 어떻게 연주할 것인지를 결정한다.

어떤 음악평론가들은 오퍼스 오케스트라를 리더 없는(leaderless) 오케스트라라고 부른다. 하지만 그것은 잘못된 평가다. 이 집단에는 한 사람이 아니라, 많은 리더들이 있다. 하나의 음악을 연주하기 위해서 다섯 명에서 열 명의 리더십 팀을 선정하여 책임을 지운다. 이 위원회가 콘서트 책임자를 선정하여 각종의 운영과 연주를 책임지도록 한다. 리허설을 할 때는 모든 오케스트라 구성원들이 제안을 하고 비판을 하면서 더 좋은 음악을 연주하기 위해서 동참한다. 의견 차이가 있으면 그 자리에서 조율하여 해결한다. 콘서트가 한 번 끝나면, 구성원들이 다음 연주를 위해서 개선해야 할 점들을 다시 제시한다.

오퍼스는 구성원들의 재능을 활용하는 독특한 방법으로 말미암아 많은 대기업들과 비영리 단체들로부터 관심을 끌고 있다. 오케스트라 구성원들도 엔지니어, 소프트웨어 개발자, 은행원들과 똑같은 지식 노동자들이다. 각 구성원이 갖고 있는 정보와 기술은 집단의 성공에 결정적으로 중요하다. 다른 분야의 고도로 훈련된 전문가들과 똑같이, 음악가들도 상의하달식 리더십으로 말미암아 종종 숨이 막히기도 한다. 오퍼스는 지식 노동자인 구성원들이 헌신할 수 있도록 적극적으로 노력하며, 그 결과로 구성원들의 높은 몰입과 성과를 얻게 되었다. 다른 조직들(모건 스탠리, 리츠칼튼 호텔, 고어 앤 어소시에이츠, 샌디에고 동물원)도 이런 식의 경영이 자기네 조직에서도 적용될 수 있다는 것을 발견하고 있다. 이들 기업들은 오퍼스가 운영하고 있는, 다음과 같은 8가지 원칙들의 일부나 전부를 도입하고 있다.

(1) 권한은 실제 일을 맡고 있는 실무자들에게 준다. 오퍼스는 권력을 조직 전체에 골고루 분배하여, 구성원들에게 중요한 결정을 할 수 있는 권한을 준다.
(2) 개인의 책임의식을 고취한다. 권한은 책임을 동반한다. 각 구성원이 자신의 연주와 집단의 연주가 최고가 되도록 노력해야 한다. 오퍼스에는 문제해결을 위한 상급자가 없다. 구성원 개인이 스스로 문제를 해결해야 한다.
(3) 역할과 기능을 명확히 한다. 오퍼스는 핵심 그룹, 콘서트 마스터, 그리고 지원 스태프들의 책임이 매우 명확하다. 명확성은 불필요한 갈등을 없애고, 각각의 직무가 누구의 책임인지를 쉽게 알아볼 수 있게 함으로써 모든 구성원들이 책무감을 갖고 일하게 만든다.
(4) 리더의 역할은 공유하며 돌아가면서 맡는다. 오퍼스에서는 누구나 리더의 역할을 수행해야 한다. 예컨대, 각 분야의 연주자들은 정규적으로 돌아가면서 책임을 맡기 때문에 모두가 리더의 역할을 해야 한다.

(5) 수평적 팀워크를 강조한다. 핵심 집단은 여러 악기를 연주할 수 있는 단원들로 구성된다.

(6) 경청을 배우고, 말하기를 배워야 한다. 구성원들은 서로 교류하면서 배워야 한다. 각 연주자가 남의 의견을 제대로 듣고 자신의 의견을 적절히 표현할 수 있을 때 학습이 일어난다. 침묵을 지키는 사람이 있다면 오케스트라 전체에 해를 끼치게 된다.

(7) 전원합의(consensus)를 추구한다. 전원합의라는 것이 단원 전체의 완전한 의견일치를 뜻하는 것은 아니다. "결정적 다수"를 이루면 합의가 된 것으로 본다. 오퍼스가 의견일치를 이루지 못하면 외부 전문가에게 자문을 구하든가 투표로 결정한다. 그러나 전원합의가 거의 매번 이루어진다. 단원들은 해마다 수천 건의 공동의사결정을 한다. 그중에서 2~3개 정도가 의견일치를 못 이뤄 투표를 한다.

(8) 주어진 미션(Mission)에 열정적으로 헌신한다. 오퍼스의 미션은 위에서 내려오는 것이 아니다. 연주자들에 의해서 오랜 동안 지속적으로 조금씩 발전되고 개발된 것이다.

[사례 문제 8-2] 오퍼스 챔버 오케스트라의 커뮤니케이션 특징들을 정리해 보자.

나의 조직행동 진단 8

적극적 경청설문

* 자신에게 해당되는 난에 표시하시오.	전혀 아니다	어느 정도 해당된다	대체로 해당된다	아주 많이 해당된다	점수
1. 나는 남의 이야기가 끝날 때까지 잘 듣는다.					
2. 다른 사람의 의견이 나와 일치하지 않을 경우 기분이 좋지 않다.					
3. 나는 그(녀)가 말한 것이 내 의견과 다를 때 내 의견을 고집한다.					
4. 사람들은 내가 집중하지 않을 때 종종 주의를 주곤 한다.					
5. 나는 타인의 말이 끝날 때까지 그 의견을 평가하지 않는다.					
6. 나는 타인이 오랜 시간 동안 설명할 때 집중이 잘 안 된다.					
7. 나는 기다리기보다는 대화 도중 나의 의견제시를 먼저 하는 편이다.					
8. 나는 대화가 흥미로울 때에는 고개를 끄덕이며 제스처를 취한다.					
9. 나는 대개 타인의 말이 흥미가 없더라도 집중하는 편이다.					
10. 나는 대개 타인의 말을 정리하기보다는 나에게 요약해 주기를 기대한다.					

* 자신에게 해당되는 난에 표시하시오.	전혀 아니다	어느 정도 해당된다	대체로 해당된다	아주 많이 해당된다	점수
11. 나는 항상 경청하고 있다는 표시로 이런 말을 한다. "알았어요", "이해했어요"					
12. 나는 의견을 듣는 동안 집중하고, 정리를 하는 편이다.					
13. 나는 말하는 사람의 의견이 좋은지, 싫은지 듣는 즉시 결정한다.					
14. 나는 내가 이미 알고 있는 사항에 대해 타인이 설명할 때는 주의를 기울이지 않는다.					
15. 나는 타인의 의견을 확실히 이해하기 전까지는 나의 의견을 제시하지 않는다.					

[해 석]

〈1단계〉 아래 표에 따라 각 항목을 계산하시오.

# 3, 4, 6, 7, 10, 13	# 1, 2, 5, 8, 9, 11, 12, 14, 15
전혀 아니다 = 3점	전혀 아니다 = 0점
어느 정도 해당된다 = 2점	어느 정도 해당된다 = 1점
대체로 해당된다 = 1점	대체로 해당된다 = 2점
아주 많이 해당된다 = 0점	아주 많이 해당된다 = 3점

〈2단계〉 아래에 따라 유형별로 계산하시오.

- 말자르기 자제: Avoiding Interruption (AI): #3+7+15 = ______________
- 관심유지: Maintaining Interest (MI): #6+9+14 = ______________
- 평가유보: Postponing Evaluation (PE): #1+5+13 = ______________
- 정보정리: Organizing Information (OI): #2+10+12 = ______________
- 관심표명: Showing Interest (SI): #4+8+12 = ______________
- 총점: AI+MI+PE+OI+SI = ______________

〈3단계〉 각각의 유형별로 7점 또는 그 이상의 점수가 나올 경우, 그 성향이 강하다고 할 수 있다.

- 말 자르기 자제: 다른 사람의 말이 끝나기도 전에 의견을 제시하는 것을 자제한다.
- 관심유지: 대화의 화제가 지루하고 이미 알고 있다고 하더라도 끝까지 의견을 경청하고 집중하는 경향이 있다.
- 평가유보: 다른 사람의 의견을 잘 수렴하며 그(녀)의 의견을 다 들은 후에 평가하는 신중한 경향이 있다.
- 정보정리: 다른 사람 의견의 중요성을 파악하고 중요한 의견은 잘 정리하는 경향이 있다.
- 관심표명: 간단한 몸짓이나 말로써 자신이 대화에 집중하고 있다는 걸 나타내는 경향이 있다.

총점이 35점 또는 그 이상일 경우 적극적 경청성향이 강하다고 할 수 있다.

제9장

권력과 정치

본 장의 요점

* 권력과 정치의 이해는 조직에서 자신을 보호하고 조직성과를 증진시키는 데 도움을 준다.
* 권력을 발생시키는 원천을 이해함으로써 권력획득의 방법을 터득케 한다.
* 권력 획득, 행사, 반응프로세스를 관리하는 방법을 배운다.
* 조직 내 정치행위의 부정적 측면과 긍정적 측면을 학습함으로써 현명한 처신의 기회를 제공한다.
* 조직정의와 윤리를 이해함으로써 조직행동의 정도를 터득한다.

권력이란 무엇인가

조직정치란 무엇인가

실패하지 않으면 충분히 혁신하지 않은 것, 제프 베이조스(Jeff Bezos)

* 2024년 기준 세계적인 부호의 순위에 이름을 올린 제프 베이조스는 대학에서 전기공학 및 컴퓨터과학을 전공했다. 벤처캐피탈 회사에 근무하면서 금융, 기술, 시장분석 분야의 경험을 쌓았다.

* 1994년 시애틀의 차고에서 온라인 서점인 아마존을 창업하여 혁신적인 사업 모델을 선보였다. 이후 전자상거래, 클라우드 컴퓨팅, AI, 로봇공학 등 다양한 사업 영역으로 확장했다.

* 블루 오리진(Blue Origin) 프로젝트 런칭:
  - ▶ 슬로건 'Gradatim Ferociter(단계적으로, 그러나 맹렬히)'는 베이조스가 우주 탐사를 장기적인 계획으로 접근하되, 압도적인 속도로 혁신을 이루겠다는 의지를 보여준다.
  - ▶ 핵심전략은 재사용 로켓 기술을 갖추는 것이다
  - ▶ "우리가 추구하는 것은 장기적인 비전입니다. 다른 이들이 뭐라고 하는지는 중요하지 않습니다." 경쟁보다는 자신의 목표에 집중하겠다는 의지를 보여준다.
  - ▶ "우리는 이 지구를 떠나는 것이 아니라 지구를 구해야 합니다." 일론 머스크의 화성 이주 정책과는 반대의 의견을 보였다.
  - ▶ "누군가 화성에 살고 싶다고 말한다면, 나는 그에게 먼저 에베레스트에서 1년을 살아보라고 말하겠습니다." 화성을 미래 거주지로 삼으려는 일론 머스크의 스페이스X 접근법에 회의적인 의견을 보였다.

✤ 〈문제 9〉 **제프 베이조스가 혁신적인 사업을 추구하게 하는 힘의 원천은 무엇인가?**

권력이란 무엇인가

권력은 권한이나 영향력과 개념적으로 서로 밀접한 관련이 있다. 경영학의 선구자 버나드(Chester I. Barnard)는 권력을 '비공식적 권한'(informal authority)이라고 했는가 하면 그라임스(Grimes)는 권한을 '합법적인 권력'(legitimate power)이라고 정의하였다.[1] 그러나 권력, 권한, 영향력의 개념은 서로 관련성이 있다 하더라도 엄연히 다른 개념적 틀을 갖고 있다. 권력, 권한, 그리고 영향력 간의 개념 차이를 구체적으로 살펴보자.

권 력

권력(power)이란 사회적 관계 속에서 상대방(개인 또는 집단)의 의지와 관계없이 나의 의지와 뜻을 상대방에게 관철시킬 수 있는 잠재적/실제적 힘 또는 능력을 뜻한다. 따라서 권력은 둘 이상의 사람들 또는 집단 간의 관계(즉, 사회적 관계)를 전제로 한다. 또한 권력은 사회적 관계 속에 존재하는 실제적 능력뿐 아니라 잠재적인 능력까지를 포함한다. 권력이란 상대방의 의사와 관계없이 나의 의지대로 따르게 하는 힘이므로 지배력을 확보하는 것이라고도 볼 수 있다.

권 한

권한(authority)은 한 개인이 조직 내에서 차지하고 있는 위치로 인하여 갖게 되는 공식적인 힘을 말한다. 예를 들어 조직 내에서 팀장은 팀원에 대하여 합법적인 권력을 갖는다. 즉 권한은 권력의 한 요소라고 볼 수 있으며 합법성이 강조된다. 또한 권한은 한 개인이나 집단을 지배할 수 있는 권리(right)를 말한다. 권한은 일반적으로 볼 때 위에서 아래로의 하향적인 권력을 말하나, 하급자들이 상급자의 권한을 인정하고 받아들일 경우에 비로소 상급자의 권한이 효력을 발휘하므로 상향적인 영향력도 포함한다. 권한의 특징을 요약하면 〈표

표 9-1
권한의 특징

권한의 4대 특징	• 권한은 합법적 권력이다. • 개인보다는 개인의 직위를 바탕으로 한다. • 하급자에 의해 받아들여지는 것이어야 한다. • 위에서 아래로의 수직적인 흐름을 말한다.

9-1〉과 같다.

영향력

영향력(influence)이란 한 사람(또는 집단)이 다른 사람(또는 집단)의 태도, 가치관, 지각, 행동 등에 변화를 가져오도록 만들 수 있는 힘의 총량을 뜻한다. 따라서 영향력은 권력과 동의어로 사용되기도 한다. 그러나 영향력은 권력의 상위개념이며 권력은 권한의 상위개념이다(즉, 영향력 > 권력 > 권한). 영향력은 리더십이라는 수단을 통하여 행사되는 경우가 많으므로 리더십과 관계가 깊다.

이상을 종합하여 권력, 권한, 영향력의 핵심적 개념을 표로 요약하면 〈표 9-2〉와 같다.

표 9-2
권력 · 권한 · 영향력의 정의

개 념	정 의
권 력	한 개인이나 집단이 다른 개인이나 집단에 대하여 지배력을 확보하는 것
권 한	한 개인이 조직 내에서 차지하고 있는 위치로 인하여 갖게 되는 공식적인 힘
영향력	한 개인(또는 집단)이 다른 개인(또는 집단)의 태도, 가치관, 지각, 행동 등에 변화를 가져오도록 만들 수 있는 힘의 총량

권력의 원천

앞에서 권력이란 무엇인가에 대해서 살펴보았다. 그렇다면 권력을 생성하는 원천은 무엇인가? 이에 관해서는 가장 대표적인 프렌치와 레이븐(French & Raven)의 권력원천 분류를 살펴보자.

보상적 권력

보상적 권력(reward power)이란 권력자가 다른 사람에게 그(녀)가 원하는 보상을 해줄 수 있는 자원과 능력을 갖고 있을 때 발생한다. 예를 들어, 기업조직에서 팀장이 권력을 갖는 것은 그(녀)가 많은 잠재적 보상능력(호의적인 인사고과, 인정, 급여인상, 승진, 호의적인 업무할당 및 책임부여, 격려 등)을 갖고 있기 때문이다. 그러나 호의적인 업무할당이나 책임부여의 경우, 수임자가 그러한 무거운 책임감을 부담스러워 하든가 불안해한다면 그것은 보상이라고 볼 수 없다. 또한 아무런 물질적인 보상이 없이 하급자들이 토로하는 불만의 소리를 차분히 경청해 주기만 해도 하급자들은 그것을 보상으로 인식하는 경우가 많다. 이 경우에도 직책자는 보상적 권력을 갖고 있다고 볼 수 있다.

강압적 권력

강압적 권력(coercive power)은 처벌이나 위협을 전제로 한다. 상급자가 하급자들을 해고시키거나 원치 않는 부서로 이동시키든지 승진에서 누락시키는 등의 불이익을 줄 수 있을 때 발생한다. 하급자들은 두려움 때문에 상급자의 의도대로 행동하게 된다. SNS의 발달로 비인격적인 강압적 권력행사의 사례가 급속히 확산되기도 한다. 강압적 권력은 많이 쓰이고, 남용되는 경우도 많지만, 가장 통제하기 힘든 권력 원천이다.[2)]

합법적 권력

합법적 권력(legitimate power)은 권력행사에 대한 정당한 권리를 전제로 한다. 따라서 합법적 권력은 권한과 유사한 개념으로 볼 수 있다. 합법적 권력은 일반적으로 조직 내 지위와 관련된다. 합법적 권력은 특수한 문화적 가치나 인정된 사회구조로부터 파생되는 수도 있지만 많은 경우 집단에서 대표로 선출되든가 합법적으로 조직 내 직위에 임명됨으로써 발생한다. 예를 들어 기업의 이사회에서 선출된 회사 대표는 선출과 동시에 합법적인 권력을 갖게 된다. 또한 그에 의해서 각 직위에 임명된 사람들도 합법적 권력을 갖는다.

준거적 권력

준거적 권력(reference power)은 앞에서 언급했던 보상적, 강압적, 합법적 권력과는 큰 차이가 있다. 대부분의 사람들은 자신보다 뛰어나다고 인식되는 사람을 존경하고 닮고자 하는데 이때 준거적 권력이 발생한다. 기업 내에서 준거

매듭 9-1 **영향력 행사의 아홉 가지 전략**

▣ 사람들을 움직이는 데 아홉 가지 전략이 있다고 한다.[3] 이들을 정리하여 제시한다.

영향력 행사의 아홉 가지 전략	개 요
〔1〕 논리적 설득	• 논리, 사실, 이치를 따지며 합리적으로 설득함
〔2〕 영감어린 호소	• 비전과 가치를 감성적 열정으로 설명함
〔3〕 자문법(consultation)	• 계획, 의사결정, 변화 추구 등에 다른 사람들을 참여시킴
〔4〕 감사표시	• 어떤 요청을 하기 전에 감사표시를 함으로써 분위기를 좋게 함
〔5〕 개인적 호소	• 친분이나 정을 바탕으로 요구함
〔6〕 거래약속	• 요청을 들어주면 다른 혜택을 주겠다고 약속함
〔7〕 연합전술	• 친한 사람에게 다른 사람을 설득해달라고 부탁함
〔8〕 압력행사	• 위협이나 협박을 통하여 동의를 구함
〔9〕 권한행사	• 공식적으로 주어진 권한이나 규칙을 사용하여 요청함

〈매듭문제 9-1〉 준거적 권력과 전문적 권력 각각의 원천과 가장 관련이 깊은 영향력 행사 전략은 어떤 것들인가?

적 권력을 갖고 있는 상급자는 하급자들로부터 절대적인 존경을 받게 된다. 예를 들어 카리스마적인 인물은 자신의 특별한 지도력으로 인하여 추종자들이 존경하고 닮기를 원하게 되므로 준거적 권력을 행사할 수 있게 된다.

전문적 권력

전문적 권력(expert power)은 전문적인 기술이나 지식 또는 독점적 정보에 바탕을 둔다. 특수한 분야에 있어서 탁월한 능력이나 정보를 갖고 있는 사람은 전문적 권력을 갖게 된다. 예를 들면 특정 분야에 능통한 대학교수는 그 분야의 지식을 필요로 하는 사람들에 대하여 전문적 권력을 갖게 된다. 전문적 권력은 조직계층의 상하에 관계없이 발생할 수 있다. 예를 들어 비자금을 관리하는 경리팀장은 외부에 알려지면 안 되는 비밀정보를 많이 알고 있기 때문에 회장도 함부로 할 수 없는 권력을 가질 수 있다.

지금까지 권력의 원천에 대하여 살펴보았다. 프렌치와 레이븐의 원천들을 〔그림 9-1〕에서와 같이 크게 조직중심적 또는 공식적 원천과 개인중심적 원천으로 구분할 수도 있다.[4] 우선, 보상적, 강압적, 합법적 권력은 조직, 지위, 공식집단 등과 밀접한 관련을 갖는다. 예컨대 합법적 권력은 인물의 교체, 직무의 재구성, 또는 조직변화 등으로 인하여 변화될 수 있다. 즉, 조직 내 · 외의 변화에 따라 권력의 크기가 변한다는 관점에서 조직 중심적이다. 한편, 준거적, 전

그림 9-1
조직중심 권력과 개인중심 권력

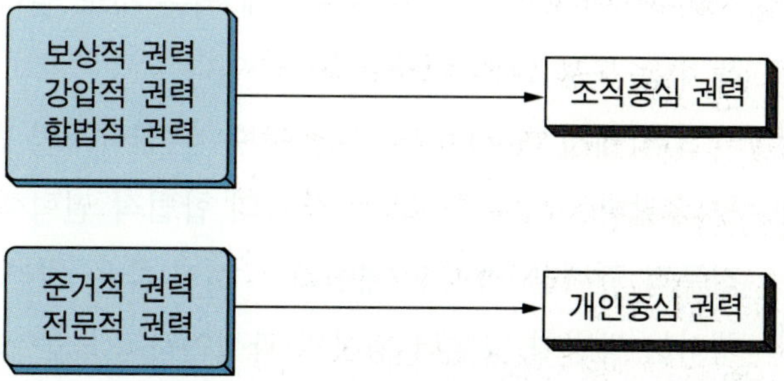

문적 권력은 개인중심적이다. 이 두 가지 권력의 원천은 개인의 독점적 정보, 전문능력, 그리고 스타일의 결과이다. 그만큼 개인중심적인 측면이 강하다.

권력의 소유와 행사는 다르다

권력을 소유하는 것과 행사하는 것 간에는 차이가 있다. 권력을 가지고 있다고 해서 반드시 행사되는 것은 아니다. 또 어떤 권력이 행사되었다고 해서 원하는 결과가 항상 얻어지는 것도 아니다. 그러므로 조직구성원들은 자신의 권력원천의 속성을 정확히 파악하고 상황에 따라 적절히 사용할 줄 알아야 한다.

특히 오늘날의 조직에서 권력을 독점하려는 자세는 옳지 않다. 남에게 영향을 끼치고 항상 지배하려는 태도는 지양되어야 한다. 상사이기 때문에, 선배이기 때문에, 또는 사장이기 때문에 항상 복종을 받아야 한다는 논리는 오늘날의 경영환경에서 매우 위험한 발상이다. 이러한 자세는 조직과 개인의 성과에 부정적 영향을 미칠 수 있기 때문이다. 뒤에 기술된 임파워먼트 개념은 조직에서 권력의 독점이 아니라 권력의 공유가 중요하다는 점을 일깨워 준다.

실제로 권력의 원천들은 서로 밀접한 관계를 가지면서 행사되는 것이 일반적이다. 예컨대, 강압적 권력을 많이 사용하는 사람은 다른 사람들로부터 미움을 사게 되기 때문에 그(녀)의 준거적 권력이 약화될 수밖에 없다. 또한 조직에서 직위가 높아질수록 합법적 권력의 크기는 커지게 되고 합법적 권력이 커지면 보상권력과 강압적 권력의 수준도 높아지게 된다.

전문적 권력이 큰 사람이 그 전문성을 합법적으로 행사할 수 있도록 높은 직위(즉, 합법적 권력)를 요구하게 되는 것도 권력원천들 간의 상호작용을 설명해 주는 또 하나의 예라고 볼 수 있다.[5)]

조직에서 한 사람의 권력행사는 피권력자의 반사권력(counter power)의 행사를 유발하는 경우가 많다. 상사의 합법적 권력행사에 실력 있는 부하직원들이 전문적 권력을 가지고 대항하는 것이 좋은 예라고 할 수 있다. 따라서 권력의 행사는 쌍방향 영향력 행사의 과정이라고 보는 것이 타당하다.

물론, 하급자들이 상급자에게 행사할 수 있는 권력의 원천은 전문적 권력이 가장 적합하겠지만 좀 더 폭을 넓혀 생각해 보면 상황에 따라 그 이외에 다른 원천도 있을 수 있다.

예를 들어, 상사가 간절히 필요로 하는 자원을 하급자가 공급할 수 있다든가 어려운 일을 성사키는 데 유용한 사회적 네트워크를 갖고 있는 경우를 들 수 있을 것이다. 다른 이유로 상급자가 하급자에게 의존할 수밖에 없는 경우에도 마찬가지다.

또한 상사의 비리를 하급자가 알고 있을 때에도 권력의 중심은 하급자에게로 이동할 수밖에 없다.

권력행사에 대한 반응

앞에서 우리는 권력의 원천과 행사에 대해서 살펴보았다. 여기에서는 권력행사에 따른 반응이 어떠한 모습으로 나타나는지를 알아보도록 하자. 일반적으로 상사가 권력을 사용했을 때 나타나는 하급자들의 반응은 복종(compliance), 동일화(identification), 내면화(internalization), 분열화(alienation) 등 네 가지로 구분할 수 있다.[6] 이를 요약 · 정리하면 〈표 9-3〉과 같다.

권력의 원천, 권력의 행사, 권력행사에 대한 반응의 과정을 그림으로 요약하면 〔그림 9-2〕와 같다.

일반적으로 상급자는, 피권력자들이 권력행사의 뜻과 취지를 받아들여 깊이 이해하고 실천하게 되는 '내면화'를 가장 선호할 것이다. 복종이나 동일화의 반응도 상급자가 효율적인 경영관리를 하는 데 있어 도움을 줄 수는 있지만 자율성과 능동성이 결여되었다는 측면에서 내면화에는 못 미친다.

어떤 사람이 권력에 잘 복종하는가

상급자의 권력행사는 하급자(피권력자)의 특성에 따라 그 효과가 달라진다. 예를 들어 의존적 성격을 가진 하급자일수록 상급자의 권력행사를 더 잘 받아들인다. 〈표 9-4〉에 권력에 대한 복종성향을 피권력자의 특성에 따라 정리하

표 9-3
권력에 대한 반응유형

권력에 대한 반응	해 설
복 종	상급자의 보상이나 처벌에 대한 하급자들의 반응이다. 하급자들은 보상의 확대와 함께 처벌을 최소화하고자 한다. 예를 들어 주어진 업무를 마무리하도록 지시받은 하급자는 별도의 수당을 기대하거나, 일을 거부했을 때 뒤따르는 처벌을 두려워하기 때문에 상급자의 지시에 복종하게 된다.
동일화	하급자가 상급자를 존경하여 상급자의 요구에 따르는 경우이다. 하급자는 상급자의 요구를 수행함으로써 그와의 관계를 보다 발전시키고자 한다. 준거적 권력과 관계가 깊다.
내면화	상급자의 요구와 하급자의 가치가 일치하는 경우이다. 에찌오니(Etzioni)는 이를 도덕성(moral)이라 했다. 예를 들어 급한 업무가 있을 때 상급자의 요구에 자발적으로 따르는 것을 말한다. 전문적 권력이나 정보의 확보와 관계가 있다.
분열화	상급자가 권력의 사용 시 신중히 고려해야 할 것은 하급자들 간의 연합이다. 특히 상급자가 강압적 권력을 사용하고자 할 경우, 하급자들 간의 연합을 주의해야 한다. 결국 하급자들의 반발적인 연합은 상급자와 하급자 간의 관계 불화나 분열화, 업무의 실패와 같은 대가를 치루게 한다.

그림 9-2
권력의 과정

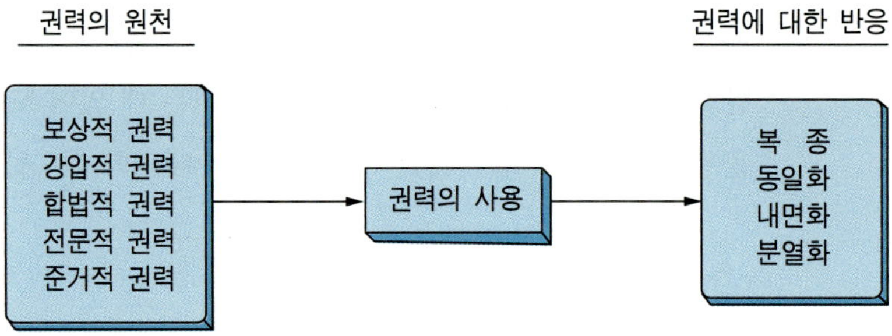

표 9-4
피권력자의 잠재적 특성들과 권력의 영향

(1) 의존성	상대에 대한 의존성이 높을수록 상대의 권력행사에 영향을 받기가 쉽다. 예를 들어 A라는 인물이 B라는 인물에 대해 심리적으로 의존적이면 B는 A에 대하여 보다 큰 권력을 갖게 된다.
(2) 불안정	한 개인의 행동이 분명하지 못하거나 불안정할수록 권력의 영향을 받기가 쉽다.
(3) 성 격	성격에 따라 영향을 받는 정도가 달라진다는 것은 이미 많은 연구들에서 밝혀졌다. 예를 들어, 무엇이든 명확한 것을 좋아하거나(불확실성 회피성향) 급한 성격(Type A성격)의 소유자일수록 상대로부터 영향받기가 쉽다.
(4) 지적능력	지적 능력과 영향력 간의 관계는 단순하지가 않다. 지적 능력이 높은 사람은 상대방의 주장에 주의 깊은 관심을 보이지만 자기 자신에 대한 자신감이 크기 때문에 상대방으로부터의 영향에 대한 저항 또한 강하다.
(5) 성 별	일반적으로 여성이 남성보다 영향을 더 쉽게 받는 것으로 알려져 있다. 그러나 여성의 역할에 대한 사회적인 관점과 여성 자신들의 시각이 변해가고 있기 때문에 영향력에 대한 성별 차이는 분명치 않다.
(6) 연 령	사회학자들에 따르면 보통 8~9세의 어린이일 때부터는 외부로부터의 영향을 쉽게 받다가 청년기에 가서는 그 비중이 줄어들며 그 이후에는 별 차이 없이 균등해진다고 한다.

자료: Reitz, H. J. 1987. 앞의 책, p.443에서 수정 인용.

였다.

상황조건에 따라 권력행사의 효과가 달라진다

권력의 효과는 그 권력이 행사되는 상황적 조건에 따라서도 달라질 수 있다. 예를 들어 직무의 성격에 따라 권력행사의 효과가 차이 날 수 있다. 직무수행의 절차가 거의 표준화되어 있는 경우에는 전문적 권력의 발휘가 힘들어질 것이고 연구개발에서와 같이 자유로운 가운데서 창의력을 발휘할 수 있도록 해야 하는 상황에서는 강압적 권력이나 합법적 권력을 함부로 사용해서는 안 된다.

또한 문화적 특성에 따라서도 권력의 효과가 달리 나타난다. 개인주의적이고 경쟁지향적인 조직문화에서는 권력의 영향력이 낮으나 집단주의적 문화에서는 권력이 보다 큰 영향을 미친다.

단위조직 간의 권력관계

개인 간에서뿐 아니라 단위조직 간에서도 권력관계가 성립한다. 단위조직(부서, 팀, 단위 공장, 본부 등) 간의 권력관계를 설명하는 모델을 알아보자. 〔그림 9-3〕에 제시된 모델에 따르면, 한 단위조직의 힘은 그 단위조직의 불확실성 대처능력, 중심성(centrality), 그리고 대체 가능성 등에 따라 결정된다.

한 단위조직의 권력수준은 그 단위조직이 조직운영과정에서 발생하는 예기치 못했던 문제나 사건을 성공적으로 처리할 수 있는 능력을 얼마나 갖고 있는가에 따라 결정된다. 문제 발생의 확률을 줄이든가(예방에 의한 대처), 결정적 정보를 적기에 수집 · 활용하든가(정보에 의한 대처), 아니면 문제가 발생했을 때 나서서 적절히 해결하든가(흡수에 의한 대처) 함으로써 불확실성 대처능력을

그림 9–3
단위조직 간
권력관계 모델

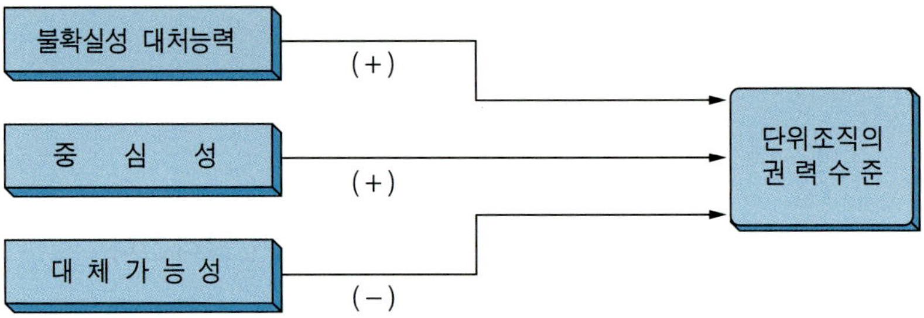

자료: Hickson, D. J. Hinnings, C. R. Lee C. A. Schneck, R. E., & Pennings J. M. 1971, A Strategic Contingency Theory of Intraorganizational Power. *Administrative Science Quarterly*, 216-229.

인정받을 수 있다.

또한 업무흐름상 보다 중심적 위치에 있는 단위조직들이 더 큰 권력을 갖게 된다. 한 단위조직의 직무수행이 다른 단위조직에 보다 즉각적인 영향을 미치는 경우에도 권력의 수준은 커진다. 결국 중심성이란 한 단위조직의 직무수행 결과가 전체 조직의 최종 산출물에 미치는 영향의 정도라고 정의된다.[7]

대체 가능성이란 다른 단위조직들이 특정 단위조직의 직무를 대신 해낼 수 있는 정도를 뜻한다. 어느 한 단위조직이 하는 일을 많은 단위조직이 똑같은 수준으로 해낼 수 있다면 그 단위조직은 대체 가능성이 높은 단위조직이고 그에 따라 그 단위조직의 권력수준도 낮아진다. 한 단위조직이 독점적 능력을 가질수록 그 단위조직의 대체 가능성은 낮아지고 권력은 커진다.

지금까지 우리는 권력의 개념과 속성을 개인차원과 집단차원에서 살펴봤다. 권력과 관련하여 또 한 가지 중요한 것은 권력심리에 관한 것이다. 조직원들은 조직생활을 하는 동안 '나는 이 조직에서 아무것도 할 수 없다'라고 좌절감을 느낄 때도 있고, '나는 뭐든 할 수 있다'라고 자신감을 느낄 때도 있다. 전자를 '무력감'(powerlessness)이라고 하고 후자를 '권능감' 또는 '임파워먼트'(empowerment)라고 한다. 또한 임파워먼트에는 '심리적 임파워먼트'와 '조직구조적 임파워먼트' 두 가지가 있다. 여기에서는 무력감과 두 임파워먼트에 대해서 알아보기로 한다.

무력감에 빠지면 모든 게 싫어진다

무력감(powerlessness)이란 조직원들이 느끼게 되는 권력의 결핍현상을 뜻한다. 무력감에 빠진 조직원들은 권위에 힘없이 무너지고 수동적으로 행동하며 의존적 성향을 띠게 된다.[8] 뿐만 아니라 좌절감, 직무에 대한 몰입결여, 소외감 등을 경험하게 되며 조직에 대한 애착이 없어지고 때로는 상식을 벗어난 행동을 보일 때도 있다.[9]

큰 권력을 갖는 경영자나 관리자들은 하급자들에게 분배할 수 있는 자원을 많이 갖게 되고 중요한 결정을 내릴 수 있는 권한도 가지며 고급 정보를 접할 기회도 충분히 갖게 되지만, 권력을 갖지 못한 무력한 조직원들은 전혀 그렇지 못하다. 따라서 무력감에 빠진 조직원들은 많은 경우 일상적인 일 처리에 안주하게 되며 변화의지나 도전의지를 상실하게 된다.

하지만 직급이 높은 경영자나 관리자들도 무력감에 빠질 수 있다. 연구 결과에 따르면, 경영자나 관리자들이 무력감에 빠지게 되면 진정한 리더십을 발휘하려 하기보다는 세세한 데까지 간섭을 하고 규칙만능주의에 따라 엄격히 통제하며 독재적이고 억압적 성향을 띠게 된다고 한다.[10] 일선 감독자, 전문스탭, 최고경영자들에게 나타나는 무력감의 증상과 그 원인을 요약하면 〈표 9-5〉와 같다.

표 9-5
무력감의 증상과 원인

직 위	증 상	원 인
일선 감독자	• 너무 세세히 감독함 • 하급자 훈련을 하지 않음 • 관리자 편에 서지 않음 • 독립적으로 일하려는 성향을 보임	• 틀에 박히고 규칙중심적 직무 • 커뮤니케이션 통로의 제한 • 자신과 하급자들의 승진기회가 제한된 경우
전문스탭	• 자기 영역을 만들어 스스로 전문가로 행세함 • 자신의 일을 다른 사람의 일과 구별할 때 전문적 기준을 사용함 • 변화에 저항하고 보수적이며 위험회피 성향을 띰	• 실제 라인업무에 종속된 일상화된 지원업무 • 경력증진 기회가 상실된 경우 • 비일상적 업무를 외부 전문가들에게 위탁해 버린 경우
최고경영자	• 단기적 안목 • 상의하달식 커뮤니케이션을 강조함 • 자신과 같은 생각을 하는 하급자들을 보상하고 듣기 싫은 말을 하면 배척함	• 정보 과다로 통제 불능인 경우 • 하부관리층에 대한 정보 유통경로가 제한되거나 막힘 • 합법성에 대한 도전 때문에 지지세력 감소

자료: Kanter, R. M. 1979, 앞의 책, p.73.

임파워먼트는 구성원들이 힘을 느끼게 한다

무력감에 사로잡힌 조직원들의 탈진한 모습에서와는 달리, 「임파워된」(empowered) 조직구성원들의 모습에서는 힘차고 당당한 면모를 느끼게 한다.

임파워먼트(empowerment, **권능감**)란 조직원들에게 자신이 조직을 위해서 많은 주요한 일을 할 수 있는 권력, 힘, 능력 등을 갖고 있다는 확신을 심어주는 과정이다. 그러한 확신을 조직원들에게 심어주기 위해서는 능력과 의지를 키우는 일, 공식적 권력(권한)을 위임해 주는 일, 그리고 실제 의사결정과정에 깊이 참여시킴으로써 자신의 영향력을 체험토록 하는 일들이 전제되어야 한다. 임파워먼트의 개념은 조직 내 권력의 분배문제를 뛰어넘어 권력의 증대(또는 창조) 문제에 초점을 둔다. 즉, A와 B가 긍정적 상호작용을 통해서 양자 모두의 권력을 키워 나갈 수 있도록 하자는 것이다.

임파워먼트에는 심리적 임파워먼트와 조직구조적 임파워먼트 두 가지 접근법이 있다. 심리적 임파워먼트는 조직구성원 개인이 마음속에서 느끼는 권능감에 초점을 맞추지만, 조직구조적 임파워먼트는 조직구성원의 권능감을 높이는 조직차원의 조건들(예, 의사결정 참여)을 강화하고, 무력감을 조장하는 요인들(예, 관료적 관행)을 제거하는 데 초점을 맞춘다.

심리적 임파워먼트의 4차원

심리적 임파워먼트는 개념상 네 개의 차원으로 구성된다.[11] 심리적 임파워먼트의 네 차원은 **의미성**(meaning), **역량감**(competence), **자기결정력**(self-determination), 그리고 **영향력**(impact) 등이다. 의미성이란 일 자체에 대해서 느끼는 가치로움을 뜻한다. 자신이 하고 있는 일에 대해서 아무런 의미를 느끼지 못하는 사람은 권능감이 전혀 없는 상태라고 볼 수 있다. 일 자체가 주는 내적 동기, 이것은 임파워먼트의 "엔진"에 해당하며 개인이 심리적 힘을 느끼도록 하는 데 있어 가장 기본적인 조건이라고 볼 수 있다. 두 번째 차원인 역량감은 자신의 일을 효과적으로 수행하는 데 소요되는 능력에 대한 개인적 믿음이라고 정의된다.

아울러 자기결정력도 직무만족과 관계가 있다. 일의 방법과 시기를 스스로 결정할 수 있으면 주인의식을 갖게 된다. 영향력이란 최종성과에 얼마나 결정적인 기여를 할 수 있다고 믿는가를 뜻한다.

스프라이쩌(Spreitzer)와 동료들의 연구 결과에 따르면, 역량감이 있든가 영향력이 크다고 느끼는 사람들은 자신의 일에 있어서 보다 큰 성과를 내는 것으로 나타났다. 또한, 일로부터 큰 의미를 느끼고 있는 사람들은 직무에 있어 그만큼 큰 만족감을 느끼게 되는 것으로 밝혀졌다.

조직구조적 임파워먼트의 제 차원

캔터(Kanter)라는 학자는, 조직에서 권력이란 "과업을 완성하는 데 필요한 자원을 끌어올 수 있는 능력"이라고 정의하면서, 구성원이 일 추진에 필요한 정보, 지원(support), 자원, 기회 등을 쉽게 얻어 성장할 수 있는 조직은 권능감이 켜진 조직('power on')이고, 그들에 대한 접근이 막혀있는 조직은 권능감이 꺼진 조직('power off')이라고 설명한다. 따라서 권력이 켜진 조직은 구조적으로 임파워먼트가 된 조직이고 꺼진 조직은 임파워먼트가 안 돼 있는 조직이다.[12)]

요컨대, 조직구조적 임파워먼트가 높다는 것은 구성원이 정보, 지원, 자원, 기회에 대한 접근이 쉽다고 인식한다는 의미이다. 이들 각각이 무슨 뜻인지를 간략히 알아보자.

- **정보접근**: 과업을 수행하는 데 필요한 공식, 비공식 지식을 얼마나 쉽게 얻을 수 있는가를 뜻한다. 기술적, 전문적 지식이나 조직의 정책이나 결정사항 등에 대한 접근이 얼마나 쉬운가를 포함한다.
- **지원접근**: 하급자, 동료, 상사로부터 과업수행에 필요한 피드백과 지침을 얼마나 잘 얻을 수 있는가를 의미한다.
- **자원접근**: 과업수행에 필요한 재무적 자원, 실물 자원, 보급 물품, 시간 등을 확보하는 것을 말한다.
- **기회접근**: 지식과 기술을 배울 수 있는 기회와 더불어 성장하고 승진할 수 있는 기회까지를 포함한다.

그동안의 연구에 따르면, 조직구조적 임파워먼트가 높아지면 구성원의 성과, 직무만족, 조직몰입, 조직시민행동 등이 높아지는 것으로 나타났다.

임파워먼트 실천전략

종합적으로, 조직구성원들이 권능감을 느끼고 그로 말미암아 큰 성과를 내도록 하기 위해서는 몇 가지 조건을 맞춰줘야 한다.[13)]

첫째는 정보의 공개이다. 필요한 정보를 개인이나 팀이 손쉽게 얻을 수 있어야 임파워먼트를 느낄 수 있게 된다. 제너럴 밀스(General Mills)라는 기업에서는 조직원들에게 모든 정보를 공개하여 그들이 조직운영에 있어 자신의 일이 얼마나 중요하며 무엇이 요구되는지를 스스로 느낄 수 있도록 하는 경영방식을 택하여 큰 성과를 내고 있다. 별로 숨길 필요도 없는 회사의 정보에 구성원들이 접근하지 못하도록 하는 것은 임파워먼트 측면에서 바람직하지 않다.

둘째는 조직원들이 적극적으로 다양한 변화활동에 참여하도록 유도해야 한다. 아이디어를 공유하고 서로를 지원하고 격려해주는 조직문화구축이 필요하다. 참여는 권력의 공유과정이다. 임파워먼트는 "권력은 나눌수록 커진다"는 적극적인 논리에 기초하고 있다. 참여를 통하여 일에 대한 의미를 되찾고 역량감, 자기결정력, 그리고 영향력 등을 체험해 볼 수 있게 된다.

셋째, 조직원들의 혁신활동을 지원한다. 새로운 개념을 시도해 보도록 권한이 위임되어야 한다. 관료적 병폐들을 극복할 수 있는 실질적인 권한과 힘을 조직원들에게 실어줘야 한다. 실패를 벌하기보다는 실패로부터 무엇을 배웠는가를 중시하는 조직문화를 정착시킬 필요가 있다.

넷째는 권한을 부여함과 아울러 책임감을 느끼도록 해야 한다. 권한위임은 방임을 뜻하는 것이 아니다. 그렇다고 해서 책임소재를 따져 벌을 줘야 한다는 뜻도 아니다. 자신의 선택과 행동에 조직을 위한 공리적 태도와 주인의식을 가지도록 해야 한다는 것이다.

조직정치란 무엇인가

조직정치는 나쁜 것인가

조직정치(organizational politics)란, "조직 내에서 자신이나 집단의 이익을 극대화하기 위해서 다른 사람들에게 비공식적으로 영향을 미치는 과정"[14]이라고 정의된다. 조직정치는 일반적으로 나쁜 것, 피해야 하는 행동으로 인식되고 있으며, 학자들의 연구의 초점도 조직정치가 가져오는 부정적인 측면에 맞춰져 있다. 하지만 개인의 이익뿐 아니라 팀의 이익, 또는 조직의 이익을 가져오기 위한 조직정치도 있을 수 있다. 특히 조직변화를 이룩해야 하는 상황에서 새로운 경영기법의 도입을 상사나, 구성원들이 승인 또는 수용하도록 하기 위해서 정치적 행위를 발휘하는 것은 긍정적 측면이라고 볼 수 있다.[15] 의견, 가치관, 해석, 목표가 다른 다양한 사람들이 모여 일하는 조직에서 정치적 행위는 피할 수 없는 현실이므로 부정적 측면을 극복하고 긍정적 측면을 강화하려는 노력이 필요하다. 또한 정치적 행위는 창의성을 유발하든가 건설적 논쟁을 촉발하기도 하므로 불가피할 뿐 아니라 필요하다는 견해도 있다.[16]

조직정치에서는 실제로 나타나는 정치적 행위와 더불어 '지각된 조직정치'(POP: Perceived Organizational Politics)도 중요시된다. 자신은 정치적 의도가 없이 행동했지만, 다른 사람들의 눈에는 정치적으로 비춰질 수 있다. 또한 구성원들이 조직이 정치적이라고 느끼게 되면, 경영층을 비롯한 다른 조직원들의 행위를 왜곡된 시선으로 바라보게 된다. 많은 학자들이 중요한 것은 실제가 아니라 지각된 조직정치라는 주장을 펴고 있다. 실제 연구 결과도 지각된 조직정치가 직무만족, 조직몰입, 스트레스, 직무소진(burnout), 냉소주의(cynicism), 이직의도, 생산성 등에 영향을 미치는 것으로 나타났다.[17]

조직정치의 과정은 기본적으로 갈등을 유발하고, 다양한 권력의 원칙들이 사용되며, 윤리나 조직정의(organizational justice)의 문제를 야기하기도 한다. 또한 조직정치는 앞에서 배운 효과적 커뮤니케이션과도 밀접한 관련을 갖는다.

조직원 개인적으로는 정치적 게임(political games)의 희생양이 되지 않도록 스스로를 보호하고 조직을 위한 아이디어가 있을 때 건전한 정치력을 발휘하여 상사의 승인을 받아내든가 구성원들의 공감대를 형성할 수 있어야 한다. 조직 차원에서는 조직정치의 과열로 말미암아 유능한 인재들이 이직을 하든가 중요한 의사결정이 왜곡됨으로써 조직성과가 치명적으로 훼손되는 것을 막아야 한다. 그러기 위해서는 조직정치의 원인, 과정, 결과를 체계적으로 이해할 필요가 있다.

조직정치가 지나치게 치열하여 구성원들이 염증을 느끼게 되면, 조직의 리더들이 비판의 대상이 된다. 성공한 리더는 실패를 효과적으로 전가할 줄 아는 사람이라는 한 인터넷 사이트의 냉소적 평가가 이를 뒷받침한다.:

> "성공의 비결은 자신의 실패에 대해서 누구에게 책임을 전가해야 하는지를 아는데 있다."(http://despair.com)

조직 내 정치게임은 은밀히 진행되기 때문에 게임의 플레이어들이 누구인지 드러나지 않는 경우가 많고, 게임의 규칙도 분명치 않은 특징을 갖는다. 조직정치는 조직구성원들끼리, 또 때로는 구성원들과 조직 자체가 대립하게 하는데, 구성원 자신도 모르는 사이에 정치에 휘말리기도 한다.

조직원들은 왜 정치적 행동을 하는가

조직 내의 정치활동을 촉진하는 요인들로는 대략 자원의 희소성, 의사결정의 불확실성, 목표의 모호성, 기술과 외부 환경의 다변성, 변화의 발생 등 다섯 가지를 든다. 이들 각각이 어떤 방향으로 조직정치행위에 영향을 미치는지를 〈표 9-6〉에 요약하였다.

표에서 보듯이 21세기의 조직사회는 제한된 자원에 의존하고 있으며 조직환경과 기술 등이 복잡하고 동태적으로 변화해 가고 있다. 이러한 상황하에서 조직구성원들은 보다 정치적인 성향을 띠게 된다.

정치적 행위는 조직문화나 자원의 고갈 또는 목표나 상황의 불확실성 등

표 9-6
조직정치의 동기

자 원	조직정치는 자원의 필요성과 희소성의 정도에 따라 결정된다. 희소성이 높을수록 정치적 동기도 강해진다. 또한 새로운 자원에 대한 필요성도 조직정치를 발생시킨다.
의사결정	불확실한 상황에서의 의사결정 또는 명확하지 않고 애매한 결정을 내렸을 때 또 장기전략에 대한 결정일수록 조직정치가 발생할 가능성이 높다.
목 표	목표가 모호하고 불명확하거나 복잡할수록 조직정치가 발생할 확률이 높다.
기술과 외부 환경	조직 내의 기술이 복잡해질수록, 그리고 외부 환경이 불확실하고 동태적(dynamic)일수록 조직정치가 발생할 확률이 높아진다.
변 화	조직구조의 재조정이나 계획된 조직개발 노력, 그리고 외부의 압력에 의해 변화가 일어날 때는 조직정치가 보다 크게 작용한다.[18]

의 영향을 받지만, 개인적 속성이 작용하기도 한다. 예를 들어, 마키아벨리즘 성향이 높은 사람은 정치적 행위를 할 가능성이 크다. 성격 자체가 조작적이고 이기적인 특성을 가지고 있기 때문이다. 아울러 지배성향과 5대 성격 중에서 개방성과 외향성 등이 정치적 행동에 관련되는 것으로 나타났다.[19]

조직정치 과정에서 사용되는 정치적 술수와 전략

앞서 배운 권력의 원천을 개인의 이해증진을 위해서 사용하면 정치적 술수(political tactics)라고 하고 집단이나 조직, 또는 다른 사람들을 위해서 공익적으로 활용하면 정치적 전략(political strategy)이라고 한다.

조직에서 정치적 행위는 다양한 모습으로 나타난다. 경쟁관계에 있는 동료에 대하여 나쁜 소문을 퍼뜨리든가 별것도 아닌 일을 침소봉대하여 상사에게 고해바치는 행동은 정치적 술수에 해당한다. 일이 잘되었을 때는 자신의 업적임을 은근히 내세우고, 실패했을 때는 상황이나 다른 사람 탓을 하는 것도 정치적 술수이다. 이처럼, 정치적 술수는 속임수, 조작, 거짓말, 과장과 축소 등 다양한 부정적인 방법들을 공개적으로 또는 은밀히 사용하는 것이다.

반면에 정치적 전략은 자신의 이익을 위해서 남에게 해를 끼치는 행위가 아니라, 팀이나 조직, 또는 다른 사람들의 이익을 위한 행동이다. 좋은 아이디어를 제시했을 때 믿고 승인해 주도록 윗사람과 자주 만나고 친밀감을 형성하는 행위, 조직의 발전을 위해서 마음 맞는 조직원들과 연대하는 것, 도움이 필요한 순간을 위해서 평소에 주변 사람들과 신뢰를 쌓아두는 행위, 전문가로 인정받기 위해서 열심히 연구하는 모습을 보여주는 것 등은 자신뿐 아니라 조직에도 긍정적 결과를 가져오므로 정치적 전략이라고 할 수 있다.

하지만 같은 행위라고 하더라도 좋게 해석될 수도 있고 이기적 정치행위로 해석될 수도 있다는 점에 유의해야 한다. 학자들은 일반적으로 긍정적 또는 부정적으로 사용되는 조직 내 정치적 행위들을 여덟 가지로 정리하고 있다.[20]

(1) 다른 사람들을 공격하고 비난하기
(2) 정보를 정치적 수단으로 활용하기
(3) 호의적인 인상을 형성하기 위해 노력하는 것
(4) 개인적인 지지기반을 개발해 두는 것
(5) 다른 사람들을 칭찬하고 감사표시(ingratiation)를 하는 행위
(6) 뜻이 같은 사람들(allies)과 연대(coalition)하기
(7) 권력자나 영향력 있는 사람들과 관계 형성하기
(8) 상대방이 '나'에게 책무감을 느끼도록 만들기

조직정치의 결과

조직정치는 다양한 결과를 낳는다. 지금까지의 연구 결과에 따르면, 부정적인 측면에서 조직정치는 직무만족과 조직몰입의 저하, 스트레스, 직무소진(burnout), 이직의도, 결근율의 증가, 그리고 성과, 생산성, 조직시민행동 등의 저하 등을 가져오는 것으로 나타났다. 개인 내적으로도 여러 가지 부정적인 결과를 예상할 수 있다. 정치적으로 불이익을 느끼는 구성원들은 복수와 보복심

리를 갖게 되기도 한다.[21] 조직정치가 과열되든가 정치적 조직문화가 자리 잡게 되면, 구성원들 관심이 일이나 생산성에 집중되기보다는 패거리를 형성하고 줄서기에 집중되기 때문에 조직경쟁력 약화를 가져오게 된다.

하지만 긍정적 측면의 결과도 있다. 비판과 반대 집단이 형성됨으로써 잘 관리된다면 조직정치가 건설적 결과를 가져올 수도 있다. 건전한 비판과 건설적 공격과 방어는 조직에 활력을 가져오고 의사결정에 있어 잘못될 수 있는 위험을 줄여준다. 조직정치가 창의성을 높이기도 한다는 연구 결과는 이러한 입장을 지지하는 결과이다. 아울러, 정치행위는 자신의 아이디어나 생각을 조직에 도입하고 싶을 때 큰 도움이 될 수 있다.

이러한 다양한 결과들은 조직경영에 있어 조직정치를 잘 관리해야 한다는 것을 말해 준다.

조직정치는 관리가 필요하다

조직정치란 적용범위에 따라 방법을 달리할 뿐이지 결코 사라지는 법이 없다. 따라서 이를 억제하려 하기보다는 효과적으로 관리해 가는 것이 중요하다. 개인차원의 조직정치관리는 '인상관리'(impression management)와 관련된다. 인상관리의 기본은 부정적 이미지를 제거하는 방어적 전략과 긍정적 이미지를 제고하는 공격적 전략으로 대별된다. 본서의 제3장에서 지각을 배울 때 인상관리를 다뤘다.

한편 조직차원에서 효율적인 조직정치관리를 위한 대안들을 살펴보면 〈표 9-7〉과 같다. 표에 나타난 바와 같이 표준화된 평가기준으로 업무성과를 평가하고 명확한 보상체제를 통하여 불확실성을 줄이는 것이 중요하다.[22]

특히 조직정의(organizational justice)와 윤리는 정치적 행동을 관리하는 데 있어 매우 중요한 도구가 될 수 있다. 조직구성원들은 다음 세 가지 조건이 충족될 때 정의로운 조직이라고 느끼는 것으로 나타났다.[23]

(1) 능력이나 실력에 합당한 직위를 부여받을 때

표 9-7
조직정치관리를 위한 방안들[24)]

(1) 제도의 불확실성을 줄인다.
  ① 평가의 원칙과 과정을 분명히 한다.
  ② 성과의 정도에 따라 차별적 보상을 한다.
  ③ 성과에 대한 보상은 신속하고 정확하게 집행한다.

(2) 결탁집단을 관리한다.
  ① 조직 내 역기능적인 역할을 하는 결탁세력을 제거 또는 분열시킨다.
  ② 개인적인 권력욕구보다는 조직의 목표에 전념할 수 있는 비정치적인 태도에 대한 평가를 승진을 결정하는 중요한 요인들 중 하나로 이용한다.

(3) 조직정의(organizational justice)를 구현한다.
  ① 분배정의, 절차정의, 교류정의를 잘 관리한다.

(4) 윤리기준을 강화한다.
  ① 윤리기준을 엄격히 하고 윤리교육을 강화해야 한다.

(2) 조직이 자신을 배려해 준다는 생각이 들 때
(3) 의사결정과정에서 책임자가 중립을 지킬 때

이러한 인식에 기초하여 형성되는 조직정의는 분배정의(distributional justice), 절차정의procedural justice), 그리고 교류정의(interactional justice) 등 세 가지 유형으로 구분된다. 보상이나 벌, 직무 등을 구성원들에게 배분할 때 결과가 정의로워야 한다는 것이 분배정의이고, 분배의 기준과 절차가 명확하고 공정해야 한다는 것이 절차정의이며, 서로 간에 교류할 때 인격적으로 대하고 존중해 줘야 한다는 것이 교류정의이다.

이 세 가지 정의가 지켜지지 않으면, 정치적 행위가 활발해질 가능성이 커진다. 연구 결과에 따르면, 특히 절차정의와 교류정의가 정치적 행동과 관계가 깊은 것으로 나타나고 있다. 예를 들어, 절차가 불명확하든가 자주 바뀌면 구성원들은 그 절차에 개입하거나 영향을 미칠 수 있는 권력자를 찾게 된다. 이것이 정치행위의 시발점이 될 수 있다.

한편 윤리적 기준을 강화하고 윤리경영을 구현하는 것도 파괴적 조직정치를 극복할 수 있는 방법이다. 윤리경영은 투명성에 기초하므로 불확실성이 제거되어 정치적 행위가 발현할 수 있는 조건을 없애준다. 엄격한 윤리기준의 적용은 파괴적 정치행위가 가져올 비용을 높이기 때문에 정치적 행위를 자제시키는 결과를 가져온다.

사 례 9-1

한진그룹 창업자 조중훈: 신뢰의 경영

"베트남전이 한창이던 1966년 3월 10일 베트남 사이공(현 호치민). 한진그룹 창업자 고(故) 조중훈 회장은 주월 미군사령부에서 미군 군수담당 부사령관 앵글러 중장과 마주했다. 두 사람은 수송계약서에 사인했다. 하지만 조건이 있었다. 한진상사가 그해 5월 25일부터 1년간 미군 군수물자 하역 및 수송을 담당하되 작업을 시작하지 못하면 자격 취소와 함께 300만 달러를 한진상사가 미군에 지불하고 미군이 계약을 취소하면 한진상사에 동일 액수를 지불한다는 내용이었다. 790만 달러에 달하는 계약은 당시 국내 업체가 베트남에서 수주한 최대 용역이었다. 한진상사는 첫 일거리였던 L.S.T(Landing Ship For Tanks)로 들여온 군수품 1,500t을 하역해 인근 미 27수송대대 기지창까지 수송하는 일을 32시간 만에 마무리하며 미군을 놀라게 했다. 미군들은 일주일은 걸릴 일이라며 혀를 내둘렀다.

신임을 얻은 그는 다음 해 2차 계약에서는 1차 계약의 5배에 달하는 3,400만 달러의 계약을 체결했다. 이후 미군이 철수를 시작한 1971년까지 약 5년 반 동안 베트남에서만 모두 1억 5,000만 달러 규모의 외화를 획득, 오늘날 한진그룹의 발판을 마련했다. 당시는 우리나라의 1인당 국민소득이 200달러에 불과한 때였다.

베트남에서의 성공은 '신뢰'를 최고의 가치로 꼽은 조 회장의 신념이 바탕이 됐다. 그는 1945년 11월 1일 인천 해안동에서 한민족의 전진이라는 뜻이 담긴 한진상사 간판을 내걸 때부터 신용을 최고의 가치로 꼽았다. 조 회장은 1956년 11월 1일 미 8군과 7만 달러 수송계약을 체결하며 미군과 인연을 맺었다. 하지만 계약 초기 임차한 트럭 운전사가 미군 겨울 점퍼를 '차떼기'로 남대문 시장에 팔아넘기는 사고가 발생했다. 당시 운전사가 인도처로부터 물건을 인도했다는 사인까지 받아온 터라 변상의 의무가 없다고 버틸 수 있었지만 조 회장은 돈보다 신용이 중요하다고 생각했다. 그는 직원을 남대문 시장에 상주시키며 물건이 나오는지를 살펴 장물을 취득한 상인으로부터 1,300벌의 점퍼를 모두 되산 후 수송을 마무리 지었다. 이후 미군들은 조 회장을 전적으로 신뢰했다.

이런 조 회장에게 일생일대의 결단이 필요했던 것은 대한항공공사(현 대한항공) 인수였다. 당시 대한항공공사는 주변 11개국 항공사 중 꼴찌 항공사였다. 비행기 좌석 수를 다 합쳐도 보잉747 점보기 한 대(400석)에도 미치지 못하는 작은 규모였고 장단기 금융채무만 27억여 원에 이르는 부실 덩어리였다. 이에 더해 1977년 5월에는 해상수송과 수산업을 함께 해왔던 대진해운을 해상운송만 전문으로 하는 한진해운으로 재탄생시켰다. 이후 한진그룹은 육 · 해 · 공을 아우르는 세계적 종합수송그룹으로 자리매김해 왔다.

조 회장은 자서전에서 자신의 수송 외길과 관련 이렇게 회고했다. "그동안 나는 남이 터를 다져놓은 사업에 넘나들지 않고 스스로 창의로 개척함을 신조로 삼았다. 바로 이러한 의미에서 나는 '사업은 예술'이라고 믿는다."(국민일보, CEO 리더십. 2010. 3. 29 발췌)

[사례 문제 9-1] 신뢰와 신용이 다른 사람에 대한 힘, 즉 권력을 획득하는 데 있어 어떤 역할을 하는가?

사 례 9-2 조직정치의 파편

강천하 박사는 공기업인 P기업 부설 경영 · 경제연구소 소장으로 2년째 재직 중이다. 석사, 박사 연구원들이 약 150명 되고 행정직원들도 30명가량 되는 작지 않은 연구소다. 강 소장은 미국의 프린스턴 대학에서 경제학 박사를 받은 엘리트다. 생긴 것도 이마에 바늘로 찔러도 바늘이 부러질 정도로 차갑고 깐깐해 보인다. 정권이 바뀌면서 정권실세들과 친하다는 이유로 공기업 연구소장으로 임명되었다. 실력도 갖췄고 정치권과의 네트워크도 누구 못지않게 강해서 그가 부임해 온다는 소식에 모두들 기대를 갖고 있었다. 하지만 지난 2년 동안 조직원들의 꿈은 악몽으로 변했다.

문제는 그의 조직경영 스타일이었다. 강 소장은 조직원들을 자기편과 남의 편으로 확실하게 나눴다. 그리고 자기편 연구원들에게는 온갖 혜택을 다 주는 반면, 자기편이 아니라고 생각하는 조직원들에게는 그렇게 냉혹할 수가 없다.

자료수집 차 해외 출장을 갈 때도 자기편 연구원의 출장서류가 올라오면 내용도 안 보고 무조건 결제를 한다. 그러나 남의 편이라고 여겨지는 연구원이 해외 출장을 가겠다고 하면 그야말로 들어보지도 않고 안 된다고 한다.

소장이 이런 스타일을 보이자, 연구원들은 소장 편에 들기 위해서 충성경쟁을 하기 시작했다. 잘 보이기 위해서 은근히 아부하는 사람도 있고 괜히 칭찬을 하는가 하면, 소장이 분명히 잘못 생각하고 있는 데도 아무 말 못하고 묻어 버리기 일쑤였다. 연구원들 중에는 심지어 비밀리에 소장을 찾아가 동료 연구원을 비방하는 일까지 일상화되고 말았다.

박충성 박사는 거시경제팀을 맡아 5년째 이끌어 오고 있다. 거시경제팀이란 나라의 경제상황과 관련된 각종 지표들을 분석하여 예측하는 일을 한다. 강 소장과는 대학 선후배 사이이다. 강 소장이 남달리 믿고 있는 연구원이다. 그런데 지난주 박 팀장은 충격적인 일을 당했다.

연구소에는 밖으로 유출돼서는 안 되는 분석자료들이 가끔 있다. 정치적으로 누군가에게 해를 끼치게 되는 자료나 공기업의 입장을 난처하게 하는 자료는 불가피한 경우가 아니면 외부로 유출하지 않는 것이 상례다. 그런데 지난주 모기업 최고경영자에 관련된 미묘한 자료가 외부로 유출되어 한 경제지에 보도되는 바람에 온 연구소가 발칵 뒤집혔다. 강 소장은 모(母)기업 CEO에게 불려 가 진탕 혼이 났다. 강 소장은 소장실에 돌아오자마자 박 박사를 불렀다.

"박 팀장이지? 자료 내보낸 것!"

"아니, 어떻게 저를 의심하십니까? 저희 팀은 거시경제 담당이라 CEO나 경영 관련 자료는 다루지 안는다는 것 누구보다도 소장님이 잘 아시지 않습니까?"

"내게 정보가 있다. 지난주 목요일 날 W술집 갔을 때 회장님 비판하는 말 했다는 것 다 안다."

박 팀장은 말문이 막혔다. 팀원 몇 명하고 술집 가서 한 얘기까지 소장이 다 알고 있다는 것은 충격이었다. 그날 이후 박 팀장은 강 소장에게 완전히 찍혔다. 그 자리에서 아무리 진의가 그게 아니었다고 항변을 해본들 무슨 소용이 있을까 싶어 가슴만 두근거리다가 그날은 그냥 소장실을 나왔다. 그날 이후 지금까지 가족같이 친하게 지냈던 팀원들이 다르게 보이기 시작했다.

'내 팀에도 첩자가 있다니….'

며칠 지나고 나니 억울한 생각이 밀물처럼 밀려왔다. 박 팀장은 스스로 범인을 잡겠다고 결심했다. 아니 적어도 자신이 범인이 아니라는 것을 밝혀야 할 필요성을 느꼈다. 그때부터 박 팀장은 연구며 팀 관리를 포기하다시피 하고, 전선으로 뛰어들었다. 매일 저녁 평소에 소원했던 연구원들도 만나 돌아가는 소문이며 속마음 떠보느라고 술값 꽤나 나갔다. 강 소장 편에 끼지 못했던 다른 팀장들과 친해지는 계기가 되기도 했다. 얘기를 하다 보니 박 팀장이 강 소장에게 당한 것은 아무것도 아니었다. 지금까지 박 팀장이 강 소장 편이어서 모르고 있었을 따름이다. 더욱 배신감을 느끼는 것은 강 소장 옆에 항상 붙어 다니는 측근 팀장들이다. 와서 위로라도 한마디 해줄 줄 알았는데 은근히 얼굴에 화색이 도는 친구도 있었다.

박 팀장은 아침에 일어나서 회사 나가는 것이 그렇게 싫을 수가 없다고 느끼고 있다. 하지만 이제는 더 이상 조직정치의 파편을 맞고만 있지는 않겠다고 다짐했다.

[사례 문제 9-2] 박 팀장은 어떻게 행동하는 것이 가장 바람직할까? 그에게 필요한 정치적 전략 세 가지를 추천하시오.

나의 조직행동 진단 9

권력원천 측정설문

▣ 아래의 응답양식을 사용하여 질문에 답한 후 주어진 기준에 따라 권력원천 수준을 평가해 보시오. ○표해 주세요.

〈응답양식〉

1	2	3	4	5
전혀 동의하지 않는다	동의하지 않는다	약간 동의한다	동의한다	강력히 동의한다

권력원천	질 문	1	2	3	4	5
보상권력	1. 나는 하급자(또는 친구)들에게 보상을 해줄 수 있다.					
	2. 나의 하급자(또는 친구)들에 대한 평가가 그들이 받는 보상에 영향을 준다.					
	3. 내 결정에 따라 하위직급 구성원(또는 친구)들이 보너스(또는 보상)를 받을 수 있다.					
강압적 권력	4. 나는 하위직급자(또는 친구)들을 벌할 수 있다.					
	5. 나의 일은 하위직급자(또는 친구)들을 체크하는 것이다.					
	6. 나의 노력에 따라 실수가 줄어든다.					
합법적 권력	7. 내 직위는 나에게 큰 권한을 준다.					
	8. 내 직급에서 내리는 결정은 결정적으로 중요하다.					
	9. 구성원들은 나의 지휘를 기대한다.					
전문적 권력	10. 나는 하는 일에 있어 전문가이다.					
	11. 맡은 일에 대한 나의 능력은 나의 장점이다.					
	12. 시간만 주어지면 내가 하는 일을 개선할 수 있다.					

권력원천	질　문	1	2	3	4	5
준거적 권력	13. 나는 다른 조직원(또는 친구, 후배)들에게 좋은 모델이 되기 위해서 노력한다.					
	14. 성격상으로 보더라도 나는 내가 지금 하고 있는 일을 잘할 수 있다.					
	15. 동료(또는 친구)들은 나를 비공식 리더로 간주한다.					

[해 석] 각 권력원천에 대하여 자신의 권력원천 점수를 적고 아래 채점표에 따라 당신의 권력을 평가해 보자.

채점표

권력원천	약 함 (3점~6점까지)	보 통 (7점~11점까지)	강 함 (12점~15점까지)
보상적 권력 (# 1~3의 합)			
강압적 권력 (# 4~6의 합)			
합법적 권력 (# 7~9의 합)			
전문적 권력 (# 10~12의 합)			
준거적 권력 (# 13~15의 합)			

제 10 장

리더십 I

본 장의 요점

* 리더십의 개념을 이해하고 다양한 이론들을 분류하는 체계를 배운다.
* 리더는 타고나는가(nature), 육성되는가(nurture)의 논쟁을 특성론과 행위론을 대비시켜 이해한다.
* "과업"과 "관계"를 두 축으로 하는 여러 행위론들을 학습한다.
* 행위론과 상황론의 차이를 이해한다.
* 다양한 상황에 적합한 행동들을 여러 상황이론들이 제시하는 바를 통하여 습득한다.

리더십이란 무엇인가

리더십이론의 체계

제1, 2, 3유형의 리더십이론들

제4유형의 리더십이론들

내성적인 리더, 아만시오 오르테가(Amancio Ortega)

* 아만시오 오르테가는 스페인의 가난한 철도 노동자의 아들로 태어나 14세에 첫 직장에서 일을 했고, 의류 제조와 판매 기술을 익혔다. 1975년 첫 Zara 매장을 스페인의 라코루냐에서 창업하고 1985년 Inditex Group을 설립하였다. 조용한 성격의 그는 대중 연설이나 외부 홍보를 거의 하지 않으며, 자신의 성공을 함께 일한 직원들의 덕분이라고 말하곤 한다. 또한 그는 매장을 자주 방문하여 직원 및 고객과 소통하며 시장 상황을 파악한다.

* 그는 Zara를 통해서 빠른 제품 개발 및 공급망 관리를 기반으로 하는 패스트 패션 비즈니스 모델을 선보였다. 현재 Inditex Group은 Zara 외에도 Pull & Bear, Massimo Dutti, Bershka 등의 브랜드를 가지고 있다. Zara 매장은 매주 두 번씩 신제품을 배달하고 전 세계 소비자들이 비슷한 스타일의 패션을 경험하게 만든다.

* 그의 리더십 스타일을 보여주는 어록들은 다음과 같다.
  - ▶ "고객의 피드백은 최고의 데이터입니다."
  - ▶ "리더는 영웅이 아니라 팀의 조력자입니다."
  - ▶ "모든 결정은 팀이 함께 이루어야 합니다. 기업은 사람들의 조화로운 노력의 결과입니다."
  - ▶ "현장에 있을 때 가장 많이 배웁니다."

✣ 〈문제 10〉 **리더의 성격은 기업의 성과에 어떠한 영향을 미치는지 생각해 보자.**

리더십이란 무엇인가

리더와 리더십의 필요성은 사람들이 사회를 이루어 살기 시작했던 태고시대부터 사람들 마음속에 존재했던 것 같다. 하지만 리더(leader)라는 말이 처음 사용되기 시작한 것은 서기 1300년경이며 리더십(leadership)이란 단어가 처음 사용된 것은 서기 1800년 전반인 것으로 나타나고 있다.[1)]

리드(lead)의 어원은 고대영어의 leden 또는 Loedan이다. 본래의 뜻은 "안내하다"(to guide: to show the way)였다. 나아가 leden과 Loedan의 라틴어 어원은 "ducere"로서 "끌다"(to draw)라는 뜻이다. "ducere"라는 말이 서기 800년경에 출간된 기독교 서적에서 이미 쓰이고 있는 것으로 봐서 리더십의 개념은 말보다 먼저 존재했음을 알 수 있다.

한편 한국어에서도 리더십과 유사한 개념인 통솔(統率)이란 말이 1300년대에 이미 쓰이고 있어 한국에서도 리더십 개념이 오래전부터 존재했음을 추론할 수 있게 한다.

리드의 어원을 정리하면 〔그림 10-1〕과 같다.

리더십의 정의는 보는 관점에 따라 매우 다양하게 제시되고 있다. 또한 시

그림 10-1
리드(Lead)
어원도

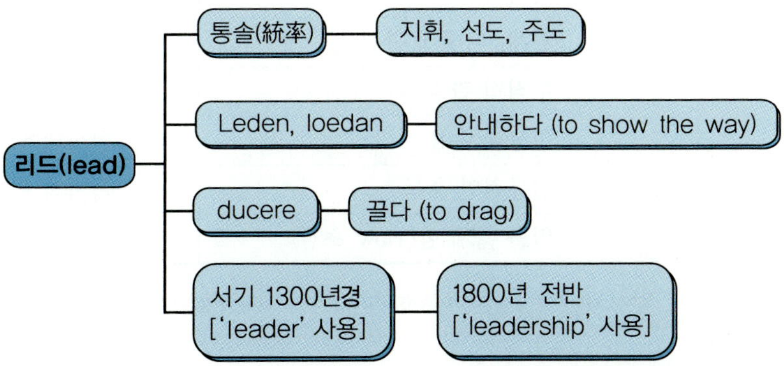

자료: 백기복 · 신제구 · 김정훈. 2023. 「제3판 리더십의 이해」. 창민사, p.30.

대별로도 리더십의 정의는 다양하게 변화해 왔다.

여기에서는 리더십을 로스트(Rost)의 정의에 기초하여 다음과 같이 정의한다.[2]

"리더와 추종자들이 관심사를 매개로 특정한 목적을 효과적으로 달성하기 위하여 서로 영향을 주고받으면서 성장하는 과정이다."

한편 리더와 관리자는 구분된다. 베니스와 나누스(Bennis & Nanus)는 관리자들은 주어진 일을 옳게(즉 보다 효율적인 방법으로) 하려는(do things right) 사람들이고 리더는 옳은 일을 하려는(do the right thing) 사람들이라고 정의한 바 있다.[3] 베니스는 리더와 관리자의 차이를 〈표 10-1〉과 같이 요약하였다. 하지만 '리더는 좋은 사람, 관리자는 나쁜 사람' 하는 식으로 보는 것은 잘못이다. 관리자의 역할과 리더의 역할은 둘 다 조직경영에 중요하다.

표 10-1
리더와 관리자의 개념 구분

관리자 특성	리더 특성
책임수행	혁신주도
모방	창조
유지	개발
시스템과 구조에 초점	인간에 초점
통제 위주	신뢰에 기초
단기적	장기적
언제, 어떻게 관심	무엇을, 왜에 관심
수직적 관점	수평적 관점
현상태 수용	현상태에 도전
전통적인 충복	독자적 인간
일을 옳게 함('How' 초점)	옳은 일을 함('What' 초점)

자료: Bennis, W. & Goldsmith, J. 1994. *Learning to lead*, NY: Addison-Wesley Publishing Co.

리더십이론의 체계

여기에서는 리더십의 주요 이론들을 중심으로 기본개념 측면에서 분류하고 각 분류체계 안에서 얻어진 연구 결과들을 논의하는 방식을 택하기로 한다. 리더십이론들을 분류하면 대략 〔그림 10-2〕와 같이 요약할 수 있을 것이다. 그

그림 10-2
리더십이론의 분류

유형	내 용
제1유형	리더십은 리더의 특성이다. 〔리더가 일정한 신체적, 심리적, 성격적 특성을 가질 때 리더십의 효과가 커진다.〕 리더의 특성 → 리더십의 유효성
제2유형	리더십은 추종자들의 머리속에 존재하는 이미지다. 〔리더의 특성이 하급자들에게 어떻게 지각(또는 인지)되는가에 따라 리더십의 유효성이 달라진다.〕 리더의 특성 → 추종자의 지각구조 → 리더십의 유효성
제3유형	리더십은 리더의 행위요 추종자와의 관계다. 〔리더가 하위자들에게 특정한 행위를 보이거나 관계를 발전시킬 때 리더십의 효과가 증진된다.〕 리더의 행위 또는 관계 → 리더십의 유효성
제4유형	리더십은 상황적합성이다. 〔리더의 특정한 특성이나 행위가 주어진 상황에 적합하면 유효성이 커지고 그렇지 않으면 낮아진다.〕 리더의 행위 또는 특성 → 리더십의 유효성 상황특성 ↑
제5유형	리더십은 변화주도행위다. 〔리더가 조직과 추종자들을 어떻게 변화시키는가에 따라 리더십의 유효성이 달라진다.〕 리더의 변화주도행위 → 리더십의 유효성
제6유형	리더십의 효과는 다른 요인들로 대체될 수 있다. 〔다른 요인들도 리더십과 똑같은 효과를 가져올 수 있다.〕 대체요인들 → 리더십과 같은 효과

림에 나타났듯이, 본서에서는 리더십이론들을 여섯 가지 유형으로 분류하고 있다. 이하에서는 이들 각 유형이 속하는 구체적인 리더십이론들을 요약 · 정리하도록 하겠다.

제1, 2, 3유형의 리더십이론들

제1유형: 리더십은 리더의 특성이다

리더의 특성(trait)은 사람 일반이 갖는 신체적, 성격적, 사회적(대인관계적), 그리고 능력상의 특성들(이들을 1차적 특성변수라고 한다)로부터 추출된, 효과적인 리더가 갖춰야 하는 특성들의 집합(따라서 리더의 특성을 2차적 특성변수라 칭한다)을 뜻한다. 지금까지의 연구 결과를 중심으로 리더 특성들을 요약하면 〈표 10-2〉와 같다.

리더 특성을 찾으려는 실증 연구들이 1930~40년대에 많이 이루어졌다.[4] 리더 특성과 관련된 이 시기의 연구 결과들을 종합해 볼 때, 우리는 다음과 같은 몇 가지 시사점들을 발견할 수 있다.

표 10-2
리더의 특성

구 분	내 용
신체적, 골격적 특성	활동성, 에너지, 외모, 차림새, 몸무게 등
능력 또는 기술 특성	행정능력, 지능, 판단력, 지식, 기술적 능력, 어휘 구사력
성격적 특성	성취동기, 야망, 적응력, 공격성, 민첩성, 반(反)권위주의적 성격, 지배성향, 자기제어, 열정, 외향성, 독립성, 주도적, 직관력, 성실성, 객관성, 창의성, 일관성, 인내력, 책임감, 자신감, 유머감각, 스트레스 저항력 등
사회적 특성	협동성, 대인관계 기술, 민감성, 명예나 인기 중시 성향, 사회성, 사회경제적 지위, 다변성, 재치 등

자료: Jago, A. G. 1982, Leadership: Perspectives in theory and research. *Management Science*, 28(3): p.317에서 인용.

첫째, 리더 특성과 리더십 유효성 간의 상관관계가 약하고 일관성이 없다. 예를 들어, 효과적인 리더는 지능이 높다는 가설을 지지해 주는 결과보다는 예외적인 결과를 낳는 경우가 더 많았다. 또한 지능이나 다른 특성들이 리더십 효과와 유의적인 상관관계를 갖는다 하더라도 그것은 어느 한 시점에서 리더의 자리에 앉아 있는 사람들이 갖는 특성의 분포가 어떤가에 대한 해답은 될지 모르지만 어떤 특성을 갖는 사람이 훌륭한 리더가 될 수 있는가에 대한 해답은 될 수 없다는 것이다.[5] 즉, 어느 한 사람이 갖고 있는 현재의 특성을 보고 미래의 어느 시점에서 그 사람이 발휘할 수 있는 리더십 효과의 정도를 예측할 수 있는 결과를 얻지 못하였다는 뜻이다.

둘째, 어떤 경우에는 리더의 특성과 유효성의 관계가 상황변수들의 존재 여부에 따라 달라진다는 사실이 보고되었다.[6] 예를 들면, 리더 특성들의 상대적 중요성이 조직특성, 역사적 배경, 집단의 목표, 직무특성, 그리고 추종자들의 특성 등에 따라 달라질 수 있다는 것이다.

셋째, 초기의 리더 특성 연구들은 연구방법상의 문제점을 극복하지 못하였다.[7] 즉, 리더 특성에 따라 유효성이 차이가 난다는 가설을 테스트하는 바람직한 방법은, 바람직한 리더 특성을 갖는 사람들과 바람직하지 않은 리더 특성을 갖는 사람들을 두 집단으로 나누어 일정 기간 똑같은(적어도 비슷한) 리더의 역할을 수행하도록 한 후(즉, 종단연구), 리더십 유효성을 측정하여 집단 간 비교를 하는 것이다. 그러나 초기의 리더십 연구들은 공식적으로 임명된(즉, 팀장, 공장장 등) 리더의 특성들을 하급자들의 특성과 비교함으로써 원하는 결론을 도출하려 하였다. 하지만 공식적으로 리더 자리에 임명된 사람들은 훌륭한 특성이 있기 때문에 리더가 된 경우도 있겠지만 리더가 되었기 때문에 생기는 특성들(예, 자신감 등)도 있을 수 있는데 리더와 하급자들의 특성을 비교하는 방법으로는 이러한 경우를 구별하여 결론을 도출할 수 없다.

이러한 문제점들 때문에 1950년대 들어오면서 리더십 연구의 관점은 특성중심에서 리더의 행위중심으로 바뀌게 된다. 그 후 1960년대~70년대를 통하여 리더 특성이론은 집중적인 비판의 대상이 되어 왔다. 일반적으로 리더십 특성이론은 '위인론(the Great Man Theory)'이라고 불린다.

그러나 1980년대에 들어오면서 리더의 특성에 대한 관심이 두 가지 방향에서 되살아나기 시작하였다. 그 첫째는 과거 1930~40년대의 리더십 특성 연구들이 극복하지 못했던 연구방법과 측정상의 문제점들을 극복하려는 노력이었고, 둘째는 본서에서 제2유형이라고 분류하고 있는, 추종자들의 지각과정(perception)에 기초한 접근방법이었다.

초기의 문제점들을 극복하려는 노력 때문에,[8)] 그 후의 리더 특성이론에 대한 평가는 다소 긍정적인 논조를 띠고 있다.[9)] 즉, 리더 특성과 리더십 유효성과의 관계가 어느 정도 일관된 패턴을 갖는 것으로 평가되고 있으며, 그 후의 연구에서 얻어진 결과들은 과거의 리더 특성 연구에서의 결과와 비교해 볼 때, 보다 강력하고 신뢰성이 있는 것으로 나타나고 있다. 몇몇 특성들(예, 〈표 10-2〉에서 강조된 지능, 성취동기, 성실성, 자신감, 사회성 등)은 리더로서의 성공을 보장해 주지는 못하지만 성공 가능성은 높일 수 있는 것으로 나타났다.[10)]

최근 리더는 타고나는가(nature), 육성되는가(nurture)의 논란이 다시 일었다. 오랜 논란이 되어온 "nature vs. nurture" 연구가 다시 관심을 끌고 있는 것이다. 한 연구에 따르면,[11)] 리더의 직위를 차지한 사람들(leadership role occupants)은 "rs 4950"이라는 유전자를 갖은 경우가 많은 것으로 밝혀졌다. 또 다른 연구에 따르면,[12)] 유전적 영향이 약 30~40% 정도 되는 것으로 나타났다. 리더 자리에 오를 수 있는가 없는가가 상당 부분 유전자에 달려 있다는 도발적 결과이다. 하지만 리더십 직위를 차지한 후 '잘하는가 못하는가'는 리더가 어떤 행동을 보이는가에 따라 달라진다.

제2유형: 리더십은 추종자들의 머릿속에 존재하는 이미지다

콜더(Calder)[13)]는 리더십이 특성이기는 하지만 중요한 것은 그것이 추종자들에 의해서 어떻게 지각되는가 하는 점이라고 주장하면서 리더십의 귀인이론(Attribution Theory of Leadership)을 제시하였다.

예를 들어, 추종자들은 어떤 지각과정을 거쳐서 자신들의 상사가 참여적 또는 독단적 리더라고 지각하게 되는가? 그 지각과정을 분석의 대상으로 삼는 것이 리더십의 귀인이론이다. 결국 리더십의 효과는 추종자들의 행동으로 나타나게 되는데, 이때 특정 리더에 대하여 추종자들이 머릿속에 구성하게 되는 이미지가 추종자 행동에 보다 직접적으로 영향을 미칠 수 있기 때문에 추종자들의 지각이 중요시되어야 한다는 주장이다.

인간은 어떤 일이나 현상에 대하여 그 원인을 찾아가려는 정신적 성향을 갖고 있다. 사람과 사람의 관계에 있어서도 마찬가지이다. 이 논리를 리더-추종자의 관계에도 적용할 수 있다. 즉, 리더가 보여주는 행동이나 그 행동의 결과에 대해서 추종자들은 끊임없이 원인을 찾게 된다. 그리고 리더의 행동과 그 결과에 대한 다른 해석이 가능하지 않을 때 "리더십 때문"이었다고 귀인하게 된다는 것이다.

추종자들은 여러 채널을 통하여 리더에 대한 정보를 얻는다. 직접 목격하거나 대면하여 얻은 정보도 있을 수 있고 전화 한 통화, 기사 한 줄, 소문, 그리고 일이 진행되는 과정이나 결과 등을 통하여 리더십 귀인을 가능케 하는 정보를 축적하게 된다. 사실, 조직이라는 복잡한 사회적 교류체계 속에서 만나게 되는 모든 사람들에 대한 정보를 우리는 알게 모르게 머릿속에 저장하고 있으며 각자에 대한 평가와 판단을 나름대로 하고 있다.

추종자들이 이러한 정보들을 기초로 하여 리더십 귀인을 함에 있어 두 가지 요소가 귀인결과를 좌우한다. 하나는 귀인의 네 가지 규칙이고 다른 하나는 추종자들이 나름대로 머릿속에 갖고 있는 '리더십에 대한 잠재적 이론(Implicit Leadership Theory)'이다. 귀인의 네 가지 규칙이란,[14] 리더가 어떤 행동이나 특성을 보였을 때, 그 행동이 ① 특이한가(distinctive), ② 다른 리더들도 그런 행동을 보이는가, ③ 시간과 장소에 관계없이 일관성 있게 발생하는가, 그리고 ④ 리더십 이외의 다른 특성 때문일 가능성을 배제할 수 있는가 등이며, 이들 질문에 모두 '예'로 답할 수 있으면 문제의 행동은 리더십 때문이었다고 귀인할 가능성이 상당히 높아지게 된다.

또 한가지 리더십 귀인에 영향을 미치는 것은 추종자들이 갖는 잠재적 리더십이론이다. 누구나 머릿속에 '리더는 이래야 된다'라고 하는 나름대로의 이론, 이미지, 또는 스테레오타입을 갖고 있다. 따라서 수집된 정보를 바탕으로 평가를 함에 있어 개인이 형성하고 있는 기존의(잠재적) 이론이 작용하게 되는데, 문제는 추종자들이 편의에 따라(판단의 속도를 빨리하고 심리적 비용을 줄이기 위해서) 자신의 잠재적 이론을 획일적으로 적용하다 보니 오류나 오차가 발생하는 경우가 많다는 점이다.

잠재적 이론의 획일적 적용에 따르는 오류, 오차는 종종 조직에서 특정한 경영자나 관리자가 갖는 특성을 과대포장하여 초인화, 영웅화시키는 결과를 낳는다. 결국 리더십 귀인은 조직 전체로 볼 때, 리더십의 중요성을 실제 이상으로 과장하는 결과를 낳는다는 것이다.[15] 특히 오늘날의 최고경영자들 중에는 각종 성공담, 연설, 회의, 상징적 행동, 사건, 상징물, 의식(ritual) 등을 통하여 조직인들 마음속에 하나의 초인적 존재로 남아있는 경우가 많다. 뒤에 설명되는 카리스마적 리더십이론은 이러한 초인화 현상과 깊이 관련된다.

끝으로 추종자들이 갖는 잠재적 리더십이론 개념은 리더십 연구 일반에 커다란 영향을 끼쳤다(잠재적 리더십이론은 학문적 이론이 아니다. 개인이 머릿속에 갖고 있는 '리더상'이다.). 즉, **리더십 측정**은 대부분 **추종자들**(또는 주로 조직에서의 하급자)로부터 하게 되는데, 그들이 설문지에 응답을 함에 있어 사실보다는 자신들이 갖고 있는 잠재적 리더십이론에 근거하여 응답을 하게 됨으로써 정확한 측정이 힘들어진다는 것이다. 따라서 한 사람의 리더십을 정확히 판단하기 위해서는 측정방법을 다양화하든가 특수한 통계적 방법을 사용하여 오류를 제거한 후 분석에 임해야 한다.[16]

리더십을 머릿속에 존재하는 이미지로 이해하는 연구 흐름은 2000년대에 들어와 '리더 정체성이론'(leader identity theory)과 '사회적 정체성 리더십이론'(social identity theory of leadership)으로 발전하였다. 리더 정체성이론이란 리더가 스스로 '나는 리더다'라는 정체성 인식을 가질 때 리더답게 행동하려고 노력한다는 이론이다. 리더의 직위를 가진 사람이 마음속에 리더로서 확고한 정체성을 갖고 있지 않으면, 리더답지 않은 비윤리적, 반사회적인 문제행동을 쉽

게 저지른다.[17]

사회적 정체성 리더십이론은, 리더는 집단의 정체성을 대변한다는 집단정체성 이론을 발전시킨 이론이다. 즉 집단구성원들은 자신들이 누구인가에 대해서 나름대로 정체성을 공유하는데 리더가 자신들이 공유하고 있는 집단정체성과 일치하면 받아들이고, 상이하면 배척하게 된다. 따라서 리더의 역할은 집단정체성을 대변하는 것이다. 사회적 정체성 리더십이론은 여기에서 발전하여 리더는 집단의 정체성을 수동적으로 대변할 뿐 아니라 창조하고 활용하기도 한다고 주장한다. 즉 리더는 적극적으로 집단의 정체성을 기획, 창조, 대변, 고양한다는 것이 사회적 정체성이론이다.[18] 한국처럼 '우리 의식'이 강한 사회에 큰 시사점을 던져준다.

제3유형: 리더십은 리더의 행위요 리더와 추종자 간의 관계다

리더십 행위이론들

1940년대 말엽부터는 초기 리더십 특성 연구들과는 다른 관점에서 리더십 이론들이 발표되고 테스트되기 시작하였다. 이 새로운 관점은 리더십을 리더가 하급자들에게 보여주는 행동 스타일(이때부터 '리더십 스타일'이란 말이 많이 쓰이기 시작했다)이라고 규정하고 리더십 스타일을 찾아내어 각각에 대한 유효성을 검증하는 방법으로 연구가 진행되었다.

행위중심의 리더십 개념을 탐구한 연구팀들 중 하나는 1947년 리커트(Rensis Likert)를 필두로 한 미국의 **미시간 대학**(University of Michigan) **연구팀**이었다. 이들은 리더십 스타일을 **직무중심형**과 **조직원중심형**으로 나누고 어느 스타일이 더 효과적인가를 밝히려고 시도하였으나, 커다란 성과를 거두지는 못하였다. 중요한 것은 미시간대학 연구에서는 직무중심형과 조직원중심형을 동일차원의 양극단으로 보고 있다는 점이다. 즉, 어떤 리더가 직무중심 스타일을 갖고 있으면 그가 동시에 조직원중심의 스타일을 보여줄 수는 없다는 관점이다. 이점이 미시간대학 연구와 다른 행동중심 리더십 연구들 간의 가장 큰 차이점이다.

1950년대 들어오면서, 리더십이론 정립을 위한 대형 프로그램들이 시도되었는데, 그중에 가장 큰 공헌을 한 것은 스톡딜(Ralph Stogdill)과 플라이쉬만(Edwin A. Fleishman)이 이끌었던 **오하이오 주립대학**(Ohio State University: OSU)의 리더십 연구 프로그램이었다.[19]

이 연구팀은 리더십 스타일을 **구조주도**(initiating structure)와 **배려**(consideration)라는 두 개의 독립된 차원으로 보았다. 즉, 미시간대학 연구에서와는 달리, 리더는 구조주도와 배려행위를 동시에 보일 수 있다는 관점이다. 구조주도와 배려가 독립된 차원이라는 점을 입증해주는 연구들은 여러 편이 있다. 예를 들어, 플라이쉬만의 1951년 연구[20]에서는, 리더십 스타일을 측정하는 150개의 질문으로 구성된 설문지를 만들어 응답을 구한 후 요인분석을 수행한 결과 구조주도와 배려의 독립성이 입증되었으며, 그 후에도 여러 연구에서 두 변수의 타당성이 입증된 바 있다.[21]

리더의 **구조주도 행위**란 집단구성원들 간의 직위와 역할을 규정하든가 조직화하고 공식적 의사소통 채널을 설정하며 집단의 과업을 달성하는 방법을 제시하는 등과 관련된 리더의 행위를 뜻한다.

반면에 **배려행위**란 리더가 추종자들에게 보여주는 쌍방의사소통, 의견수

표 10-3
LBDQ의 예

(1) '구조주도' 측정 설문의 예	• 그는(리더는) 하급자들에게 분명한 직무를 정해준다. • 그는 수행할 일에 대한 스케줄을 짜준다. • 그는 집단구성원들이 정해진 규칙과 규정을 따르도록 요구한다. • 그는 데드라인을 중시한다.
(2) '배려' 측정 설문의 예	• 그와 이야기를 나누다 보면 편안함을 느끼게 된다. • 그는 친구처럼 대해 주며 언제든 만날 수 있게 해준다. • 그는 집단구성원들 각자의 개인적인 형편에까지도 신경을 써준다. • 그는 제안을 받으면 그것을 실행에 옮긴다.

력, 상호신뢰, 존중, 따뜻함 등의 범주에 속하는 리더의 행위를 의미한다.

이들을 측정하는 설문의 예를 살펴보면 개념이 좀 더 분명해질 것이다(〈표 10-3〉 참조). 설문의 예에서 보듯이, 구조주도는 과업중심적 행위이고 배려는 리더-추종자 간의 관계중심적 행위라고 할 수 있다. 이 설문지를 LBDQ(Leader Behavior Description Questionnaire)라고 하는데 초기에 150문항으로 제시되었던 것이 40문항으로 줄여져 사용되어 오고 있다.[22]

그렇다면 과연 구조주도와 배려행위 중 어느 것이 더 효과적일까? 군조직, 교육 및 기업 조직들에게 많은 연구가 이루어졌는데, 리더의 구조주도 및 배려행위와 하급자 만족도, 하급자의 성과, 리더의 성과에 대한 하급자, 동료, 상급자들로부터의 평가 등과의 관계를 테스트하였다. 그 결과 가장 효과적인 리더는 높은 구조주도행위와 높은 배려행위를 동시에 보이는 리더인 것으로 나타났다.[23]

이것을 그림으로 요약하면 〔그림 10-3〕과 같다.

OSU 리더십 연구를 종합해 볼 때, 두 가지 중요한 점을 발견할 수 있다. 첫째는 많은 연구에서 구조주도와 배려의 유효성이 상황에 따라 달라진다는 사실을 발견하였다는 점이다. 그리고 둘째는 **특성이론이 리더를 확보함에 있어 선발에 의존할 수밖에 없었던 반면에 행위중심이론에서는 리더십을 교육·훈련을 통하여 개발할 수 있게 됨**으로써 수많은 리더십 훈련 프로그램들이 등장

그림 10-3
구조주도, 배려와 효과적 리더십

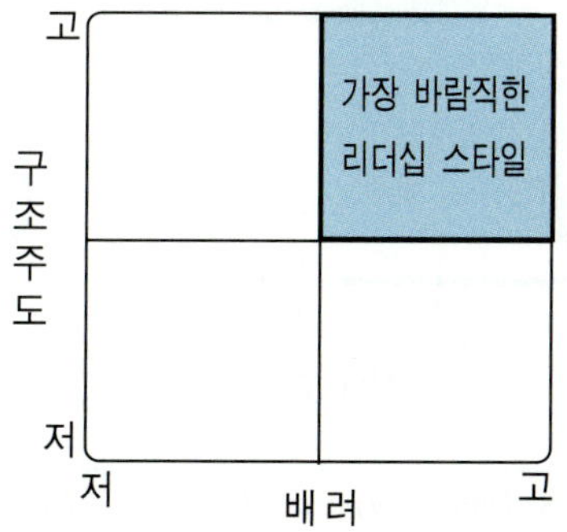

*OSU 연구에서는 가장 바람직한 리더십 스타일은 고(高) 구조주도, 고(高) 배려 스타일인 것으로 나타났다.

하게 되었다는 점이다.

유효성에 대한 많은 논란을 일으키면서 상당 기간 동안 리더십 훈련 프로그램으로서 실무자들 사이에 인기를 누려온 프로그램이 블레이크(Blake)와 무튼(Mouton)의 **관리격자**(Managerial Grid) 프로그램이다.[24)]

이 프로그램은 구조주도와 배려 대신에 **'생산에 대한 관심'**(concern for production)과 **'인간에 대한 관심'**(concern for people)이라는 용어를 사용하면서 각 차원을 9등분하여 주요 좌표 다섯 지점에 수강자들이 알아듣기 쉽도록 독특한 명칭을 붙였다. 이를 그림으로 요약하면 〔그림 10-4〕와 같다.

물론 이 프로그램에서는, 무관심형, 과업형, 컨트리클럽형, 중간형, 팀형 등 다섯 가지 스타일들 중에 팀형, 즉 9.9형 리더를 가장 바람직한 모델로 보고 그것을 개발의 목표로 한다. 그러나 이 프로그램의 유효성에 대한 실증분석 결과, 유효하다는 결론에 도달하지 못하였으며[25)] 심지어 하나의 '허상'(myth)이라는 비난까지 받았다.[26)]

그림 10-4
관리격자
(Managerial Grid)

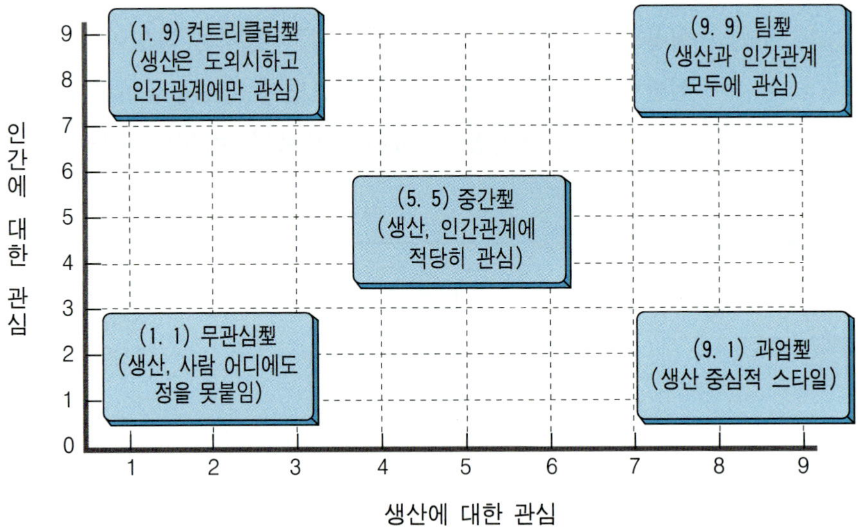

자료: Blacke, R. R. & Mouton, J. S. 1968. *Corporate Excellence Through Grid Organizational Development*, Houston: Gulf Publishing에서 수정.

구조주도와 배려는 미국에서 일본으로 전해지면서 일본학자들에 의해서 나름대로 각색되어 **'성과지향'**(Performance Orientation: P)과 **'유지**(관계)**지향'**(Maintenance Orientation: M)이라고 불리게 된다.

특기할 만한 것은 일본으로 건너가 새로운 용어를 얻었을 뿐만 아니라 일본인들을 대상으로 나름대로의 실증적 검증이 이루어졌다는 점이다. 즉, 미수미라는 학자는 오랫동안 리더십 연구에 매달린 결과 자신이 주장했던 PM형 리더가 집단사기(morale)와 성과측면에서 가장 우수하다는 결론을 얻었다.[27] 그는 리더십 유형을 〔그림 10-5〕와 같이 나누고 있다.

미수미의 주장에 따르면, 성과지향(P)은 효과적 리더십에 필수적이지만 같은 강도의 유지(관계)지향 성향(M)이 동반되지 않으면 리더의 성과지향적 행위를 집단구성원들이 압력 또는 통제로 해석하게 된다는 것이다. 반면에, 성과에 대한 강조와 함께 유지노력이 주어지면(즉, PM형) 추종자들은 리더의 성과지향적 행동을 지시나 압력으로 해석하기보다는 계획수립을 도와주고 뭔가 전수해주기 위한 행동으로 평가한다는 것이다.[28]

그림 10-5
PM 리더십이론

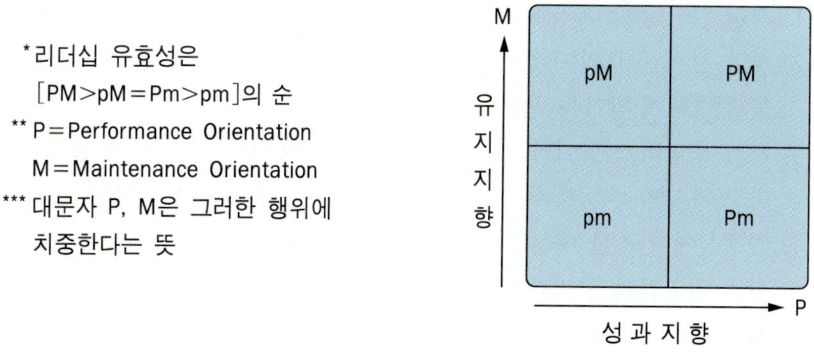

자료: 三隅二不二. 1966.『新しいクターシフ集團指導の行動科學』, タイやソト社.

관계중심의 리더십이론

ALS와 VDL

수직짝관계이론(VDL: Vertical Dyadic Linkage theory)은 리더는 구성원들 각자와 각기 다른 관계를 발전시킨다고 전제하고 그 관계의 특성을 결정하는 원인과 결과 등을 규명하려 하였다. 예를 들어, 리더인 강 팀장이 A, B, C, D의 네 팀원(하급자)들을 맡고 있다고 하자. 이때, 기존의 다른 이론들에서는

매듭 10-1 **진성리더십**

리더 자신에 초점을 맞춘 이론으로 진성리더십(Authentic Leadership)이론이 있다. "화려하고 현란한 스포트라이트를 마다하고 자기 자신에게 진솔한 모습으로 솔선수범하며 건강하고 알차게 조직을 이끌어가는 리더를 진성(眞性)리더라고 한다." "다른 사람에게 잘 보이려고 하는 행동, 싫어하면서도 좋아하는 것처럼 표현하는 것, 상 받기 위해서, 아니면 벌을 피하기 위해서 하는 거짓된 행동은 진성리더의 속성이 아니다."[29)]

이처럼 정직하고 윤리적인 행동을 핵심으로 하는 진성리더십은 네 가지 차원으로 구성된다:

(1) 자아 인식(self-awareness): 리더가 자신의 특성을 있는 그대로 인식하는 것.
(2) 자아 관련 정보의 편견 없는 수용(unbiased processing): 좋든 나쁘든 자신에 관련된 정보를 진솔하게 받아들이는 것.
(3) 자기 내면의 신념이나 가치와 일치하게 행동하는 것, 즉, 진성행동: 상황이 어쩔 수 없다고 자신의 부정한 행동을 합리화하는 것은 진성행동이 아님.
(4) 진정성에 기초한 대인관계 형성(relational authenticity): 자기 자신을 적극적으로 표출하고 상호 친근감과 신뢰감을 구축하여 상대방이 '나'(리더)의 좋고 나쁜 참모습을 볼 수 있게 하는 것.

이처럼 보다 최근의 리더십이론들은 리더의 행동을 다루더라도 OSU 연구 같은 전통적 리더십이론들과는 다른 리더의 행동들을 다양하게 제시하고 있다.

〈매듭문제 10-1〉 리더의 진성행동의 실제 사례를 찾아 제시하시오.

강 팀장이 팀원들 누구와도 더(또는 덜) 친밀함이 없이 똑같은 관계를 보이는 것을 전제로 하고 있다(이러한 리더십 스타일을 '평균리더십 스타일'–Average Leadership Style[ALS]–이라고 한다). 평균리더십 스타일은 A, B, C, D의 네 부하들이 리더의 행동을 지각하고 해석하여 반응을 보이는 데 있어 모두 동일하다고 가정한다([그림 10-6]의 [가]). 즉 리더와 팀원 각자와의 관계특성을 고려하지 않고 리더와 팀원 집단 전체의 관계만을 다룸으로써 평균리더십 스타일을 전제로 한 이론들은 오류를 범하게 되었다는 것이다.

반면에 VDL이론은 〔강 팀장과 A〕, 〔강 팀장과 B〕, 〔강 팀장과 C〕, 〔강 팀장과 D〕 각각을 "**수직짝**(vertical dyad)"이라고 칭하고 이들 수직짝들의 특성(즉, 관계의 특성)을 분석의 대상으로 삼았다.[30] 첫 번째 수직짝인 〔강 팀장과 A〕가

그림 10-6
ALS와 VDL

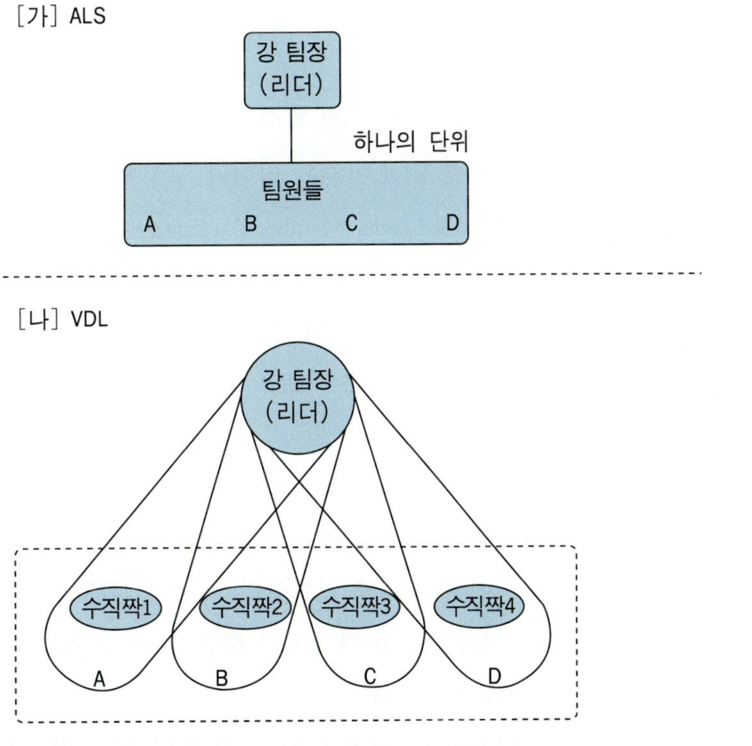

보여주는 상호작용관계는 〔강 팀장과 D〕의 관계와 아주 다를 수 있다. 이들을 그림으로 나타내면 〔그림 10-6〕의 [나]와 같다.

VDL이론에서는 수직짝의 종류를 「**내집단**(內集團) **짝**(in-group)」과 「**외집단**(外集團) **짝**(out-group)」으로 나눈다('내집단'과 '외집단'으로 약칭함).[31)]

리더와 하급자의 관계가 내집단 관계일 때는 상호 간에 동업자와 같은 신뢰, 존경과 호의, 공동운명의식 등을 나누어 갖게 되고 계약 외적인 행동교환이 발생함으로써 리더와 하급자가 서로 보다 큰 영향을 주고받게 된다. 즉 내집단에 속한 하급자는 자신이 공식적으로 부여받은 임무에 관계없이 리더와의 긴밀한 교류를 통하여 자신의 역할을 비공식적으로 확대/재정립하게 된다.

반면에 외집단 관계에 해당하는 하급자에 대해서는 리더가 감독자(supervisor)의 행동을 보이게 되며, 일방적이고 하향적인 영향력의 행사, 공식적 역할범위 내의 관계유지 등의 행동을 보인다. 또한 상호 운명적 결속력도 약하다.

LMX 이론으로의 발전

이러한 VDL이론은 리더와 구성원 각자의 관계의 질을 보다 깊이 있게 다루는 LMX(Leader-Member Exchange)이론으로 발전하게 된다.

그레인과 얼빙(Graen & Uhl-Bien)은 리더와 구성원 간의 관계발전과정을 세 단계로 나누어 설명하고 있다. 요컨대, 이방인(stranger) 단계, 면식(acquaintance) 단계, 파트너 단계이다. 각 단계별 핵심 내용을 〔그림 10-7〕에 요약 · 제시하였다.[32)]

이방인 단계에서는 리더와 해당 하급자 간의 교류가 정해진 규정이나 공식적인 필요의 한계를 넘지 않는다. 하급자는 계약관계나 규칙으로 정해진 일만을 수행하면 되고 직계상의 리더에 대해서 조직에서의 일반 상급자의 대우만 해주면 된다. 이 단계에서 하급자는 집단보다는 자신을 먼저 생각하고 자신의 이익을 앞세운다.

여기서 한 단계 발전한 면식 단계는 리더나 하급자가 보다 밀접한 사회적

그림 10-7
LMX 발전단계

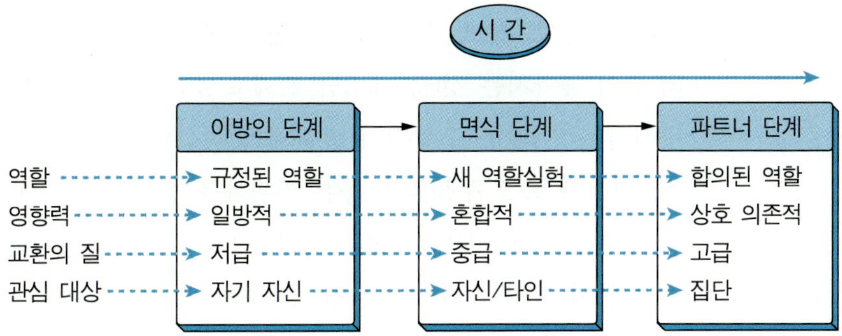

관계형성을 하자는 제안을 하면서 시작된다. 면식 단계에서는, 이방인 단계에서와는 달리, 리더와 하급자 간에 더 많은 자원과 직무나 개인적 정보가 공유되어 양자가 보다 친숙한 관계를 형성하게 된다. 사실 이 단계는 리더와 하급자 간에 서로가 서로를 실험하는 단계이다. 하급자가 더 많은 역할과 더 중요한 책무를 담당할 의지가 있는지, 또는 리더가 그러한 역할과 권한을 위임해 줄 의사가 있는지를 서로 간에 검증하게 된다. 상호 간의 테스트 결과가 긍정적이면, 신뢰와 상호 존중의 관계가 정착하게 되는 것이다. 이들은 이제 '나'만이 아니라 팀이나 집단의 문제에 대해서도 주의를 기울이게 된다.

세 번째 단계는 성숙한 파트너십의 단계이다. 이제 리더와 하급자는 상호 남다른 신뢰와 존경, 그리고 의무감을 갖게 된다. 서로 광범위한 측면에서 영향을 주고받는 관계이다. 이들은 조직과 자신 모두에게 긍정적인 결과를 산출해 낼 수 있는 매우 효과적인 관계를 갖게 된 것이며 이제 자기 자신보다는 집단의 이해를 더 중요시하는 경지에 이르렀다고 할 수 있다.

LMX와 LMX 차별화

LMX이론은 리더와 개별 구성원 간의 짝관계가 어떤 기반 위에 형성되는지를 설명한다. 한 연구에 따르면,[33] 리더와 개별 구성원의 짝관계는, 태도차원에서는 충성심, 지원, 신뢰가 바탕이 되고, 행동 차원에서는 영향력, 위임, 자율, 혁신성 등이 관계의 기초가 된다고 하였다. 그 이외에도 서로에 대한 관심, 배려, 전문성, 정보, 소통 등이 활발히 교환될 때 리더와 개별 구성원의 짝관계의 질이 높아지는 것(즉 '내집단' 관계로 발전하는 것)으로 나타났다. 또 다른 연구에서는[34] 리더-구성원의 짝관계를 형성하는 이들 다양한 요인들을 종합하여, 리더가 특정 구성원과 좋은 짝관계를 발전시키는 데는 적어도 세 가지 요건이 충족되어야 한다고 결론 내렸다.: ① 상대방의 능력에 대한 상호 존중, ② 서로 간의 신뢰가 더욱 깊어질 것이라는 기대, ③ 장차 서로의 경력발전에 도움이 되리라는 믿음 등 세 요건이다. 한편, 리더-구성원 짝관계(LMX)의 질을 측정할 때는 서로에 대한 기여, 존중, 충성심, 애정 등 네 가지 차원을 사용한다.[35]

리더와 개별 구성원 간의 짝관계의 질은 다양한 결과를 산출하는 것으로 밝혀졌다. 리더-구성원의 질 좋은 짝관계는 하급자의 직무성과, 만족도, 조직몰입, 조직시민행동을 높이고 이직의도를 낮추는 것으로 나타났다. 뿐만 아니라, 리더와 좋은 짝관계를 형성하게 된 하급자는 그렇지 못한 하급자에 비해 리더가 보다 공정하다는 인식을 하게 되며, 보다 확실한 사회적 정체성(social identity)을 갖는 것으로 보고되고 있다. 또한 리더-구성원 관계의 질과 조직시민행동, 조직정의 인식, 직무만족, 이직의도, 리더에 대한 신뢰 등과의 상관관계는 동양과 같이 수직적, 집단주의적 문화권에서보다 서구와 같이 수평적이고 개인주의적 문화권에서 더 강한 것으로 나타났다.[36]

최근에는 리더와 개별 구성원 간의 교환관계(LMX)를 집단차원에서 바라보기 시작하였다. 즉, 여러 하급자들로 구성된 집단을 이끄는 리더가 특정 구성원들과는 좋은 짝관계를 발전시키고 다른 구성원들에 대해서는 피상적 계약관계에만 머무르는 것은 특정 구성원들만을 편애한다는 불만을 야기하여 집단 전체에 악영향을 미칠 수 있다는 것이다. 이처럼 리더-구성원의 수직 짝관계를 집단차원에서 바라보는 것을 LMX 차별화(LMX differentiation)라고 한다.

LMX 차별화는 리더가 모든 구성원들과 개별적으로 똑같은 짝관계를 발전시키는 것(즉 낮은 차별화)과 일부와는 친한 짝관계를 발전시키고 나머지에 대해서는 공식적인 짝관계로 내버려 두는 것(즉 높은 차별화) 중에서 어떤 경우가 집단성과에 긍정적인 영향을 미치는가를 연구하는 것이다. LMX 차별화는 긍정적 측면과 부정적 측면을 동시에 갖는다. 긍정적 측면은 팀을 이끄는 리더는 제한된 자원과 시간 때문에 어차피 부하들을 차별적으로 대할 수밖에 없고, 또 그렇게 하는 것이 자원을 집중할 수 있어 팀 성과를 내는데 더 바람직하다는 것이다.[37] 차별화의 정도가 높을수록 집단의 성과가 높아진다는 연구 결과도 있다. 반면에 부정적 측면은, 일부 구성원들만을 편애하는 것은 리더가 일관성이 없고 불공정하다는 비판을 받을 수 있으며, 이것이 결국 구성원들의 성과를 떨어뜨릴 수 있다는 것이다. 또한, 리더가 구성원들을 지나치게 차별적으로 대한다는 분위기가 자리 잡으면 리더와 관계가 좋은 구성원도 리더에 대한 호의적 태도를 철회할 수 있다. 집단구성원들이 리더와 관계가 좋은 구성원들을 따돌리든가 거리를 두려는 분위기가 만연할 때(이것을 LMX 격리[separation]라고 한다)도 리더와 가깝다는 사실을 숨기려 하든가 리더에 대한 호의적 태도를 철회하려는 현상이 발생할 수 있다.

그림 10-8
LMX, LMX 차별화, LMX 격리

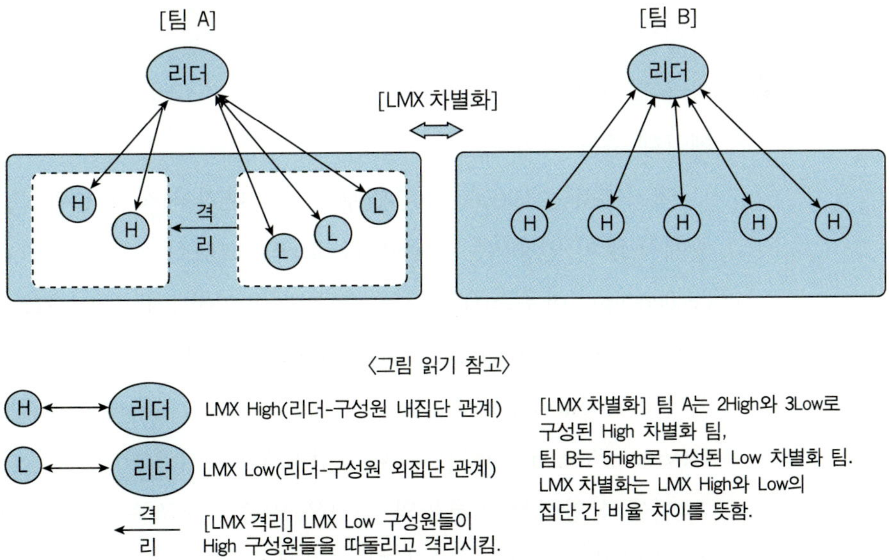

LMX, LMX 차별화, LMX 격리의 관계를 이해하기 쉽도록 〔그림 10-8〕에 그림으로 표현하였다.

LMX이론은 리더십이론들 중에서 가장 오랫동안 지속적으로 연구되고 있는 이론 중 하나이다. 리더십 개념 자체가 리더와 구성원들 간의 복잡한 관계를 전제로 하고 있기 때문이다.

제4유형의 리더십이론들

제4유형: 리더십은 상황적합성이다(I)

지금까지 논의했던 리더십의 특성이론, 미시간대학 연구, 오하이오 주립대학 연구 등이 갖는 한 가지 공통적 특징은 이들이 전천후 리더십을 추구했다는 점이다. 어떤 상황에서도 일정한 특성이나 행동만 보여주면 리더십의 효과가 높아진다는 개념이다. 우리가 만일 어느 상황에서나 유효한 전천후(보편적) 리더를 그렇게 쉽게 확보할 수 있다면 리더십의 문제는 매우 간단히 해결된다.

그러나 많은 실증연구의 결과로 입증된 것은 보편적 리더십이 존재한다는 사실이 아니라 특성이든 행위든 간에 리더십의 유효성은 상황변수의 조건에 따라 달라진다는 사실이다. 이러한 결과는 소위 상황적 리더십이론의 출현을 예고해 주는 것이다.

여기에서는 1960년대 후반부터 나타나기 시작한 상황적합적 리더십이론들 중에서 많이 인용되는 피들러(Fiedler)의 리더십 상황모델(Contingency Model of Leadership), 하우스(House)의 경로-목표이론(Path-Goal Theory of Leadership), 허시와 블랜차드(Hersey & Blanchard)의 상황적 리더십이론, 그리고 브룸/예튼/제이고(Vroom/Yetton/Jago)의 리더십 의사결정이론 등에 대해서 살펴보기로 한다(Vroom/Yetton/Jago이론은 다음 장에서 다루기로 한다).

이들 상황적합 이론들의 특징은 일중심(구조주도) 스타일이나 관계중심(배려) 스타일 중 어느 하나가 더 효과적이라고 주장하는 것이 아니라 각각의 유효성이 상황조건에 따라 다르다고 주장한다. 상황을 어떻게 정의하는가 하는 점과 어떤 상황에서 일중심 스타일이 유효하며 또 어떤 상황에서는 관계중심 스타일이 더 유효한가를 상황적합 이론들에서는 구체적으로 밝히고 있다. 이 유형에 속하는 이론들은 상황변수의 선택과 리더십 스타일의 구분에 있어 큰 차이를 보인다.

피들러의 리더십 상황모델

피들러(Fiedler)의 **리더십 상황모델**은[38] 최초의 상황이론으로 알려져 있다. 그는 집단의 성과는 과업동기 또는 관계동기라고 불리우는 리더의 성격적 특성과 리더십 상황의 "호의성(好意性, favorableness)" 간의 **적합화**(match) 정도에 달려 있다고 주장했다.[39]

이 모델에서 리더의 성격특성은 LPC(Least Preferred Co-Worker) 설문에 의해서 측정된다. LPC 설문은 〈표 10-4〉에서 보듯이 18개 항목들로 이루어지며 이들 항목에 대한 응답을 합한 수치가 높을수록 "관계지향적 리더십"에 해당하고 낮을수록 "과업지향적 리더십"에 해당한다.

LPC가 가진 독특한 점은, 리더가 설문에 응답할 때 지금까지 같이 일했던 사람들 중에서 다시는 "가장 같이 일하고 싶지 않은 사람"(LPC: Least Preferred Coworker)를 떠올리고 그(녀)에 대해서 응답하도록 하는데 그 응답 결과는 응답과 리더 자신의 것이 된다는 것이다. 〈표 10-4〉에 보면, 1~8까지 중에서 8쪽에 위치된 형용사가 우호적인 단어이고 1에 가까울수록 비우호적인 형용사임을 알 수 있다. 즉, LPC 설문에서 높은 점수를 받은 사람일수록, 자신이 함께 일하기 가장 싫은 동료(least preferred)를 그 사람과의 관계나 정(情)을 고려하여 좋게 평가했으므로 LPC점수가 높은 사람을 관계지향적이라고 해석할 수 있다는 것이다. 만약 과업을 중시하는 사람이라면 '같이 일하고 싶지 않은 사람'을 사실 그대로 좋지 않게 평가할 것이므로 저(低) LPC를 과업지향적 리더십이라고 볼 수 있다는 논리이다.

피들러는 상황변수를 세 가지로 구체화하고 있다. 즉, **리더-구성원 간의**

표 10-4
LPC 설문

▣ 당신이 지금까지 함께 일했던 사람들 중에서 가장 같이 일하고 싶지 않은 사람을 한 사람 생각해 내고 그(녀)에 대해서 아래에 평가하시오.

			점수
쾌활한 사람	87654321	쾌활하지 못한 사람	____
친절하고 다정한 사람	87654321	불친절하고다정하지않은사람	____
거절을 잘하는 사람	12345678	수용적인 사람	____
긴장하고 있는 사람	12345678	긴장을 풀고 여유 있는 사람	____
거리를 두는 사람	12345678	친근한 사람	____
냉담한 사람	12345678	다정한 사람	____
지원적인 사람	87654321	적대적인 사람	____
따분한 사람	12345678	흥미를 잘 느끼는 사람	____
싸우기 좋아하는 사람	12345678	화목하고 잘 조화하는 사람	____
우울한 사람	12345678	늘 즐거워하는 사람	____
서슴치 않고 개방적인 사람	87654321	주저하고 폐쇄적인 사람	____
험담을 잘하는 사람	12345678	너그럽고 관대한 사람	____
신뢰할 수 없는 사람	12345678	신뢰할 만한 사람	____
사려 깊은 사람	87654321	사려깊지 못한 사람	____
심술궂고 비열한 사람	12345678	점잖고 신사적인 사람	____
마음에 맞는 사람	87654321	마음에 맞지 않는 사람	____
성실하지 않은 사람	12345678	성실한 사람	____
친절한 사람	87654321	불친절한 사람	____
			총점____

▣ 총점 64점 이상이면 관계지향적 스타일, 57점 이하이면 과업지향적 스타일.

관계(leader-member relations), **과업구조**(task structure), 그리고 **직위권력**(position power) 등이 그들이다. 이들의 정의를 〈표 10-5〉에 요약하였다.

피들러는 이들 세 가지 상황변수들을 2등분한 후 조합하여 여덟 가지 상

표 10-5
피들러 이론의 상황변수들

변수名	정 의
리더-구성원 관계	집단의 구성원들이 리더를 신뢰하고 좋아하며 그(녀)의 말(guidance)을 기꺼이 따르려는 정도를 뜻하며, 가장 중요한 상황변수이다.
과업구조	두 번째로 중요한 상황변수로서 다음과 같은 내용을 포함한다. ① 과업의 요구조건들(requirements)이 얼마나 명백히 정해져 있는가 하는 것(즉, 목표 명료성) ② 어떤 과업을 수행하는 데 사용될 수 있는 과업수행방법의 수(목표-경로의 다양성) ③ 과업을 수행하고 나서 그 결과를 알 수 있는 정도(검증 가능성) ④ 과업에 대한 최적의 해답이나 결과가 존재하는 정도(구체성)
직위권력	리더가 갖고 있는 직위에 집단구성원들을 지도하고 평가하고 상과 벌을 줄 수 있는 권한이 주어진 정도

황(피들러는 이들 여덟 가지 상황들 각각을 '옥탄트(octant)'라고 부르고 있다)으로 나누고(2×2×2), 각각의 상황이 리더에게 얼마나 호의적인가를 '상황의 호의성'(favorableness of the situation)이라는 이름하에 제시하였다. 그리고 그는 리더십 상황(옥탄트) Ⅰ~Ⅷ에 대하여 적합한 리더십 스타일을 〔그림 10-9〕와 같이 제시하고 있다.

피들러에 따르면, 상황호의성이 중간 정도일 때에는(Ⅳ, Ⅴ, Ⅵ 상황들) 관계지향적인 리더십 스타일이 최적이라고 한다. 즉, 하급자들이 리더를 보통 정도 호의적으로 대해 주고 리더가 어느 정도의 권력을 갖고 있으며 하위자들이 수행하는 과업이 약간 애매한 상황에서는 관계중심적 리더십이 최선의 결과를 낳는다는 것이다. 반대로, 상황이 아주 호의적이든가(상황 Ⅰ, Ⅱ, Ⅲ) 또는 비호의적일 때(상황 Ⅶ, Ⅷ)에는 과업중심적 리더십 스타일이 최선의 성과를 가져다준다고 한다. 요컨대, 세 가지 상황변수들을 분석하여 상황호의성을 도출하고 상황 Ⅰ~Ⅷ에 대한 바람직한 리더십 스타일을 나누어 설명하고 있다. 그림의 그래프는 각 상황에 따른 LPC점수와 성과 간의 상관관계를 나타낸 것이

그림 10-9
피들러의
리더십 상황모형

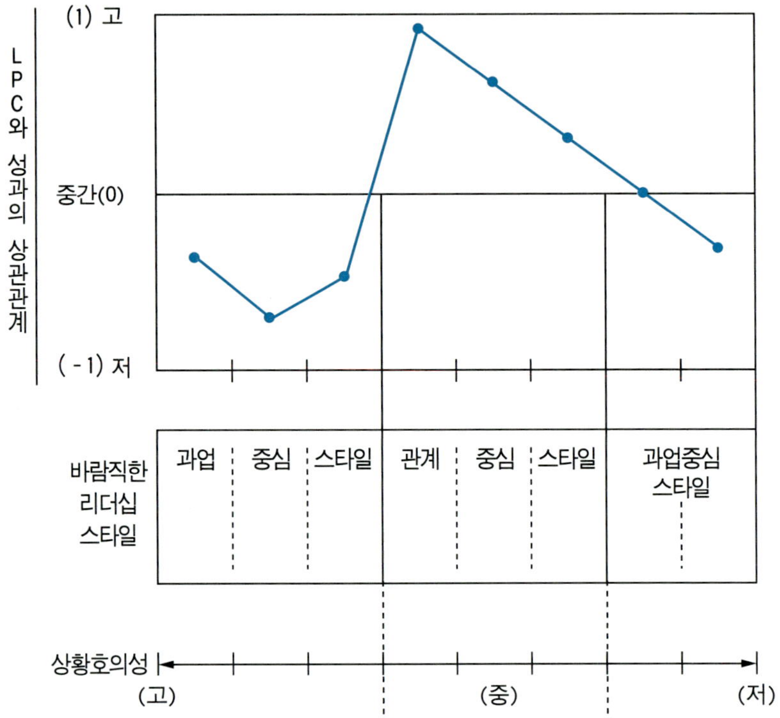

		I	II	III	IV	V	VI	VII	VIII
상황 변수들	리더-구성원 관계	좋음	좋음	좋음	좋음	나쁨	나쁨	나쁨	나쁨
	과업구조	고	고	저	저	고	고	저	저
	리더의 직위권력	강	약	강	약	강	약	강	약

자료: Fiedler, F. 1971. *Leadership*. General Learning Press에서 수정 인용.

다. 즉, 상황 I, II, III, VII, VIII에서는 LPC와 성과가 부(負)의 상관관계를 가지므로 LPC점수가 낮을수록, 리더가 과업지향적일수록 성과가 높아지며, 상황 IV,

V, VI에서는 높은 LPC점수를 보이는 관계중심적 리더십이 높은 성과와 관련된다는 것이다.

하우스의 경로-목표이론

하우스(Robert House) 교수는 세 편의 논문을 통하여 경로-목표이론을 제시하였다.[40] **경로-목표이론**은 동기이론 중 하나인 기대이론(expectancy theory)에 기초하여 제시되었다. 기대이론에 따르면, 개인의 동기는 노력-행동 간의 기대치와 행동-결과 간의 수단성, 그리고 결과에 따른 보상의 유의성이 증가할수록 높아진다. 기대치와 수단성, 그리고 유의성을 종합적으로 하급자들이 자기 자신, 일, 그리고 관리층(또는 조직)에 대해서 갖는 '기대감(신뢰 또는 믿음 포함)'이라고 표현한다면 리더가 하급자들(추종자들)의 기대감에 영향을 미치는 과정을 설명하려 했던 것이 경로-목표이론이다.

하우스에 따르면, 리더의 행위가 추종자들의 동기를 유발할 수 있으려면, 추종자들의 목표성취에 방해가 되는 요소들을 제거해 줘야 하고 그들이 필요로 하는 지원과 도움을 줄 수 있어야 하며, 목표성취와 그에 따른 유의한 보상을 연결시켜 줘야 한다고 주장한다. 즉, 목표와 보상에 이르는 경로를 다루고

표 10-6
하우스 이론의 리더십 스타일

지시적 리더십	도구적 리더십(instrumental leadership)이라고도 표현되며 하급자 통제, 조직화, 감독 등과 관련되는 리더의 행위이다. 규정을 마련하여 준수토록 하고 부과된 작업일정을 수립하든가 직무를 명확히 해주는 등의 리더 행위를 포함한다.
후원적 리더십	추종자들의 욕구와 복지에 관심을 보이고 언제든지 친구처럼 대해 주며, 동지적 관계를 중시하는 리더의 행위를 말한다.
참여적 리더십	의사결정을 할 때 하급자들과 상의하고 그들의 아이디어를 진지하게 고려해 주는 리더십 행위를 뜻한다.
성취지향적 리더십	도전적 목표를 수립하고 최우수를 지향하며 자신의 능력에 자신감을 갖도록 함으로써 추종자들이 최고의 성과를 달성할 수 있도록 하는 리더십 스타일이다.

있다고 하여 '경로-목표이론'이라고 작명(作名)하였다.

앞서의 피들러가 리더십을 특성으로 보고 단일차원으로 제시한 반면, 하우스는 리더십을 리의 행위로 보았으며 독립된 네 차원으로 분석하여 한 리더가 동시에 여러 스타일을 가질 수 있도록 이론을 구성하였다.

하우스가 제시한 리더십 스타일을 요약하면 〈표 10-6〉과 같다.

하우스는 이들 네 리더십 스타일들이 환경적 요인과 하급자의 특성에 따라 다른 결과를 낳는다고 주장하였다. 하우스 이론을 그림으로 요약하면 〔그림 10-10〕과 같다.

하우스는 어떠한 리더십 스타일이 유효한가는 추종자의 특성과 환경적 요인에 달려 있다고 주장하였다. 그러나 그는 어떠한 상황적 특성(추종자 특성과 환경적 요인)하에서 어떤 리더십 스타일이 보다 효과적인가를 피들러만큼 자세히 밝히지는 못하였다.

그림 10-10
하우스의 경로-목표이론

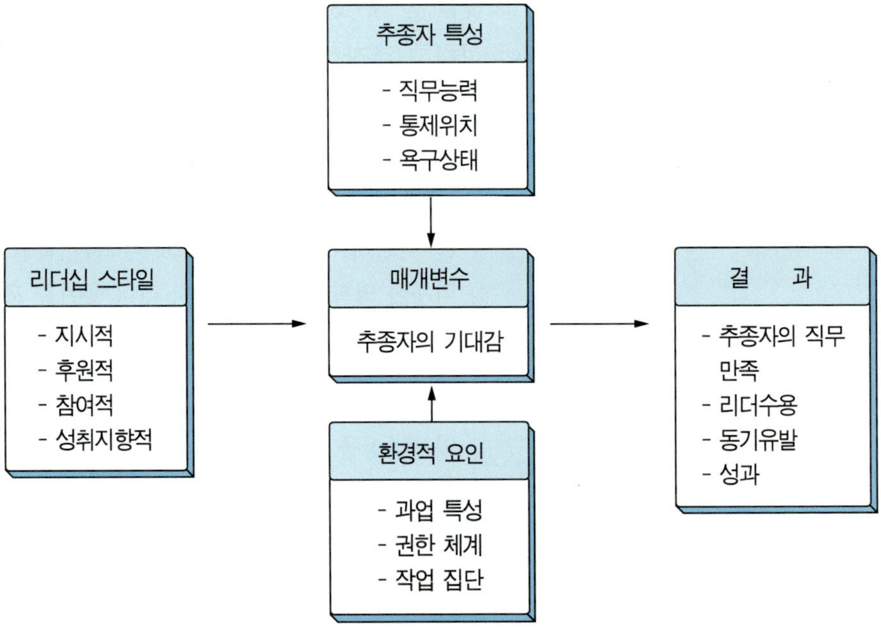

표 10-7
경로-목표이론의 연구 결과

리더십 스타일	상황에 따른 효과
지시적 리더십	① 지시적 리더십을 사용할 경우, 외재적 통제위치를 갖거나 과업 능력이 낮은 하급자들에게 긍정적으로 작용하여 만족도를 높여준다. ② 과업능력이 높은 하급자들에게는 부정적 영향을 미치며, 따라서 하급자들의 만족도를 저하시킨다. ③ 모호한 과업을 수행하는 하급자들의 경우, 긍정적으로 작용하여 만족도를 높여주고 동기를 유발시킨다. ④ 명확한 과업을 수행하는 하급자들의 경우에는 부정적으로 작용하여 만족도와 동기를 저하시킨다.
후원적 리더십	① 스트레스나 좌절감, 또는 욕구불만을 느끼게 하는 과업을 수행하는 하급자들에게 후원적 리더십은 긍정적으로 작용하여 만족도를 높여준다. ② 과업이 어렵고 하급자가 자신감이 없거나 실패할 것을 크게 두려워하는 경우, 후원적 리더십은 하급자의 불안감을 덜어주고 자신감과 결의를 북돋워 줄 수 있다.
참여적 리더십	① 통제위치에 있어 내재론자에 속하는 하급자들에 대해서 참여적 리더십을 사용하면 긍정적으로 작용하여 만족도를 높여 줄 수 있다. ② 애매한 과업에 대하여 개인적 애착을 가지고 있는 하급자들에게 참여적 리더십을 사용하면 하급자들의 만족도와 동기를 높여준다. ③ 하급자들의 과업이 매우 구조화되어 있고 자신들의 업무를 명확히 이해하고 있는 경우, 참여적 리더십은 효과가 없다. ④ 하급자들이 높은 자율욕구나 성취욕구를 갖고 있는 경우, 참여적 리더십은 하급자들의 만족도와 동기를 높여준다.
성취지향적 리더십	① 애매하고 반복적이지 않은 과업을 수행하는 하급자들에게 성취지향적 리더십을 사용하면 그들의 자신감과 동기를 높여준다.

자료: Yukl, G. A. 1998. *Leadership in organizations*. Englewood Cliffs, NJ: Prentice-Hall에서 정리 인용.

따라서 교과서마다 제시되는 상황변수들이 차이가 나며, 특히 피들러처럼 상황변수들을 조합한 구체적 경우에 있어서의 리더십 스타일 선택방법을 제시하지 않고 있다. 이것이 하우스 이론이 구체적이지 못하다고 비판받는 이유이다. 그럼에도 불구하고 지금까지 밝혀진 연구 결과들을 종합해 볼 때 대략 〈표 10-7〉과 같은 예측을 가능케 해준다.

〈표 10-7〉에 나타난 각 리더십 스타일의 상황에 따른 효과들을 요약하면, 과업구조가 불분명하면 지시적 리더십이 효과적이고 과업구조가 분명한 상황에서는 후원적 리더십이 보다 좋은 결과를 낳는다고 볼 수 있으며, 참여적 또는 성취지향적 리더십은 과업구조가 불분명하고 반복적이지 않다는 것을 전제로 하고 있다.

허시와 블랜차드의 상황적 리더십이론

앞서 OSU 연구에서 제시된 리더의 배려와 구조주도 행위가 리더십 유효성과 일관된 결과를 보여주지 못한 점에 착안하여 허시와 블랜차드(Hersey & Blanchard)가 "상황적 리더십이론"(Situational Leadership Theory)을 발표하게 되었다.[41]

본 이론은 리더의 행위를 OSU 연구에 기초하여 **과업행위**(즉, 구조주도)와 **관계행위**(즉, 배려)로 설정하고 각 축을 고, 저로 나누어 네 가지 리더십 스타일을 산출하였다. 그리고 상황변수로는 하급자들의 '**성숙도**'(readiness)를 들었다.[42] 즉 하급자들의 성숙도에 따라 리더십 스타일의 유효성이 달라진다는 주장이다. 성숙도란, ① 하급자가 달성 가능한 범위 내에서 높은 목표를 세울 수 있는 역량(성취욕구); ② 하급자들이 자신의 일에 대해서 책임을 지려는 의지와 능력; ③ 하급자들이 갖는 과업과 관련된 교육과 경험 등을 통칭한다. 요컨대, 성숙도란 하급자들의 일에 대한 능력과 의지를 뜻한다.[43]

허시와 블랜차드 이론의 요점을 〔그림 10-11〕에 표현하였다. 그림에서 밑에 있는 R1~R4는 성숙도의 정도를 나타낸다. 즉, 하급자들의 성숙정도를 능력과 의지 측면에서 네 단계로 나누고 있다. 하급자들의 성숙수준이 R1일 때

그림 10-11
허시와 블랜차드의 상황적 리더십이론

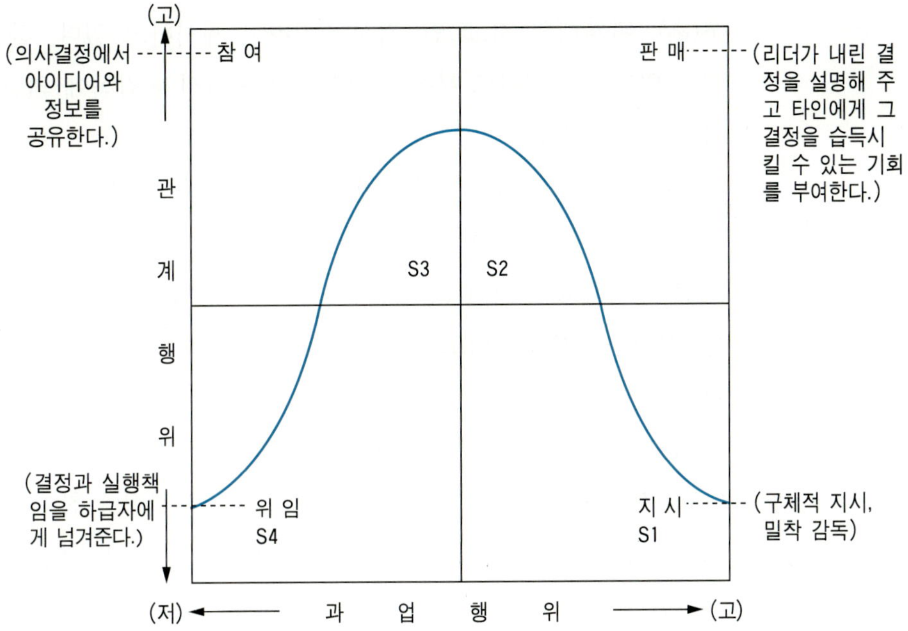

하급자 성숙도

〈고〉	〈중	간〉	〈저〉
R4	R3	R2	R1
능력 고 의지 고	능력 고 의지 저	능력 저 의지 고	능력 저 의지 저

하급자 주도		리더 주도	

자료: Hersey, P. & Blanchard, K. H. 1988. *Management of organizational behavior*, 5th, ed. Prentice-Hall, p.171에서 수정 인용. "지도형", "지원형" 등의 용어는 Blanchard, K. H., Zigami, P., & Zigami, D. 1985, *Leadership and the one minute manager*. New York: William Morrow and Co., pp.50-68에서 사용됨.

의 상황을 그림에서 S1사분면으로 보고 그에 맞는 리더십 스타일을 과업행위 고(高), 관계행위 저(低)인 '지시형'이라고 제시하고 있다. 하급자들이 능력도 없고 의지나 자신감도 부족한 상황에서는 지시와 감독에 의한 방법이 가장 적합하다는 뜻이다.

하급자들이 리더의 능력개발 덕택에 능력은 아직 모자라지만 의지와 어느 정도의 자신감을 갖게 되면 R2의 성숙수준에 이르게 되는데 이를 사분면에서 S2로 표시하고 이때의 최적 리더십을 과업행위 고, 관계행위 고인 '판매형'(또는 지도형-코칭형)이라고 본다. 이 단계는 계획된 참여 또는 구조화된 참여의 단계라고 볼 수 있다.

R3단계는 하급자들이 능력은 갖추었으나 의지가 낮은 단계이다. 이 상황(S3)에서 리더는 될 수 있으면 하급자들을 의사결정에 참여시키고 지원해줌으로써 하급자들의 과업의지를 북돋우어야 한다. 즉, 리더의 과업행위보다는 관계행위가 더 유효한 단계이다.

또한 하급자들이 능력과 의지 차원에서 완전히 성숙한 R4단계에서는(S4상황) 과업행위든 관계행위든 간에 리더의 간섭을 될 수 있으면 배제할 수 있도록 '위임형' 스타일을 사용하라고 허시와 블랜차드는 추천하고 있다.

사 례 10-1 SK 전 회장 최종현: "패기의 리더"

"SK그룹의 전(前) 회장이다. 1970년대의 석유파동으로 인한 극심한 불황 속에서도 기업의 토대를 굳혀 경영능력을 인정받아 석유화학과 정보통신이라는 그룹의 양대 축을 마련하였다. 1929년 경기도 수원시 평동에서 8남매 중 차남으로 태어났다. 1954년 서울대학교 농대 3학년 재학 중 미국 유학을 떠나 1956년 미국 위스콘신대학교를 졸업하고, 시카고대학교에서 경제학 석사 과정을 마친 뒤 1962년 귀국하였다. 1962년 선경직물 이사, 1970년 선경직물 사장을 거쳐 1974년부터 1998년까지 선경그룹(1998년 SK그룹으로 명칭 바뀜) 회장직을 맡았다.

1973년 창업주이자 맏형인 최종건(崔鍾建) 회장이 죽자 경영권을 이어받아 석유파동으로 인한 극심한 불황 속에서도 기업의 토대를 굳혀 경영능력을 인정받았다. 1980년 공기업이던 유공을 인수하고, 1994년에는 한국이동통신(현 SK텔레콤)을 사들여 석유화학과 정보통신이라는 그룹의 양대 축을 마련하였다.

1993년에는 전국경제인연합회(전경련) 회장에 취임하여 3기 연속 전경련 회장으로 활동하였고, 주한 콜롬비아 명예총영사(1979), 2002년 월드컵 축구조직위원회 위원(1996), 1·2기 노사정위원회 위원(1998) 등을 역임하였다. 다양한 상을 받았으며, 주요 저서로는 《도전하는 자가 미래를 지배한다》(1991), 《심신수련》(1993), 《21세기 일등국가가 되는 길》(유고집, 1999) 등이 있다."(네이버 백과사전)

한편, 최종건, 최종현 회장 때부터, SK는 사람에 대한 투자를 많이 하는 것으로 유명하다. 어록에 나오는 최종현 회장의 다음 문구가 이를 잘 대변한다.

"인간은 석유와 비교도 되지 않는 무한한 자원이다. 기업의 성패는 사람에 달려 있다."

오늘날에는 리더십 개발을 위해서 전 임원들을 대상으로 리더십 진단을 격년으로 실행하여 부족한 부분을 보완할 수 있도록 한다. SK에는, 또한, SKMS(SK Management System)이라는 독특한 경영방식이 있다. 전 임직원들이 SKMS를 심도 있게 학습하며 하나의 경영이념으로 여길 만큼 뿌리내려 있다.

최종현 전 회장은 항상 '패기와 열정과 도전'을 중시하는 경영철학을 구현하려고 노력하였다. 특히, 최 회장은 심신수련을 매우 중시하여 전 임직원에 보급하기도 하였다. 패기에 대한 최종현 회장의 어록 내용이다.

"글로벌 시대에 가장 요구되는 것은 패기다. 이는 곧 일과 싸워 이기는 기질을 의미한다. 패기를 추구하는 자세는 사고는 적극적으로, 행동은 진취적으로, 일 처리는 빈틈없고 야무지게 하는 것이다."〈출처: 최종현 어록〉

[사례 문제 10-1] 효과적인 리더십을 발휘하기 위해서는 '패기' 이외에 다른 어떤 기술을 갖출 필요가 있는지, 세 가지만 적으시오.

사 례 10-2 피들러 이론의 적용

당신은 대기업의 인사팀장이다. 회계팀장 자리가 비었다. 이 자리는 비교적 틀에 박힌 부기(簿記)를 하거나 청구서 등을 처리하는 몇 개의 파트를 거느리고 있는 자리이다. 당신은 그 자리의 업무가 매우 구조화 정도가 높은 업무라고 생각하고 있다. 다른 팀장들도 그 사실을 입증해 주고 있다. 회사 전체의 사기는 높고 팀원들은 만족하고 있으며 인사 부문의 관리자와 하위자의 관계도 대체로 무난한 편이다. 더구나 이 팀장이 리드할 파트장들은 서로 협조적이어서, 적극적으로 팀장에게 협력하려 하고 있다. 이 빈자리를 메울 팀장에게는 상당한 권한이 부여되므로 직위권력이 높아질 것이며 그에 따라 상황통제력도 상당히 높아지게 될 것이다. 과거에 이 자리를 차지했던 팀장들은 대부분 5년 내지 6년을 근속하였다.

당신은 이 자리를 메울 후보자를 추천해 달라는 요청을 받았다. 다음 세 명 중 누구를 추천할까 고민하고 있다.

① **김정훈 차장**은 약 5년간 근무하고 있는 사람이다. 그는 관리직에 있었을 당초에는 스탭으로서 구조화되어 있지 않은 작업을 여러 가지 해왔었는데, 그런대로 합격권에 드는 셈이었다. 그 후 지사의 경리 담당 파트장으로 임명되었는데 여기서도 성과는 보통 수준이다. 그는 이 자리에서 1년간 근무했다.

다음에 다시 본사로 돌아와서 입금 관계를 담당하는 역할을 했다. 이 업무는 구조화 정도가 높고 비교적 틀에 박힌 직무였다. 그는 여기서 3년쯤 일했다. 처음에는 일 처리가 느린 편이었으나 약 1년 전부터는 상당히 능숙해졌다.

부하들은 그에 대하여 "무척 이해하기 힘든 사람이지만 함께 일하기에는 좋은 상사이며, 자기 할 일만 제대로 해 놓으면 까다롭게 굴지 않는 리더"라고 생각하고 있다. 입사할 때 측정한 LPC 척도에 의하면 그는 과업 중심형이었다.

② **이신자 차장**은 회사 안에서도 엘리트 과정을 걸어왔다. 최초로 그녀가 담당한 것이 데이터 프로세스 부문의 팀장 보좌역이었는데, 여기서 그녀는 새로운 절차에 관한 많은 제안을 했고 그 대부분이 채택되었다. 1년 후 그녀는 청구서 작성 및 발송부서로 이동했는데 여기서도 좋은 실적을 올렸다. 2년쯤 지나 그 자리에서의 실적이 부진하게 되자 이번에는 판매팀으로 자리를 바꿔 줄 것을 요청했다. 그녀는 자신의 경험을 넓히기 위해 끊임없이 새롭고 흥미 있는 작업을 찾고 있는 것처럼 보인다.

부하들은 그녀에 대하여 "다루기 쉬운 타입이다. 재미있고 까다롭지 않고, 남에게 좋은 인상을 주려고 노력하는 여성"이라고 생각한다. 그녀는 틀에 박힌 작업에는 의욕을 갖지 못하는 경향이 있다. LPC 척도에 의하면 그녀는 관계 중심형이다.

③ **김봉환 차장**의 경우, 그는 이제까지 한 가지 작업에만 종사해 왔다. 판매관리팀에 처음 발령을 받은 이래 동료들과의 관계도 무난한 편이었고 이렇다 할 사고를 낸 일도 없었지만 실적은 회사에서 기대한 수준에 이르지 못하였다. 그 후에도 별로 진보가 없는 채 같은 작업을 계속해 오면서 배치전환이나 승진을 요구한 적도 없었다. 그의 작업은 특별한 기술을 요하는 작업이 아니며, 그 자신도 좀 더 관심을 갖고 노력해 보자는 태도가 아니었다. LPC 척도에 의하면 그의 리더십 스타일은 관계 중심형이었다.

[사례 문제 10-2-1] 현재 공석인 회계팀장 자리가 상황호의성이 높은 자리임을 고려할 때, 귀하는 위 세 사람 중에서 누구를 뽑겠는가? 피들러의 이론에 근거하여 분석한 결과를 제시하시오.

① 김정훈 차장(   ) ② 이신자 차장(   ) ③ 김봉환 차장(   )

[사례 문제 10-2-2] 피들러의 논리에 의한 선택이 현실적으로 얼마나 바람직하다고 생각하는가?

나의 조직행동 진단 10

리더십 잠재력

■ 당신이 갖고 있는 팀이나 조직을 이끌 리더로서의 기본 잠재력을 진단해 보자.

〈응답양식〉

1	2	3	4	5
전혀 동의하지 않는다	약간 동의하지 않는다	보통이다	약간 동의한다	대체로 동의한다

항　목	1	2	3	4	5
1. 나는 다른 사람들의 일을 돕는 것을 좋아한다.					
2. 다른 사람들을 관리하는 것은 별로 어려운 일이 아니다.					
3. 나는 필요한 것을 얻기 위한 협상을 잘한다.					
4. 사람들은 종종 대인갈등을 해결해 달라고 나에게 부탁한다.					
5. 나는 팀원들과 함께 어울려 일하지 않고 옆에서 지원하고 방향을 잡아주는 역할을 하는 것을 부담스럽지 않게 생각한다.					
6. 나는 다른 사람들에게 피드백을 제공하는 것을 어려워하지 않는다.					
7. 나는 정치적 행동을 잘 이해하고 있다.					
8. 나는 동료들과 함께 업무를 수행할 때, 전문성을 갖고 있지 않더라도 별로 초조해하지 않는다.					
9. 효과적인 리더라면, 팀원들의 활동 하나하나에 직접 간섭해서는 안 된다고 생각한다.					
10. 나는 목표를 세우고 추진하는 것을 잘한다.					

[해 석]

총점은 50점이다. 위의 10항목의 응답을 다 합하여 10으로 나눈 평균점수가 3.5점 이상이면, 리더로서의 기본적인 잠재력을 갖췄다고 볼 수 있다. 총점으로는 35점 이상이면 리더로서 팀이나 조직을 이끌 때 큰 무리가 없을 것이다. 만약 그보다 낮다면, 리더가 되는 것을 다시 생각해 봐야 한다. 이런 사람은 팀이나 조직을 맡기 전에 자신의 리더십 잠재력을 높이는 노력부터 하는 것이 바람직하다.

제 11 장

리더십 Ⅱ

본 장의 요점

* 브룸/예튼/제이고(Vroom/Yetton/Jago)의 리더십 규범이론을 학습함으로써 상황론에 대한 지식을 완성한다.
* 변화론(카리스마리더십, 변혁적 리더십)을 통하여 리더십에서 비전(vision)이 가진 중요성을 이해한다.
* 대체론(리더십 대체이론, 수퍼리더십이론 등)을 통하여 리더십에 대한 새로운 관점을 학습한다.
* 특성론, 행위론, 상황론, 변화론, 대체론 등으로 이어지는 리더십 연구의 전체 흐름을 완성하고 새롭게 시도되고 있는 리더십의 다양한 관점들을 조망한다.

제11장 주목받는 경영자

일론 머스크(Elon Musk)의 카리스마리더십

* 일론 머스크는 1995년 소프트웨어 회사 Zip2를 설립하면서 사업을 시작하였다. 2024년 말 세계 최고의 부자에 올랐으며, 테슬라의 주가는 미국 대선 이후 큰 폭으로 상승하였다. 2025년 테슬라의 판매량은 20~30% 증가할 전망이며, 우주기업 스페이스X가 개발한 우주선 스타십(Starship)은 세계 최초로 로켓을 발사대에 다시 착륙시키는 데 성공하였다.

* 그의 리더십을 카리스마의 구성요인에 따라 분석해 보자.

▶ 환경민감성: 전기차 테슬라의 출시는 지구의 환경오염 문제 해결과 지속 가능한 에너지 개발에 대한 관심에 부합하는 사업모델이다. – "화석연료에 의존하는 시스템은 지속 가능하지 않습니다. 우리가 지속 가능한 미래를 만들지 않으면 미래는 없습니다."

▶ 욕구민감성: Falcon9 재사용 로켓 개발과정에서 직원들의 창의적인 의견을 독려하였다. 하지만, 그는 독단적인 성격의 소유자로 알려져 있다. – "훌륭한 팀은 단순히 명령을 따르는 사람들이 아닙니다. 문제를 해결하고 개선 방안을 제안하는 사람들입니다."

▶ 비전 정형화: 화성 이주라는 담대한 비전을 통해 스페이스X의 목표를 정립하였다. – "우리는 단순히 차를 만드는 회사가 아닙니다. 지속 가능한 미래를 위한 길을 만드는 회사입니다."

▶ 위험 감수: Falcon1의 거듭된 실패 때에는 개인 자산을 투입해서 회사를 유지했으며, 테슬라 모델3 생산과정에서는 공장에서 숙식을 하며 문제 해결에 매진하였다. – "나는 실패를 받아들일 수 있습니다. 하지만 시도하지 않는 것은 받아들일 수 없습니다."

▶ 비정형적 행동: 개인적인 생각이나 농담을 공적인 자리에서 자유롭게 표현한다. 그의 간단한 트윗 한 줄로 글로벌 금융시장에서 큰 혼란이 일어나기도 한다. – "트위터는 나의 생각 공장이다. 나는 무언가를 생각하면 바로 공유한다."

✣ 〈문제 11〉 **일론 머스크와 유사한 유형의 리더를 찾아보자.**

제4, 5유형의 리더십이론들

제4유형: 리더십은 상황적합성이다(II)

브룸/예튼/제이고의 리더십 규범이론

이 이론은 브룸과 예튼(Vroom & Yetton)이 1973년 의사결정자로서의 리더의 역할에 초점을 맞춰 개발한 이론으로서 1988년에 그동안의 연구 결과를 종합하여 브룸과 제이고(Vroom & Jago)가 수정 · 보완하였다.

다른 상황이론들과 마찬가지로 브룸/예튼/제이고(Vroom/Yetton/Jago)의 이론도 리더의 행위, 상황변수들, 그리고 결과변수들로 이루어져 있다. 그러나 그 내용에 있어서는 다른 이론들과 큰 차이를 보인다. 우선 리더의 행위에 대해서는 의사결정에 있어 리더가 하급자들을 참여시키는 정도에 따라 다섯 가지로 구분하고 있으며, 상황변수들은 리더 자신이나 하급자 특성에 관계된 상황변수들, 의사결정사안의 특성에 관련된 변수들로 구성된다. 또 결과변수도 의사결정의 질이나 결정수용도(acceptance) 등으로 타 이론들과는 차이가 난다. 브룸/예튼/제이고 모델의 핵심 변수들 간의 관계를 그림으로 나타내면 〔그림 11-1〕과 같다.

그림 11-1
브룸/예튼/
제이고 이론

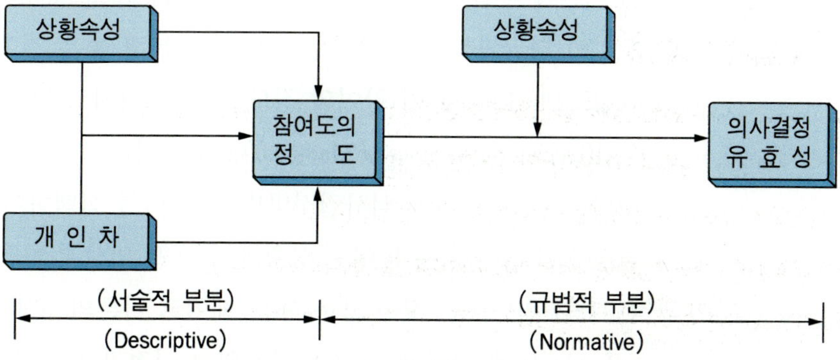

이 이론은 크게 서술적 부분과 규범적 부분으로 나뉜다. 서술적 부분은 어떤 개인적 특성(즉, 개인차)을 갖는 리더가 어떤 상황(상황속성)에서 하급자들을 얼마나 참여시키는가에 관련된다. **규범적 부분**은 특정 상황에서 어느 정도로 참여시켜야 효과적인 결정을 할 수 있는가와 관련된다. 또한 서술적 부분은 조직 현장에서 관리자들이나 경영자들이 실제로 얼마나 하급자들을 참여시키는 경향이 있는가, 리더의 특성이나 상황의 속성 차이에 따라 참여성향이 실제로 어떻게 다르게 나타나는가 등을 다루는 부분이다. 반면에 규범적 부분에서는 누가 얼마를 참여시키는가를 파악하려는 의도가 아니라 의사결정자(관리자, 경영자)들에게 처방(prescriptions)을 내려 주고(즉, 상황의 속성에 따라 가장 유효한 의사결정방법을 제시하여 주고) 그 처방을 따를 때 가장 효과적인 결과를 얻을 수 있다라고 제시한다.

지금까지 브룸/예튼/제이고의 리더십이론에 관해서는 규범적 부분이 크게 부각되어 왔기 때문에 본 이론을 규범이론이라고 규정하는 경우도 있으나 엄격히 말하면 규범 및 서술적 이론이라고 하는 것이 옳다. 아무튼, 브룸/예튼/제이고 이론의 규범성은 이 이론이 갖는 하나의 커다란 특성인 것만큼은 사실이다. 따라서 이 이론의 규범적 부분에 초점을 맞추어 설명하는 것이 바람직할 것이다.

참여의 정도

이 이론에서 말하는 **참여의 정도**(degree of participation)란 리더가 의사결정을 함에 있어 하급자를 참여시키는 정도를 구분해 놓은 것이다. 브룸/예튼/제이고는 〈표 11-1〉과 같이 참여의 정도를 다섯 가지로 나누고 '의사결정과정 또는 방법(Decision Processes or Methods)'이라고 칭하고 있다.

리더는 이 다섯 가지 의사결정방법 중 하나를 선택하여 주어진 사안에 대하여 결정을 내리게 되는데 어떤 상황에서 어떤 의사결정방법을 선택해야 더 효과적인가를 처방하는 것이 브룸/예튼/제이고 이론의 규범 부분이다.

〈표 11-1〉에 제시한 AI~GII 각각의 차이점과 유사점들을 좀 더 깊이 있게

표 11-1
리더가 선택할 수 있는 의사결정방법

AI [순수독단형]	리더가 현재 가지고 있는 정보를 이용하여 리더가 혼자 문제를 풀고 의사결정을 내리는 방법
AII [참고적 독단형]	리더가 하급자들로부터 단순 정보를 얻되, 그 이상의 하급자 참여 없이 리더 스스로 결정을 내리는 방법. 중요한 것은, 리더가 하급자들로부터 문제해결에 필요한 단편적 정보를 얻기는 하되 문제를 정의하고 대안을 발견하고 평가하는 과정에 하급자들을 참여시키지는 않는다. 따라서 하급자들은 문제에 대해 걱정하든가 리더와 함께 대안 발견을 위해 고민할 필요가 없다.
CI [개별참여형]	집단 간에 존재하는 지위의 차이는 언제나 갈등의 대상이 된다. 인사부서와 현장부서 간의 갈등이 예가 될 수 있을 것이다. 지위 갈등은 종종 업무상의 관계 때문에도 발생한다.
CII [집단참여형]	리더가 직면한 문제를 하급자들과 '그룹미팅'을 통하여 공유한다. 이 그룹미팅에서 하급자들의 아이디어나 제안들을 얻지만 최종 결정은 리더가 내린다.
GII [위임형]	하급자 그룹에게 결정권한을 위임하는 방법. 리더는 직면한 문제를 하급자들과 그룹으로 공유하며 그들 스스로 대안들을 생각해 내고, 평가하여 모종의 해결책에 의견일치를 보도록 한다. 예를 들어, 의장으로서 회의에서 토의를 주재하고 토의내용이 문제의 영역을 벗어나지 않게 하며 특히 결정적인 안건들이 토의되도록 할 수 있다. 리더는 하급자 그룹에게 자기가 갖고 있는 정보나 아이디어를 제공할 수 있지만, 하급자들로 하여금 자신의 '방안'을 따르도록 '압력'을 가하지는 않으며 전체 그룹의 지지를 받는 결정에 대하여 리더는 기꺼이 그 결정을 받아들이고 실행에 옮긴다.

* A=Autocratic; C=Consultative; G=Group의 약자.

자료: Vroom, V. H., & Yetton, P. W. 1973. *Leadership & decision making*. The University of Pittsburgh Press에서 수정 인용.

살펴볼 필요가 있다.

우선 A(독단)와 C(참여)의 유사점과 차이점은 무엇일까? A와 C는 리더가 최종 결정을 내린다는 점에서 유사하다. 그러나 둘 간의 핵심적 차이점은 리더가 하급자와 문제를 공유하는가의 여부에 달려 있다. C방법에서 리더가 하급자들과 문제를 공유한다는 것은 리더가 하급자들에게 문제가 무엇인지를 배경과 더불어 설명해 주고 자신의 문제에 대한 인식이 옳은지(즉, 문제의 정의가 올바른지), 어떤 대안들이 있는지, 그중에 어떤 대안을 선택하는 것이 가장 옳다고 생각하는지 등을 하급자들에게 묻고 자문을 구하는 것을 뜻한다. AII의 경우는 리더가 하급자들로부터 문제해결에 필요한 단편적인 정보는 얻되 하급자들과 문제를 공유하지는 않기 때문에 독단형으로 분류된다.

또한 C(참여)와 G(위임)의 유사점과 차이점은 무엇인가? C와 G의 유사점은 둘 다 집단의사결정을 한다는 점이다. 그러나 둘은 결정권의 소재에 있어 큰 차이를 보인다. 즉, C의 경우 리더가 하급자들에게 의견은 묻되 결정은 리더가 내린다. 그러나 G의 경우는 결정권까지도 하급자들에게 넘겨주는 것이다. 이 점에 있어 C와 G는 결정적으로 차이가 난다.

아울러 CI과 CII는 하급자들을 참여시킨다는 점에서 유사하지만 CII는 집단토의의 이점을 활용한다는 측면에서 CI과 구별된다. CII와 GII는 공히 집단토의의 이점을 활용한다는 측면에서 유사하지만 결정권의 소재에 있어 차이를 보인다. 즉, CII는 집단토의는 하되 결정권은 리더가 갖는 반면, GII는 결정권을 하급자들이 갖는다.

상황속성들

다음에는 의사결정 상황이 갖는 속성(situational attributes)을 구체적으로 분류할 필요가 있다. 브룸/예튼/제이고는 〈표 11-2〉에서처럼 상황을 일곱 가지 속성들로 구분하고 있다.[1)] 특히 일곱 가지 상황속성 각각에 대한 응답을 '예/아니오'로 이분하고 있다. 〈표 11-2〉와 같이 상황속성을 질문형식으로 표현하고 질문에 대하여 '예/아니오'를 가지고 응답케 함으로써 리더가 처한 구체적인 의사결정 상황을 분석할 수 있도록 하고 있다. 이들 일곱 가지 상황속성들 중 속성 A, B, C는 '의사결정의 질'(quality of decisions)에 관련된 속성들이고 D, E, F, G는 '결정된 사항의 하급자 수용'(acceptance of decisions)과 관련된다.

표 11-2
브룸/예튼/제이고 이론의 상황 속성들

관련성	상황속성들	질문형식[나=리더]	응답형식
의사결정의 질과 관련된 속성들	속성 A: 의사결정의 질의 중요성	의사결정의 질이 중요한 사안인가?	예 또는 아니오
	속성 B: 문제와 관련된 리더의 정보 수준	내가 혼자 의사결정을 내리기에 충분한 정보나 지식을 갖고 있는가?	예 또는 아니오
	속성 C: 문제의 구조화 여부	문제가 구조화되어 있는가?	예 또는 아니오
의사결정의 수용도와 관련된 속성들	속성 D: 하급자 수용의 중요성	결정사항의 효과적 실천을 위해서 하급자들의 결정사항 수용이 중요한가?	예 또는 아니오
	속성 E: 리더의 독단적 결정의 수용 가능성	나의 독단적 결정을 하급자들이 수용할 가능성이 있는가?	예 또는 아니오
	속성 F: 하급자들의 조직목표 공유 여부	하급자들이 조직의 목표를 공유하는가?	예 또는 아니오
	속성 G: 하급자들 간에 갈등 존재 여부	제시된 대안들에 대하여 하급자들 간에 갈등이나 의견의 불일치가 존재하는가?	예 또는 아니오

즉, **의사결정의 유효성**이란, 선택된 대안이 내용상 질이 높고 하급자들이 그것을 자기의 것으로 받아들이는(즉, 수용하는) 경우를 뜻한다. 리더는 질 높은 대안을 선택하고 선택된 대안을 하급자들이 받아들이도록 최선의 노력을 해야 한다.

여기서 상황속성 A~G 각각에 대해서 구체적으로 무엇을 뜻하는지를 자세히 살펴볼 필요가 있다. 우선 **속성 A**〔의사결정 질의 중요성〕의 "의사결정의 질이 중요한가?"라는 질문은, 리더가 처리해야 하는 사안(문제) 자체가 대안을 잘못 선택했을 때 조직이나 집단에 커다란 손실이나 불이익을 가져오게 되는 중요한 사안인가를 묻는 것이다.

속성 B〔문제와 관련된 리더의 정보수준〕는 비교적 직선적인 내용이다. 즉 리더가 특정 사안을 처리하는 데 있어 관련된 정보나 지식을 충분히 갖고 있는가를 묻는 것이다.

속성 C〔문제의 구조화 여부〕에 대해서는 좀 더 설명할 필요가 있다. 문제가 구조화되어 있다는 것은 리더가 다음의 세 가지 측면에 대하여 잘 알고 있을 때 사용할 수 있는 말이다. 즉, 리더가 문제의 ① 현상태와 ② 바람직한 상태, 그리고 ③ 현상태를 바람직한 상태로 전환할 수 있는 방법, 이 세 가지 모두에 대해서 잘 알고 있는 경우를 문제가 구조화되었다고 한다. 문제의 정의와 대안들, 그리고 그 대안들을 평가할 수 있는 평가기준을 리더가 익히 파악하고 있을 때 그는 구조화된 문제를 다루고 있다고 말할 수 있다.

속성 D〔하급자 수용의 중요성〕는 결정사항의 실행과 관련된다. 속성 D의 질문에 대한 응답이 '예'라면 우선 하급자들이 결정사항의 실행담당자이어야 하고 실행과정이 기계적이거나 정형화되어 있지 않아 실행담당자들의 판단과 사고를 요구하는 특성을 가져야 한다. 이러한 경우에는 리더가 실행과정의 하급자들을 직접 통제 또는 감독할 수 없으므로 그들의 '의사'와 '의지'에 실행을 맡길 수밖에 없다. 따라서 결정사항의 성공적 실행이 실행담당자(하급자)들의 성취집념에 달려 있는 문제에 대하여 '하급자 수용이 중요한 문제'라고 정의한다.

속성 E〔리더의 독단적 결정의 수용 가능성〕는 리더가 혼자 독단적으로 결정을 내려 하급자들에게 결정사항을 통보하여 실행하도록 했을 때 하급자들이 그 지시된 결정사항을 수행할 가능성을 뜻한다.

속성 F〔하급자들의 조직목표 공유 여부〕는 하급자들이 자기 자신의 목표를 추구하는지 아니면 조직 전체의 공동목표의 달성을 우선하는 가치관을 갖고 있는지를 묻는 항목이다. 조직목표를 공유하지 않은 하급자들에게 결정사항을 위임한다는 것은 위험한 일이 될 것이다.

속성 G〔하급자들 간에 갈등 존재 여부〕는 바람직한 대안이 무엇인가에 대하여 하급자들 간에 의견 불일치 또는 갈등이 존재하는지를 뜻한다. 여기서의 갈등이란 파괴적, 감정적 갈등이 아니라 건설적이고 보다 좋은 해결책을 선택하는 데 도움이 되는 갈등을 뜻한다.

의사결정나무(decision tree)와 처방

의사결정의 방식을 다섯 가지로 정의하였고 일곱 가지 상황변수를 제시하였으므로 남은 문제는 이들 상황변수들을 조합하여 각각의 상황에 대해서 가장 적합한 의사결정방식이 무엇인지를 처방하는 일이다.

브룸/예튼/제이고 이론을 만들면서 가장 힘들었던 일은 아마도 일곱 가지 상황변수들을 조합하는 문제였을 것이다. 일곱 상황변수(속성)들 각각을 '예/아니오'로 이분(二分)하였으므로 이들을 조합했을 때 상정할 수 있는 모든 경우의 수는 2^7=128이 된다. 이들 128가지 경우 각각에 대하여 AI~GII 중 어느 것이 보다 효과적인지를 처방해야 하는 것이다. 예를 들어, 속성 A~속성 G까지의 모든 질문에 '예'라고 대답할 수 있는 첫 번째 경우에 대해서는 AI, 그중 속성 G만이 '아니오'인 두 번째 경우에 대해서는 AII나 CI 등과 같이 128가지 모두에 대해서 처방을 해야 하는데 이렇게 하는 것은 이론적으로나 현실적으로 별 의미가 없다. 따라서 이론이 의미가 있고 실제적으로 쓰일 수 있으려면 128가지 상황을 관리 가능한 숫자로 줄여야 한다.

브룸/예튼/제이고는 〈표 11-3〉에 나타난 규칙들을 적용하여 불필요하고 중복되는 경우들을 줄여 나갔다. 그 결과 128가지 경우들을 13가지로 줄일 수 있었으며 그 13가지 상황을, 〔그림 11-2〕와 같이 소위 '의사결정 수(樹)'로 알아보기 쉽게 표현하였다. 아울러 일곱 가지 규칙을 적용함으로써 13가지 조합된 상황 각각에 대한 최적 의사결정방법 처방이 도출되었으며 이 처방 내용이 〔그림 11-2〕의 의사결정나무의 맨 오른쪽 가지 끝에 제시되어 있다.

〈표 11-3〉에 제시한 규칙들은 어떻게 도출되었는가? 브룸/예튼/제이고는 이 규칙들을 도출하면서 그때까지 발표된 실증연구들에 기초하였다.

〔그림 11-2〕의 의사결정수는 주어진 의사결정문제(사안)에 대한 처방(feasible set; 최적 의사결정방법들)을 찾을 때 활용하면 매우 효율적이다. 그림은 왼쪽에서 시작하는데 마디마디(□표한 곳)에서 '예' 또는 '아니오'로 응답하면서

표 11-3 최적의 의사결정방법(과정) 선택을 위한 규칙들

규 칙	집합적 표현*	내 용
규칙 1 〔리더정보의 규칙〕	〔$A \cap \overline{B}$〕$\rightarrow \overline{\text{AI}}$	의사결정의 질이 중요하고, 문제를 해결하는 데 필요한 정보나 전문지식을 리더가 갖고 있지 않을 때는 AI방식 배제
규칙 2 〔목적합치의 규칙〕	〔$A \cap \overline{F}$〕$\rightarrow \overline{\text{GII}}$	의사결정의 질이 중요하고, 하급자들이 자신의 이익에 앞서 조직의 목표를 달성하기 위해 노력하지 않으리라 생각될 때는 GII방식 배제
규칙 3 〔구조부재의 규칙〕	〔$A \cap \overline{B} \cap \overline{C}$〕$\rightarrow$ $\overline{\text{AI}}$, $\overline{\text{AII}}$, $\overline{\text{CI}}$	의사결정의 질이 중요하고 리더가 문제해결에 대한 충분한 정보를 갖고 있지 못하며, 상정된 문제 자체도 구조화되어 있지 않을 경우는 AI, AII, CI방식 배제
규칙 4 〔수용의 규칙〕	〔$D \cap \overline{E}$〕$\rightarrow \overline{\text{AI}}$, $\overline{\text{AII}}$	결정사항에 대한 하급자들의 수용이 효과적 실천을 위해 필요하고, 리더의 독단적 결정을 하급자들이 수용할지가 확실치 않을 때는 AI과 AII방식 배제
규칙 5 〔갈등의 규칙〕	〔$D \cap \overline{E} \cap G$〕$\rightarrow$ $\overline{\text{AI}}$, $\overline{\text{AII}}$, $\overline{\text{CI}}$	결정사항에 대한 하급자들의 수용 여부가 매우 중요하고, 독단적 결정을 수용할지가 불확실하며 해결책에 대해 하급자들 간에 갈등이나 의견의 불일치가 있을 가능성이 있으면 AI, AII, CI방식은 배제
규칙 6 〔공평성의 규칙〕	〔$\overline{A} \cap D \cap \overline{E}$〕$\rightarrow$ $\overline{\text{AI}}$, $\overline{\text{AII}}$, $\overline{\text{CI}}$, $\overline{\text{CII}}$	의사결정의 질은 중요하지 않으나, 하급자들의 결정사항에 대한 수용은 중요하며 독단적 결정을 했을 때 수용할 가능성이 낮을 경우에는 AI, AII, CI, CII방식 배제
규칙 7 〔수용우선의 규칙〕	〔$D \cap \overline{E} \cap F$〕$\rightarrow$ $\overline{\text{AI}}$, $\overline{\text{AII}}$, $\overline{\text{CI}}$, $\overline{\text{CII}}$	결정사항에 대한 하급자 수용이 매우 중요하고, 독단적 결정이 수용될 가망이 없으나 하급자들은 조직의 목표를 자신의 목표로 공유하고 있는 경우, AI, AII, CI, CII방식 배제

* → 표 좌측 〔 〕안의 A~G는 문제의 속성을 나타내며 오른쪽의 AI, AII 등은 의사결정과정(방법)을 뜻한다.

그림 11-2
의사결정나무와
처방(feasible set)

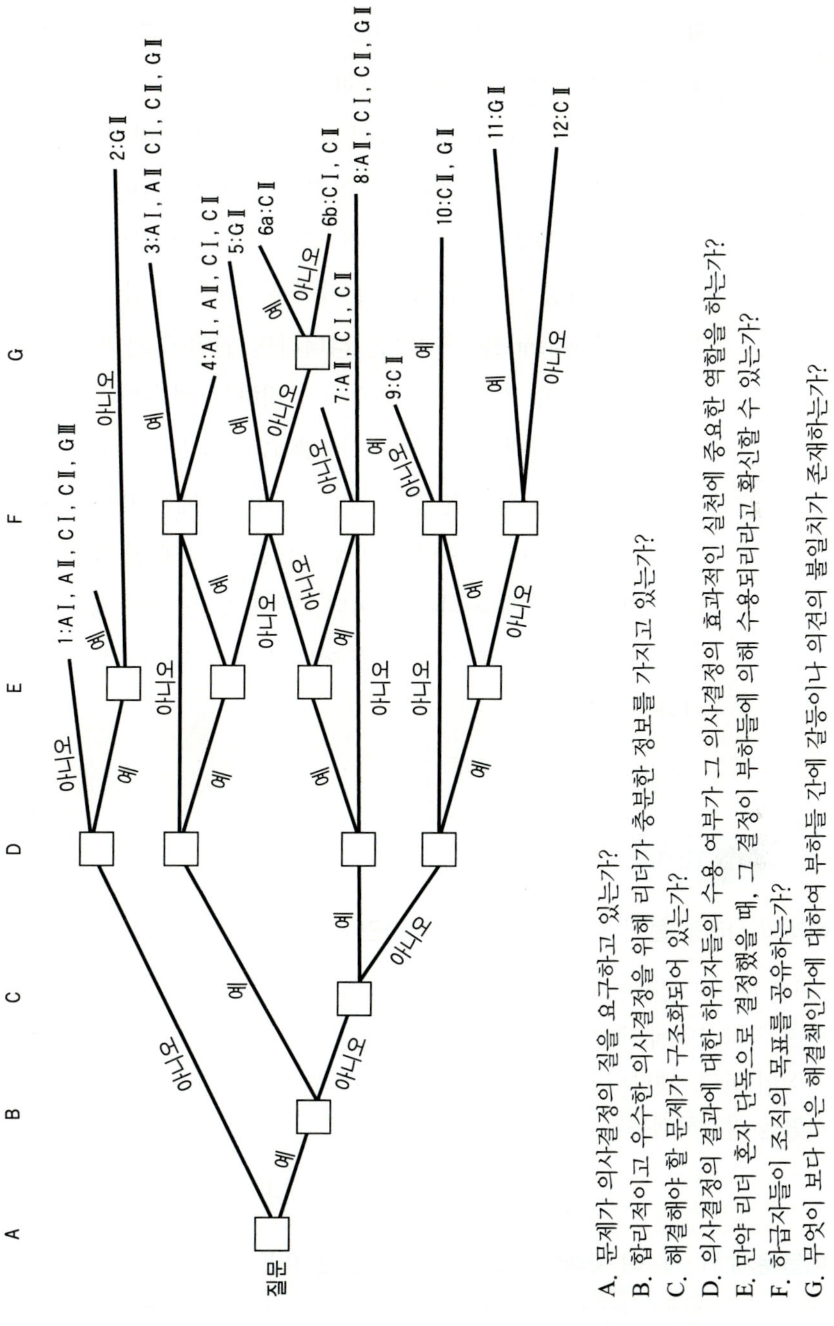

자료: 김남현 & 백기복 공역. 1994. [Vroom & Jago저, 1988], 앞의 책, p.136.

선을 따라 오른쪽으로 이동한다. 의사결정수의 맨 오른쪽 가지 끝에 이르면 상황번호(1에서 12까지; 6번은 6a와 6b로 나뉨)와 함께 처방이 주어진다. 예를 들어, 11번 상황에 대한 처방은 GII이다.

브룸/예튼/제이고 이론에서 하나 이상의 처방이 내려진 경우 어떤 방법을 선택해야 하는가? 이 경우, 주어진 처방 내의 어떤 과정을 선택하여도 의사결정의 유효성 측면에서는 차이가 없다. 단지, 시간비용(time cost)을 절감하려는 리더라면 처방 내에서 독단에 가까운 의사결정방법을 선택할 것이고 하급자 개발(development)을 중시하는 리더라면 위임에 가까운 방식을 선택하게 될 것이다. 시간비용 절감의 입장에서 선택하는 경우를 '모델 A'라 하고 하급자 개발 측면에서 선택하는 경우를 '모델 B'라고 브룸/예튼/제이고는 부르고 있다. 예를 들어, 4번 상황의 경우, 의사결정수상에 내려진 처방은, AI, AII, CI, CII인데 모델 A를 따르는 리더는 AI방식을 택하게 될 것이고 모델 B를 따르는 리더는 CII를 택하게 된다는 것이다. 모델 A, 모델 B 중 어느 것을 선택하는가는 리더의 철학(시간 또는 육성 중 어느 것을 중시하는가)이나 가치관에 따라 달라진다.

매듭 11-1

▣ 아래의 사례를 풀어보자. 당신이 팀장이라면 AI~GII 중 어떤 방법을 사용하겠는가?

당신은 K사의 팀장인데 밑에 팀원이 5명 있다. 모두 자가용으로 출퇴근을 하는데 금번 귀 팀에 단지 차량 4대에 대한 지정 주차권만 배정되었다. 모두가 자기 차를 지정된 주차공간에 세우고 싶어 한다. 왜냐하면 그것은 하나의 특전으로 받아들여지기 때문이다. 어떤 방법으로 빠질 사람을 결정하겠는가?

AI　AII　CI　CII　GII

〈매듭문제 11-1〉 이 사례에 적용되는 규칙(들)은 어떤 것(들)인가? (〈표 11-3〉 참조)[2)]

제5유형: 리더십은 변화주도행위이다

1980년대 중반에 들어서면서 경영학계의 화두는 변화였다. 이러한 일반적 추세는 리더십 분야에도 그대로 이어져 변화와 관련된 여러 이론들이 등장하게 되었다. 여기에서 다루어질 변화 또는 변화 관련 이론들은 카리스마리더십이론, 변혁적 리더십이론, 그리고 전략적 리더십이론 등이다.

카리스마리더십이론

카리스마라는 어휘는 원래 1920년대 막스 베버(Max Weber)에 의해서 제시되었다. 그가 합법적 권위의 세 가지 형태를 전통적 권위, 법적 권위, 그리고 카리스마적 권위로 분류하면서 추종자들의 절대적 존경에 기초한 카리스마적 권위를 강조한 이래 지금까지 여러 사회과학 분야에서 연구되어 왔다.

그러나 조직행동 분야에서 카리스마리더십이 본격적으로 연구의 대상이 되기 시작한 것은 로버트 하우스(Robert House)가 1977년 카리스마리더십 모델을 발표하고 난 후부터였다.[3] "charisma"라는 말은 "endowed gift(신이 주신 재능)"을 뜻하며 그리스어에 어원을 두고 있다. 논리적 방법으로는 그 뜻을 명확히 설명할 수 없는 힘을 카리스마라고 한다. 또한 카리스마란 신이나 초월적 존재에 대한 진지한 믿음에 의해서만 가능하다고 보아 카리스마리더십을 종교적 리더십으로 해석하는 사람도 있으며 마술적, 종교적 세계관에서 벗어나지 못한 옛날이나 세계의 외진 지역에서나 사용할 수 있는 개념이지 오늘날과 같은 산업화 시대에는 적용되지 않는다는 주장을 하는 사람들도 있다.[4]

베버[5]는 카리스마리더십을 하급자의 리더에 대한 지각의 결과로 보고 리더가 남들이 갖고 있지 못한 천부적인 특성을 가지고 있다고 하급자들이 느끼게 될 때 리더는 카리스마를 갖게 된다고 하였다. 리더가 가진 어떤 특성을 실제보다 큰 것처럼 느끼게 됨으로써 추종자들은 리더를 믿고 따르게 된다는 것이다. 뿐만 아니라, 리더를 초인적 영웅, 영적인 지도자 등으로 우상화하고 숭배하게 되는 현상까지 나타나게 된다.[6] 이것이 카리스마리더십을 이야기할 때, 앞서 논의했던 리더십의 귀인이론이 꼭 등장하게 되는 이유이다.

카리스마리더십을 행위론적 관점에서 심도 있게 분석한 학자들은 콩거와 카눙고(Conger & Kanungo)였다.[7] 이들은 카리스마리더십으로 분류될 수 있는 리더의 행위들을, 그렇지 않은 경우와 비교하여 〈표 11-4〉와 같이 정리하고 있다.

표 11-4
카리스마 vs. 비카리스마 리더의 행위구분

행위요소	카리스마리더	비카리스마리더
현상에 대한 태도	현상태에 근본적으로 불만족하며 변화시키려고 노력함	근본적으로 현상태에 만족하고 그것을 유지하려 함
미래의 목표	현상태를 크게 뛰어넘는 이상적 비전을 제시	현상태에서 크게 차이가 나지 않는 목표 중시
존 경	관점과 비전을 공유함으로써 하급자들이 존경하고 동일시 또는 모방하려 함	관점을 공유하므로 하급자들이 존경케 됨
전문성	기존의 질서를 뒤엎을 수 있는 혁신적 수단을 사용하는 데 있어 전문가로 인정받음	현 질서하에서 목표를 달성하는 데 필요한 수단을 사용함에 있어 전문가임
환경에 대한 민감성	현상태를 변혁시키는 데 크게 필요한 환경에 대한 민감성 갖춤	현상태 유지가 목적이므로 환경적 민감성의 필요성이 낮음
명확성	미래의 비전과 리더십 동기에 있어 매우 명확함	목표도 리더십 동기도 명확하지 않음
힘의 원천	전문성, 존경, 특출한 영웅에 대한 하급자들의 칭송에 기초한 개인적 힘에 의지함	직위 권한과 개인적 힘(보상, 전문성, 친분)에 기초함
리더-추종자의 관계	• 엘리트, 사업가, 행동 모델 • 사람들을 변화시켜 급진적 변화를 수용토록 함	• 평범, 합의 추구, 또는 지시적 • 자신의 관점을 공유하도록 하급자들을 몰아붙이거나 지시함

자료: Conger, J. A., & Kanungo, R. 1987. Toward a behavioral theory of charismatic leadership in organizational settings. *Academy of Management Review*, 12(4): 637-647.

카리스마리더십이론은 다섯 가지 행동요인들로 구성된다.[8] 첫째는 환경민감성(sensitivity to environment)으로 카리스마리더는 현상태에 대해서 불만을 제기하고 조직이 획기적으로 성장/발전하는 데 필요한 변화의 필요성을 역설한다. 둘째는 욕구민감성(sensitivity to members' needs)으로 구성원들이 가지고 있는 욕구를 면밀히 파악하여 정확히 이해하는 것이다. 셋째는 전략적 비전 정형화(strategic vision articulation)라고 하며, 구성원들에게 비전을 제시하고 감동적으로 전파하는 일련의 행위를 말한다. 넷째는 개인위험감수(personal risk)로 리더는 비전달성의 자신감을 보이고 미래 성과에 대한 믿음을 주며, 자기희생적 모범을 보여줌으로써 구성원들의 신뢰와 몰입을 이끌어내야 한다는 것이며, 끝으로 다섯째는 비정형행동(unconventional behavior)으로 규범과 전통에 얽매이지 않는 자유로운 행동을 할 수 있다는 것을 보여주는 것이다. 이들을 〈표 11-5〉에 요약하여 제시하였다.

요컨대, 행동차원의 카리스마리더는 현상에 대해서 강한 불만을 토로하고 대안으로서 구성원들에게 미래 비전을 제시하며 자신감과 희생으로 몰입을 이끌어내어 남다른 성과를 내는 리더라고 요약할 수 있을 것이다. 특히 비전(vision)은 카리스마리더십에서 핵심 키워드라고 할 수 있다.

콩거와 카눙고(Conger & Kanungo)에 이어 샤미어(Shamir)[9] 등은 카리스마의 **자아개념**(self-concept)이론을 제시하였다. 이 이론은 카리스마리더가 어떻게 추

표 11-5
카리스마리더십 5요인

요 인	의 미
환경민감성	현상 불만, 획기적 변화의 필요성 역설
욕구민감성	구성원들의 불평, 불만, 고민을 면밀히 분석
전략적 비전정형화	구성원들이 원대한 희망을 갖게 하는 비전 제시 및 전파
개인 위험 감수	비전달성의 자신감, 미래 성과에 대한 믿음, 자기희생 행동
비정형적 행동	규범에 얽매이지 않은 자유로운 모습 보여줌

종자들을 변화시켜 기대 이상의 성과를 내고 충성하게 되는지를, 추종자들의 심리적 변화에 초점을 두어 설명한다. 히틀러는 어떻게 그 많은 독일인들을 전쟁의 소용돌이 속으로 끌어들일 수 있었는가? 사이비교주들은 또 어떻게 많은 신도들을 죽음으로 몰아넣을 수 있었을까? 샤미어는 이러한 과정을 추종자들의 자아개념 변화를 가지고 설명하고 있다.

카리스마리더와 관련하여 추종자들의 자아개념은 네 가지 형태로 변화되어 나간다([그림 11-3] 참조). 즉, 개인적 동일화, 사회적 동일화, 내면화, 그리고 집단효능감 등이 그들이다. 첫째, 개인적 동일화란 추종자가 리더의 행동을 모방하고 그(녀)의 태도를 본받아 리더처럼 되려는 것을 의미한다. 이때 추종자는 리더와 긴밀한 관계를 맺고 신임을 얻음으로써 리더와 모든 영광을 나눠 갖는 동일체라는 자부심을 느끼게 된다. 그러나 개인적 동일화는 추종자 개인과 리더의 관계로 국한된 현상이다.

둘째, 사회적 동일화란 리더와 집단 전체가 같은 태도, 같은 가치관, 같은 행동을 보여주게 되는 현상을 의미한다. 여기서의 집단이란 소집단일 수도 있고 조직 전체나 국가일 수도 있다. 삼성의 직원임을 자랑스럽게 여기고 어

그림 11-3
추종자 자아
개념 변화단계

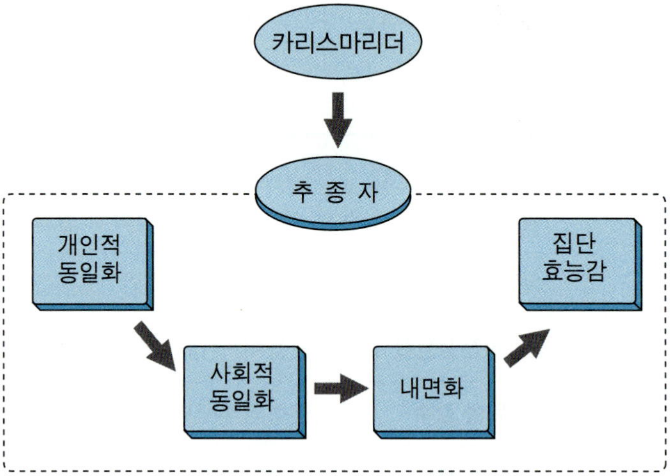

디에서도 삼성인으로서 행동하려는 모습을 보이는 것은 사회적 동일화의 결과라고 볼 수 있다. 이 상태에 이르면, 개인은 조직을 위해서 기꺼이 자신을 희생할 준비가 되어있으며 개인의 목표보다 조직의 목표로 앞세우게 된다. 카리스마리더는, 이 과정에서, 조직이라는 상징체를 내세워 구성원들의 일체감을 강화시켜 나간다. 조직이나 국가의 영광을 지상의 목표로 내걸고 그의 달성을 위해 개인의 헌신과 희생을 요구하게 된다. 조직의 상징성을 강화하기 위해서 리더는 로고, 유니폼, 슬로건, 비전문, 결의대회와 같은 수단들을 수시로 사용한다.

셋째, 내면화란 리더의 가치와 이념을 추종자들이 자신의 것으로 받아들이는 것을 뜻한다. 리더의 비전이 자신의 비전이며 추종자들은 이제 리더의 가치관과 이념을 가지고 아무런 부담없이 판단하고 행동하게 된다. 리더와 추종자가 유사한 상황에서 유사한 판단을 내리게 되며 추종자 개인의 판단기준은 거의 소거된 상태이다. 히틀러의 주변에는 그와 똑같이 생각하고 판단하려는 작은 히틀러들이 많았다.

넷째, 자기효능감은 앞의 '개인차'에서도 자세히 설명된 개념으로, 개인이 자신의 일에 대해서 갖는 '할 수 있다는 믿음'을 뜻한다. 나아가 집단효능감(collective efficacy)이란 집단이 특정 과업에 대해서 갖는 집단능력에 대한 믿음을 뜻한다. 카리스마리더는 추종자 개인의 자기효능감뿐 아니라 집단 전체의 집단적 효능감도 높여준다. '뭉치면 살고 흩어지면 죽는다'는 식의 인식을 끊임없이 추종자들에게 심어준다.[10)]

이상과 같이, 카리스마리더는 추종자들에게 개인적, 사회적 동일화 개념을 심어주고 가치와 욕구를 내면화시키며, 집단효능감을 제고함으로써 그들의 성과를 기대 이상으로 높인다. 그러나 리더는 꼭 자신의 가치와 이념을 추종자들에게 심어줌으로써만 카리스마를 갖게 되는 것은 아니다. 많은 경우 추종자들의 욕구불만이나 잠재적 가치를 리더가 받아들여 해소시켜 줌으로써 카리스마를 형성하게 되기도 한다.

이상에서 우리는 카리스마리더십의 몇 가지 관점을 살펴보았다. 지금까지

매듭 11-2 **카리스마의 어두운 면**

카리스마리더가 잘못된 방향으로 이끌면 엄청난 비용을 치르든가, 참변을 당하게 된다. 추종자들이 카리스마리더에게 모든 것을 위탁하고 철저히 의존하기 때문이다. 그래서 카리스마리더를 경영에 있어 하나의 리스크로 여기기도 한다. 리더의 카리스마가 강해질수록 부작용도 그만큼 많아진다.

제 목	카리스마의 어두운 면
1. 후계실패	• 카리스마리더 밑에서는 후계자가 자라기 힘들다.
2.	
3.	
4.	
5.	

〈매듭문제 11-2〉 표는 카리스마리더의 부정적 측면을 정리하려는 것이다. 첫 줄에는 예를 하나 제시했다(즉 후계자가 자라기 힘들다). 나머지 칸을 메워보자.

의 연구 결과에 따르면, 카리스마리더십이 성과에 미치는 영향은 매우 큰 것으로 나타나고 있다.[11] 또한 카리스마리더십의 효과는 리더가 제시하는 비전의 속성과 내용, 그리고 비전 커뮤니케이션에 따라 달라지는 것으로 나타났다.[12]

변혁적 리더십이론

변혁적 리더십이론(Transformational Leadership Theory)은 1978년 번즈(Burns)에 의해서 처음 제시되었으며 그 후 1985년 베스(Bass)가 조직상황에 맞춰 구체화함으로써 널리 알려지게 되었다.

변혁적 리더십은 본서의 제4장에서 배운 매슬로우의 욕구 5단계설에서 출발한다. 매슬로우는 생리적 욕구, 안전욕구를 저차원 욕구라고 하고 소속욕구, 자존욕구, 자아실현욕구를 고차원 욕구라고 정의하였다. 변혁적 리더는 저차원 욕구에 얽매어 살아가는 사람들이 고차원 욕구를 추구하도록 마음속 가치체계를 변혁(transform)시키는 리더이다.[13]

추종자들이 고차원 욕구를 갖도록 만들기 위해서 리더는 영감적 동기부여(inspirational motivation), 이상적 역할모델(idealized influence), 지적 자극(intellectual stimulation), 개별적 배려(individualized consideration) 등의 행동을 보여야 한다.[14] 영감적 동기부여란 리더가 구성원들에게 비전을 제시하고 이를 긍정과 열정을 가지고 소통하는 것이며, 이상적 역할모델은 추종자들이 리더에 대해서 존경, 자부심, 일체감을 갖도록 개인보다 집단이익을 강조하고 엄격한 윤리규범을 보여주며 이상적 리더로서 모범적 행동을 보이는 것이다. 지적 자극이란 기존의 관행에 대해서 추종자들이 의문을 갖고 현상을 새로운 관점에서 바라보도록 외적으로 자극하는 리더의 행동을 뜻하며, 개별적 배려는 추종자 개인의 욕구와 감정과 능력을 파악하여 코칭, 지원, 자극을 통해서 임파워먼트시켜 주는 행동이다. 변혁적 리더십이론에서는 영감적 동기부여와 이상적 역할모델을 합하여 카리스마라고 정의한다.[15] 이처럼 비전과 그에 관련된 리더의 행동을 강조하고 있다는 점이 변혁적 리더십이 앞서 배운 카리스마리더십과 유사하다고 평가받는 이유이다.

아울러 변혁적 리더십이론은 리더와 구성원들의 교환관계에 기초한 리더십인 거래적 리더십과 대조를 이룬다. 거래적 리더십은 조건적 보상(contingent reward), 능동적 예외관리(active management-by-exception), 수동적 예외관리(passive management-by-exception) 등 세 가지 요인들로 구성된다. 리더의 조건적 보상행위는 구성원들에게 과업과 임무를 명확히 해주고 만족스러운 수준을 달성했을 때 보상을 제공하는 것을 말한다. 리더의 능동적 예외관리행동은 구성원의 직무수행과정에 적극 개입하여 지속적으로 과정을 살펴 잘못이 있을 경우 그때그때 수정해주는 행동을 뜻하며, 수동적 예외관리행동은 문제가 발생했을 때만 개입하여 수정해주는 스타일을 말한다. 이상에서 정리한 변혁적 리더십과 거래적 리더십의 요인들을 정리하면 〈표 11-6〉과 같다.

베스(Bass)는 변혁적 리더십과 거래적 리더십은 양립할 수 있으나 변혁적

표 11-6 변혁적 리더십과 거래적 리더십 요인들

리더십 유형	요인 이름		의 미
변혁적 리더십	카리스마	영감적 동기부여	비전 제시, 긍정과 열정의 비전과 높은 기대 전파
		이상적 역할모델	집단이익 강조, 엄격한 윤리규범, 모범행동
	지적 자극		현상에 대해서 새로운 관점을 갖도록 자극
	개별적 배려		구성원 욕구파악, 임파워먼트, 역량개발
거래적 리더십	조건적 보상		임무의 만족스러운 수행에 보상제공
	예외관리	능동적 예외관리	과업 명시, 과정 관찰, 수시 개입
		수동적 예외관리	과업 명시, 문제 발생 시 개입

리더십의 효과가 거래적 리더십 효과보다 더 크다고 주장하였다.[16] 즉 리더는 변혁적 리더십 행위와 거래적 리더십 행위를 둘 다 보여줄 수 있다. 그러나 효과 측면에서는 변혁적 리더십이 성과에 미치는 영향이 거래적 리더십의 성과에 대한 영향력보다 크다는 것이다.

변혁적 리더십의 타당성에 대한 실증연구는 비교적 많이 이루어져 있다. 베스는 변혁적 리더십과 거래적 리더십을 측정하는 설문지인 **MLQ**(Multifactor Leadership Questionnaire)를 개발하였다.

전략적 리더십이론

1980년대 들어서면서 조직의 전략을 책임지는 최고경영층(또는 전략층)에 대한 학자들의 관심이 높아지기 시작하였다. 조직운영에 있어, CEO, 최고경영자팀(TMT: Top Management Team), 그리고 이사회(BOD: Board of Directors) 등은 조직 하부의 관리자들과는 비교할 수 없을 만큼 큰 역할을 수행하고 있는 것이 사실이다. 이들 최고경영층은 조직 전체의 성과를 책임지며 조직 내외의 여러 요인들의 변화에 대응하고 다양한 이해관계 집단들을 관리한다. 결국, 이들

매듭 11-3 **"카리스마" 형성하기**

▣ 비전 있는 리더는 카리스마리더와 공통점이 많다. 그러나 현대적 의미의 카리스마는 독단적인 결정을 부하 직원들에게 강요하는 강압적인 존재는 아니다. 비전도 있으면서 자신의 모습을 강하게 각인시키고 싶은 리더들을 위한 노하우 다섯 가지를 소개한다.

- 물건: 나만의 상징물을 설정하라
- 얼굴: 옆모습을 세일즈하라
- 말: 어미를 확실히 발음하라
- 눈: 맑은 눈동자로 응시하라
- 손: 제스처를 활용하라

(자료: 동아일보, 2002. 3. 29.)

〈매듭문제 11-3〉 당신이 사용할 수 있는 카리스마 형성 수단은 무엇인가?

의 결정과 행동은 조직의 성과뿐 아니라 운명에까지도 커다란 영향을 미칠 수 있으므로 리더로서의 최고경영층의 행동과 역할을 이해하는 것은 매우 중요한 의미를 가진다. 따라서, 전략적 리더십에서는 CEO, TMT, BOD 등의 전략층을 대상으로 그들의 특성, 구성, 행동이 각종 성과와 어떤 관계를 갖는지에 초점을 둔다.[17] 중요한 것은, 전략적 리더십이 CEO 한 사람의 리더십을 의미하기도 하지만 CEO, TMT, BOD 세 부분이 하나의 집단(전략층)으로서 어떤 전략적 성향을 보여주는가를 의미하기도 한다는 점이다. 전략적 리더십에 대한 지금까지의 연구들은 대략, ① 환경특성과 전략층 특성과의 관계를 다룬 연구들, ② 전략층의 인구통계적 특성과 전략 또는 성과와의 관계에 관한 연구, ③ 전략층의 스타일과 전략선택 간의 관계를 다룬 연구들, ④ 전략층의 심리적, 성격적 특성과 전략적 의사결정에 관한 연구, 그리고 ⑤ 전략층의 상황인식 및 인지적 정보처리과정에 관한 연구 등으로 구분될 수 있다.[18)]

이들을 요약하여 〔그림 11-4〕에 종합모델로 정리하였다.

이 모델은, 일정한 특성을 갖는 전략층이 환경이나 조직과 상호작용하여 전략을 수립, 실행하고 그 결과로 긍정적 또는 부정적 성과가 산출되는 과정을 표현한 것이다. 구체적으로 CEO는 자신의 스타일에 따라 전략을 선택하고 실행하여 성과를 산출하려 할 것이다. 그러나 CEO의 이러한 행동은 TMT, 즉 중역들이나 CEO를 견제하기 위해서 존재하는 BOD의 견제를 받게 된다. 따라서 CEO가 TMT나 BOD와 어떠한 역학관계를 갖고 있는가에 따라 전략의 선택이 달라진다. CEO가 상대적으로 큰 힘을 갖고 있으면, 자신이 원하는 전략이 무리 없이 선택되어 실천되겠지만 두 집단으로부터 인정을 받고 있지 못한 경우에는 옳다고 믿는 전략을 포기해야 되는 경우도 있다. 또한, 이러한 전략

그림 11-4
전략적 리더십의 통합모형

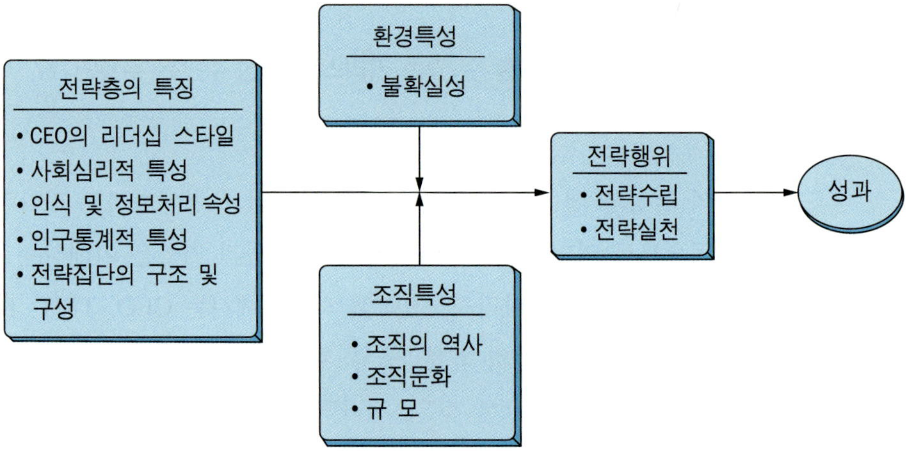

자료: 백기복 & 김용민. 1999. 앞의 책, p.71에서 수정.

층의 선택은 조직의 환경이나 조직 자체의 특성들로부터도 영향을 받게 된다. CEO, TMT, BOD 중 누가 전략수립과정을 지배하더라도 조직이 처한 환경적 특성(예, 불확실성의 정도)과 조직의 문화 등의 영향을 받지 않을 수 없다. 예를 들어, 환경이 극히 안정적이고, 조직의 문화도 질서가 잘 잡혀 있는 경우에는 CEO의 전략적 역할은 미미해진다. 그러나 정보통신업체나 벤처기업에서와 같이 환경의 불확실성이 큰 경우에는 상대적으로 CEO의 힘이 커지게 된다.[19]

한편, 나하반디(Nahavandi)는 CEO의 전략적 리더십 스타일을 〔그림 11-5〕와 같이 네 가지 유형으로 제시하고 있다.

과정관리형(PM)은 조직운영과정에서 구성원들을 많이 참여는 시키지만 전략적 선택에 있어서는 매우 보수적이어서 위험이 따르는 전략을 멀리하는 스타일을 의미한다. IBM의 전 CEO, 루 거스트너(Lou Gerstner)가 이러한 스타일에 속한다. 그는 급진적 변화에 대해서 매우 부정적이며 조직 안정에 기반을 둔 점진적 변화를 추구하였다. 또한 조직구성원들을 강력히 통제하려 하기보다는 자율과 참여를 중시하였다.

현상수호형(SQG)도, PM과 같이, 안정을 추구하여 위험도가 높은 전략을 회피하려는 성향이 있으나 내부 관리에 있어서는 매우 엄격한 통제력을 발휘하려는 특성을 갖는다. 한마디로 과거의 성공을 유지하고 지키려는 스타일을 의미한다. 투씨롤사(社)(Tootsie Rolls Industries)의 고든(Gordon) 전 회장이 이러

그림 11-5
전략적 리더십의 4유형

도전추구 \ 통제욕구	낮음	높음
높음	참여적 혁신형 (PI: Participative Innovator)	통제적 혁신형 (HCI: High Control Innovator)
낮음	과정관리형 (PM: Process Manager)	현상수호성 (SQG: Status-Quo Guardian)

자료: Nahavandi, 1997, 앞의 책, p.232.

한 스타일로 수성(守城)에 성공하였다. 100년 동안 캔디를 만들어온 이 회사는 세세한 통제에 기초한 방어전략을 구사하여 여러 해 동안 미국 최고의 회사 중 하나로 지목받고 있다.

참여적 혁신형(PI)은 SQG와 정반대의 스타일로서 외적으로는 도전적이고 혁신적인 전략을 추구하나 조직 내적으로는 참여적이고 개방적인 문화를 유지하는 유형을 의미한다. 리바이스(Levi's)의 로버트 하스(Robert Haas) 전 회장이 이런 스타일이었다. 스스로 문제를 찾아 새로운 방법으로 해결할 수 있도록 조직원들을 임파워시켰다. 위에서 이런저런 지시를 하지도 않고 간섭을 하지도 않았다. 커다란 방향만 제시하는 수준에서 끝냈다. 구성원들에게 창의력을 발휘하여 여러 가지를 실험할 수 있는 기회가 늘 주어졌다.

끝으로, **통제적 혁신형**(HCI)은 내적으로는 강한 문화와 통제를 위한 제도를 중시하나 외적으로는 도전적 전략을 추구하는 스타일이다. 새로운 시장에 진출하고 미개척 분야에 도전하며 비관련 산업에 대해서도 사업기회를 노리는 혁신적 스타일이다. 그러나 조직 운영이나 관리에 있어서는 보수적이어서 최고경영자가 모든 권한을 가지고 통제하려는 속성을 갖는다. 마이크로소프트의 전 CEO 빌 게이츠(Bill Gates)가 대표적인 HCI스타일에 속한다. 그는 사업진출에 있어서는 도전적이나 내적으로는 '지적 능력' 하나의 기준을 가지고 강력한 통제를 실시했다. 의사결정도 대부분 자신과 자신이 직접 뽑은 몇몇 TMT 구성원들에 의해 이루어졌었다.

제6유형의 리더십이론들

제6유형: 리더십의 효과는 다른 요인들로 대체될 수 있다

지금까지 많은 리더십이론들을 살펴보았다. 특성, 행위, 상황중심적 이론들에서 변화중심 이론들에 이르기까지 다양한 이론들을 접할 수 있었고 또 각각 나름대로의 논리와 배경을 갖고 있음도 파악할 수 있었다.

여기에서는 독특한 관점을 택하고 있다고 판단되는 리더십 대체이론(Substitutes for Leadership), 수퍼리더십이론(Super Leadership Theory), 그리고 팔로어십이론에 대해서 다루도록 한다.[20] 이 이론들은 리더십이 대체 또는 위임됨으로써 리더의 전통적인 리더십발휘가 무의미해지는 상황을 다루어 제6형 이론들로 구분하였다.

리더십 대체이론

리더십 대체이론은 1978년 커와 저미어(Kerr & Jermier)에 의해서 제시되었다.[21] 이들은 하급자, 과업, 또는 조직의 어떤 특성들은 구조주도나 배려와 같은 리더십의 기능을 대체할 수 있다고 주장한다. 예를 들어, 과업수행의 규칙과 결과를 매우 구체적으로 명시하고 있는 경우에는 리더가 따로 설명해 줄 필요가 없기 때문에 구조주도 행위를 발휘할 수 있는 여지가 거의 없게 된다. 이것은 하급자들이 고도의 직무훈련을 받아 스스로 자신의 역할과 과업수행방식을 터득하게 되는 경우에도 똑같다. 또한 리더의 배려행위를 대체하게 되는 경우도 있다. 하급자가 이미 직무 자체에 내재적 흥미를 갖고 있다거나 과업집단이 매우 응집력이 강하여 집단의 규범을 쉽게 벗어날 수 없는 경우, 또는 리더가 보상력을 잃었을 경우에는 리더의 배려행위가 영향을 미칠 수 없게 된다. 이렇게 리더의 구조주도와 배려를 대체시키는 하급자, 과업, 또는 조직 관련 요인들을 커와 저미어는 〈표 11-7〉과 같이 요약하고 있다.

과업현장에 리더십 대체요인들이 많이 존재하면 할수록 하급자들의 태도나 성과에 대한 리더십의 영향은 그만큼 줄어들게 된다. 이것을 뒤집어 보면, 좋은 리더십이란 기존의 조직구조나 보상체계를 보완해 줄 수 있는 리더십이라는 논리가 성립된다. 예를 들어, 한 과업현장이 대단히 공식화, 기계화되어 있어 리더십에 의한 구조설정이 무의미한 경우에는 구조주도 행위를 사용하기보다는 오히려 경로-목표이론에서 말하는 지원적 리더 행위가 더 적절할 것이다. 사실 리더십 대체이론이 제시하는 예측들 중 많은 부분이 경로-목표이론과 유사한 점을 보여준다.[22]

표 11-7
리더십 대체요인들

	대체요인들	관계지향적, 지원적 리더십, 또는 배려행위가 대체되는 경우	과업지향적, 수단적 리더십, 또는 구조주도행위가 대체되는 경우
하급자요인들	1. 능력, 경험, 훈련, 지식		○
	2. 독립 요구	○	○
	3. "전문가" 지향 성향	○	○
	4. 조직의 보상에 무관심	○	○
과업요인들	5. 명확하고 반복적임		○
	6. 방법에 따른 차이 없음		○
	7. 완성도에 대한 피드백 제공		○
	8. 내재적으로 만족을 줌	○	
조직요인들	9. 공식화(계획, 목표, 책임소재의 명확화)		○
	10. 경직성(규칙, 절차가 엄격히 지켜짐)		○
	11. 매우 구체적이고 적극적인 자문 및 스탭 기능의 존재		○
	12. 매우 유대가 깊고 응집력이 강한 작업집단	○	○
	13. 조직의 보상이 리더의 통제 밖에 존재	○	○
	14. 상 · 하급자 간의 공간적 거리	○	○

또한 〈표 11-7〉의 대체요인들 중 구조주도와 배려행위 모두, 즉 리더십 자체를 마비시키는 요인들에 주목해야 한다(Box된 요인들; 이들을 중화요인들[neutralizer]이라고 부른다). 중화요인들이 조직현장에 많이 존재하게 되면 어떤 리더십 행위도 효과를 발휘할 수 없게 된다. 그러나 이 점에 대하여 커와 저미어는 현실적으로 리더의 행위를 완전히 압도할 만큼 강력한 중화요인들을 갖는 조직은 거의 없다고 주장하였다.[23]

조직에는 중화요인이나 대체요인들만 있는 것은 아니다. 리더십 발휘를 오히려 촉진시키거나 보완해 주는 요인들의 존재를 부정할 수 없다. 리더십 촉진요인(enhancers)이란 특정 리더 행위효과를 상승시켜 주는 리더십 외적요인들을 일컫는다.[24] 예를 들어 최고경영층과의 두터운 친분관계로 말미암아 김 팀장의 지원적 리더십(supportive Leadership) 발휘가 팀원들의 성과에 보다 큰 영향을 미쳤다면 우리는 김 팀장의 그러한 친분관계를 촉진요인이라고 말할 수 있을 것이다. 사실 〈표 11-7〉에 나타난 요인들은 중화요인이면서 또 경우에 따라서는 촉진요인으로 작용할 수도 있다(예, '응집력이 강한 작업집단').

리더십 보완요인(leadership supplement)이란 하급자들의 성과에 영향을 미치기는 하지만 리더 행위의 효과를 직접적으로 마비시키든가 상승시키지는 않는 요인들이다. 여기에 해당하는 요인으로는 DSS(Decision Support System)의 활용을 들 수 있다. DSS는 사전에 프로그램된 문제들에 대해서 리더의 판단을 도와준다. 그러나 DSS가 리더의 역할을 대체할 수는 없다.[25] 이 이외에 동료들과의 훌륭한 관계도 보완요인이 될 수 있다.

최근의 연구에 따르면, 리더의 변혁적 행위나 카리스마 스타일에 대해서는 대체요인들이 상황변수로서 별로 영향을 미치지 못하는 것으로 나타났다.[26] 즉, 이들 리더십 행위들은 상황적 제약을 극복하여 성과에 직접적인 영향을 미친다고 해석할 수 있는 것이다.

셀프리더십과 수퍼리더십이론

수퍼리더십이론(Superleadership Theory)은 추종자들이 자기 자신을 리드할 수 있는 역량과 기술을 갖도록 하는 것을 리더의 역할로 규정하고 있다.[27] 즉, 수퍼리더란 "추종자들이 스스로를 리드해 나아갈 수 있도록 리드하는 사람"(p.5)이라고 정의한다. 또한 스스로를 리드하는 데 필요한 행동이나 사고에 관련된 일단의 전략을 '**셀프리더십**(Self-leadership)'이라고 규정하고 있다. 따라서 수퍼리더십은 하급자들이 셀프리더가 될 수 있도록 가르치고 이끄는 리더십이라고 볼 수 있다.

적어도 개념적으로는, 수퍼리더가 하급자들의 셀프리더를 완성하는 순간 리더로서의 자신의 역할은 끝나게 된다. 즉 하급자들이 일정한 요건을 갖추게 되면 리더십(수퍼리더십)을 대체하게 되는 결과를 가져오게 되므로 앞서 논의했던 리더십 대체이론과 어느 정도 개념적 유사성이 있다고 볼 수 있다. 베스(Bass)도 그의 리더십 핸드북에서 "대체하기 위해서 필요한 리더십"(p.686)이라고 수퍼리더십의 속성을 설명하고 있다.[28)]

수퍼리더십이론을 제시하면서 만쯔와 심스(Manz & Sims)는 〔그림 11-6〕과 같은 모델을 가지고 이론의 전체적 윤곽을 요약하고 있다. 이 모델은 수퍼리더에 이르는 일곱 단계를 제시하고 있다.

이러한 종합적 체계하에서 셀프리더십이 무르익게 되면 어떤 결과가 얻어지는가? 우선 하급자의 조직몰입, 동기유발, 역량의 증대 등이 기대되며 그로 인하여 성과가 높아지고 혁신을 이룩할 수 있게 된다. 셀프리더가 다시 수퍼리더가 될 수 있는 잠재력도 그만큼 커지게 된다.

수퍼리더십이론은 하급자의 자아관리 역량에 초점을 맞추고 있다는 특징이 있다. 그러나 고성장 욕구(high growth need)를 갖고 있지 않은 사람에게도 셀프

그림 11-6
수퍼리더십 모델

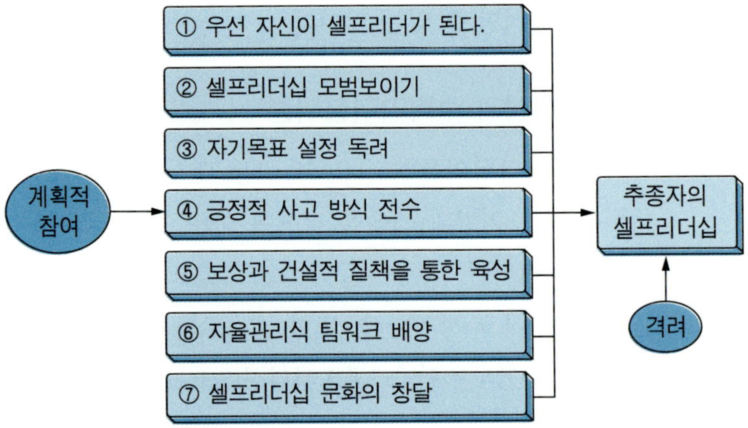

자료: Manz & Sims. 1991. 앞의 논문, p.33.

리더가 되고자 하는 동기를 불어 넣을 수 있는가 하는 문제와 셀프리더들로 구성된 집단의 조정문제에 대한 연구가 이루어져야 할 것이다.[29] 또한 이론 자체가 앞으로 보다 정교하고 명확하게 다듬어져야 할 필요가 있다.

팔로어십

지금까지 우리는 '리더'에 대해서만 관심을 기울여 왔다. 누가 어떤 리더십 기술을 습득하여 어떻게 리더로서 앞장서서 제 역할을 하는가에 초점이 모아졌었다. 이끄는 사람, 앞장선 사람, 곧 리더만이 중요한 것인 양 여겨왔던 것이다. 그러나 사실은 이끄는 사람뿐 아니라 따르는 사람, 즉 팔로어도 매우 중요하다. 이들이 적절한 역할을 해주지 않으면 리더십의 성과는 나타날 수 없다. 이 점에 착안하여 팔로어십(followership)을 꾸준히 연구해 오고 있는 학자들이 있는데 그중 한 사람이 켈리(Robert E. Kelley)이다.

켈리는 '조직의 성공에 리더가 기여하는 바는 10%~20%에 불과하고 나머지 80%~90%는 팔로어십이 결정한다'라는 가정하에 팔로어십에 대한 인식을 바꿔야 한다고 주장하였다. 즉, 팔로어를 리더의 하수인 정도로 생각할 것이

그림 11-7
팔로어십의 유형

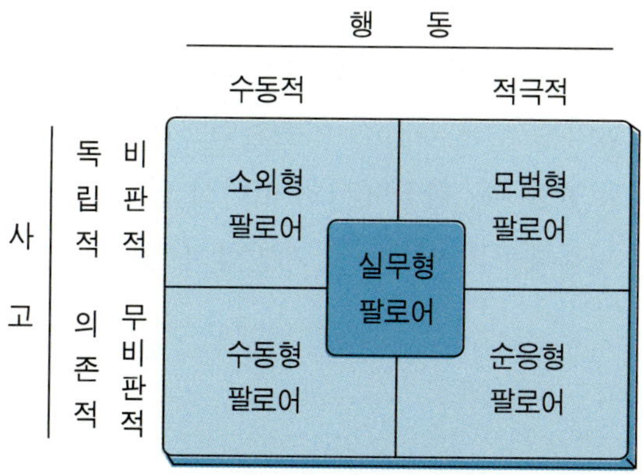

자료: Kelley, R. E. 1994. *The power of followership*. New York: Doubleday Publishing에서 수정 인용.

아니라 독립적이고 능동적 주체로 인식해야 한다는 것이다.[30]

이러한 관점에서 켈리는 팔로어십의 유형을 〔그림 11-7〕과 같이 모범형, 순응형, 수동형, 소외형, 실무형 등 다섯 가지로 분류하고 있다.

학계에서 팔로어십에 대한 연구는 별로 되어있지 않다. 그러나 지금까지 간과해 온 팔로어들의 중요성을 일깨웠다는 측면에서 매우 의미있는 발상이라고 여겨진다.

지금까지 우리는 두 장에 걸쳐 리더십의 다양한 관점들을 섭렵하였다. 그러나 리더십의 영역이 워낙 방대하기 때문에 아직도 다뤄지지 않은 부분들이 많다. 생략된 이론들로는 팀리더십(또는 공유리더십), 리더십의 인지적 자원이론, 이슈리더십, 리더십의 낭만화, 복합계 리더십이론, 자기희생적 리더십이론, 영적리더십 등을 들 수 있다.

특히, 본서에서는 이론 중심으로 다루었지만, 못지않게 중요한 부분이 주제를 중심으로 리더십을 살펴보는 일이다. 예를 들어, 문화와 리더십, 성별과 리더십, 리더십과 윤리, 리더십 훈련, 권력과 리더십 등은 매우 중요한 사안들이나 여기에서는 다룰 수 없었다.[31]

또한 한국에서의 리더십 연구에도 관심을 가질 필요가 있다. 한국에서의 리더십 연구는 1967년에 첫 논문이 발표된 이래 그동안 적지 않은 논문들이 발표되고 있다. 특히, 최근에 이르러서는 연구자의 층이 두터워지면서 한국형 리더십이론[32] 등 독자적 이론들이 시도되고 있는 실정이다. 지금까지의 연구 추세로 봤을 때, 한국에서의 리더십 연구는 서구의 이론을 받아들이는 단계를 지나 나름대로의 이론들을 개발할 수 있는 단계에 이르렀다고 본다.[33]

사 례 11-1 **교보생명 창업자 신용호: '맨 손가락으로 아름드리 참나무에 구멍을 뚫어라'**

앞서 우리는 박태준, 정주영, 이병철 등의 창업자들이 보여준 도전과 열정의 리더십을 배웠다. 하지만 한국인의 도전 역사는 거기에서 끝나지 않는다. 우리가 항상 쉽게 접하는 종로1가 1번지에 위치한 교보문고와 교보생명의 창업자 대산(大山) 신용호 선생(1918~2000)도 그에 못지않은 도전의 리더였다. 그 역시 없는 데서 새로운 존재를 만들고 황무지를 개척하여 길을 낸 출중한 한국의 리더다. 신용호 선생이 보여준 민족부흥의 철학은, '맨손가락으로 아름드리 참나무에 구멍을 뚫어라'든가, '사람은 책을 만들고 책은 사람을 만든다', 또는 '길이 없으면 길을 만들어 간다'라는 말에 잘 나타난다.

전남 영암의 사대부 집안에서 태어난 선생은 부친과 형제들이 모두 항일투사였다. 그도 자라면서 자연스럽게 일제에 대한 저항심과 민족에 대한 애정을 물려받았다. 항일집안으로 낙인찍혀 정규교육을 받지 못하자 한학과 서학을 통하여 자력으로 배움의 길을 걷다가 어린 나이에 큰 세계를 경험하고 실력을 키우기 위해서 중국으로 가게 된다. 선생은 중국에서 애국지사 신갑범과 이육사(李陸史) 양 선생을 만나 교류하면서 자신의 투철한 민족관을 정립하였고, 그들과 함께 독립운동에 투신하다가 8 · 15광복을 맞게 된다.

광복 후 조국에 돌아왔으나, 그를 맞이한 것은 빈곤과 방황과 갈등과 불안과 실의뿐이었다. 전국을 돌아본 선생은 이 참담한 상황을 극복하는 길은 오직 '교육입국'과 '자본형성'뿐이라고 결심하기에 이르렀고 그에 따라 교보생명보험과 교보문고를 세우게 되었다. 미국의 어느 장관이 서울을 방문한 후 인상을 묻는 기자들의 질문에 "시내 한복판에 있는 거대한 책방이 인상적이었다"고 답했을 정도로 교보문고는 서울의 상징처럼 되어있다. 또한 교육보험업은 대산 선생이 세계 최초로 창안한 교육전문보험업이다. 정부에 교육보험회사 설립 신청을 냈을 때, 다른 나라에는 없는 업이라고 하여 반려한 것을 설득에 설득을 거듭하여 허가를 받아냈던 일(1958년 창업)은 선생의 '길을 만들어 간다'는 이상을 엿보게 하는 일화로 남아있다.

선생은 또한 1987년에 고려 태조 왕건이 10만 대군을 훈련하던 태조산 기슭에 계성원(啓性院: '인성을 계발한다'는 뜻)을 설립하여 창조적 인재양성에 나섰고 한국 농촌의 경쟁력향상을 위해서 "대산농촌문화재단"을 설립하여 농촌 부흥에 진력하였다. 아울러, 1992년에는 한국 유일의 순수민간 문학재단인 "대산재단"을 설립하여 한국 문학의 질적 향상을 도모하고 있다.

그의 리더십에 대한 철학은 간결하다.: "지도자는 타조형과 독수리형이 있습니다. 타조는 지상에서 가장 빠른 동물입니다. 따라서 실무에 능한 사람을 이에 비유할 수 있습니다. 그러나 타조는 제 앞에 천 길 낭떠러지가 있는 줄도 모르고 마냥 달리므로 지혜롭다고 할 수 없습니다. 타조에 비해 독수리는 하늘 높이 떠서 세상을 바라보기 때문에 가는 길이 뚜렷합니다. 높고 멀리 깊게 보는 안목을 가졌습니다."

[사례 문제 11-1] 하버드 케네디 스쿨의 하이페츠(Heifetz) 교수는 독수리형 리더가 가진 넓은 시야를 "발코니 사고(balcony thinking)"라고 표현하고 있다. 건물의 발코니에 나가서 멀리 보듯이 사물을 보라는 뜻이다. 리더가 독수리형 시야, 또는 발코니 사고를 갖지 못할 때 발생하는 문제점들은 무엇인가?

사 례 11-2 다보스포럼을 구축한 "클라우스 슈바브"의 리더십

"클라우스 슈바브(Klaus Schwab) 세계경제포럼(WEF, 일명 다보스포럼) 총재는 24일(현지 시간) AP통신과의 인터뷰에서 "이번 다보스포럼에서 최근 금융위기 여파를 검토하기보다는 새롭게 불어닥친 현실을 정의하고 새로운 시대에 발맞춘 글로벌 협력 등에 대해 논의할 것"이라고 밝혔다. 슈바브 총재는 "세계적인 경기침체 이후 서에서 동으로 또는 북에서 남으로 정치 및 경제적인 힘이 이동하고 있는 것과 함께 빠른 속도로 기술혁명이 이뤄지는 등 새로운 시대를 맞고 있다"고 설명했다.

국제사회는 26일부터 닷새 동안 열리는 다보스포럼에서 글로벌 경기회복 우려, 유럽 채무위기 등이 진정되지 않은 상황에서 어떤 결과가 도출될지에 **뜨거운 관심**을 보내고 있다. 이번 포럼에는 2,500여 명의 세계 리더, 기업 대표 등

글로벌 거물들이 참석한다. 드미트리 메드베데프 러시아 대통령은 애초 다보스포럼 참석을 위해 24일 출국하려던 계획이었지만 모스크바 도모데도보 국제공항에서 발생한 폭탄테러로 연기했다. 이밖에 데이비드 캐머런 영국 총리, 앙겔라 메르켈 독일 총리, 니콜라 사르코지 프랑스 대통령 등 주요 20개국(G20) 리더들이 이번 포럼에 얼굴을 내민다."(이투데이, 2011년 1월 25일)

"클라우스 슈바브 교수는 1938년 독일에서 태어나 19세에 스위스 연방 공과대학에서 공부했고, 화학공학 학위와 경영학 학위를 받고 다양한 박사학위를 취득했다. 1967년에는 하버드대학을 졸업함과 동시에 겨우 28살의 나이에 스위스 회사 슐쳐(Sulzer)의 이사가 되었다. 그는 현재 스위스 제네바대학의 경영학 명예교수직, 6개의 명예박사학위, 독일의 훈장, 영국의 기사작위, 프랑스 레종 도뇌르 훈장 등 총 12개 국가에서 공식적인 인정을 받은 세계 '지적(知的)' 리더다. 이명박 정부는 슈바브 교수를 국제자문위원으로 위촉하기도 했다.

70대에 접어들면서, "언제 은퇴할거냐"는 질문에 "저는 제 자신이 예술가라고 생각합니다. 제가 하는 주된 일이나 주로 전력을 쏟고 싶은 일은 정말 창의적입니다. 그건 예술가의 영역이에요. 예술가는 절대로 은퇴하지 않죠. 나이는 별 의미가 없습니다. 예술가는 더 이상 창조적인 일을 하지 못할 때, 은퇴하죠."라고 말한다.

세계경제포럼(World Economic Forum: WEF)은 스위스의 휴양도시 다보스에서 열리는 세계경제포럼이다. 본부는 스위스 제네바에 있으며, 주로 다보스에서 열리기 때문에 다보스포럼(Davos Forum)이라고 불리기도 한다. 1971년 하버드대학교 클라우스 슈바브 교수가 비영리재단으로 창설하였다. 초기에는 "유럽인 경영 심포지엄으로 출발하였으나, 1973년 전 세계로 넓혀져 정치인으로까지 확대되었다. 1981년부터는 매년 스위스 다보스에서 개최되기 시작하였다. 매년 2,000명에 가까운 참석자들이 약 1주일에 걸쳐 정치, 경제 및 문화에 이르는 폭넓은 분야에 걸쳐 토론을 벌인다. 주요 인사의 중대 발언이 나오기도 하고 극비의 수뇌회담이 열리는 등 국제적 영향력을 가진 살롱의 역할을 한다. 세계경제포럼은 비영리단체로 출범했지만, 지난 5년 동안 수입이 72%나 증가했다.

슈바브 교수는 가장 중요시되는 리더십이 무엇이냐는 질문에 '정치인들, 기업가들 등 세계의 모든 사람들로부터 의견을 흡수할 수 있는 능력'이라고 말한다. 그다음 무엇이 가장 심각한 문제인가를 파악한 후, 많은 사람들과 매체에서 프로젝트를 발의할 수 있어야 한다고 덧붙인다.

세계경제포럼은 최근 엄청난 시간을 투자해서 '웰컴'(WELCOM-World Electronic Community)이라는 다보스포럼의 가상공간을 만들었다. 슈바브 교수는 '세계의 문제들은 너무나 복잡해졌는데 대응하는 모습은 너무나 혼잡해서 뭐가 어떻게 돌아가고 있는지 알 수 없다'고 생각해서 모두가 참여할 수 있는 하나의 공간을 만들었다. 또한 글로벌 '어젠다카운슬(Agenda Counsel)'이란 모임도 만들었는데 환경이나 성평등, 금융문제 등 세계문제들 중에서 가장 중심적인 사항들을 뽑아서 각 문제의 해결을 위해 옥스퍼드나 켐브리지 대학 같은 세계 유수의 대학들과 연구를 진행하고 있다. 각 문제에 관해 20명의 전문가들을 투입해 누구든지 질문이 있거나 문제에 대해 알고 싶으면, 세계 최고 전문가들을 찾을 수 있게 한다는 것이 슈바브 교수가 웰컴을 기획한 의도이다.

세계경제포럼은 현재 유튜브(www.youtube.com)와의 협력을 통해 '다보스 퀘스천'(http://kr.youtube.com/davos)이라는 코너를 만들어 세계적인 이슈에 대한 질문을 받고 있다. 75만 명의 사람들이 회의 영상을 다운로드했고 60만 명의 사람들이 의견을 보내왔다. 이런 과정은 다수의 젊은이들에게 다보스포럼을 개방하는 동시에 '웹2.0'상에 있는 모든 커뮤니티에 개방하는 결과를 낳았다."(http://blog.naver.com/inclear/70035742100에서 수정 인용)

[사례 문제 11-2] 클라우스 슈바브 교수의 리더십을 어떤 리더십이라고 부를 수 있을까?

나의 조직행동 진단 11

나의 카리스마리더십 진단

▣ 귀하의 카리스마리더십 진단을 위한 질문지이다. 아래의 〈응답 양식〉을 활용하여 각 질문에 응답하고 결과를 알아보자.

〈응답양식〉

1	2	3	4
결코 그렇지 않다	가끔 그렇지 않다	자주 그렇다	항상 그렇다

1. 나는 높은 수준의 자신감을 보여준다. ( )
2. 나는 나의 아이디어에 대해서 절대 의심하는 태도를 보이지 않는다. ( )
3. 나는 명확하고 잘 정리된 비전을 가지고 있다. ( )
4. 나는 에너지 수준이 높다. ( )
5. 나는 해야 할 일에 대해서 많은 열정을 보인다. ( )
6. 나는 감정적인 표현을 잘한다. ( )
7. 나는 나의 아이디어를 매우 잘 표현한다. ( )
8. 나는 또박또박 말한다. ( )
9. 나는 내가 다른 사람들에게 요구하는 것은 내 자신도 스스로 다 한다. ( )
10. 나는 바람직한 행동에 있어 솔선수범하며 언행이 일치하도록 행동한다. ( )

[해 석]

위의 10가지 항목의 응답을 모두 합하자. 최고 40점이다. 점수가 높을수록 귀하는 카리스마리더이다. 일반적으로 30점 이상이면 매우 카리스마리더십을 가지고 있는 것으로 평가된다. 25점~30점 사이이면 비교적 카리스마적이라고 표현할 수 있다. 그리고 25점 미만이면 카리스마와는 거리가 있는 것이라고 봐야 한다.

제 12 장

의사결정

본 장의 요점

* 조직생활에서 의사결정의 중요성과 범용성을 인식한다.
* 의사결정과정을 이해함으로써 분석의 기반을 형성한다.
* 조직 내 개인, 집단, 조직 수준의 의사결정이 어떻게 다른지를 학습한다.
* 의사결정이 잘못되는 이유들을 체계적으로 배워 효과적 의사결정의 계기를 마련한다.
* 집단의사결정의 효과를 높이기 위해서 개발된 다양한 기법들을 터득한다.
* 윤리적 의사결정에 이르는 원칙들을 학습함으로써 윤리적 구성원의 기초를 다진다.

의사결정의 기초

의사결정의 수준

효과적인 집단의사결정 기법

의사결정의 윤리성

무신사의 2인 대표 체제

조만호

박준모

* 2024년 5월 무신사가 조만호–박준모 2인 대표 체제로 개편하였다. 지난 3월 조만호 무신사 총괄대표가 복귀하면서 조만호–한문일–박준모 3인 대표 체제에서 2개월 만에 한문일 대표가 물러났다. 3년 만에 복귀한 조만호 대표가 무신사 스탠다드 사업을 맡는다. 그는 최근 나이키의 무신사 입점을 이끌기도 했다. 박준모 대표는 29CM를 성공으로 이끌었으며, 해외 시장 개척을 위한 플랫폼 비즈니스 고도화에 집중할 것으로 보인다.

* 조만호 대표는 창업자로서 브랜드의 정체성과 장기 비전을 담당할 가능성이 크다. 그는 무신사의 초기 성공의 경험을 바탕으로 시장 통찰력이 뛰어나다는 평가를 받는다.

* 박준모 대표는 2021년 무신사에 합류하기 전까지 구글, 아마존 등의 빅테크 기업에서의 경험이 장점이다.

* 3인 체제에서 2인 체제로의 전환은 의사결정의 속도를 높이고 책임성을 강화하려는 의도로 볼 수 있다. 무신사는 스타트업으로 시작해 빠르게 성장한 기업이다. 사업 초기와 같이 외부환경에 따라 대표 체제를 민첩하게 변화시키는 접근방법을 활용하고 있다.

✣ 〈문제 12〉 **1인 대표 체제와 다수 대표 체제의 장단점을 생각해 보자.**

의사결정의 기초

의사결정의 그레샴의 법칙

미국 코넬대학 연구 결과에 따르면, 미국인들은 하루에 약 35,000건의 의사결정을 내린다고 한다. 음식에 관한 것만 해도 하루 226.7건의 결정을 한다.[1)]

우리의 하루를 예로 들면, 아침 식사의 종류를 결정할 때, 직장으로의 출근 방식(자가용, 버스, 택시, 지하철)을 결정할 때, 식사 후 커피 종류의 결정, 하루 일과의 결정, 퇴근 후 여가시간의 선택, TV 채널의 선택, 그리고 취침시간의 선택에 이르기까지 우리는 계속되는 선택의 갈림길에 놓인다.

이러한 일상적인 문제뿐만 아니라 배우자의 선택, 주식시장에서의 투자종목의 결정 등 보다 의식적인 판단과 결단을 요구하는 문제를 해결해야 하는 경우도 많다. 어쩌면 우리 인간의 삶은 판단, 선택, 결정, 그리고 결심의 연속이라고 할 수도 있을 것이다.

조직을 운영하는 데 있어서도 크게 다르지 않다. 조직원들은 때때로 주체할 수 없이 많은 정보와 문제를 다루어야 한다. 합리적인 결정을 내리는 경우도 있지만 그렇지 못한 경우도 많다. 일상적인 업무에 묻혀 지내다 보면 무엇이 중요한 문제이고 무엇은 덜 중요한 문제인지를 구별할 수 없게 된다. 사소한 문제(악화: 惡貨)에 지나치게 몰입한 나머지 정작 중요한 문제(양화: 良貨)의 해결에는 시간을 할애하지 못하는 경우(즉, 악화가 양화를 구축함)도 많다. 이것을 의사결정의 그레샴(Gresham)의 법칙이라고 한다.

이상과 현실, 간편함과 복잡함, 최선과 적합, 그리고 독단과 합의 등과 같은 양극의 가치관 사이에서 조직원들은 매일 같이 판단하고, 선택하고, 결단해야 한다. 그레샴의 법칙을 극복하기 위해서는 의사결정에 과학적으로 접근할 필요가 있다.

의사결정은 어떤 과정을 밟아 이뤄지는가

의사결정이란 '문제를 인식하여 진단하고 해결에 필요한 대안들을 찾아 평가한 후 최적의 대안을 선택하는 일련의 과정'이라고 할 수 있다.[2] 이 과정을 요약하면 〔그림 12-1〕과 같다. 그림에서 보듯이, 의사결정의 과정은 대안의 선택/평가까지를 말하나, 문제해결의 과정은 대안이 집행(적용)되고 유지/조정(사후관리)되는 단계까지를 포함한다.

의사결정과 문제해결은 혼용되는 경우가 많으므로 여기에서는 전체를 의사결정과정으로 보기로 한다. 각 단계에 대하여 좀 더 구체적으로 살펴보자.

문제의 인식 및 진단

문제란 자신의 현재 상태와 기대하는 상태가 차이가 날 때 발생한다. 문제인식 단계에서 중요한 것은 조기인식이다. 개인뿐만 아니라 집단이나 조직의 입장에서도 문제의 조기인식은 경쟁력의 원천이 될 수 있다. 조직성공의 열쇠가 문제의 조기인식에 달려 있는 경우가 많다. 특히 최고경영자는 현상의 의미를 예리하게 평가하여(의미구축; sense-making) 기업에 닥쳐올 문제를 조기에 인식하는 것이 중요하다.

문제인식 단계에서 또 한 가지 중요한 것은 의사결정자와 결정관련자들 간

그림 12-1
의사결정과정

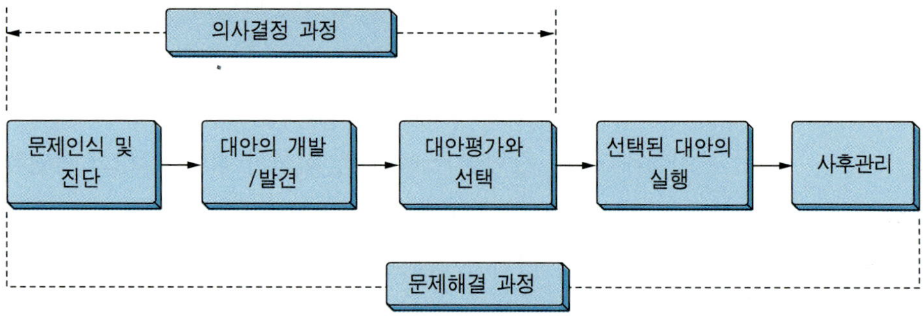

자료: Huber, G. P. 1980. *Managerial Decision Making*. Glenview, III.: Scott, Foresman에서 인용.

의 '인식의 차이(perceptual difference)'이다. 의사결정자의 판단은 지각, 인지, 성격 등에 따라 영향을 받는다. 같은 현상에 대해서도 혹자는 문제로 인식하지만 다른 사람은 전혀 문제로 인식하지 않는 경우도 있을 수 있다. 인식의 차이는 문제의 공론화 과정에 큰 영향을 미친다.

한편 문제를 인식하는 과정에 오류가 개입될 수 있다. 이 과정에서 발생하는 오류들을 일반적으로 정보오류(informational bias)와 지각오류(perceptual bias)로 나눈다.[3] **정보오류**란 여러 정보가 의사결정자에게 도달되는 과정에서 왜곡되거나 생략 또는 첨가되었을 때 발생하는 오류이며, **지각오류**란 의사결정자의 지각 능력의 한계로 말미암아 생겨나는 오류를 뜻한다.

정보오류는 조직운영과정의 과정손실(process loss) 때문에 발생하나 지각오류는 개인의 지각적 한계 때문에 발생하므로 정보오류가 보다 인위적이라고 볼 수 있다. 결국 이 두 가지 오류는 의사결정의 질을 떨어뜨리는 결과를 가져오게 된다.

대안 발견 및 개발

조직에서 해결해야 할 문제가 무엇인지를 올바로 파악한 경영자(또는 관리자)는 문제해결을 위한 대안들을 찾아내야 한다. 이를 정보의 수집 및 조직화 단계라 부르기도 한다. 이 단계는 조직이나 개인의 정보력을 시험할 수 있는 단계이며, 다양한 정보원천의 확보가 매우 중요하다. 특히 대안의 발견 및 개발에 있어서는 열린 자세로 임하는 것이 중요하다. 선입관이나 편견을 가지고 대안을 찾으면 최선의 대안을 찾지 못하게 된다.

대안의 평가와 선택

이 단계는 의사결정에 드는 비용, 각 대안의 장 · 단점, 그리고 해결책 실천의 문제를 생각하는 단계이다. 즉 각종 정보를 통해서 의사결정자가 여러 가지 대안들을 개발하였다면 각 대안에 대한 평가가 이루어져야 하며, 그 결과에 따라서 대안이 선택된다. 대안 평가/선택 과정을 설명하는 데는 경제적 합리성 모델, 제한적 합리주의 모델, 정치적 선택 모델 등 세 가지 모델에 있다.

경제적 합리성 모델

이 모델은 인간은 경제적이며 **합리적**(economic and rational man)이라는 가정에서 출발한다. 이는 최소의 비용으로 최대의 효과를 얻으려는 경제성 모델에 근거한 모델로서 인간은 의사결정에서 가능한 대안들을 모두 발견하고 평가하여 경제적으로 최적의 대안을 선택한다는 이론이다. 그러나 이 모델은 전제하고 있는 가정들이 비현실적이라는 비판을 받아왔다. 이 모델의 가정들은 아래와 같다.

① 인간은 경제적으로 판단하고 행동한다(최소비용, 최대만족).

② 의사결정자는 **모든 대안**에 대한 **완벽한 정보**를 가지고 있다.

③ 선택된 대안의 실행 결과에 대해서 완벽하게 알 수 있다.

④ 의사결정자는 선택된 대안의 결과와 다른 대안의 결과를 비교할 수 있는 능력을 가지고 있다.

이처럼 경제적 합리성 모델은 의사결정자가 문제에 대한 모든 대안을 갖고 있고 모든 정보를 알고 있으며 모든 능력을 갖춘 완벽한 인간이라는 것을 전제로 한다. 이 모델을 이상주의적 모델이라고 부르는 것은 이 때문이다.

경제학이나 경영학의 일부 영역에서는 의사결정 주체로서의 인간을 이렇게 가정해 왔다. 예컨대, 소비자들이 물건을 고르는 행위를 설명할 때나 기업의 구매담당자가 원자재 공급업체를 선정하는 과정을 기술할 때, 경제적 합리성 이론가들은 소비자나 구매자가 모든 정보를 가지고 모든 대안들을 전지전능한 능력으로 분석한 후 최선의 대안을 선택하는 것으로 가정해 왔다.

그러나 인간의 행동은 그렇게 완벽할 수 없으며 그렇게 합리적일 수도 없다. 모든 정보를 고려한다는 것은 현실적으로 불가능하며 그처럼 많은 정보를 다 처리할 수 있는 인지적 능력도 갖고 있지 못하다. 이러한 견지에서 보다 현실적으로 의사결정 행동을 이해하려고 했던 학자가 허버트 사이먼(Herbert Simon, 1978년 노벨 경제학상 수상)이었다.

사이먼의 제한적 합리주의 모델

이 모델은 모든 의사결정자들은 최적의 대안을 찾으려 노력은 하지만 시간의 부족, 정보의 부정확성, 개인의 능력한계 등의 이유로 최적 대안의 선택이 사실상 불가능하다는 관점이다. 즉, 인간은 문제해결에 처하여 제한된 정보와 제한된 대안을 가지고 주어진 시간과 비용을 감안하여 합리적 선택을 하려고 노력한다는 것이다.[4)]

문제해결에 있어 객관적으로 최선책을 발견하는 것은 불가능하므로 주어진 정보와 능력 안에서 소정의 기준을 세워 이를 통과하는 첫 번째 대안을 선택하게 된다고 제안한다. 따라서 **"제한적" 합리주의 모델**(bounded rationality)이라고 한다.

이 모델은, 의사결정을 함에 있어 사람들은, 첫째 객관적으로 최적의 대안을 선택하는 것이 아니라 개인적으로 만족스러운(satisficing) 수준의 대안을 선택하게 되며, 둘째 대안이나 해결책 모색에 있어 매우 제한적이고, 셋째 결과에 영향을 미치는 요소들을 통제할 수 없는 상황에서 충분한 정보가 없이 결정을 내리게 된다는 점을 강조한다.

물론, 만족스런 수준이라는 선택의 기준은 사람(또는 집단이나 조직)에 따라 다르며 의사결정에 대한 지원 정도에 따라서도 달라질 수 있다. 사이먼은 이에 대해서 다음과 같이 언급하고 있다.[5)]

'만족스런 선택수준은 개인의 결심에 따라서, 개인이나 조직의 목표를 높임으로써, 또는 보다 정교해진 관리기법이나 컴퓨터 프로그램들을 활용함으로써 높일 수 있다.'

앞서의 경제적 합리성 모델이 규범적 모델이라면 제한적 합리주의 모델은 서술적 모형이라고 볼 수 있을 것이다. 즉, 전자가 '이렇게 해야 한다'라는 이상적 방법을 처방해주는 입장이라면, 후자는 '실제는 이렇게 하더라'라고 현실을 묘사하는 입장이다.

정치적 선택 모델

이 모델은 자신이나 자기편의 이익만을 충족시키려는 입장에서 대안을 선택하는 경우로 권력이 강한 내 · 외부 이해관계자들의 목적을 추구하기 위해 사용된다.

이 모델에 따르면, 개인은 자신의 이익을 만족시켜 주는 대안을 의사결정과정의 초기에 결정하며 새로운 정보가 얻어지더라도 그것을 바꾸지 않는다. 사실, 대안의 발견이나 평가는 자신이 이미 결심한 대안을 강화시킬 목적으로 이루어진다. 따라서 자신이 선호하는 대안에 경쟁이 될 수 있는 대안들의 결점을 찾아내어 부각시키는 데 의사결정자(들)의 노력이 모아진다. 이 과정에서 정보의 왜곡이나 속임수 등 비윤리적인 방법이 쓰여지는 경우도 있다.[6] 즉, 대안이 미리 정해져 있어 새로운 정보가 들어와도 대안을 바꾸지 않고 정해진 대안을 고수하기 위해 새로운 정보를 왜곡하거나 축소시키게 된다.

우리는 이 세 가지 방법들을 사용하여 대안의 평가에 임하게 되는데 이때 각 대안의 비용, 실현 가능성, 정치적 이해 등이 선택과 판단에 영향을 미칠 수 있다. 상황에 따라 다르겠지만 경제성 모델은 현실적인 제약 때문에 본래의 기준이 완화되는 수가 많다. 대안의 평가와 선택단계는 합리적 대안을 선택한다는 측면에서도 중요하지만 선택된 대안을 실행담당자들(실무자)이 수용하도록 함으로써 성공 가능성을 높여야 한다는 측면에서도 중요한 단계이다.

대안에 대한 평가를 거쳐 선택된 대안은 다음 단계에서 실행으로 옮겨지게 된다.

선택된 대안의 실행

선택된 대안은 실행되어야 한다. 실행되지 않은 결정은 아무런 쓸모가 없다. 이 단계에서는 실행담당자들의 실행의지(동기)가 무엇보다도 중요하다. 특히 성공확률이 낮은 대안이 선택된 경우, 성공 가능성을 높일 수 있는 유일한 단계가 실행단계이다. 즉 선택된 대안에 문제가 있다고 하더라도 실행에 옮기는 단계에서 이를 조정하고 실행담당자가 최고의 실력을 발휘한다면 의사결정

결과가 효과적으로 나타날 가능성이 커진다.

반대로 아무리 안전하고 훌륭한 대안을 선택했더라도 실행을 나태하게 하면 성공적으로 실행할 수 없게 된다. 물론 실행단계에서 아무리 조정을 잘한다 하더라도 일정한 범위를 크게 벗어나지 못할 수도 있다. 그러므로 우선 적절한 대안이 선택되어야 한다는 데에는 재론의 여지가 없다. 대안의 선택이 적절히 이루어지고 또한 선택된 대안의 핵심이 실행단계에서 충실히 실현되었을 때 효과적인 문제해결이 가능해진다.

사후관리

이 단계는 실행 결과를 정리, 평가, 조정하는 단계이다. 실적에 따라 보상과 벌이 가해지고 미진한 부분을 보완하게 된다. 또한 실행과정에서 학습한 사항들을 정리하고 재실행을 준비하는 단계이기도 하다.

의사결정자는 어떤 문제에 대한 성공적 의사결정방법을 기억이나 잠재의식 속에 쌓아두게 되고(유지), 이후 유사한 문제발생 시 저장된 의사결정방법을 활용하여 문제를 해결한다. 기억이나 잠재의식 속에 저장된 방법들은 사고의 틀을 형성하는 데 사용된다. 즉 문제해결에 대한 자기 나름대로의 방법의 틀을

매듭 12-1 **"소피스 초이스"(Sophie's choice)**

* 소피스 초이스: 1979년 윌리엄 스타이론(William Styron)이 쓴 소설의 이름이다. 1982년 개봉한 메릴 스트립(Meryl Streep) 주연 영화.
* 제2차 세계대전 나찌의 아우슈비츠 유대인 수용소에서 소피는 두 자녀 중 하나를 선택하라고 강요받는다. 두 자녀 중 하나는 가스실에서 죽게 되고 다른 하나는 살아서 노역소에서 노동하게 된다. 만약 소피가 선택하지 않으면 둘 다 죽게 된다. 아들 하나, 딸 하나.
* 이에 기반하여, 어떻게 하든 치명적인 대안 중에서 선택해야 하는 지극히 어려운 상황을 '소피의 선택'이라고 부르게 되었다.

〈매듭문제 12-1〉 실제 소피는 누구를 선택했을까?

형성하게 되는 것이다.

그런데 이러한 사고의 틀은 시간의 흐름에 따라 새로운 정보의 첨가, 상황의 변화로 말미암아 조정되고 변화되어 간다. 즉 기존의 사고의 틀 속에서 당면문제에 대한 해결책을 찾지 못할 경우 의사결정과정을 처음부터 다시 더듬어 가야 한다. 이 새로운 과정은 기존의 틀에 수정을 가하게 되며 그럼으로써 사고의 틀은 현상을 반영하면서 변화해 가게 되는 것이다. 따라서 의사결정의 과정은 개인이나 집단에게 하나의 '학습과정'이다. 학습에 의하여 사고의 틀이 형성되고, 형성된 하나의 개념이 집단구성원들 사이에 공유되면 재실행하는 데 있어 커다란 영향을 미치게 된다.

의사결정 후의 갈등(또는 후회)

이번에는 의사결정 후의 갈등(post-decisional conflict)에 대해서 알아보기로 하자. 의사결정이 아무리 정확하게 이루어졌다고 할지라도 항상 후회나 갈등이 따르게 마련이다. 의사결정에 있어서 한 가지를 선택하게 되면 나머지는 잃게 된다. 이러한 갈등은 페스틴저(Festinger)가 제시한 인지부조화에 의한 갈등과 유사하다(제2장 참조).[7] 인지부조화에 의한 갈등은 사전적(pre-decisional)인데 반해 이것은 결정 후의 갈등을 의미한다는 점만이 다르다.

결정 후 갈등에 대해서 의사결정자들은 어떠한 반응을 보이는가? 이에 대해서 제니스와 만(Janis & Mann)은 다음과 같이 세 가지 반응을 제시하고 있다.

결정의 철회

의사결정자는 자신이 내린 결정에 대해 갈등이 발생하였을 때(또는 후회하게 될 때) 이를 철회하고 새로운 방안을 찾아 나서는 경우가 있다. 즉 자신의 판단에 잘못이 있었음을 인정하고 새로운 길(대안)을 모색하게 되는 것이다. 이 방법은 의사결정의 과정을 아예 처음부터 다시 시작한다는 점에서 아래의 다른 방법들과 차이가 난다. 이 방법에서는 결정의 철회와 동시에 또 다른 대안

모색의 과정을 밟게 되는 것이 일반적이다.

실행의 축소

또 하나의 결정 후 갈등처리방법은 실행규모를 축소하든가 지연하는 것이다. 그러나 합의에 의한 집단의사결정의 경우에는 문제가 될 수 있는 방법이다.

결정의 재확인

이 방법은 결정 후의 갈등을 해소하는 가장 보수적인 방법이라고 할 수 있다. 즉 자신이 내린 결정에 대하여 갈등이 생겼다 할지라도 그 결정에 대해 긍정적인 면을 더욱 강조함으로써 자신의 결정이 잘된 것이라는 확신을 가지려는 방법이다. 갈등(또는 후회)의 원인을 다른 곳에서 찾으려 하기보다는 자기 자신에게서 찾으려 한다는 점에서 위의 다른 방법들과 차이가 난다. 또한 갈등이 존재함에도 긍정적인 면을 강조한다는 점에서 다른 방법들과 다르다고 할 수 있다.

몰입상승현상

몰입상승(escalation of commitment)이란 분명히 잘못된 결정이나 실패할 것이 확실한 일에 고집스럽게 집착하는 심리를 말한다. 예컨대, 평생을 받쳐 일궈온 중소기업의 사장이 업의 쇠퇴로 망할 것을 뻔히 알면서도 그동안 들인 노력과 열정, 그리고 인생이 아까워서 포기하지 못하고 계속 자원을 쏟아부어 결국 큰 실패를 하게 되는 경우를 들 수 있다. 몰입상승은 또한 영국 정부가 사업성이 전혀 없다는 것이 명백한 초음속 여객기 콩코드기의 운영을 쉽게 포기하지 못하고 계속 매달리다가 결국 큰 손해를 보고 운행정지를 했던 예를 비유하여 "콩코드 오류"(Concorde fallacy)라고 부르기도 한다.

몰입상승이 발생하는 원인으로는 의사결정자의 자기합리화, 도박꾼의 착각, 지각결함, 그리고 함몰비용(sunk cost)에 대한 미련 등을 들 수 있다. 사람은 누구나 성공하고 싶지 실패하고 싶어 하지 않는다. 그러다 보니 자신의 능력을 과신하게 되고 체면을 먼저 생각하게 되며 잘못되는 것에 대해서는 자기합리화하려는 성향을 보이게 된다. 도박꾼들은 실패보다는 성공(대박)에 대한 기대가 훨씬 높다고 한다. 이처럼 부풀려진 기대 또는 착각 때문에 계속 몰입하게 되는 것이다.

또한 사람은 부정적 정보를 과소평가하고 심각한 문제가 발생했는데도 그 심각성을 축소해석하려는 지각의 결함을 갖고 있다. 물론 가장 몰입상승에 크게 기여하는 요인은 함몰비용(즉, 지금까지 들어간 돈이나 자원, 시간, 노력 등)일 것이다. 이미 들어간, 회수할 수 없는 비용이 클수록 포기하기가 힘들어진다.

의사결정의 수준

조직에서의 의사결정은 개인이 혼자서 전체 과정을 담당하는 경우보다는 여러 명이 집단으로 또는 조직차원에서 선택을 하고 실행하는 경우가 더 많다. 개인의사결정과 집단이나 조직차원의 의사결정은 여러 측면에서 차이가 난다. 물론 집단이나 조직수준의 의사결정도 개인의 의사결정에서와 마찬가지로 구성원 개인의 판단, 선택, 정보수집 등을 포함한다. 그러나 혼자가 아닌 다수에 의한 결정의 경우에는 개인의 선택과 판단이 다른 구성원들의 그것과 조정되고 융합되어 동의나 합의를 이끌어내야 하는 경우가 많다. 집단의사결정에 있어, 구성원들간의 교류를 통하여 문제에 대한 해결책이나 합의를 이끌어내는 과정이 효과적일수록 의사결정의 질은 높아질 것이다.

따라서 본 절에서는 의사결정의 수준을 개인수준, 집단수준, 그리고 조직수준으로 나누어 각각에 대하여 구체적으로 살펴보도록 한다.

개인의사결정

개인의사결정은 개인이 혼자서 판단, 선택, 결정하는 과정을 말한다. 물론 사안에 따라서는 타인에게 정보를 얻기 위해서 질문을 한다든가 의견을 묻는 것까지를 개인의사결정의 범주에 포함시킬 수 있을 것이다.

많은 경우 의사결정자가 스스로 결정을 할 것인가 아니면 집단(예, 하급자들)을 구성하여 결정하도록 할 것인가는 결정자의 선택이다. 혼자서 독단적으로 권한의 범위 안에서 판단을 하여 선택을 할 수도 있고, 타인들을 제한적 범위 안에서 결정에 참여시키는 경우도 있을 수 있으며 아예 결정권 자체를 집단에 위임해 줄 수도 있다. 물론 사람이 모여서 문제를 해결하는 경우에도 구성원 각자의 판단이나 선택을 포함하지 않을 수 없다. 아래에서는 이런 개인의사결정에 영향을 주는 요소들을 살펴보고, 개인의사결정 시에 발생할 수 있는 오류들을 정리하여 효과적인 의사결정을 하는 데 극복해야 할 사항들은 어떤 것들인지를 알아보도록 한다.

개인의사결정에 영향을 주는 요인들은 스키마, 창의력, 정보처리능력, 휴리스틱스, 개인의 속성 등 개인의 성품과 성향에 관계된 요소들이다.

스키마

스키마(schema)란 과거의 경험에 의해서 형성된 개인의 인지구조로 정의된다(본서의 3장 [매듭 3-4] 참조). 스키마는 개인이 어떤 문제에 대하여 개념화하고 판단하여 선택하는 데 영향을 미치게 된다. 즉, 스키마란 어떤 사람, 사물 또는 사건에 대해서 각 개인이 머릿속에 과거로부터 형성해 놓은 의미체계이므로 특별하지 않은 일상적 현상에 직면한 경우에는 그에 대한 심도있는 분석의 과정을 생략한 채 자동적, 습관적으로 스키마가 제공하는 대안을 선택하게 된다. 그러나 현상이 제공하는 정보가, 또는 해결해야 할 문제가 비일상적일 때에는 그에 대한 스키마가 형성되어 있지 않기 때문에 주어진 정보와 갖고 있는 정보를 융합 · 분석하여 보다 의식적인 판단과 선택과정을 거치게 된다.

우리가 조직생활에 익숙하지 않은 초기에는 스키마가 별로 형성되어 있지 않기 때문에 모든 것이 신비롭고 하나하나 조심하여 판단을 하게 되지만 조직이나 일에 익숙해지면서 스키마가 형성되어 습관적으로 선택이나 결정을 하게 된다.

창의성

창의성이란 비범한 대안을 찾아낼 수 있는 능력을 말한다. 즉 과거의 방식이나 상식적 대안과 비교하여 보다 많은 혜택을 주는 대안을 찾아내든가 그것을 보다 효율적으로 현실화시킬 수 있는 능력인 것이다. 따라서 창의성은 개인 의사결정에 있어 대안 발견 및 평가에 지대한 영향을 미친다(본서의 제2장 참조).

정보처리능력

개인의 판단과 선택에 영향을 미치는 또 다른 요소는 개인이 갖고 있는 정

표 12-1
정보처리 과정의 오류 유형

오류의 유형	해 설
유용성 (availability)	• 자주 접하여 기억되기 쉬운 사건이 판단에 영향을 미친다. 자주 보도되는 사건(또는 친숙한 사람)은 과대평가되고 그렇지 않은 사건(또는 사람)은 과소평가되는 경향이 있다. • 판단현장에서 존재하는 특정한 정보나 단서(cues)가 판단에 영향을 미칠 수 있다.
대표성 (representativeness)	• 어떤 사건이나 사람이 특정 집단의 속성을 갖고 있다고 하여 진실을 확인하지 않고 그 집단의 일원으로 판별하는 성향. 예를 들어 A라는 사람이 법관티가 난다고 하여 그를 판사나 검사로 상상해 버리는 경우
고착과 조정 (anchoring & adjustment)	• 특정 값이나 수치를 근거로 미래의 값을 예측하고 난 후, 현재의 상황을 고려하여 예측치에 약간의 수정을 가하는 방법. 최초에 선택되는 값에 따라 선택되는 결과에 큰 차이를 보이므로 오류의 소지가 크다. 내년도 매출 예측을 하면서 올해 매출을 앵커로 잡고 내년의 경제상황을 고려하여 +5% 정도로 잡는 경우가 예가 될 수 있다.

자료: Hogarth, R. M. 1980, 앞의 책, pp.166-170.

보처리능력이다. 오늘날과 같이 무수히 많은 정보들이 쏟아져 나오는 상황에서는 낱낱의 정보에 똑같은 비중을 두고 주의를 기울이기가 힘들다. 보다 정확한 상황진단과 문제정의를 위해서는 정보의 중요성을 정확히 평가하여 신속히 처리할 수 있는 능력이 요구된다.

휴리스틱스

정보처리과정과 관련된 의사결정 모델로서 휴리스틱스(Heuristics)[8]가 있다. 이 모델은 카한만(Kahneman)과 트버스키(Tversky)가 제시한 것으로, 의사결정을 하는 데 있어 '어떻게 판단오류가 발생하는가'에 대해 설명한다. 그들은 사람들이 평소에 결정이나 판단을 함에 있어 단순사고와 주먹구구식(rule of thumb) 편법에 의한다고 가정한다.

그러므로 이로 인해 판단오류가 발생하게 되며, 그러한 오류들을 체계적으로 정리함으로써 왜곡된 선택의 과정을 이해하고, 올바른 의사결정에 도움을 주고자 하였다. 〈표 12-1〉은 카한만과 트버스키가 제시한 오류의 유형 중에서 중요한 세 가지(유용성, 대표성, 고착과 조정)를 정리한 것이다.

개인의 속성

스키마, 창의력, 정보처리능력, 휴리스틱스뿐만 아니라 개인이 갖고 있는 성격이나 가치관 등의 속성들도 개인의사결정에 영향을 미칠 수 있다.

먼저, **가치관**이란 개인이 판단이나 선택을 함에 있어 사용하는 옳고 그름, 또는 '무엇이 중요한가'에 대한 판단기준이다. 가치관은 의사결정의 전 과정에 영향을 미칠 수 있다. 문제의 정의에 있어서 가치관에 따라 문제의 심각성 인식에 차이가 생길 수 있으며, 대안선택에 있어서도 보수 또는 진보적 가치관에 따라 선택의 내용이 달라질 수 있다. 또한 행동중심적 가치관을 갖고 있는 개인의 경우에는 그렇지 않은 사람보다 실행의 강도에 있어서 차이를 보일 것이다. 유지 및 조정 단계에서도 가치관에 따라 학습내용이 차이가 날 수 있다.

둘째, **성격**도 개인의사결정에 영향을 미친다. 개인 성격에 따라 하급자를

매듭 12-2 **확증편향과 집단지성**

* 개인이 자신의 신념이나 가치와 일치하는 정보만을 찾아 의사결정에 활용하는 현상을 확증편향(confirmation bias)이라고 한다. 자기 신념에 맞는 정보는 받아들이고 안 맞는 정보는 배척하든가 틀렸다고 헐뜯는 태도를 보인다. 보고 싶은 것만 보고 믿고 싶은 것만 믿는다. 예를 들어, 자동차광인 대기업 K 회장은 국내시장이 포화상태인데도 자기 뜻에 맞는 정보만 참고하여 자동차사업을 시작했다. 결과는 참패!

* 여러 개인이 협력과 경쟁을 통해서 도출한 집단에 공유된 지능을 집단지성(collective intelligence)이라고 한다. 이 현상의 옹호자들은 다중이 참여하여 만들어내는 대안이 개인의 대안보다 낫다고 믿는다. 또한, 오픈소스를 통한 소프트웨어개발이 폐쇄적인 사내 개발의 방법보다 더 나은 이유도 집단지성에서 찾는다.

〈매듭문제 12-2〉 (1) 확증편향의 문제점은 무엇인가? (2) 집단지성이 한 사람의 천재보다 못한 경우는 어떤 경우인가?

참여시키는 정도가 다르다. 또한 앞의 개인차 장에서 살펴봤듯이 융의 인지 스타일 분류에 따라 문제 접근방식이 차이가 난다. 권위주의적 성격의 소유자는 대안선택에 있어 보다 제한적일 수 있으며 자율적, 독립적 성향이 강한 사람도 대안의 선택이나 실행에 있어 커다란 차이를 보일 수 있다. 특히 위험감수성향에 따라 대안선택이 크게 달라질 수 있다. 즉, 위험감수형의 경우는 위험회피형의 경우보다 실패의 위험이 큰 대안을 선택할 가능성이 높다.

집단의사결정

집단의사결정은 개인의사결정과 비교해 볼 때, 집단의 특수성(공동목표, 연대감, 상호작용)으로 인한 여러 가지 특성을 갖는다. 개인수준의 의사결정과는 달리, 집단 합의에 의한 의사결정이 중요시되며 다수결, 독단, 참여, 설득 등의 방법들도 동원될 수 있다. 즉 개인의사결정에 영향을 미치는 요소들이 개인적

표 12-2
집단의사결정의 특징

(1) 집단의사결정은 문제해결에 이르는 시간은 길지만 정확도가 높다.
(2) 어려운 문제해결 시 집단 내 구성원이 가지고 있는 모든 자원을 활용할 수 있다.
(3) 집단 내 구성원의 능력이 상당히 우수한 경우에 이들은 서로 자원을 공유하지 않으려는 경향이 있다.
(4) 고능력을 가진 개인의 의사결정이 보통의 능력집단의 집단적 의사결정보다 나은 결과를 가져온다.

표 12-3
집단의사결정의 이익과 손실

구분	내용
이 익	① 구성원으로부터 다양한 정보를 얻을 수 있다. ② 다각도로 문제에 접근할 수 있다. ③ 구성원의 합의에 의한 것이므로 수용도와 응집력이 높아진다. ④ 의사결정에 참여한 구성원들의 교육효과가 높게 나타난다.
손 실	① 집단 내 정치적 힘이 작용한다. ② 의사결정 시간이 지연된다. ③ 서로의 의견에 비판없이 동의하는 경향이 있다. ④ 차선책을 채택하는 오류를 범한다. ⑤ 집단사고의 함정에 빠질 수 있다.

성품과 지적(인지적) 능력이었다면 집단의사결정에서는 이런 개인적 요소들보다는 집단역학적 요소가 작용하게 된다.

개인/집단 간 의사결정의 차이

개인과 집단 의사결정의 차이점 중 하나는 의사결정의 최종단계에 있어 개인의사결정은 선택을 하는 것이고, 집단의사결정은 「집단 합의」에 이르는 것이라고 볼 수 있다. 집단의사결정의 특징을 요약하면 〈표 12-2〉와 같다.

〈표 12-2〉와 같이 개인의사결정은 의사결정의 시간을 단축할 수 있다는 장점을 가진 반면, 집단의사결정은 의사결정의 정확도와 의사결정에 필요한 정보의 풍부함을 장점으로 한다. 〈표 12-3〉과 같이 집단의사결정의 이익과 손실

을 구분할 수 있다.[9)]

집단사고

집단의사결정 시에 나타날 수 있는 좋지 않은 현상 중에 하나가 집단사고(集團思考: Groupthink) 현상이다. 이것은 1971년 제니스(Janis)가, 대실패로 끝난 케네디 대통령의 쿠바 피그(Pigs)만 침공사건 등 몇 가지 사례의 의사결정과정을 분석하여 밝혀낸 집단의사결정에서의 집단착각 현상이다. 집단사고에 희생된 구성원들은 대안에 대한 충분한 분석과 토론 없이 쉽게 합의한 대안이 최선이라고 믿으며 적을 과소평가하려는 경향이 있고 범법을 하면서도 자신들은 도덕적이라고 합리화하려는 성향이 있다. 집단사고의 모델을 제시하면 〔그림 12-2〕와 같다.

집단사고란 집단구성원들 간의 잘못된 의견일치 추구성향을 말한다. 집단사고에 빠진 구성원들은 자신이 속한 집단이 최고라는 착각에 빠지게 되며 다른 집단에 대해 배타적 태도를 가지고 집단 내부적으로는 구성원들 간에 의견이 일치되어 있다는 착각을 하게 된다. 즉, 자기가 속한 집단의 역량을 과도하게 높이 평가하려는 성향을 보이며 타 집단에 대해서 폐쇄적 아집을 보이며 구성원들은 서로 견제하여 의사결정을 할 때 반대 의견이 있더라도 스스로 발언을 자제하는 등의 획일성 추구성향을 보인다. 그 결과, 집단의사결정이 역기능적 결과를 낳게 된다. 예를 들어 대안을 불완전하게 탐색한다든가, 유리한 정보만을 선택하여 편협한 결정을 내리게 될 수가 있다. 결국 최적의 대안이 선택될 수 없게 되고 성공적 성과창출의 가능성이 저하되는 결과를 가져오게 된다. 집단사고가 나타나게 되는 전제조건들은 세 가지로 요약된다. 첫째, 집단의 응집력이 높고, 둘째, 집단이 외부로부터 고립되어 있든가 충분한 토의가 이루어질 수 없는 등의 구조적 결함을 갖고 있으며 셋째, 외부로부터의 위험이 임박하여 구성원들 간에 스트레스가 고조되어 있는 경우 등이다.

집단사고에 빠지게 되면 의사결정에 있어 문제해결이 처음 제시된 범위에서 벗어나지 못하게 제한되며 새로운 정보나 변화에 민감하게 반응하지 못한

그림 12-2
집단사고의 모델

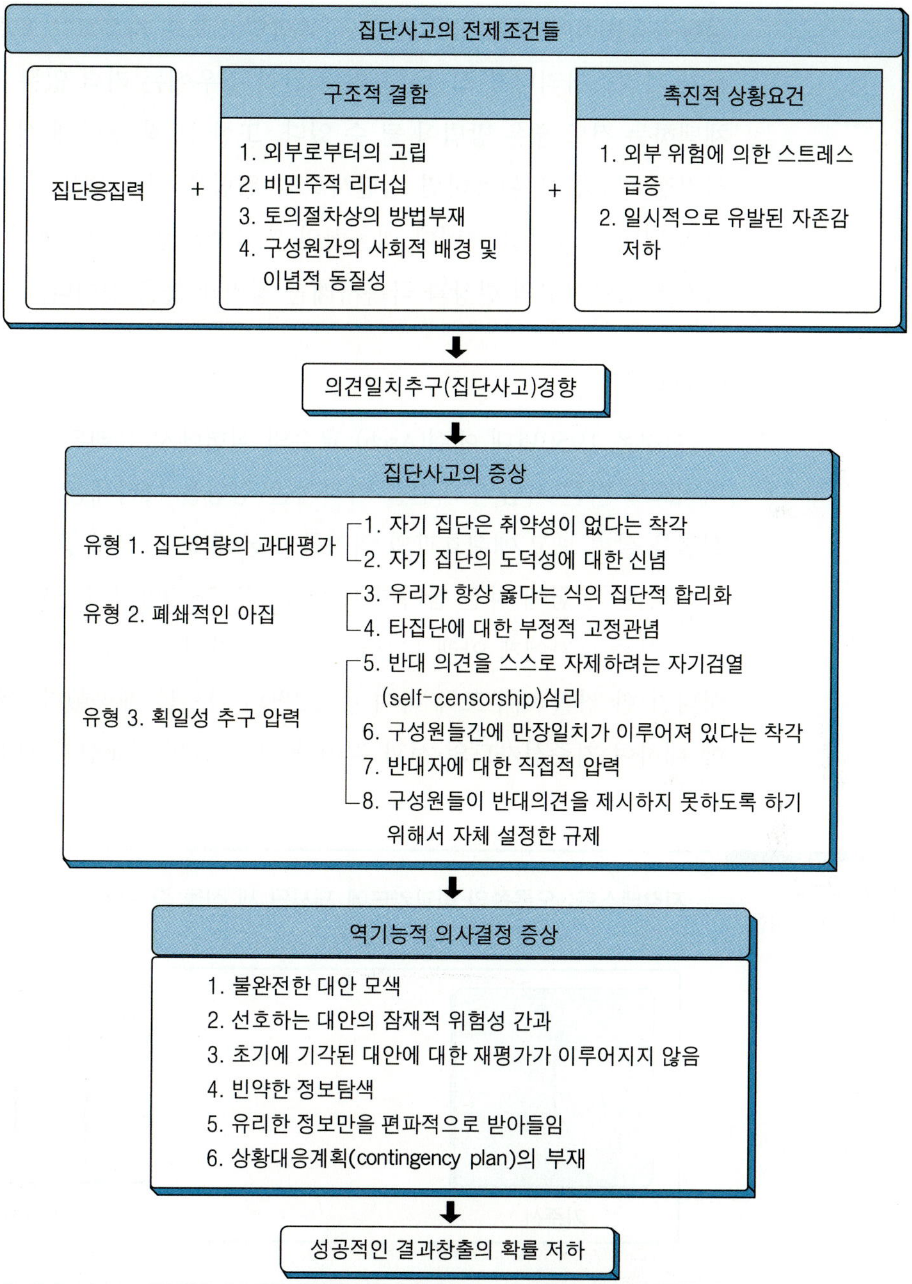

자료: Janis, I. L. 1972, *Victims of groupthink*, Boston: Houghton-Mifflin; 박원우. 1992. 8. 집단의사결정상의 문제점과 그 개선책에 관련된 용어, 인재개발, 12호, 인화원, pp.78-85.

다. 또한 전문가의 조언이나 자문을 무시하며 문제인식에 소극적이고, 따라서 상황적응능력이 떨어지게 된다. 극복방안으로는 자유로운 토론분위기를 만들든가 카리스마리더가 집단사고의 원인인 경우에는 리더 없는 집단토론 방식을 채택하는 것도 좋은 방법이 될 수 있다. 또한 본 장 후반에 제시한 효과적인 의사결정 방안들을 활용하면 집단사고의 위험을 어느 정도 극복할 수 있다. 본 장의 말미에 제시된 케네디 대통령의 피그(Pigs)만 침공사례와 '10월의 미사일' 사건은 집단사고의 현상과 극복사례를 정리해 놓은 것이다.

애쉬효과

이것은 1950년대 애쉬(Asch) 교수의 실험에서 유래된 말로서, 사람들이 심리적으로 다른 사람의 의견을 따라가는 성향을 나타내는 말이다. 애쉬 교수의 실험을 살펴 보고 애쉬효과의 의미를 추론해 보는 것이 좋을 것이다.

애쉬는 실험에 자진 참가한 대학생들을 7~9명의 소집단으로 묶었다. 그리고는 이들 각자에게 아래 〔그림 12-3〕과 같이 기준선카드 하나와 비교선카드 하나가 한 쌍을 이루도록 하여 총 12쌍의 카드를 제공했다. 문제는 이들 12쌍에 대하여 기준선카드의 선과 길이가 같은 선을 비교선카드의 선들 중에서 찾

그림 12-3
애쉬(Asch) 실험

지각테스트: 오른쪽의 비교카드에 제시된 세 선들 중 왼쪽 카드의 기준선과 길이가 같은 선은 어느 것인가?

자료: Asch, S. 1955. Studies of independence and comformity: A minority of one against a unanimous majority. *Psychological Monographs*, 20, Whole No.416.

아내는 것이었다. 각자는 자신이 선택한 선을 다른 구성원들 앞에서 공표하도록 되어 있으며 12쌍의 카드가 주어졌으므로 각자 12회 선택할 수 있는 기회를 갖게 된다. 같은 집단의 구성원들에게는 똑같은 카드가 주어졌다.

그러나, 각 실험집단의 구성원들(7~9명) 중, 한 사람을 뺀 나머지 참가자들은 12회 중 일곱 번은 의도적으로 틀린 답을 하고 나머지 5회에 대해서는 옳은 답을 하도록 사전에 조작되어 있었다. 12쌍 모두에 대하여 〔그림 12-3〕의 예에서 보듯이 누가 봐도 카드에 나타난 답(1번)은 명백하였다. 각 실험집단에서 조작되지 않은 나머지 한 사람이 실험대상자이며 그(녀)가 매회 제일 마지막에 선택(답)을 하도록 순서를 정해 놓았다.

애쉬 실험의 초점은 정답을 분명히 알고 있음에도 불구하고 실험대상자가 얼마나 대다수 구성원들이 선택한, 명백히 틀린 답을 좇아가는가를 알아보려는 것이었다. 이 실험의 결과에 따르면, 31명의 실험대상자들 〔즉, 31개 집단〕 중에서 한번도 흔들리지 않고 정답을 말한 사람들은 전체의 20%에 불과하였고, 나머지 80%는 적어도 한 번 집단의견(압력)에 굴복하여 틀린 답을 선택하였다. 또한 두 번 이상 틀린 답을 선택한 사람들도 58%나 되었다. 즉, 다수가 공유하는 틀린 생각 때문에 개인의 옳은 판단이 영향을 받게 되는 현상을 「**애쉬효과**」라고 한다.[10] 일반적으로 말하는 '동조현상'(conformity)과 유사한 개념이다.

조직차원의 의사결정

조직차원의 의사결정은 개인이나 소집단차원의 의사결정과는 다른 특징들을 보이기 때문에 이에 대한 이해가 필요하다. 조직차원의 의사결정이 갖는 중요성은 결정의 효과차원에서 설명이 가능하다. 즉, 결정에 따른 효과가 조직 전체에 영향을 미칠 수 있다는 것이 조직차원의 의사결정의 특징이다.

조직 의사결정의 네 가지 특징을 요약하면 다음과 같다.[11]

① 의사결정에 관련되는 사람들의 수가 많다.

② 결정관리자들은 종종 서로 상반되는 목표나 이해관계를 갖는다.

③ 조직 특성상 기능이 전문화, 분업화되어 있기 때문에, 조직구성원들이 수행하는 의사결정활동은 효과적인 커뮤니케이션을 전제로 한다.

④ 조직 의사결정에서의 결정권자는 결정사항을 수행함에 있어 다른 사람들에게 의존하지 않을 수 없다.

조직 의사결정에 영향을 미치는 요인들은 여러 가지가 있을 수 있지만 그중에서 권력의 문제와 **연합**(coalitions)의 문제를 언급하지 않을 수 없다. 권력이 조직 내에서의 선택이나 판단에 영향을 미친다는 연구는 일찍부터 이루어져 왔다.[12] 특히, 조직 내에서 한 조직구성원이나 부서가 다른 구성원이나 부서를 위해서 불확실성을 제거해 줄 수 있는 경우 권력의존관계가 성립한다. 불확실성 제거 능력은 곧 권력의 크기와 관련되며 보다 큰 권력을 가질수록 자신이나 자기 부서가 원하는 선택을 할 수 있는 여지도 그만큼 커지는 것이다. 또한 다른 부서가 원하는 자원을 많이 갖고 있는 부서가 보다 큰 권력을 갖는다는 **자원의존이론**(resource dependency theory)도 같은 입장을 취하고 있다.[13]

부족한 조직의 자원들을 보다 효과적으로 획득하기 위하여 조직구성원이나 조직 내 공식 · 비공식 집단들이 연합을 형성하는 경우가 많다. 연합을 통하여 보다 큰 권력을 행사할 수 있게 됨으로써 자신들이 원하는 선택과 결정을 할 수 있게 된다.

연합의 규모에 관해서는 **최소승리 가설**이 연구된 바 있다. 즉, 사람들은 자원획득이 가능한 최소 규모의 연합을 선호한다는 가설이다. 그 이유는 자명하다. 획득한 자원의 분배를 염두에 두고 있는 것이다. 최소의 규모로 자원을 획득하였을 때 개인에게 돌아가는 분배가 최대가 되기 때문이다.[14] 연합이 장기간 지속되면서 플레이어들이 오랫동안 공동보조를 취하게 되는 경우도 있을 수 있다.

최근 조직차원의 의사결정에서 가장 중요시되고 있는 것은 전략적 의사결정이다. 전략적 의사결정이라는 말은 적어도 두 가지 의미를 갖는다. 첫째는 조직 내 모든 결정이나 선택을 전략적으로 한다는 뜻이고, 둘째는 조직의 운명을 결정하고 나아갈 방향을 설정해 주는 따위의 중요한 사안에 대한 결정이란 뜻이다.

전략적 선택이란 효율성(Do things right: 주어진 일을 옳게 함)보다는 효과성(Do the right thing: 옳은 일을 함)에 중점을 두며 포괄적이고 장기지향적인 일련의 행동을 내포한다.

또한 중요한 사안에 대한 결정이란 측면에서 보면, 새로운 사업의 선택, 비용주도(cost leadership)로 갈 것인가, 질적 차별화(differentiation)로 갈 것인가에 대한 선택, 신제품기술에 대한 선택 등이 전략적 의사결정의 대상이 될 수 있다. 전략적 의사결정은 조직과 환경의 교류에 초점을 둔다.

효과적인 집단의사결정 기법

이상에서 우리는 개인, 집단, 그리고 조직 차원의 의사결정에 대해서 살펴보았다. 여기에서는 조직에서 많이 사용되고 있는 집단의사결정 기법들을 소개하려 한다. 브레인스토밍과 같이 전통적으로 많이 알려진 기법도 있지만 지명반론자법이나 변증법적 문의법처럼 비교적 최근에 발표된 기법들도 있다. 이 기법들은 언제든지 실무에서 쓰일 수 있는 기법들이므로 각자가 실습을 통해서 터득해두는 것이 바람직할 것이다.

브레인스토밍

효과적인 집단의사결정 기법의 첫 번째로 브레인스토밍(brainstorming)[15] 방법을 들 수 있다. 이 기법은 여러 명이 한 가지의 문제를 놓고 아이디어를 무작위로 개진하여 그중에서 최선책을 찾아내는 방법이다. 이 방법의 규칙에는 〈표 12-4〉와 같은 것들이 있다.

표의 규칙들을 활용하여 문제해결에 이르기까지 일련의 과정을 반복하는 기법이다. 그러나 이 방법에서의 문제점은 중구난방식의 아이디어 제시로 급

표 12-4
브레인스토밍 규칙들

(1) 타인의 아이디어에 대해서 비판할 수 없다.
(2) 자유로이 아이디어를 개진할 수 있다.
(3) 가능한 한 많은 아이디어를 개진하는 것이 좋다.
(4) 개진한 아이디어를 통합하고 발전시켜 나가야 한다.

기야는 문제와 전혀 연관성이 없는 아이디어들을 나열하는 결과를 초래할 수도 있다는 점이다. 또한 아이디어의 개진에만 초점을 맞추다 보면 현실성을 결여하여 단지 아이디어로만 끝나는 수도 있다. 대안을 발견하는 데는 유효하나 대안을 평가, 선택하는 단계에 이르러서는 다른 기법들과 병용하는 것이 바람직하다.

명목집단법

약자로 NGT(Nominal Group Technique)[16]법이라고 하는데 〔그림 12-4〕와 같이 진행순서를 요약할 수 있다. 이 방법의 주된 특징은 참석자들로 하여금 서로 대화에 의한 의사소통을 못하도록 하는 데 있다. 그럼으로써, 집단의 각 구성원들이 진실로 마음속에 생각하고 있는 바를 끄집어내려는 것이다. 이 방법을 사용할 때의 지침을 요약하면 〈표 12-5〉와 같다.

이 방법에 의하면, 의사결정에 참여한 모든 구성원들은 각자 타인의 영향을 받지 않고 자신의 의사를 개진할 수 있기 때문에 의사결정을 방해하는 타인의 영향력을 줄일 수 있다는 장점을 가지고 있다. 이 방법이 효과적으로 사용되는

그림 12-4
NGT법 진행순서

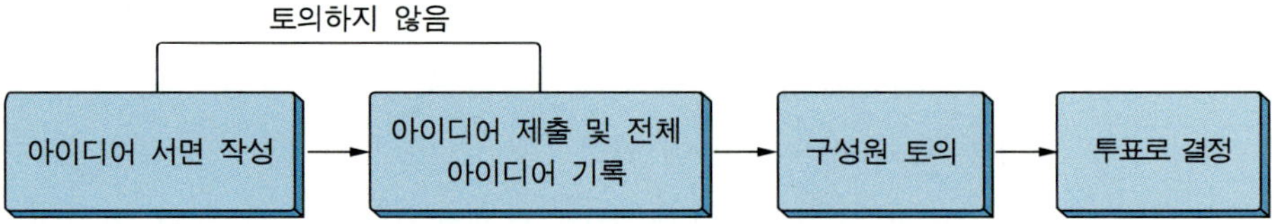

표 12-5
명목집단법 운용의 가이드라인

(1) 소집단 구성원들이 테이블에 둘러앉되 서로 말을 하지 않는다.
(2) 각 구성원들은 문제에 대해 생각하는 바를 백지에 적는다.
(3) 다음은 한 사람씩 돌아가면서 자신의 아이디어를 발표하고 서기나 사회자는 구성원 모두가 한눈에 볼 수 있도록 제시되는 아이디어를 칠판이나 큰 차트(chart)에 적는다. 각 아이디어에 대한 토의는 하지 않는다.
(4) 이 결과로 아이디어 목록이 얻어진다. 그리고 난 다음, 각각의 아이디어에 대하여 구두로 보조설명이나 지지 이유에 대한 설명을 하도록 한다.
(5) 끝으로, 각 참석자들은 제시된 아이디어에 대한 우선순위를 묻는 비밀투표를 실시한다. 최고의 표를 얻은 안이 채택된다.

때는 새로운 사실의 발견과 아이디어를 얻고자 할 때, 정보의 종합이 필요할 때, 최종 결정을 내릴 때 등이다.

델파이법

델파이(Delphi)법은 구성원이 한 곳에 모여 토론하여 결정을 하는 것이 아니라 각자 떨어져 있는 비대면 상태에서 전문적 의견을 설문을 통해서 전하고 다른 사람들의 의견을 보고 나서 다시 수정한 의견을 제시하는 일련의 절차를 거쳐 최종 결정을 내리는 방법이다.[17)] 이 방법은 1950년대 미국 랜드(Rand)연구소에서 원자폭탄 공격의 영향을 분석할 때 처음 사용되었다. 델파이란 말은 고대 그리스의 미래 통찰과 관련된 '델파이 신탁'(Oracle of Delphi)에서 따왔다.

표 12-6
델파이법 가이드라인

(1) 문제 설정
(2) 첫 번째 설문지 시행, 응답종합
(3) 종합된 응답결과를 참여자들에게 제공
(4) 종합 · 요약된 다른 사람들의 응답을 본 뒤 두 번째 설문에 각자의 수정된 의견제시, 정리 및 재송부
(5) 2~4의 과정을 적절한 해결책이 얻어질 때까지 계속함

이 방법은 NGT와는 달리 의사결정의 참석자들이 서로 얼굴을 볼 수 없도록 떨어져 있는 상태에서 시행한다. 또한 이 방법에 참여하는 사람들은 NGT에서와는 달리 사안에 대한 전문가들이다. 이 방법의 가이드라인을 〈표 12-6〉과 같이 나타낼 수 있다.

델파이법은 지극히 불확실한 미래의 현상을 예측하는 도구로 많이 사용되어 왔다. 예를 들어, 지금까지 시판된 적이 없는 신상품에 대한 수요예측을 함에 있어 그 신상품에 관련 있는 전문가들을 여러 명 초빙하여 델파이법을 사용할 수 있다.

지명반론자법

지명반론자법 또는 악마의 변론자법(Devil's Advocate Method)[18]은 집단을 둘로 나누어 한 집단이 제시한 의견에 대해서 반론자로 지명된 집단의 반론을 듣고 토론을 벌여 본래의 안을 수정하고 보완하는 일련의 과정을 거친 후 최종

매듭 12-3 **SCAMPER 법을 통한 창의력 증진**

창의력 증진기법 중에 SCAMPER법이 있다. 아이디어를 얻기 위해서 의도적으로 시험할 수 있는 일곱 가지 규칙들이다. 여기서, S=Substitute(기존의 것을 다른 것으로 대체해 보라), C=Combine(A와 B를 합쳐 보라), A=Adapt(다른 데 적용해 보라), M=Modify, Minify, Magnify(변경, 축소, 확대해 보라), P=Put to other uses(다른 용도로 써 보라), E=Eliminate(제거해 보라), R=Reverse, Rearrange(거꾸로, 또는 재배치해 보라) 등을 뜻한다. 각 기법에 대한 많은 예를 찾아볼 수 있다. 「A」의 경우, 지퍼를 예로 들 수 있다. 영국에서 처음 발명된 지퍼는 미 해군 병사들의 점퍼에 사용되기 시작하다가 보스턴 상류여성의 원피스에 사용되게 되었고 결국 1960년대에 남성 하의에 적용되기까지 오랜 시간이 걸렸다. 「M」의 확대기법은 「라이프」 잡지를 예로 들 수 있다. 본래 샘터 크기로 발간되던 이 잡지는 규격을 크게 하여 읽는 대신 보는 잡지로 변신하여 성공한 예이다.

〈매듭문제 12-3〉 나머지 S. C. A. P. E. R. 기법의 예들을 조사하여 정리해 보시오.

표 12-7
지명반론자법 절차

(1) 의사결정에 참여한 집단을 둘로 나누든가 집단구성원 중 몇 명을 택하여 지명반론자에 임명한다.
(2) 한 집단이 먼저 문제해결에 대한 수렴된 의견을 제시한다.
(3) 수렴된 의견을 지명반론집단 또는 지명반론자에게 설명을 한다.
(4) 반론자는 이에 대한 반론을 제시한다.
(5) 제시된 의견을 바탕으로 최선의 해결책을 찾을 수 있도록 계속 토론을 한다.
(6) 이와 같은 절차를 최종안이 나올 때까지 계속한다.

대안을 도출하는 방법이다. 이 방법의 일반적 과정을 기술하면 〈표 12-7〉과 같다.

지명반론자는 꼭 집단일 필요는 없고 집단 내 2~3명 정도가 반론자의 역할을 담당해도 된다. 중요한 것은 반론자들이 의무적으로 본래 안의 단점과 약점들을 지적해야 한다는 것이다. 이러한 과정을 거쳐 선택된 안은 생각할 수 있는 여러 상황에 대한 대응방안까지를 포함하고 약점을 보완하게 되어보다 강력하고 현실적용성이 높아진다.[19)]

이 방법은 원래 천주교 성인(sainthood) 추대심사에서 추천된 후보의 성인추대 불가 이유를 자료를 통해 주장하도록 공식적으로 역할을 부여받은 사람을 악마(devil)라고 부른 데서 기인한다.[20)]

특히 지명반론자법은 전략적 의사결정을 함에 있어 손쉽게 사용할 수 있고 그 효과가 뛰어나다는 측면에서 많이 쓰일 수 있다.

의사결정의 윤리성

의사결정과 윤리는 불가분의 관계에 있다. 비윤리적 의사결정으로 감옥에 가는 경영자들의 기사가 매체에 자주 등장한다. 이것은 인류사회의 보편적 현상이다. 비윤리적 의사결정의 원인은 개인의 비윤리성에 국한되지 않는다. 비윤리적 결정은 사회적, 환경적, 법적, 조직문화적 요인들과 불완전한 관리시스템에 의해서도 영향을 받는다.[21] 예를 들어, 비윤리적 결정의 사회적 영향은 소위 **"썩은 사과이론"**(bad apple theory)에 잘 나타난다.[22] 썩은 사과 하나가 바구니에 들어 있으면 다른 싱싱한 사과 모두를 썩게 하듯이, 팀이나 조직 내의 비윤리적인 한 사람이 다른 윤리적 구성원들도 비윤리적으로 타락하게 만든다는 이론이다.

윤리적 의사결정은 윤리적 기준을 명확히 하고 윤리성을 확보하려는 노력에 의해서 어느 정도 성취될 수 있다. 세계적인 투자가 워런 버핏(Warren Buffet)은 **"뉴스페이퍼 테스트"**(newspaper test)를 통해서 윤리적 의사결정을 하려고 노력한다고 한다.[23] 즉 "내가 내린 결정, 내가 한 행동"이 그대로 아침 신문에 기사화되었을 때 가장 사랑하는 사람과 같이 그 기사를 읽을 수 있는지를 윤리판단의 기준으로 삼는다는 말이다. 의사결정을 할 때마다 이 원칙에 비춰보아 부끄럽다고 판단되면 비윤리적이라고 판단하면 된다.

윤리적 의사결정, 어떻게 할 것인가

비윤리적 행동이 발생하는 이유에는 여러 가지가 있다. 첫째, 기업의 의사결정자들이 '내 맘대로 한다'는 식의 방종형 기준을 적용하기 때문이다. 남의 권리, 소비자, 공익 등에 대해서는 아랑곳하지 않고 자신의 욕구만을 충족시키려 할 때 윤리문제가 발생하게 된다. 둘째, '힘 있는 자가 항상 옳다'는 태도 때문에 윤리적 한계를 넘게 되기도 한다. 독점기업이나 거대재벌 또는 소유주 등이 개인의 권리를 침해하는 경우가 이에 해당한다. 셋째는 '불법을 하더라도 걸리지만 않으면 된다'는 옳지 못한 가치관이 또 하나의 원인을 제공한다. 부정부패를 근절하기 위해서 건설현장의 감리를 외국인에게 맡기고 은행의 대출책임자를 또 외국인으로 앉힐 수밖에 없는 한국의 윤리현실을 깊이 반성해 봐야 할 것이다. 넷째는 법의 허점을 최대한 이용하여 자신의 이익을 극대화하려는 경우이다. 기업소유주들이 법망을 피해 가면서 교묘한 방법으로 부를 상속시켜

온 예가 여기에 해당한다.[24]

조직의 의사결정자들은 다음과 같은 윤리성 확보의 원칙들을 적용할 필요가 있다.[25]

① 공개의 원칙: 의사결정의 기준이 공개되더라도 떳떳할 수 있는가?

② 분배정의의 원칙: 개인에 대한 평가나 보상의 기준이 임의적이지 않은가?

③ 불가피성의 원칙: 같은 상황에서 누가 결정을 하더라도 똑같은 선택을 할 수밖에 없는가?

④ 역지사지의 원칙: 자신의 결정에 영향을 받는 사람들의 입장에서 받아들일 수 있는 선택인가?

내부자 고발행위

조직에서 불법적 또는 비윤리적 사건이 일어났을 때 그것을 인지한 내부 조직원이 당국이나 언론에 고발하는 것을 **내부자 고발행위**(whistle-blowing)라고 한다.[26]

내부자 고발은 은밀히 진행되는 부조리와 불법, 탈법 또는 비윤리적 사건들을 공개하여 잘못을 시정하는 결과를 가져온다. 하지만 내부 고발에 대한 인식에 있어서는 문화적 차이가 크다. 서구에서는 내부 고발자를 정의로운 일을 한 사람으로 일반적으로 좋게 받아들이지만 한국에서는 배신자나 의리 없는 사람으로 낙인찍는 경우도 많다. 미국에서는 1778년 7월 30일 내부고발자보호법을 통과시켜 불법적 행위를 인지한 내부 조직원이 고발했을 경우 그 신분을 보호해 주고 있다. 우리나라도 2001년 부패방지법을 제정하여 내부고발자 보호에 노력하고 있으나 실효성에 의문이 제기되고 있다.

사 례 12-1 존 에프 케네디(J. F. Kennedy)의 의사결정: 피그만(The Bay of Pigs) 침공 승인

▣ 다음의 사례는 저자가 사례에 관련된 여러 자료들을 모아 구성한 것이다.

(주 자료원: Janis, I. L. 1972. *Victims of groupthink: A psychological study of foreign-policy decisions and fiascos*, Boston: Houghton Mifflin.)

1. 등장인물

존 에프 케네디(John F. Kennedy) – 미 대통령
딘 러스크(Dean Rusk) – 국무장관
로버트 맥나마라(Robert McNamara) – 국방장관
로버트 케네디(Robert Kennedy) – 법무장관
멕죠리 번디(McGeorge Bundy) – 대통령안보담당 특별보좌관(장관급)
아서 슐레신져(Arthur Schlesinger, Jr.) – Harvard대 역사학 교수
리차드 굿윈(Richard Goodwin) – (Harvard대 교수: 직접 회의에 참석하지는 않았으나 멤버들과 사안에 대해 많은 토론을 하여 영향을 미침)
합참의장단원 3명
자문역 5명: 알렌 덜러스(Allen Dulles) – CIA 국장
리차드 비셀(Richard Bissel) – CIA 부국장
토마스 만(Thomas Mann) – 국무성 미주담당
아돌프 벌(Adolph Berle) – 남미팀장
폴 니체(Paul Nitze) – 국방차관

2. 승인과정

케네디 행정부가 승인한 '피그만(Bay of Pigs)'(쿠바) 침공 결정은 CIA의 충성파 그룹에 의해서 입안된 것으로, 계획의 요점은 쿠바에서 미국으로 망명한 사람들로 일개 여단을 구성하여 쿠바의 피그만(灣)에 비밀리에 진주시켜 카스트로 정권을 전복케 한다는 것이었다.

위의 출연진에서 볼 수 있듯이 본 계획에 대해 최종 승인결정을 내린 그룹은 케네디 대통령을 포함하여 쟁쟁한 사람들로 구성되어 있었다.

사실, 쿠바 침공계획은 리차드 닉슨(Richard Nixon)이 아이젠하워 행정부에서 부통령으로 있을 때 처음 제안한 것이었다. 1960년 3월 아이젠하워 대통령은 닉슨의 제안을 받아들여 CIA로 하여금 쿠바로부터의 망명자들을 조직화하여 반카스트로 세력을 키우고 원한다면 군사훈련을 받도록 허락하여 쿠바에 게릴라 활동을 지원하도록 지시했었다.

이에 따라 CIA는 많은 요원들을 투입하여 실행계획 수립에 들어갔다. 그러나 CIA는 아이젠하워 대통령의 '쿠바 내 게릴라 활동의 지원' 명령을 '훈련된 군대에 의한 쿠바 전면 침공'으로 확대 해석하기에 이른다.

1961년 1월 – 케네디가 대통령으로 취임한 이틀 뒤, 케네디 대통령과 그의 각료 몇 명은 덜러스 CIA 국장과 렘쩌(Lemtzer) 합참의장으로부터 쿠바 침공에 대한 계획을 보고 받는다.

CIA의 보고서는 아주 상세하게 되어 있었다. 특히 본안은 전임 아이젠하워 대통령의 지시에 따라 마련되었으며, 막강한 CIA의 조직에 의해 정보가 수집되고 작성되었으므로 공신력 측면에서 크게 의심할 바가 없다는 것이 통념으로 받아들여졌다.

사실, 미국 영토로부터 90마일밖에 떨어져 있지 않은 쿠바에 공산정권이 들어선다는 것은 어느 모로 보나 미국에게는 큰 부담이었으며 미 행정부는 공식적으로 쿠바 인민들에게 자유를 회복시켜 주겠다는 것을 선언하고 있었다. 그러나 이러한 선언에 대해 구체적으로 가능한 대안들을 심각하게 고려해 본 적은 없었다.

그러던 차에 제시된 CIA의 보고서는 그 당시 상황에서는 케네디가 싸인만 하면 그다음 날 실행에 옮길 수 있을 만큼 구체적인 대안이었고, 어떻게 보면 '아주 기발한' 아이디어로 받아들여졌다. 이제 케네디와 그의 핵심 참모들 앞에 놓인 대안은 명확했다.

'CIA의 안을 승인할 것인가, 아니면 거절할 것인가?'

1961년 4월 초, 케네디 대통령과 그의 핵심 참모들은 CIA안에 대한 승인 여부를 결정키 위해 함께 모였다. 출범한 지 얼마 안 된 케네디의 새 각료들은 해보겠다는 높은 의지와 엘리트 의식은 갖고 있었으나 자유롭게 솔직한 의견을 서로 교환하고 비판할 수 있는 분위기는 조성되어 있지 않았다. 케네디 대통령도 새 각료 개개인의 장 · 단점을 확실히 파악치 못하고 있었으며 군이나 전문가들은 보통 사람들이 갖고 있지 않은 모종의 특출한 능력을 갖고 있다고 믿고 있었다. 회의가 시작되었다.

CIA 국장: "CIA가 준비한 안은 아이젠하워 전임 대통령의 명령에 따라 준비된 것입니다. 이미 이 안에 따라 준비가 착착 진행되고 있습니다. 1,700명의 쿠바 출신 망명자들이 과테말라에서 CIA의 지도 아래 훈련 중입니다. 문제는 이들 망명자여단을 어떻게 처리할 것인가 하는 것입니다. 이들 망명자들은 조국에서 억압받고 있는 동포들을 조만간 해방시킬 수 있다는 기대로 충만해 있습니다. 만약 본안이 승인되지 않으면 그들을 미국으로 다시 소환해 와야 하는데, 한번 상상해 보십시오, 1,700명이나 되는 사람들이 자신들의 기대를 충족치 못한 채, 미국으로 되돌아와서 전국을 돌아다니며 그들이 지금껏 과테말라에서 무엇을 하고 있었는지를 떠들어 대게 되면, 본 행정부에 아주 커다란 부정적 영향을 미치게 됩니다. 그들은 대통령 각하께서 카스트로의 독재정권을 무너뜨리려는 자기들의 시도를 봉쇄했다고 온천지에 비난하게 될 것이고 그렇게 되면 본 행정부가 공산주의에 대해 약하다는 비판을 면할 수 없을 것입니다. 또한 쿠바 조종사들이 지금 체코슬로바키아에서 훈련 중이며 쿠바는 곧 소련으로부터 전투기를 수입, 공군력을 강화하게 될 전망입니다. 지금이 마지막 기회입니다."

존 에프 케네디: "본 계획에 대한 우리 행정부 내에 있는 다른 전문가들, 예를 들어 국무성의 쿠바 담당관, 그리고 CIA의 정보전문가들의 의견은 어떤가?"

CIA 국장: "그들에게는 알리지 않았습니다. 각하, 본 계획이 성공하려면 반드시 비밀이 지켜져야 합니다. 여러 사람에게 알리는 것은 결국 비밀누설의 가능성만 키우게 될 거라 봅니다. 각하."

존 에프 케네디: "음, 알겠소. 여러분들의 생각은 어떻소?"

로버트 케네디: "여기에 주어진 정보에 따르면 침공 이외의 다른 대안은 없다고 생각합니다. 그러나 한가지는 침공계획의 상세한 일정까지 언론에 보도되고 있는데 어찌 된 일입니까?"

맥나마라: “막강한 우리의 군사력에 비해 쿠바의 군사력은 보잘것없습니다. 누구도 쿠바 인민을 카스트로의 독재로부터 해방시키려는 우리의 결의를 저지하지 못할 것입니다. 그러므로 설령 카스트로가 상륙 일시를 안다 해도 어찌할 수 없을 것입니다.”

번디: “일단 망명자여단이 침공에 성공하면 쿠바 내 지하조직과 군부 내의 반란 그룹이 들고 일어나 반카스트로 정권의 전복은 쉽게 이루어지리라고 봅니다.”

합참의장: “그렇습니다. 설령 망명자여단이 군사적 목적을 달성하지 못하는 경우에도 에스캄브레이(Escambray) 산악지대로 퇴각하여 기존의 게릴라 부대와 합세하게 될 것이므로 적어도 반카스트로 활동을 강화할 수 있습니다.”

CIA 국장: “CIA는 작전 개시와 동시에 위장기사를 유포하여 미국의 쿠바 침공에 책임이 없다는 것을 전 세계에 퍼뜨릴 것입니다. 더구나, 현상태에서 쿠바의 공군력은 보잘것없고 지상군도 아주 약하여 소규모 상륙여단으로도 임무완수가 가능합니다. 공습은 2차 대전시 사용한 B-26기를 사용하면 내부 반란군에 의한 것인 양 위장할 수 있습니다.”

존 에프 케네디: “자 그러면, CIA의 안에 대한 승인 여부를 결정하겠습니다. 본안에 반대하는 사람은 지금 이 자리에서 얘기해 주시오.

…………(침 묵)

그럼, 본안에 대해 모두가 찬성하는 것으로 믿겠소. 나도 이 안에 찬성이오. 본 계획이 차질없이 수행될 수 있도록 최선을 다해 주기 바라오.”

3. 실행 및 결과

1961년 4월 17일. 과테말라에서 미군에 의해 훈련받은 약 1,700명의 쿠바 망명자여단은 미 공군과 해군, 그리고 CIA의 지원을 받으며 쿠바의 피그만 해변에 상륙작전을 개시했다. 그러나 무엇하나 계획대로 되어지지 않았다.

작전 개시 첫날. 탄약과 보급물자를 실은 네 척의 보급선 중 하나도 목표지점에 나타나지 않았다. 두 척은 쿠바 공군기들의 습격에 의해 침몰되었고, 나머지 두 척은 그것을 보고 즉각 도주해 버렸다. 작전 개시 제2일. 1,700명의 상륙여단은 중무장한 카스트로 2만 대군에 의해 완전 포위되었다.

제3일. 상륙여단병력 중 약 1,200명(사실상 죽지 않고 살아남은 병사 거의 전원)이 체포되어 포로수용소로 보내어졌다.

작전은 너무나 어처구니없이 순식간에 대실패로 끝났다. 이 소식을 접한 케네디 대통령은 아연실색했다. 그 후 3일 동안 사태는 점점 더 악화되어만 갔고 케네디의 마음은 분노에 떨고 있었다. "내가 생각했던 그게 아니었어! 내가 어떻게 그런 바보 같은 짓을 승인했단 말인가?" 케네디는 믿어지지 않는 듯이 자문하고 있었다. 사실 그의 보좌관들, 아니 전 세계가 같은 질문을 던지고 있었던 것이다.

사건의 진상이 전 세계에 매스컴을 통해 알려지면서 미국 내에서는 물론 전 세계적으로 케네디 대통령과 미 행정부를 비난하는 목소리가 높아갔다. 그때까지 미국과 친하던 남미 국가들조차 진노하게 되었고 조그마한 이웃 국가에 대하여 자행된 불법적 침략행위를 규탄하는 항의 집회가 미국 내에서는 물론 전 세계적으로 잇따랐다. 뭔가 희망을 갖고 새 행정부를 바라보던 미국 내 지식인층조차 경멸하며 등을 돌리게 되었다. 서유럽 동맹국들과 UN도 미국을 규탄하는 데 목소리를 함께하기 시작했다. 이제 케네디 대통령이 직면한 일은 어떻게 이 엄청난 실패를 수습할 것인가 하는 것이었다.

4. 사후의 평가: 여섯 가지 오판

제1가정: 누구도 미국이 쿠바 침공에 책임이 있다는 것을 모를 것이다. CIA가 거짓 사실을 유포하면 그대로 믿을 것이다. 의심하는 사람들을 쉽게 설득할 수 있을 것이다. 침공 초기의 쿠바에 대한 공습 가맹은 2차대전 때 사용한 B-26기를 사용함으로써 쿠바 공군 내의 반란군에 의한 것이라고 우기면 믿을 것이다.

⇨ 사실, 미국이 쿠바 망명자들을 모아 '과테말라'에서 훈련을 시키고 있으며 이들을 통해 쿠바를 침공하려 한다는 작전의 상세한 일정계획까지 사전에 미국 언론에 의해 일반에 보도되고 있었다. 카스트로가 미국 신문만 읽고도 침공계획의 상세한 부분까지 알 수 있을 정도였다. 이러한 보도 사실을 접한 케네디와 참모들은 비록 작전기밀이 카스트로에게 누설되었다고 하더라도 작전수행

에 별로 중요한 영향을 못 미친다고 오판한다.

> 제2가정: Cuba의 공군력은 정말 보잘것없으므로 침공이 시작되기 전에 완전 소멸이 가능하다.

⇨ 그러나 출격한 B-26기들은 너무 낡아 많은 수가 엔진 고장을 일으켜 되돌아왔고 첫 공습에 참여한 비행기들 중 반 정도는 쿠바 전투기와의 공중전에서 피격되어 버렸다. 또한 재차 공습을 감행할 경우 미국에 의한 쿠바 침공이라는 사실이 너무나 적나라하게 들어나게 된다는 점을 의식한 케네디가 2차 공습을 취소시켜 버림으로써 쿠바 공군이 제공권을 완전 장악하게 된다.

> 제3가정: 1,700명의 쿠바 망명군여단은 사기가 충천해 있어 미 지상군으로부터의 아무런 지원 없이도 임무를 완수할 수 있다.

⇨ 거사 한 달 전, 훈련 중이던 망명자 군인 30여 명이 진급과 처우에 불만을 품고 반란을 일으켰다. 그들 대부분은 체포되어 감옥에 보내어졌다. CIA는 실제 작전에 투입되는 군인의 숫자나 미군의 지원에 대해 훈련생들에게 새빨간 거짓 정보를 주고 있었다.

> 제4가정: 쿠바군은 아주 약하여 소규모 상륙여단으로도 임무를 완수할 수 있다.

⇨ CIA는 쿠바 지상군이 아주 취약하다고 주장했으나, 미 국무성이나 영국 정보기관이 제공하는 정보는 정반대로 쿠바군이 잘 훈련되어 있고, 최신 병기를 가지고 있다는 것이었다. 케네디와 그의 참모들은 진상 파악 없이 CIA의 정보를 맹신했다. 일이 실패로 끝난 뒤에 케네디는 침투병력의 10배는 있어야 상륙거점 확보가 가능하다는 것을 알게 되었다.

> 제5가정: 일단 망명자여단이 침공에 성공하면 쿠바 내의 지하조직과 군내부의 반란 그룹이 들고일어나 반카스트로 전투에 가세할 것이므로 카스트로 정권의 전복은 쉽게 이루어질 수 있다.

⇨ 그러나 CIA를 비롯한 누구도 이에 대한 증거자료를 전혀 갖고 있지 않았다. CIA 자체도 아무 근거 없이 이러한 가정을 사실인 양 보고하고 있었다.

제6가정: 만약 망명자여단이 군사적 목적을 달성할 수 없는 경우에는 Escambray 산악지대로 퇴각하여 기존의 게릴라 부대와 협동작전을 전개함으로써 적어도 쿠바 내 반카스트로 활동을 강화할 수 있다.

⇨ 그러나 사실은 CIA를 비롯한 어느 작전책임자도 침공이 실패했을 경우의 퇴각에 대한 계획을 갖고 있지 않았다. 또한 피그만에서 에스캄브레이까지는 80마일쯤 되는데 거의가 늪과 정글지대여서 실제 에스캄브레이로의 퇴각은 불가능했다. 이러한 사실은 쿠바의 지도만 눈여겨 보았어도 알아볼 수 있는 너무나 명백한 사실이었다.

[사례 문제 12-1] 본 사례에 나타난 사실들을 앞서 학습한 집단사고의 징후 차원에서 분석하여 보시오. 어떤 징후들이 나타나고 있는가?

사 례 12-2 10월의 미사일 사건

■ 〔이 사건은 "D-13"이란 제목의 영화로 만들어졌다.: 캐빈 코스트너 주연〕

1. 사건 개요

〈쿠바 미사일 위기 일지〉

1962년 10월 달력

일	월	화	수	목	금	토
	1	2	3	4	5	6
7	8	9	10	11	12	13
14	15	**16**	**17**	**18**	**19**	**20**
21	**22**	**23**	**23**	**25**	**26**	**27**
28	29	30	31			

위의 달력에서 보듯이 16일~28일까지 13일간(D-13)에 걸쳐 세계는 쿠바 미사일 위기라는 전례 없는 긴장의 순간을 맞이하였다. 앞서 살펴본 피그만사건이 있은 지 18개월이 지난 후, 쿠바의 카스트로는 소련 공산당 서기장 후르시초프의 지원을 받아 쿠바 영토 내에 핵탄두 미사일 기지 건설에 들어갔다. 1962년 10월 14일 미국의 정찰기 U2기는 쿠바에 소련의 중거리 핵탄두 미사일 기지가 건설되고 있다는 것을 확인하였다. 케네디는 Ex Comm(국가안보회의 집행위원회: Executive Committee of the National Security Council)의 보좌관들과 며칠 동안 회의를 갖고 쿠바에 대한 침공이나 미사일 기지의 폭격으로부터 정규적인 외교채널의 사용에서 아무것도 하지 않는 것에 이르기까지 선택 가능한 모든 사항들을 검토하였다. 결국 미사일의 제거를 위한 협상이나 직접적인 폭격방법을 배제하고, 쿠바 해안을 봉쇄하여 쿠바의 격리를 시도하기로 했다. 그리하여 그는 10월 22일 텔레비전 방송을 통해서 쿠바 내의 소련 미사일의 존재를 밝히고 쿠바 해안의 봉쇄를 발표했다. 약 180척의 미국 함정들이 카리브해의 봉쇄에 동원되었고, 10월 24일 미사일 기지 건설에 사용될 자재를 실은 소련의 운송선들이 봉쇄선에 다가왔으나 미 군함들의 경고에 퇴각한다. 국제연합 사무총장 우 탄트(U Thant)는 대화를 제의했고, 후루시초프는 정상

회담을 요청했다. 그러나 케네디는 미사일이 먼저 제거되어야 한다면서 거절하였다.

소련의 지도자들은 당연히 케네디의 요구에 공개적으로 굴복하는 것을 원하지 않았으며, 미국이 터키에 이미 갖고 있던 핵탄두 미사일 기지를 철수한다면 소련도 쿠바로부터 미사일을 철거하겠다고 제의했다. 이에 대해 케네디는 자신의 명예와 나토 동맹국들과의 관계를 고려하여 그러한 거래를 거부했다. 이제 미국과 소련 양국 간의 군사적 대치는 극한 상황에 처하여 핵전쟁 발발의 초읽기에 들어갔다. 10월 27일 그의 동생 로버트 케네디가 주미 소련 대사 도브리닌을 만나 미국은 이 위기가 끝난 후 빠른 시일 내에 터키와 이탈리아로부터 구형의 미사일을 철거할 것이라고 말했다. 마침내 10월 28일 소련은 이러한 사적인 언질과 미국이 쿠바의 영토 보전을 공개적으로 보장한다는 조건으로 체면치레를 하고 쿠바의 미사일 철거에 동의했다. 이로써 전 세계를 3차대전의 소용돌이로 몰아넣을 뻔 했던 쿠바 미사일 위기는 케네디의 승리로 끝났다.

2. 케네디 행정부의 의사결정과정

케네디는 10월의 미사일 사건에서는 앞서의 피그만 사건 때와는 전혀 다른 의사결정방식을 사용한다. 양자를 대비시켜 살펴보면 바람직한 의사결정방식과 그렇지 않은 방식의 차이를 선명하게 이해할 수 있을 것이다. 이 사건해결에 참여한 미국 측 등장인물들을 보면 〈표 A〉와 같다.

〈표 A〉에서 보듯이 핵심 인물들은 피그만 사건 때와 동일한 인물들이다. 케네디는 피그만 사건 때의 '완전한 실패'(Perfect Failure)로부터 교훈을 얻어 이번에는 의사결정 스타일을 완전히 바꾼다. 10월의 미사일 사건에서 보여진 의사결정의 특징은 아래와 같이 요약할 수 있을 것이다.

첫째, 존 에프 케네디가 직접 회의를 주재하지 않고 자신의 동생인 로버트 케네디(법무장관)에게 의장직을 위임한다(리더 없는 회의: leaderless discussion). 대통령 앞에서는 허심탄회한 의견을 표출하지 않으려 한다는 점을 간파한 것이다.

둘째, 피그만 사건 때와는 달리 가능한 대안들을 아주 폭넓게 도출하고 각각의 장단점들을 토론을 통하여 점검하였다. 즉, 직접 공격, 외교적 방법, 해상봉

〈표 A〉 10월의 미사일 사건의 등장인물들

존 F. 케네디	미국 대통령
로버트 케네디	법무장관
딘 러스크	국무장관
로버트 S. 맥나마라	국방장관
더글러스 딜론	재무장관
맥스웰 D. 테일러	합동참보본부 의장
존 A. 맥콘	CIA 국장
앤더슨	해군 제독
딘 애치슨	대통령 특별고문(전 국무장관)
유웰린 톰슨	소련 담당 고문(전 소련 주재 대사)
테드 소렌슨	대통령 특별고문
케니 오도넬	대통령 특별보좌관
맥죠지 번디	국가안전보장 보좌관
피에르 샐리져	신문 담당 비서관
아들라이 스티븐스	주 UN 대사
W.E. 녹스	웨스팅 하우스 사장
존 스캘리	ABC 기자
러셀	상원 의원

*밑줄 친 사람들은 피그만 사건 때도 참여했던 사람들.

쇄 등의 대안들을 난상토론을 통하여 집중조명한 뒤 해상봉쇄의 대안을 선택한다.

셋째, 시시각각으로 들어오는 새로운 정보를 놓치지 않고 활용하였으며, 전문가의 의견을 존중하였다. 13일 동안은 긴박한 변화의 연속이었고 후르시초프의 새로운 제안과 예기치 않은 사건(U-2기 피격사건)과 봉쇄과정에서의 긴박한 대치국면 등에 관한 정보가 시각을 다투어 전달되었으며 케네디는 이들의 신뢰성을 확인하면서 순간순간의 판단에 활용해 나간다.

넷째, 문제해결의 원칙과 목표를 분명히 하였으며, 실행과정을 면밀히 점검하였다. 해상봉쇄에 동의하지 않던 해군 제독이 직책상 봉쇄의 과업을 맡게 되었을 때, 국방장관을 직접 지휘함대에 보내어 소련의 운송함이 봉쇄를 뚫으려

하더라도 “대통령의 명령 없이는 발포하지 말라”는 명령이 제대로 실행되도록 견제하였다.

다섯째, 전 과정을 통하여 자유로운 토론분위기를 정착시켰다. 참가자들의 역할을 자신의 직책에만 충실한 “specialist”의 역할에서 직책에 관계없이 누구나 어떤 사안에 대해서든 간여할 수 있는 “generalist” 역할로 재정립하였으며, 지명반론자 역할을 수행할 수도 있도록 하였다. 또한 소집단을 활용하여 자유로운 분위기 속에서, 다각도에서 문제를 바라볼 수 있는 기회를 제공하였다.

3. 결 론

10월의 미사일 사건은 결국 케네디의 승리로 끝났다. 이 여파로 소련의 실권자였던 후르시초프는 권좌에서 물러난다. 하지만 케네디는 승리 후 후르시초프를 치켜세우며 적의 명예와 자존심을 세워주려는 노력을 보인다. 이는 미국 정부의 공식 발표문에 잘 나타나 있다.

“후르시초프는 자국의 이해관계뿐 아니라 온 세계 인류의 이해를 충족시키려는 거물 정치인다운 역할을 훌륭히 수행해 냈다. 우리는 그를 존경한다.”

[사례 문제 12-2] 케네디가 10월의 미사일 사건에서 ‘집단사고’의 함정을 피해 갈 수 있었던 원인들은 무엇인가?

제13장

갈등과 협상

본 장의 요점

* 갈등에 대한 부정적 이미지를 극복하여 균형 있는 이해가 가능하도록 한다.
* 협상에 대한 두려움을 제거해 줄 수 있도록 협상체계를 학습한다.
* 갈등의 유형을 이해하여 과학적으로 접근할 수 있는 길을 연다.
* 갈등관리 방법의 상황별 적합성을 배워 유연하게 갈등상황에 대처할 수 있게 한다.
* 집단 간 갈등의 원인과 결과를 학습하여 조직관리 역량을 키운다.
* 협상 프로세스의 각 단계별 노하우를 체득하여 협상가의 자질을 향상시킨다.

협력적이고 투명한 갈등관리, LG그룹 구광모 회장

* 구광모 회장은 2006년 LG전자에 입사하여 미국 법인에서 근무하며 글로벌 경영에 필요한 경험을 축적하였다. 그 후 2018년 40세의 나이로 LG그룹의 회장으로 취임하였다.

* 경영자로서 그룹이 전통적인 제조업에서 IT, 전기차 배터리, AI, 바이오, 친환경 에너지 등 미래 산업으로 전환하는 데에 주력하고 있다. 2030년까지 106조 원을 미래 성장산업에 투자하겠다는 계획을 발표하기도 하였다.

* 그는 LG웨이를 통해 수평적이고 열린 소통을 중시하는 조직문화를 강화해 가고 있다.

▶ 2020년 LG화학이 배터리사업 부문을 분할해 LG에너지솔루션을 설립하는 과정에서 노조와의 갈등이 발생하였다. 이때 고용안정과 기존 복지 유지방안을 명확히 제시하여 원만한 해결을 이끌어냈다.

▶ 2019년 LG디스플레이 구조조정을 추진했다. 이때 구광모 회장은 정기적인 노사협의회를 통해 노조의 의견을 수렴하고, 인력을 다른 사업부로 재배치하고 OLED 기술교육을 제공하여 고용 안정성을 유지하였다.

▶그는 메시지를 통해 LG그룹의 경영철학을 유지하면서, 노조와의 갈등상황에서도 상생의 해결책을 찾는 데에 주력하였다. "갈등은 발전의 시작입니다. 서로의 차이를 이해할 때 더 나은 미래를 만들 수 있습니다", "직원이 신뢰하지 않는 비전은 성공할 수 없습니다", "미래를 위한 변화는 필수적이지만, 변화는 함께 만들어가야 합니다."

✥ 〈문제 13〉 **경영자와 근로자 간 갈등의 원인은 무엇인가?**

권력이나 조직정치와 마찬가지로 갈등도 어느 조직에나 존재하며 부정적인 영향과 동시에 긍정적인 영향도 있다. 예를 들어 조직경영자들이 의사결정을 할 때 구성원들이 제시하는 다양하고 진지한 반론(즉, 건설적 갈등)은 큰 실책을 막아줄 수 있다. 이처럼 갈등에는 새로운 자극과 도전의 기회를 부여한다는 긍정적 측면도 있다.

그러나 갈등이란 적대적이며 모순적인 상호작용이라고 보는 견해가 더 많다. 한 연구에 따르면, 조직 내 관리자들은 갈등관리에 총활동시간의 21%를 소비하고 있는 것으로 나타났다.[1)] 갈등은 권력과 자원, 그리고 사회적 지위의 결핍으로 인하여 발생한다.[2)] 이의 해소를 위해서 노력하는 과정에서 여러 가지 부정적 결과가 나타날 수 있다.

갈등의 긍정적인 측면은 북돋우고 부정적인 측면은 억제하려는 자세를 갖는 것이 중요하다. 그러기 위해서는 갈등의 유형과 원인, 그리고 관리방안을 알아야 한다.

갈등이란 무엇인가

갈등은 주체에 따라 개인 내(intra-personal) 갈등, 개인 간(inter-personal) 갈등, 집단 내 갈등, 집단 간 갈등, 조직 내 갈등, 그리고 조직 간 갈등 등으로 구분할 수 있다.

우선 개인 내 갈등부터 알아보자. 개인의 내적 갈등은 마음속에 존재하는 두 개 또는 그 이상의 동인(動因: motive)이 모순되어 충돌할 때 발생한다.

개인 내적 갈등에는 다양한 형태가 존재한다. 예컨대, 두 개의 좋은 대안 중에서 선택을 해야 하는 경우(+/+형)가 있는데 여성이 결혼과 직장 중 선택을 해야 하는 예가 이에 해당한다. 그런가 하면 나쁜 것들 중 덜 나쁜 것을 선택해야 하는 (−/−)형은 뒤에는 호랑이가 쫓아오고 앞에는 절벽인 상황에서처럼 어떤 대안을 선택해도 문제가 있는 경우를 뜻한다. 한편 (+/−)형은 시험에는 합격하고 싶은데 공부는 하기 싫은 경우에서와 같이 반대되는 대안 중 선택하는 것을 의미한다.

그러나 조직경영과 관련하여 중요한 유형의 갈등은 개인 간 갈등과 집단 간 갈등으로 대표되는 조직 내 갈등이다. 조직원들끼리 또는 팀들 간에 업무를 수행하고 목표를 달성하는 과정에서 발생하는 갈등은 자칫 성과를 떨어뜨리는 결과를 가져올 수 있다. 따라서 아래에서는 개인 간 갈등과 집단 간 갈등에 초점을 맞춰 설명하도록 한다.

리터러(J. Litterer)에 따르면,3) 갈등이란 "어떤 개인이나 집단이 다른 사람이나 집단과의 상호작용이나 활동으로 상대적 손실을 지각한 결과, 대립 · 다툼 · 적대감이 발생하는 행동의 한 형태"로 정의된다.

갈등에 관한 초기의 연구로는 과학적 관리를 주장했던 테일러(Frederick W. Taylor)의 연구를 들 수 있다. 그는 모든 갈등이란 결국 관리자의 권위를 위협하는 것이기 때문에 가능하면 피해야 하며 갈등의 상황이 전개되면 이를 곧 해결해야 한다고 주장하였다. 1950년대 이후, 인간관계론자들은 갈등이란 피할 수 없는 것이므로 관리자들은 오히려 갈등의 존재를 인정하고 갈등과 더불어 사는 방법을 터득해야 한다고 제시했다. 그러나 1970년대 들어서면서, 갈등이란 그 근원과 강도에 따라서 긍정적인 결과를 낳을 수도 있고 부정적인 결과를 낳을 수도 있음이 밝혀졌다. 갈등의 강도와 결과와의 관계는 〔그림 13-1〕과 같다.

갈등이 별로 없는 조직은 구성원들 간에 무관심, 창의력의 결핍, 우유부단, 그리고 업무에 대한 긴장감 결여 등의 문제들을 안고 있는 경우가 많다. 무사안일이 만연하고 환경변화에 적절히 대응하지 못하며 매너리즘에 빠져 혁신하지 못함으로써 생존이 위협받게 되는 것이다. 특히 과거에 별 어려움 없이 성장해 온 조직의 경우 환경변화에 대응하지 못하고 과거의 성공에 도취되어 어려움을 겪는 경우를 흔히 본다. 이러한 조직에서는 갈등이란 곧 기존의 질서에 대한 도전을 의미하므로 건설적인 갈등조차도 용납하지 않는 문화를 갖는다. 반면에 지나치게 심한 갈등을 겪고 있는 조직은 조직 내의 권력의 획득을 목적으로 한

그림 13-1
갈등의 강도와 결과

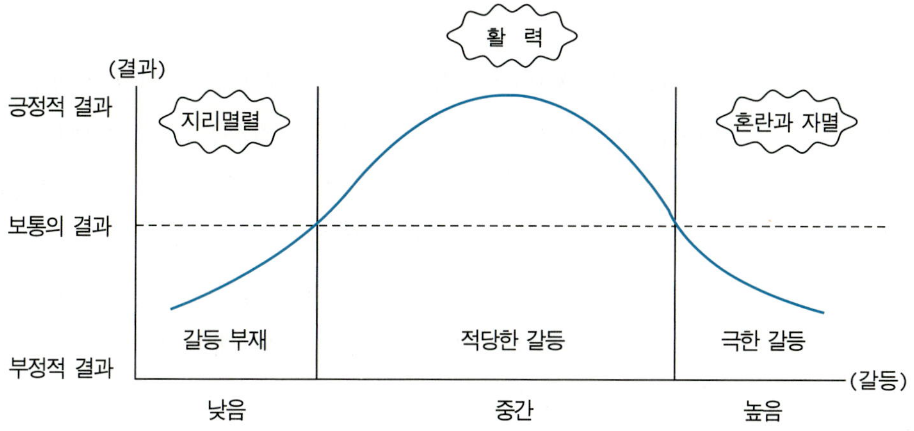

자료: Brown, L. D. 1986. *Managing conflict at organizational interfaces*. Reading, MA.: Addison-Wesley Publishing Co., Inc.

정치적 분쟁, 불만족, 팀워크의 상실, 그리고 이직 등을 유발하여 조직의 성과를 떨어뜨리게 된다. 따라서 갈등의 성격을 알고 대처하는 것이 중요하다.

매듭 13-1 **직장인 60% "상사와 잦은 갈등"**

"직장인 5명 중 3명은 상사와 잦은 갈등을 겪고 있는 것으로 조사됐습니다. 인터넷 취업포털 잡링크가 직장인 1,230명을 대상으로 설문조사한 결과 직장 상사와의 갈등 빈도가 높다는 응답이 59.5%로 나타났습니다.

상사와의 갈등을 어떻게 해결하는지를 묻는 질문에는 술자리 등 인간적으로 대화할 수 있는 자리를 만든다는 응답이 32.4%로 가장 많았지만 혼자 삭인다는 응답도 25.1%나 됐습니다.

가장 중요한 상사의 자질로는 응답자의 33.8%가 리더십과 조직 내 융화력을 1순위로 꼽았고 합리적인 가치관과 업무에 대한 전문성 등이 뒤를 이었습니다."

(자료: SBS, 2005. 8. 25.)

〈매듭문제 13-1〉 당신이 주로 사용하는 갈등해결 방법은?

기능적 갈등과 역기능적 갈등

기능적 갈등이란 조직의 목표달성에 도움이 되고 조직성과를 높이는 데 기여하는 건설적인 갈등이며, 역기능적 갈등은 조직의 성과를 저해하는 불필요한 갈등을 말한다. 역기능적 갈등은 조직에 각종 문제를 야기하므로 이를 근절시킬 수 있는 방안을 강구해야 한다.[4]

아울러 건설적 갈등 또는 발전적 대결이라고 일컬어지는 기능적 갈등은 효과적으로 활용할 줄 알아야 한다. 갈등에 대한 올바른 인식과 활용은 조직경영에 있어 매우 중요한 의미를 갖는다.

학계에서는 기능적 갈등은 C-type갈등(cognitive conflict; 인지적 갈등)이라고 하고 역기능적 갈등은 A-type갈등(affective conflict; 감정적 갈등)이라고 부른다.[5] C-type갈등은 특정 사안과 관련된 관점의 차이 또는 의견차를 의미하

표 13-1
건설적 비판과 파괴적 비판

건설적 비판	파괴적 비판
(A) 상대방의 자존심을 보호해 가면서 사려 깊게 비판함	(a) 빈정거리면서 신랄하고 가혹하게 비판함
(B) 위협적 요소가 없음	(b) 위협적 요소를 포함함
(C) 비판받을 일이 발생한 후 가능하면 빠른 시간 내에 비판이 가해짐	(c) 이유도 없이 한참 뒤에 비판이 시작됨
(D) 잘못을 내적 요인에 귀인하지 않음	(d) 잘못을 상대방의 내적 원인으로 돌림
(E) 구체적으로 잘못된 부분에 대해서만 비판함	(e) 모든 것을 싸잡아 비판함
(F) 사람 자체가 아니라 그의 행동에 초점	(f) 사람 자체에 대한 비판
(G) 상대방이 개선할 수 있도록 돕는 것이 목적	(g) 상대방에 대한 지배와 복수심리를 충족시킬 목적
(H) 개선을 위한 구체적 제안을 함.	(h) 개선을 위한 제안이 없음

자료: Greenberg & Baron. 1998. 앞의 책, p.384.

지만, A-type갈등은 마찰, 긴장, 적대감 등의 부정적 감정을 포함한다. 연구 결과에 따르면, C-type갈등은 의사결정의 질을 높이지만, A-type갈등은 집단응집력을 저하시키고 이직의 원인이 되는 것으로 나타났다.[6]

갈등과 비판은 밀접한 관련이 있다. 흔히 건설적 비판이라는 말을 많이 쓰는데 그 개념이 무엇인지를 파괴적 비판과 대비시켜 살펴보도록 하자. 건설적 비판은 순기능적 갈등을 낳고 파괴적인 비판은 역기능적 갈등을 가져오게 된다. 〈표 13-1〉에 양자를 대비시켜 제시하였다.

개인 간의 갈등

개인 간 갈등은 왜 발생하는가

조직 내에 존재하는 개인 간 갈등원인들은 다양하다. 지금까지 갈등연구에서 제시된 **개인 간 갈등의 원인**들을 요약하면 〔그림 13-2〕와 같다.[7]

〔그림 13-2〕는 개인 간 갈등의 원인들을 개인적 요인, 업무상의 요인, 그리고 조직차원의 요인 등 세 가지로 나누어 제시하고 있다.

가치관 차이나 지나친 기대감, 해묵은 원한 또는 잘못된 언행 등이 사람과 사람 간에 갈등을 야기하는 경우가 많다. 조직에서 세대가 다른 상사와 구성원 간에 가치관 차이로 말미암은 갈등을 어렵지 않게 찾아볼 수 있다. 또 상사로부터 많은 혜택과 배려가 있으리라는 커다란 기대를 갖고 있던 직원이 그러한 보상을 못받게 되었을 때에도 갈등은 발생하게 된다. 그런가 하면 셰익스피어의 작품에서처럼 구원(舊怨)이 갈등의 골을 깊게 하기도 한다. 그러나 무엇보다도 흔한 갈등의 원인은 마음에 상처를 주는 말과 행동일 것이다. 자존심이나 명예에 누를 끼치는 언행은 심리적 갈등의 중요한 원인이 된다.

업무차원에서는 애매하고 불명확한 업무처리 기준이 갈등을 야기하는 경우가 많다. 이 경우 과업참여자들의 역할과 책임(R&R: Roles and Responsibilities)을 분명히 하기 위해서 매뉴얼을 작성하는 등의 노력을 기울여야 갈등을 피할

그림 13-2
개인 간 갈등의 원인들

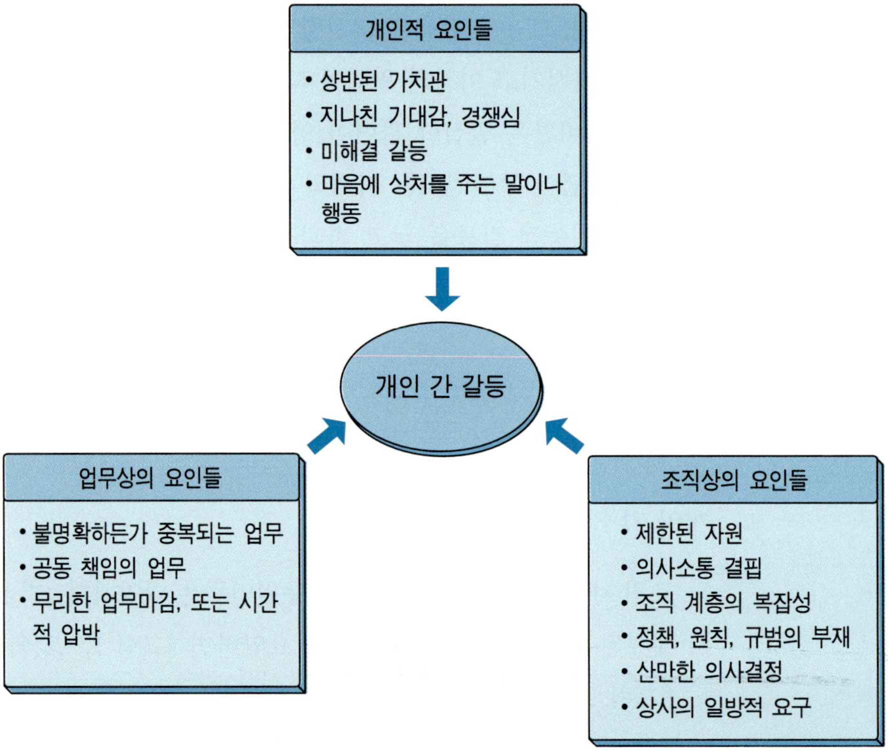

수 있다.

조직차원에서 살펴보면, 가장 자주 나타나는 갈등의 원인은 제한된 자원이다. 정해진 자원을 차지하기 위해서 조직원들 간에 경쟁을 하게 되고 경쟁의 결과로 누군가는 피해를 볼 수밖에 없다. 커뮤니케이션 실패나 정책/원칙/규범의 부재, 조령모개식의 산만한 의사결정, 그리고 구성원의 의견을 무시하는 상사의 일방적 태도 등도 개인 간 갈등을 야기할 수 있다.

개인 간 갈등의 과정

앞에서는 개인 간의 갈등을 유발하는 원인들에 대하여 알아보았다. 이번에는 이러한 원인들로 인하여 생성된 갈등이 어떠한 과정을 통하여 표출되는지를

매듭 13-2 **여성 간의 갈등**

"저희 회사의 사례입니다. 저희 부서는 업무 특성상 20여 명이 모두 여자입니다. 그래서 그런지 A-type의 감정적 갈등이 많이 나타납니다. 회의를 할 때에도 의견차를 말하기보단 그냥 묵묵히 듣고, 회의 끝난 후 뒤에서 끼리끼리 얘기하는 경우가 많습니다.

여고나 여대처럼 나이대가 비슷한 사람끼리 그룹을 형성하여 끼리끼리 식사를 하고 차를 마시며 브레이크 타임(break time)을 가집니다. 혹시 한두 명이 자기 나이그룹에 들어가지 못하고 다른 사람과 어울리면 팀장의 권유가 있을 수도 있습니다. 아무래도 제 그룹에 들어가는 게 낫지 않겠냐는 이유에서 입니다. 감정적 갈등이 발생하면 그 내용은 소속된 그룹에도 내용이 전달되어서 대부분 그룹 간의 갈등으로 번집니다. 술자리가 거의 없는 관계로 갈등을 풀 수 있는 기회가 없습니다. 이런 갈등으로 인해 왕따가 되어 회사를 그만두는 경우도 가끔 발생합니다. 그런 예를 보면서 일보다도 인간관계가 더 힘들고 중요하다는 생각을 많이 했습니다. 그리고 구성원이 어느 한쪽 성(gender)만 있을 경우보다는 2개의 성이 골고루 섞여야 조화로운 사회생활이 가능해 보입니다."

(자료: 2005년 수강자 중에서)

〈매듭문제 13-2〉 성별 자체가 갈등의 원인이라기보다는 그 근저에 깔린 다른 심리적 요인이 충돌하는 것이다. 어떤 요인들인지 [그림 13-2]를 참고하여 찾아보시오.

알아보자. 우선 갈등의 시작은 갈등인지이다. 갈등인지는 상대방 때문에 자신의 이익이 타격을 받거나 어떠한 안건이나 사건에 대하여 커다란 의견 차이를 갖고 있다고 인식될 때 발생한다. 이러한 위협인식은 갈등심리를 자극한다. 즉 갈등상황과 관련하여 개인은 자신의 정당성을 확신하며 이에 대하여 대처방안을 궁리하기 시작한다. 갈등을 인식하고 갈등심리에 자극을 받은 개인은 갈등에 대처할 의지를 갖게 된다. 이러한 의지는 곧 행동으로 이어지고 개인의 이러한 행동에 대해 상대방은 어떠한 방법으로든지 반응을 보일 것이다. 상대방의 반응은 개인의 갈등심리에 다시 영향을 미치게 된다. 이러한 갈등대립의 사이클이 반복되면서 다양한 결과를 낳게 된다. 물론 결과적으로 갈등에 대하여 새로운 인식을 갖게 하기도 한다. 〔그림 13-3〕에 이상의 과정을 요약하였다.

그림 13-3
갈등의 진행과정

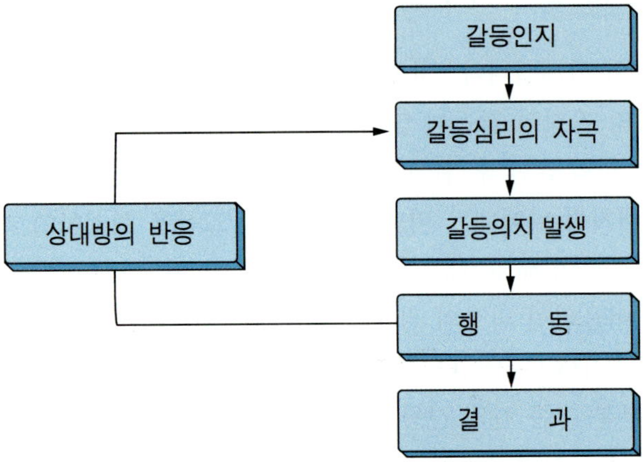

자료: Thomas, K. W. 1992. "Conflict and negotiation processes in organizations," In M. D. Dunnette & L. M. Hough(eds.), *Handbook of Industrial and Organizational Psychology*, 3, p.658에서 수정 인용.

개인 간 갈등관리의 유형

여기에서는 갈등관리의 유형을 연구한 라힘(Rahim)의 구분을 중심으로 살펴보자. 그는 갈등관리의 유형을 다섯 가지로 구분하고 있다. 〔그림 13-4〕는 갈등관리의 다섯 가지 유형을 '자신에 대한 관심'(concern for self)의 정도와 '타인에 대한 관심'(concern for other)의 정도에 따라 구분하고 있다. 갈등관리의 다섯 가지 유형은 **종합형**, **배려형**, **지배형**, **회피형**, 그리고 **타협형** 등이다. 이들 중 최선의 방법이란 존재하지 않으며, 각 유형은 나름대로의 장점과 단점을 갖는다.

종합형(또는 협력형)

종합형(collaborating)에서는 자신과 상대방(타인)의 관심과 이해관계를 정확히 파악하여 문제해결을 위한 통합적 대안을 도출해 낸다. 문제의 취지가 불명확하거나 복잡할 경우에는 종합형이 매우 적절하다. 그러나 상반된 가

그림 13-4
갈등관리의 다섯 가지 유형

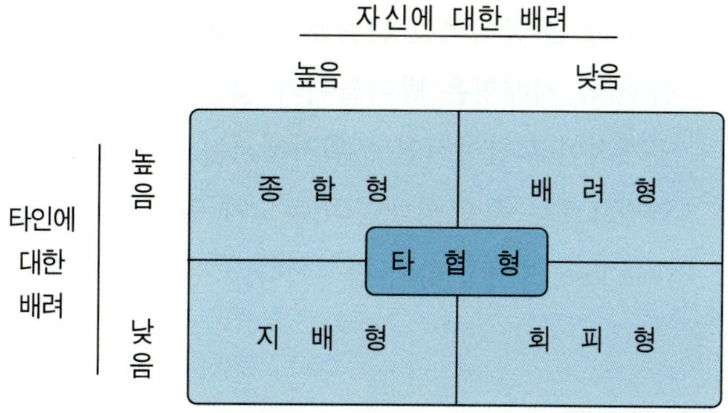

자료: Rahim, M. A. 1985. A Strategy for managing conflict in complex organizations. *Human Relations*, p.84.

치관으로 인해 발생하는 갈등의 관리방법으로서는 부적합하다. 종합형의 큰 장점은 단편적 측면에서 문제들을 다루기보다는 총체적으로 문제를 다루기 때문에 장기적인 안목에서 효력이 발생한다는 것이다. 반면에 단점으로는 시간이 오래 걸린다는 것이다. 이 방법은 갈등을 빚는 자신과 타인이 모두 이득을 보게 되는, 소위 윈-윈(win-win, 相生 또는 쌍방승리)의 경우에 해당한다.

배려형(또는 수용형)

배려형(accomodating)인 사람은 타인의 관심 부분(이해, 이익)을 충족시켜 주기 위해서 자신의 관심 부분을 양보(또는 포기)한다. 배려형은 보통 수용형 또는 온화형이라고도 불린다. 배려를 해준 후 무엇인가를 보답받을 수 있을 때에는 매우 적절하다. 그러나 복잡하거나 악화된 문제를 해결할 때는 부적합하다. 배려형의 장점은 협동을 가능케 해준다는 점이다. 약점으로는 중요한 문제를 소홀히 다룰 가능성이 있기 때문에 일시적인 대안이라 할 수 있다.

지배형(또는 강압형)

자신에 대한 관심은 지나친 반면에 타인에 대해서 무관심한 사람은 자기중심적인 행동을 선호한다. 즉 상대방의 입장을 전혀 고려하지 않는다. **지배형**(forcing)은 공식적인 권위를 사용하여 복종을 유도하기 때문에 **강압형**이라고도 불린다. 지배형은 받아들이기 싫은 해결책이 제시될 때 주로 쓰인다. 그러나 공개적이고 참여적인 분위기에서는 부적합하다. 지배형의 장점은 신속성이다. 약점으로는 종종 상대방의 분노와 원망을 초래한다는 것이다. 이것은 윈-루즈(win-lose, 일방승리)의 경우이다.

매듭 13-3 갈등과 조직정의

조직정의(Organizational Justice)란 조직구성원들 간의 관계가 얼마나 공정하게 형성되고 있는가를 다루는 주제이다. 사람들은 **정의롭지 못하다고 느낄 때 갈등을 느끼게 되고** 정의를 회복하기 위한 조치를 취하게 된다.

조직정의에는 세 가지 유형이 있다. 즉, 분배정의(distributive justice), 절차정의(procedural justice), 그리고 교류정의(interactional justice)가 그들이다. 분배정의는 조직 내 자원이나 기회의 분배가 공정한가에 관련되는 것이고, 절차정의는 일을 처리하고 결정을 하는 절차가 바람직한가를 따지는 것이며, 교류정의란 다른 사람을 대함에 있어 인격적으로 존중하는가를 평가하는 개념이다.

〈매듭문제 13-3〉 이들 각각에 해당하는 정의롭지 못한 예를 적고 그 해결방안을 제시하시오.

조직정의	정의롭지 못한 사례	해결방안
(1) 분배정의		
(2) 절차정의		
(3) 교류정의		

회피형

회피형(avoiding)은 직면한 문제들을 해결하지 않고 피하는 것을 말한다. 문제가 사소한 것이거나 피하는 것이 오히려 이익이 될 경우에 적합하다. 갈등회피는 어려운 문제를 접했을 때 일어나는 자연스러운 반응이지만 매우 중요한 문제마저 회피하면 책임을 회피한다는 비판을 받을 수도 있다.

타협형

타협형(compromising)은 자신과 타인의 공통된 관심 분야를 중심으로 이익과 손해를 서로 주고받는 것이다. 서로의 입장을 양보하고 외부나 제3자의 개입, 협상 또는 표결의 방법을 동원한다. 타협이란 쌍방이 다른 목표를 갖고 있거나 비슷한 힘을 갖고 있을 때 가능하다. 그러나 잦은 타협은 오히려 우유부단하다는 평가를 낳기도 한다. 타협은 민주적인 방법이라 할 수 있지만 때로는 문제해결의 창조적인 방안을 도출하는 데 방해가 된다.

바람직한 갈등관리 유형은 상황에 따라 다르다

갈등에 관한 앞의 내용들을 살펴볼 때 갈등의 속성을 〈표 13-2〉와 같이 세 가지로 요약할 수 있다.

〈표 13-2〉에 나타난 것처럼, **갈등해결**에 최선의 방법이 있는 것이 아니라 상황과의 적합성이 중요하다는 관점에서 학자들은 갈등관리의 상황이론적 입장을 견지하여 왔다. 특히 조직 내 갈등부재상황의 문제점을 지적하는 학자들

표 13–2
갈등의 속성

(1) 갈등이란 피할 수 없는 것이며 여러 가지 징표에 의하여 갈등의 발생가능성을 알 수가 있다.
(2) 갈등의 부재는 갈등의 심화만큼이나 비생산적인 것이다.
(3) 갈등을 해결하기 위한 최선의 방법이란 있을 수 없다. **상황에 따라 적합한 방법이 다르다.**

표 13-3
개인 간 갈등관리를 위한 방안

(1) 도전적이고 명확한 목표를 설정한다.
(2) 건설적이고 합리적인 방법으로 반대 의사를 표명한다.
(3) 반대 의사에 대해 지나치게 민감한 반응을 보여 오히려 더욱 심한 갈등을 초래하는 상황은 피해야 한다.

이 많다. 서로에 대한 무관심이나 창조력의 결핍 등과 같은 무기력한 상황에서는 의도적으로 갈등을 만들 필요가 있다. 또한 집단 내에서 너무 쉽게 합의에 도달하는 경향이 있을 때나 변화를 시도하려 할 경우에도 갈등의 주입이 필요하다.

반면에 역기능적인 갈등의 상황에서는 적절한 갈등극복 방안의 도입이 요구된다. 조직의 목표보다는 내부 목표를 우선시하든가 갈등 때문에 시간과 노력의 낭비가 우려되는 상황에서는 갈등관리를 위한 적절한 대안들을 강구해야만 한다. 관리자들은 갈등에 너무 깊게 관련되어서는 안 되며 효과적인 갈등관리를 위해서 〈표 13-3〉과 같은 방안들을 고려해야 한다.

〈표 13-4〉는 다섯 가지 갈등관리방법이 각각 어떤 상황에서 바람직한지를 정리한 것이다. 개인 입장에서는 어느 한 가지 방법을 줄곧 사용하기보다는 다양한 방법을 익혀뒀다가 상황을 판단하여 그에 맞는 적절한 기법을 활용할 수 있어야 한다.

집단 간 갈등

조직에서는 개인 간에서 뿐만 아니라 팀과 같은 단위조직 간에도 갈등이 발생한다. 특히 조직 내 팀이나 집단은 상호 의존적 협력관계로 발전하기도 하지만 갈등을 빚는 경우도 많다. 예를 들어, 기업에서 생산부서와 판매부서는 전통적으로 갈등의 뿌리가 깊은 두 집단으로 널리 알려져 있다(아래의 〈표 13-6〉 참조). 아래에서는 집단 간에 존재하는 갈등의 원인과 결과에 대해서 알아보고 집단 간의 갈

표 13-4

갈등관리 제 방법이 적합한 상황

갈등관리기법	적합한 상황
(1) 지배형	① 단호한 행동이 결정적으로 필요할 때(예, 위급상황) ② 중요하지만 인기 없는 조치를 시행할 필요가 있을 때(예, 비용감축, 상대방 단련의 목적, 규율의 엄수) ③ 조직을 위해서 '내'가 분명히 옳다는 것을 알고 있을 때 ④ 상대방이 지배형을 사용하지 않을 때
(2) 종합형	① 양자의 견해가 다 중요하여 타협할 수 없을 때 ② 학습이 주목적인 상황에서 ③ 양자의 몰입을 필요로 할 때 ④ 감정이 개입되어 서로의 관계를 해칠 것 같을 때
(3) 타협형	① 상대방을 이김으로써 얻는 대가가 낮을 때 ② 양자가 서로 융합될 수 없는 목표를 추구하고 있을 때 ③ 복잡한 문제에 대하여 일시적 해결을 추구할 때 ④ 시간압박으로 일단 해결점에 도달해야 하는 경우 ⑤ 지배형이나 종합형이 실패했을 때
(4) 회피형	① 사소한 문제이거나 더 중요한 문제가 산적해 있을 때 ② '나'의 이익을 충족시킬 여지가 없다고 판단되는 경우 ③ 해결을 위해 소요되는 비용이 결과의 혜택보다 클 때 ④ 상대방이 화를 식히고 다시 생각할 기회를 주기 위해서 ⑤ 바른 결정을 하기에 앞서 정보수집이 더 필요할 때 ⑥ '나' 아닌 다른 사람이 더 효과적으로 해결할 수 있다고 느낄 때 ⑦ 현재의 문제가 다른 문제들과 연관되어 있을 때
(5) 배려형	① 스스로 틀렸다는 것을 알게 되었을 때. 상대방을 수용함으로써 합리적이란 인상을 줄 수 있을 때 ② 문제가 '나'에게보다 상대방에게 더 중요한 경우. 배려를 통하여 협력관계 유지 가능 ③ 나중을 위해서 점수를 따두려는 경우 ④ 싸웠을 때 모든 것을 잃게 되는 상황을 방지하기 위해서. 손실 최소화 목적으로 ⑤ 조화와 안정이 무엇보다도 중요한 상황에서 ⑥ 상대방이 실수를 통해 스스로 배울 수 있는 기회를 주기 위해서

등을 효과적으로 관리하기 위한 다양한 기법들을 살펴보자.

집단 간 갈등은 왜 발생하는가

모든 집단은 상호 관련을 맺고 있는 다른 집단과 적어도 부분적으로는 갈등을 겪게 마련이다. 집단 간의 갈등을 유발하는 원인으로는 집단이해의 차이와 인식의 차이를 들 수 있다. 이들에 대한 구체적인 내용은 다음과 같다.

집단 간의 이해관계 차이

조직 내 하위집단들은 각기 다른 이해관계를 갖게 된다. 조직의 자원은 제한되어 있고 집단은 각기 자기 측의 이해를 먼저 실현시키고 싶어 하므로 갈등이 발생하게 된다. 조직 내 집단들의 이해관계가 상충되게 되는 원인을 살펴보면 〈표 13-5〉와 같다.

인식의 차이

집단구성원들의 인식 차이(differences in perceptions)도 집단 간 갈등의 원인

표 13-5
집단 간 이해 차이의 원인

(1) 제한된 자원	자원이 제한적일수록 집단 간의 의존성은 높아지고 경쟁이 심화된다. 자금, 공간, 노동력, 승진기회, 그리고 자재 등이 무제한으로 공급될 수 있다면 조직 내 모든 집단은 아무런 갈등없이 각 집단의 목표에 따라 순조롭게 업무의 처리가 이루어질 것이다. 그러나 자원이 제한적이기 때문에 자원확보를 위한 집단 간의 역기능적인 갈등이 초래될 수 있다.
(2) 보상제도	조직 내 보상제도가 전체 조직차원에서보다는 각 집단별로 이루어질 때 집단 간의 갈등이 발생할 수 있다. 집단보상제도를 실시하게 되면 경쟁이 발생하기 때문에 경쟁으로 인한 역기능적인 갈등이 초래될 우려가 있다. 그러나 집단별 성과에 근거한 성과배분제도는 창조적이고 건설적인 갈등관계로 발전시킬 수 있으므로 운영의 묘를 살릴 경우 좋은 결과를 가져올 수도 있다.

표 13-6
인식 차이의 원인

(1) 목표의 차이	목표가 다르면 인식의 방향과 내용도 달라진다. 예를 들어 판매부서의 목표는 판매량의 극대화일 것이다. 그러려면 싸고 질 좋은 상품을 생산해야 한다. 판매부서는 생산부서에 싸고 질 좋은 상품의 생산을 요구하지만 생산부서로서는 질을 높이면서 동시에 비용을 줄인다는 것은 보통 어려운 일이 아니다. 생산부서의 입장은 조금 비싸고 질이 떨어지더라도 판매부서가 소위 영업력을 발휘하여 판매실적을 올려주기를 바라게 된다. 즉, 싸고 질 좋은 상품을 못팔 사람은 없다는 관점이다. 여기에 목표 차이에 의한 고질적 갈등의 원인이 있는 것이다.
(2) 시간인식의 차이	시간인식의 차이는 집단이 현실을 인식하는 데 영향을 미친다. 정해진 시간에 따라 집단은 다양한 계획을 세우고 일을 추진해 나간다. 예를 들어, 조직 내 연구개발 부서는 몇 년간의 시간적인 여유를 갖고서 일을 하지만 현장에서 근무하는 조직원의 경우에는 정해진 시간 내에 할당된 생산량을 채워야 한다. 이처럼 집단별로 다른 시간적 인식 때문에 갈등이 발생하게 된다.
(3) 지위의 차이	집단 간에 존재하는 지위의 차이는 언제나 갈등의 대상이 된다. 인사부서와 현장부서 간의 갈등이 예가 될 수 있을 것이다. 지위갈등은 종종 업무상의 관계 때문에도 발생한다.
(4) 부정확한 지각	부정확한 지각은 때때로 한 집단으로 하여금 다른 집단에 대한 편견을 갖게 한다. 실제로 집단 간의 차이는 작은데 반해 각 집단은 서로의 차이를 과장하는 경향이 있다. 집단 간의 차이가 강조될수록 편견은 커지고 집단 간의 관계는 악화되며 갈등의 정도 또한 심해진다.

이 된다. 조직 내 집단들이 현실에 대한 인식을 달리하게 되는 요인들은 많다. 주요 요인들로는 목표의 차이, 시간 인식의 차이, 지위의 차이, 그리고 부정확한 지각 등을 들 수 있다(〈표 13-6〉 참조).

집단갈등의 결과

개인 간 갈등처럼 집단 간의 갈등 또한 역기능적인 측면과 순기능적인 측면을 동시에 갖고 있다. 역기능적 갈등은 조직 전반에 걸쳐 부정적인 결과를 초래한다. 이러한 역기능적 갈등은 조직 내에 여러 가지 변화를 야기하기도 한다. 조직변화에 대한 자세한 내용은 뒤의 조직변화의 장에서 다루기로 하고 여기에서는 역기능적 갈등으로 인하여 일어나는 집단 내의 변화, 집단 간의 변화, 그리고 집단갈등의 기능적 결과에 대해서 살펴보기로 한다.

집단갈등의 역기능적 결과

집단 내의 변화

① 집단 내 응집력 증가: 집단 간에 발생하는 경쟁이나 갈등, 그리고 위협은 집단 내에서 개인 간의 차이를 인정하거나 계급을 구분하기보다는 집단에 대한 충성심을 자극하며 응집력 증가를 낳는다.

② 독재적 리더 출현: 외적 원인에 의해서 발생한 갈등의 경우에는 독재적인 리더를 출현시키는 경우가 많다. 즉 외부로부터의 위협을 막기 위해 집단의 구성원들은 보다 강한 리더를 원한다. 그렇기 때문에 리더의 독재적 성향이 더욱 강화되는 결과를 낳는다.

③ 과업활동 집중: 갈등을 겪고 있는 집단은 보다 적극적으로 행동하고자 하기 때문에 과업중심적인 활동이 증가한다. 집단의 이익을 위해서 개인의 손해를 기꺼이 받아들인다. 또한 집단의 업무에 전념하면서 타 집단에 대한 경계심을 고취한다.

④ 집단규범 강화: 갈등의 상황에서는 집단규범이 강화된다. 집단목표는 개인의 목표보다 우위에 서며 타 집단과 관계를 맺는 것은 규범을 위반하는 것으로 받아들여진다.

집단 간의 변화

⑤ 집단의식 고조: 갈등상황에서 집단구성원들은 지나친 집단의식으로 인

표 13-7
집단갈등에 따른 변화

집단 내 변화	집단 간 변화
응집력 증가 독재자의 출현 과업활동 증가 집단규범 강화	집단의식 고조 부정적인 편견 커뮤니케이션 단절

하여 왜곡된 인식을 갖게 된다. 타 집단에 대하여 근거 없는 우월감을 갖게 되며 집단구성원들에게 집단의 중요성을 지나치게 강조하게 된다. 이처럼 갈등은 집단의 '우리' 의식을 지나치게 강조하게 되어 집단 간의 협동을 저해한다.

⑥ 타 집단에 대한 부정적 편견 강화: 갈등이 고조되고 집단의식이 강조될수록 타 집단에 대한 부정적인 편견은 커진다. 예를 들어 1993년 여름부터 불기 시작한 약사와 한약사 간의 한약 제조권 다툼은 서로의 입장만을 강조하고 상대에 대한 불신과 부정적인 편견을 갖는 데서 증폭된 것이라고 볼 수 있다. 부정적인 편견이 강해지면 구성원들이 자기 집단의 문제에 대해서는 관대하고 타 집단에 대해서는 매우 부정적인 태도를 취하게 되는 경향이 있다. 또는 심각한 적대감이 유발되어 파국을 맞는 경우도 있다.

⑦ 커뮤니케이션 단절: 집단 간의 갈등이 심해질수록 집단 간 커뮤니케이션의 기회는 점점 줄어들게 된다. 커뮤니케이션의 기회가 줄어들수록 집단 간에 발생하는 오해나 문제점은 더욱 늘어나게 된다.

지금까지 집단 간 갈등의 역기능적인 결과에 대하여 살펴보았다. 이들을 표로 정리하면 〈표 13-7〉과 같다.

집단갈등의 기능적 결과

① 집단 내 문제점 새롭게 인식: 한 집단의 구성원들은 집단 간의 갈등이 발생했을 때 자신이 속해 있는 집단의 문제점에 대하여 보다 정확히, 그

표 13-8
집단갈등의 기능적 결과

(1) 문제에 대한 새로운 인식
(2) 해결방안의 모색
(3) 긍정적인 변화
(4) 효과적인 대안의 선택

리고 새롭게 인식할 수 있는 기회를 갖게 된다.

② 해결방안 모색: 집단갈등이 발생하게 되면 집단 내 응집력의 증가로 집단 내 협조적인 분위기가 조성되어 자신의 집단이 겪고 있는 문제를 해결하기 위한 방안을 모색하는 데 보다 적극적이 된다.

③ 긍정적 변화: 집단 간 갈등과정을 통하여 한 집단이 내적으로 갖고 있는 모순과 문제점에 대해 수정을 가하고 보다 효율적인 집단관리를 위한 긍정적 변화가 일어날 수 있다.

④ 효과적 대안 선택: 집단 간의 갈등을 극복하고자 하는 의지는 집단 내 협조체제를 가능케 하여 당면한 문제점에 대해 효과적인 대안을 선택하게 한다.

이러한 집단갈등의 기능적 결과는 〈표 13-8〉과 같다.

집단갈등과 조직성과 간의 관계

집단갈등은 원인과 관리방법에 따라 조직성과에 긍정적 또는 부정적인 영향을 미친다. 앞에서 갈등의 성격 부분에서도 밝혔지만 갈등의 정도가 너무 낮은 경우에 높은 수준의 조직성과란 기대하기 어렵다. 오히려 조직의 생존 자체가 위협받기도 한다. 또한 갈등의 정도가 너무 심한 경우에도 조직 내 혼란이 야기될 수 있기 때문에 이 역시 조직에 부정적 결과를 가져온다.

〔그림 13-5〕는 집단갈등과 조직성과 간의 종합적 관계를 그림으로 나타낸 것이다. 상황 I, II, III에 따른 조직의 특성을 잘 살펴보기 바란다.

그림 13–5
집단갈등과 조직성과 간의 관계

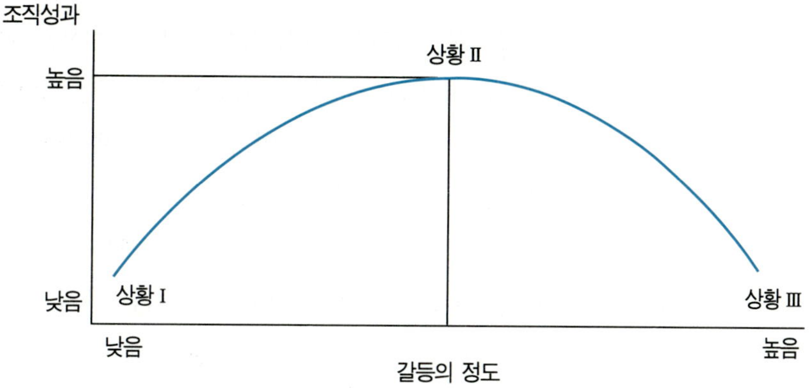

상황	갈등의 정도	갈등의 기능	조직의 특성	조직성과
상황 I	낮거나 없음	역기능적	① 환경변화에 대한 느린 적응 ② 변화의 부재 ③ 창의적인 아이디어 결핍 ④ 무관심 ⑤ 지지부진	낮음
상황 II	이상적	기능적	① 목표를 향한 적극적인 도약 ② 혁신과 변화 ③ 문제해결 탐색 ④ 창의력 ⑤ 환경변화에 대한 신속한 적응	높음
상황 III	높음	역기능적	① 혼란 ② 지나친 간섭	낮음

집단갈등, 어떻게 관리할 것인가

집단갈등은 개인 간의 갈등처럼 조직 내에서 필연적으로 발생하는 현상이다. 관리자들은 이러한 집단 간의 갈등을 회피하기보다는 적극적인 자세로 해결방안을 찾고자 노력해야 한다. 집단갈등을 해결하는 방안에 대한 연구는 지금까지 많은 학자들에 의해서 수행되었다. 이들을 요약하면 아래와 같다.

직접 대면

갈등을 겪고 있는 집단을 직접적으로 대면시킴으로써 서로의 입장을 밝히고 갈등의 원인을 규명하여 갈등을 해소하고자 하는 것이다. 서로 관련된 정보를 교환하고 의견 차이의 폭을 줄인다. 모든 문제를 터놓고 논의할 수 있도록 해야 하며 상호만족할 만한 해결책을 찾도록 해야 한다. 직무나 책임분할을 재구성해야 할 때도 있다. 그러나 아주 복잡한 문제에 대한 해결책으로서는 부족한 면이 있다. 예를 들어 갈등을 겪고 있는 집단 간의 가치관이 크게 다를 경우에는 직접적인 대면은 오히려 갈등의 골을 깊게 할 수도 있다.

공동목표설정(초월적 목표)

집단 간의 갈등을 해소하기 위한 또 다른 방안으로는 갈등을 겪고 있는 집단 간에 공동의 목표 또는 초월적 목표(superordinate goals)를 설정해주는 것이다. 단독적인 집단목표보다는 집단 간에 주어진 공동목표, 즉 초월적 목표가 보다 중요한 경우, 집단 간에 갈등이 있다 하더라도 공동의 초월적 목표를 위해 서로 의논하고 교류하게 됨으로써 갈등이 해소되는 수가 있다.[8)]

자원의 확충

앞에서도 언급했듯이 많은 경우 갈등은 자원의 부족 때문에 발생한다. 조직의 자원에는 지위, 공간, 보상, 인력 등 다양한 요소들이 포함될 수 있다. 조직 내에서 한 집단에 대한 자원분배는 다른 집단의 손실의 대가로 이루어지기 때문에 갈등이 빚어진다. 이러한 경우 자원 자체의 규모를 늘림으로써 갈등을 해결할 수 있게 된다.

갈등의 회피

때로는 단기적인 갈등해소의 전략으로서 갈등을 회피하는 방법도 효과적이다. 물론 갈등을 회피하는 것은 갈등을 해소해 주거나 갈등의 정도를 크게 줄여주는 것은 아니다. 그러나 상황에 따라서는 일시적이나마 갈등을 회피하는 것이 서로 간의 적대감을 식히고 갈등의 심화를 피하는 방안이 되기도 한다.

공동 관심사의 강조

갈등을 겪고 있는 집단 간의 차이점은 무시하고 공동 관심사를 강조함으로써 공동의 목표를 함께 달성할 수 있는 계기를 만든다. 이것을 구동존이(求同存異)라고 한다. '차이는 남겨두고 공통점을 추구'하다 보면 갈등해결의 길이 보인다는 것이다.

협 상

이 방법하에서는 우선 어떤 문제를 어떤 절차로 협상할 것인지를 쌍방 간에 명백히 해야 한다. 각 측의 대표들은 정해진 절차 안에서 타협을 시도하게 된다. 이 방법은 쌍방이 비슷한 수준의 힘을 갖고 있는 경우 바람직하다.[9] 뒤에 나오는 협상 부문을 참조하기 바란다.

권력을 이용한 갈등해결

상급자가 권한을 사용하여 집단갈등을 해결하는 방법은 가장 오래되고 흔히 쓰이는 방법이다. 보통 하위집단들은 갈등해소를 목적으로 하는 위로부터의 힘의 사용에 복종한다. 그러나 힘에 의한 갈등해소방법은 앞의 다른 갈등해소방법과 달리 갈등의 원인에 대해서가 아니라 갈등의 결과에 초점을 두기 때문에 집단 간 갈등의 여지는 남아있게 되며 갈등의 재발 가능성 또한 높다.

행동변화 유도

집단구성원들의 행위나 태도에 변화를 줌으로써 갈등을 해소하고자 하는 방법이다. 집단구성원들의 행동변화를 유도하는 방법은 우선적으로 갈등의 원인을 규명해야 하고 그에 따른 집단구성원들의 태도를 직시해야 한다. 행동변화 유도의 방법은 다른 갈등관리 방법들보다 전개되는 속도는 매우 느리지만 장기적인 안목에서 볼 때에는 가장 확실한 갈등관리 방안이다.

조직구조 개편

조직구조란 조직을 구성하고 있는 관련 집단들 간의 공식적 관계를 의미한다. 조직 내 집단갈등을 관리하기 위한 조직구조의 변화방법은 집단 간의 갈등을 관리할 조정자(coordinator)를 둔다거나 집단구성원들 간의 자리 이동을 통하여 지나친 집단의 응집력을 방지하는 등의 방법을 포함한다.

공동의 적 만들기

집단 간의 갈등이 존재할지라도 그 집단들이 속해 있는 조직이 아닌 타 조직으로부터의 간섭이나 압력 등의 위협에 대해 공통된 경계심 또는 적개심을 가지게 되는 경우가 있다. 즉, 공동의 적을 만들어 주면 갈등이 해결될 가능성이 높아진다. 예를 들어, 금융감독원으로부터 감사가 나왔을 때, 갈등관계에 있던 시중은행들이 감사과정에서 헛점을 보이지 않기 위해 서로 협동함으로써 서로 간의 갈등이 해소가 되는 경우가 있다.

지금까지 집단갈등의 역기능적인 측면에 대한 갈등해소 방안들에 대해 알아보았다. 앞서 밝혔던 것처럼 갈등에는 역기능적인 측면 외에 조직의 성과를 높여주는 기능적인 갈등도 있다. 기능적인 갈등은 의도적인 자극을 통하여 이루어질 수 있다. 이러한 자극은 집단 내에 존재하는 문제점들을 인식할 수 있게 해주며 이에 대한 올바른 해결방안을 찾게 한다. 한편 기능적인 갈등을 유도하기 위해서는 적절한 전략을 세워야 한다. 아래에서는 조직의 성과를 높이기 위해 기능적 갈등을 유도하는 것과 같은 의도적인 자극에 대하여 살펴보자.

우선 **외부 인력의 영입방법**이 있다. 조직 밖의 인력을 조직 내로 영입함으로써 비능률적인 조직의 분위기를 자극하는 방법이다. 즉 조직 내의 구성원들과는 다른 배경 속에서 생활을 했거나 다른 가치관, 다른 태도를 가진 외부 인력을 고용하거나 불러들임으로써 기존의 조직구성원들에게 자극을 주는 것이다. 전혀 새로운 인력을 끌어들인다는 것은 때로는 부정적인 결과를 낳기도 하지만 느슨해진 조직 내 분위기를 새롭게 하여 모두가 새로운 자세로 업무에 임하도록 하는 결과를 가져올 수 있다.

또한 **조직구조의 변화**도 기능적 갈등을 유도한다. 이것은 집단 간의 역기능적 갈등을 해소하는 방법이기도 하지만 집단 간의 기능적인 갈등을 유발하는 계기가 되기도 한다. 예를 들어 기업의 여러 부서들 중에서 몇몇 부서를 통합한다고 할 때 이를 계기로 부서 간의 갈등을 해소할 수도 있지만 통합된 부서 내의 구성원들은 서로 경쟁적인 자세를 보이게 된다. 이처럼 조직구조의 변화는 집단 간의 갈등해소뿐만이 아니라 기능적인 갈등을 새롭게 유발하여 조직의 성과에 영향을 미친다.

끝으로 의도적 자극을 통하여 **조직 내 경쟁을 유발**하는 것도 기능적 갈등이다. 예를 들어, 성과에 따라 보상을 해주면 개인 간에는 보다 많은 보상을 받기 위한 경쟁이 발생하게 된다. 이러한 경쟁의 출현은 기능적인 갈등을 만들어내어 조직 전반에 걸쳐 성과를 한층 높여줄 수 있다. 그러나 경쟁이 가져올 수 있는 부정적 효과에 대해서도 주의를 기울여야 한다.

지금까지 집단갈등의 원인과 그들을 해소하기 위한 방안, 그리고 기능적 갈등을 유도하는 방안들에 대하여 알아보았다. 무엇보다도 중요한 것은 집단갈등의 원인을 정확히 알아야 하며 어떠한 갈등관리 방안을 선택해야 효율적인지를 상황에 따라 적절히 판단할 줄 알아야 한다는 것이다.

협상의 이해

협상을 전공한 사람들은 우리가 사는 세상을 거대한 협상의 장(場)으로 생각한다. 인간의 모든 행위는 협상과 관련되지 않은 것이 없다는 뜻이다.

오늘날 경제가 개방되고 기업들의 세계화, 국제화가 진전됨에 따라 외국인과의 협상기회도 많아졌고 협상에 따른 결과의 중요성도 그만큼 커졌다. 그럼에도 불구하고 국내에서의 협상에 대한 연구나 논의는 매우 일천한 수준이며 앞으로 학자나 실무자들로부터 보다 많은 관심의 대상이 되어야 하리라 본다. 협상기술의 미비 때문에 큰 손해를 보고 아쉬워하는 경우를 종종 목격하게 된다. 여기서는 협상의 개념과 방법에 대해서 알아본다.

협상이란 무엇인가

협상의 정의는 다양하다. 협상이란 서로 상이한 이해와 관심을 갖고 있는 둘 또는 그 이상의 당사자들이 합의에 이르기 위해 노력해 가는 과정이라는 정의도 있고, “내가 원하는 것을 가진 사람들의 호감을 얻는 방법에 관련된 지식체계”라고 정의하기도 한다.[10) “둘 또는 그 이상의 관련 당사자들이 자원을 어떻게 분배할 것인지를 결정하는 과정“이라고 정의하기도 하고, “당사자들이 주고받는(Give and take) 활동을 통해서 서로의 속마음과 특성을 알아가는 과정“이라고 보는 견해도 있다.[11) 이처럼 다양한 정의는 협상이 그만큼 다양한 측면을 가지고 있는 개념이라는 것을 말해준다.

여기에서는 협상이란 이해관계가 있는 사람들 간에 상호 교류를 통하여 서로의 이해를 충족시켜 가는 과정이라고 정의한다. 협상의 결과로 원하는 것을 얻든가 갈등이 해결되기도 하고 서로를 알 수 있는 기회를 갖게 되기도 한다. 물론 협상의 결과로 얻을 수 있는 것은 명예, 자유, 돈, 정의, 지위, 사랑, 안전, 인정 등 다양하다. 세상에서는 뛰어난 능력을 가진 사람들이 성공하지만, 뛰어난 협상력을 가진 사람들이 성공하는 경우도 많다.

협상은 인간관계의 긴장(tension)을 해소하는 방법이기도 하다. 긴장해소를 목적으로 다른 사람들의 행동에 영향을 미치기 위해서 정보나 권력을 사용하기도 한다.

그림 13-6
협상과정

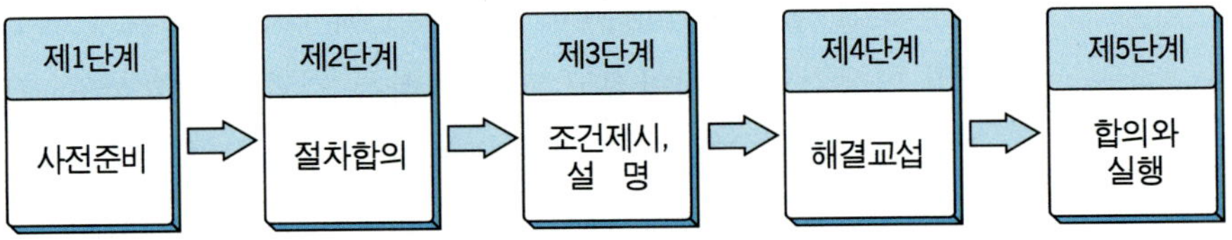

협상의 과정

일반적으로 협상은 다섯 단계를 거쳐 이루어진다. 다섯 단계는 ① 사전 준비, ② 절차합의, ③ 조건제시 및 설명, ④ 해결교섭, ⑤ 합의와 실행 등이다. 〔그림 13-6〕에 이 과정을 그림으로 제시하였다.

제1단계 사전 준비에서는 협상의 목적과 목표를 명확히 하고 전략을 수립한다. 상대방의 입장과 생각을 추론하여 대안을 마련하는 것도 중요하다. 상대방을 항복하게 하는 방안을 찾는 것도 방법일 수 있지만, 서로 체면을 살리고 이득을 얻을 수 있는 상생의 전략을 수립하는 것이 바람직하다.

협상준비는 'BATNA'를 결정함으로써 완성된다. **BATNA**란 'Best Alternative to a Negotiated Agreement'의 첫 자를 딴 조어로서, 협상에서의 최소 수용조건 또는 차선책을 의미한다. 협상 당사자들은 자기 측이 설정한 BATNA 이상의 성과를 얻으려고 노력한다.

제2단계에서는 협상의 관련 당사자들이 절차와 규칙을 합의하는 단계이다. 누가 협상에 참여하여 언제까지 어떻게 합의에 이를 것인가를 결정한다. 이 단계에서 서로의 초기 요구조건을 교환할 수도 있다.

제3단계에서는 서로 원하는 조건을 제시하고 그 배경과 이유, 그리고 타당성을 구체적으로 설명한다. 서로 자신의 요구가 타당하다는 것을 자료나 근거를 곁들여 주장하게 된다.

제4단계 해결교섭은 그야말로 주고받는 바게닝(bargaining)이 일어나는 단계이다. 양보하기도 하고, 상대방의 양보를 요구하기도 하면서 합의를 위해 노력해 나간다. 순발력, 재치, 지혜, 언변, 호소력, 힘의 행사 등 모든 역량이 총동원된다.

제5단계의 합의와 실행은 제4단계에서 합의한 사항을 문서화하고 그의 실행을 위한 구체적 사항들을 결정하는 단계이다. 이 단계에서는 실무자들의 참여와 노력이 중요하다.

표 13-9
언어적 협상전술에서의 문화적 차이점

행위(전술)	30분의 협상 중 사용된 전술의 평균치		
	일 본	미 국	브라질
약 속	7	8	3
위 협	4	4	2
권 고	7	4	5
경 고	2	41	1
보 상	1	2	2
처 벌	1	3	3
규범적 호소	4	2	1
공 약	15	13	8
자기폭로	34	36	39
질 문	20	20	22
명 령	8	6	14
아니오"(30분당)	5.7	9.0	83.4
첫 제안의 이익수준(최대 80)	61.5	57.3	75.2
초기 양보	6.5	7.1	9.4

자료: Graham, J. 1985. The influence of culture on business negotiations. *Journal of International Business Studies*, 14(1): 81-96.

협상의 전술

협상의 전술에는 언어적 전술, 비언어적 전술, 그리고 비신사적 술수 등이 있다. 우리가 어떤 의미를 전달하려 했을 때 **말이 그 의미를 전달하는 비율은 7%에 불과하며 표현의 어조가 38%를, 그리고 얼굴의 표정이 의미의 25%를 전달한다**는 연구 결과가 있다.[12)]

언어적 **협상전술**에 포함되는 구체적인 행동들은 약속, 위협, 권고, 경고, 보상, 처벌, 규범적 호소, 공약, 자기 폭로, 질문, 명령 등이다. 한 연구에 따르면, 노련한 협상자는 자극적 용어, 반대제안, 그리고 방어나 공격적 대응을 적게 사용하고 지나친 주장을 삼가는 성향이 있는 것으로 나타났다.[13] 반면에 예시적 언어구사, 적극적 경청, 질문 및 감정표현에 보다 많이 의존하는 것으로 조사되었다. 여기에서 예시적 언어구사란 "질문 좀 해도 되겠습니까"와 같이 앞으로의 자신의 행동에 대하여 사전 예고를 하는 것을 의미한다.

그레이함(John Graham)은 일본, 미국, 브라질인들을 대상으로 30분의 협상 중에 이용되는 전술의 평균치를 연구하여 발표한 바 있다. 〈표 13-9〉에서 보듯이 이들 세 나라는 협상문화에 있어 크게 차이가 남을 볼 수 있다. 특히 브라질의 경우 30분당 '아니오'를 80번 이상 사용하고 있는 반면 일본인의 경우는 여섯 번이 채 안 되고 있다.

비언어적 전술에 해당하는 행위로는 침묵, 대화의 중복, 안면 직시, 신체적 접촉 등이 포함된다. 비신사적 술수에는 계획적인 속임수, 심리전, 상황적 압력 등이 포함될 수 있다. 앞서 그레이함의 연구 결과에 따르면, 30분당 침묵횟수는 일본인들이 제일 많았고 대화의 중복은 브라질인들이 2배 이상 많이 사용했으며 악수 이외의 신체적 접촉에 있어서도 일본이나 미국인들은 전혀 사용하지 않은 반면 브라질인들은 5회 가까이 사용한 것으로 나타났다.

이처럼 협상전술은 국가문화에 따라 큰 차이를 보인다. 뿐만 아니라 조직문화 차원에서도 협상전술은 큰 차이를 보인다. 협상에 임하기 전에 상대방의 문화적 행동패턴을 이해하는 것이 중요하다. 물론 협상주제에 대한 자신과 상대방의 입장과 배경 등을 철저히 파악해야 하는 것은 당연한 것이다.

사 례 13-1 **효성 창업자 조홍제: '밑간 철학'**

늦게 되고 어리석다'는 뜻의 만우(晩愚)라는 호를 갖고 있는 효성그룹 창업자 조홍제 씨는 당대의 여느 창업자들 못지않게 다양한 경력을 가지고 있다. 6·10만세운동에 연루되어 옥고를 치른 애국자이기도 했고 농민지도자로 활약한 적도 있으며, 일본에 유학하면서 새로운 문물을 배우기도 했다. 그는 매우 정확하고 확실한 계산을 좋아하는 성격이었다. 특히 자식 교육에 있어서는 소위 '밑간 철학'을 갖고 있었다. 음식을 만들 때 더도 덜도 말고 간을 딱 맞춰야 음식이 제맛이 나듯이 자식 교육에 있어서도 '자신에게 꼭 필요한 만큼의 도움만 주어 스스로 깨우치도록' 하였다. 석래, 양래, 욱래 등 세 아들에게 각각의 성격에 맞는 글귀를 남겼는데, 석래에게는 '숭덕광업(崇德廣業 · 덕을 높이고 업을 넓혀라)', 양래에게는 '자강불식(自强不息 · 쉬지 말고 노력하라)', 욱래에게는 '유비무환(有備無患 · 항상 재난에 대비해 근심을 없애라)'를 남겼다고 한다. (이규성, 2006)[14)]

"그는 호암(湖巖) 이병철 삼성물산 사장에게 자금을 빌려준 것을 계기로 동업을 시작했었다. 만우와 호암의 동업은 사실상 삼성이라는 대그룹의 출발점이었다. 고 이 회장의 기획력과 만우 회장의 꼼꼼한 일 처리는 자산규모 1,700만 원의 삼성물산을 설립 3년 만에 48억 원이라는 순이익을 올리게 했다. 삼성물산의 성공은 제일제당(현 CJ그룹)과 제일모직 등의 제조업 진출로 이어졌다. 특히 제일모직은 만우 회장이 자금 마련부터 기계설비 발주, 기술 숙련 등 모든 과정을 진두지휘했다. 제일모직의 당시 '골덴덱스'는 영국제와 마카오 복지를 대체할 정도로 큰 인기를 끌었다. 이렇듯 조 · 이 투 톱 체제는 불과 10년 만에 삼성을 명실공히 한국 제일의 재벌로 성장시켰다.

그러나 호사다마라고 했던가. 이 회장은 돌연 만우 회장에게 동업 청산을 요구했으며, 만우도 '이쯤에서 재산을 정리하는 것도 나쁘지 않으리라'는 생각으로 흔쾌히 동의했다. 그럼에도 불구하고 지분문제에 대한 의견조율이 안 되면서 두 사람의 갈등은 점차 깊어갔다. 이 과정에서 만우는 4·19와 5·16 군사 쿠데타로 이어진 급변하는 정국에서 삼성 대표로 부정축재자라는 오명을 스스로 뒤집어쓰고 수감생활을 하기도 했다. 정국이 점차 안정되면서 호암과 만우는 다시 재산분배에 대한 논의를 계속했지만 합의에 이르지 못했다. '옳다, 그르다 싸우기만 하면 자기 사업을 할 수 없다'고 판단한 만우는 결국 3억 원을 받는 것으로 삼성과의 모든 정리를 마무리했다. 이때가 그의 나이 56세였다. 15년간 대주주이자 경영인으로서 삼성을 국내 최고의 기업으로 키우는 데 일조를 했지만 그 '끝'은 그다지 아름답지 않았다."(htpp://ggangyang.tistory.com)

만우는 당시 이 결정을 이렇게 밝혔다. "오늘날 70년을 살아오는 동안 내가 내리지 않을 수 없었던 수많은 어려운 결단 가운데서도 가장 현명한 결단이 아니었나 싶다. 그런 결단을 내리지 못하고 분배받을 재산에만 연연했더라면 내 독자사업은 시작도 못해 보고, 재산은 재산대로 찾지 못한 채 끝나게 되었으리라."(조홍제, 2000)[15]

[사례 문제 13-1] 조홍제 회장의 협상방식을 평가해 보자.

사 례 13-2 어려우면 화합, 잘되면 갈등

"6:4의 비율로 지분을 투자해 벤처사업을 시작한 김선배와 나후배는 두 차례의 부도 위기를 넘기면서 더욱 군건히 뭉친 사이였다. 10명으로 시작한 직원의 수가 50명을 넘기더니, 급기야 300명에 육박하는 커다란 회사로 성장하면서 더욱 조직다운 면모를 갖추어 가기 시작했다. 두 사람의 갈등이 시작된 것은 직원 150명, 매출 500억 원을 넘기면서부터였다. 회사가 어려울 때는 아무런 문제가 되지 않던 것들이, 매출이 안정기에 접어들면서부터는 사사건건 충돌하기 시작했다. 거래선을 개척하고 관리하는 방법과 같이 중요한 문제에서 부딪히는 거라면 이해할 만도 하지만 여비서 한 명을 뽑는 문제까지 티격태격 이견을 내놓으니 직원들 마음이 편할 리 없었다.

결정적인 사건은 나후배 부사장이 자신의 처남을 관리자로 채용하겠다고 제안하면서부터 시작되었다. 김선배 사장은 친인척을 등용하면 직원들 사이에 위화감만 조성한다고 강력하게 반대했다. 부사장은 우리 같은 중견기업에서는 대기업 출신을 뽑기도 쉽지 않은데, 능력만 갖추면 될 일이지 친인척이냐 아니냐는 반대 명분이 될 수 없다고 주장했다. 처남이 능력이 없는 것도 아니고, 매형을 도와서 회사를 키워보겠다고 잘 다니고 있는 대기업까지 포기하고 오겠다는 상황에서 반대할 이유가 없다는 것이었다. 급기야 자신도 지분을 20퍼센트 이상 가진 대주주임을 내세워 사장을 압박했고, 서로 이것만큼은 양보할 수 없다며 팽팽한 신경전을 벌였다.

결국 부사장은 사장의 승인을 받지도 않은 채, 처남을 회사로 출근시키는 반란을 감행했다. 이후 회사는 하루도 편할 날이 없었다. 처남은 처남대로 시스템이 갖춰지지 않은 중견기업에서 일하려니 불만이 날로 늘어갔고, 부사장은 사장과 직원들이 처남에 대해 안 좋은 소리를 하고 다니는 것을 알고 그들에 대한 반감이 더욱 커졌다. 게다가 어느 날, 사장이 한마디 상의도 없이 부사장과 그의 처남에게 이메일로 해고통지서를 보내면서 문제는 더욱 악화되었다. 메일에는 최근 경영악화에 대한 책임을 묻는 것이라는 해고 사유와, 지분은 단계적으로 정리해 나가자는 내용이 들어 있었다. 동의할 수 없다는 부사장과 강압적으로 밀어붙이는 김 사장은 법정까지 가서 싸움을 벌이다가 결국 모든 관계를 청산하기로 합의했다.

부사장은 자기 소유의 지분을 처분해 새로운 사업을 시작했지만 2년 만에 실패하고 말았다. 자신뿐만 아니라 처남까지 실업자로 만들면서 실패의 나락으로 굴러떨어지게 된 것이다. 반면 김 사장의 사업은 승승장구했다. 더욱 재미있는 것은 나 부사장을 축출한 후 김 사장은 자신의 매제를 회사의 중역에 앉혔다. 친인척을 등용하지 말아야 한다는 그의 주장은 공연한 변명에 불과했던 것이다."

(최경춘. 2010, 나쁜보스, 위스덤하우스)

[사례 문제 13-2] 김선배 사장과 나후배 부사장의 갈등해결방식을 분석해 보자.

나의 조직행동 진단 13

나의 갈등관리 유형은?

▣ 아래의 항목들은 당신의 갈등관리 유형을 알아보기 위한 것이다. 다음의 15개의 질문에 대하여 평소에 당신이 생각하는 대로 물음에 답하여 주기 바란다. 각 질문에 응답을 한 후에는 아래의 갈등관리 유형별 점수의 합계를 낸다. 갈등관리 유형 중 점수가 제일 높은 것이 당신의 갈등관리 유형을 대변한다고 할 수 있다. 아래의 〈응답양식〉을 참고하여 당신이 동의하는 곳에 ○표 하시오.

〈응답양식〉

1	2	3	4	5
전혀 동의하지 않는다	동의하지 않는다	보통이다	동의한다	매우 동의한다

질　문	1	2	3	4	5
1. 나는 내 주장의 장점을 설명하기 위해 동료들과 논쟁한다.					
2. 나는 타협을 이루기 위해서 동료들과 협상한다.					
3. 나는 동료들의 기대에 부응하고자 노력한다.					
4. 나는 주어진 문제에 대해 모두가 찬성할 만한 해결책을 찾기 위해 동료들과 함께 노력하곤 한다.					
5. 나는 내 주장을 관철시키기 위해 강력한 자세를 취한다.					
6. 나는 갈등으로 물의를 빚고 싶지 않기 때문에 동료들에 대해 느끼는 갈등을 혼자서 삭인다.					
7. 나는 나의 해결방안을 관철시키기 위해서 끝까지 노력한다.					
8. 나는 타협을 위해서 서로 '주고받는(give and take)' 전략을 사용한다.					
9. 나는 동료들과 문제를 함께 해결하기 위해 정확한 정보를 교환한다.					

질 문	1	2	3	4	5
10. 나는 동료들과 다른 의견을 갖고 있다 해도 이를 공개 토의하지 않는다.					
11. 나는 동료들의 의견을 적극 수용한다.					
12. 문제해결의 최선책을 찾기 위해서 나는 모든 문제들을 털어놓고 얘기하는 성향이다.					
13. 나는 문제해결에 진전이 없을 때 중간자적 대안을 제시한다.					
14. 나는 동료들의 의견을 따르려는 성향이 있다.					
15. 나는 동료와의 의견대립을 피하기 위해서 속으로 동료들의 의견에 반대하더라도 이를 그냥 묻어둔다.					

[해 석]

▣ 당신의 유형을 확인하고 다른 사람과 논의하여 보시오. 총점이 가장 큰 것이 당신의 스타일이다. 하나 이상의 스타일을 가질 수도 있다.

[갈등관리유형]

	종합형	배려형	지배형	회피형	타협형
항목 및 점수	4._____ 9._____ 12._____	3._____ 11._____ 14._____	1._____ 5._____ 7._____	6._____ 10._____ 15._____	2._____ 8._____ 13._____
총점					

자료: Rahim, M. A. 1983. A aeasure of styles of handling interpersonal conflict. *Academy of Management Journal*, 358-76.

제 IV 부

조직차원 연구

제14장

조직문화

본 장의 요점

- ⁕ 조직문화를 이해함으로써 조직을 바라보는 새로운 관점을 개발한다.
- ⁕ 조직문화 모델을 통하여 개인, 집단, 조직을 꿰뚫는 가치관, 믿음, 가정의 다양한 변신을 학습한다.
- ⁕ 조직문화가 형성되는 과정을 이해함으로써 조직문화 관리의 가능성을 확인시킨다.
- ⁕ 시간의 흐름에 따라 조직문화가 어떻게 변화해 가는지를 이해한다.
- ⁕ 국가 간 문화 차이가 조직경영에 주는 의미를 추론한다.

제14장 주목받는 경영자

토스는 성공방정식을 문화로 정의해요, 이승건 대표

* 이승건 대표는 2015년 간편송금 서비스 '토스'를 출시하였다. 토스는 여러 금융서비스를 제공하며, 유니콘 기업으로 성장하였다.

* 그는 회사 홈페이지를 통해서 '토스의 성공방정식을 문화라고 정의'한다. 그는 성공하는 회사는 저마다의 성공방정식이 있는데, 토스를 통해서 인간을 신뢰하는 이상적인 조직을 현실에서 만들고자 했다고 말한다.

* 그는 상위 5%의 하이 퍼포머들을 채용하고, 그들을 완전히 믿고 맡기자고 말한다. 그리고 토스의 본질은 '돈을 버는 것'이 아니라 '무엇이든 불편하고 복잡한 현상에 대해 이게 최선인지 묻고, 더 나은 방향으로 변화시키고자 하는 열망'이라고 설명한다.

* 토스의 핵심가치 3.1:
  - ▶ Mission over Individual: 개인의 목표보다 토스팀의 미션을 우선한다.
  - ▶ Aim Higher: 더 높은 수준을 추구하라.
  - ▶ Focus on Impact: 하면 좋을 10가지보다 임팩트를 만드는 데 집중한다.
  - ▶ Execution over Perfection: 완벽해지려 하기보다 실행에 집중하라.
  - ▶ Learn Proactively: 주도적으로 학습하라.
  - ▶ Move with Urgency: 신속한 속도로 움직인다.
  - ▶ Ask for Feedback: 피드백을 구하라.

❖ 〈문제 14〉 **토스의 성공을 뒷받침해 온 조직문화가 다른 기업에도 적용될 수 있는지 생각해 보자.**

조직문화란 무엇인가

조직문화의 개념

조직문화는 연구의 목적이나 이론적 근거에 따라 다양하게 정의된다. 가장 일반적으로 받아들여지고 있는 정의는 **샤인**(Schein)의 정의이다.[1)]

"**조직문화**란 일정한 패턴을 갖는 (조직활동의) 기본가정(또는 전제, 믿음)이다. 이들은 특정 집단이 외부 환경에 적응하고 내적으로 통합해 나가는 과정에서 고안, 발견 또는 개발된 것들이다. 이러한 가정들은 오랜 기간 동안 조직구성원들이 타당한 것으로 여겨왔기 때문에 당연한 것으로 받아들여지며 새로운 구성원들에게도 조직의 문제를 해결하는 올바른 방법으로학습된다."(p.9)

이외에도 조직문화의 정의는 다양하게 나타난다. 조직구성원 개인의 인지적 특성인 지각, 믿음, 판단, 행위 등이 강조되기도 하고 구성원들 소(小)사회가 갖는 행동특성과 그러한 특성의 환경적합성에 초점이 맞춰지기도 한다. 뿐만 아니라 상징적 해석론자들(symbolic interpretivists)은 조직의 상징물이나 상징적 행동에 초점을 맞추고 이들의 의미를 해석함으로써 조직문화를 이해하려 한다. 또한 조직 하위구조의 문화(하위문화 또는 細文化; subcultures)를 연구하는 학자들은 문화의 통일성을 중시하기보다는 다양성, 동태성을 더 중시한다. 즉, 조직은 일의 특성, 환경, 제품, 지역 등에 있어 차이를 보이기 때문에 그에 적절히 적응해 나가는 과정에서 다양한 하위문화가 발현한다는 주장이다.[2)]

이상을 종합하여 볼 때 우리는 조직문화에 대한 몇 가지 개념적 특성을 다음과 같이 요약해 볼 수 있을 것이다.

첫째, 조직문화는 구성원들 상호 간의 학습과정을 통하여 공유되는(shared) 가치관, **상징물**, 그리고 이상(ideals)이다.[3)] 따라서 조직문화는 구성원들을 인지적 또는 사회적으로 결집시키는 힘을 갖는다. 조직문화는 매일매일의 비공식적 교류를 통해서(즉, 관찰이나 모델링을 통해서) 습득된다.

둘째, 구성원들 간의 결집의 정도에 따라 **강한 문화**와 **약한 문화**로 나눌 수 있다. 응집력이 강하고, 가치관이 통일되어 있으며 집단목표에 대한 구성원들의 몰입이 강한 경우에는 강한 문화가 발생하며 그렇지 않을 경우에는 약한 문화가 나타날 수 있다. 그러나 강한 문화가 반드시 더 좋다고 볼 수는 없다. 강한 문화의 경우 조직변화 시도에 대하여 그만큼 강력히 저항하는 힘으로 작용할 수도 있기 때문이다.[4)]

셋째, 한 조직의 문화는 공통성과 상이성(相異性)을 동시에 갖는다. 즉, 조직 전체차원에서 구성원들 간의 공통적 가치관, 신념, 행동패턴 등을 발견할 수 있지만 동시에 팀이나 본부와 같은 하부조직들도 나름대로의 문화적 특성을 가질 수 있다.

넷째, 어느 한 시점에서 특정 조직의 문화는 그 조직이 변화해 온 과거의 역사, 현재의 문제해결과 관련된 고민, 그리고 조직구성원들의 미래에 대한 희망이나 기대가 혼합적으로 존재하게 된다. 미래에 대한 희망과 도전의지로 충만한 조직이 과거의 영광에 안주하고 있는 조직보다 더 발전하리라는 것은 자명한 이치일 것이다.

다섯째, 한 조직의 문화적 특성은 구성원들의 가치관, 믿음 등을 직접 조사하여 밝힐 수도 있지만 그들이 공유하는 사물들, 공통의 용어(또는 어휘, 언어, 보편화된 행동이나 감정) 등을 분석함으로써 도출할 수도 있다. 보다 구체적으로는 의례, 의식, 신화, 무용담, 전설, 일화, 민담, 상징, 언어, 제스처, 물리적 환경, 인조물 등을 분석함으로써 얻을 수 있다.[5)] 또한 조직의 영웅(전설적 인물)을 살펴보는 것도 한가지 방법이다.

여섯째, 문화가 없는 조직은 없다. 어떤 조직이든 모종의 조직문화를 갖는다. 문제는 한 시점에서 특정 조직이 갖는 문화적 특성이 그 조직이 처한 상황에 비추어 바람직한가를 가늠하여 보다 바람직한 방향으로 변화시켜 나가야 한다는 것이다.

이상의 핵심을 심층요인에서 가시적 문화요인 쪽으로 계층별로 표현하면 〔그림 14-1〕과 같다. 즉, 공유된 가정이 가장 마음 깊은 곳에 자리 잡고 있고 그에 근거하여 가치가 정해지면 결국 가치는 특정 행위로 표출되고 그 행위가

그림 14-1
조직문화
개념의 수준

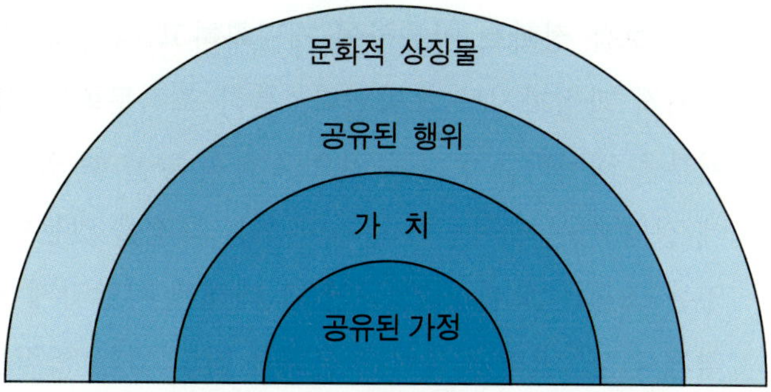

조직의 문화적 상징물로 나타난다는 것이다.

조직문화는 왜 중요한가

조직문화가 왜 중요하며 그에 대하여 왜 관심을 가져야 하는가의 문제에 대해서는 여러 측면에서 설명이 가능하다.

우선 조직문화는 조직의 공식적, 비공식적 운영과정에 광범위한 영향을 미칠 수 있기 때문에 중요시된다. 일을 처리하는 일상적 과정 속에서도 관행과 같은 문화적 요소가 배어 있으며 상호 간의 교류 속에, 갈등의 와중에, 그리고 무엇보다도 결정과 선택의 순간순간에 옳고 그름에 대한 조직원들의 가정과 믿음이 작용하게 된다. 따라서 조직문화에 대한 올바른 이해는 효율적 관리나 효과적 경영을 가능케 한다.

또한 조직문화는 조직의 전략과정에 영향을 미치기 때문에 중요시된다. 전략의 방향을 선택할 때에도 조직문화는 이념이나 선입관의 형태로 그 과정에 작용할 수 있으며 전략을 수립하고 추진하는 과정에서도, 때로는 전략담당자들의 관점을 제한하고, 또 어떤 때는 전략실행에서 저항하는 형태로 작용할 수 있다. 조직문화는 전략적 특성과 부합할 때 큰 효과를 거둘 수 있으므로 조직문화와 전략수립 양자 간의 적합화에 관심을 기울여야 한다.[6]

조직문화는 경쟁력의 원천(또는 경쟁자원)이 될 수 있다. 조직 또는 기업의 경쟁력에는 자금이나 자산과 같이 가시적인 것만 포함되는 것이 아니라 현상이나 정보를 정확히 이해하여 개념화하고 적기에 결정을 내려줄 수 있는 무형의 인지적 과정까지도 포함된다. 특히 조직문화는 가시적 자산과 같이 한순간에 처분을 해버리든가 다른 것으로 바꿔 놓을 수 있는 것이 아니라, 비교적 장기간에 걸쳐 서서히 바꾸어 나가야 하는 특징을 갖는다. 따라서 그릇된 문화를 갖고 있는 조직은 오랜 기간 동안 그 폐해에 시달리게 되어 장기적인 경쟁력 상실을 겪게 된다. 반면에 올바른 문화를 갖고 있는 조직은 장기간에 걸쳐 경쟁우위를 점할 수 있다. 조직문화는 사고팔 수 없는 고유한 무형의 경쟁자원이다.[7)]

아울러 조직문화는 조직의 성과와도 관련이 있는 것으로 보인다. 신유근 교수는 한국 기업들을 비교한 연구에서 가치관(합의성, 상징성, 명확성, 수용성)으로 대표되는 조직문화의 특성에 따라 만족도, 동조성, 그리고 애사심과 같은 성과가 차이가 남을 발견했다.[8)] 하버드대학 연구팀이 200개 기업의 조직문화를 연구한 결과, 강한 문화가 성공하려면 외부 조직환경에 적절히 적응해야 한다는 결과를 얻었다. 적응하지 못하는 강한 문화는 약한 문화보다 성과가 낮았다.[9)]

끝으로 우리는 조직문화(특히 기업문화)의 중요성을 역사적 차원에서 살펴볼 수 있다. 조직은 어느 한 시대 그 조직이 속한 사회의 가치관과 믿음과 행동양식 등을 조직문화라는 이름으로 응축하여 유지하고 다음 세대에 보전하며 발전시키는 역할을 한다. 서구에서는 중세의 수도원이나 근세의 대학들이 그러한 역할을 수행하였으며 한국의 경우, 한때 군조직이나 정부조직 또는 대학이 당 시대 한국 사회의 문화전수자로서의 역할을 감당하였다고 본다. 그러나 최근에는 기업이 한국 사회의 문화전수자의 역할을 담당하기 시작한 것 같다. 기업의 광고문안 속에, 조직원에 대한 정책 속에, 노 · 사 간의 갈등 속에 오늘날의 한국 사회의 가치가 내재해 있는 것이다.

조직문화의 기능

이와 같은 개념적 특성을 갖는 조직문화는 조직에서 어떠한 기능을 할까? 조직문화는 대략 다음의 네 가지 기능을 수행하는 것으로 알려져 있다.[10)]

첫째, 조직문화는 조직구성원들에게 소속 조직원으로서의 정체성(organizational identity)을 제공한다. 우리는 흔히 '삼성맨'이니 '현대맨'이니 하는 말을 쓴다. 조직원들이 일반적으로 공유하는 행동적, 심리적 또는 지식이나 사고에 있어서의 독특한 동질성을 뜻하는 말이다. 또한 한 사람의 행동이나 태도를 잘 관찰해보면 그 사람의 소속집단이나 직업을 추측할 수 있는 경우도 있다. 이것은 문화적 동질화의 결과이다.

둘째, 조직문화는 집단적 몰입을 가져온다. 조직문화는 가치관, 믿음, 행동의 통일을 가져옴으로써 조직구성원들의 집단에 대한 몰입의 결과를 낳는다. 일종의 집단학습 효과라고 볼 수도 있다.

셋째, 조직체계의 안정성을 높이는 결과를 가져온다. 따라서 많은 경우, 문화적 동질성을 강화하기 위한 규범과 통제가 증가하게 되며 한계를 벗어난 행동에 대해서는 제재가 가하여진다. 그리고 조직구성원들은 이 같은 강한 통제에 대하여 일종의 감정적 애착을 갖게 된다.

넷째, 조직문화는 구성원들로 하여금 조직의 이모저모에 대하여 학습토록 함으로써 구성원들의 행동을 원하는 방향으로 조각해 나간다. 즉, 조직문화는 일종의 학습도구로서의 기능을 수행한다. 사회화(socialization)의 과정을 통하여 조직에서의 관행과 의미체계에 대한 구성원들의 **인지적 스키마**를 다듬어 나가는 과정인 것이다.

물론 조직에 따라 이들 중 어떤 기능은 더 발달해 있고 다른 기능은 덜 발달해 있을 수도 있다. 아마도 그것은 상황적 필요성에 따라 결정되리라고 본다. 사실 특정 조직의 문화가 갖는 기능발달의 패턴 자체도 하나의 문화적 요소일 수 있다.

조직문화 모델

조직문화를 설명하는 여러 가지 이론과 관점들이 존재하듯이 조직문화의 모델에 있어서도 다양한 유형이 존재한다. 본 절에서는 몇몇 학자들이 제시한 조직문화의 모델들을 가지고 조직문화의 과정을 좀 더 자세히 살펴보기로 한다.

샤인(Schein)의 모델

앞서의 조직문화의 정의에서와 같이 샤인의 **조직문화 모델**은 가장 많이 쓰이는 모델이라고 할 수 있을 것이다. 모델을 그림으로 요약하면 〔그림 14-2〕와 같다.

샤인의 조직문화 모델은 잠재적 단계에 속하는 조직활동에 대한 기본적인 가정들과 그에서 파생되는 가치관, 그리고 가치관이 표출되어 나타나는 가시적인 인공물이나 창작물 등 세 가지로 이루어진다. 역으로 한 조직의 인공물

그림 14-2
샤인의 조직문화 모델

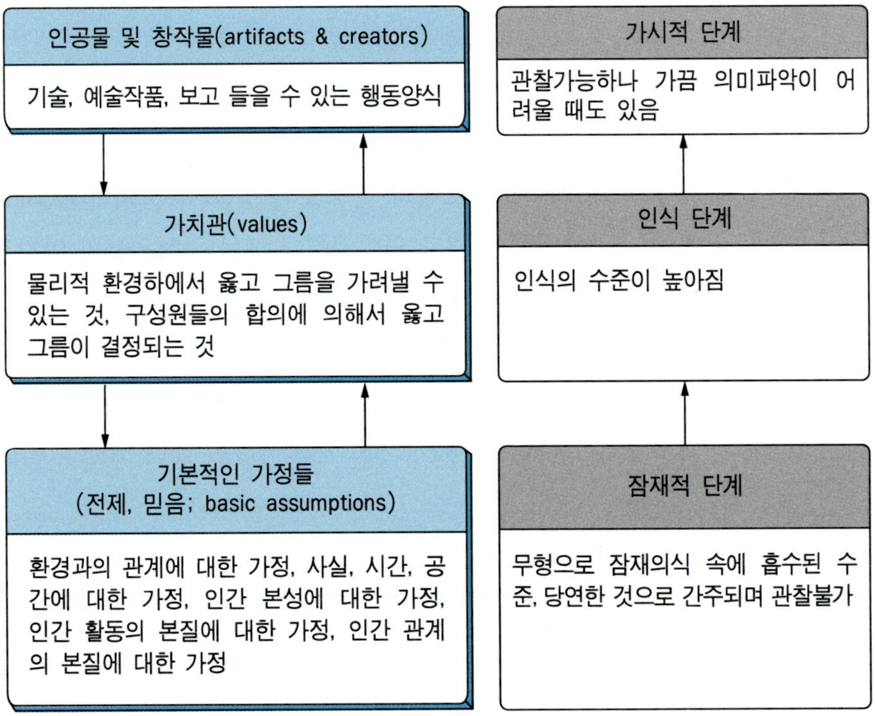

자료: Schein. 1985. 앞의 책.

이나 창작물들을 분석해 보면 거기에서 그 조직구성원들이 공유하는 가치관을 유출해 낼 수 있고 또 그로부터 인간에 대한 기본적인 가정(믿음)을 도출할 수도 있다. 따라서 샤인에 따르면 조직문화란 개인의 마음속 깊은 데 존재하는 무의식적이고 무형적인 요소에서부터 우리가 보고 만질 수 있는 조직의 상징물에 이르기까지 다양한 요소들로 이루어진 총괄적 개념인 것이다.

적응적 조직문화와 부적응 조직문화

기업이 생존하고 성장하기 위해서 외부 환경변화에 효과적으로 적응해야 한다는 것은 재론의 여지가 없다. 많은 기업들이 외부 환경변화에 적응하지 못하여 쇠퇴하였다. 소비자들의 욕구나 기호 변화에 민감하게 적응해야 하며 기술이나 정부 정책의 변화, 또는 세계 경제와 환율의 변화를 미리 예측하여 효과적으로 적응하지 못하면 기업의 생존이 위태로워진다.

외부 환경에 얼마나 효과적으로 적응할 준비가 되어있는가는 적응잠재력의 문제이며, 이는 적응적 조직문화(adaptive organizational culture)와 부적응 조직문화의 개념으로 설명할 수 있다.

〈표 14-1〉에 따르면, 적응적 조직문화를 갖는 조직에서는 조직원들이 고객을 우선으로 생각하며 변화를 가져올 수 있는 인적, 물적, 또는 제도나 과정 등의 내적 요소들에 많은 관심을 보인다.

반면에, 부적응 조직문화에서는 조직원들이 고객보다는 자기 자신의 이익을 우선 생각하고 위험을 감수하려 하지 않으며 변화를 싫어한다.

조직원들, 특히 조직의 리더들이 변화에 대하여 개방적 태도를 갖는 적응적 조직문화를 만들어 가는 것이 중요하다.

서인덕 교수의 모델

서인덕 교수는 조직문화를 현실지각차원과 행동차원을 활용하여 〔그림 14-3〕과 같이 양분하고 있다. 진취적 문화란 도전성, 모험성, 창의성, 그리고

표 14-1
적응적 조직 문화와 부적응 조직문화의 특징

	적응적 조직문화	부적응 조직문화
가시적 행위	• 조직원과 리더들이 고객과 같은 외부 환경요인들에 긴밀히 주의를 기울이고 다소 위험이 따르더라도 변화를 제안한다.	• 조직원과 리더들이 이기적, 정치적, 관료적으로 행동하며 환경변화에 적응하기 위하여 행동을 바꾸든가 제안하지 않는다.
가치관	• 조직원과 리더들이 고객, 주주, 조직원들에게 깊은 애정을 갖는다. 효과적 변화를 창조하는 데 관련된 인적, 물적, 제도적 요인들에 큰 가치를 둔다.	• 조직원/리더들이 자기 자신과 자신의 팀, 또 자기에게 주어진 일에만 관심을 둔다. 관행을 중시하고 위험을 감수하려 하지 않는다.
가 정	• 조직 전체에 기여, 사람에 대한 신뢰	• 나의 욕구충족, 사람에 대한 불신

자료: Kotter & Haskett. 1992. 앞의 책에서 수정 인용.

신속성을 강조하는 조직문화의 유형으로 정의되며, 보존적 문화란 안정, 조정, 통제를 강조하고 표준화, 적정성, 그리고 조직원 훈련 등에 조직활동의 초점을 둔다. 또한 합리적 문화를 갖는 조직은 능률, 목표, 능력 등의 성과 관련 변수들을 중시하며 수단-목표 간의 인과관계에 초점을 둔다. 끝으로 친화적 문화는 집단의 응집력을 중시하며 우의적 행동, 관계 지향적이고 협조적 행동이 선호되는 문화이다.

서인덕 교수는 이들 네 유형을 기반으로 하여 한국의 52개 기업의 조직원 5,643명을 대상으로 집권화, 공식화, 의사소통, 의사결정, 통제, 장기전략, 적극적 전략 등과 같은 조직특성과 인사관리제도 및 조직몰입에 대하여 설문조사를 실시하였다.

조직문화 유형에 따른 조직특성 차이를 살펴본 결과 다음과 같은 결론을 얻었다.

① 한국 기업은 공사(公社)를 제외한 나머지 모든 사기업에서 합리적 문화

그림 14-3
서인덕 교수의 모델

구분		행동차원	
		유지지향적	활동지향적
현실지각차원	동태적	**친화적 문화**	**진취적 문화**
	정태적	**보존적 문화**	**합리적 문화**

자료: 서인덕, 1986, 앞의 논문, p.68에서 재구성.

라는 메타문화(meta-culture)를 갖는다.

② 대기업 그룹별로 보더라도 합리적 문화가 공통적으로 가장 강력한 문화 유형으로 나타난다.

③ 진취적 문화를 갖는 기업들이 보다 적극적인 전략을 추진한다.

④ 직종별로 뚜렷한 문화유형의 차이가 나타나고 있지 않다.

⑤ 친화적 문화를 갖는 기업들이 조직몰입 수준이 높게 나타났다.

⑥ 임금 결정기준에 있어 친화적 또는 보수적 문화가 강한 경우에는 근무연수를 중시하고 진취적, 합리적 문화가 강한 경우에는 학력을 중시한다.

⑦ 친화적 문화가 강할 경우에는 선발에 있어 추천을 중시하나 나머지 문화에서는 공채를 중시한다.[11)]

트롬피나르스의 조직문화 유형

트롬피나르스(Trompenaars)는 47개 국가 15,000명을 서베이하여 조직문화의 유형을 조사하였다.[12)] 이 서베이에서는 우선 두 개의 조직문화 축(dimension)이 도출되었다. 첫째 축은 수평주의-계층주의(egalitarian, hierarchical)이고, 둘째 축은 인간지향-과업지향(person-orientation, task-orientation)이다. 이들 두 개의 축을 교차시켜 네 개의 조직문화의 유형을 제시하였다. 즉, 인큐베이터,

미사일, 가족, 에펠탑 조직문화 유형이 그들이다. 이들을 〔그림 14-4〕에 제시하였다.

인큐베이터 조직문화란 수평주의를 지향하면서 개인 욕구 충족에 초점을 두는 조직문화이다. 신생 벤처기업들이 이런 조직문화를 갖는 수가 많다. 사장이나 신입사원이나 수평적 관계를 유지하되 조직원 각자는 업계 최고의 실력파로 인정받기 위해서 일한다. 전문성과 능력이 중시되며 자율성을 존중한다.

미사일 조직문화는 수평적, 과업중심의 조직문화이다. 과업목표달성과 성과창출을 중시한다. 전문가들이 팀을 이루어 목표달성을 위해서 노력한다. 개인의 욕구보다는 조직의 성과를 먼저 내세운다. 미국의 나사(NASA)가 이런 조직문화를 갖고 있다.

가족형 조직문화란 말 그대로 인간중심적이면서 계층적인 조직문화이다. 가장이 모든 구성원들을 책임지고 보살피는 형태이다. 흔히 가부장적 문화로

그림 14-4
트롬피나르스의 조직문화 유형

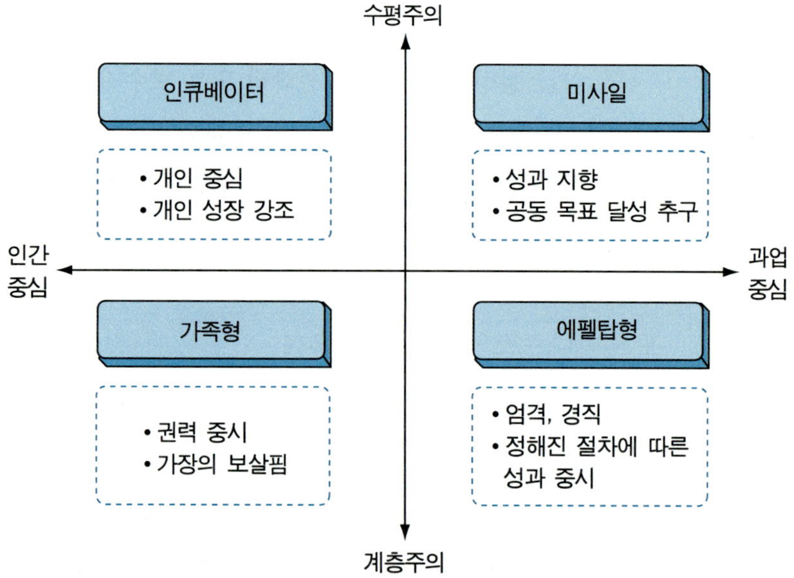

자료: Nahavandi, A. 2000. *The art and science of leadership*. Prentice Hall, p.10에서 수정 인용.

불리기도 한다. 위와 아래가 분명히 구분되지만 아랫사람들은 윗사람을 존경하고 윗사람은 아랫사람들을 보살피고 돌봐준다.

한편, **에펠탑형 조직문화**는 과업중심적, 계층적 조직문화이다. 엄격하고 질서가 꽉 잡힌 특징을 가지며 명령, 지시, 복종을 통해서 조직이 운영된다.

퀸의 패러독스 모델[13)]

퀸(Quinn)은 조직문화를 '유연-안정'과 '내부지향-외부지향'의 두 축을 가지고 이해하려 했다. 또한 그는 이들을 사용하여 4분면으로 나누어 혁신지향, 과업지향, 관계지향, 위계지향의 조직문화 유형들을 제시한 뒤, 각 문화 내에서 분면 내 역할 차이에 따라 2개씩 나누어 총 8가지 역할유형을 제시하였다. 〔그림 14-5〕에 이들을 제시하였다.

퀸의 모델을 **패러독스 모델** 또는 **경쟁가치 모델**이라고 부른다. 여기에서 개척자(pioneers)란 새롭고 혁신적인 역할을 강조하는 유형이며, 네트워커(networkers)는 인적 네트워크의 구축과 유지를 중시하는 역할을 의미한다. 또

그림 14-5
퀸의 패러독스 모델

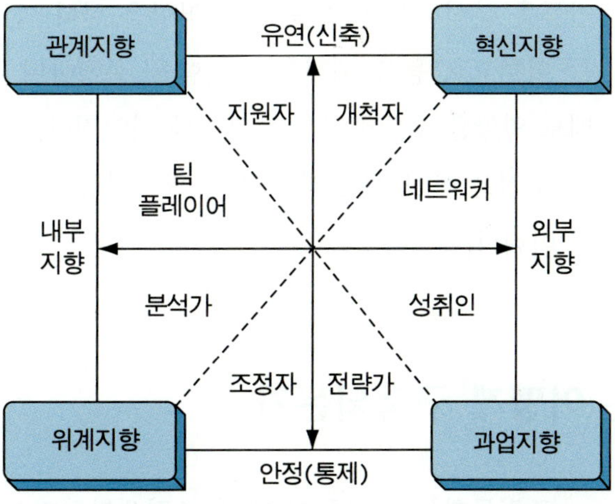

매듭 14-1 **조직문화의 다른 분류**

위에 제시된 조직문화 유형들 이외에도 많은 유형들이 존재한다. 다음은 몇 가지 중요한 조직문화 유형들을 정리한 것이다.

(1) 보편주의(universalism) vs. 개별주의(particularism)

(2) 중립적(neutral) vs. 감정적(emotional)

(3) 집중적(specific) vs. 산만한(diffuse)

(4) 성취중시 vs. 운명지향(ascription)

(5) 순위적 vs. 공시적(共時的)

(6) 내부지향 vs. 외부지향

(7) 7S 모델

〈매듭문제 14-1〉 위 (1)~(7)의 의미를 찾아 적으시오.

한 성취인(achievers)은 프로듀서와 같이 자원을 엮어 성과를 창출하는 역할을 하며, 전략가(strategists)는 장기적이고 미래지향적 계획을 세우는 사람들이다. 조정자(anchors)들은 조직원들을 통제하고 구체적 결정사항들을 해결하는 조직의 안살림을 맡은 사람이며, 분석가는 문제를 분석하여 객관적, 합리적으로 대안들을 분석하여 해법을 찾는 역할을 한다. 한편, 팀 플레이어는 화합과 조화를 이루고 갈등을 해결하는 역할을 수행하며 지원자들은 구성원 각자에 대해 멘토 역할을 수행하고 마음관리를 책임진다.

조직은 혁신지향, 과업지향, 관계지향, 위계지향 중 한 가지 유형만 갖는 것은 아니다.

조직문화는 어떻게 구축되는가

조직문화는 사람들이 함께 조직생활하면서 형성된다. 외부의 위협이나 자극에 대응하고 내적 교류와 갈등, 통합을 경험하면서 공동의 인식과 행동패턴이 나타나게 되는 것이다.

하지만 조직의 경영자들이 의도적으로 원하는 성격의 조직문화를 구축해 나갈 수도 있다. 이를 위한 수단으로는 의식(rite)과 축제, 스토리나 상징물의 활용, 특정 어휘의 사용 등을 들 수 있다. 물론 이 과정에서 조직을 이끌어가는 리더들의 역할이 무엇보다 중요하다.

의식과 축제

의식이나 축제는 회사의 가치를 상징하는 이벤트나 기념할 일이 있을 때 각종의 행사들을 통해서 조직원들에게 회사의 의미체계를 전달하는 것이다. 체육대회, 등반대회, 축제 등이 여기에 해당한다. 체육대회도 하는 방식이 조직문화에 따라 다르게 나타난다.

스토리

스토리는 대개 난관을 극복했던 전설적 이야기들을 조직원들에게 공유시킴으로써 회사의 정신과 철학을 전파하는 것이다. 나이키(Nike)는 최고 스토리임원(CSO: Chief Story Officer)을 공식적으로 둘 정도로 스토리텔링을 통한 조직문화구축을 추구해 왔다.

상징물

상징물은 조직의 가치를 가시화하여 제시함으로써 조직원들이 이미지를 통하여 의미를 전달받도록 하는 것이다. 포스코는 창업 초기의 '무'(無)에서 '유'(有)를 창조했던 정신을 상징하기 위해서 회사 박물관에 '롬멜 하우스'라고 불리는 당시 공사 현장의 막사를 보관하고 있다. 회사의 배지(badge)나 유니폼 등도 중요한 상징물들이다.

특수어휘

특수어휘(specialized language)는 슬로건이나 속담 또는 조직원들 간에만 통용되는 조어(祖語) 등을 통한 조직가치 전달을 뜻한다. 예를 들어 코오롱의 "One & Only"와 같은 슬로건은 회사가 추구하는 가치를 대변하는 것이고 조직원들의 생각을 슬로건에 맞춰 나가기 위한 방편이다.

선발과 사회화

선발과 사회화 과정도 조직문화 형성에 큰 영향을 미친다. 어떤 가치를 가진 조직원들을 받아들이는가에 따라, 그리고 새로운 조직원들이 조직에 들어와 어떤 행동을 보이는가에 따라 조직문화는 다르게 형성된다. 하지만, 이 모든 과정에서 최고경영자나 리더들의 이념과 행동이 조직문화 구축에 가장 큰 영향을 미친다.

조직문화는 어떻게 변화해 가는가

조직성장 단계에 따른 조직문화 변화

조직문화는 조직 외부의 환경적 특성의 변화 때문에 또는 조직 내부적 이유 때문에 변화하게 된다. 그중에서도 특히 조직의 성장단계에 따라 조직문화의 기능이 달라지게 되므로 각 단계별로 조직변화의 효과적인 메커니즘을 이해하는 것은 커다란 도움을 줄 수 있다. 여기에서는 샤인의 모델을 중심으로 설명하려 한다.[14)]

샤인은 조직성장의 단계를 크게 세 가지로 나누고 있다. 즉, 창립 및 초기 성장단계, 조직의 중년기, 그리고 조직의 성숙단계가 그들이다. 창립 및 초기 성장단계는 또다시 창업자/가족 지배단계와 승계단계로 나뉘며, 성숙단계는 변혁기와 파괴기로 구성된다.

창립 및 초기 성장단계는 처음 조직이 세워지고 난 후 수년간을 뜻하며 이때는 일반적으로 창업자 또는 그 가족들이 하나의 가족사업이라는 인식하에 헌신하게 되고 또 그만큼 경영이나 관리의 모든 면에 관여하고 간섭함으로써 조직이 창업자 또는 그 가족들의 지배하에 놓이게 되는 단계이다.

이처럼 창업자나 그 가족의 지배하에 놓여 있는 조직에 있어서의 조직문화는 어떠한 기능을 하는가? 이때 조직문화는 구성원들에게 일체감을 심어주고 그들을 통합시켜 주는 접착제의 역할을 한다. 뿐만 아니라 자신들의 문화가 다른 조직과는 달리 독특하다는 점을 강조함으로써 내적인 동질화와 외적인 차별화를 추구하게 된다. 구성원이나 창업자의 내적인 가정과 가치가 가시화되어 문화적 명료성이 증가하게 된다.

그다음 이어지는 단계는 승계의 단계이다. 승계단계에서 문화는 보수파와 급진파 간에 투쟁의 무대가 된다. 창업정신을 유지하려는 보수파와 조직에 새로운 바람을 일으키려는 급진파들 간에 갈등이 발생하고 그것을 해결해 가는 시기이다. 2세대 경영자는 자신의 스타일을 도입하려는 시도에서 구성원들의 심리적 이유(젖을 뗌)를 목적으로 갈등에 편승할 수도 있다. 이와 같은 문화적 기능을 갖는 창업 및 초기 성장단계에서의 조직문화변화 메커니즘은 무엇인

표 14-2
조직 성장단계와 조직문화의 변화

성장단계	조직문화 변화 메커니즘
창립 및 초기 성장단계 (창립자/가족지배; 승계단계)	(1) 자연적 발전 (2) 조직적 치료요법을 통한 자기통제발전 (3) 혼합을 통한 관리된 발전 (4) 외부자에 의한 관리된 '혁신'
조직의 중년기	(5) 계획된 변화와 조직개발 (6) 기술적인 동기 (7) 스캔들이나 신화의 공개를 통한 변화 (8) 점진주의적 변화
조직의 성숙단계 (변혁기; 파괴기)	(9) 강압적 설득 (10) 방향전환 (11) 재조직, 파괴, 재탄생

자료: Schein, E. H. 1985. 앞의 책, pp.271-272에서 수정 인용.

가? 〈표 14-2〉에 나타난 대로, 초기 단계에서는 자연적 변화의 흐름에 맡겨두는 방법이 있을 수 있고, 보다 의도적으로 조직적 치료요법을 활용하여 통제시스템을 발전시킬 수도 있다. 또는 혼합을 통한 발전이나 외부자에 의한 '혁신' 방법들을 사용할 수도 있다.

조직이 중년기에 들어오면 취급하는 제품과 시장규모가 커지고, 수직적인 통합과 지역적 확장을 거듭하게 된다. 뿐만 아니라 타기업을 인수 또는 합병하는 활동도 활발해진다. 이 시기의 조직문화는 기업활동이 활발해지는 것만큼 색다른 면모를 보이게 된다.

중년기에는, 조직의 규모가 커지면서 종전과 같은 일사분란한 소규모기업형 문화는 서서히 자취를 감춰가게 되고 대신에 부문, 분야 또는 부서별 소단위 하위문화가 보다 강력히 자리잡게 된다. 또한 조직 전체차원에서의 목표나 가치관, 가정 등은 제도화되어 조직의 공식적 요소로 흡수되면서 차별적 성격은 쇠퇴하고 하나의 일상적 관행으로 인식되게 된다. 따라서 조직은 정체성의 위기를 맞게 되며 새로운 가정, 새로운 가치관, 그리고 새로운 목표의 정립을 위한 기회를 노리게 된다.

이러한 상태에 놓인 중년기 조직이 취할 수 있는 조직문화 변화의 메커니즘으로는 우선 계획과 조직개발을 들 수 있다. 즉, 하위문화들 간의 갈등이 빚어지는 상황을 극복하기 위해서 하위문화의 가정과 가치관 등을 면밀히 분석하여 변화를 계획하고 조직개발기법들을 활용하여 그러한 계획을 실천해 나가는 것이다. 둘째는 기술적 유인이다. 조직이 갖고 있는 기술수준을 혁신을 통하여 조직 내에 확산시킴으로써, 또는 새로운 기술을 외부로부터 도입해 들여옴으로써 조직에 참신성을 더하게 되고 조직문화 변화의 기회를 제공할 수 있다. 셋째는 스캔들이나 신화를 공개하는 방식이다. 관리자들의 편의를 위해서 유지해왔던 수치스러운 관행이나 모순, 문화적 가정들을 공개함으로써 변화를 유도할 수 있다. 넷째는 구성원들이 변화를 인식하지 못할 정도로 점진적으로 조직 내부의 여러 요소들을 변화시켜 나가는 것이다. 즉, 큰 조직은 관성을 갖는다. 이것은 변화를 위해 극복되어져야 하는 것인데 변화의도가 구성원들에게 알려지는 순간 이러한 관성이 역작용을 하기 시작하므로 점진적으로 장기적인 변화를 추구해야 한다는 것이다. 그러나 샤인의 방법은 급진적 변화론자들의 비판을 받아왔다(제15장의 조직변화와 개발 참조).

조직이 성숙단계에 접어들면, 시장 자체가 포화상태에서 오히려 줄어드는 단계로 접어들게 되며 조직 내적으로는 대단히 안정적이어서 변화에 대한 저항이 크게 작용하게 된다. 앞서 얘기했던 보존적 문화의 양상을 따르게 되며 조직은 일대 변혁을 통하여 재생하든가 아니면 도산, 인수, 합병을 통하여 재조직화되는 파괴의 길을 걷게 된다.

이 단계에서 요구되는 변화의 메커니즘은 대략 강압적 설득, 방향 전환, 그리고 재조직화, 파괴, 재탄생 등이라고 볼 수 있다. **강압적 설득**이란 다른 선택이 없는 막다른 위기 국면으로 조직구성원들을 몰고 가서 스스로 새로운 가정, 새로운 문화를 선택하도록 하는 것이다.

방향전환이란 지금까지 언급된 모든 변화 메커니즘을 활용하여 경영자가 의도적으로 조직문화의 변화를 추진해 나가는 것이다. 이 방법을 사용하기에 앞서 조직의 문화 자체가 **해빙**(unfreezing)되어야 하며 몇 가지 조건들을 충족시켜야 방향전환기법이 성공적으로 조직문화의 변화를 이끌어낼 수 있다. 즉, 방향전환관리자나 관리팀이 있어야 하고, 조직이 지향하는 방향에 대한 명확한 인식이 이루어져야 하며, 목표성취에 대한 문화 변화의 모델이 있어야 한다. 또한 그 모델을 실천할 수 있는 힘이 있어야 한다. 이 네 가지 조건이 모두 충족되어야 성공할 수 있다.[15] 끝으로 재조직과 재탄생의 방법은 문화뿐 아니라 조직 자체를 파괴하고 새로운 문화를 구축하는 것이므로 최후의 방안이며 문화적 연속성을 상실하게 되는 방법이다.

M&A 후의 조직문화 통합

조직문화는 조직이 성장하고 쇠퇴하는 자연적 과정 속에서만 변화하는 것은 아니다. 조직의 최고경영자나 주인이 바뀌었을 때, 구성원들 대다수가 새로운 사람들로 대체되었을 때, 그리고 조직 간에 인수 · 합병 등을 통하여 통합되었을 때 어쩔 수 없이 조직문화의 변화는 발생하게 된다.

문화적 통합이 제대로 이루어지지 않으면 내부적 갈등이 심화될 수 있고 장기적으로는 기대되는 성과를 내기가 힘들어진다. 예컨대, 외환위기 이후 한국 금융업계는 지각변동이라 할 만큼 많은 인수 · 합병이 이루어졌다. 하지만 상당 기간 동안 '한 지붕 두 가족' , '점령군 vs 피점령군' 등의 은어가 말해주듯이 직원들 간의 문화적 통합이 제대로 이루어지지 않았다.

다른 회사나 조직을 인수했을 때 사용할 수 있는 통합정책에는 몇 가지 대안이 있다. 첫째는 자발적 동화(assimilation)이고, 둘째는 일방적 강요(deculturation)의 방법이며, 셋째는 상호통합(integration)이고, 넷째는 기존문화 유지법(separation)이 그들이다. 인수 · 합병을 당한 조직의 문화가 상대적으로 약하고 구성원들이 자발적으로 인수한 기업의 문화를 수용하려 할 때 동화정책이 실효를 거둘 수 있다. 하지만 피인수조직의 문화가 문제가 많은데도 불구하고 구성원들이 인수조직의 문화를 수용하려 하지 않으면 강요의 방법을 쓰게 되는 경우도 있다. 심리적으로 부담이 되는 방법이기는 하지만 인수 · 합병이 발생한 경우, 현실적으로 어느 정도는 강요적 요소가 항상 개입되는 것이 사실이다. 예컨대, 인사제도나 평가제도, 또 인사이동 등의 수단을 활용하여 피인수조직 구성원들의 행동을, 그 조직의 기존 문화가치나 관행에 관계없이, 규제하게 되는 것이 일반적이다. 또한 대등한 조직끼리의 통합인 경우 문화적으로도 좋은 점만을 유지 · 발전시키든가 더 나은 제3의 문화를 채택하는 상호통합의 방법을 사용한다. 한편, 피인수조직의 문화나 경영이 여러 가지 측면에서 효과적이라고 판단되든가, 해외기업을 인수한 경우처럼 특수한 경우에는 피인수조직의 기존 문화를 유지하도록 하는 전략을 쓰게 된다.

문화통합의 구체적 방법으로는 각종의 인사제도 통합정비, 교육 · 훈련을 통한 문화가치의 통합, 공동의 의례나 의식강조, 최고경영자의 통합의지 수시전달, 조직 외부에 공동의 적이나 공동의 목표설정, 서로 친해질 수 있는 공동경험의 장(場) 마련 등을 활용할 수 있다.

국가 간 문화는 어떻게 다른가

고배경문화와 저배경문화

여기서 말하는 배경(context)이란 사람들 간의 교류와 소통이 이루어지는 환경이나 상황을 말한다. 어떤 국가에서는 사람들이 소통을 하든가 세상을 이해할 때 주변 상황이나 처지 또는 비언어적 단서를 중시하는 성향을 보이는데 이런 문화를 '고배경문화'라 하고 한다. 반면에 소통을 할 때 명확하고, 구체적인 언어나 문서 메시지의 내용 자체를 중요시하는 국가들은 '저배경문화'에 속한다.

대한민국은 이태리, 프랑스, 중국, 베트남, 사우디아라비아 등과 함께 고배경문화권에 속한다. 고배경문화에 속하는 사람들은 타이틀이나 지위를 중시하고 구체적이고 명확한 표현보다는 두리뭉실 넘어가는 것을 서로 간의 신뢰의 징표로 여긴다. 소통할 때 상대방이 보여주는 제스처나 목소리 등의 주변 정보에 대해서 민감한 반응을 보인다.

미국은 독일, 영국, 캐나다, 스위스 등과 함께 저배경문화권에 속한다. 저배경문화의 사람들은 말한 것과 쓰여진 정보의 내용을 주변 정보보다 더 중시한다. 다른 사람들과 소통할 때 말이나 글로 명확하고 구체적으로 표현하는 것을 당연하게 여긴다. 상사가 하급자에게 지시할 때도 저배경문화에서는 구체적이고 자세하게 지시하지만 고배경문화에서는 "알아서 하라"는 식으로 애매하게 지시한다.

홉스테드의 문화에 따른 국가분류[16)]

우리가 외국인들을 만나게 되든가 해외여행을 해보면 문화적 차이에서 오는 괴리감을 느끼게 된다. 조직과 관련해서도 국가 간에 많은 문화적 차이가 있다는 사실이 홉스테드(Hofstede)를 비롯한 많은 학자들에 의해 실증적으로 밝혀졌다. 여기에서는 홉스테드의 연구 결과를 중심으로 살펴보도록 하겠다.

홉스테드는 우선 국가 간 문화 차이를 비교함에 있어 네 개의 차원을 사용하였다.

즉, ① 개인주의 대 집단주의(individualism vs. collectivism), ② 권력격차(power distance), ③ 불확실성 회피성향(uncertainty avoidance), 그리고 ④ 남성적 성향 대 여성적 성향(masculinity vs. femininity) 등이 그들이다.

개인주의란 개인이 자기 자신이나 자신의 직계가족의 이해를 우선적으로 생각하는 성향을 뜻한다. 개인주의적 사회에서는 개인 간의 유대관계가 약하고 각 개인에게 주어진 도덕적 자유의 몫이 매우 크다. 이에 반대되는 집단주의란 구성원들이 내집단과 타 집단을 구분하도록 하는 강력한 사회적 인식을 뜻하며 집단구성원들의 이익을 최우선으로 생각하는 성향이다.

권력격차는 사회에 존재하는 힘(권력)의 불균형에 대해서 구성원들이 받아들이는 정도를 뜻한다. 즉, 권력을 갖지 못한 사람들이 권력을 갖고 있는 사람들의 지위를 인정하는 정도를 뜻한다. 육체적, 지적 능력, 부의 축적, 출신 배경 등 여러 가지 이유 때문에 사회에는 권력의 격차가 생겨나게 된다. 그러나 그러한 격차를 용납하는 정도에 있어서는 사회마다 그 정도가 달리 나타난다. 권력격차는 조직경영에 커다란 의미를 준다. 즉, 조직 내에서 권력격차는 권한의 상부 집중화나 독단적 리더십의 사용 가능수준을 결정해 주기 때문이다.

불확실성 회피성향은 사람들이 불확실한 상황에 대하여 불안을 느낀다든가 그러한 상황을 탈피하고 싶어하는 정도를 뜻한다. 불확실성을 회피하려는 성향이 강한 경우에는 미래의 불예측성 또는 불확실성을 스스로의 노력과 의지를 가지고 극복하려는 성향을 보인다. 따라서 강한 불확실성 회피성향을 갖는 한국이나 일본 같은 경우, 보다 큰 감성적 성향과 공격적 성향을 보이게 되며 안정적 관행을 창출하기 위해 노력하게 된다.

남성적 성향 대 여성적 성향이란 한 사회의 가치가 무엇에 의해서 지배되는가에 기초하는 개념으로 남성적 성향의 사회에서는 사회의 지배가치가 결단성(assertiveness)이나 돈 또는 다른 물질적 수단이 된다. 여성적 성향의 사회는 사람들 간의 관계, 다른 사람들에 대한 배려, 삶의 질에 대한 관심이 보다 중요시되는 사회이다.

그림 14-6
권력격차 ×
개인주의

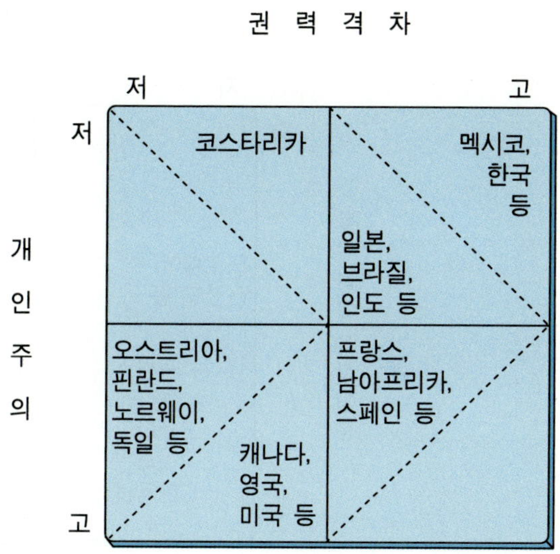

그림 14-7
권력격차 ×
불확실성 회피

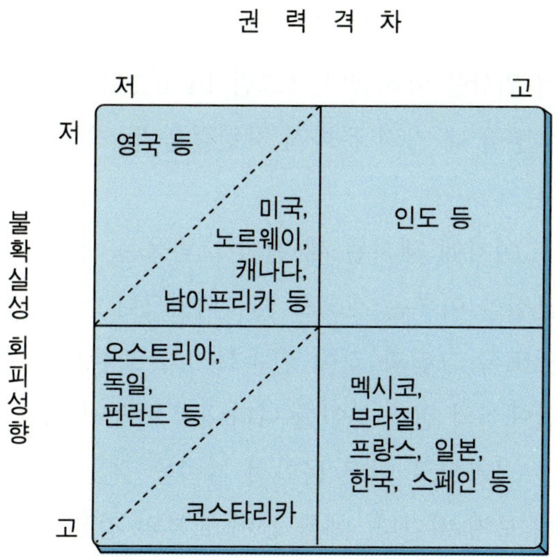

그림 14-8
남성적 성향 × 불확실성 회피 성향

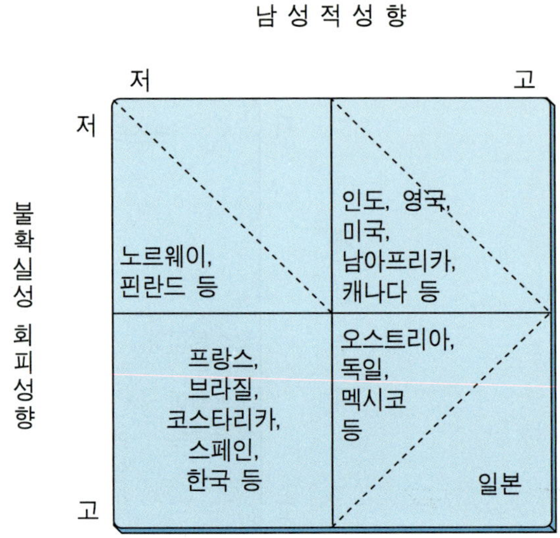

홉스테드는 전 세계 70개 국가에 퍼져있는 IBM 지사의 현지 직원들 116,000명을 대상으로 대대적인 설문조사를 수행하여 각 차원에 따르는 국가별 위상을 밝혀냈다. 〔그림 14-6〕, 〔그림 14-7〕, 그리고 〔그림 14-8〕은 앞서 설명한 네 가지 문화적 차원들을 두 개씩 대비시켜 국가별 위상을 정리한 것이다.

여기에 제시된 세 편의 그림들은, 실제는 보다 복잡하고 더 많은 국가들이 군집을 이루는 것으로 제시되었으나 본 절에서는 독자들이 이해를 쉽게 할 수 있도록 그림과 같이 단순화시켜 표현하였다.[17] 그림에서의 점선은 각 4분면 안에서의 위상 차이를 나타내기 위해서 저자가 편의상 그려 넣은 것이다.

국가별로 어떤 문화적 차이를 갖는지 그림들을 종합적으로 살펴보고 분석해 보기 바란다. 예를 들어 일본의 경우, 불확실성 회피성향이 강하고 특히 남성적 성향에 있어서는 독보적인 것으로 나타나고 있다. 또한 권력격차에 있어서도 비교적 강한 것으로 나타난다. 코스타리카의 경우는 개인주의 성향과 권력격차가 특히 낮고 불확실성 회피성향에 있어서는 매우 높은 것으로 나타나고 있다. 불확실성 회피성향과 권력격차에 있어 특히 낮은 점수를 보여주고 있다.

홉스테드의 조사결과가 조직행동에 주는 의미[18)]

홉스테드의 조사 결과가 조직행동에 주는 의미는 리더십, 조직경영방식, 그리고 동기부여 측면에서 분석 가능하다.

우선 리더십 측면에서는 권력격차와 개인주의 성향이 큰 의미를 갖는다. 한국이나 멕시코같이 권력격차가 큰 사회에서는 하급자들이 리더의 독단을 당연한 것으로 받아들이는 성향이 크다. 오스트리아나 독일에서와는 달리 참여적 리더십이 하나의 규칙으로 받아들여지지 않는다. 즉, 한국, 멕시코 등의 조직사회에서는 리더의 독단적 판단과 결정을 하급자들이 기대하며 요구하게 된다는 것이다.

개인주의적 성향이 약하고 집단주의적 성향이 강한 한국이나 일본의 경우에는 구성원 개인의 욕구 충족보다는 집단의 심리적 결집과 이해를 위해서 리더가 존재한다.

조직경영차원에 관련되는 차원들은 권력격차와 불확실성 회피성향이다. 조직은 권력을 배분하고 불확실성을 극복하는 도구로 볼 수도 있다. 권력격차와 불확실성 회피성향이 큰 프랑스나 한국의 경우, 조직에서 해결할 수 없는 문제가 발생했을 때 조직계층의 상급자에게 판단을 의뢰하든가, 아니면 규칙을 제정하여 문제해결에 임하게 될 것이다. 반면에 영국인들이라면 低권력차, 低불확실성 회피성향을 보이기 때문에 관련된 구성원들끼리 커뮤니케이션을 통하여 문제해결에 접근해 갈 것이다.

동기부여 차원에서는 개인주의 또는 집단주의 성향이 많은 시사점을 준다. 미국과 같이 개인주의적 성향이 강한 사회에서는 자기존중(self-respect)이나 자아실현(self-actualization) 등과 같은 개인의 욕구 충족을 중시하는 동기부여방식이 우선될 수 있지만 코스타리카, 한국, 일본 등 집단주의 성향이 강한 사회에서는 집단 내 다른 구성원들과의 관계, 형평성, 그리고 "체면"(face) 등을 개인적 욕구보다 앞세우게 된다.

하지만 홉스테드의 연구가 1980년 이전에 이뤄진 것이라는 점을 감안할 때, 수십 년이 지난 오늘날 문화가 달라졌을 수도 있다. 예컨대, 1980년도 즈음에 한국은 권력격차가 강한 문화였지만 오늘날 많이 바뀌어 가고 있다.

사 례 14 나이키(Nike)의 스토리텔링 조직문화

한국에도 잘 알려진 운동화 제조회사인 나이키는 나름대로의 독특한 조직문화를 가지고 있는 회사로도 유명하다. 나이키에서는, "회사가 미래에 성장하고 번영할 수 있는 가장 좋은 방법은 모든 조직원들이 회사의 과거를 철저히 이해하는 것이다. 그래서 나이키의 많은 원로 임원들은 젊은 직원들 데리고 캠프파이어 하면서 옛날이야기 하느라고 바쁘다."고 한다. 대부분의 사람들은 나이키라고 하면, 마이클 조던이나 마이아 햄, 그리고 타이거 우즈와 같은 슈퍼스타 운동선수들을 기억할 것이다. 하지만, 나이키의 직원들은 자신이 다니는 회사에 대해서 생각할 때마다, 은퇴한 대학 육상팀 코치, 1975년 자동차 사고로 선수생활을 비극적으로 마감한 올림픽 육상선수, 그리고 육상선수로서보다는 기업가로서 훨씬 더 큰 성과를 올린 고만고만했던 육상선수를 떠올린다. 바로 필 나이트다.

대부분의 사람들은 나이키의 CEO 필 나이트(Phil Knight)에 대해서 들어봤을 것이다. 그는 중거리 육상선수 생활을 끝내고, 자기 차에 운동화 몇 켤레 가지고 다니면서 팔다가 운동화뿐 아니라 운동복 판매까지 하는 거대한 다국적 기업을 만들어냈다. 하지만 그와 나이키를 공동 설립한 빌 바우어만(Bill Bowerman)과 스티브 프리폰테인(Steve Prefontaine)에 대해서는 들어본 사람은 많지 않을 것이다. 특히 지금은 작고한 스티브 프리폰테인은 필 나이트와 같이 바우어만의 코치를 받는 선수였는데 항상 더 좋은 운동장비를 찾아다니는 버릇이 있어 바우어만과 나이트가 나이키 왕국을 건설하는 데 결정적인 영감을 제공했던 인물이다. 이들 세 사람은 나이키 안에서는 어느 슈퍼스타 선수들보다 중요시되는 회사의 영웅들이며, 회사 정체성의 상징이고 나이키 조직문화의 핵심을 차지한다.

나이키에는 다수의 원로 임원들이 있다. 이들은 대부분의 시간을 "회사 이야기"를 하면서 보낸다. 이들은 나이키 판매점의 임시직 직원에서부터 영업직원, 그리고 젊은 부사장들에게까지 나이키의 과거 이야기를 하며 다니느라고 바쁘다. 이들은 자신들의 과거를 이야기함으로써 미래를 구축하는 일을 한다고 말한다. 이들이 하는 이야기는 회사의 비즈니스 플랜이나 엄청난 이익을 냈던 이야기가 아니다. 자신들이 한창일 때 어려움을 극복하고 일을 관철시켰던 이야기들이 대부분이다. 우리나라식으로 얘기하면 옛날에 군대 가서 겪었던 일 같은 것이라고나 할까. 나이키에서는 이런 스토리텔링을 내부 브랜드 만들기라고 한다. 조직문화도 하나의 브랜드라는 것이다. 모든 조직원들이 머릿속에 가지고 있는 생각의 틀을 건축하는 일, 이것을 새로운 상품을 만드는 일에 비유한 것이다.

이렇게 수많은 이야기를 하다 보면 대표적인 이야기들이 생겨나고 이들을 통하여 직원들은 나이키의 정신과 가치관을 자연스럽게 배우게 된다. 예를 들어, 바우어만 코치가 선수(runner)들에게 더 좋은 러닝화를 만들어 줘야겠다고 결심한 뒤, 작업실에 들어가 신발 만들 때 사용하는 고무 재료를 구해다가 가족이 아침 식사 때 먹는 와플(waffle)빵 만드는 기계에 부어 찍어낸 것이 러닝화의 "와플 밑창"이 탄생하게 된 계기가 됐다는 스토리가 있다. 하지만 이 이야기는 단순히 운동화 밑창 얘기를 하고 있는 것이 아니라 사실 "이노베이션 스피릿(innovation spirit: 혁신정신)"을 전달하고 있는 것이다. 이 이외에도 나이키에는 수많은 난관극복의 스토리들이 있다. 이러한 스토리는 특히 회사의 경영상태가 안 좋을 때 직원들이 현실적 난관을 극복하는 데 큰 역할을 한다. 과거의 난관극복 사례가 하나의 징표가 되어 직원들에게 용기를 불어넣는 것이다. 또한 직원들의 대부분은 운동선수가 아니었다. 그러므로 운동선수로서 성장한다는 것이 무엇을 의미하는지를 스토리를 통해서 배우게 되는 효과도 있다.

스토리 경영을 지원하기 위해서 나이키는 사내대학 "나이키 대학(Nike University)"를 설립하여 직원들에게 체계적으로 스토리를 전파하고 있다. 특히 신입사원들에게 뿐 아니라, 나이키가 내부적으로 "에킨즈"(Ekins: Ekin은 Nike 철자를 거꾸로 한 것. 거기에 복수 s를 붙인 것이 Ekins; 사진 참조)도 오리곤주에 있는 나이키 연수원에서 9일짜리 프로그램을 받도록 되어있다. 에킨즈란 나이키의 공식적 스토리텔러로서 나이키 브랜드와 기술을 대표하는 홍보대사 같은 사람들이다. 이들은 발목의 복숭아뼈 바로 위에 나이키 로고를 문신으로 새기고 돌아다닌다. 9일간의 훈련은 이들이 공식활동을 하기 전에 받아야 하는, 군대 훈련같이 엄격한, 필수 훈련이며, 9일 중 하루는 바우어만이 코치했던 헤이워드 트렉을 뛰기도 하고 프레폰테인이 자동차 사고로 사망한 곳을 방문하기도 한다.

모든 회사가 나름대로의 회사 역사를 가지고 있다. 하지만 나이키의 역사는 단순한 역사가 아니라 계승 발전시켜야 하는 하나의 위대한 유산이라고 말한다. 역사는 과거에 머무르지만, 유산은 오늘날에도 살아 있으면서 후손들의 마음을 움직이는 것이다. 최고 스토리텔링책임자(Chief Storytelling Officer)인 페리스 씨는 나이키가 점점 커지면서 스토리텔링의 중요성도 한층 더 커지고 있다고 말했다. 나이키 직원들은 나이키를 단순한 직장 이상의 장소로 생각한다.(Fast Company. 1999. 12. 31)

한편, 전 세계 26,000명의 직원들과 여러 나라에 많은 공장들을 소유하고 있는 나이키는 포드 자동차회사가 컨베이어벨트를 만들어 표준화된 자동차들을 기계적으로 찍어내면서 효율성을 올려 세계를 지배했던 방법(이것을 포디즘, Fordism이라고 한다)과는 전혀 다른 포스트-포디즘(Post-Fordism) 방법의 조직문화를 정착시켜 성공하고 있다고 평가받는다. 전 세계에 다양한 인력과 다양한 생산시설을 예술적으로 조율하지 않고서는 경쟁력을 확보하기가 힘들다는 것이다. 이런 차원에서 나이키 경영의 특징을 '분열화'(fragmented)와 '다원화'(pluralistic)라고 정의한다. 생산시스템은 유연한 전문화(flexible specialization)를 위해서 강력한 IT 기술의 지원을 받고 있다. (2011. 1.;http://hubpages.com/hub/theglaringfact)

[사례 문제 14] 스토리텔링이 조직원들에게 주는 효과는 무엇인지 5가지 이상 제시하시오.

제15장

조직 변화와 개발

본 장의 요점

- ✻ 조직변화가 경영의 과정에서 왜 필요한지를 이해한다.
- ✻ 조직변화의 대상, 방법, 과정을 학습함으로써 change agent의 역할을 수행할 수 있는 기초를 다진다.
- ✻ 변화관리의 기초가 되는 다양한 기법들을 이해하여 조직변화를 관리할 수 있는 자질을 키운다.
- ✻ 조직개발의 개념을 이해함으로써 조직변화의 실천적 방법을 터득한다.
- ✻ 조직개발의 한계점들을 학습함으로써 조직 변화와 관리에 대한 유연한 관점을 갖도록 한다.

하워드 슐츠(Howard Schultz)

* 하워드 슐츠는 제록스(Xerox)에서 세일즈맨으로 일을 시작했다. 1982년 스타벅스에 입사하여 1987년 CEO에 취임하고 2000년 은퇴 후 회장직을 유지하다가 2008년 CEO에 복귀하였다. 그 후 2017년 은퇴 후 2022년 CEO로 다시 복귀하여 위기의 회사를 구해내는 역할을 해왔다.

* 그는 스타벅스를 커피숍에서 글로벌 라이프스타일 브랜드로 만들었으며, 2023년 기준 80개국에 35,000개의 매장을 운영하고 있다.

* 스타벅스의 조직개발 사례:
  - ▶ 직원들을 '파트너'로 불러 소속감을 강화한다.
  - ▶ 스타벅스를 커피를 판매하는 공간이 아니라 사람들이 소통하고 휴식하는 공간으로 재정의하였다.
  - ▶ 정규직뿐 아니라 파트타임 직원들에게도 의료 혜택을 제공한다.
  - ▶ 직원들에게 리더십 훈련을 제공하여 개인적인 성장을 지원한다.
  - ▶ 직원들에게 주식 옵션 프로그램 '빈스톡(Bean Stock)'을 제공하여 회사의 성공을 공유할 수 있는 기회를 준다.

✤ 〈문제 15〉 **하워드 슐츠는 직원중심의 조직문화를 경영철학으로 하고 있으나, 노조 설립 등에는 강경한 태도를 보였다. 경영철학과 실제 경영방침의 차이는 왜 발생하는가?**

조직변화, 왜 필요한가

조직변화의 개념

21세기 VUCA〔변동성(volatility), 불확실성(uncertainty), 복합성(complexity), 모호성(ambiguity)〕 시대는 경영환경 변화를 예측하기 힘들기 때문에, 조직이 민첩하게(agile) 변화하지 않고서는 생존을 보장받을 수 없다. 변화에 효과적으로 대응하는 데 필요한 경영자나 관리자들의 역량이 그 어느 때보다 중요해졌다.

조직변화는 조직 내 개인이나 집단의 변화, 그리고 조직차원의 포괄적 변화 등으로 구분된다. 개인의 변화란 조직구성원 개인의 행동, 가치관, 몰입, 만족도 등의 변화를 목표로 하며 집단의 변화란 소집단의 과정손실(process loss)을 최소화하고 집단활동에서 얻어질 수 있는 여러 가지 장점들을 최대한 활용하는 것을 목표로 한다. 조직변화는 조직 내 · 외 환경의 변화압력을 고려하여 한 개체로서의 조직의 생존력을 높이는 것으로서 개인이나 집단의 변화까지를 포함한다.

특히 오늘날 한국의 경우, 사기업에서 정부 조직에 이르기까지 '코비드-19'를 겪으면서 커다란 변화의 물결을 경험하고 있다. IMF 경제위기와 2009년의 세계적 금융위기에 이어 2020년 팬데믹을 극복하면서 그만큼 변화의 필요성이 절실해졌다.

변화의 형태와 스피드도 과거와 많이 달라져 있다. 말로만 떠드는 형식적인 변화가 아니라 재택근무 등 근무형태를 혁파하고 인력을 줄이고 조직을 경량화하며 전략적 방향을 바로잡는 실질적인 변화가 한국 기업에서 일어나고 있다. 아웃소싱과 M&A가 일반화되면서 소유구조나 경영방식에 있어서도 커다란 변화가 일어나고 있다. 뿐만 아니라, 변화의 스피드도 빨라졌다. 특히 4차 산업혁명, 다변적 FTA, 미 · 중 갈등, 그리고 탈석탄화의 거센 물결은 기업의 환경을 바꿔 놓고 있으며 기업을 비롯한 각종 조직의 경영자들에게 빠르고 깊은 변화대응을 하도록 요구하고 있다.

조직변화의 범위

조직변화를 시도하는 기업들은 변화의 범위에 있어 큰 차이를 보인다. 〔그림 15-1〕에 나타난 조직모델에서 가운데 네 요소가 변화의 네 가지 초점인데 이들 중 어디에 더 큰 비중을 두는가에 따라 변화 프로그램의 성격이나 결과가 달라지게 된다.

조직변화는 업무프로세스, 직무특성, 인적요소 그리고 공식적 조직구조 중 어느 한 곳에 초점을 둘 수도 있고 네 요소 모두의 변화를 동시에 추구할 수도 있다. '의식개혁운동' 같은 것은 인적요소의 가치관이나 태도의 변화를 목표로 하는 것이며 '리엔지니어링' 기법은 직무특성, 업무프로세스, 또는 구조의 문제에 주안점을 두고 있는 프로그램이다. 포괄적 차원의 '기업문화혁신운

그림 15-1
조직모델

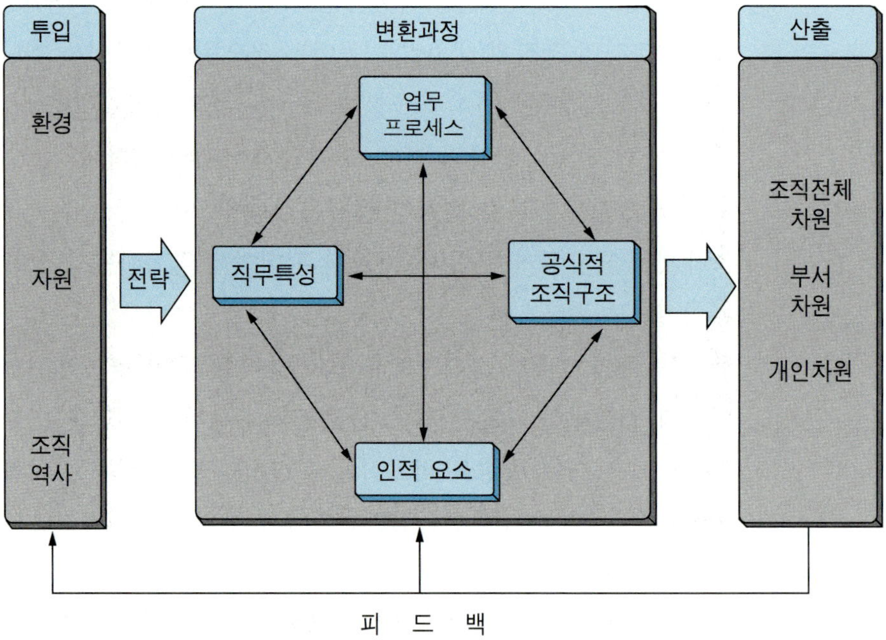

자료: Nadler, D. A., & Tushman, M. L. 1989. Organizational frame bending: Principles for managing reorientation. *The Academy of Management Executive*, Vol. Ⅲ-3, p.195에서 수정.

동'은 인적요소의 변화에 초점을 두면서 다른 요소들의 변화도 경우에 따라 포함시키고 있는 조직변화 프로그램이다.

조직변화의 과정과 방법

조직변화는 무작정 계획 없이 시도할 것이 아니라 체계적이고 치밀한 계획하에 추진하는 것이 성공확률을 높여준다. 조직변화를 〔그림 15-2〕의 과정모델을 가지고 살펴보도록 하자.

〔그림 15-2〕는 조직변화를 계획, 실천하고 유지해 나가다가 또 다른 변화의 필요성에 직면했을 때 다시 변화를 계획하는 과정을 그림으로 나타낸 것이다. 이는 간단한 조직변화의 과정을 나타내고 있는 것이지만 각 단계마다 많은 고려사항들이 내재해 있음을 간과해서는 안 된다.

예를 들어, 조직변화를 설계하고 계속하는 과정에서는 변화의 목표, 변화의 속도와 규모, 변화의 대상, 순서, 공개성, 변화평가의 방식, 조정방법 등을 충분히 고려해야 한다. 특히 변화의 속도와 규모 측면에서는 **점진적 변화**(incremental change)를 택할 것인지 **급진적**(또는 **양자론적**) **변화**(quantum change)를 택할 것인지를 결정해야 한다. 점진적 변화는 비교적 장기간에 걸쳐 조금씩 변화시켜 나가는 것인데 질서 있는 변화를 이룩할 수 있을지는 모르

그림 15-2
조직변화
과정모델

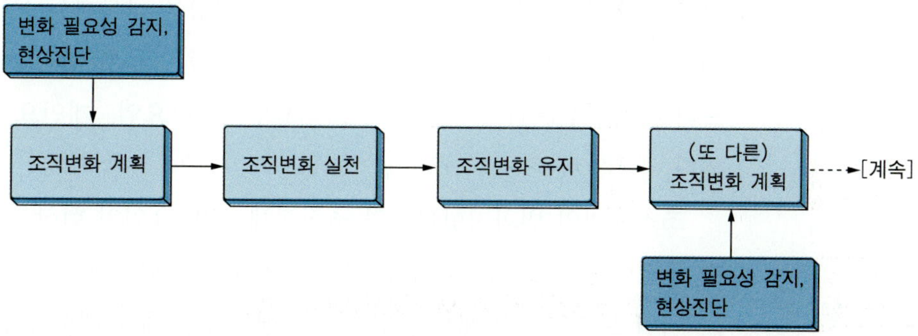

그림 15-3
변화에 대한 양대 관점

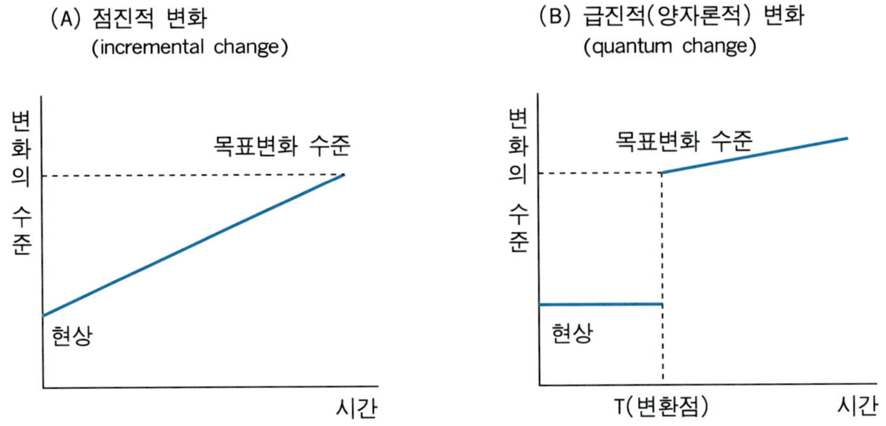

지만 변화에 대한 저항을 효과적으로 극복하기 힘들다는 비판을 받아왔다.

변화에 대한 저항을 제대로 극복하기 위한 방안으로 급진적 또는 양자론적 변화[1] 방식이 많이 거론된다. 즉, 짧은 기간 동안에 광범위하고 대대적으로 조직변화를 시도해야 과거와 단절된, 원하는 변화를 얻어낼 수 있다는 것이다. 이 두 변화의 관점들을 그래프로 나타내면 〔그림 15-3〕과 같다.

그림에서 보듯이 양자론적 변화는 계단함수 그래프로 표현된다. 즉, 더 이상 현상을 용납할 수 없는 절박한 시점(T)에서 대대적이고 과거와 단절된 질적 변화를 추구하는 것이 보다 효과적이라는 것이다.

조직변화를 실천하는 단계에서는 변화저항을 극복하는 문제가 항상 관심의 대상이 된다. 변화에 대하여 저항하게 되는 원인들은 여러 가지가 있을 수 있으나 〔그림 15-4〕에서와 같이 조직요인, 집단요인, 개인요인별로 요약할 수 있다.

조직요인인 변화저항문화와 조직정체, 집단요인인 현상고수 집단규범과 강한 응집력 등은 조직이나 집단 내에 존재하는 변화저항요인들이다.

사람은 지금까지 해오던 방식대로 행동하는 데 대해서 편안함을 느낀다. 새로운 방식, 새로운 행동은 지적 · 심리적 비용을 요구한다. 새로운 방식을 터득

그림 15-4
변화 저항요인

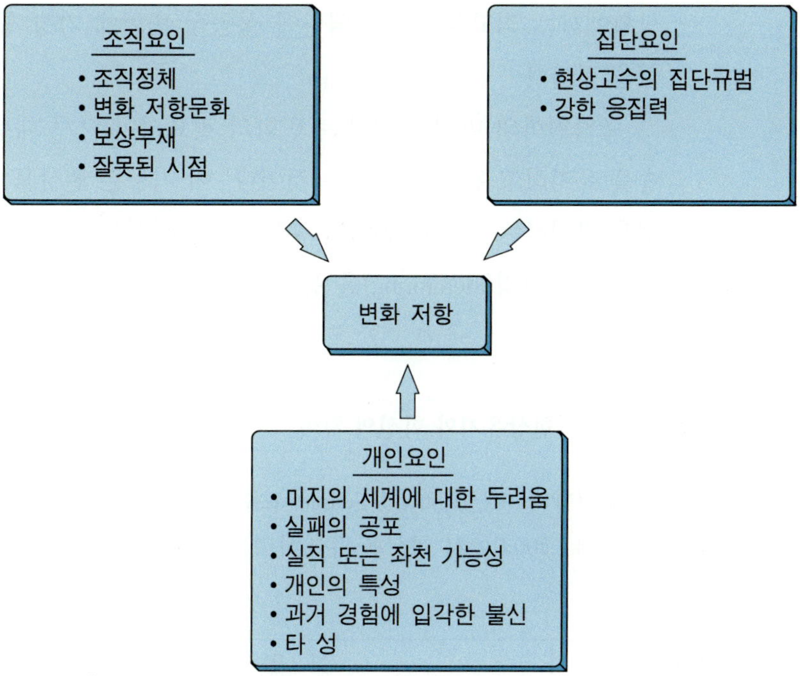

하고 분석하며 나름대로 평가하는 과정을 새로 경험해야 하기 때문이다. 따라서 습관이나 남이 하자는 대로 하는 것이 심리적 비용을 최소화해 주고 편안함을 유지할 수 있기 때문에 변화를 거부하게 되는 것이다. "잘 되고 있는데 왜 바꾸느냐?"(영어로, "why rock the boat?")는 식의 태도는 바로 이러한 변화 거부의 대표적 표현이라고 할 수 있다.

실직이나 좌천 가능성, 상호 간의 불신 등도 변화저항의 요인이다. 변화의 목적을 정치적으로 해석하고 그 효력을 자조적으로 인식하는 조직 분위기하에서는 변화의 성공적 실천이 매우 어려워진다. 조직원들이 변화의 필요성을 공감하며 그것이 성공할 것을 믿고 지원해 주는 분위기 확보가 선행되어야 한다.

이러한 **조직변화의 저항**을 극복하기 위해서는 최고경영자의 강력한 의지천명과 행동, 제도적 지원, 교육 · 홍보, 구성원 참여, 협상, 조작, 강요 등의 방법들을 활용할 수 있다. 특히 한국 기업에서와 같이 소유주가 경영을 담당하는 상황에서는 최고경영자의 역할이 성공적 변화에 가장 중요한 요소라고 볼 수 있을 것이다.

조직변화의 마지막 단계는 변화의 필요성이 다시 대두될 때까지 변화된 모습을 유지하고 관리해 나가는 것이다. 이 기능은 현상을 진단하여 변화의 필요성을 감지하는 기능과 동일할 수도 있다. 적절한 보상을 통하여 유지하고 지속적인 모니터링(monitoring)을 통하여 또 다른 변화의 기회를 조기 감지하는 것

매듭 15-1 **현상유지와 혁신의 차이**

스탠포드(Stanford)대학의 써튼(Robert I. Sutton) 교수는 그의 저서 "효과적인 이상한 아이디어들"(Weird ideas that work, 2002)에서 현상을 유지하려는 자세와 혁신적 관점의 차이를 다음과 같이 비교한 바 있다.

현상유지 관점	설 명	혁신 관점
(a) 분산(variance)을 줄인다.	• 불량률을 0으로 하는 등 정확도를 높이는 것도 중요하지만 실패하더라도 다양한 아이디어를 시도하는, 즉 '분산을 크게' 하는 것이 혁신의 시발점이다.	(A) 분산을 크게 한다.
(b) 옛것을 옛 관점으로 바라본다.	• 옛 것을 새로운 눈으로 보는 것을 '뷔자데이(Vu jà dé)'라고 한다. 빨리만 가려는 토끼들 속에 생각 많은 거북이가 혁신 아이디어를 만들어 낸다.	(B) 옛것을 새로운 관점으로 바라본다.
(c) 해오던 대로 한다.	• 하던 대로 정확히 하는 것이 효율성은 높여주지만 혁신과는 거리가 멀다.	(C) 해오던 방식을 탈피한다.
(d) 목표: 지금 돈을 번다.	• 혁신은 선 투자, 후 보상의 개념이다.	(D) 목표: 돈은 나중에 더 많이 번다.

〈매듭문제 15-1〉 '뷔자데이'와 '데자뷔(déjàvu)'의 차이점을 설명하시오.

이 중요하다.

조직변화의 모델

조직변화를 성공적으로 이룩하기 위한 다양한 프로그램들이 제시되고 있다.

경영자들의 관심을 끌었던 조직변화 프로그램들을 정리해 보면 〈표 15-1〉과 같다.

표 15-1 조직변화의 화두

개 념	내 용
학습조직	학습이 조직성패의 핵심이라는 개념. 경영자는 전체 그림을 이해할 줄 알아야 하며 시스템 각 부분들 간의 관계를 간파해야 한다.
리엔지니어링	관리시스템과 과정을 근본적으로 재설계하는 것. 일이 기능이나 과업중심이 아니라 최종 결과(또는 고객) 중심으로 재구축되어야 한다고 주장
핵심역량	조직이 제일 잘할 수 있는 핵심역량을 찾아내어 그들 중심으로 조직화되어야 한다는 개념. 전략은 이러한 핵심역량 중심으로 구축되어야 하며 제품이나 시장 중심으로 구축되어서는 안 된다.
식스 시그마 (Six Sigma)	생산품의 결함발생률을 백만 개 중 3~4개 수준으로 낮추려는 데서 시작된 경영혁신운동으로 '측정'-'분석'-'개선'-'관리'(MAIC)의 과정을 통하여 문제를 찾아 개선해 가는 과정
ERP	기업 전체의 경영자원을 효과적으로 관리하기 위해서 기업 전반의 업무 프로세스를 통합 관리하여 경영상태를 실시간으로 파악, 관리함으로써 효율성을 높이는 방법
BSC	조직의 사명과 전략을 측정, 관리할 수 있도록 포괄적인 측정지표로 바꾸어 관리함으로써 조직의 사명, 전략과 관리활동을 연계시켜 주는 혁신기법
TQM	전사적 품질경영으로서 제품이나 서비스뿐 아니라 경영과 업무수행, 구성원 자질까지도 품질 개념에 넣어 관리해야 한다고 주장하는 혁신방법

한편, 조직변화를 주도하는 조직원들을 **변화에이전트**(change agent)라고 한다. 조직변화를 주도하는 주체인 변화에이전트에는 아이디어 챔피언, 혁신팀, 벤처팀, 또는 독립적 사업단위 등이 포함된다. **아이디어 챔피언**은 변화에 대한 저항을 극복하고 필요한 자원과 지원을 제공해주는 등의 행위를 통하여 변화 노력을 자발적으로 또는 임명에 의해서 적극 후원하는 조직원들을 일컫는다. **혁신팀**은 새로운 아이디어의 연구개발 임무를 공식적으로 부여받은 조직구조상의 팀을 의미하며, 벤처팀은 아이디어를 개발하든가 변화를 실천하기 위해서 만들어진 태스크포스를 의미한다. 또한 독립사업단위는 아이디어가 너무 위험하든가, 기존 사업과 별로 관련이 없을 때 독립사업부를 설치하여 추진하게 되는 경우에 붙여지는 이름이다.

조직변화 모델에 대해 살펴보면, 일찍이 레윈(Kurt Lewin)은 **장이론**(場理論, field theroy)을 통하여 **조직변화의 3단계 모델**을 제시하였다.[2)] 〔그림 15-5〕에 나타났듯이, 조직변화는 해빙(unfreezing), 변화(changing), 그리고 재결빙(refreezing)의 3단계를 거쳐 이루어진다.

해빙단계에서는 변화를 추진하는 세력과 변화에 저항하는 세력이 힘겨루기를 하게 된다. 앞서 언급하였듯이 현재의 지위와 혜택을 영구화하려는 현상유지 세력이 변화의 필요성을 인식하고 조직변화를 시도하려는 세력에 제동을 걸게 됨으로써 갈등이 발생하게 되는 단계이다. 레윈은 이들 양대세력을 **'추진세력'**(driving forces)과 **'저항세력'**(resisting forces)이라고 부르고 **'세력장분석'**(force-field analysis)이라는 기법을 통하여 각 세력의 구체적인 요인들을 분석한다.[3)]

세력장분석은 현재의 상태가 원하는 상태로 변화하기 위해 대립하게 되는

그림 15-5
레윈의
조직변화 모델

두 세력인 변화추진세력과 변화저항세력을 진단하는 방법이다. 세력장분석을 그림으로 나타내면 〔그림 15-6〕과 같다.

변화를 성공시키기 위해서는 추진세력의 힘의 총량이 저항세력의 힘의 총량을 능가하도록 만들어야 하는데 그렇게 하기 위해서는, ① 추진세력의 힘을 증진시키든가, ③ 저항세력의 힘을 약화시키든가, 아니면, ③ 이 두 방법을 동시에 사용하든가 할 수 있다. 저항세력을 약화시키는 방법으로는 앞서 언급했던 교육, 참여, 공개논의, 협상, 결속, 조작, 강요 등이 있을 수 있다.[4]

제2단계인 **변화단계**는 여러 가지 기법들을 사용하여 계획된 변화를 실천에 옮기는 과정이다. 변화의 대상이 개인의 가치관이나 태도였다면 그에 걸맞은 프로그램을 만들어 추진해야 할 것이고 조직구조의 변화가 목표인 경우에는 전결규정을 분석, 조정하든가 불필요한 규정, 규칙, 정책 등을 개정하도록 해야 할 것이다.

재결빙단계는 바람직한 상태로 변화된 조직의 새로운 국면을 상시화하는

그림 15-6
세력장분석

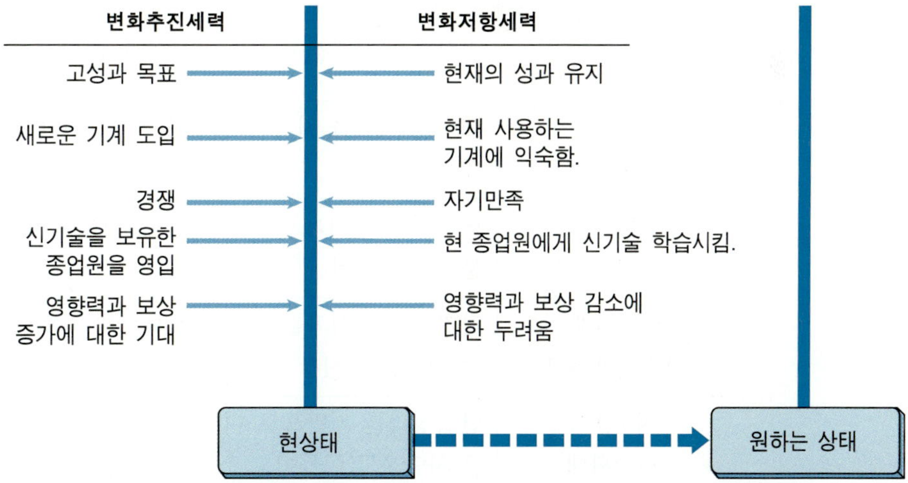

자료: Zand, D. E. 1995. Force field analysis. In N. Nicholson (ed.), *Blackwell Encyclopedic Dictionary of Organizational Bebavior*. Oxford, England: Blackwell, 181.

단계이다. 변화된 상태는 본래의 상태로 회귀하려는 성향을 가지므로 보다 강력한 재결빙 노력이 요청된다. 레윈은 재결빙시켜야 하는 요인들로서 새로운 목표, 조직구조, 행동, 그리고 태도 등을 들고 있다. 재결빙을 성공시키기 위해서는 최고경영자의 지원, 적절한 보상 및 강화, 그리고 체계적인 계획 등이 필요하다.[5)]

코터의 조직변화 8단계

존 코터(John Kotter) 박사는 조직변화에 있어 리더십의 중요성을 강조하면서 성공적 조직변화의 70~90%는 최고경영층의 리더십에 의해서 결정된다고

표 15–2
코터의 조직변화 8단계

개 념	내 용
제1단계 위기의식 고취	변화하지 않으면 망한다라는 위기의식을 고취시켜 조직을 해빙하라.
제2단계 주도세력 결집	조직 각 분야, 각 계층의 힘 있는 사람들을 모아 변화주도 세력화한다.
제3단계 비전과 전략구축	변화를 이끌어갈 비전을 확실히 하고 달성전략을 세운다.
제4단계 비전 전파	새로운 비전을 지속적으로 전파하기 위한 커뮤니케이션 전략의 수립, 실천.
제5단계 임파워먼트	변화저항 제거: 조직변화가 현실화되도록 위험감수, 창의적 문제해결 독려.
제6단계 단기성과 축적	단기적 변화성과를 인정하고 보상해 줌으로써 변화가 실현될 수 있다는 자신감 제공.
제7단계 변화확대	단기성과를 기반으로 더 큰 변화의 당위성을 확보하여 더 많은 사람을 끌어들이고 조직에 더 넓게 변화를 확산시킴.
제8단계 조직문화로 재결빙	변화된 상태를 조직문화로 고착시키고 지속시킴.

주장하였다. 실패한 조직변화의 사례들을 살펴보면 최고경영층이 실행과정에서 너무나 많은 실수를 저질렀다는 것이다. 이러한 실수를 방지하기 위해서 코터는 성공적 조직변화의 8단계를 〈표 15-2〉와 같이 제시하였다. 이들 중 1~4단계는 레윈의 '해빙'에 해당하며 5~7단계는 '변화', 그리고 마지막 8단계는 '재결빙'에 해당한다고 볼 수 있다.

카오스(혼돈) 진작을 통한 조직변화

일본 히토쯔바시 대학의 이쿠지로 노나카 교수는 카오스(혼돈)이론의 입장에서 새로운 조직질서 창조를 위하여 의도적으로 카오스상태를 만들도록 주장한 바 있다.[6)]

"카오스는 환경에 의해서 형성되기도 하지만 보다 적극적으로 조직 자체에 의해서 창조될 수도 있다. 개방시스템하에서는 조직과 환경 양자 간에 교류가 활발하게 일어난다. 새로운 질서의 창조를 위해서는 조직 내에 외적 환경과 관

그림 15-7
카오스 진작을 통한 조직변화 과정

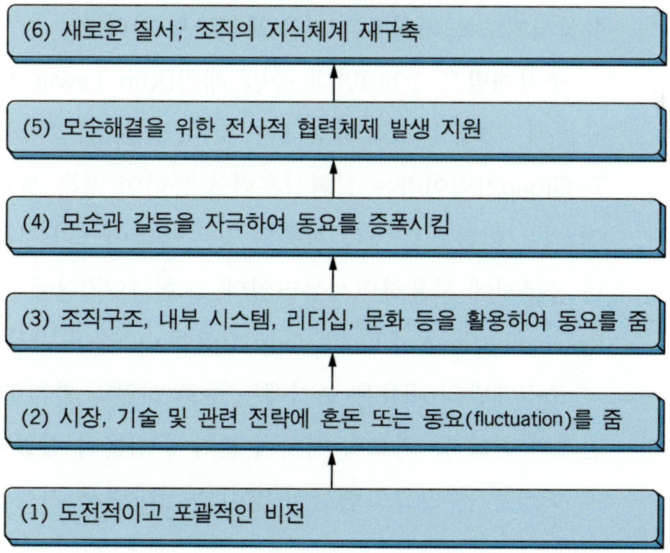

자료: Nonaka, I. 1988, 앞의 논문에서 정리하여 그림으로 만듦.

련된 카오스를 의도적으로 육성하는 것이 효과적이다."(p.61)

그에 따르면 정보창조(information creation) 과정으로서의 카오스 진작은 새로운 질서에 의한 조직의 자력갱생(self-renewal)에 있어 핵심 역할을 할 수 있다는 것이다. 이 과정을 〔그림 15-7〕과 같이 요약할 수 있다. 〔그림 15-7〕의 카오스 진작을 통한 조직변화과정 (1)~(6)단계를 보면 도전적 비전을 구축한 후 전략, 조직, 리더십, 문화에 의도적으로 동요를 일으켜 모순과 갈등을 증폭시킴으로써 변화된 새로운 질서를 찾아가게 되는 과정이 잘 나타나 있다.

조직개발이란 무엇인가

조직개발의 개념

조직개발(OD: Organizational Development)이란 조직행동, 인사관리, 조직구조, 전략 등에서 제시되는 이론들을 조직실무에 어떻게 적용할 것인가에 초점을 둔다. 이론을 해석하여 경영 실제에 적용함으로써 변화를 이룩하고 성과를 향상시키도록 지원하는 것을 목적으로 한다.

조직개발은 1940년대 중반 레윈(Kurt Lewin)이 주도하는 MIT대학의 학자들에 의해서 시작되었다는 것이 정설로 받아들여지고 있다. 그는 소위 T-Group기법이라는 실험실훈련을 통하여 많은 성과를 올리고 있었다. 이것이 OD라는 이름으로 처음 사용된 것은 블레이크와 무튼(Blake & Mouton)이 1956년 공문서에 사용하면서부터였다. 또한 1960년에 처음으로 미국 Case Western Reserve Institute of Technology 대학에 OD전공 박사과정이 생겼다.[7]

조직개발의 내용은 초기에는 주로 개인의 가치관과 태도의 변화, 또는 집단관계의 변화 등 비교적 미시적 분야에 머물러 있었다. 그 후 조직 전체의 변화에 초점을 둔 프로그램들이 많이 등장하면서 거시적 이슈까지를 포함하게 되었다.

프렌치(French)와 벨(Bell)에 따르면, **조직개발**이란 조직이 직면하고 있는 문제를 해결하고 조직의 재생능력을 증진시키기 위한 장기적인 노력을 의미하며, 특히 변화관리자나 변화주도자의 도움과 응용행동과학의 이론 및 기술을 이용하여 보다 효율적이고 협력적인 조직문화를 형성해 나가는 것을 뜻한다.[8]

또한 버크(Burke)는 조직개발은 행동과학에서 개발된 기술, 연구된 결과와 이론들을 이용하여 조직문화를 계획적으로 변화시켜 나가는 과정이라고 하였다.[9]

조직개발의 성격

조직개발은 1950년대 감수성훈련(sensitivity training)이나 T-Group에서 오늘날의 조직차원의 진단, 직무재설계, 그리고 조직생활의 질 개선운동(QWL: Quality of Work Life) 등에 이르기까지 매우 다양한 성격의 프로그램들을 포함한다. 조직개발의 성격들을 〈표 15-3〉과 같이 요약할 수 있다.

표 15-3
조직개발의 성격

성 격	의 미
(1) 계획된 변화다.	구체적 목표를 가지고 철저한 진단에 입각하여 변화를 계획하고 실천한다.
(2) 공동노력에 의한 변화를 추구한다.	변화에 영향을 받는 조직구성원들의 참여와 몰입을 전제로 한다.
(3) 성과지향적이다.	성과를 높이는 방법에 초점을 둔다.
(4) 인본주의에 기초한다.	OD는 근본적으로 구성원들의 잠재력을 극대화시켜 보다 효과적인 조직성과를 창출해 내는 데 주력한다.
(5) 시스템접근에 의한다.	조직의 한 부분, 한 문제에 국지적으로 적용할 수도 있지만 전체 조직시스템의 변화를 더 중시한다.
(6) 과학적이다.	조직효과증진에 효과가 있다고 입증된 기법들을 적용한다.

자료: Harvey, D. F. & Brown, D. R. 1996. *An Experiential Approach to Organization Development*. Upper Saddle River, N. J.: Prentice-Hall, p.4.

조직개발 모델

조직개발을 계획하고 실시함에 있어 표준적 절차를 상정해 볼 수 있다. 물론 실제 적용함에 있어서는 차이가 날 수도 있을 것이다. 그러나 하나의 과정모델을 정해놓고 설명하는 것이 학습효과를 높일 수 있을 것이다. 예컨대, 〔그림 15-8〕의 조직개발 실천과정 모델을 생각해 볼 수 있다. 이 모델은 조직개발의 실천과정을 단계적으로 나타내주고 있는데 각 단계에 대한 구체적인 내용을 기술하고 있다.

변화의 초점 및 대상의 선택

변화의 초점은 크게 외부적 초점과 내부적 초점으로 나누어 볼 수 있다. 외부적 초점은 기업 외부로부터의 불확실성에 대응하기 위한 것이고, 내부적 초점은 기업 내부 요인들의 불확실성을 제거하기 위한 것이다.

시장, 기술, 사회, 정치적 변화에 민감하게 대응할 수 있는 관리자양성을

그림 15–8
조직개발 과정 모델

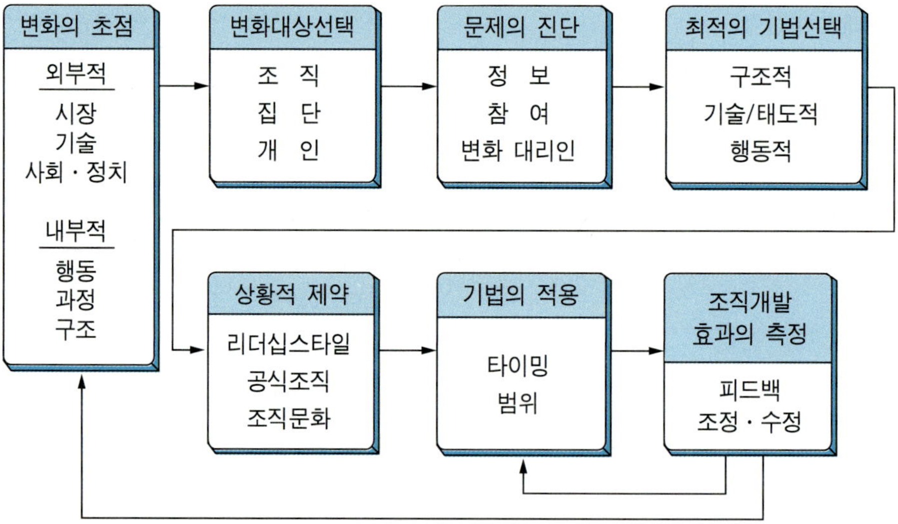

자료: Ivancevich, J. M. & Matteson, M. T. 1987. *Organizational Behavior and Management*. Business Publication, Inc.에서 수정 인용.

조직개발의 목표로 삼을 수 있다. 조직 외적 환경과의 관계에 초점을 두고 있다는 점에서 경영전략 분야와 관련된다. 21세기 4차 산업혁명 시대를 맞이하여 경영환경의 변화가 빠르고 복잡한 양상을 띠면서 관리자들의 경계관리(boundary spanning) 역할이 보다 중요해지고 있다. 조직개발 프로그램의 초점도 내부적 요인에만 국한시켜서는 안 될 것이다.

변화에 대한 내부적인 초점은 기업이 목표를 수행하는 과정과 구성원들의 행동에 있어서 발생할 수 있는 문제에 초점을 둔다. 흔히 다루어지는 분야들은 의사결정과 커뮤니케이션의 문제들이다. 경영자, 관리자, 조직원 간에 커뮤니케이션이 원활히 이루어지지 않고 중요한 의사결정이 제도나 관행에 희생되는 상황을 개선하려는 것이다. 또한 구성원들은 기업의 목표를 수행하기보다는 자신의 만족을 위하여 조직목표와 상반되는 행동들을 하는 경우도 있다. 이러한 경우, 구성원들을 조직목표달성 과정에 동참시키는 것을 조직개발의 목표로 할 수 있다.

문제의 진단

문제란 보는 사람에 따라 달라질 수 있으므로 진단의 효과성을 높이기 위한 기법들을 참조할 필요가 있다. 흔히, 조직진단, 사기(morale)조사, 태도조사 등의 이름으로 불리며 설문조사, 면접조사, 관찰조사 등의 방법을 사용한다. 그 중 가장 많이 쓰이는 설문조사의 경우 신뢰도나 타당성 검증이 탄탄히 이루어진 표준화된 설문을 사용하는 것이 결과의 유효성을 높이는 데 있어 매우 중요하다. 진단영역이 될 수 있는 것은 자율성, 직무몰입, 조직애착, 공식성, 갈등, 권력구조, 만족도 등 다양하다.[10)]

우리나라의 대기업들은 매년 정기적으로 조직진단을 위한 설문조사를 실시한다(예, SK나 LG의 culture survey).[11)]

외부 자문가의 도움을 받는 것도 객관성 유지를 위해서 바람직하다.

최적의 기법 선택

최적의 기법 선택이란 조직의 관리자가 진단한 문제를 해결하는 데 있어서 가장 적절한 기법을 선택하는 것을 말한다. 관리자들은 자신들이 원하는 최적의 결과를 얻을 수 있다고 판단되는 기법을 선택해야 한다. 지금까지 개발된 기법들이 많이 있지만, 기업의 상황에 맞는 기법을 선택하는 것이 조직개발의 성패를 가름한다고 할 수 있다. 기법들에 대한 자세한 내용은 제3절에서 설명한다.

매듭 15-2 **성공적 변화구도**

▣ 다음은 한 연구소에서 조사한 "성공적인 변화구도"에 관한 자료이다. 변화에 따라오는 자와 저항/반대하는 자를 세분화하여 비율을 조사한 것이다.

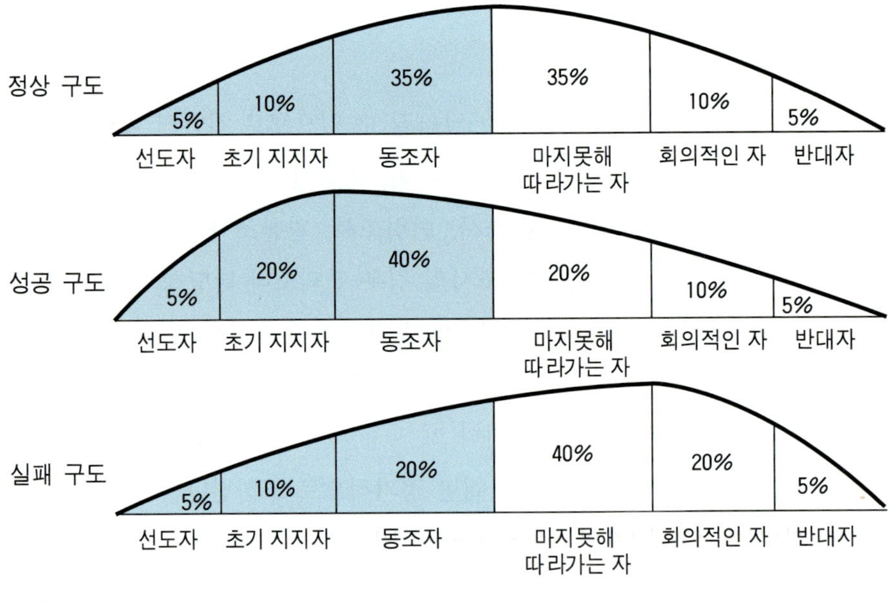

〈매듭문제 15-2〉 성공구도와 실패구도의 특징 차이는 무엇인가?

상황적 제약

아무리 최적의 기법이 선택되었다고 하더라도 그것이 성공하려면 상황적 제약을 고려해야 한다. 상황적 제약의 대표적인 변수들은 조직문화, 조직구조의 특성, 그리고 리더십 스타일 등이다. 즉, 선택된 조직개발기법은 이들 상황적 특성에 맞는 기법이어야 한다. 그러나 변화의 범위가 넓고 조직구조나 문화 자체가 변화의 대상인 경우에는 목적에 맞는 나름대로의 프로그램을 구축하는 것이 바람직하다.

기법의 적용

조직개발기법을 적용하는 데 있어서 중요한 두 가지 측면은 적용 시기와 범위의 선택이다. 이것은 조직의 역사나 현상과 관련된다. 과거에 어떤 조직개발이나 변화 프로그램을 도입하였는가와 경영상태 등을 고려하여 실시하는 것이 성공 가능성을 높여 줄 수 있다.

조직개발효과의 측정

조직개발 프로그램이란 조직이 소유하고 있는 시간과 자금을 투자하여 기업이 희망하는 다른 자원(특히 인적 자원)을 획득하는 과정이라고 볼 수 있다. 따라서 적용된 기법이 적절히 수행되었는가를 평가하는 것은 투자효과를 확인하는 차원에서도 중요한 사항이다.

조직개발의 제기법

조직개발의 기법들을 분석의 수준에 따라 분류해 보면, 〈표 15-4〉에서처럼 개인수준, 집단수준, 그리고 조직수준의 기법들로 나눌 수 있다. 개인수준의 기법들은 개인의 행동, 지식, 태도 등의 변화를 추구한다. 물론 경우에 따라서는 같은 프로그램 안에 개인, 집단, 그리고 조직 수준의 변화를 동시에 목표로

표 15-4
분석의 수준에 따른 조직개발의 기법들[12)]

수 준	기 법
개인수준	감수성훈련, 그리드(grid)훈련(개인수준), 교류분석, 스트레스 수용능력 개발, 생애-경력계획, 일반적 교육훈련 프로그램, 직무충실화, 역할연기
집단수준	팀빌딩, 집단대면, 과정자문법, 제3자 조정법, 서베이-피드백, 조직체 거울(mirror), 감수성훈련, 그리드훈련(집단수준)
조직수준	그리드훈련(조직수준), 관리자대면기법, 시스템 4, 목표관리, QWL, 서베이-피드백, 스캔론플랜, 인적자원회계, 종업원지주제, 보상프로그램

하는 종합적인 프로그램들도 있다. 집단수준의 프로그램들은 개인대 집단, 집단구성원들 간의 팀워크, 집단갈등 등의 문제들을 다룬다. 조직수준의 프로그램들은 조직개발 프로그램과 그렇지 않은 프로그램으로 분류하는 기준이 무엇인지가 분명치 않다. 〈표 15-4〉에서와 같이 스캔론 플랜(Scanlon plan: 구성원 참여와 금전적 보너스를 통하여 조직효과를 높이는 방법)이나 보상프로그램, 또는 구성원 지주제(구성원들이 회사 주주가 되도록 하는 제도) 등을 조직 개발프로그램으로 볼 수 있는가에 대해서는 이견(異見)이 있다. 또한 독자들은 이 기법들이 유효성 측면에서 상당한 차이를 보인다는 점에 유의해야 한다. 과학적 검증을 거쳐 유효성이 입증된 프로그램을 도입하는 것이 바람직하다.

이하에서는 각 수준의 기법들 중 중요한 몇몇 프로그램에 대하여 좀 더 자세히 살펴보도록 하겠다.

조직개발 기법의 예

팀빌딩

팀빌딩법의 가정

팀빌딩법은 집단 내 개인의 행동과 태도에 영향을 미치는 집단구성원 간의 비공식적인 관계를 중시함으로써 집단과정에서의 손실을 최소화하고 집단의

장점을 최대한 활용할 수 있다는 점을 강조한다. 구체적으로 팀빌딩법은 다음의 가정들에 기초하고 있다.:

- 집단은 기술적 구조인 동시에 사회적 시스템이다.
- 집단구성원들이 공동목표를 달성하기 위하여 서로 협조할 때 집단의 효율성이 증진될 수 있다.
- 집단구성원들의 정서적인 욕구가 충족되고 복지가 향상되어야만 집단의 유지와 효율성 증진이 가능하다.

팀빌딩의 절차[13)]

팀빌딩의 절차를 요약하면 〈표 15-5〉와 같다.

표 15-5
팀빌딩 절차

단계	내 용
제1단계 팀 워크숍	워크숍을 통하여 조직 내의 여러 팀들이 변화를 수용할 수 있도록 만든다.
제2단계 자료수집	설문지를 통하여 일선 감독자들로부터 조직의 분위기, 감독상태, 직무만족도 등에 대하여 자료를 수집한다.
제3단계 자료처리	변화담당자는 전 단계에서 얻은 자료를 팀에 제시하고 변화담당자가 참관하는 가운데 제시된 문제를 공개토론 시킨다. 공개토론을 통하여 우선순위를 결정하고 사전권고를 한다.
제4단계 행동계획	앞에서 토론된 내용을 중심으로 실제로 수행할 변화계획을 수립한다.
제5단계 팀빌딩	이 단계에서는 각 팀의 유효성을 저해하는 요소들을 규명하고, 그에 대한 해결책을 개발하며, 바람직한 변화가 실천되도록 한다.
제6단계 집단 간 팀빌딩	조직 전체목표를 달성하는 데 있어서 서로 의존관계에 있는 팀들 간의 문제를 밝혀내고 팀 간에 서로 협조할 수 있는 체제를 확립하며 조직 전체에 이러한 변화를 확대해 나간다.

조직개발에 대한 평가

조직개발기법들은 과연 효과가 있는가? 이 문제에 대해서 많은 논란이 있어 왔다. 조직개발 개념을 지지하는 학자들은 조직개발기법들의 타당성이 과학적으로 입증되었다고 주장해 왔으나 다른 학자들은 여러 가지 이유를 들어 조직개발의 효과에 대해서 심각한 의문을 제기하고 있다.[14] 예를 들어 우드만(Woodman)이란 학자는 조직개발 분야의 연구 결과와 방향을 밝히는 논문에서 다음과 같이 결론짓고 있다.

"조직개발 분야는 여러 차원에서 이론, 실증연구, 그리고 현실적용 간에 더 강력한 연결을 필요로 하고 있다. … 이 분야는 아직도(특정 기법의 효과를 검증하는) 실증연구들 중 많은 연구들이 질적으로(과학적으로) 엄격하지 못했다는 점 때문에 발전에 제약을 받고 있다."(p. 223)

조직개발 분야의 연구들을 종합 검토한 논문들[15]을 종합해 볼 때, 조직개발에 관한 다음 몇 가지 사항들에 유념할 필요가 있다.

첫째, 조직개발기법에 대한 타당성 검증연구들의 과학적 엄격성이 과거보다는 나아졌으나 아직도 많은 문제점들을 내포하고 있다. 따라서 일반적으로 조직개발기법들을 실제에 적용함으로써 원하는 결과를 얻을 수 있는가에 대하여 확신은 가질 수 없다.

둘째, 연구 결과들에 따르면 조직개발은 개인에게는 효과가 있는 것으로 나타났으나 조직 전체과정에 대해서는 별 효과를 발견할 수 없었다.[16]

즉, 조직개발기법들이 효과가 있다고 하더라도 그 효과가 조직 전체에 스며들도록 하는 데는 많은 장애물들이 있음을 의미한다.

셋째, 상황에 따라 기법들의 효과가 많은 차이를 보인다.[17]

넷째, 조직개발기법들이 직무성과에 대해서 어떤 영향을 미치는지는 확실치 않으나 구성원들의 태도나 동기(예, 만족도, 자기 발견, 개방성향, 목표 중시 등)와는 관련이 되는 것으로 나타나고 있다.[18]

다섯째, 조직개발의 연구영역을 확대해야 한다는 주장이 제기되고 있다.[19]

예를 들어, 전략적 문제를 해결하고 실천하는 데 조직개발기법을 적용하는 방안, 다국적기업에서의 조직개발 활용문제, 사회운동에서의 조직개발기법의 사용, 그리고 고성과–고몰입(高成果–高沒入) 집단의 개발문제 등을 새로운 연구분야로 들 수 있다. 뿐만 아니라 하향식 개입방식만을 사용할 것이 아니라 상향식 방법도 고려할 수 있을 것이며 VUCA시대의 조직변화에 대한 도전을 극복할 수 있는 새로운 조직개발기법의 창안을 주장하는 학자들도 있다.[20]

사 례 15-1 **코오롱 창업자 이원만: "재담 문화재"**

"일본에서 사업을 하던 이원만 창업주가 해방 후(1947년) 귀국하여 직물업을 하다가 1957년 한국나이롱주식회사를 설립하여 나이롱 원사를 국내에 처음 생산한 것이 (주)코오롱의 시발점이다. 사업이 번창해 갈 즈음, 이원만 회장은 정계에 진출하여 1960년부터 3선 국회의원을 지냈다. 그는 인맥 만들기에 탁월한 수단을 발휘했다. 이 때문에 이 창업주는 1960~70년대 정·재계의 대표적인 인물로 꼽혔다.

코오롱의 역사는 한국 섬유산업의 역사와 궤를 같이한다. 이 땅에 가장 먼저 나일론을 들여와 의생활에 혁명을 가져왔으며, 한때는 수출 한국을 이끌기도 했다. 코오롱 창업주인 고 이원만 회장과 이동찬(89) 명예회장은 부자간이면서도 사업 동지이자, 인생의 동반자였다. 이 창업주가 그룹의 외연을 넓히고 사업의 '바람막이'가 돼 줬다면, 이 명예회장은 그룹의 안살림을 챙겼다. 부자는 동업자로서 40년 가까이 함께 일하며 코오롱의 기틀을 만들었다. 이 명예회장이 2세이면서 창업 1.5세대로 불렸던 까닭이다.

선친은 이 명예회장에게 부러움의 대상이기도 했다. 선친의 호방한 성품과 능숙한 화술 등은 당시 정·재계에서 유명했다. 이 창업주는 술을 많이 하는 편은 아니었지만 술자리에선 재담으로 좌석을 압도했으며, 투박한 경상도 사투리는 '문화재'로 불릴 정도였다.

이원만 창업주는 국민을 먹여 살리는 일이 절박했던 5.16 혁명정부 시절, 박정희 의장에게 공업단지 조성을 건의해 한국수출산업공단, 즉 구로공단을 탄생시킨 주역이다. 현대 정주영은 이원만의 아이디어를 당대 최고라고 평가했다. 전봇대와 철로의 침목을 나무 대신 시멘트로 바꾸어야 한다는 아이디어도 그에게서 나왔고, 그 시절의 산아제한 정책을 비판해서 "이러다가는 나중에 식모 구하기도 어려워진다"던 그의 주장은 마치 오늘날 저출산 사태를 예견한 듯한 여운을 주고 있다.

코오롱의 3세 경영자 이웅열 회장은 스스로 '비전 창조 경영인(CVC: Chief Vision Creator)'이라고 칭하면서, 일등주의인 원앤온리(One&Only), 리치 앤 페이머스(Rich & Famous) 등의 경영철학을 만들었다. 새로운 변화에 도전하겠다는 의지와 결심이 느껴지는 경영철학이다."

[사례 문제 15-1] 조직변화에 있어 필수적인 것이 '예측'과 '비전'이다. 위의 사례를 읽고 예측과 비전이 어떻게 관련되는지 추론해 보자.

사 례 15-2 IBM의 변신

IBM은 2011년 6월로 창사 100년을 맞는다고 한다. IBM은 1911년 플린트(Flint)가 CTR이라는 회사를 창립한 것을, 1915년 왓슨(Watson) 사장이 크게 성장시켜, 1924년에 IBM(International Business Machines Corp.)이라고 이름을 바꾸면서 오늘이 있게 되었다.

사실 1980년대 초까지만 하더라도 IBM은 컴퓨터산업의 표준이었다. 소위 초 우량기업이라고 하면 맨 먼저 나오는 회사가 IBM이었다. '포춘'지가 선정한 초우량 기업에 4년 연속 1위를 했던 기업이다. 초기에는 메인 프레임 대형컴퓨터를 생산하여 세계를 지배하다가 PC의 등장과 더불어 재빠르게 변신에 성공하였다. 하지만 PC 시장은 대형컴퓨터 시장과는 달리 모방이 얼마든지 가능하고 누구나 값싼 제품을 내놓을 수 있는 열린 시장이어서 IBM은 더 이상 시장지배력을 행사할 수 없게 되었다. 1980년대 중반 들어 매출이 둔화되고 순이익이 창사 이래 처음으로 줄어들기 시작했다. 당시 169개국에 40여 만명의 조직원을 자랑하던 IBM은 중앙집권적 관료주의로 몸집이 너무 커져 인텔과 마이크로소프트의 날카로운 공격을 버틸 수 없게 되었다. IBM의 경영진과 조직원들은 매너리즘에 빠져 새로운 분야에 대한 도전의지가 나약해져 있었으며 다가오는 변화를 두려워했다. 과감히 변화하지 못하고 어정어정 넘어가는 사이에 1992년 IBM은 수십억 달러의 적자를 내면서 위기가 현실이 되었다. IBM 이사회는 더 이상 머뭇거릴 수 없다고 느껴, 1993년 회사 역사상 최초로 외부에서 CEO를 영입하기에 이른다. 이때 영입된 CEO가 루 거스트너(Lou Gerstner)였다. 그는 이미 나비스코(Nabisco)라는 회사와 아메리칸 익스프레스(Amex)에서 좋은 성과를 내어 경영능력을 인정받고 있었다.

신임 루 거스트너 회장(1993~2002)은 강력한 리더십을 발휘하여 네 가지 차원에서 조직변화를 추진하였다. 그는 고객을 중심에 두고 구조조정(Restructuring), 사업전략 혁신(Repositioning), 핵심 업무 프로세스 혁신(Reengineering), 그리고 기업문화 혁신(Revitalizing)을 통하여 고객만족을 구현하자고 조직원들에게 설파하였다. 글로벌 IBM 홈페이지는 이들에 대해서 다음과 같이 설명하고 있다.

[과감한 구조조정과 재통합]

"위기에 처했을 당시 IBM의 최우선 과제는 살아남는 것이었습니다. 따라서 IBM은 핵심 사업이 아니라고 판단되는 사업과 자산을 신속히 처분했습니다. 명예퇴직제도를 시행하여 인력을 감축했으며 관리자의 수와 단계를 줄이고 핵심 인력을 외부에서 영입하여 효율성을 높였습니다. 그 결과 IBM은 첫해 65억 달러의 비용을 절감하며 기사회생의 발판을 다질 수 있었습니다. 고비용 구조도 꾸준히 개선해 한때 매출 대비 38%까지 이르던 비용 비율이 오늘날에는 22%까지 낮아졌습니다."

[최대의 서비스 및 토탈 솔루션 업체로 변신]

"구조조정에 성공한 다음 IBM은 변화된 시장에 맞추어 핵심역량과 사업전략을 혁신하는 데 집중했습니다. 나아가 IBM은 하드웨어 중심의 회사에서 '서비스 회사'로 변신하였습니다. 모든 것을 시장 중심의 고객 요구와 기대를 최우선으로 한다는 원칙 아래, 고객에게 end-to-end 솔루션과 서비스를 제공하기 위해 힘썼습니다. 그 결과 IBM은 93년 당시 총매출의 27%에 불과하던 IBM의 서비스 사업을 2002년에는 총매출의 45%를 차지하는 364억 달러 규모의 국내 최대 '서비스 회사'로 변신하는 데 성공하였습니다."

[프로세스 중심의 업무 혁신]

"IBM은 전 세계 160여 개국에 산재한 방대한 고객지원 조직과 슈퍼컴에서 PC 및 프린터에 이르는 하드웨어, 서비스, 소프트웨어 등 다양한 사업 조직을 효율적으로 관리하기 위해 공통의 관리시스템을 도입해 최적화를 이루었습니다. 그 결과 IBM은 500억 불에 달하는 구매물량을 전자구매 프로세스로 바꾸고 매출 부분의 30%를 전자상거래화했습니다. 내부 교육의 50%를 온라인교육으로 바꾸고 웹을 통해 고객을 지원하는 방법을 획기적으로 개선함으로써 수십억 불의 비용을 절감했습니다."

[기업 문화 혁신]

"기업문화 혁신은 직원들에게 새로운 가치와 비전을 심어주고, 맡은 일에서 효과적이고 효율성 있게 높은 성과를 달성하게 함으로써, IBM이 고객에게 가치를 제공하고 고객을 만족시키는 기업으로 계속 성장하게 하는 신바람을 일으키는 것입니다. 급변하는 기업환경에서 IBM은 최적의 인재를 뽑고 발굴하는 역동적인 관리시스템을 갖추고, 수시로 벤치마킹하며 시장중심의 경쟁력 있는 인력관리를 이루고 있습니다. 디지털 환경에 걸맞게 모바일오피스 제도를 채택하고, 네트워크 중심의 협업 환경을 갖추었습니다. 직원 개개인이 전문적 기술력을 갖출 수 있도록 '공인전문가제도'를 시행하였고, 평가시스템도 관리자 중심에서 협업 파트너에 의한 평가시스템으로 확대하여 글로벌 협업체제를 강화하였습니다. 또한 전 세계 30만 명 직원에게 신속 정확한 의사소통과 지식경영이 가능한 사내 커뮤니케이션 환경을 구현하고, 성과에 따른 변동급여, 조직원지주제도, 스톡옵션 등을 통해 의욕을 고취시켰으며, 역동적인 기업문화 창출에 직원들이 적극 참여하게 하고 있습니다."

[앞선 기술로 고객을 위한 가치 창출]

"IBM의 최대 강점은 바로 세계 최고의 기술과 인력을 보유한 기업이라는 데 있습니다. 전 세계 8개의 연구소에 3천여 명의 과학자와 엔지니어가 종사하고 있고 전 세계 24개의 제품개발 연구소에 12만 5천 명의 연구원이 제품개발 연구에 몰두하고 있습니다. 5명의 노벨 수상자를 배출하였고 지난 9년 연속 미국 내 최다 특허등록기업이 되었습니다. 참고로 2002년 미국에서 IBM이 획득한 3,411개의 특허는 IT 부문 특허 보유 기업 2위에서 13위까지의 특허 등록을 합산한 규모입니다."

(http://www-903.ibm.com/kr/ibm/global/overview_mgmt.htm)

[사례 문제 15-2] IBM 변신 성공의 가장 주요한 요인은 무엇인가?

나의 조직행동 진단 15

나의 변화지향 성향

▣ 아래의 〈응답양식〉을 이용하여 주어진 항목에 응답하시오.

〈응답양식〉

1	2	3	4	5
전혀 그렇지 않다	그렇지 않다	보통이다	그런 편이다	매우 그렇다

항　목	1	2	3	4	5
1. 나는 일을 할 때 종종 보다 개선된 절차를 적용하려고 노력한다.					
2. 나는 종종 좀 더 효과적으로 일하기 위해서 무엇을 바꾸면 될까를 생각한다.					
3. 나는 다른 사람들과 함께 일할 때도 종종 전체를 위해서 일 방식을 개선하려고 노력한다.					
4. 나는 보다 효과적인 새로운 일 처리 방식을 도입하려고 노력한다.					
5. 나는 종종 비생산적인 규범이나 규칙을 바꾸기 위해서 노력한다.					
6. 나는 일을 더 효과적으로 할 수 있는 건설적 제안을 한다.					
7. 나는 종종 잘못된 일의 절차나 관행을 바로 잡으려고 노력한다.					
8. 나는 종종 중복되고 불필요한 일 처리 절차를 없앤다.					
9. 나는 가끔 고질적 문제에 대한 해법을 찾아내곤 한다.					
10. 나는 가끔 효율성을 높일 수 있는 절차나 방법을 제안한다.					

[해 석]

당신의 응답을 다 합한 뒤, 10으로 나눈 것이 당신의 점수이다. 당신의 점수가 4.0 이상이면 변화지향성이 매우 높은 것이며, 2.0 이하이면 매우 낮은 것이다. 그 사이에 오면 보통이라고 보면 된다.

각주모음

제1장 조직행동의 기초

1) 2018.04.13. 직장인 SNS 블라인드와 지인 추천기반 인재 채용서비스 원티드가 이직 시도 이유 등에 대한 직장인 공감 설문 결과를 발표. [CBS노컷 뉴스김연지 기자]. https://news.naver.com/main/read.nhn?oid=079&aid=0003089844.
2) 한인구, 백기복 등 저, 2017. 직각혁신이 답이다. 매일경제신문사.
3) 대학내일20대연구소. 2019. 10. 31. 밀레니얼-Z세대 트렌드 2020. 위즈덤하우스.
4) 중앙일보. 2014년 4월 25일.
5) https://www.mk.co.kr/news/business/view/2020/10/1108768/#reple. 백기복, 2020. 10. 29. 미 · 일 · 영도 반기업정서 만연…매듭은 기업이 풀어야.
6) https://www.mk.co.kr/news/business/view/2020/10/1108768/#reple. 백기복, 2020. 10. 29. 미 · 일 · 영도 반기업정서 만연…매듭은 기업이 풀어야.

제2장 능력, 태도, 가치관

1) John M. Ivancevich & Michael T. Matteson, 1987, *Organization Behavior and Management*, Plano, Texas: Business Publications, Inc., p.56.
2) Chris Argyris, 1962, *Interpersonal Competence and Organizational Effectiveness*, Homewood, III.: Irwin, Dorsey Press.
3) John L. Bledsoe, 1976, "Your Four Communication Style," *Trainning*, pp.18-21.
4) William Taggart and Daniel Robey, 1981, "Minds and Managers: On the Dual Nature of Human Information Processing and Management," *Academy of Management Review*, pp.187-95.
5) Brian H. Kleiner, 1983, "The Interrelationship of Jungian Modes of Mental Functioning with Organizational Factors: Implications for Management Development," *Human Relations*, pp.997-1012.
6) A. Kohn, October 1987, "It's hard to get left out a pair," *Psychology Today*, pp.53-57.
7) Boris W. Becker and Patrick E. Connor, 1985, "Changing American Values-Debunking the Myth," *Business*, pp.485-92.
8) Fishbein, M., & Ajzen, I. 1976. Misconceptions about the Fishbein model: Reflections on a study by Songer-Nocks. *Journal of Experimental Social Psychology*, 12:579-84.
9) Liska, A. E. 1984. A Critical Examination of the Causal Structure of the Fishbein/Ajzen Attitude-Behavior Model. *Social Psychology Quarterly*, Vol. 47, No. 1, pp.61-74.
10) Lean Festinger, 1957, *A Theory of Cognitive Dissonance*, Stanford University Press.
11) https://www.news1.kr/articles/?4067360. 직장인 · 자영업자, 직업만족도 '꼴찌'…"다시 돌아간다면 '공무원' 할래". 김현철 기자. 2020, 09, 23.
12) https://www.fnnews.com/news/202011020854147840. 직장인 10명 중 6명 "지금 회사 입사 후회해". 파이낸셜뉴스. 2020.11.02. 이 기사에서 발췌함.
13) Locke, E. A., 1976, "The nature and cause of Job Satisfaction," In M. D. Dunnette (ed.), *Handbook of Industrial & Organizational Psychology*, Chicago: Rand McNally.
14) Smith, P. C., Kendall, L. M. & Hulin, C. L., 1969, *Measurement of Satisfaction in Work and Retirement*, Chicago Rand McNally.
15) Luthans, F., 1998, *OB*, McGraw Hill.
16) Judge, T. A., Thoresen, C. J., Bono, J. E., & Patton, G. K., May 2001. The job satisfaction-job performance relationship: A qualitative and quantitative review. *Psychological Bulletin*, 376-407.
17) Locke, E. A., Feren, D. B., McCaleb, V. M., Shaw, K. N., & Denny, A. T. 1980. The relative effectiveness of four methods of motivating employee performance. In K. D. Duncan, M. M. Gruenberg, & D. Wallis (Eds.), *Changes in working*

life (pp. 363?388). New York: Wiley, p.379.

18) Judge, T. A., Piccolo, R. F., Podsakoff, N. P., Shaw, J. C., & Rich, B. L. 2010. The relationship between pay and job satisfaction: A meta-analysis of the literature. *Journal of Vocational Behavior*, 77, 157-167.

19) 이것을 "수준적응이론"(adaptation level theory)이라고 한다.

20) Green, C., & Heywood, J. S. 2007. Does performance pay increase job satisfaction? *Economica*, 75, 710-728.

21) Meyer, J. P. and Allen, N. J., 1991, "A Three-Component Conceptualization of Organizational Commitment," *Human Resource Management Review*, 1, pp. 61-89.

22) Hunt, S. D., & Morgan, R. M. 1994. Organizational Commitment: One of many commitments or Key mediating Construct? *Academy of Management Journal*, 37-6, 1568-1587.

23) Solinger, O. N., van Olffen, W., & Roe, R. A. 2008. Beyond the three-component model of organizational commitment. *Journal Of Applied Psychology*, 93(1), 70-83.

24) 연합뉴스. 2001. 11. 22. 이직률 증가-'메뚜기' 직장인 급증.

25) Organ, D. W., Podsakoff, P. M., & MacKenzie S. P. 2006. *Organizational citizenship behavior: Its nature, antecedents, and consequences,* London: Sage Publications.

26) Organ, D. W. 1988. *Organizational citizenship behavior: The good soldier syndrome*. Lexington, MA: Lexington Books.

27) Williams, L. J., & Anderson, S. E. 1991. Job satisfaction and organizational commitment as predictors of organizational citizenship and in-role behaviors. *Journal of Management*, 17, 601-617.

28) Milton Rokeach, 1973, *The Nature of Human Values*, New York: Free Press, p.5.

29) *Ibid.*

30) Anthoney J. DeVito, Janet F. Carlson, and Joanno Kraus, 1984, "Values in Relation to Career Orientation, and Each Other," *Counselling and Values*, pp.202-6.

31) Robbins, S. P., & Judge, T. A. 2011. *Organizational Behavio*. Pearson, p.181에서 재인용.

32) Stephen P. Robbins, 1984, *Essentials of Organizational Behavior*.

33) *Ibid.*

34) Dose, J. J. 1997. Work values: An integrative framework and illustrative application to organizational socialization. *Journal of Occupational and Organizational Psychology*, 70, 219-240.

35) Schwartz, S. H. 1992. Universal content and structure of values: Theoretical advances and empirical test in 20 countries. *Experimental Social Psychology*, 25(1), 1-62.

36) 백규선. 2013. 한국 직장인의 일 가치관(work values) 측정도구 개발. 리더십연구, 5-1, 69-91.

37) Ros, M., Schwartz, S. H., & Surkiss, S. 1999. Basic individual values, work values, and the meaning of work. *Applied Psychology: An International Review*, 48(1), 49-71.

38) Seaburg, D. J., Rounds, R. B., Jr., Dawis, R. V., & Loquist, L. H. 1976. Values as second-order needs. Paper presented at the 84th Convention of the American Psychologist Association. Washington D. C.

39) 위키백과. 정주영 편에서 수정 인용.

40) Georgo, J. M., & Zhou, J. 2001. When openness to experience and conscientiousness are related to creative behavior: An interactional approach. *Journal of Applied Psychology*, 86-3, 523-524.

제3장 성격, 감정, 지각

1) Avis, J. M., Kudisch, J. D., & Fortunato, V. J. 2002. Examining the incremental validity and adverse impact of cognitive ability and conscientiousness on job performance. *Journal of Business and Psychology*, 17-1, 87-105.

2) Boyce, C. J., Wood, A. M., & Brown, G. D. A. 2010. The dark side of conscientiousness: Conscientious people experience greater drops in life satisfaction following unemployment. *Journal of Research in Personality*, 44-4, 535-539.

3) Wang, Z., Chen, Y. N., Tjosvold, D., & Shi, K. 2010. Cooperative goals and team agreeableness composition for constructive controversy in China. *Asia Pacific Journal of Management*, 27-1, 139-153.

4) Smith, M. M., Saklofske, D. H., & Nordstokke, D. W. 2014. The link between neuroticism and perfectionistic concerns: The mediating effect of trait emotional intelligence. *Person-*

ality and Individual Differences, 61-62, 97-100.

5) Michael S. Humphreys and William Reveke, 1984, "Personality, Motivation, and Performance: A Theory of the Relationship between Individual Differences and Information Processing," *Psychological Review*, pp.153-84.

6) 최인철. 2020. 7. 1. 내성적 사람이 온다. 중앙일보. 28면.

7) Homan, A. C., Hollenbech, J. R., Humphrey, S. E., van Knippenberg, D., Ilgen, D. R., & van Kleef, G. A. 2008. Facing Differences with an Open Mind: Openness to Experience, Salience of Intragroup Differences, and Performance of Diverse Work Groups. *Academy of Management Journal*, 51-6, 1204-1222.

8) Friedman, M. & Roseman, R. H., 1974, *Type A Behavior and Your Heart*, Greenwich, Conn.: Fawcett Publication.

9) Greenberg, J. & Baron, R. A., 1997, *Organizational Behavior*, N. J.: Prentice Hall.

10) Friedman, M. 1996. Type A behavior: Its diagnosis and treatment. New York: Plenum Press.

11) Michell, T. R., Smyser, C. M. and Weed, S. E., 1975, "Locus of Control: Supervision and Work Satisfaction," *Academy of Management Journal*, pp.623-31.

12) Abraham K. Korman, 1974, *The Psychology of Motivation*, Englewood Cliffs, N. J.: Prentice-Hall, p.227.

13) Albert Bandura, 1982, "Self-efficacy Mechanism in Human Agency," *American Psychologist*, vol.37, pp.122-147.

14) Judge, T. A., Locke, E. A., & Durham, C. C. (1997). "The dispositional causes of job satisfaction: A core evaluations approach". *Research in Organizational Behavior*. 19: 151-188.

15) John B. Miner, 1988, *Organizational Behavior*, New York: Random House, p. 84.

16) Raymond A. Katzell and Donna E. Thompson, 1990, "Work Motivation," *American Psychologist*, pp.145-146.

17) Taylor, R. N. and Dunnette, M. D., 1976, "Influence of Dogmatism, Risk-taking Propensity, and Intelligence on Decision-making Strategies for a Sample of Industrial Managers," *Journal of Applied Psychology*, 59, pp.420-423.

18) Klimstra, T., Jeronimus, B. F., Sijtsema, J. J., & Denissen, J. J. A. (2020). "The Unfolding Dark Side: Age Trends in Dark Personality Features". *Journal of Research in Personality*. 85: 103915.

19) Maccoby, M. 2007. *Narcissistic leaders: Who succeeds and who fails*. Harvard Business School Press.

20) Zeigler-Hill, V., & Besser, A. 2013. A glimpse behind the mask: Facets of narcissism and feelings of self-worth. *Journal Of Personality Assessment*, 95(3), 249-260.

21) Maccoby, M. 2007. *Ibid.*

22) Bereczkei, T., & Czibor, A. 2014. Personality and situational factors differently in?uence high Mach and low Mach persons' decisions in a social dilemma game. *Personality and Individual Differences*, 64, 168-173.

23) Muchinsky, P. M. 2000. Emotions in the Workplace: The neglect of organizational behavior. *Journal of Organizational Behavior,* 21: 801-805.

24) Seo, M. G., Barret, C. F., & Bartunek, J. M. 2004. The role of affective experience in work motivation. *Academy of Management Review,* 29-3: 423-439.

25) Jordan, P. J., Ashkanasky, N. M., & Hartel, C. E. J. 2002. Emotional Intelligence as a moderator of emotional and behavioral reactions to job insecurity, *Academy of Management Review,* 27-3: 361-372.

26) Russell, J. A. 2003. Core affect and the psychological construction of emotion. *Psychological Review,* 110: 145-172.

27) Seo, M. G., Barrett, L. F., & Bartunek, J. M. 2004. The role of affective experience in work motivation. *Academy of Management Review*, 29-3, 423-439.

28) Rosch, E., Mervis, C. B., Gray, W. D., Johnson, D. M. and Boyes-Braem, P., 1976, "Basic Objects in Natural Categories," *Cognitive Psychology*, p.383.

29) Kreitner, R. & Kinicki, A., 1989, *Organizational Behavior*, Homewood, III.: BPI.

30) Miller, G. 1956. The magical number seven, plus or minus two: Some limits on our capacity for processing information. *The Psychological Review*, 63: 81-97.

31) David L. Hamilton, 1979, "A Cognitive-Attributional Analysis of Stereotyping," In L. Berkowitz(ed.) *Advances in Experimental Social Psychology*, New York: Academic Press, Vol. 12, pp.53-84.

32) Feshback, S. and Singer, R., 1957, "The Effects of Personal and Shared Threat upon Social Prejudice," *Journal of Ab-*

normal and Social Psychology*, pp. 411-16; Sears, R. R., 1936, "Experimental Studies of Perception: Attribution of Traits," *Journal of Social Psychology* 7, pp.151-63.

33) e-economy. co. kr. 2018. 1. 25.

34) Hentschel, T., Heilman, M. E., & Peus, C. V. 2019. The multidimensional gender stereotypes: A Current Look at men's and women's Characterizations of others and themselves. from Tiersin. org.

35) Broverman, I. K., Susan Raymond Vogel, Donald M. Broverman, Frank E. Clarkson, and Paul S. Rosenkrantz, 1972, "Sex-Role Stereotypes: A Current Appraisal," *Journal of Social Issues* 28, no.2, p.75.

36) Skrypnek, B. J. and Mark Snyder, 1982, "On the Self-Perpetuating Nature of Sterotypes about Women and Men," *Journal of Experimental Social Psychology*, pp.227-91.

37) Benson Rosen and Thomas H. Jerdee, 1985, *Older Employees: New Roles for Valued Resources*, Homewood, III.: Dow Jones-Irwin.

38) David A. Waldman and Bruce J. Avolio, 1986, "A Meta-Analysis: Age Differences in Job Performance," *Journal of Applied Psychology*, p.36.

39) Robert Rosenthal and Lenore Jacobson, 1968, *Pygmalion in the Classroom: Teacher Expectation and Pupils' Intellectual Development*, New York: Holt, Rinehart & Winston.

40) Dov Eden, 1984, "Self-Fulfilling Prophecy as a Management Tool: Harnessing Pygmalion," *Academy of Management Review*, pp.64-73.

41) Luthans, F., 1998, *Organizational Behavior*, Boston: McGraw-Hill.

제4장 욕구중심 동기부여이론들

1) Edwin C. Nevis, 1983, "Using an American perspective in understanding another culture: Toward a hierarchy of needs for the People's Republic of China," *The Journal of Applied Behavioral Science*, 19-3, p.256.

2) Alderfer, C. P., 1969, "An empirical test of a new theory of human needs," *Organizational Behavior and Human Performance*, 4, pp.142-175.

3) Henry A. Murray, 1938, *Explorations in Personality*, New York: John Wiley & Sons.

4) Steers, 1984, 앞의 책.

5) Steers, 1984, 앞의 책.

6) Miner, J. B., 1980, *Theories of Organizational Behavior*, Hinsdale, III.: The Dryden Press.

7) Lester, D. 2013. Measuring Maslow's hierarchy of needs. *Psychological Reports: Mental & Physical Health*, 113(1): 15-17.

8) McClelland, D. C. 1961. *The achieving society. Princeton*, N.J.: Van Nostrand.

9) Herzberg, F. 1966, 앞의 책.

10) Frederick, Herzberg, and Alex Zautra, 1976, "Orthodox Job Enrichment: Measuring True Quality in Job Satisfaction," *Personnel*, vol.5-3-5, pp.54-68.

11) Hackman, J. R. & Oldham, G. R., 1980, *Work Redesign*, Reading, Mass.: Addison. Wesley Publishing, Co.

12) [한경에세이] 연결의 욕구, 연결의 본능. 2020.11.08. 이성열 〈SAP코리아 대표〉. https://www.hankyung.com/opinion/article/2020110871761.

제5장 최근 동기부여이론들

1) Locke, E. A., 1968, "Toward a theory of task motivation and incentives," *Organizational Behavior and Human Performance*, E, pp.157-89.

2) 예를 들면, Early, P. C., Lee, C. & Hanson, L. A., 1989, "Joint moderating effects of job experience and task component complexity: Relations among goal setting, task strategies and performance," *Journal of Organization Behavior*, 10.

3) 예를 들면, Bandura, A. & Cervone, D., 1983, "Self-evaluative and self-efficiency mechanisms governing the motivational effects of goal systems," *Journal of Personality and Social Psychology*, 45, pp.1012-1028.

4) Locke, E. A., 1968, 앞의 논문; Hollenbeck, J. R. & Klein, H. J., 1987, "Goal commitment and the goal setting process: Problems, prospects, and proposals for future research," *Journal of Applied Psychology*.

5) Locke, E. A. & Latham, G. P., 1990, 앞의 책.

6) Wood, R. E., 1986, "Task Complexity: Definition of the construct," *Organizational Behavior and Human Decision Processes*, 37, pp.60-82.

7) Wood, R. E., Mento, A. J. & Locke, E. A., 1987, "Task

Complexity as a moderator of goal effects: A meta-analysis," *Journal of Applied Psychology*, 72, pp.416-25.

8) Kibok Baik, 1988, "Test of goal setting under competition," *Doctoral Dissertation*, University of Houston.

9) Miner, J. B., 1980, 앞의 책.

10) Lee, C., Hui, C., Tinsley, C. H., & Niu, X. 2006. Goal orientations and performance: Role of temporal norms. *Journal of International Business Studies*, 37, 484-49.; Jassen, O., & van Yperen, N. W. 2004. Employees°Ø goal orientations, the quality of leader-member exchange, and the outcomes of job performance and job satisfaction. *Academy of Management Journal*, 47-3, 368-384.

11) Seijts, G. H., Latham, G. P., Tasa, K., & Latham, B. W. 2004. Goal setting and goal orientation: An integration of two different yet related literatures. *The Academy of Management Journal*, Vol. 47, No. 2, 227-239.

12) Bem, D. J., 1972, "Self-Perception theory," In L. Berkowits(ed.), *Advances In Experimental Social Psychology*, vol.6, New York: Academic Press.

13) Deci, R. L., & Ryan,R. M. 2008. Self-determination theory: A macro-theory of human motivation, development, and healt. *Canadian Psycholog*, 49-3, 182-185.

14) Ryan, R. M., & Deci, E. L. 2002. An overview of self-determination theory: Anrganismic-dialectical perspective. In E. L. Deci & R. M. Ryan (Eds.), Handbook of self-determination research(pp.3-33). Rochester, NY: University of Rochester Press.

제6장 학습과 스트레스

1) Edward I. Thorndike, 1913, *Educational Psychology: The Psychology of Learning*, Vol. II, New York: Columbia University Teachers College.

2) Skinner, B. F., 1938, *The Behavior of Organisms*, New York: Appleton-Century-Crofts.

3) Bandura, A., 1977, *Social Learning Theory*, Englewood Cliffs, N. J.: Prentice-Hall.

4) Higgins, G. E. Digital piracy, self-control theory, and rational choice: An examination of the role of value. *International Journal of Cyber Criminology*, 1(1): 33-55.

5) Dewey, J. 1938. *Experience and Education*. New York, Collier.

6) 여기에서의 자극이란 왓슨의 Stimulus 개념이 아니라 Cue(단서)에 해당하다. 예를 들어 뜨거운 스토브에 손을 댔을 때 우리는 재빨리 손을 뺀다. 뜨거운 스토브라는 Stimulus가 행동의 직접적인 원인이 된 것이다. 그러나 차를 몰다가 빨간불이 들어왔을 때 제동을 거는 것은 통과했을 때 발생할 수 있는 결과(예, 사고)를 가상한 행동이다. 이 경우 Cue 가 작용했다고 한다.

7) Arvey, R. D. & Ivancevich, J. M., 1980, "Punishment in Organizations: A Review, Propositions, and Research Suggestions," *Academy of Management Review*, pp.123-32.

8) Ferter, C. B. & Skinner, B. F., 1957, *Schedules of Reinforcement*, New York: Appleton-Century-Crofts.

9) Luthans, F. & Kreitner, R., 1985, *Organizational Behavior Modification and Beyond: An Operant and Social Learning Approach*, Glenview, III.: Scott, Foresman.

10) 앞의 책.

11) 질병관리청, 국가건강정보포털, 2020. 11. 18.

12) Ivancevich, J. M. & Matteson, M. T., 1980, *Stress and Work: A Managerial Perspective*, Glenview, III,: Scott, Foresman.

13) 메디파나뉴스. 2020. 7. 23. "직장 내 스트레스, 성별과 연령 따라 다르게 관리해야". 박민욱 기자. http://medipana.com/news.

14) Hunter, L. W., & Thatcher, S. M. B. 2007. Feeling the heat: Effects of stress, commitment, and job experience. *Academy of Management Journal*, 50(4), 953-968.

15) 문형구 등. 2010. 앞의 논문.

16) 여기서 개인차 변인들을 조절변인이라고 한다. 조절변인과 모델 해석에 대해서는 제1장의 연구방법 부문을 참조하기 바란다.

17) Lazarus, R. S., & Folkman, S. (1987). Transactional theory and research on emotions and coping. *European Journal of Personality*, 1, 141-169.

18) Selye, H., 1976, *The Stress of Life*, New York: McGraw-Hill; 유기현, 1992,「스트레스 관리」, 무역경영사.

19) Carver, Charles S., Michael F. Scheier, and Jagdish Knmari Weintraub. 1989. "Assessing Coping Strategies: A Theoretically Based Approach." *Journal of Personality and Social Psychology*, 56 (February): 267-283.

20) 질병관리청, 국가건강정보포털. 2020. 8. 28.

21) https://www.fastcompany.com/3053048.

22) https://www.fnnews.com/news/200711301812134048?t=y. 파이넬셜뉴스. 2007년, 11월 30.

23) 대학에서 가장 기초과목을 '101'이라고 한다. 가령 '경영학원론101', '심리학101' 하는 식이다. 이 방식을 따라 구글에서도 명상기초를 가르치는 과목 이름을 'Meditation 101'이라고 이름하였다.

24) https://transparency.kununu.com/unique-ways-topcompanies-help-employees-manage-stress/

제7장 집단과 팀

1) Cartwright. D. & Zander, A., 1968, *Group Dynamics: Research & Theory*, New York: Harper.

2) Steiner, I. D., 1972, *Group process and productivity*, New York: Academic Press.

3) Jackson, S. E., & Joshi, A. 2004. Diversity in social context: A multi-attribute, multilevel analysis of team diversity and sales performance. *Journal of Organizational Behavior*, 25(6), 675-702.

4) Timmerman, T. A. 2000. Racial diversity, age diversity, interdependence, and team performance. *Small Group Research*, 31, 592-606.

5) Katz, D. & Kahn, R. L. 1978. *The social Psychology of organizations*. 2nd ed. New York: John W. loy.

6) Kreitner & Kinicki, 앞의 책.

7) https://www.lexico.com/definition/norm. Oxford UK Dictionary.

8) McGrath, J. E. 1964. Social psychology: A brief introduction. New York: Holt, Rinehart, & Winston.; Dannals, J. E., Reit, E. S., & Millter, D. T. 2020. From whom do we learn group norm? Low-ranking members are perceived as the best sources. *Organizational Behavior and Human Decision Processes*. 161: 213-227.; Sparkman, G., & Walton, G. M. 2019. Witnessing change: Dynamic norms help resolve diverse barriers to personal change. *Journal of Experimental Social Psychology*, 82: 238-252.

9) Hackman, J. R., 1992, "Group influence on individuals in organizations," In M. D. Dunnette & L. M. Hough(eds.), *Handbook of Industrial and Organizational Psychology* (Vol. 3), Palo Alto, CA.: Consulting Psychologists Press Inc., pp.199-267.

10) Feldman, D. C., 1984, "The development and enforcement of group norms," *Academy of Management Review*, pp.47-53.

11) http://it.chosun.com/site/data/html_dir/2016/09/02/2016090285057.html.

12) Hogg, M. A. 1993. Group Cohesiveness: A critical review and some new directions. *European Review of Social Psychology*, 4(1): 85-111.

13) 조선일보. 2020년 12월 25일. 만물상 "연정라인". 배성규 논설위원.

14) Mohrman, S. A., 1993, "Integrating roles & Structure in the lateral organization," In Galbraith, J. R. & Lawler, E. E., III, (eds.), *Organizing for the future*, San Fransisco: Jossey Bass, pp.109-141.

15) Lipnack, L., & Stamps, J. 2001. *Virtual teams: People working across boundaries with technology.* New York: Wiley.

16) Gilder, G. 2001. *Telecosm: How infinite bandwidth will revolutionize our world.* New York: Free Press.

17) Purvanova, R. K., Charlier, S. D., Reeves, C. J., & Greco, L. M. 2020. Who emerges into virtual team leadership roles? The role of achievement and ascription antecedents for leadership emergence across the virtual spectrum. *Journal of Business and Psychology*, http://doi.org.ssl.

18) Salas, E., Nancy J. Cooke, N. J., & Michael A. Rosen, M. A. 2008. On teams, teamwork, as well as team performance: Discoveries and developments. *Human Factors: The Journal of the Human Factors and Ergonomics Society*, 50-3, 540-547.

19) Harris, T. C., & Barnes-Farrell, J. L. 1997. Components of teamwork: Impact on evaluations of contributions to work team effectiveness. *Journal of Applied Social Psychology*, 27-19, 1694-1715.

20) Gibson, B., & Zellmer-Bruhn, M. E. 2001. Metaphors and meaning: An intercultural analysis of the concept of teamwork. *Administrative Science Quarterly*, 46, 274-298.

21) Hellriegel et al., 1998, 앞의 책.

22) Robbins, S. P., 1998, *Organizational Behavior*, Upper Saddle River, N. J.: Prentice-Hall.

23) Zenger et al., 1994, *Leading Teams*, New York: Irwin.

제8장 커뮤니케이션

1) James L. Bowdick and Anthony F. Buono, 1985, *A Primer on Organizational Behavior*, New York: John Wiley & Sone, p.81.
2) Petković M., Janićijević N., Bogičević Milikić B. 2008. *Organizacija*. Ekonomski Fakultet, Beograd.; Neher, W. W. 1997. *Organizational Communication-Challenges of Change, Diversity and Continuity*. Allyn and Bacon, Boston.
3) Shannon, C. & Weaver, W., 1953, *The Mathematical Theory of Communication*, Urbana: University of Illinois Press; W. Schramm, "How Communication Works," In *The Press and Effects of Mass Communication*, ed. Wilbur Schramm, Urbana: University of Illinois Press, pp.3-26.
4) Robert E. Ault, 1986, "Draw on New Lines of Communications," *Personnel Journal*, pp.72-77.
5) Lengel, R. H. and Daft, R. L., 1988, "The Selection of Communication Media as an Executive Skill," *Academy of Management Executive*, pp.225-32.
6) Greenberg, J. & Baron, R. A., 1997, *Behavior in Organizations*, Upper Saddle River, N. J.: Prentice-Hall.
7) S. Ashford, 1986, "Feedback-Seeking in Individual Adaptation: A Resource Perspective," *Academy of Management Journal*, pp.465-87.
8) Mark, M. L. 1994. Electronic mail as the medium of managerial choice. *Organization Science*, 5, 502-527.
9) nspa.com/news/. 2019. 5. 14.
10) Bruce Barry, B., & Fulmer, I. S. 2008. The medium and the message: The adaptive use of communication media in dyadic influence. *Academy of Management Review*, 29-2, 272-292.
11) Robert E. Callahan and C. Patrick Fleemor, 1988, *Managing Human Relations*, Columbus, Ohio: Merill Publishing Co., p.141.
12) Bavelas, A. and Barrett, D., 1951, "An Experiential Approach to Organization Communication," Personnel, 1951; M. E. Shaw, 1986, *Group Dynamics*: *The Psychology of Small Group Behavior*, New York: McGraw-Hill; E. M. Rogers and R. A. Rogers, 1976, *Communication in Organizations*, New York: The Free Press.
13) Katz, D. and Kahn, R. L., 1978, *The Social Psychology of Organizations*, 2nd ed., New York: John Wiley & Sons.
14) Beck C. E. and Beck, E. A., 1986, "The Manager's Open Door and the Communication Climate," *Business Horizons*, pp.15-19.
15) terms.naver.com.
16) Allan D. Frank, 1985, "Trends in communication: Who Talks to Whom?" *Personnel*, pp.41-47.
17) Ivancevich, J. M. and Donnelly, J. M. Jr., 1974, "A Study of Role Clarity and Need for Clarity in Three Occupational Groups," *Academy of Management Journal*, pp.28-36.
18) Keith Davis, 1953, "Management communication and the Grapevine," *Harvard Business Review*, pp.43-49.
19) Davis, 앞의 논문.
20) HTTP/www.status.net/grapevine communication.
21) http://www.crossroadsinstitute.org. 2004. 6. 19.

제9장 권력과 정치

1) Grimes, A. J., 1978, "Authority Power, Influence, and Social Control: A Theoretical Synthesis," *Academy of Management Review*, p.725.
2) 예를 들어, Kipnis, D., 1976, *The Powerholders*, Chicago: University of Chicago Press, p.77.
3) Kipnis, D., Schmidt, S.M., & Wilkinson, J. 1980. Intraorganizational influence tactice: Explorations in getting one's way. *Journal of Applied Psychology*, 440-452.
4) *Ibid*., pp.349-350.
5) Robello, K., Burrows P., & Sager, I., 1996(Feb. 5), "The fall of an American icon," *Business week*, pp.34-42.
6) Kelman, H. C., 1958, "Compliance, Identification, and Internalization: Three Processes of Attitude Change," *Journal of Conflict Resolution*, 2, pp.51-60; Etzioni, A. 1961, *A Comparative Analysis of Complex Organizations*, New York: Free Press.
7) Luthans, 1998, 앞의 책.
8) Organ, D. W. & Bateman, T. S., 1991, *Organizational Behavior*, Homewood, Ill.: Irwin.
9) Ashford, B. E., 1989, "The experience of powerlessness in organizations," *Organizational Behavior and Human Decision Processes*, 43, pp.207-42.
10) Kanter, R. M., 1979, "Power failure in management cir-

cuits," *Harvard Business Review*, 57, pp.65-75.

11) Spreitzer, G. M., Kizilos, M. A. & Nason, S. W., 1997, "A dimensional analysis of the relationship between psychological empowerment and effectiveness, satisfaction, and strain," *Journal of Management*, 23-5, pp.679-704.

12) Kanter, R. M. 1993. Men and women of the corporation (2nd ed.). New York, NY: Basic Books.

13) Luthans, 1998, 앞의 책.

14) Ferris, G. R., Russ, G. S., & Fandt, P. M. 1989. Politics in organizations. In R. A. Giacalone & P. Rosenfield (Eds.), *Impression management in the organization*(pp.143-170). Hillsdale: Lawrence Erlbaum

15) FROST, P. J., & EGRI, C. P. 1991. The political process of innovation. In L. L. Cummings & B. M. Staw(Eds.). *Research in organizational behaviour. Greenwich*, CT: JAI Press, pp.229-295.

16) Buchanan, D., & Badham, R. 1999. Politics and organizational change: The lived experience. *Human Relations*, 52(5): 609-629.

17) Miller, B. K., Rutherford, M. A., & Kolodinsky, R. W. 2008. *Journal of Business and Psychology*, 22(3): 209-222.

18) Schoen, H. 2011. Personality and the foundations of political behavior. *Acta Politica*, 46(3): 323-325.

19) Robert H. Miles, 1980, 앞의 책, pp.182-184.

20) Allen, R. W., Madison, D. L., Porter, L. W., Renwick, P. A., & Mayes, B. T. 1979. Organizational politics: Tactics and characteristics of its actors. *California Management Review*, 22, 77-83.

21) Byrne, Z. S. 2005. Fairness reduces the negative effects of organizational politics on turnover intentions, citizenship behavior and job performance. *Journal of Business and Psychology*, 20(2): 175-200.

22) Stephen L. Payne and Bernard F. Pettingill, 1986, "Coping with Organizational Politics," *Supervisory Management*, April, pp.28-31.

23) Tyler, T. R., & Lind, E. A. 1992. A relational model authority in groups. In M. P. Zanna(Ed.), *Advances in experimental social psychology*(pp.115-191). 25 San Diego, CA: Academic Press.

24) Beeman, D. R. & Sharkey, T. W., 1987, "The Use and Abuse of Corporate Politics," *Business Horizons*, p.30.

제10장 리더십 I

1) Bass, B. M. 1981. Stogdill's handbook of leadership. New York: The Free Press.

2) Rost, J. C. 1993. *Leadership for the twenty-first Century*. Praeger Publishers.

3) Bennis W. & Nanus, B., 1985, *Leaders: The Strategies for Taking Charge*, New York: Harper & Row.

4) 예를 들면, Mann, R. D., 1959, "A review of the relationship between personality and performance in small groups," *Psychological Bulletin*, 56, pp.241-270; Stogdill, R. M., 1948, "Personal factors associated with leadership: A Survey of the literature," *Journal of Psychology*, 25, pp.35-71.

5) Yukl, G. & Van Fleet, D. D., 1992, 앞의 논문.

6) Gibb, C. A., 1969, "Leadership," In G. Lindzey, and E. Aronson(eds.), *The Handbook of Social Psychology*, Reading Mass.: Addison-Wesley, pp.205-282.

7) Jageo, A. G., 1982, 앞의 논문.

8) 예를 들면, James Conley, 1985, "Longitudinal Stability of Personality Traits: A multiact-multimethod-multioccasion analysis," *Journal of Personality and Social Psychology*, pp.1266-82.

9) 예를 들면, Bass, B. M., 1990, *Bass and Stogdill's Handbook of Leadership: Theory, Research, and Managerial Applications*(3rd ed.), New York: Free Press; Kirkpatrick, S. A. & Locke, E. A., 1991, "Leadership: Do traits matter?" *The Academy of Management Executive*, 5(2), pp.48-60.

10) Northouse, P. G., 1997, *Leadership: Theory & Practice*, London: Sage.

11) De Neve, J. E., Mikhaylov, S., Dawes, C. T., Christakis, N. A., & Fowler, J. H. 2013. Born to lead? A twin design and genetic association study of leadership role occupancy. *Leadership Quarterly*, 24(1): 45-60.

12) Arvey, R., Rotundo, M., Johnson, W., Zhang, Z., & McGue, M. 21006. The determinants of role occupancy: Genetic and personality factors. *Leadership Quarterly*, 17(1): 1-20.

13) Calder, B. J., 1977, "An attribution theory of leadership," In B. M. Staw & G. R. Salancik(eds.), *New Directions in Organizational Behavior*, Chicago, III.: St. Clair Press, pp.179-

204.

14) Jago, A. G., 1982, 앞의 논문. 귀인의 규칙에 대해서는 본서 제3장 [성격, 감정, 지각]을 참조하기 바란다.

15) Meindl, J. R., ErLich, S. B. & Dukerich, J. M., 1985, "The Romance of Leadership," *Administrative Science Quarterly*, 30, pp.78-102.

16) Phillips, J. S. & Lord, R. G., 1986, "Notes on the practical and theoretical consequences of implicit leadership theories for the future of leadership measurement," *Journal of Management*, 12, pp.31-41.

17) Miscenko, D., Guenter, H., & Day, D. J. 2017. Am I a leader? Examining leader identity development over time. *Leadership Quarterly*, 28: 605-620.

18) Hogg, M. A. 2001. A social identity theory of leadership. *Personality and Social Psychology Review*, https://doi.org/10.1207/S15327957PSPR0503_1.; Steffens, N. K., Haslam, S. A., Reicher, S. D., Platow, M. J., Fransen, K., Yang, J., Ryan, M. K., Jetten, J., Peters, K., & Boen, F. 2014. Leadership as social identity management: Introducing the identity leadership inventory (ILI) to assess and validate a four-dimensional model. *Leadership Quarterly*, 25(5): 1001-1024.

19) Fleishman, E. A., Harris, E. F. & Burtt, H. E., 1955, *Leadership and Supervision in Industry*, Columbus: Bureau of Educational Research, Ohio State University.

20) Fleishman, E. A., 1951, *Leadership Climate and Supervisory Behavior*, Columbus, Ohio: State University Personnel Research Board.

21) 예를 들면, Halpin, A. W., 1957, *Manual for the Leader Behavior Description Questionaire*, Columbus, Ohio, OSU Bureau of Business Research.

22) Yukl, G. & Van Fleet, D. D., 1992, 앞의 논문, p.155. 사실 LBDQ-VII에서는 리더십 행위를 12가지로 규정하고 있다.

23) Jago, A. G., 1982, 앞의 논문.

24) Blake, R. R. and Mouton, J. S., 1964, *The Managerial Grid*, Houston, TX: Gulf Publishing Co.

25) Keller, R. I., 1978, "A Longitudinal Assessment of a Managerial Grid Seminar Training Program." *Group & Organizational Studies*, Vol. 3, pp.343-355.

26) Larson, L. L., Hunt, J. G. & Osborn, R. N., 1976, "The great Hi-Hi leader behavior myth: A Lesson from Occam's Razor," *Academy of Management Journal*, Vol. 19, pp.628-641.

27) Misumi, J., 1985, *The Behavioral Science of Leadership: An interdisciplinary Japanese Research Program*, Ann Arbor, MI: University of Michigan Press.

28) Organ, D. W. & Bateman, T. S., 1991, *Organizational Behavior*, Homewood, III.: Irwin Inc.

29) 백기복. 2008. 경영학계 리더십연구의 흐름. 21세기 매니지먼트이론의 뉴패러다임(신동엽 편), 위즈덤하우스. pp.338-387.

30) 즉, VDL이론은 분석의 수준(level of analysis)이 수직쌍(dyad)이다. 그리고 수직쌍(dyad)을 분석수준으로 삼는 연구는 사회학에서 많이 발견된다(예, 남과 여, 부와 모 등).

31) 내집단(in group), 외집단(out group)을 지원자 vs. 보통의 구성원, 리더십 관계 vs. 감독관계, 양질의 관계 vs. 저질의 관계, 또는 집단내(within group) vs. 집단 간(between group) 등으로도 구분한다.

32) Graen, G. B., & Uhl-Bien, M. 1995. Relationship-based approach to leadership: Development of leader-member exchange(LMX) theory of leadership over 25 years: Applying a multi-level multi-domain perspective, *Leadership Quarlerly*, 6(2), p. 231에서 수정 인용.

33) Schriesheim, C. A., Castro, S. L., & Cogliser, C. C. 1999. Leader-member exchange(LMX) research: A comprehensive review of theory, measurement, and dataanalytic practice. *Leadership Quarterly*, 10(l): 63-113.

34) Graen, G. B., & Uhl-Bien, M. 1995. Development of leader-member exchange (LMX) theory of leadership over 25 years: Applying a multi-level multi-domain perspective. *Leadership Quarterly*, 6: 219-247.

35) Liden, R. C., & Maslyn, J. M. 1998. Multi-dimensionality of leader-member exchange: An empirical assessment through scale development. *Journal of Management*, 24: 43-72.

36) Rockstuhl, T., & Dulebohn, J. H., Soon, A., & Shore, L. M. 2012. Leader-member exchange(LMX) and culture: A meta-analysis of correlates of LMX across 23 countries. *Journal of Applied Psychology*, 97(6): 1097-1130.

37) Harris, T. B., Li, N., & Kirkman, B. 2014. Leader-member exchange(LMX) in contexts: How LMX differentiation and LMX relational separation attenuate LMX's influence on OCB and turnover intention. *Leadership Quarterly*, 25: 314-328.

38) Fiedler, F. E., 1967, *A Theory of Leadership Effectiveness*, New York: McGraw Hill.

39) Fiedler가 분류하는 리더십을 성격특성으로 볼 것인가 아니면 리더의 행위로 볼 것인가에 대하여 혼동을 일으키는 경우가 종종 있다. 그러나 1967년, 1971년, 그리고 1974년에 출판된 Fiedler의 저서들을 보면 분명히 "personality trait"임을 알 수 있다. 그러나 Fiedler도 종종 trait와 behavior를 혼동한 흔적이 있다.

40) 즉, House, R. J., 1971, "A Path-Goal Theory of Leader Effectiveness," *Administrative Science Quarterly*, Vol.16, pp.321-338; R. J. House & G. Dessler, G. Hunt & L. L. Larson(eds.), *Contingency Approaches to Leadership*, Southern Illinois University Press, pp.29-55; R. J. House and T. R. Mitchell, 1974, "Path-Goal Theory of Leadership." *Journal of Contemporary Business*, Vol.5, pp.81-97.

41) Hersey, P. & Blanchard, K. H., 1977, *Management of Organizational Behavior*, 3rd ed., Englewood Cliffs, NJ: Prentice-Hall(초판은 1969년 발행됨).

42) 본래 Hersey와 Blanchard는 상황변수로 'maturity'라는 단어를 사용하다가 1988년 저서에서는 'readiness'라는 어휘로 대체하였다. 물론 양자 간에 뉘앙스의 차이는 있겠으나 적당한 역어를 발견하지 못하여 readiness에 대해서 그냥 '성숙도'라고 표현하기로 하였다. 지금까지 성숙도라는 낱말은 maturity에 대한 역어로 사용되어 왔다.

43) Randolph, W. A. & Blackburn, R. S., 1989, *Managing Organizational Behavior*, Homewood, III,: Irwin, p.319.

제11장 리더십 II

1) 1973년 본래 모델의 상황변수는 여덟 가지였으나 한 가지("당신은 무슨 정보가 필요하며 누가 그것을 가지고 있고, 어떻게 그것을 수집할 수 있는지를 정확히 알고 있습니까?")는 실증적 지지가 나타나지 않아 Vroom, Yetton & Jago(1976)에서부터 현재의 일곱 가지로 굳어져 사용되고 있다: Vroom, V. H., Yetton P. W. & Jago, A. G., 1976, *Leadership and decision making cases and manuals for use in leadership training*(3rd ed.), New Haven, CT.: Authors.

2) 김남현 & 백기복 공역[Vroom & Jago 저], 1994. 「뉴리더십」, 매일경제신문사.

3) House, R. J., 1977, "A 1976 theory of charismatic leadership" In Hunt, J. G. & Arson, L. L.(eds.), *Leadership: The Cutting Edge*, Carbondal: Southern Illinois University Press.

4) Lowenstein, K., 1966, *Max Weber's political ideas in the perspective of our time*, The University of Massachusetts Press.

5) Weber, M., 1947, *The theory of social and economic organizations*(T. Parson, Trans.), New York: Free Press.

6) Bass, B. M., 1985, *Leadership and performance beyond expectations*, New York: Free Press.

7) Jay. A. Conger, 1989, *The Charismatic Leader*, San Fransisco: Jossey-Bass.

8) Conger, J. A., & Kanungo, R. N. 1998. *Charismatic leadership in organizations*. Thousand Oaks: Sage.

9) Shamir, B., House, R. J. & Arthur, M. B., 1998, "The motivational effects of charismatic leadership: A selfconcept based theory," *Organization Science*, 4, pp.1-17.

10) Shackleton, V., 1995, *Business leadership*, New York: Routledge.

11) Lowe, K. B., Kroeck, K. G. & Sivasubramaniarn, N., 1996, "Effectiveness correlates of transformational & transactional leadership: A meta-analysis review of the MLQ literature," *Leadership Quarterly*, 7, pp.385-425.

12) Baum, J. R., Locke, E. A. & Kirkpatrick, S. A., 1998, "A Longitudinal Study of the relation of vision and vision communication to venture growth in entrepreneurial firms," *Journal of Applied Psychology*, 86-1, pp.43-54.

13) Bass, B. M. 1985. Leadership and performance beyond expectations. New York: The Free Press.

14) Bass, B. M., & Avolio, B. J. 1990. *Improving organizational effectiveness through transformational leadership*. Thousand Oaks: Sage Publications.

15) Tims, M., Bakker, A. B., & Xanthopoulou, D. 2011. Do transformational leaders enhance their followers' daily work engagement? *Leadership Quarterly*, 22: 121-131. 원리는 이상적 역할모델만을 카리스마로 봤으나 최근에는 영감적 동기부여까지 포함한 개념으로 보기도 한다.

16) Bass, B. M. 1985. 위의 책.
17) Finkelstein, S. & Hambrick, D. C., 1996, *Strategic Leadership: Top executives and their effects on organizations*, St. Paul, MN.: West Publishing.
18) 백기복, 김용민 & 백종현 편저, 1999, 전략적 리더십(기업, 시장 그리고 정치적 시각), 국민대 출판부, pp.59-94.
19) Nahavandi, A., 1997, *The Art and Science of Leadership*, Upper Saddle River, N. J.: Prentice Hall.
20) 이 외에도 Yukl(1981, 1989)의 Multiple Linkage Model이 거론될 수 있겠으나 저자 자신이 밝힌 것처럼(Yukl & Van Fleet, 1992, p.172) 공식 이론이기보다는 하나의 일반적 인 분석의 틀로 보아 여기에서는 다루지 않기로 한다.
21) Kerr, S. & Jermier, J. M., 1978, "Substitutes for leadership," *Organizational Behavior and Human Performance*, 22, pp.375-403.
22) Organ, D. W. & Bateman, T. S., 1991, 앞의 책.
23) Kerr & Jermier, 1978, 앞의 논문, p.400.
24) Bass, B. M., 1990, *Bass & Stogdill's Handbook of Leadership*, New York: Free Press.
25) Wedley, W. C. & Field, R. H. G., 1984, "A Predecision Support System," *Academy of Management Review*, 9, pp.696-703.
26) Podsakoff, et al., 앞의 책.
27) Manz, C. and Sims, H., 1989, *Superleadership: Leading others to lead themselves*, New York: Prentice-Hall.
28) Bass, B. M., 1990, 앞의 책.
29) Bass, B. M., 1990, 앞의 책.
30) Kelley, R. E., 1988, "Inpraise of followers," *Harvard Business Review*, Nov.-Dec., pp.142-48.
31) 관심 있는 독자들은 본 저자의 [「리더십 리뷰」, (창민사, 2005)]을 참조하기 바란다.
32) 백기복 · 서재현 · 구자숙 · 김정훈. 2010. 한국형 리더십, 인사조직연구, 18(4): 33-69.
33) 백기복, 신제구, & 차동옥, 1998, 한국 경영학계 리더십 연구 30년: 문헌 검증 및 비판, 경영학연구, 27-1, pp.113-156.

제12장 의사결정

1) http://science.unctv.org/content/reportersblog/choices#:~:text. 2018년 2월 7일. "How many daily decision do we make?
2) MacCrimmon, K. R., & Taylor, R. M., 1976, "Decision Making and Problem Solving," In M. D. Dunnette(ed.), *Handbook of Industrial & Organizational Psychology*, Chicago: Rand McNally.
3) Taylor, R. N., 1984, *Behavioral Decision Making*, Glenview, III.: Scott, Foresman, pp.16-17.
4) Simon, H. A., 1957, *Administrative Behavior: A Story of Decision Making Process in Administrative Organization*, New York: Free Press.
5) Simon, H. A., 1991, "Bounded rationality and Organizational learning," *Organization Science 2*, pp.125-134.
6) Hellriegel 등, 1998, 앞의 책.
7) Janis, I. L. & Mann, L., 1979, *Decision Making*, New York: The Free Press.
8) Kahneman, D. & Tversky, A., 1984, *American psychologist*, 39, pp.341-50: Tversky A. & Kahneman, D., 1974, "Judgment under uncertainty: Heuristics and biases," *Science*, 11, pp.1124-1131.
9) Kreitner, R., 1986, *Management*, 3rd ed., Boston: Houghton-Mifflin, p.211.
10) Kreitner & Kinicki, 1989, 앞의 책.
11) Taylor, R. N., 1984, 앞의 책, p.177.
12) Pfeffer, J., 1977, "Power and resource allocation in organizations," In B. M. Staw & G. R. Salancik(eds.), *New Directions in Organizational Behavior*, Chicago: St. Clair Press, pp.235-265.
13) Pfeffer J. & Salancik, G. R., 1978, *The External Control of Organizations*, New York: Harper and Row.
14) Gamson, W. A., 1961, "An experimental test of the way coalitions form," *American Sociological Review*, 26, pp.565-573.
15) Bouchard, T. J., 1971, "Whatever Happened to Brainstorming?," *Journal of Creative Behavior*, pp.182-89.
16) Delbecq, A. L., Van de Ven, A. H. & Gustafson, D. H., 1975, *Group techniques for program planning*, Glenview, III.: Scott, Foresman.
17) Norman Dalkey, 1969, *The Delphi Method: An Experimen-*

tal Study of Gropu Opinion, Santa Monica, Calif.: Rand Corporation.

18) Mason, R. O., 1969, "A dialectical approach to strategic planning," *Management Science*, 15, B406-B414.
19) Schweiger, D. M., Sandberg, W. R. & Ragan, J. W., 1986, "Group approaches for improving decision making: A Comparative analysis of dialectical inquiry, devil's advocacy, and consensus," *Academy of Management Journal*, 29, pp.51-71.
20) 박원우, 1992, 앞의 논문.
21) Bommer, M., Gratto, C., Gravander, J., & Tuttle, M. 1987. A behavioral model of ethical and unethical decision making. *Journal of Business Ethics*, 6(4): 265-281.
22) Felps, W., Mitchell, T. R., Byington, E. 2006. How, when, and why bad apples spoil the barrel: The negative group members and dysfunctional groups. *Research in Organizational Behavior*, 27: 175-222.
23) "Newspaper Test" 대신에 "Internet Test" 등의 용어도 쓰인다. 인터넷에 유포되어도 떳떳한지를 따져보고 윤리성을 판단한다는 의미이다.
24) Luthans, 1998, 앞의 책.
25) Hellriegel 등, 1998, 앞의 책.
26) Gundlach, M. J., Douglas, S. C., & Martinko, N.J. 2003. The decision to blow whistle: A social information processing framework, *Academy of Management Review,* 28-1, 107-123.

제13장 갈등과 협상

1) Kenneth W. Thomas and Warren H. Schmidt, 1976, "A Survey of Managerial Interests with Respect to Conflict," *Academy of Management Journal*, pp.315-318.
2) Robbins, S. P., 1974, *Managing Organizational Conflict: A Nontraditional Approach*, Englewood Cliffs, N. J.: Prentice-Hall, p.23.
3) Thomas, K. W. 1992. Conflict and negotiation processes in organizations, in M. D. Duunette and L. M. Houghceds Handbook of Industrial and Organizational Psychology(2nd ed.) vol.3, Palo Alto, CA: Consulting Psychologiets Press, pp.651-717.
4) Stephen P. Robbins, 1978, "'Conflict Management' and 'Conflict Resolution' Are Not Synonymous Terms," *California Management Review*, p.70.
5) Jehn, K. A. 1995. A multimethod examination of the benefits and detriments of intragroup conflict. *Administrative Science Quarterly*, 40(2): 256-282.
6) Wang, G., Jing, R., & Klossek, A. 2007. Antecedents and management of conflict: Resolution styles of Chinese top managers in multiple rounds of cognitive and affective conflict. *International Journal of Conflict Resolution*, 18(1): 74-97.
7) Alan C. Filley, 1975, *Interpersonal Conflict Resolution*, Glenview, III.: Scott, Foresman, pp.9-12.
8) Sherif, M. and Sherif, C., 1969, *Social Psychology*, New York: Harper & Row, pp.228-262.
9) Notz, W. and Starke, F., 1978, "Final Offer vs. Conventional Arbitration as Means of Conflict Management," *Administrative Science Quarterly*, pp.189-203; F. Luthans, 1998, *Organizational Behavior*, New York: McGraw-Hill.
10) Cohen, H. 1980. *You can negotiate anything*. Bantam Books.
11) Businessdictionary.com.
12) Mehrabian, A., 1968, "Communicating with Words," *Psychology Today*, p.53.
13) Kaufman, F., 1970, "Decision making: Eastern & Western style," *Business Horizons*, 13-6, pp.81-86.
14) 이규성. 2006. 명문기업가의 자식농사. 밀리언하우스.
15) 조홍제. 2000. 동방명성을 지향하여: 만우 조홍제 회고. 효성.

제14장 조직문화

1) Schein, E. H., 1985, 앞의 책.
2) 박원우, 1993, 앞의 논문; 류한호, 1992, 앞의 논문; Young, E., 1989, "On the naming of the rose: Interest and multiple meanings as elements of organizational culture," *Organizational Dynamics*, 10, pp.187-206.
3) 이 이외에도 이념, 관습, 규범, 전통, 지식, 기술 등의 용어들이 조직문화의 정의에 많이 사용된다.
4) Kreitner & Kinicki, 1989, 앞의 책.
5) Beyer, J. M. & Trice, H. M., 1987, "How an organization's rites reveal its culture," *Organizational Dynamics*.

6) Swindler, A., 1986, "Culture in action: Symbols and strategies," *American Sociological Review*, 51, pp.273-286; 서인덕, 1986, 앞의 논문; 김원석, 1991, 「기업문화와 기업전략이 조직유효성에 미치는 영향에 대한 연구」, 서강대 박사학위 논문.

7) Fiol, C. M., 1991, "Managing culture as a competitive resource: An identity-based view of sustainable competitive advantage," *Journal of Management*, 17-1, pp.191-211.

8) 김인수, 1991,「거시조직이론」, 무역경영사, p.586.

9) Kotter, J. P., & Haskett, J. L. 1992, *Corporate Culture and Performance*. New York: The Free Press.

10) Smircich, L., 1983, "Concepts of culture and organizational analysis," *Administrative Science Quarterly*, pp.339-358.

11) 서인덕, 1986, 앞의 논문.

12) Trompenaars, F. 1994. *Riding the waves of culture*: *Understanding culture and diversity in business*. London: Nicholas Brealey.

13) Quinn, R. E. 1988. *Beyond rational management*: *Mastering the paradoxes and competing demands of high performance*. Jossey-Bass.

14) Schein, E. H., 1985, 앞의 책.

15) Schein, E. H., 1985, 앞의 책.

16) Hofstede, G., 1983, "The cultural relativity of organizational practices and theories," *Journal of International business Studies*, 14-2, pp.75-90.

17) Hofstede, 1983, 앞의 논문.

18) Hofstede, 1983, 앞의 논문.

제15장 조직변화와 개발

1) 양자론(量子論: Quantum Theory)이란 눈에 보이는 연속적 현상만을 설명해주던 고전 물리학의 한계를 뛰어넘어 원자, 분자와 같은 소립자들의 불연속적 변화현상을 체계화한 물리학의 한 이론이다. 조직학에서는 혁명적 변화를 뜻하는 말로 차용되고 있다. 점진적 변화에 대해서는 Quinn, J. B., 1980, *Strategies for Change*: *Logical Incrementalism*, Homewood, III.: Irwin 참조.

2) Lewin, K., 1951, *Field Theory in Social Science*, New York: Harper & Row.

3) Randolph, W. A. & Blackburn, R. S., 1989, *Managing Organizational Behavior*, Homewood, III.: Irwin.

4) Kotter, J. P. & Schlesinger, L. H., March-April 1979, "Choosing Strategies for change," *Harvard Business Review*, pp.106-114.

5) Randolph & Blackburn, 1989, 앞의 책.

6) Ikujiro Nonaka, 1988, "Creating organizational order out of chaos: Self-renewal in Japanese firms," *California Management Review*, 30-3, pp.57-73.

7) French, W. C., Bell, C. H. Jr. & Zawacki, R. A., 1994, *Organization development and transfor-mation*, Boston: Irwin.

8) French, D. & Bell, H. Jr., 1990, *Organization Development*: *Behavioral Science Interventions for Organizational Development*(4th ed.), Englewood Cliffs, N. J.: Prentice-Hall.

9) Burke, W. W., 1982, *Organization Development*, Boston: Little, Brown, p.10.

10) Price, J. L. & Mueller, C. W., 1986, *Handbook of Organizational Measurement*, Cambridge, Mass.: Ballinger Pub.

11) 박광량, 1994, 조직혁신: 조직개발적 접근, 경문사.

12) French, W. L. & Bell, C. H. Jr., 1984. *Organization Development*, 3rd ed., Englewood Cliffs, N. J.: Prentice-Hall; Porras, J. I. & Robertson, P. J. 1992. Organizational Development: Theory, Practice and Research, In M. D. Dunnette & L. M. Hough(eds.), *Handbook of Industrial & Organizational Psychology*, Consulting Psychologists Press, pp.719-822 등에서 요약 정리.

13) Nielsen, W. R. & Kimberly, J. R., 1973, "The Impact of Organizational Development on the Quality of Organizational Output," *Academy of Management Proceedings*, pp.528-529.

14) Woodman, R. W., 1989, "Organizational change and development: New arenas for inquiry and action," *Journal of Management*, 15-2, pp.205-228.

15) 최초의 종합 검토 논문: Friedlander, F. & Brown, L. D., 1974, "Organizational development," In Rosenzweig, M. R. & Porter, L. W.(eds.), *Annual Review of Psychology*, Palo Alto, CA: Annual Review, Vol.25, pp.313-341; 보다 최근의 예로는, Porras & Robertson, 1992, 앞의 논문을 들 수 있다.

16) Porras, J. I. & Berg, P. O., 1978, "The impact of organization development," *Academy of Management Review*, 3, pp.249-266.

17) Nicholas, J. M., 1982, "The comparative impact of organization development intervention on hard criteria measures," *Academy of Management Review*, 7, pp.531-542.

18) Luthans, 1998, 앞의 책.

19) Woodman, 1989, 앞의 논문.

20) Schein, E. H., 1990, "Organizational culture," *American Psychologist*, p.160.

찾아보기

[ㄱ]

[ㄴ]

[ㄷ]

[ㄹ]

[ㅁ]

[ㅂ]

[ㅅ]

[ㅇ]

[ㅈ]

[ㅊ]

[ㅋ]

♣저자약력♣

백 기 복

국민대학교 명예교수, 작가, 칼럼니스트
(주)리더십코리아 대표, 에이스에쿼티파트너스 고문, 육군리더십센터 자문교수 등
미국 휴스턴대학교 경영학 박사

저 서: 프래그매틱스: 실용주의 리더의 행동법칙, 리더십리뷰, 리더십의 이해, 새로운 경영학, 한국형 리더십, 미래형리더의 조건, 대왕세종, 누구를 리더로 세울 것인가, 성취형리더의 7가지 행동법칙, 이슈리더십, 사례로 배우는 리더십1, 2, 박태준 사상 미래를 열다, 박태준 리더십I, II, CEO 조용기, 직각혁신이 답이다 등 다수
논 문: 한국경영학계 리더십연구 30년: 문헌고찰 및 비판, Discovering the patterns of chaos, How Korean leadership style cultivates employees' creativity and voice in hierarchical organizations 등 다수
역 임: 대한리더십학회 회장, 한국인사조직학회 회장, 한국윤리경영학회 회장, 한미경영학자협의회 의장, 미국 James Madison University 경영학과 교수, POSRI 연구원 및 POSTECH 겸임교수, 삼성 등 여러 기업 자문교수 등

최 우 재

청주대학교 경상대학 경영학과 교수
한국기업경영학회 회장/「기업경영연구」 편집위원장 역임
대한리더십학회 회장 역임/「리더십연구」 편집위원장 역임

미국 Ohio State University 박사(교육학-인적자원개발 전공)
국민대학교 경영학 학사, 경영학 석사

저 서: 일류기업경영으로의 안내, HRD 학술총서: 경력개발, 경세제민의 공공리더십
논 문: 공유리더십, 이슈리더십, 안전리더십, 학습전략과 적응수행, ESG 디커플링 등 다수

양 재 완

한국외국어대학교 경영대학 경영학부 교수
전국대학교국제처장협의회/한국대학국제교류협의회 회장
대한리더십학회 회장/대한경영학회지 편집위원장
한국외국어대학교 국제교류처장, 외국인유학생종합지원센터장, 입학처장 역임
KAIST 경영대학원, Alto University MBA 겸직교수 역임
미국 New York Institute of Technology 경영대학 조교수 역임

미국 Virginia Tech 경영학 박사/San Diego State University 경영학 석사
한국외국어대학교 문학사, 경영학 석사

저 서: 백지에 그리는 일자리, 경세제민의 공공리더십, 지속가능성장을 위한 인적자원관리 등
논 문: 전략적 인적자원관리, HR digital transformation, 리더십, 일터에서의 무례함과 태움 등 다수

조직행동연구(제8판)

1994년 9월 25일 초판 발행
2025년 2월 25일 제8판 발행
2025년 9월 15일 제8판 2쇄 발행

저 자 백기복, 최우재, 양재완

발행인 윤 동 구
발행처 **창 민 사**
주 소 서울시 마포구 창전로 46 4층 401호
등 록 1999. 10. 28/제10-1846호
전 화 3272-1243~4
팩 스 3272-1245
e-mail cmbooks@hanmail.net

정가 29,000원 ISBN 979-11-92272-27-6 93320